行政调解
相关规范性文件汇编

（上册）

司法部人民参与和促进法治局　编

XINGZHENG TIAOJIE

XIANGGUAN GUIFANXING WENJIAN HUIBIAN

法律出版社
LAW PRESS·CHINA

编辑说明

为进一步加强对行政调解工作的研究和指导，我们收集整理了全国与行政调解相关法律、法规、规章和规范性文件，组织编辑了《行政调解相关法律法规汇编》和《行政调解相关规范性文件汇编》（上、下册）。

本书文件材料由各省、自治区、直辖市司法厅（局）促进法治（调解、基层）处与上海政法学院提供，在此深表感谢！编辑中存在的不足之处，敬请读者指正。

司法部人民参与和促进法治局

2019 年 11 月

总　目　录

上　册

下　册

目　录

(一)中央文件

（二）地方文件

北京市

浙江省

安徽省

（一）中央文件

中国共产党第十八次全国代表大会报告(摘录)

(2012年11月8日 中国共产党第十八次全国代表大会会议通过)

(六)加强和创新社会管理。提高社会管理科学化水平,必须加强社会管理法律、体制机制、能力、人才队伍和信息化建设。改进政府提供公共服务方式,加强基层社会管理和服务体系建设,增强城乡社区服务功能,强化企事业单位、人民团体在社会管理和服务中的职责,引导社会组织健康有序发展,充分发挥群众参与社会管理的基础作用。完善和创新流动人口和特殊人群管理服务。正确处理人民内部矛盾,建立健全党和政府主导的维护群众权益机制,完善信访制度,完善人民调解、行政调解、司法调解联动的工作体系,畅通和规范群众诉求表达、利益协调、权益保障渠道。建立健全重大决策社会稳定风险评估机制。强化公共安全体系和企业安全生产基础建设,遏制重特大安全事故。加强和改进党对政法工作的领导,加强政法队伍建设,切实肩负起中国特色社会主义事业建设者、捍卫者的职责使命。深化平安建设,完善立体化社会治安防控体系,强化司法基本保障,依法防范和惩治违法犯罪活动,保障人民生命财产安全。完善国家安全战略和工作机制,高度警惕和坚决防范敌对势力的分裂、渗透、颠覆活动,确保国家安全。

中共中央关于全面深化改革若干重大问题的决定(摘录)

(2013年11月12日 中国共产党第十八届中央委员会第三次全体会议通过)

(49)创新有效预防和化解社会矛盾体制。健全重大决策社会稳定风险评估机制。建立畅通有序的诉求表达、心理干预、矛盾调处、权益保障机制,使群众问题能反映、矛盾能化解、权益有保障。

改革行政复议体制,健全行政复议案件审理机制,纠正违法或不当行政行为。完善人民调解、行政调解、司法调解联动工作体系,建立调处化解矛盾纠纷综合机制。

中共中央关于全面推进依法治国若干重大问题的决定(摘录)

(2014年10月23日 中国共产党第十八届中央委员会第四次全体会议通过)

健全社会矛盾纠纷预防化解机制,完善调解、仲裁、行政裁决、行政复议、诉讼等有机衔接、相互协调的多元化纠纷解决机制。加强行业性、专业性人民调解组织建设,完善人民调解、行政调解、司法调解联动工作体系。完善仲裁制度,提高仲裁公信力。健全行政裁决制度,强化行政机关解决同行政管理活动密切相关的民事纠纷功能。

中共中央关于坚持和完善中国特色社会主义制度、推进国家治理体系和治理能力现代化若干重大问题的决定(摘录)

九、坚持和完善共建共治共享的社会治理制度,保持社会稳定、维护国家安全

……

(一)完善正确处理新形势下人民内部矛盾有效机制。坚持和发展新时代

"枫桥经验",畅通和规范群众诉求表达、利益协调、权益保障通道,完善信访制度,完善人民调解、行政调解、司法调解联动工作体系,健全社会心理服务体系和危机干预机制,完善社会矛盾纠纷多元预防调处化解综合机制,努力将矛盾化解在基层。

……

中共中央 国务院印发《法治政府建设实施纲要(2015~2020年)》(摘录)

(2015年12月23日 中发〔2015〕36号)

34. 完善行政调解、行政裁决、仲裁制度。健全行政调解制度,进一步明确行政调解范围,完善行政调解机制,规范行政调解程序。健全行政裁决制度,强化行政机关解决同行政管理活动密切相关的民事纠纷功能。有关行政机关要依法开展行政调解、行政裁决工作,及时有效化解矛盾纠纷。完善仲裁制度,提高仲裁公信力,充分发挥仲裁解决经济纠纷、化解社会矛盾、促进社会和谐的作用。

35. 加强人民调解工作。贯彻落实人民调解法,健全人民调解组织网络,实现村委会、居委会人民调解组织全覆盖,推进企事业单位、乡镇街道、社会团体、行业组织中人民调解组织建设。重点协调解决消费者权益、劳动关系、医患关系、物业管理等方面的矛盾纠纷,促进当事人平等协商、公平公正解决矛盾纠纷。完善人民调解、行政调解、司法调解联动工作体系。

中央社会治安综合治理委员会　最高人民法院　最高人民检察院　国务院法制办　公安部　司法部　人力资源和社会保障部　卫生部　国土资源部　住房和城乡建设部　民政部　国家工商行政管理总局　国家信访局全国总工会　全国妇联　共青团中央关于深入推进矛盾纠纷大调解工作的指导意见

（2011年4月22日　综治委〔2011〕10号）

为有效预防和化解社会矛盾，维护社会和谐稳定，根据中共中央办公厅、国务院办公厅转发《中央政法委员会、中央维护稳定工作领导小组关于深入推进社会矛盾化解、社会管理创新、公正廉洁执法的意见》（中办发〔2009〕46号）的要求，认真贯彻落实《中华人民共和国人民调解法》，现就深入推进矛盾纠纷大调解工作，提出如下意见。

1. 坚持调解优先，依法调解，充分发挥人民调解、行政调解、司法调解的作用。把人民调解工作做在行政调解、司法调解、仲裁、诉讼等方法前，立足预警、疏导，对矛盾纠纷做到早发现、早调解。

2. 县（市、区）矛盾纠纷调处工作平台与同级人民法院、人民检察院、司法行政机关、政府法制机构、信访部门及其他行政机关调解矛盾纠纷实现衔接，乡镇（街道）综治工作中心与驻乡镇（街道）派出机构调解矛盾纠纷实现衔接，村（居）调解组织与群众“一站式”服务窗口或警务室（站）调解矛盾纠纷实现衔接。通过县、乡、村工作平台，建立矛盾纠纷排查调处联动机制，按照提高效率、便民利民的原则，对矛盾纠纷做到统一受理、集中梳理、归口管理、依法处理、限期办理，实现受理、登记、交办、承办、结案各个环节工作衔接，落实调解责任单位和责任人。

3. 经人民调解组织、行政调解组织或者其他具有调解职能的组织调解达成的调解协议,双方当事人认为有必要的,可以依法向人民法院申请司法确认。人民法院应当按照司法确认程序、管辖的相关规定,受理当事人的申请,及时对调解协议进行审查,依法进行确认。调解组织对调解协议的履行情况进行监督,督促当事人履行约定的义务。

4. 建立由各级政府负总责、政府法制机构牵头、各职能部门为主体的行政调解工作体制,并纳入同级大调解工作平台。部门受理的矛盾纠纷,实行首问责任制,对依法属于本部门调解范围的矛盾纠纷,根据法律、法规和政策规定进行调解,同时,将调解情况通报同级大调解工作平台;对依法不属于本部门调解范围的矛盾纠纷,要报同级大调解工作平台登记受理,确定调解责任单位和责任人;对涉及多个部门的矛盾纠纷,由政府法制机构或者大调解工作平台指定的部门牵头调解;对跨地区的矛盾纠纷,由涉及地区的上一级大调解工作平台负责组织调解。对调解不成的矛盾纠纷,要引导当事人运用行政复议、仲裁、诉讼等方式进行解决。对行政争议,行政复议机构要先行调解,推进行政调解与行政复议的衔接。

5. 鼓励行业协会及其他社会组织设立调解委员会,调解协会成员之间以及协会成员与其他主体之间的民事纠纷,充分发挥社会组织参与调解的优势。

6. 人民法院重点推动一般民事案件、轻微刑事案件通过调解等方式实现案结事了。同时,拓展司法调解工作范围,由诉中向诉前、判后、执行延伸,由一审向二审、再审延伸,由民商事案件的调解向行政案件协调、刑事自诉案件、刑事附带民事案件以及执行案件和解延伸,从案件审理过程向立案、执行、信访等环节延伸。建立完善法院与职能部门在调解、仲裁、执行等工作环节中的联动机制。重点强化劝导分流、诉前调解等职能,推动人民调解、行政调解等各类工作机制的发展与完善。建立健全特邀调解员队伍,主动吸纳行政职能部门、人民调解组织及其他具有调解职能的组织和人员、人大代表、政协委员等参与司法调解工作,引导驻法院(庭)人民调解室调解涉诉纠纷。与司法行政机关共同加强驻法院(庭)人民调解室建设。

7. 人民检察院依法履行法律监督职能,建立依托大调解工作平台参与化解社会矛盾纠纷的工作机制。对轻微刑事案件,依照法律规定,探索建立运用和解方式解决问题的机制,明确开展调解或引导刑事和解的条件、范围和程序。同时,对民事申诉等案件,坚持抗诉与息诉并重,规范引导和解的程序和要求,在遵循事实和法律的基础上,对当事人双方有和解意愿、符合和解条件的,积极引导和促使当事人达成和解,配合人民法院及相关部门做好有关工作。

8. 政府法制机构会同有关部门,加强行政调解法律及制度建设,进一步明确行政调解范围,规范行政调解程序。积极推行仲裁调解制度,指导仲裁机构建立完善仲裁调解工作机制和制度,发展仲裁调解队伍,从仲裁人员责任、仲裁程序等环节落实调解工作内容。

9. 公安机关 110 报警服务台对接报的可以进行调解的纠纷,及时通过大调解组织分流到相关责任单位进行处理。公安派出所参与乡镇(街道)综治工作中心矛盾纠纷调处工作,并可设立驻所人民调解室,邀请人民调解员参与矛盾纠纷联合调解工作。县级公安机关交通管理部门要会同司法行政机关建立道路交通事故人民调解工作机制,并可邀请人民法院在公安机关交通管理部门设立道路交通事故法庭,及时受理、调处交通事故纠纷案件。

10. 司法行政机关与人民法院密切配合,指导、推动人民调解委员会的规范化建设和人民调解工作网络化建设。积极培育建立行业性、专业性人民调解组织,通过在乡镇(街道)综治工作中心设立专门调解小组、在行政主管部门和人民法院设立调解工作室等多种方式,建立矛盾纠纷受理、调解处理、结果反馈等制度。推广建立专业化、社会化调解员队伍,建立名册,做好分类指导,完善调解员队伍培训管理机制,加强社会工作知识培训。制定相关意见或办法,确保人民调解的权威性和公信力,进一步推动人民调解的组织机构、人员配备、程序效力的规范化、法制化建设。

11. 人力资源和社会保障部门会同工会、企业代表组织,通过大调解工作平台,推动乡镇(街道)特别是劳动保障服务所(站)劳动争议调解组织建设,将调解重心向企业相对集中的村(社区)延伸。探索建立健全人力资源和社会保障部门主导的,工会、企业代表组织、人民调解组织及主管部门共同参与的处置突发性、集体性劳动人事争议案件的应急调解机制。推动企业劳动争议调解组织建设,建立有效的劳动争议协商解决机制。推动事业单位及其主管部门建立人事争议调解组织。做好劳动人事争议调解、仲裁与诉讼衔接的工作。

12. 卫生行政部门积极协调、配合司法行政及保险监督等部门,推广建立规范的医疗纠纷人民调解委员会,推动建立健全医疗纠纷人民调解工作保障机制,推进医疗责任保险，规范专业鉴定机构，统一医疗损害、医疗事故的鉴定程序和标准，加强对医疗纠纷的化解和处理。

13. 国土资源部门通过大调解工作平台设立土地纠纷调解工作小组，在人民调解员队伍中培养乡村土地纠纷调解员，因势利导，就近受理及时调解涉及土地权属、征地补偿安置等引发的矛盾纠纷。

14. 工商行政管理部门通过大调解工作平台，加强工商行政执法体系建设，发挥消费者协会作用，推进消费维权网络建设。依托乡镇（街道）综治工作中心建立消费者协会分会，在村（居）设立消费者投诉站，方便广大城乡消费者就近申（投）诉、解决消费纠纷。进一步建立健全消费者咨询和申诉、投诉的受理、查办、反馈等制度，全面推进消费者与企业的纠纷和解制度、消费纠纷的调解制度和申诉举报制度建设，提高消费纠纷的解决效率。

15. 民政部门充分运用调解办法处理民政行政纠纷和与民政行政管理相关的民事纠纷，加快和谐社区建设，加强村（居）民委员会建设、社区管理、养老服务和专职社会工作者队伍建设，建立延伸到社区、村组的调解组织网络。利用大调解工作平台的机制优势，调处养老服务纠纷，依法调处行政区域界限纠纷，与国土资源、林业等部门共同参与边界地区调解土地、山林、草场等纠纷，推动平安边界建设。维护孤儿基本权益，与有关部门一道调解孤儿收养、监护纠纷等。

16. 住房和城乡建设部门通过大调解工作平台，建立日常工作联系网络和联络员制度，加快制定完善本部门行政调解的程序性规定，会同相关部门，实行联席会议制度，重点调解因城市房屋拆迁、建筑施工等引发的矛盾纠纷。

17. 信访部门在办理人民群众来信、接待人民群众来访和协调处理重要信访事项、督促检查信访事项时，进一步健全与大调解工作平台衔接的工作机制，组织协调和大力推动用调解的方式解决信访人的诉求。

18. 工会、妇联和共青团组织发挥自身优势，积极参与大调解工作。工会要督促、帮助企业依法建立劳动争议调解委员会，推动乡镇（街道）工会争议调解组织以及行业性劳动争议调解组织建设。积极开展接受劳动人事争议仲裁委员会或人民法院委托，调解劳动争议或参与诉讼调解工作。妇联组织充分发挥在家庭和社区的工作优势，积极推动调解组织建设，通过在乡镇（街道）综治工作中心建立妇女儿童维权站等，加大参与人民调解的力度，协助对婚姻家庭纠纷及涉及妇女儿童合法权益案件的调处工作。共青团组织积极推动调解组织建设,通过与其他部门密切配合,参与调解处理涉及未成年人合法权益等纠纷。

19. 各级党委、政府加强对矛盾纠纷大调解工作的组织领导。党政一把手是大调解工作的第一责任人,要落实领导责任制,亲自指导协调和包案化解重大矛盾纠纷。加强人力、财力及物质保障,确保大调解工作需要。定期听取大调解工作进展情况的汇报,研究解决影响大调解工作发展的困难和问题。

各级各部门要加强信息综合,及时通报本单位发现、受理的矛盾纠纷及调解工作情况,交流调解经验,加强矛盾纠纷大调解信息化建设,建立信息资料库,适时动态掌握矛盾纠纷的总体状况和个案进展情况,实现矛盾纠纷化解横向、纵向信息共享,以信息化带动规范化,提高大调解工作效率。市(州)、县(市、区)级各有关部门要及时将矛盾纠纷排查调处情况报送同级综治办,省(区、市)综治办定期对各市(州)、各系统、各部门的信息报送情况进行汇总、分析和通报。

20. 各级综治委及其办公室在党委、政府的领导下,具体负责矛盾纠纷大调解工作的组织、协调、检查、督办工作,重点加强对县(市、区)、乡镇(街道)矛盾纠纷大调解工作平台的协调指导。督促各部门各单位认真落实部门和单位责任制,把做好大调解工作作为社会治安综合治理考评的重要内容。组织有关部门和单位,对大调解衔接情况进行专项检查,及时解决工作中出现的问题。对矛盾纠纷调解得力的单位(组织)和个人,按照国家规定予以表彰奖励;对领导不重视,调解不力,发生危害社会治安和社会稳定重大矛盾纠纷的地方和单位,实行责任倒查,视情予以通报批评、警示直至一票否决。

21. 各地各部门可结合本地实际和部门职能,制定具体办法。

国家发展改革委　司法部
关于印发《律师服务收费管理办法》的通知

(2006年4月13日　发改价格〔2006〕611号)

最高人民法院、最高人民检察院;国务院有关部门;各省、自治区、直辖市发展改革委、物价局,司法厅(局):

为贯彻落实《中共中央转发〈中央司法体制改革领导小组关于司法体制和工作机制改革的初步意见〉的通知》(中发〔2004〕21号)精神,规范律师服务收费行为,维护委托人和律师事务所的合法权益,特制定了《律师服务收费管理办法》。现印发给你们,请按照执行。

附:

律师服务收费管理办法(摘录)

第三十条　因律师服务收费发生争议的,律师事务所应当与委托人协商解决。协商不成的,可以提请律师事务所所在地的律师协会、司法行政部门和价格主管部门调解处理,也可以申请仲裁或者向人民法院提起诉讼。

公安部关于印发《公安机关办理伤害案件规定》的通知

(2005 年 12 月 27 日　公通字〔2005〕98 号)

各省、自治区、直辖市公安厅、局,新疆生产建设兵团公安局:

根据《中华人民共和国刑法》、《中华人民共和国刑事诉讼法》,并结合基层实际工作情况,公安部制定了《公安机关办理伤害案件规定》,现印发给你们。请结合本地实际,认真贯彻执行。

附:

公安机关办理伤害案件规定(摘录)

第三十条　对于因民间纠纷引起的殴打他人或者故意伤害他人身体的行为,情节较轻尚不够刑事处罚,具有下列情形之一的,经双方当事人同意,公安机关可以依法调解处理:

(一)亲友、邻里或者同事之间因琐事发生纠纷,双方均有过错的;

(二)未成年人、在校学生殴打他人或者故意伤害他人身体的;

(三)行为人的侵害行为系由被害人事前的过错行为引起的;

(四)其他适用调解处理更易化解矛盾的。

公安部关于印发《公安机关治安调解工作规范》的通知

(2007年12月8日　公通字〔2007〕81号)

各省、自治区、直辖市公安厅、局,新疆生产建设兵团公安局:

为进一步规范和加强公安机关治安调解工作,公安部制定了《公安机关治安调解工作规范》,现印发给你们,请结合本地实际,认真贯彻执行。执行中遇到的问题,请及时报部。

附:

公安机关治安调解工作规范(摘录)

第三条　对于因民间纠纷引起的殴打他人、故意伤害、侮辱、诽谤、诬告陷害、故意损毁财物、干扰他人正常生活、侵犯隐私等违反治安管理行为,情节较轻的,经双方当事人同意,公安机关可以治安调解。

民间纠纷是指公民之间、公民和单位之间,在生活、工作、生产经营等活动中产生的纠纷。对不构成违反治安管理行为的民间纠纷,应当告知当事人向人民法院或者人民调解组织申请处理。

国土资源部关于进一步推进依法行政实现国土资源管理法治化的意见（摘录）

（2011年11月18日　国土资发〔2011〕186号）

五、规范执法行为

……

23. 健全社会矛盾纠纷调解机制。各级国土资源主管部门要充分发挥行政机关在化解社会矛盾纠纷中的作用，引导群众通过行政复议、司法诉讼、仲裁等渠道化解矛盾纠纷。建立健全征地补偿标准争议裁决机制，对征地补偿标准争议要先行协调，协调不成的，依法进行裁决。注重运用调解、和解等方式解决纠纷，完善国土资源行政调解制度，科学界定调解范围，规范调解程序。要主动排查国土资源管理工作中的矛盾纠纷隐患，对国土资源管理过程中涉及人数较多、影响较大、可能影响社会稳定的矛盾纠纷，要主动进行调解。

住房和城乡建设部关于印发《物业承接查验办法》的通知

（2010年10月14日　建房〔2010〕165号）

各省、自治区住房和城乡建设厅，直辖市房地局（建委），新疆生产建设兵团建设局：

为了规范物业承接查验行为，加强前期物业管理活动的指导和监督，维护业主的合法权益，根据《中华人民共和国物权法》、《中华人民共和国合同法》和《物业管理条例》等法律法规的规定,我部制定了《物业承接查验办法》,现印发给你们,请贯彻执行。执行中的情况,请及时告知我部房地产市场监管司。

附:

物业承接查验办法(摘录)

第四十四条 物业承接查验中发生的争议,可以申请物业所在地房地产行政主管部门调解,也可以委托有关行业协会调解。

建设部关于印发《城市房屋拆迁行政裁决工作规程》的通知

(2003年12月30日 建住房〔2003〕252号)

各省、自治区建设厅、直辖市建委、房地局、规划局,新疆生产建设兵团建设局:

为了规范城市房屋拆迁行政裁决行为,维护拆迁当事人的合法权益,根据《城市房屋拆迁管理条例》,建设部制定了《城市房屋拆迁行政裁决工作规程》。现印发给你们,请遵照执行。

附:

城市房屋拆迁行政裁决工作规程(摘录)

第十条 房屋拆迁管理部门受理房屋拆迁裁决申请后,应当按照下列程序进行:

(一)向被申请人送达房屋拆迁裁决申请书副本及答辩通知书,并告知被申请人的权利；

（二）审核相关资料、程序的合法性；

（三）组织当事人调解。房屋拆迁管理部门必须充分听取当事人的意见，对当事人提出的事实、理由和证据进行复核；对当事人提出的合理要求应当采纳。房屋拆迁管理部门不得因当事人申辩而做出损害申辩人合法权益的裁决。

拆迁当事人拒绝调解的，房屋拆迁管理部门应依法作出裁决。

（四）核实补偿安置标准。当事人对评估结果有异议，且未经房屋所在地房地产专家评估委员会鉴定的，房屋拆迁管理部门应当委托专家评估委员会进行鉴定，并以鉴定后的估价结果作为裁决依据。鉴定时间不计入裁决时限。

（五）经调解，达成一致意见的，出具裁决终结书；达不成一致意见的，房屋拆迁管理部门应当作出书面裁决。部分事项达成一致意见的，裁决时应当予以确认。书面裁决必须经房屋拆迁管理部门领导班子集体讨论决定。

交通运输部海事局关于印发《海事调解管理办法》的通知

（2014 年 8 月 18 日　海安全〔2014〕513 号）

各省、自治区、直辖市地方海事局，新疆生产建设兵团海事局，各直属海事局：

现将《海事调解管理办法》印发给你们，请遵照执行。

附：

海事调解管理办法（摘录）

第四条　海事调解工作原则上由负责调查事故的海事管理机构受理和主持。

中国保监会关于保险业参与加强和创新社会管理的指导意见(摘录)

(2011年11月16日 保监发〔2011〕69号)

六、参与群众利益协调和权益保障机制建设,维护社会和谐稳定

……

(二)健全保险消费者权益保障机制。完善保险信访、投诉、仲裁、调解等机制,畅通和拓宽保险信访渠道,依法及时妥善处理被保险人合理诉求。虚心听取新闻媒体、群众组织、相关协会意见建议,加大监管部门政府信息公开力度,强化保险公司对重要产品、重大经营活动的信息披露。

(三)参与重点领域社会调解工作。积极参与社会大调解,支持相关部门行政调解、司法调解工作。发挥保险的第三方咨询和协调功能,重点推动交通事故、医患纠纷等领域的调解,发挥交强险、医疗责任险功能,有效化解社会矛盾。

(二)地方文件

·北京市·

北京市人民政府办公厅关于进一步加强本市行政调解工作的意见

(2011年5月12日 京政办发〔2011〕27号)

各区、县人民政府,市政府各委、办、局,各市属机构:

为贯彻《国务院关于加强法治政府建设的意见》(国发〔2010〕33号)、《中共中央办公厅国务院办公厅转发〈中央政法委员会、中央维护稳定工作领导小组关于深入推进社会矛盾化解、社会管理创新、公正廉洁执法的意见〉的通知》(中办发〔2009〕46号)、《中共北京市委办公厅北京市人民政府办公厅印发〈关于构建社会矛盾多元调解体系的意见〉的通知》(京办发〔2010〕29号)精神,充分发挥行政调解化解社会矛盾、维护社会和谐稳定作用,结合实际,现就进一步加强本市行政调解工作提出如下意见。

一、充分认识做好行政调解工作的重要性

行政调解是由行政机关主持或主导的,以法律、法规和政策规定为依据,主要以民事纠纷和行政争议为对象,通过说服劝导等方法,促使各方当事人平等协商、互谅互让、达成协议,消除矛盾的一种纠纷解决机制。当前,本市仍处于社会矛盾凸显期。特别是随着本市加快经济发展方式转变、城乡一体化建设等工作的推进,社会矛盾化解工作也面临着许多新情况、新问题。全市各级行政机关要将行政调解作为重要的社会矛盾调处手段,充分利用行政调解工作优势,运用调解的办法做好矛盾纠纷化解工作,从源头上预防和减少社会矛盾,为切实维护首都社会和谐稳定,建设"平安北京"发挥重要作用。

二、指导思想、工作原则和工作重点

(一)指导思想。

深入贯彻落实科学发展观,以化解社会矛盾纠纷为根本,建立行政调解工作体制,创新行政调解工作机制,充分发挥行政机关在化解行政争议和民事纠纷中的作用,推动建立行政调解与人民调解、司法调解相衔接的大调解联动机制,形成调解工作合力，有效化解社会矛盾，积极为全市经济社会发展创造和谐、稳定、有序的社会环境。

（二）工作原则。

一是自愿原则，要尊重各方当事人意愿，不得强迫当事人接受调解方式或调解结果。二是合法原则，要遵循法律、法规和政策，不得损害国家利益、公共利益和他人合法权益。三是公平公正原则，要兼顾各方当事人的合法权益，平等协商处理利益纠纷，体现公平正义，行政机关作为当事人一方时，与行政相对人的地位平等。四是注重效果原则，要追求“定纷止争、案结事了”的社会效果和法律价值。

（三）工作重点。

一是行政机关或者法律法规授权的具有管理公共事务职能的组织，与公民、法人或者其他组织之间产生的法律法规规定可以调解的行政争议，重点解决好土地征收、城镇房屋拆迁、人力资源和社会保障、治安管理等方面的行政争议。二是公民、法人或者其他组织之间产生的与行政管理有直接或间接关联的民事纠纷，重点解决好交通损害赔偿、医疗卫生、消费者权益保护、物业管理、劳动争议等与行政管理有关的民事纠纷。对于涉及资源开发、环境污染、公共安全事故等方面的民事纠纷，以及涉及人数较多、社会影响大、可能影响社会稳定的纠纷要主动进行调解。

三、充分运用行政调解方法解决行政争议和民事纠纷

（一）努力把行政争议化解在行政程序中。

各级行政机关要切实做到行政调解与依法履职相结合，充分运用调解方法解决行政争议。各级行政复议机关要根据《中华人民共和国行政复议法实施条例》规定的调解原则、范围，在不损害国家利益、公共利益和他人合法权益的前提下，按照调解优先原则解决行政争议。在行政复议决定作出之前，要深入了解各方诉求，找准争议焦点，向当事人宣传有关法律法规和政策，摆事实、讲道理，耐心细致地做好当事人的思想工作，为各方当事人自愿调解、达成协议创造条件。经调解，各方当事人达成和解协议的，行政机关应当做好和解协议内容记录；各方当事人达成调解协议的，行政机关应当制作行政复议调解书。在行政复议过程中，各级行政机关要积极配合政府法制部门和其他行政复议机构做好行政复议调解、和解工作，及时履行行政复议调解、和解协议，切实做到“定纷止争、案结事了”。

（二）切实做好民事纠纷的调解工作。

各级行政机关应当结合本地区、本部门的工作实际，建立健全解决民事纠纷的具体工作程序和规范。对依法应当由行政机关调处、裁决的民事纠纷，行政机关要在当事人同意的基础上优先采用调解的方法，向当事人耐心宣传有关法律法规，说服和劝导当事人在平等协商、互谅互让的基础上解决纠纷，努力促成各方当事人达成协议。通过调解，各方当事人能够达成协议的，行政机关应当制作行政调解文书；不能达成协议的，行政机关应当在法定期限内依法作出裁决，并及时告知当事人救济权利和途径。

（三）积极配合开展行政诉前和诉中协调工作。

各区县政府及行政诉讼案件较多的部门，要积极配合人民法院做好行政案件诉前、诉中的协调工作。对人民法院在行政诉讼立案阶段提出的协调意见，应当认真对待、积极履行；对人民法院指出的执法问题，应当立即核实、主动改正、消除负面影响；对因行政行为被诉可能引发重大矛盾纠纷的，应当立即将有关情况向主管领导汇报。各区县政府的法制机构要发挥好对本级政府和所属工作部门涉诉行政争议化解工作的统筹协调作用，做好涉诉行政争议化解工作。

四、建立健全行政调解工作机制

（一）建立行政调解定期汇总分析上报制度。

各级行政机关要加强行政调解的信息汇报工作，及时通报本地区、本部门开展行政调解的工作情况，交流工作经验，及时发现并研究带有倾向性和普遍性的问题。对涉及人数较多、社会影响大、可能影响社会稳定的，要及时摸清情况，提出对策建议，并及时与政府法制机构沟通，同时应当向同级党委、政府报告。政府法制机构应当定期对信息报送情况进行汇总、分析和通报。

（二）健全规范行政调解工作制度。

各级行政机关要建立健全行政调解工作制度，规范行政调解工作。要根据行业特点和要求制定行政调解程序，规范行政调解的受理、调查、调解、制作调解协议等工作环节。行政调解中，要保障当事人的平等地位，保障当事人的知情权、参与权和救济权。

（三）建立行政调解工作考评机制。

各级行政机关要建立行政调解工作目标责任制，要制定矛盾化解具体目标，对发生在本地区、本部门的行政争议,及时跟踪调解进展,全面评估调解效果。对重大行政争议,有关区县政府和部门要重点研究解决措施,抓好落实工作。对不积极主动配合行政调解工作、不能及时化解矛盾纠纷,造成严重后果的要予以问责。

(四)建立行政调解与人民调解、司法调解的衔接机制。

各级行政机关要积极做好行政调解与人民调解的衔接配合,在交通损害赔偿、医疗卫生、消费者权益保护、物业管理、劳动争议等矛盾多发领域,要建立由有关行政部门主导的专业的人民调解组织,开展调解工作。要主动加强行政调解与司法调解的衔接配合,建立调解情况通报交流制度,充分发挥各自职能,妥善化解各类纠纷。行政机关对于调解不成的重大矛盾纠纷,应当及时告知、引导当事人通过诉讼渠道解决。对于进入诉讼程序的行政争议,在诉前已经做过行政调解工作的,应当将行政调解的有关情况告知人民法院。

(五)建立行政调解经费保障机制。

各级财政部门要按照现行事权、财权划分原则,在分清渠道,分级负担的前提下,根据部门预算管理有关要求,将宣传、培训、指导、聘用专职行政调解工作人员、调解员工作补贴等各类调解工作经费纳入本级财政年度预算,健全行政调解经费拨付制度。

(六)建立行政调解宣传长效机制。

各级行政机关要加强行政调解的宣传工作,及时总结本地区、本部门开展行政调解工作的成功经验和先进典型,并做好宣传工作。要充分利用广播、电视、报刊、网络等新闻媒体,开展各种形式的宣传教育,积极引导广大人民群众了解行政调解、支持并选择行政调解解决矛盾纠纷。

五、加强领导,抓好落实

(一)建立行政调解工作体制。

各级政府要建立由政府总负责、政府法制机构牵头、各职能部门为主体的行政调解工作体制。在本级政府领导下,由本级政府法制机构会同司法、宣传、公安、机构编制、信访、维稳、财政、人力社保、规划、国土、住房与城乡建设、农业、卫生、民政、国资等部门建立工作协调机制,共同研究部署本地区行政调解工作的总体安排,统筹协调跨地区、跨部门重大矛盾纠纷的行政调解工作,监督考核各行政机关开展行政调解工作情况。市政府法制办承担全市行政调解工作有关事项的统筹协调、信息交流、联络及督查考核等日常工作。政府各部门应当明确行政调解工作的主管领导,在部门内部指定专门处室承担行政调解工作。特别是涉及矛盾纠纷较多的部门应当成立行政调解委员会,建立健全调解工作体制。

(二)加强行政调解队伍建设。

各级行政机关要选调政治思想好、业务能力强、有较高法律素质、善于做群众工作的干部充实到行政调解工作队伍中去,各级政府部门及乡(镇)政府、街道办事处要建立专、兼职行政调解工作人员队伍,开展行政调解工作。要加强对行政调解工作人员的培训工作,根据行政调解工作任务的需要和特点确定培训内容,充分利用司法、行政、专家学者等各种资源,通过举办培训班等,有计划地开展培训工作,提高行政调解工作人员政治、业务素质,不断提升行政调解工作水平。

(三)构建行政主导、社会参与的行政调解体系。

行政机关要紧密依靠基层组织、相关行业协会和专家学者发挥行政调解作用,动员社会各方面力量积极参与行政调解工作。在重点领域、重点行业要组织建立社会专兼职调解员队伍和调解专家库,构建行政主导、社会参与的行政调解体系。

(四)落实领导责任,加强监督检查。

各级行政机关要根据本市关于行政调解工作的具体部署,制定本地区、本部门开展行政调解工作的实施意见和工作方案,主要领导应当定期听取行政调解工作汇报,及时协调解决行政调解工作中遇到的重大问题。要充分运用行政调解手段,切实把矛盾化解在基层,化解在萌芽状态,化解在本行政机关内部,不得推卸责任。各级行政机关要定期对行政调解工作进行检查和指导,对开展行政调解工作取得突出成绩的单位和个人应当给予奖励。

北京市人民政府办公厅

二〇一一年五月十二日

北京市人民政府法制办公室关于印发《关于化解行政争议维护社会稳定工作的指导意见》的通知

（2010年6月30日　京政法制发〔2010〕29号）

市政府各委、办、局法制机构，各区、县政府法制办公室：

为贯彻落实第六十七次市政府常务会关于由市政府法制办牵头研究做好化解行政争议工作的要求，我办研究制定了《关于化解行政争议维护社会稳定工作的指导意见》，并报经市领导同意，现予以印发。请结合工作实际贯彻执行。

二〇一〇年六月三十日

关于化解行政争议维护社会稳定工作的指导意见

一、充分认识化解行政争议的重要性

化解行政争议是贯彻落实党中央提出的“深入推进社会矛盾化解、社会管理创新、公正廉洁执法”三项重点工作的重要内容，也是维护首都社会和谐稳定、建设法治政府和服务型政府的必然要求。各级行政机关务必从讲政治的高度充分认识化解行政争议的重要性，增强化解行政争议的工作意识，建立并完善化解行政争议的工作机制，努力把行政争议化解在基层、化解在初发阶段、化解在行政程序中。

二、当前形势下需重点抓好的几项工作

（一）加强行政复议调解工作，努力把行政争议化解在行政程序中

各级行政复议机关要根据《中华人民共和国行政复议法实施条例》规定的调解原则、范围，在查清事实、分清责任的基础上，在不损害国家利益、公共利益和他人合法权益的前提下，优先适用调解手段解决行政争议。行政复议工作人员

要在复议决定前向当事人宣讲有关法律法规,陈述道理,分析利害,为当事人自愿调解创造条件。在复议调解中,要真正了解各方诉求,找准争议焦点,熟悉相关法律规定,以增强调解的针对性和有效性。要注重运用行政和解的方法解决行政纠纷,建立行政争议快速化解机制,积极促成申请人与被申请人在行政复议决定作出前自愿达成和解。对当事人达成的调解协议与和解协议,应监督其履行,切实做到"定纷止争、案结事了"。

(二)与法院建立行政诉前协调和解工作机制

为努力把行政争议化解在行政诉讼案件受理之前,市政府法制办与市高级人民法院拟专题研究关于行政诉讼案件立案阶段的矛盾协调和解工作,联合制定出台"关于行政诉讼案前行政争议化解工作的指导意见",规范要求全市各级行政机关配合人民法院做好行政诉讼前的行政争议化解工作。各区县政府和行政诉讼案件较多的政府部门要与法院建立行政诉前协调和解工作机制,对人民法院在行政诉讼立案阶段提出的协调和解意见,应当认真对待、积极配合、及时与当事人达成和解;对人民法院指出的执法问题,应当立即核实、主动改正、消除负面影响;对因行政行为被诉可能引发重大矛盾纠纷的,应当立即将有关情况向主管领导汇报。

(三)总结推广海淀区政府法制办诉前调解工作经验,建立行政争议诉前化解的统筹协调机制

海淀区政府法制办在全市率先开展了行政争议诉前化解工作。2007 年,在法院设立了行政争议调处接待室。实践证明,通过海淀区政府法制办统筹协调,不仅化解了不少行政争议,节约了诉讼成本,并起到了一定社会示范效应。各区县政府法制办公室要借鉴海淀区政府法制办的做法,通过各种形式与法院建立相应工作机制,发挥好对本级政府和所属工作部门行政诉前化解的统筹协调作用,同时依托行政复议和信访工作,做好行政争议化解工作。

(四)与信访办和法院建立行政争议排查化解定期会商机制

市政府法制办与市信访办和市高级人民法院、各区县政府法制办与同级信访办和本区县法院之间建立行政争议排查化解联席会议制度,定期沟通信息,及时分析信访、行政复议和诉讼案件中反映的行政争议特点、突出问题和趋势,有针对性地提出解决措施。特别是对土地、规划、建设、劳动、公安等矛盾多发领域发生的重大复杂信访案件、行政复议案件和行政诉讼案件,要及时沟通涉案工作

信息,共同研究化解行政争议的对策。

（五）建立重大行政争议报告制度

市政府各委办局法制机构和各区县政府法制办要建立重大行政争议专项报告制度,对敏感性高、群体性及社会关注度高的行政争议,及时摸清情况,提出对策,并向同级党委、政府及时汇报。

（六）加强行政调解培训工作,增强行政机关工作人员做好调解工作的能力和素质。

市政府各委办局法制机构和各区县政府法制办要加强对行政机关工作人员的行政调解培训工作,树立和强化行政工作人员运用调解手段解决行政争议的思想意识,掌握和运用调解工作的方法和技巧,做到处理各种行政争议讲清法理、注重情理、稳定心理,不断提高群众工作能力和水平。

三、工作要求

（一）法制机构发挥好统筹协调的作用

市政府各委办局法制机构和各区县政府法制办要把化解行政争议作为一项重要工作抓紧、抓实、抓好。结合本部门、本地区工作实际工作需要,尽快制定贯彻落实的工作方案,建立并完善相关工作机制,发挥好统筹协调作用,落实具体措施,把化解行政争议、维护社会稳定的工作落到实处。

对涉及面广、情况复杂,处理难度较大的行政争议,要加强与相关部门的协作配合,形成工作合力。

（二）注意总结经验,加强信息反馈

市政府各委办局法制机构和各区县政府法制办要不断总结探索本部门、本区县在化解行政争议维护社会稳定方面好的经验和做法,定期对化解行政争议的工作信息进行收集、分析和汇总,及时向本区县、本部门主管领导汇报,并向相关部门进行反馈。

北京市行政调解办公室关于印发《北京市行政调解工作部门联席会议制度》和《北京市行政调解工作信息报送制度》、《北京市行政调解工作考核制度》的通知

（2011年8月31日 京行政调解办发〔2011〕2号）

各区县人民政府法制办公室，市政府各委、办、局法制处：

为贯彻落实《中共北京市委办公厅 北京市人民政府办公厅印发〈关于推进社会矛盾多元调解体系的意见〉的通知》（京办发〔2010〕29号）和《北京市人民政府办公厅关于进一步加强本市行政调解工作的意见》（京政办发〔2011〕27号）的精神，加强对我市行政调解工作的统筹协调指导和监督考核，全面推进我市行政调解工作的深入开展，有效发挥行政调解工作在我市社会矛盾多元调解体系中的作用，市行政调解工作部门联席会议办公室制定了《北京市行政调解工作部门联席会议制度》和《北京市行政调解工作信息报送制度》、《北京市行政调解工作考核制度》。现将这三个制度印发给你们，请认真贯彻落实。

二〇一一年八月三十一日

北京市行政调解工作部门联席会议制度

为贯彻落实《中共北京市委办公厅 北京市人民政府办公厅印发〈关于推进社会矛盾多元调解体系的意见〉的通知》（京办发〔2010〕29号）和《北京市人民政府办公厅关于进一步加强本市行政调解工作的意见》（京政办发〔2011〕27号）的精神，加强对我市行政调解工作的统筹协调指导和监督考核，全面推进我市行政调解工作的深入开展，有效发挥行政调解工作在我市社会矛盾多元调解体系中的作用，经市政府领导同意，决定建立我市行政调解工作部门联席

会议制度。

一、联席会议组织方式

联席会议由市政府分管法制工作的副市长领导,由市政府法制办主任召集,各成员单位主管行政调解工作的领导参加。根据工作需要,联席会议也可以邀请相关部门参加会议。

联席会议办公室设在市政府法制办。

二、联席会议的成员单位

召 集 人:××× 市政府法制办主任

委 员:(略)

特邀成员:(略)

各成员单位法制机构负责人作为联络员,负责日常性工作。

三、联席会议的具体职责

(一)落实市委、市政府关于构建社会矛盾多元调解体系的意见,统筹指导全市行政调解工作,研究确定联席会议年度工作重点和安排;

(二)调查研究行政调解工作中存在的带有普遍性的问题,提出解决意见和建议;

(三)指导、推动成员单位建立健全行政调解具体工作程序和规范,完善相关配套制度;

(四)组织开展行政调解工作考核、评比和表彰工作;

(五)组织开展经验交流,推广行政调解工作中的好作法,加强行政调解信息工作,促进成员单位之间行政调解信息交流和资源共享;

(六)协调推动行政调解与人民调解、司法调解的制度衔接,形成合力;

(七)研究建立行政调解工作经费保障长效机制;

(八)办理市委、市政府交办的其他有关行政调解工作的事项。

四、联席会议办公室职责

(一)负责起草全市行政调解工作规划、年度计划,进行年度工作总结;

(二)负责落实联席会议各项工作决定、意见,并组织对各相关部门落实情况进行检查和验收;

(三)组织、督促定期、及时报送行政调解信息,负责行政调解信息汇总、分析和通报工作;

(四)负责组织、协调开展调解人员培训、调查研究、工作宣传等事项;

(五)负责组织实施行政调解工作的考评工作;

(六)负责组织、协调相关部门加强行政调解工作,推动行政调解与人民调解、司法调解相互衔接;

(七)完成联席会议交办的其他事项。

五、联席会议成员单位职责

市政府法制办负责联席会议办公室工作;牵头推动全市行政调解体系建设工作;负责指导和监督各区县、市政府各职能部门开展行政调解工作。

市司法局负责在全市律师、公证、司法鉴定等领域的管理工作中开展行政调解工作。

市规划委员会负责加强在房屋拆迁、违法建设等领域中与城市规划有关的矛盾纠纷调解工作。

市住建委负责加强全市城市房屋征收拆迁纠纷、物业管理纠纷、建筑施工合同纠纷、建筑质量纠纷和房屋权属纠纷等方面的调解工作。

市交通委负责结合部门职能调解相关矛盾纠纷。

市公安局负责调解交通事故损害赔偿案件;因违反《治安管理处罚法》引发的依法可调解的案件;公民、法人或者其他组织与公安机关之间发生的行政争议;其他依法属于公安机关调解处理的矛盾纠纷。

市国土资源局负责组织建立土地纠纷调解组织,在行政调解队伍中培养乡村土地纠纷调解员,因势利导,就近受理涉及土地权属、征地补偿安置等引发的矛盾纠纷。

市民政局负责调解处理民事行政纠纷和与民事行政管理相关的民事纠纷,加快和谐社区建设,加强村(居)民委员会建设、社区管理、养老服务和专职社会工作者队伍建设,建立延伸到社区、村组的调解组织网络。调处养老纠纷,依法调处行政区域界限纠纷。维护孤儿基本权益,与有关部门一道调解孤儿收养、监护纠纷。

市人力资源和社会保障局负责牵头组织全市劳动争议调解工作,推动劳动争议调解组织建设,探索建立健全劳动人事争议案件的应急调解机制,推动事业单位及其主管部门建立人事争议调解组织,做好劳动人事争议调解、仲裁与诉讼衔接的工作。

市工商局负责消费者权益等领域矛盾纠纷调解工作以及其他依法属于工商行政管理机关职责范围内的矛盾纠纷的调解处理。

市卫生局负责加强全市医疗纠纷调解工作,指导和监督全市各医疗机构提高医疗质量。

市委社会工委、市社会办负责统筹推进社区建设,完善社区运行机制,畅通民意诉求渠道,化解社区矛盾纠纷。推动社会工作人才队伍的职业化、专业化建设,有效调解相关矛盾纠纷。

市委农工委(市农委)结合部门职能调解相关矛盾纠纷。

市信访办在办理人民群众来信、接待人民群众来访和协调处理重大信访事项、督促检查信访事项时,进一步健全与大调解工作平台衔接的工作机制,组织协调和大力推动用调解的方式解决信访人的诉求。

市编办、市人力资源和社会保障局负责加强全市行政调解机构和人员保障工作。

市财政局根据部门预算管理的有关要求,负责行政调解市级层面的经费审核及保障工作。

北京市行政调解工作信息报送制度

为了加强行政调解信息工作,整合全市行政调解工作信息资源,促进信息共享和信息交流,结合行政调解工作部门联席会议工作需要,制定本制度。

一、信息报送工作组织机构及主要职责

行政调解工作部门联席会议办公室负责全市行政调解信息工作的统筹协调,制定年度信息报送工作计划和起草年度信息工作报告,及时对信息进行汇总、上报、反馈和存档,对各单位信息工作进行指导和考核。

二、信息报送的内容

1. 行政调解的重要制度、重大决策和重要工作安排与部署;

2. 本单位(系统)行政调解日常工作情况、行政调解相关统计数据等;

3. 突发事件、有重大影响或者群体性的行政调解案件的办理进展情况、办理结果和可能存在的隐患;

4. 行政调解的典型案件,行政调解工作的新模式、先进经验和先进事迹。

三、信息报送的要求

各单位应当指定专职信息联络员,负责本单位(系统)的行政调解信息工作。

(一)文字要求

语言准确精练,一般信息字数以600~800字为宜,重要信息或者专项信息应当控制在2000字以内;格式符合示范文本规定。

(二)报送时间

各单位应当于每月5号前(遇节假日顺延至节假日后第一个工作日)报送上月行政调解工作简报和统计数据,并可以根据信息的性质和内容随时报送其他相关信息。

对于特别重要和紧急的信息,各单位应当于当日或者在二日内报送。

(三)报送方式

各单位专职信息联络员应当按照本制度规定,向联席会议办公室分别报送正式书面信息及电子版。

四、信息报送考核

信息报送工作纳入我市行政调解工作考核体系,每年从信息报送的数量、质量、时效性等方面对各单位的信息报送工作进行考核。

北京市行政调解工作考核制度

根据《关于构建社会矛盾多元调解体系的意见》(京办发〔2010〕29号)和《关于进一步加强本市行政调解工作的意见》(京政办发〔2011〕27号)的规定,按照《关于2010年"平安北京"建设暨首都社会治安综合治理工作考核标准及评分细则》的规定,对全市行政机关的行政调解工作进行考核。

一、考核原则

遵循公平、公开、公正,科学合理、简便易行的原则。

二、考核办法

(一)考核时间

行政调解工作考核每年组织一次,采取日常检查评分和年终综合评分相结合的方式进行。

（二）考核方式

行政调解工作部门联席会议办公室负责对区县人民政府和市属委办局行政调解工作进行考核、打分。

区县人民政府负责对所属工作部门、乡镇、街道行政调解工作进行考核、打分。区县人民政府应当将本地区行政调解考核评比结果汇总形成专项工作报告，并于考核工作结束后5日内报送行政调解工作部门联席会议办公室。

三、考核内容

总分值为100分。考核内容及具体分值如下：

（一）行政调解工作制度、工作机制建设（40分）

1. 区县人民政府建立行政调解统筹协调机制（政府部门建立行政调解工作机制），20分；

2. 建立行政调解工作机制，10分；

3. 制定行政调解工作制度性规范，10分。

（二）行政调解工作保障（30分）

1. 有明确的行政调解责任部门，10分；

2. 有专职工作人员，5分；

3. 有专门的行政调解场所，5分；

4. 有经费保障，10分。

（三）行政调解信息工作（20分）

1. 按照《北京市行政调解工作信息报送制度》的规定完成年度信息报送工作，10分；

2. 及时完成市领导对具体信息批示交办的工作，5分；

3. 报送典型经验和成功案例，5分。

（四）积极配合法制部门做好行政复议调解与和解工作（10分）

北京市工商行政管理局关于印发行政调解工作规定的通知

（2011年12月31日 京工商发〔2011〕142号）

各区县分局、专业分局，市局机关各处室、执法大队：

《北京市工商行政管理局行政调解工作规定》已经市工商局、市食品办2011年第44次联合办公会议审议通过，现印发给你们，并就有关事项通知如下，请一并遵照执行：

一、市局、各区县分局、专业分局负有调解职责的部门应建立行政调解工作台账，并将行政调解工作纳入本单位行政指导工作考核体系。

二、市局、各区县分局、专业分局负有调解职责的部门应定期对调解工作情况进行统计、分析，并于每月5日前将上月情况报同级法制部门汇总。分局法制部门对本局各类调解工作数据汇总后于每月10日前报市局法制处。

附件：《北京市工商行政管理局行政调解工作规定》

二〇一一年十二月三十一日

附件：

北京市工商行政管理局行政调解工作规定

第一条 为了贯彻落实国务院、市政府关于充分发挥行政调解化解社会矛盾、维护社会和谐稳定作用相关文件的精神，进一步推进调停性行政指导工作，依据相关法律、法规及规章，结合本市工商行政管理机关行政调解职能及工作实践，制定本规定。

第二条 本规定中的行政调解是指本市各级工商行政管机关和工商行政管

理所(以下简称工商所)主持或者主导的,以法律、法规和规章规定为依据,根据法定的职责权限,以消费纠纷、合同争议等民事纠纷以及行政纠纷为对象,通过说服劝导等方式,促使各方当事人平等协商、互谅互让、达成协议,消除矛盾的纠纷解决机制,主要包括消费者申诉调解、合同争议行政调解和行政复议调解等。

第三条 本市各级工商行政管理机关成立行政调解工作委员会,负责行政调解工作组织、指导及协调工作。

行政调解工作委员会主任委员由同级工商行政管理机关局长担任,副主任委员由副局长担任,委员为法制、消保、合同、注册、监督、外资、市场、商标、广告、办公室、12315 等部门负责人。

行政调解工作委员会办公室设在法制部门,负责日常工作。

第四条 本市各级工商行政管理机关及工商所(以下简称工商调解部门)开展行政调解工作,应当遵循以下原则:

(一)充分尊重各方当事人意愿,不得强迫当事人接受调解方式或调解结果;

(二)遵循法律、法规和规章规定,不得损害国家利益、公共利益和他人的合法权益;

(三)兼顾各方当事人的合法权益,平等协商处理利益纠纷,体现公平公正;

(四)行政调解工作应当注重效率,及时调解,不应久调不决。

第五条 对于申请人提出的调解申请,接收部门应当及时将相关材料流转至处理部门进行处理并将流转情况告知申请人。

第六条 本市各级工商调解部门开展行政调解工作,法律、法规、规章对相关工作程序有规定的,应当严格遵守。

市局负有行政调解职能的部门应当规范并细化相关调解程序。

第七条 本市各级工商调解部门开展行政调解工作,应当采取各种措施畅通调解渠道,方便当事人申请行政调解。

第八条 对于法律、法规、规章规定可以由工商调解部门调解的民事纠纷和行政争议,当事人一方或者各方向本市各级工商调解部门提出调解请求的,相关部门应当依法受理。

第九条 当事人向本市各级工商调解部门申请行政调解,应当按照法律、法规、规章的要求,提出书面申请,法律、法规、规章没有规定的,也可以口头申请;当事人口头申请行政调解的,行政机关应当制作口头申请笔录。

第十条 调解人员是本案当事人的近亲属或者与当事人有其他利害关系,可能影响行政调解公正处理的,应当回避。

当事人对调解人员提出回避申请的,由承办机构负责人决定;承办机构负责人担任调解人员的回避,由本局局长(含副局长)决定。

工商所进行调解的案件,调解人员回避由工商所长决定。

第十一条 各方当事人可以委托一至二名代理人参加调解。委托代理人参加调解的,应当向调解机关提交授权委托书。授权委托书应当载明委托事项、权限和期限。

第十二条 工商调解部门对民事纠纷、行政争议进行调解前,应向争议各方当事人说明行政调解的程序、当事人的权利义务、调解协议的法律效力等注意事项。

第十三条 对于专业性较强或者重大复杂的争议、纠纷,调解机关可以邀请有关专家或者社会组织参与调解。

第十四条 工商调解部门开展行政调解,可以采用分别约谈、共同约谈或者开庭等方式进行调解。

第十五条 采取开庭方式进行调解的,按照如下程序进行:

(一)申请人提出争议、纠纷的事实和理由;

(二)被申请人进行答辩;

(三)调解人员询问并确认各方当事人调解意愿及要求;

(四)进行调解;

(五)就调解结果制作相关文书。

第十六条 采取开庭方式进行调解的,调解人员应当制作调解笔录。调解笔录应载明以下内容:

(一)当事人基本情况;

(二)争议的请求、事实及理由;

(三)被申请人的答辩理由;

(四)查明认定的事实;

(五)调解结果。

第十七条 工商调解部门进行行政调解,认为有必要收集证据,可以根据有关法律、行政法规及规章的规定行使下列收集证据的职权:

(一)要求当事人举证;

（二）询问当事人；

（三）查询、复制与争议有关的协议、帐册、单据、文件、记录、业务函电和其他资料；

（四）收集其他证据。

第十八条 经调解双方达成调解协议的，工商调解部门应当依法制作行政调解文书。

第十九条 调解过程中，一方或者各方当事人明确表示不愿意继续调解的，工商调解部门应当即时终止调解程序。

第二十条 法律、法规、规章对行政调解的期限有规定的，应当在规定期限内终结调解。

在规定期限内双方当事人不能达成调解协议的，应当及时终止调解。

第二十一条 工商调解部门终止行政调解的，应当依法制作并送达行政调解终止通知书。

第二十二条 本市各级工商调解部门进行调解工作应当留存相关资料，以备查询。

第二十三条 本市各级工商调解部门在开展行政调解工作时应当处理好行政执法与行政调解之间的关系，不得以行政调解替代行政执法。

第二十四条 各专业分局、区县分局开展行政调解工作，分别接受市局消保处、合同处、法制处等业务处室的指导和监督。

第二十五条 本规定自2012年2月1日起施行。

北京市教育委员会印发北京市教育委员会行政调解工作制度（试行）的通知

（2012年4月23日 京教策〔2012〕4号）

各区县教委，各高等学校，市教委直管直属单位，各处室：

为了贯彻落实《国务院关于加强法治政府建设的意见》（国发〔2010〕33号）、

《北京市人民政府办公厅关于进一步加强本市行政调解工作的意见》(京政办发〔2011〕27号),充分发挥行政调解工作作用,及时化解社会矛盾,保护师生合法权益,我委制定了《北京市教育委员会行政调解工作制度(试行)》。现印发给你们,请遵照执行。

二〇一二年四月二十三日

北京市教育委员会行政调解工作制度(试行)

第一章 总 则

第一条 为充分发挥行政调解作用,及时化解矛盾,保护师生合法权益,维护教育系统和谐稳定,根据国务院《关于加强法治政府建设的意见》,市委办公厅、市政府办公厅《印发〈关于构建社会矛盾多元调解体系的意见〉的通知》和市政府办公厅《关于进一步加强本市行政调解工作的意见》,结合本市教育工作实际,制定本制度。

第二条 本制度所称行政调解,是指市教委主持或主导的,以法律、法规和政策规定为依据,通过说服劝导等方法,促使各方当事人平等协商、互谅互让、达成协议、消除矛盾的一种纠纷解决机制。

第三条 行政调解工作原则:

(一)自愿原则。行政调解要充分尊重当事人意愿,不得强迫当事人接受调解方式和调解结果;

(二)合法原则。行政调解要遵循法律、法规和政策,不得损害国家利益、公共利益和他人合法权益;

(三)公平公正原则。行政调解要兼顾各方当事人的合法权益,通过平等协商处理利益纠纷,体现公平正义,行政机关作为当事人一方时,与行政相对人的地位平等;

(四)注重效果原则。要追求"定纷止争、案结事了"的社会效果和法律价值。

第四条 行政调解的范围:

(一)市教委受理的教师、学生申诉案件,可以由本机关先行予以调解,视调解情况再作出申诉答复;

（二）市教委受理的行政复议案件，可以由本机关先行予以调解，视调解情况再作出行政复议决定；

（三）市教委主管的学校发生学生伤害事故，学校与受伤害学生或者学生家长自愿书面请求市教委进行的调解；

（四）法律、法规规定的其他可以行政调解的教育纠纷。

第二章 行政争议调解

第五条 本法第四条第（一）、（二）项所列情形，在行政机关作出行政答复之前，当事人可以申请行政调解。

第六条 申请人申请行政调解，可以书面申请，也可以口头申请。书面申请的，应向市教委提交行政调解申请书；口头申请的，申请人应在工作记录上签字确认。

第七条 市教委接到当事人申请后，应及时完成材料审查，决定是否受理。

第八条 市教委受理行政调解申请后，应当深入了解各方诉求、进行必要的调查、找准争议焦点，向当事人宣传有关法律法规和政策，为当事人达成协议创造条件。

第九条 争议涉及第三人的，市教委应当通知第三人参加。行政调解结果涉及第三人利益的，应当征得第三人同意，第三人不同意的，终止行政调解。

第十条 当事人达成调解协议后，市教委应当制作《行政调解协议书》。调解协议不得对各方当事人增设超越法律、法规规定的权利和义务。《行政调解协议书》应当包括以下内容：

（一）当事人的姓名或者单位名称，法定代表人姓名、职务；

（二）争议的案由及主要情况；

（三）当事人协议的内容和调解结果；

（四）履行协议的方式、地点、期限；

（五）其他需要载明的事项。

《行政调解协议书》须由有关当事人签名，调解人员署名确认，并加盖市教委印章。行政调解书自送达有关当事人后生效，任意一方当事人拒绝接收行政调解协议书的，视为调解不成。

第十一条 调解协议书生效后当事人应当积极履行，一方当事人不履行协议的,另一方当事人可以继续申请行政调解或寻求相关法律救济途径。

第十二条 行政调解中有以下情形之一的调解终止:

(一)一方或者双方在调解过程中要求终止调解的;

(二)经过两次调解仍然不能达成调解协议的。

第十三条 行政争议调解应当在申诉、复议期限内终结。

第十四条 行政争议调解案件形成的档案材料应当及时归档。

第三章 学生伤害事故调解

第十五条 申请学生伤害事故调解应符合下列条件:

(一)申请人必须是本案当事人或其代理人;

(二)有明确的被申请人、具体的调解请求和事实依据。

第十六条 下列学生伤害事故调解申请不予受理:

(一)已向人民法院起诉的;

(二)一方要求调解,另一方不愿意调解的;

(三)市教委认为应当不予受理的其他情况。

第十七条 申请学生伤害事故调解,当事人应当提出书面调解申请及身份证明。申请书要写明申请人和被申请人的基本情况,包括姓名或者名称,住址,法定代表人姓名、职务,联系电话等,申请的请求和事实依据,申请日期,落款要由申请人签字或盖章。

当事人委托代理人的,应当出具授权委托书及代理人身份证明。

第十八条 在收到申请书后,市教委应当认真审查有关材料,符合受理条件的,应当及时受理,并通知双方当事人提交有关证据材料、法定代表人证明书、授权委托书以及其他必要的证明材料。

不符合受理条件的,应当书面通知申请人不予受理,并说明理由。

第十九条 市教委受理申请以后,认为必要的,可以指定相关部门进行调解,并应当在接到申请之日起60日内完成调解。

第二十条 调解人员应当认真听取当事人的意见,如实做好调解笔录,积极促使当事人互相谅解,达成调解协议。

第二十一条 经调解,双方就事故处理达成一致意见的,应当在两名以上调解人员的见证下签订学生伤害事故调解协议。

调解协议应包括以下内容：双方当事人基本情况；纠纷简要事实、争议事项及双方责任；双方当事人的权利和义务；履行协议的方式、地点、期限；当事人签名，调解人员签名，加盖单位印章。

第二十二条 在调解期限内，双方不能达成一致意见，或者调解过程中一方提起诉讼，人民法院已经受理的，应当终止调解。

调解结束或终止，市教委应当书面通知当事人。

第二十三条 对经调解达成的协议，应送达各方当事人，市教委保留一份存档。

第四章 责任追究

第二十四条 市教委无正当理由不受理行政调解申请，或者在法定期限内不履行调解职责，贻误调解时机，造成恶性事件、群体性事件或其他严重后果的，由监察部门按有关规定和程序追究相关人员的责任。

第二十五条 行政调解工作人员在行政调解活动中，徇私舞弊或者有其他渎职、失职行为的，依法给予行政处分；构成犯罪的，依法追究刑事责任。

第五章 附则

第二十六条 本制度自2012年6月1日起施行。

北京市质量技术监督局办公室关于印发《北京市质量技术监督行政调解实施办法》的通知

（2014年8月1日 京质监办发〔2014〕37号）

各区县局、分局，市局机关各处室，稽查总队，各直属事业单位：

《北京市质量技术监督行政调解实施办法》，已经局2014年第8次局长办公会讨论通过,现予以发布,请遵照执行。

北京市质量技术监督局办公室

二〇一四年八月一日

北京市质量技术监督行政调解实施办法

第一章 总 则

第一条 为了加强行政调解工作,规范行政调解行为,及时化解矛盾纠纷,健全社会矛盾纠纷调解机制,促进社会和谐稳定,根据《中共北京市委办公厅 北京市人民政府办公厅印发〈关于推进社会矛盾多元调解体系的意见〉的通知》和《北京市人民政府办公厅关于进一步加强本市行政调解工作的意见》,结合我市质量技术监督工作实际,制定本办法。

第二条 北京市质监系统行政调解工作,适用本办法。

本办法所称行政调解,是指行政机关(市局或区县局)在日常管理和行政执法过程中,对行政纠纷和与本机关行政管理职能相关的民事争议,以法律、法规、规章及政策为依据,以当事人自愿为原则,通过对争议当事人的说服和疏导,促使双方当事人平等协商、互让互谅、达成协议、解决争议纠纷的活动。

第三条 行政调解遵循以下原则:

(一)自愿原则。充分尊重当事人意愿,不得强迫当事人接受调解方式或者调解结果。

(二)合法原则。调解的方式、内容和结果不得违反法律规定和国家政策,不得损害国家利益、社会公益和社会公德,不得损害他人合法利益。

(三)公平公正原则。在行政调解中各方当事人地位平等。调解机关在调解的过程中应当坚持中立、公正的原则,公平对待各方当事人。

(四)效率原则。行政调解应当简便、快捷、高效,鼓励采取既灵活多样又诚信规范的方式化解矛盾。

(五)保密原则。除非法律、法规、规章规定,以及当事人共同要求或者均表示愿意采取公开调解,或者当事人另有约定之外,参加调解活动的人员应当对当事人、第三人在调解活动中提供的信息予以保密。

第四条 下列争议纠纷可以进行行政调解：

（一）产品质量纠纷。属于《产品质量法》第四章、《产品质量申诉处理办法》以及《家用汽车产品修理、更换、退货责任规定》调整范围，因产品不符合法律规定或合同约定，而产生的民事损害赔偿争议。

（二）计量纠纷。属于《计量法实施细则》以及《仲裁检定和计量调解办法》调整范围，因计量器具准确性所产生的纠纷。

（三）行政复议纠纷。属于《中华人民共和国行政复议法实施条例》调整范围，因自由裁量权、行政赔偿或行政补偿产生的行政复议争议。

（四）信访纠纷。属于《信访条例》受理范围，可以采用调解方式解决的事项。

（五）法律、法规、规章规定可以进行行政调解的其他纠纷。

市局或区县局在工作中发现有关行政争议，或者与行政管理职能相关的民事纠纷符合前款规定的，应当主动告知当事人有申请行政调解的权利。

第五条 下列争议纠纷，行政调解机关不予受理、调解：

（一）人民法院已经受理或者作出生效判决、裁定的；

（二）仲裁机构已经受理或者作出生效裁决的；

（三）已经信访复核的；

（四）已经复议决定的；

（五）已经行政调解完毕，相对人就同一纠纷以同一事实和理由再次申请的；

（六）其他行政机关、调解组织已经受理调解或者已经作出行政调解决定的；

（七）一方当事人、第三人拒绝调解的；

（八）涉嫌犯罪的；

（九）法律、法规、规章规定不适用调解处理的其他争议纠纷。

第六条 各区县局应当加强对行政调解工作的指导，推动建立健全行政调解与人民调解、司法调解的衔接，建立健全协调联动机制、信息沟通机制和效力衔接机制。

市局法规处负责行政调解工作的指导、协调，具体负责行政复议调解工作；市局办公室负责指导、协调信访调解；市局计量处负责指导、协调计量纠纷调解；市局投诉举报中心负责产品质量申诉的受理、转办。

各区县质监局、分局具体负责本行政区域内除行政复议以外的其他行政调解工作。

第二章　行政调解程序

第七条　市局、区县局可以依申请或者依职权启动行政调解程序。

当事人申请行政调解,可以书面提出申请,也可以口头提出申请。

口头申请的,受理调解机关应当记录申请人的基本情况和请求事项、主要事实、理由、申请时间等,并经申请人签字确认。

市局或者区县局依职权提出的,应当征得各方当事人同意。

第八条　当事人申请行政调解,应当符合下列条件:

(一)有明确的相对人、具体调解请求和事实依据;

(二)当事人与申请调解的争议纠纷有直接利害关系;

(三)申请调解的争议纠纷与市局或区县局的行政管理职能有关;

(四)相对人、第三人同意调解。

第九条　凡符合调解条件的,受理机关应当在收到申请之日起在法律、法规、规章规定的时限内向当事人发出受理通知,明确调解时间、地点和调解主持人;不符合调解条件的,应当告知申请人,并说明理由。

行政调解涉及第三人利益的,调解机关应当通知第三人参加调解。

第十条　受理机关受理行政调解后,应当及时告知当事人依法享有的权利、义务及调解人员、记录人员的身份,核对当事人身份,询问当事人或者第三人是否申请回避。

第十一条　行政调解人员和记录人员有下列情形之一的,当事人或者第三人有权申请其回避:

(一)本人与该纠纷的当事人有利害关系的;

(二)本人与该纠纷有利害关系的;

(三)可能影响对案件公正调解的。

符合前款规定情形的行政调解人员或者记录人员应当主动提出回避,当事人或者第三人提出回避要求的,调解机关应当调换。

第十二条　行政调解应当在法律、法规、规章规定的时限内调解完毕。信件邮寄,以及为查清基本事实而可能进行的必要的检验、鉴定的期限不计算在受理、办理期限内。

第十三条 在行政调解过程中,调解机关应当认真听取各方当事人的陈述、申辩和质证,分析归纳各方争议的焦点,依法对当事人进行说服、劝导,引导争议各方达成调解协议。

对争议纠纷基本事实有异议的,调解机关可以采取听证、查阅有关资料、现场调查、检验、鉴定等方式调查取证。

第十四条 行政调解中,当事人享有下列权利:

(一)申请调解、接受调解、拒绝调解或者要求终止调解;

(二)要求调解公开进行或者不公开进行;

(三)自主表达意愿、自愿达成调解协议;

(四)法律、法规规定的其他权利。

第十五条 行政调解中,当事人应当履行下列义务:

(一)如实陈述纠纷事实,提交有关证据,不得提供虚假证明材料;

(二)遵守调解现场秩序,尊重行政调解人员;

(三)积极履行已达成的调解协议;

(四)法律、法规规定的其他义务。

第十六条 调解机关调解争议纠纷,应当制作调解笔录。行政调解笔录应当全面、真实地记载调解过程,并由调解人员和双方当事人、第三人签名。

第十七条 行政调解达成协议的,调解机关应当制作行政调解书。

行政调解书应当载明下列事项:

(一)当事人的姓名、性别、年龄、职业、工作单位、住所;法人或者其他组织的名称、住所和法定代表人姓名、职务;委托代理人的姓名、性别、年龄、职业、工作单位;

(二)争议纠纷事实、争议事项及各方当事人责任;

(三)协议的内容和调解结果;

(四)履行协议的方式、地点、期限;

(五)当事人违反调解协议的责任;

(六)调解人员、双方当事人、第三人签名;

(七)其他事项。

行政调解书的内容不得违反国家法律以及国家政策规定,不得损害国家利益、公共利益、社会公德、他人合法权益。

第十八条 行政调解书自双方当事人、第三人和调解人员、调解机关签字盖章之日起生效，当事人应当自觉履行。有关民事纠纷调解协议当事人认为有必要的，可以依法向法院或者仲裁机构申请确认其效力。

行政调解书共3份，由双方当事人、第三人各执1份，调解机关存档1份。

第十九条 有下列情形之一的，调解机关可以终止行政调解：

（一）当事人不愿意继续调解的；

（二）当事人无正当理由缺席调解或者以其他方式表明退出调解的；

（三）调解结果涉及第三人利益，第三人不同意的；

（四）调解达不成协议的或者行政调解协议生效前，一方当事人或者第三人反悔的。

调解机关终止行政调解，应当制作行政调解终止通知书。对于行政争议、调解机关应当依法作出处理决定；对于民事纠纷，应当引导当事人通过仲裁或诉讼等渠道解决争议和纠纷。

第三章 附 则

第二十条 行政调解工作纳入绩效考核。

第二十一条 行政调解形成的档案材料应当按照档案管理的要求一案一卷归档保存。

第二十二条 各区县局应当定期对行政调解有关数据和情况进行统计分析，并报市局法规处，法规处汇总后报市政府法制办。

各区县局应当建立重大行政争议预警机制，坚持预防和化解并重，准确把握实际存在和可能发生的争议纠纷，努力把矛盾化解在萌芽状态和初始阶段。

第二十三条 调解机关及其主要负责人和直接责任人，有下列情形之一的，依照有关规定给予行政问责或者行政处分：

（一）对行政调解工作组织领导不力、工作不落实、责任不到位，导致矛盾激化、造成严重后果的；

（二）无正当理由不受理行政调解申请的；

（三）不履行行政调解职责或者不支持配合行政调解，贻误矛盾纠纷调处时机，造成恶性事件、群体性事件或者其他严重后果的；

(四)在履行调解职责中徇私舞弊、滥用职权导致矛盾纠纷激化的;

(五)其他影响行政调解公正、及时进行等不当行为。

第二十四条 行政调解不收费,但法律、法规另有规定的,从其规定。

第二十五条 本办法自2014年8月1日起施行。

北京市东城区人民政府办公室关于进一步加强本区行政调解工作实施意见的通知

(2012年2月7日 东政办发〔2012〕2号)

各街道办事处,区政府各委、办、局,各区属机构:

为贯彻落实《中共北京市委办公厅北京市人民政府办公厅印发〈关于构建社会矛盾多元调解体系的意见〉的通知》(京办发〔2010〕29号)、北京市人民政府办公厅《关于进一步加强本市行政调解工作的意见》(京政办发〔2011〕27号)、《东城区构建社会矛盾多元调解体系实施意见》(东办发〔2011〕17号),充分发挥行政调解化解社会矛盾、维护社会和谐稳定作用,结合东城区实际,现就进一步加强本区行政调解工作提出如下意见:

一、充分认识做好行政调解工作的重要性

行政调解是由行政机关主持或主导的,以法律、法规和政策规定为依据,主要以民事纠纷和行政争议为对象,通过说服劝导等方法,促使各方当事人平等协商、互谅互让、达成协议,消除矛盾的一种纠纷解决机制,是化解社会矛盾纠纷的一种重要形式。全区各级行政机关要将行政调解作为重要的社会矛盾调处手段,充分利用行政调解工作优势,运用调解的办法做好矛盾纠纷化解工作,从源头上预防和减少社会矛盾,为切实维护我区社会和谐稳定,建设"国际化、现代化新东城"发挥重要作用。

二、指导思想、工作原则和工作重点

(一)指导思想

深入贯彻落实科学发展观,以化解社会矛盾纠纷为根本,紧紧围绕"国际化、现代化新东城”建设,以网格化社会服务管理创新模式为依托,以信访代理制度为抓手,以有效化解矛盾纠纷为重点,建立具有东城特色的行政调解工作体制,创新行政调解工作机制,充分发挥行政机关在化解行政争议和民事纠纷中的作用,推动建立行政调解与人民调解、司法调解相衔接的大调解联动机制,形成调解工作合力,有效化解社会矛盾,积极为全区经济社会发展创造和谐、稳定、有序的社会环境。

(二)工作原则

一是自愿原则,要尊重各方当事人意愿,不得强迫当事人接受调解方式或调解结果。二是合法原则,要遵循法律、法规和政策,不得损害国家利益、公共利益和他人合法权益。三是公平公正原则,要兼顾各方当事人的合法权益,平等协商处理利益纠纷,体现公平正义,行政机关作为当事人一方时,与行政相对人的地位平等。四是注重效果原则,要追求“定纷止争、案结事了”的社会效果和法律价值。

(三)工作重点

一是行政机关或者法律法规授权的具有管理公共事务职能的组织与公民、法人或者其他组织之间产生的法律法规规定可以调解的行政争议,重点解决好房屋征收与补偿、人力资源和社会保障、治安管理等方面的行政争议。二是公民、法人或者其他组织之间产生的与行政管理有直接或间接关联的民事纠纷,重点解决好交通损害赔偿、医疗卫生、消费者权益保护、物业管理、劳动争议等与行政管理有关的民事纠纷。对于涉及资源开发、环境污染、公共安全事故等方面的民事纠纷,以及涉及人数较多、社会影响大、可能影响社会稳定的纠纷要主动进行调解。

三、充分运用行政调解方法解决行政争议和民事纠纷

(一)努力把行政争议化解在行政程序中

各街道、各部门要切实做到行政调解与依法履职相结合,充分运用调解方法解决行政争议。履行行政复议职责的部门要根据《中华人民共和国行政复议法实施条例》规定的调解原则、范围,在不损害国家利益、公共利益和他人合法权益的前提下,按照调解优先原则解决行政争议。在行政复议决定作出之前,要深入了解各方诉求,找准争议焦点,向当事人宣传有关法律法规和政策,摆事实、讲道理,耐心细致地做好当事人的思想工作,为各方当事人自愿调解、达成协议创造条件。经调解,各方当事人达成和解协议的,行政机关应当做好和解协议内容记录;各方当事人达成调解协议的,行政机关应当制作行政复议调解书。在行政复议过程中,各街道、各部门要积极配合区政府法制办和其他行政复议机构做好行政复议调解、和解工作,及时履行行政复议调解、和解协议,切实做到"定纷止争、案结事了"。各街道、各部门要认真实施《信访条例》,深化信访代理制,完善代理责任体系,充分运用调解手段把预防和化解社会矛盾各项工作落到实处。

(二)切实做好民事纠纷的调解工作

各街道、各部门应当结合本地区、本部门的工作实际,建立健全解决民事纠纷的具体工作程序和规范。对依法应当由行政机关调处、裁决的民事纠纷,行政机关要在当事人同意的基础上优先采用调解的方法,向当事人耐心宣传有关法律法规,说服和劝导当事人在平等协商、互谅互让的基础上解决纠纷,努力促成各方当事人达成协议。通过调解,各方当事人能够达成协议的,行政机关应当制作行政调解文书;不能达成协议的,行政机关应当在法定期限内依法作出裁决,并及时告知当事人救济权利和途径。

(三)积极配合开展行政诉前和诉中协调工作

各街道、各部门要积极配合人民法院做好行政案件诉前、诉中的协调工作。对人民法院在行政诉讼立案阶段提出的协调意见,应当认真对待、积极履行;对人民法院指出的执法问题,应当立即核实、主动改正、消除负面影响;对因行政行为被诉可能引发重大矛盾纠纷的,应当立即将有关情况向主管领导汇报。区政府法制办要发挥好对区政府和所属工作部门涉诉行政争议化解工作的统筹协调作用,做好涉诉行政争议化解工作。

四、建立健全行政调解工作机制

(一)建立行政调解工作指导委员会会议制度

区政府对行政调解工作负总责,实行"部门分管,区级协调"的工作原则,落实目标责任制。区政府成立行政调解工作指导委员会并建立行政调解工作指导委员会会议制度。区行政调解工作指导委员会组织领导全区各街道、各部门行政调解工作委员会或行政调解工作中心(室)积极开展行政调解工作;负责全区行政调解工作的指导、协调、管理、监督和行政调解员的培训工作;有计划、有组织地开展全区性矛盾纠纷排查调处工作,把矛盾纠纷化解在基层化解在萌芽状态;组织调解全区性重大纠纷案件及协议书的制作;组织协调涉及两个职能部门以上的矛盾纠纷处理工作；定期组织召开区行政调解工作指导委员会的有关会议；负责全区开展行政调解工作有关人员、经费等问题的落实。

区行政调解工作指导委员会要及时汇总、分析和通报行政调解工作进展情况，定期研究解决开展行政调解工作涉及的问题，做好与相关部门的信息通报和交流工作。区行政调解工作指导委员会下设办公室，设在区政府法制办。区行政调解工作指导委员会办公室负责办理区行政调解工作指导委员会日常工作，负责日常具体业务的指导、协调工作。各街道、各部门要积极依据意见要求成立行政调解工作委员会或行政调解工作中心（室）积极开展行政调解工作。区政府将建立健全考核激励机制，提高行政调解工作的积极性、主动性，建立健全覆盖全区的行政调解组织网络，做到信息共通、资源共享。

（二）建立行政调解信息月报制度

各街道、各部门要加强行政调解的信息汇报工作，按月及时通报本地区、本部门开展行政调解的工作情况，交流工作经验，及时发现并研究带有倾向性和普遍性的问题。对涉及人数较多、社会影响大、可能影响社会稳定的，要及时摸清情况，提出对策建议，并及时与区行政调解工作指导委员会办公室沟通，同时应当向同级党委、政府报告。区行政调解工作指导委员会办公室应当定期对信息报送情况进行汇总、分析和通报。

（三）健全规范行政调解工作制度

制定并落实《北京市东城区行政调解工作办法》，将行政调解工作制度化、体系化，严格依照规定开展行政调解工作。各街道、各部门要建立健全行政调解工作制度，规范行政调解工作。要根据行业特点和要求制定行政调解程序，规范行政调解的受理、调查、调解、制作调解协议等工作环节。行政调解中，要保障当事人的平等地位，保障当事人的知情权、参与权和救济权。

（四）建立行政调解工作考核制度

建立我区行政调解工作考核制度，对各单位行政调解工作进行考核。各街道、各部门要建立行政调解工作目标责任制，制定矛盾化解具体目标，对发生在本地区、本部门的行政争议，及时跟踪调解进展，全面评估调解效果。对重大行政争议，区政府和各有关部门要重点研究解决措施，抓好落实工作。对不积极主动配合行政调解工作、不能及时化解矛盾纠纷，造成严重后果的要予以问责。

（五）建立行政调解与人民调解、司法调解的衔接制度

各街道、各部门要积极做好行政调解与人民调解的衔接配合，在交通损害赔偿、医疗卫生、消费者权益保护、物业管理、劳动争议等矛盾多发领域，要建立由有关行政部门主导的专业的人民调解组织，开展调解工作。要主动加强行政调解与司法调解的衔接配合，建立调解情况通报交流制度，充分发挥各自职能，妥善化解各类纠纷。行政机关对于调解不成的重大矛盾纠纷，应当及时告知、引导当事人通过诉讼渠道解决。对于进入诉讼程序的行政争议，在诉前已经做过行政调解工作的，应当将行政调解的有关情况告知人民法院。

（六）建立行政调解经费保障机制

区财政局要按照现行事权、财权划分原则，在分清渠道，分级负担的前提下，根据区行政调解工作指导委员会及各街道、各部门预算管理有关要求，将宣传、培训、指导、聘用专职行政调解工作人员、调解员工作补贴等各类调解工作经费纳入本级财政年度预算，健全行政调解经费拨付制度。行政调解经费保障的具体制度由区财政局、区政府法制办研究落实。

（七）建立行政调解宣传长效机制

各街道、各部门要加强行政调解的宣传工作，及时总结本地区、本部门开展行政调解工作的成功经验和先进典型，并做好宣传工作。要充分利用广播、电视、报刊、网络等新闻媒体，开展各种形式的宣传教育，积极引导广大人民群众了解行政调解、支持并选择行政调解解决矛盾纠纷。

五、加强领导，抓好落实

（一）建立行政调解工作体制

成立区行政调解工作指导委员会，根据全区行政调解工作实际情况，统筹组织、协调、指导全区行政调解工作，重点解决涉及两个以上部门的行政调解案件的办理、协调工作。行政调解工作指导委员会下设办公室，设在区政府法制办，研究制定行政调解工作规章制度，加强对各部门的业务指导，组织各部门行政调解人员的法律知识和调解技能等培训，做好同人民调解、司法调解组织的有机衔接和配合。

在涉及公共交通、医疗、建设、物业、消费、治安、劳动、交通事故等矛盾多发领域，有关部门要建立健全行业性、专业性的行政调解委员会及相关配套制度，完善各领域行政调解委员会运行机制，组建不同领域、不同专业、全区联网的行

政调解专家信息库，构建与人民调解、司法调解衔接机制，形成“部门分管、区级协调”的工作模式。

（二）加强行政调解队伍建设

建立并落实《北京市东城区行政调解员选聘制度》，充实行政调解员队伍。区行政调解工作指导委员会办公室设立固定办公场所，配备专职人员，负责行政调解接待、指导、培训、协调等工作。各街道要整合人力、物力资源，建立街道行政调解工作平台，以社区网格为载体，将网格助理员等人员作为行政调解工作的信息员和调解员，与人民调解联动，由下至上建立网格、社区、街道三级调解网络。各部门要选调政治素质好、业务能力强、有较高法律素质、善于做群众工作的干部充实到行政调解工作队伍中去，要建立专、兼职行政调解工作人员队伍，开展行政调解工作。区政府根据行政调解工作任务的需要和特点，充分利用司法、行政、专家学者等各种资源，通过举办培训班等形式，每年对各街道、各部门行政调解工作人员有计划地开展培训工作，提高行政调解工作人员政治、业务素质，不断提升行政调解工作水平。行政调解人员保障的具体制度由区编办、区政府法制办研究落实。

（三）构建行政主导、社会参与的行政调解体系

各街道、各部门要紧密依靠基层组织、相关行业协会和专家学者发挥行政调解作用，动员社会各方面力量积极参与行政调解工作。在重点领域、重点行业要组织建立社会专兼职调解员队伍和调解专家库，构建行政主导、社会参与的行政调解体系。

（四）加强监督检查，落实奖励与问责

各街道、各部门要根据我区关于行政调解工作的具体部署，制定本地区、本部门开展行政调解工作的实施方案，主要领导应当定期听取行政调解工作汇报，及时协调解决行政调解工作中遇到的重大问题。要充分运用行政调解手段，切实把矛盾化解在基层，化解在萌芽状态，化解在本行政机关内部，不得推卸责任。区行政调解工作指导委员会办公室要定期对各街道、各部门行政调解工作进行检查和指导。区政府对开展行政调解工作取得突出成绩的单位和个人给予奖励，对行政调解工作中玩忽职守、徇私舞弊的单位和个人予以问责。

二〇一二年二月七日

北京市西城区人民政府办公室关于印发北京市西城区进一步加强行政调解工作实施意见的通知

（2013 年 3 月 25 日　西政办发〔2013〕11 号）

区政府各委、办、局，各街道办事处，各有关单位：

经区政府同意，现将《北京市西城区进一步加强行政调解工作的实施意见》印发给你们，请认真贯彻执行。

北京市西城区人民政府办公室

2013 年 3 月 25 日

北京市西城区进一步加强行政调解工作的实施意见

为贯彻落实《中共北京市委办公厅北京市人民政府办公厅印发〈关于构建社会矛盾多元调解体系的意见〉的通知》（京办发〔2010〕29 号）、《北京市人民政府办公厅关于进一步加强本市行政调解工作的意见》（京政办发〔2011〕27 号），充分发挥行政调解化解社会矛盾、维护社会和谐稳定作用，现就进一步加强本区行政调解工作提出如下意见。

一、充分认识做好行政调解工作的重要性

行政调解是由行政机关主持或主导的，以法律、法规和政策规定为依据，主要以民事纠纷和行政争议为对象，通过说服劝导等方法，促使各方当事人平等协商、互谅互让、自愿达成协议，消除矛盾的一种纠纷解决机制，是化解社会矛盾纠纷的一种重要形式。全区各级行政机关要将行政调解作为重要的社会矛盾调处手段，运用调解的办法做好矛盾纠纷化解工作，从源头上预防和减少社会矛盾，为切实维护我区社会和谐稳定，实现“三区战略”，努力建设“活力、魅力、和谐”新西城的奋斗目标,发挥重要作用。

二、指导思想、工作原则和工作范围

(一)指导思想

深入贯彻落实科学发展观,以化解社会矛盾纠纷为根本,建立行政调解工作体制,创新行政调解工作机制,充分发挥行政机关在化解行政争议和民事纠纷中的作用,推动建立行政调解与人民调解、司法调解相衔接的大调解联动体系,形成调解工作合力,有效化解社会矛盾,积极为全区经济社会发展创造和谐、稳定、有序的社会环境。

(二)工作原则

行政调解遵循自愿、合法、公平公正、注重效果、“谁主管、谁负责”的原则。行政调解应尊重各方当事人意愿,不得强迫当事人接受调解;遵守法律、法规和政策,不得损害国家利益、公共利益和他人合法权益;兼顾各方当事人的合法权益;追求“定纷止争、案结事了”的社会效果和法律价值;行政机关对其行政管理职能有关的纠纷负责调解。

(三)工作范围

一是行政机关或者法律法规授权的具有管理公共事务职能的组织与公民、法人或者其他组织之间产生的法律法规规定可以调解的行政争议,重点解决好房屋征收与补偿、人力资源和社会保障、治安管理等方面的行政争议。二是公民、法人或者其他组织之间产生的与行政管理有直接或间接关联的民事纠纷,重点解决好交通损害赔偿、医疗卫生、消费者权益保护、物业管理、劳动争议等与行政管理有关的民事纠纷。对于涉及资源开发、环境污染、公共安全事故等方面的民事纠纷,以及涉及人数较多、社会影响大、可能影响社会稳定的纠纷要主动进行调解。

三、建立健全行政调解工作体制机制

(一)建立西城区行政调解工作体制

建立区政府负总责,区政府法制办牵头,各部门为主体的行政调解工作体制。行政调解工作实行“部门分管、区级协调”的工作原则。区政府法制办负责组织指导全区各部门、各街道积极开展行政调解工作;研究制定行政调解工作制度;负责全区行政调解工作的指导、协调、管理、监督、培训;组织协调涉及2个以上职能部门矛盾纠纷的行政调解工作;研究推进行政调解与人民调解、司法调解衔接机制;负责全区行政调解工作的信息交流、督查考核、经验总结和推广工作。

各部门、各街道应明确行政调解工作的主管领导,要指定专门科室承担行政调解工作,要建立专、兼职行政调解工作人员队伍,积极开展行政调解工作。在涉及公共交通、医疗、建设、物业、消费、治安、人力资源和社会保障、交通事故等矛盾多发领域,有关部门要成立行政调解委员会,建立健全行政调解工作配套制度,完善各领域行政调解委员会运行机制。

(二)建立健全行政调解工作制度

建立行政调解工作制度。制定《北京市西城区行政调解工作办法》,将行政调解工作制度化、体系化。各部门、各街道要建立健全行政调解工作制度,规范行政调解工作。要根据行业特点和要求制定行政调解程序,规范行政调解的受理、调查、调解、制作调解协议等工作环节。

建立行政调解季报制度。各部门、各街道要加强行政调解的信息汇报工作,按季度及时通报本地区、本部门开展行政调解的工作情况,及时发现并研究带有倾向性和普遍性的问题。对涉及人数较多、社会影响大、可能影响社会稳定的,要及时摸清情况,提出对策建议,并及时与区政府法制办沟通,同时应当向区委、区政府报告。区政府法制办应当定期对信息报送情况进行汇总、分析和通报。

建立行政调解考核制度。各部门、各街道要建立行政调解工作目标责任制,制定矛盾化解具体目标,对发生在本地区、本部门的行政争议,及时跟踪调解进展,全面评估调解效果。对重大行政争议,区政府和各有关部门要重点研究解决措施,抓好落实工作。对不积极主动配合行政调解工作、不能及时化解矛盾纠纷,造成严重后果的要予以问责。

建立行政调解员选聘制度。研究制定《北京市西城区行政调解员选聘制度》,规范行政调解员行为,建立一支适应西城区行政调解工作的行政调解员队伍,行政调解员可从本部门工作人员中选任,也可以选聘有一定专业知识、热心行政调解工作的群众,人大代表、政协委员等担任。

建立行政调解与人民调解、司法调解的衔接制度。各部门、各街道要积极做好行政调解与人民调解的衔接配合,要主动加强行政调解与司法调解的衔接配合,建立调解情况通报交流制度。行政机关对于调解不成的重大矛盾纠纷,应当及时告知、引导当事人通过诉讼渠道解决。对于进入诉讼程序的行政争议,在诉前已经做过行政调解工作的,应当将行政调解的有关情况告知人民法院。

建立行政调解经费保障、宣传制度。区财政局要按照现行事权、财权划分原则,在分清渠道,分级负担的前提下,根据预算管理有关要求,将宣传、培训、指导、聘用专职行政调解工作人员、调解员工作补贴等各类调解工作经费纳入本级财政年度预算。各部门、各街道要充分利用广播、电视、报刊、网络等新闻媒体,开展各种形式的宣传教育,引导群众选择行政调解解决矛盾纠纷。要及时总结本地区、本部门开展行政调解工作的成功经验和先进典型,并做好宣传工作。

四、充分运用行政调解方法解决行政争议和民事纠纷

(一)努力把行政争议化解在行政程序中

各部门、各街道要切实做到行政调解与依法履职相结合,充分运用调解方法解决行政争议。履行行政复议职责的部门要根据《中华人民共和国行政复议法实施条例》规定的调解原则、范围,在不损害国家利益、公共利益和他人合法权益的前提下,按照调解优先原则解决行政争议。在作出行政复议决定之前,要深入了解各方诉求,找准争议焦点,向当事人宣传有关法律法规和政策,耐心细致地做好当事人的思想工作,为各方当事人自愿调解、达成协议创造条件。经调解,各方当事人达成和解协议的,行政机关应当做好和解协议内容记录;各方当事人达成调解协议的,行政机关应当制作行政复议调解书。在行政复议过程中,各部门、各街道要积极配合区政府法制办和其他行政复议机构做好行政复议调解、和解工作,及时履行行政复议调解、和解协议,切实做到“定纷止争、案结事了”。

(二)切实做好民事纠纷的调解工作

各部门、各街道应当结合本地区、本部门的工作实际,建立健全解决民事纠纷的具体工作程序和规范。对依法应当由行政机关调处、裁决的民事纠纷,行政机关要在当事人同意的基础上优先采用调解的方法,向当事人耐心宣传有关法律法规,说服和劝导当事人在平等协商、互谅互让的基础上解决纠纷,努力促成各方当事人达成协议。通过调解,各方当事人能够达成协议的,行政机关应当制作行政调解文书;不能达成协议的,行政机关应当在法定期限内依法作出裁决,并及时告知当事人救济权利和途径。

(三)积极配合开展行政诉前和诉中协调工作

各部门、各街道要积极配合人民法院做好行政案件诉前、诉中的协调工作。对人民法院在行政诉讼立案阶段提出的协调意见,应当认真对待、积极履行;对人民法院指出的执法问题,应当立即核实、主动改正、消除负面影响;对因行政行为被诉可能引发重大矛盾纠纷的,应当立即将有关情况向本单位主管领导汇报。区政府法制办要发挥好对区政府和所属工作部门涉诉行政争议化解工作的统筹协调作用,做好涉诉行政争议化解工作。

五、加强领导,抓好落实

(一)加强行政调解队伍建设

各部门、各街道要选调政治素质好、业务能力强、有较高法律素质、善于做群众工作的干部充实到行政调解工作队伍中去,建立专、兼职行政调解工作人员队伍,开展行政调解工作,形成"部门分管、区级协调"的工作模式。

区政府法制办要加强对行政调解工作人员的培训工作,根据行政调解工作任务的需要和特点,充分利用司法、行政、专家学者等各种资源,通过举办培训班等形式,每年对各街道、各部门行政调解工作人员有计划地开展培训工作,提高行政调解工作人员政治、业务素质。

(二)构建行政主导、社会参与的行政调解体系

各部门、各街道要紧密依靠基层组织、相关行业协会和专家学者发挥行政调解作用,动员社会各方面力量积极参与行政调解工作。在重点领域、重点行业要组织建立社会专兼职调解员队伍和调解专家库,构建行政主导、社会参与的行政调解体系。

(三)落实领导责任,加强监督检查

各部门、各街道要根据我区关于行政调解工作的具体部署,制定本部门开展行政调解工作的实施方案,主要领导应当定期听取行政调解工作汇报,协调解决行政调解工作中遇到的重大问题。要充分运用行政调解手段,切实把矛盾化解在萌芽状态,化解在本行政机关内部,不得推卸责任。区政府法制办要定期对各部门、各街道行政调解工作进行检查和指导。区政府对开展行政调解工作取得突出成绩的单位和个人给予表彰。

北京市西城区综治委社会矛盾多元调解专项组办公室关于印发《北京市西城区行政调解工作信息报送制度》的通知

（2014年4月8日 西综委多元调解组办〔2014〕1号）

各行政机关，各街道办事处：

现将《北京市西城区行政调解工作信息报送制度》印发给你们，请认真贯彻执行。

特此通知。

西城区综治委社会矛盾多元调解专项组办公室

2014年4月8日

北京市西城区行政调解工作信息报送制度

为及时掌握全区行政调解工作动态，加强行政调解信息工作，整合全区行政调解工作信息资源，促进信息共享，交流行政调解工作的先进经验，促进行政调解工作的开展，制定本制度。

一、信息报送工作组织机构及主要职责

区政府法制办负责全区行政调解信息工作的统筹协调，制定年度信息报送工作计划，及时对信息进行汇总、上报、反馈和存档，对各单位信息工作进行指导和考核。

二、信息报送的内容

1. 行政调解的重要制度、重大决策和重要工作安排与部署；

2. 按时报送本单位行政调解日常工作情况、行政调解相关统计数据分析、半年、全年工作总结；

3. 突发事件、有重大影响或者群体性的行政调解案件的办理进展情况、办理结果和可能存在的隐患；

4. 行政调解的典型案件，行政调解工作的新模式、先进经验和先进事迹；

5. 遇有人员变动及时填报《西城区行政调解机构、人员信息表》。

三、信息报送的要求

各单位应当指定专职信息联络员，负责本单位的行政调解信息工作，每月最少报送信息一篇、每季度最少报送案例一篇，及时报送相关表格。

（一）文字要求

语言准确精炼，一般信息字数以 300～500 字为宜，重要的信息或案例应当控制在 1500 字以内。

（二）报送时间

各单位应当于每月 4 日前（遇节假日的顺延至节假日后第一个工作日）报送上月行政调解、案例和统计数据分析，行政调解工作信息应及时报送。统计时段内没有行政调解案件的单位，也要"零"报告。

对于特别重要和紧急的信息，各单位应当于当日或者在二日内报送。

（三）报送方式

各单位专职信息联络员应当按照本制度规定，向区法制办分别报送书面信息及其电子版。

四、信息报送考核

信息报送工作纳入全区绩效考核法制建设体系，每年从信息报送的数量、质量、时效性等方面对各单位的信息报送工作进行考核。

二〇一四年四月八日

北京市西城区行政调解工作办法

（2013 年 11 月 8 日　西综委多元调解组办发〔2013〕2 号）

第一章　总　　则

第一条　为促进社会和谐稳定，推动行政机关主动、及时化解矛盾纠纷，落实《中共北京市委办公厅北京市人民政府办公厅印发〈关于构建社会矛盾多元调解体系的意见〉的通知》（京办发〔2010〕29 号）、《北京市人民政府办公厅关于进一步加强本市行政调解工作的意见》（京政办发〔2011〕27 号），根据《北京市西城区人民政府办公室关于印发北京市西城区进一步加强行政调解工作实施意见的通知》（西政办发〔2013〕11 号），结合实际，制定本办法。

第二条　本办法所称行政调解是指由行政机关主持或者主导的，以法律、法规和政策规定为依据，主要以民事纠纷和行政争议为对象，通过说服劝导等方法，促使各方当事人平等协商、互谅互让、达成协议，消除矛盾的一种纠纷解决机制。

第三条　区各部门、各街道办事处在行使职权过程中开展行政调解，适用本办法。

第四条　行政调解的范围：

（一）公民、法人或者其他组织之间产生的与行政管理有直接或间接关联的民事纠纷；

（二）行政机关或者法律法规授权的具有管理公共事务职能的组织与公民、法人或者其他组织之间产生的法律法规规定可以调解的行政争议；

（三）其他可以适用调解的行政争议。

第五条　行政调解工作应当遵守下列原则：

（一）自愿原则：要尊重各方当事人意愿，不得强迫当事人接受调解方式或调解结果；

(二)合法原则:要遵循法律、法规和政策,不得损害国家利益、公共利益和他人合法权益;

(三)公平公正原则:要兼顾各方当事人的合法权益,平等协商处理利益纠纷,体现公平正义,行政机关作为当事人一方时,与行政相对人的地位平等;

(四)注重效果原则:要追求"定纷止争、案结事了"的社会效果和法律价值;

(五)谁主管,谁负责原则:行政机关对行政管理职能有关的纠纷负责调解。

第六条　在行政调解活动中,纠纷当事人享有下列权利:

(一)自主决定接受、不接受或者终止调解;

(二)申请有关行政调解人员回避;

(三)表达真实意愿;

(四)自愿达成调解协议。

第七条　在行政调解活动中,纠纷当事人承担下列义务:

(一)如实陈述纠纷事实,不得提供虚假证明材料;

(二)遵守调解规则;

(三)不得加剧纠纷、激化矛盾;

(四)自觉履行调解协议。

第二章　组 织 保 障

第八条　公民、法人或者其他组织与行政机关之间产生的影响重大的行政争议,该行政机关对此调解不成或者涉及两个部门以上的行政争议,经申请,可以由区政府法制办公室予以指导。

第九条　区政府法制办公室配备不少于 2 人的专职工作人员,设立固定的工作场所。

第十条　区政府及各相关部门,确立专门负责行政调解的科室,配备不少于 2 人的专兼职行政调解人员,设立固定的工作场所。各街道办事处确立负责行政调解工作的科室,配备不少于 1 人的专兼职行政调解人员。

区政府各部门、各街道办事处应定期向区政府法制办公室报告行政调解工作。

第十一条　行政调解当事人不承担行政机关组织调解的费用,行政调解工作经费应当纳入同级财政预算。

第三章 行政调解的启动

第十二条 行政机关调解矛盾纠纷应当符合下列条件:

(一)调解对象是与该矛盾纠纷有直接利害关系的当事人,包括纠纷双方、与案件有利害关系的第三人;

(二)该矛盾纠纷与该机关行政职权有关;

(三)该矛盾纠纷具有可调解性。

第十三条 行政机关处理矛盾纠纷时,对符合行政调解条件的,应当主动告知当事人有申请行政调解的权利,当事人要求调解的,行政机关应当启动调解。

第十四条 行政机关可以根据当事人的申请启动行政调解。当事人申请行政调解,原则上应当提交书面申请。

第十五条 依申请的行政调解,行政机关收到行政调解申请后,应当认真审查有关材料,符合条件的,应当启动调解。

不符合行政调解条件的,行政机关应当在五个工作日内告知当事人理由和解决纠纷的渠道。

第十六条 行政机关应当在启动调解五个工作日内通知其他当事人。各方当事人同意调解的,应当在五个工作日内告知申请人。

对一方当事人不同意行政调解的,行政机关应当在五个工作日内告知申请人解决纠纷的渠道。

第十七条 在未启动行政调解程序前,矛盾有可能激化的,行政机关应当及时采取必要的缓解疏导措施。

第十八条 两个以上行政机关都有管辖权的,由先收到行政调解申请的行政机关办理。行政机关对管辖权产生争议的,由区政府法制办公室协调指定。

第四章 行政调解的进行

第十九条 对重大复杂的争议案件,行政机关的主要负责人应当主持行政调解;其他争议案件,由调解人员或者行政机关负责人指定的人员进行行政调解。

第二十条 行政机关调解纠纷,根据需要可以邀请与当事人有特定关系或者与案件有一定联系的企业事业单位、社会团体或者其他组织、具有专门知识、特定社会经验,并有利于促成调解的个人协助调解工作。

第二十一条 进行行政调解,应当注意保守国家秘密,保护当事人的个人隐私和商业秘密。

第二十二条 调解人员有下列情况之一的,应当自行回避:

(一)是该矛盾纠纷当事人或者与当事人、代理人有近亲属关系的;

(二)与该矛盾纠纷有利害关系的;

(三)与该矛盾纠纷当事人、代理人有其他关系,可能影响纠纷公正处理的。

行政机关负责人发现调解人员有上述所列情况的,应当决定其回避。

当事人可以口头或者书面提出回避申请,由行政机关负责人核实后决定。

第二十三条 行政调解可以采取开庭调解的方式。

调解开始时,调解人员应当核对到场当事人身份,宣布行政调解纪律,介绍行政调解人员、记录人的身份,告知当事人享有的权利和承担的义务。

第二十四条 开庭调解按下列顺序进行:

(一)申请人陈述请求、事实和理由,并举出证明事实的证据;

(二)其他各方当事人陈述请求、事实和理由,并举出证明事实的证据;

(三)调解人员根据各方当事人提供的证据以及本行政机关收集的证据认定无争议的部分案件事实;

(四)调解人员总结争议焦点,说明分析法律法规相关规定,向各方当事人说明利弊;

(五)调解人员说服、疏导,提出或者修改调解方案,引导当事人达成解决矛盾纠纷的协议。

第二十五条 行政调解可以采用各方当事人不见面的分别调解等其他灵活多样的方式。

第二十六条 当事人可以自行提出调解方案,调解人员也可以提出调解方案供当事人参考。

第二十七条 行政调解达成协议的,由各方当事人签订行政调解书。行政调解书自各方当事人签字或盖章之日起生效。

行政调解书一般应当载明下列事项:

(一)各方当事人的基本情况;

(二)认定的纠纷事实、争议焦点及各方责任;

(三)调解结果;

(四)履行协议的期限、地点和方式。

行政调解书由调解人员签名,并盖调解机构印章。

行政调解书由各方当事人各执一份,行政机关存档一份。

第二十八条 经行政机关调解达成的行政调解协议,当事人应当按照约定全面履行自己的义务,不得擅自变更或者解除行政调解协议。一方当事人不履行行政调解书载明的义务,另一方当事人有权向人民法院提起诉讼。

第二十九条 当事人在调解过程中自行达成和解协议的,行政机关可以根据当事人的申请制作行政调解书。

第三十条 经行政调解达成协议,能够即时履行或者有其他适当理由,由记录人员记录在案,经当事人和调解人员签名或者盖章,可以不制作行政调解书。

第三十一条 经行政调解达不成协议的,行政机关应当终止行政调解。根据案件性质,告知当事人可以向信访部门申请调解,或者申请行政裁决、行政复议、向仲裁机构申请仲裁、向人民法院提起诉讼。

第三十二条 行政调解应当自启动之日起二个月内终结。情况复杂,不能在规定期限内终结的,可以适当延长,但延长期不得超过一个月。

第三十三条 当事人申请行政复议,行政复议机关启动行政调解,或者当事人申请行政调解的,应当的在7个工作日内终结,调解不成,及时作出行政复议决定。

第三十四条 行政调解案件应当及时归档,做到一案一档。

第五章 考核和问责

第三十五条 区政府法制办公室应当每年对行政调解工作进行考核,考核结果纳入区政府绩效管理考核。

第三十六条 行政机关应当严格履行职责,积极化解矛盾纠纷,对行政调解工作中作出突出贡献的,应当予以表彰。

第三十七条　行政机关有下列情形之一的，由区政府法制办公室责令其在规定时间内改正；对逾期未改正，懈怠履行职责的，由区政府法制办公室上报区社会治安综合治理委员会，会同监察部门追究相关责任人员行政责任，对单位给予通报批评：

（一）未按规定成立行政调解机构的；

（二）未按规定配备行政调解人员的；

（三）未按规定设立行政调解工作场所的；

（四）未按规定建立部门行政调解实施办法等相关制度的；

（五）未按规定报送行政调解信息等其他违反本办法规定情形，情节严重的。

第三十八条　行政机关无正当理由不受理行政调解申请，或者在法定期限内不履行调解职责，贻误纠纷调处时机，造成恶性事件、群体性事件或者其他严重后果的，由监察部门按有关规定和程序追究相关人员的责任。

第三十九条　行政调解人员在行政调解工作中，徇私舞弊、玩忽职守或者有其他渎职、失职行为的，由监察部门按有关规定和程序依法给予行政处分。

第六章　附　　则

第四十条　法律、法规、规章对行政调解另有规定的，从其规定。

第四十一条　本规定由区政府法制办公室负责解释。

二〇一三年十一月八日

北京市顺义区人民政府办公室关于加强行政调解工作的实施意见

（2011年8月5日　顺政办发〔2011〕18号）

各镇人民政府，地区和街道办事处，区政府各委、办、局，各区属机构：

为贯彻落实《北京市人民政府办公厅关于进一步加强本市行政调解工作的

意见》（京政办发〔2011〕27号），充分发挥行政调解对化解社会矛盾、维护社会和谐稳定的重要作用，结合实际，现就加强本区行政调解工作提出如下意见。

一、充分认识做好行政调解工作的重要性

行政调解是由行政机关主持或主导的，以法律、法规和政策规定为依据，主要以民事纠纷和行政争议为对象，通过说服劝导等方法，促使各方当事人平等协商、互谅互让、达成协议，消除矛盾的一种纠纷解决机制。当前，我区仍处于社会矛盾凸显期，特别是随着我区经济发展方式转变、城乡一体化建设等工作的推进，社会利益和群众需求呈现多元化趋势，社会矛盾化解工作也面临着许多新情况、新问题。各行政机关要将行政调解作为重要的社会矛盾调处手段，充分利用行政调解工作优势，运用调解的办法做好矛盾纠纷化解工作，从源头上预防和减少社会矛盾，为切实维护社会和谐稳定、促进区域经济社会又好又快发展发挥重要作用。

二、指导思想、工作原则和工作重点

（一）指导思想。

深入贯彻落实科学发展观，以化解社会矛盾纠纷为根本，以构建和谐顺义为目标，坚持调解优先，立足预防，重在化解，充分发挥行政调解的职能作用，形成与人民调解、司法调解的合力，有效化解社会矛盾，积极为我区经济社会发展创造和谐、稳定、有序的社会环境。

（二）工作原则。

一是自愿原则，行政调解要充分尊重当事人意愿，不得强迫当事人接受调解方式或调解结果。二是合法原则，行政机关要公平、公正地化解矛盾纠纷，有效地保护各方当事人的合法权益。调解的内容不得违反法律禁止性规定，不得损害国家利益、社会公共利益和他人合法权益。三是公平公正原则，要兼顾各方当事人的合法权益，平等协商处理利益纠纷，体现公平正义，行政机关作为当事人一方时，与行政相对人的地位平等。四是注重效果原则，要追求"定纷止争、案结事了"的社会效果和法律价值。

（三）工作重点。

一是行政机关或者法律法规授权的具有管理公共事务职能的组织，与公民、法人或者其他组织之间产生的法律法规规定可以调解的行政争议，重点解决好土地征收、城镇房屋拆迁、人力资源和社会保障、治安管理等方面的行政争议。

二是公民、法人或者其他组织之间产生的与行政管理有直接或间接关联的民事纠纷,重点解决好交通损害赔偿、医疗卫生、消费者权益保护、物业管理、劳动争议等与行政管理有关的民事纠纷。对于涉及资源开发、环境污染、公共安全事故等方面的民事纠纷,以及涉及人数较多、社会影响大、可能影响社会稳定的纠纷要主动进行调解。

三、充分运用行政调解方法解决行政争议和民事纠纷

(一)努力把行政争议化解在行政程序中。

各行政机关要切实做到行政调解与依法履职相结合,积极主动地开展行政调解工作,努力把争议化解在行政程序中。在调解时,要找准争议纠纷的焦点和各方利益的平衡点,充分发挥专业优势,采取灵活多样的方式,注重法、理、情的有机统一,开展耐心、细致的说服劝导工作,促成各方当事人互谅互让,达成调解协议。

具有行政复议职权的行政机关对符合行政复议受理条件的行政争议,要依法受理行政复议申请,根据《中华人民共和国行政复议法实施条例》规定的调解原则、范围,在不损害国家利益、公共利益和他人合法权益的前提下,按照调解优先原则解决行政争议。在行政复议决定作出之前,要深入了解各方诉求,找准争议焦点,向当事人宣传有关法律法规和政策,摆事实、讲道理,耐心细致地做好当事人的思想工作,为各方当事人自愿调解、达成协议创造条件。经调解,各方当事人达成和解协议的,行政机关应当做好和解协议内容记录;各方当事人达成调解协议的,应当制作行政复议调解书。在行政复议过程中,各行政机关要积极配合区政府法制办做好行政复议调解、和解工作,及时履行行政复议调解、和解协议,切实做到“定纷止争、案结事了”。

(二)切实做好民事纠纷的调解工作。

对依法应当由行政机关裁决、调处的民事纠纷,行政机关要优先适用调解,向当事人耐心宣传有关法律法规,说服和劝导当事人在平等协商、互谅互让的基础上解决纠纷,努力促成各方当事人达成协议。通过调解,各方当事人能够达成协议的,行政机关应当制作行政调解文书;不能达成协议的,行政机关应当在法定期限内依法作出裁决,并及时告知当事人救济权利和途径。

(三)积极配合法院开展行政诉前和诉中协调工作。

行政诉讼案件较多的行政机关,要积极配合人民法院做好行政案件诉前、诉中的协调工作。行政机关对人民法院在行政诉讼立案阶段提出的协调意见,应当认真对待、积极履行;对人民法院指出的执法问题,应当立即核实、主动改正、消除负面影响;对因行政行为被诉可能引发重大矛盾纠纷的,应当立即将有关情况向主管领导汇报。区政府法制办要发挥好对涉诉行政争议化解工作的统筹协调作用,做好涉诉行政争议化解工作。

四、建立健全行政调解工作机制

(一)建立行政调解信息分析上报制度。

各行政机关要加强行政调解的信息分析上报工作,及时通报本行政机关开展行政调解工作情况,及时发现并研究带有倾向性和普遍性的问题。对涉及人数较多、社会影响大、可能影响社会稳定的问题,要及时摸清情况,提出对策建议,并及时与区政府法制办沟通,同时应当向同级党委、政府报告。区政府法制办应当定期对信息报送情况进行汇总、分析和通报。

(二)健全规范行政调解工作制度。

加强行政调解制度建设,规范行政调解行为。各行政机关要根据有关法律、法规规定,结合实际,制定具体的工作细则或规程,全面规范行政调解工作程序,做到有章可循、有规可依,确保行政调解工作合法、规范、有序。行政调解中,要保障当事人的平等地位,保障当事人的知情权、参与权和救济权。

(三)建立行政调解工作考评机制。

各行政机关要建立行政调解工作目标责任制,要制定矛盾化解具体目标,对发生在本行政机关的行政争议,全面评估调解效果。对不积极主动配合行政调解工作、不能及时化解矛盾纠纷,造成严重后果的要予以问责。

(四)建立行政调解与人民调解、司法调解的衔接机制。

各行政机关要积极做好行政调解与人民调解的衔接配合,在交通损害赔偿、医疗卫生、消费者权益保护、物业管理、劳动争议等矛盾多发领域,要建立由有关行政部门主导的专业的人民调解组织,开展调解工作。要主动加强行政调解与司法调解的衔接配合,建立调解情况通报交流制度,充分发挥各自职能,妥善化解各类纠纷。行政机关对于调解不成的重大矛盾纠纷,应当及时告知、引导当事人通过诉讼渠道解决。对于进入诉讼程序的行政争议,在诉前已经做过行政调解工作的,行政机关应当将行政调解的有关情况告知人民法院。

(五)建立行政调解经费保障机制。

财政部门要按照现行事权、财权划分原则,在分清渠道、分级负担的前提下,根据行政机关预算管理有关要求，将宣传、培训、指导、聘用专职行政调解工作人员、调解员工作补贴等调解工作经费纳入本级财政年度预算，健全行政调解经费拨付制度。

（六）建立行政调解宣传长效机制。

各行政机关要加强行政调解的宣传工作，及时总结开展行政调解工作的成功经验和先进典型，并做好宣传工作。要充分利用广播、电视、报刊、网络等新闻媒体，开展各种形式的宣传教育，积极引导广大人民群众了解行政调解、支持并选择行政调解解决矛盾纠纷。

五、加强领导，抓好落实

（一）建立行政调解工作体制。

建立由区政府总负责、区政府法制办牵头、各职能部门为主体的行政调解工作体制。在区政府领导下，由区政府法制办会同司法、宣传、公安、机构编制、信访、维稳、财政、人力社保、规划、国土、住房与城乡建设、农业、卫生、民政、国资等部门建立工作协调机制，共同研究部署本区行政调解工作的总体安排，统筹协调跨地区、跨部门重大矛盾纠纷的行政调解工作，监督考核各行政机关开展行政调解工作情况。区政府法制办承担全区行政调解工作有关事项的统筹协调、信息交流、联络及督查考核等日常工作。政府各部门应当明确行政调解工作的主管领导，在部门内部指定专门科室承担行政调解工作。特别是涉及矛盾纠纷较多的部门应当成立行政调解委员会，建立健全调解工作体制。

（二）加强行政调解队伍建设。

各行政机关要结合本职工作建立一支专、兼职的调解员队伍，一是把政治思想好、业务能力强、有较高法律素质、善于做群众工作的干部充实到行政调解队伍中去。二是根据需要可以邀请有关单位、具有相关专业知识和调解经验的专业人才加入行政调解或调解员队伍中，并公布调解人员名单。三是要结合调解工作实际，充分利用司法、行政、专家学者等各种资源，通过举办培训班等，有计划地开展培训工作，提高行政调解工作人员政治、业务素质，不断提升行政调解工作水平。

（三）落实领导责任，加强监督检查。

各行政机关要根据全区行政调解工作的总体部署，制定开展行政调解工作的具体实施意见和工作方案，主要领导应当定期听取行政调解工作汇报，及时协调解决行政调解工作中遇到的重大问题。要充分运用行政调解手段，切实把矛盾化解在基层，化解在萌芽状态，化解在本行政机关内部，不得推卸责任。区政府定期对行政调解工作进行检查和指导。

二〇一一年八月五日

北京市大兴区行政调解办公室关于加强和规范行政调解工作的通知

（2012年1月30日 京兴行政调解办发〔2012〕1号）

各相关单位：

根据《大兴区关于加强行政调解工作意见》、《北京市大兴区行政调解工作部门联席会议制度》、《北京市大兴区行政调解工作信息报送制度》和《北京市大兴区行政调解工作考核制度》，现将相关要求通知如下：

1. 各单位要建立本单位行政调解的相关制度、工作机制，并按照相关制度认真贯彻落实。确定专人负责行政调解信息的撰写和报送工作，将本单位行政调解工作经费列入到财政预算予以保证。将上述行政制度及《行政调解组织队伍经费保障措施及行政调解员构成情况统计表》（见附件1）加盖本单位公章后于2012年2月10日前报送区政府法制办903房间备案。

2. 每月5日前（遇节假日顺延至节假日后第一个工作日）报送上月《行政调解案件情况月报表》（见附件2）、工作简报，并可以根据信息性质和内容随时报送其他相关信息（报送形式：应当报送正式书面材料及其电子版）。其中重大和紧急的行政调解信息应于当日或者在二日内报送。

3. 行政调解信息报送工作纳入我区行政调解工作考核体系，对信息报送工作突出的单位和个人予以鼓励。

4. 为了规范我区行政调解文书格式，我办拟订了《行政调解卷宗及相关文书模板（讨论稿）》（见附件3），现印发给你们。请组织相关部门研究讨论，提出修改意见，并于2012年2月10日17时之前将意见书面反馈大兴区政府法制办房间，同时将电子版本发送至以下电子信箱（略）。

附件：1. 行政调解组织队伍经费保障措施及行政调解员构成情况统计表

2. 行政调解案件情况月报表

3. 行政调解卷宗及相关文书模板（讨论稿）

二〇一二年一月三十日

附件1：

行政调解组织队伍经费保障及调解员构成情况统计表

填报单位： 填报日期： 年 月 日

组织情况															人员构成													保障情况		
															专兼职		文化程度				职级情况				编制情况					
项目															专职	兼职	高中	大专	大学	研究生（含）以上	正科级	副科级	科员	其他	行政编制	事业编制	其他	各单位提供行政调解工作经费	区财政划拨行政调解工作单项经费	行政调解员补贴经费
单位	个	个	个	个	个	个	个	个	个	个	个	个	个	个	人	人	人	人	人	人	人	人	人	人	人	人	人	万元	万元	万元

填报人： 联系电话： 审核人：

附件 2：

行政调解案件情况月报表

填报单位：　　　　　　　　　　　　填报日期：　　　　　　　　　　　　年　月　日

项目	调解情况																													履行情况				排查预防情况									
						不同主体调解情况		案件来源			纠纷类别																																
	调解案件总数	涉及当事人数	调解成功	疑难复杂案件	协议涉及金额	乡镇街道调解案件数	其他行政机关调委会调解案件数	主动调解	依申请调解	接受委托移送调解	项目建设	征地补偿	土地权属	房屋拆迁	房屋登记	企业改制	市政管理	林地权属	水务管理	养老保险	工伤认定	户籍管理	治安管理	交通事故	消费维权	其它	调解成功	未调解成功	调解成功率	履行	司法确认	达成协议后起诉	法院判决维持	排查纠纷	预防纠纷	防止行政纠纷引起自杀		防止行政纠纷转化为刑事案件		防止群体性上访		防止群体性械斗	
单位	件	人	件	件	万元	件	件	件	件	件	件	件	件	件	件	件	件	件	件	件	件	件	件	件	件	件	件	件	%	件	件	件	件	次	件	件	人	件	人	件	人	件	人

填报人：　　　　　　　　　　　　联系电话：　　　　　　　　　　　　审核人：

附件 3：

＿＿＿＿横线处应填写行政机关的名称的全称
行政调解卷宗（模板）

卷　　名：＿＿＿＿＿＿＿＿＿＿＿＿＿＿＿＿＿＿＿＿＿＿＿＿

卷　　号：＿＿＿＿＿＿＿＿＿＿＿＿＿＿＿＿＿＿＿＿＿＿＿＿

行政调解员：＿＿＿＿＿＿＿＿＿＿调解日期：＿＿＿＿＿＿＿＿＿＿

立 卷 人：＿＿＿＿＿＿＿＿＿＿立卷日期：＿＿＿＿＿＿＿＿＿＿

保管期限：＿＿＿＿＿＿＿＿＿＿＿＿＿＿＿＿＿＿＿＿＿＿＿＿

备　　注：＿＿＿＿＿＿＿＿＿＿＿＿＿＿＿＿＿＿＿＿＿＿＿＿

卷内目录(模板)

序号	文书名称	页号	备注
1	行政调解申请书		
2	行政调解受理登记表		
3	行政调解调查记录		
4	行政调解证据材料		
5	行政调解记录		
6	行政调解协议书		
7	行政调解口头协议登记表		
8	行政调解回访记录		
9	卷宗情况说明		
10	封底		

行政调解申请书(模板)

申请人姓名＿＿＿＿＿性别＿＿＿民族＿＿＿身份证号＿＿＿＿＿＿＿＿

职业或职务＿＿＿＿＿联系方式＿＿＿＿＿＿＿单位或住址＿＿＿＿＿＿

被申请人姓名＿＿＿＿＿性别＿＿＿民族＿＿＿身份证号＿＿＿＿＿＿＿

职业或职务＿＿＿＿＿联系方式＿＿＿＿＿＿＿单位或住址＿＿＿＿＿＿

申请人或被申请人是单位的应写明：

单位名称＿＿＿＿＿＿＿＿住所地＿＿＿＿＿＿＿＿＿＿＿＿＿＿＿＿＿＿

法定代表人姓名＿＿＿＿＿职务＿＿＿＿＿联系方式＿＿＿＿＿＿＿＿＿

有委托人的应写明：

委托代理人姓名＿＿＿＿＿性别＿＿＿身份证号＿＿＿＿＿＿＿＿＿＿＿

联系方式＿＿＿＿＿＿＿＿＿＿通讯地址及邮编＿＿＿＿＿＿＿＿＿＿＿

纠纷简要情况＿＿＿＿＿＿＿＿＿＿＿＿＿＿＿＿＿＿＿＿＿＿＿＿＿＿＿

＿＿＿＿＿＿＿＿＿＿＿＿＿＿＿＿＿＿＿＿＿＿＿＿＿＿＿＿＿＿＿＿＿

申请人申请事项 1. ____

当事人申请事项 2. ____

________________(行政机关名称)已将申请行政调解的相关规定告知我,现自愿申请________________(行政机关名称)进行调解。

申请人(签名盖章或按指印)____________

________年____月____日

行政调解受理登记表(模板)

受理时间____________________受理单位______________________________

申请人姓名__________性别______民族______身份证号________________

联系方式____________________

纠纷类型:____

案件来源:①当事人申请;②行政机关主动调解

纠纷简要情况:____

____

____

____

____

____

____

____

申请人(签名)____________

登记人(签名)____________

(本单位印章)

________年____月____日

备注:此表由行政调解员填写

行政调解调查记录(模板)

时　间____________________

地　点____________________

参加人____________________

被调查人姓名__________性别______民族______身份证号______________

联系方式____________________

被调查人是单位的应写明:

单位名称____________________住所地______________________________

法定代表人姓名__________职务______联系方式______________________

有委托人的应写明:

委托代理人姓名__________性别______身份证号______________________

联系方式____________________通讯地址及邮编______________________

记录:____

____

调 查 人(签名)____________________

被调查人(签名)____________________

记 录 人(签名)____________________

行政调解记录(模板)

时间____________________地点______________________________________

申请人姓名__________性别______民族______身份证号________________

职业或职务__________联系方式______________单位或住址____________

被申请人姓名__________性别______民族______身份证号______________

职业或职务__________联系方式______________单位或住址____________

参加人____

申请人或被申请人是单位的应写明:

单位名称____________________住所地______________________________

法定代表人姓名__________职务__________联系方式__________________

有委托人的应写明：

委托代理人姓名__________性别______身份证号______________________

联系方式____________________通讯地址及邮编______________________

行政调解单位应将行政调解的相关规定告知各方当事人

调解记录：____

调解结果：

1. 不成功。

2. 成功。协议如下……。

3. 部分达成协议。协议如下……其余问题将(通过何种方式解决)。

4. 有待继续调解。

申请人(签名盖章或按手印)______被申请人(签名盖章或按手印)______

行政调解员(签名)__________记录人(签名)__________

(本单位印章)

________年____月____日

行政调解协议书(模板)

编号________

申请人姓名__________性别______民族______身份证号_________________

职业或职务________________联系方式______________________________

单位或住址____

被申请人姓名__________性别______民族______身份证号______________

职业或职务________________联系方式______________________________

单位或住址____

申请人或被申请人是单位的应写明：

单位名称____________________住所地______________________________

法定代表人姓名__________职务__________联系方式__________________

有委托人的应写明：

委托代理人姓名__________性别______身份证号______________________

联系方式____________________通讯地址及邮编________________________

纠纷主要事实、争议事项：____

____

____

____

经调解，自愿达成如下协议：____

____

履行方式、时限____________________

本协议一式________份，当事人、行政调解单位各持一份。

当事人(签名盖章或按指印)______行政调解员(签名)________

当事人(签名盖章或按指印)______记　录　人(签名)________

(本单位印章)

________年____月____日

行政调解口头协议登记表(模板)

编号________

申请人姓名__________性别______民族______身份证号__________________

职业或职务____________________联系方式______________________________

单位或住址____

被申请人姓名__________性别______民族______身份证号________________

职业或职务__________联系方式______________单位或住址____________

申请人或被申请人是单位的应写明：

单位名称______________住所地______________法定代表人姓名__________职务____

联系方式____________________

有委托人的应写明：

委托代理人姓名__________性别______身份证号________________________

联系方式____________________通讯地址及邮编________________________

纠纷主要事实、争议事项：____

____

____

经调解,自愿达成如下协议:______________________

履行方式、时限__________________

行政调解员(签名)__________________

(本单位印章)

_______年____月____日

备注:此表由行政调解单位填写

行政调解回访记录(模板)

当事人______________________________________

调解协议编号________________________________

回访事由____________________________________

回访时间____________________________________

回访情况:___________________________________

____

____

____

____

____

____

____

____

____

____

回访人(签名)__________________

(加盖本单位印章)

_______年____月____日

卷宗情况说明(模板)

立卷人____________________

立卷人：
审核人：
立卷日期：　　年　月　日

行政调解卷宗格式的说明

一、调解卷宗

"调解卷宗"是本单位调解民事纠纷和行政争议所涉所有文书立卷归档的总称。行政调解员调解民事纠纷和行政争议，一般应当制作调解卷宗，一案一卷。对于纠纷调解过程简单或者达成口头调解协议的也可多案一卷，定期集中组卷归档。对于多案一卷的，要填好卷内目录。卷宗封面"卷名"栏应写清纠纷当事人姓名和纠纷类型，如"××与××之间××纠纷"。纠纷类型按照行政调解报表中的案件分类进行填写。"卷号"由各单位自行规定。保管期限分为短期、长期和永久三种，短期卷保管期限为5年，长期卷保管期限为10年。各单位应根据纠纷类型、协议内容和当事人实际情况等综合确定卷宗保管期限。

二、卷内目录

卷内目录是各单位对一起民事纠纷和行政争议立卷归档时卷内所涉及全部文件的目录，供查阅卷宗时检索使用，行政调解员应认真填写。

三、行政调解申请书

"行政调解申请书"是申请人向行政机关提交的要求调解行政争议的书面申请。申请人为自然人的，应填写姓名、性别、民族、年龄、职业、单位或住址、联系方式等；申请人为法人或社会组织的，应当填写法人或社会组织的全称、法定代表人的姓名、性别、民族、年龄、职务、联系方式，"单位或住址"栏填写法人或社会组织的地址。调解申请书应载明申请人的申请事项。行政调解申请书既可以由申请人本人填写，也可由他人代写，他人代写的应当有授权委托书，由申请人签名后提交行政机关。在行政调解申请书中应明确体现当事人调解意愿的内容，遵循调解自愿的原则。

四、行政调解受理登记表

"行政调解受理登记表"是行政机关受理纠纷的简要记载。行政调解受理登记表应登记当事人姓名、依申请受理的时间、纠纷类型和纠纷简要情况等。"案件来源"栏直接选择打√，行政调解受理登记表由申请人和登记人签名。在行政调解受理登记表中明确体现征求申请人调解意愿的内容，遵循调解自愿原则。

五、行政调解调查记录

“行政调解调查记录”是行政机关向有关人员访问了解民事或者行政纠纷情况时所做的文字记录。“参加人”栏系指调查时在场的其他人员。“被调查人”栏应填写被调查人姓名、性别、年龄、单位或住址。调查记录经被调查人校阅或向被调查人宣读后，由被调查人、调查人和记录人签名。

六、行政调解记录

“行政调解记录”是行政机关通过说服劝导，促使申请人和被申请人平等协商、达成协议，消除矛盾的文字记录。其中“参加人”栏指接受行政机关邀请参与调解的人员。开展调解前行政调解员应当履行相关告知义务。调解记录应客观、真实、整洁、简练。“调解结果”栏可直接选择对应符号。记录经当事人校阅或向当事人宣读后，由当事人、调解员、记录人签名。

七、行政调解协议书

“行政调解协议书”是行政机关调解行政纠纷，双方当事人达成调解协议的书面证明。其中“编号”栏按照各单位有关规定填写。当事人为自然人的，应当填写当事人的姓名、性别、民族、年龄、职业、单位或住址、联系方式等；当事人为法人或社会组织的，应当填写法人或社会组织的全称、法定代表人的姓名、性别、民族、年龄、联系方式、职务，“单位或住址”栏填写法人或社会组织的地址。如果纠纷涉及三方以上当事人，应载明其他当事人的基本情况。“纠纷主要事实、争议事项”栏应载明纠纷简要事实，争议事项及各方请求，填写内容较多时，可附页。“协议”栏应载明各当事人的权利义务，填写内容较多时，可附页。“履行协议方式、时限”栏根据具体情况填写。“行政调解协议书”必须由行政纠纷各方当事人签名或盖章，行政调解员签名，加盖本单位印章，并明确填写签订行政调解协议书的日期。

八、行政调解口头协议登记表

“行政调解口头协议登记表”是纠纷当事人达成口头协议后，行政调解员对口头协议主要内容的记录。其中“编号”栏按照各单位的相关规定填写。当事人为自然人的，应当填写当事人的姓名、性别、民族、年龄、职业、单位或住址、联系方式等；当事人为法人或社会组织的，应当填写法人或社会组织全称、法定代表人的姓名、性别、民族、年龄、联系方式、职务，“单位或住址”栏填写法人或社会组织的地址。如果纠纷涉及三方以上当事人，另加附页载明其他当事人的基本情况。“纠纷主要事实、争议事项”栏应载明纠纷简要事实,争议事项及各方请求,填写内容较多时,可附页。“协议”栏应载明各方当事人的权利义务,填写内容较多时,可附页。“履行协议方式、时限”栏根据具体情况填写。口头协议登记表由行政调解员填写,加盖本单位印章,并载明达成调解协议日期。

九、行政调解回访记录

“行政调解回访记录”是行政机关对达成调解协议的纠纷当事人进行回访,了解协议履行情况及其他有关情况的记录。其中“当事人”栏填写被访问的当事人的简要情况。“调解协议编号”栏填写回访所涉纠纷调解协议书编号。“回访事由”栏填写纠纷名称。“回访情况”栏可包括当事人对调解工作的意见、要求,协议的履行情况,协议履行发生争议向人民法院起诉及人民法院的判决结果,有无错误调解及激化迹象,采取的措施等。“回访人”是指开展回访工作的行政调解员。回访记录应如实填写,不需要回访的,或没有进行回访的不填写回访记录。

十、卷宗情况说明

卷宗情况说明是对案件卷宗制作情况进行的必要说明,有则填写,无则可略。

封底。封底是卷宗的末页,应由立卷人、审核人共同签名。

北京市大兴区人民政府办公室印发关于加强大兴区行政调解工作意见的通知

(2011年11月4日　京兴政办发〔2011〕35号)

各镇人民政府,区政府各委、办、局(公司)、中心,各街道办事处:

为贯彻落实《北京市人民政府办公厅关于进一步加强本市行政调解工作的意见》(京政办发〔2011〕27号)精神,充分发挥行政调解对化解社会矛盾、维护社会和谐稳定的重要作用,结合实际,现就加强本区行政调解工作提出如下意见。

一、充分认识做好行政调解工作的重要性

行政调解是由行政机关主持或主导的,以法律、法规和政策规定为依据,主要以民事纠纷和行政争议为对象,通过说服劝导等方法,促使各方当事人平等协商、互谅互让、达成协议、消除矛盾的一种纠纷解决机制。当前,我区仍处于社会矛盾凸显期,特别是随着我区经济发展方式转变、城乡一体化建设等工作的推进,社会利益和群众需求呈现多元化趋势,社会矛盾化解工作也面临着许多新情况、新问题。各行政机关要将行政调解作为重要的社会矛盾调处手段,充分利用行政调解工作优势,运用调解的办法做好矛盾纠纷化解工作,从源头上预防和减少社会矛盾,为切实维护地区社会和谐稳定、促进区域经济社会又好又快发展发挥重要作用。

二、指导思想、工作原则和工作重点

(一)指导思想。

深入贯彻落实科学发展观,以化解社会矛盾纠纷为根本,以构建和谐大兴为目标,坚持调解优先,立足预防,重在化解,充分发挥行政调解的职能作用,形成与人民调解、司法调解的合力,有效化解社会矛盾,积极为我区发展创造和谐、稳定、有序的社会环境。

(二)工作原则。

一是自愿原则,行政调解要充分尊重各方当事人意愿,不得强迫当事人接受调解方式或调解结果。二是合法原则,要遵循法律、法规和政策,不得损害国家利益、公共利益和他人合法权益。三是公平公正原则,要兼顾各方当事人的合法权益,平等协商处理利益纠纷,体现公平正义,行政机关作为当事人一方时,与行政相对人的地位平等。四是注重效果原则,要追求"定纷止争、案结事了"的社会效果和法律价值。

(三)工作重点。

一是行政机关或者法律法规授权的具有管理公共事务职能的组织,与公民、法人或者其他组织之间产生的法律法规规定可以调解的行政争议,重点解决好土地征收、房屋拆迁、人力资源和社会保障、治安管理等方面的行政争议。二是公民、法人或者其他组织之间产生的与行政管理有直接或间接关联的民事纠纷,重点解决好交通损害赔偿、医疗卫生、消费者权益保护、物业管理、劳动争议等与行政管理有关的民事纠纷。对于涉及资源开发、环境污染、公共安全事故等方面的民事纠纷,以及涉及人数较多、社会影响大、可能影响社会稳定的纠纷要主动进行调解。

三、充分运用行政调解方法解决行政争议和民事纠纷

(一)努力把行政争议化解在行政程序中。

各行政机关要切实做到行政调解与依法履职相结合,充分运用调解方法解决行政争议。行政复议机关要根据《中华人民共和国行政复议法实施条例》规定的调解原则、范围,在不损害国家利益、公共利益和他人合法权益的前提下,按照调解优先原则解决行政争议。在行政复议决定作出之前,要深入了解各方诉求,找准争议焦点,向当事人宣传有关法律法规和政策,摆事实、讲道理,耐心细致地做好当事人的思想工作,为各方当事人自愿调解、达成协议创造条件。经调解,各方当事人达成和解协议的,行政机关应当做好和解协议内容记录;各方当事人达成调解协议的,应当制作行政复议调解书。在行政复议过程中,各行政机关要积极配合区政府法制办做好行政复议调解、和解工作,及时履行行政复议调解、和解协议,切实做到"定纷止争、案结事了"。

(二)切实做好民事纠纷的调解工作。

各行政机关应当结合本地区、本部门的工作实际建立健全解决民事纠纷的具体工作程序和规范。对依法应当由行政机关裁决、调处的民事纠纷,行政机关要在当事人同意的基础上优先适用调解,向当事人耐心宣传有关法律法规,说服和劝导当事人在平等协商、互谅互让的基础上解决纠纷,努力促成各方当事人达成协议。通过调解,各方当事人能够达成协议的,行政机关应当制作行政调解文书;不能达成协议的,行政机关应当在法定期限内依法作出裁决,并及时告知当事人救济权利和途径。

(三)积极配合法院开展行政诉前和诉中协调工作。

行政诉讼案件较多的行政机关,要积极配合人民法院做好行政案件诉前、诉中的协调工作。行政机关对人民法院在行政诉讼立案阶段提出的协调意见,应当认真对待、积极履行;对人民法院指出的执法问题,应当立即核实、主动改正、消除负面影响;对因行政行为被诉可能引发重大矛盾纠纷的,应当立即将有关情况向主管领导汇报。区政府法制办要发挥好对涉诉行政争议化解工作的统筹协调作用,做好涉诉行政争议化解工作。

四、建立健全行政调解工作机制

(一)建立行政调解信息分析上报制度。

各行政机关要加强行政调解的信息分析上报工作,及时通报本行政机关开展行政调解工作情况,及时发现并研究带有倾向性和普遍性的问题。对涉及人数较多、社会影响大、可能影响社会稳定的问题,要及时摸清情况,提出对策建议,并及时与区政府法制办沟通,同时应当向党委、政府报告。区政府法制办应当定期对信息报送情况进行汇总、分析和通报。

(二)健全规范行政调解工作制度。

各行政机关要建立健全行政调解工作制度,规范行政调解工作。要根据行业特点和要求制定行政调解程序,规范行政调解的受理、调查、调解、制作调解协议等工作环节。行政调解中,要保障当事人的平等地位,保障当事人的知情权、参与权和救济权。

(三)建立行政调解工作考评机制。

各行政机关要建立行政调解工作目标责任制,要制定矛盾化解具体目标,对发生在本地区、本部门的行政争议,及时跟踪调解进展,全面评估调解效果。对重大行政争议,有关部门要重点研究解决措施,抓好落实工作。对不积极主动配合行政调解工作、不能及时化解矛盾纠纷,造成严重后果的要予以问责。

(四)建立行政调解与人民调解、司法调解的衔接机制。

各行政机关要积极做好行政调解与人民调解的衔接配合,在交通损害赔偿、医疗卫生、消费者权益保护、物业管理、劳动争议等矛盾多发领域,要建立由有关行政部门主导的、专业的人民调解组织,开展调解工作。要主动加强行政调解与司法调解的衔接配合,建立调解情况通报交流制度,充分发挥各自职能,妥善化解各类纠纷。行政机关对于调解不成的重大矛盾纠纷,应当及时告知、引导当事人通过诉讼渠道解决。对于进入诉讼程序的行政争议,在诉前已经做过行政调解工作的,行政机关应当将行政调解的有关情况告知人民法院。

(五)建立行政调解经费保障机制。

财政部门要按照现行事权、财权划分原则,在分清渠道、分级负担的前提下,根据行政机关预算管理有关要求,将宣传、培训、指导、聘用专职行政调解工作人员、调解员工作补贴等调解工作经费纳入本级财政年度预算,健全行政调解经费拨付制度。

（六）建立行政调解宣传长效机制。

各行政机关要加强行政调解的宣传工作，及时总结开展行政调解工作的成功经验和先进典型，并做好宣传工作。要充分利用广播、电视、报刊、网络等新闻媒体，开展各种形式的宣传教育，积极引导广大人民群众了解行政调解、支持并选择行政调解解决矛盾纠纷。

五、加强领导，抓好落实

（一）建立行政调解工作体制。

建立由区政府总负责、区政府法制办牵头、各职能部门为主体的行政调解工作体制。在区政府领导下，由区政府法制办会同司法、宣传、公安、机构编制、信访、维稳、财政、人力社保、规划、国土、住房与城乡建设、农业、卫生、民政、国资等部门建立工作协调机制，共同研究部署本区行政调解工作的总体安排，统筹协调跨地区、跨部门重大矛盾纠纷的行政调解工作，监督考核各行政机关开展行政调解工作情况。政府各部门应当明确行政调解工作的主管领导，在部门内部指定专门科室承担行政调解工作。特别是涉及矛盾纠纷较多的部门应当成立行政调解委员会，建立健全调解工作体制。

（二）加强行政调解队伍建设。

各行政机关要结合本职工作建立一支专、兼职的调解员队伍，一是把政治思想好、业务能力强、有较高法律素质、善于做群众工作的干部充实到行政调解队伍中去。二是根据需要可以邀请有关单位、具有相关专业知识和调解经验的专业人才加入行政调解员队伍中，并公布调解人员名单。三是要结合调解工作实际，充分利用司法、行政、专家学者等各种资源，通过举办培训班等，有计划地开展培训工作，提高行政调解工作人员政治、业务素质，不断提升行政调解工作水平。

（三）构建行政主导、社会参与的行政调解体系。

行政机关要紧密依靠基层组织、相关行业协会和专家学者发挥行政调解作用，动员社会各方面力量积极参与行政调解工作。在重点领域、重点行业要组织建立社会专兼职调解员队伍和调解专家库，构建行政主导、社会参与的行政调解体系。

（四）落实领导责任，加强监督检查。

各行政机关要根据全区行政调解工作的具体部署，制定本部门开展行政调解工作的实施意见和工作方案，主要领导应当定期听取行政调解工作汇报，及时协调解决行政调解工作中遇到的重大问题。要充分运用行政调解手段，切实把矛盾化解在基层，化解在萌芽状态，化解在本行政机关内部，不得推卸责任。区政府定期对行政调解工作进行检查和指导，对开展行政调解工作取得突出成绩的单位和个人给予奖励。

北京市大兴区人民政府办公室
二〇一一年十一月四日

北京市行政调解办公室关于印发《北京市大兴区行政调解工作部门联席会议制度》和《北京市大兴区行政调解工作信息报送制度》、《北京市大兴区行政调解工作考核制度》的通知

（2011年11月23日　京行政调解办发〔2011〕01号）

各镇人民政府，区政府各委、办、局（公司）、中心，各街道办事处：

为贯彻《关于加强大兴区行政调解工作意见》（京兴政办发〔2011〕35号）的精神，加强对我区行政调解工作的统筹协调指导和监督考核，全面推进我区行政调解工作的深入开展，充分发挥行政调解对化解社会矛盾、维护社会和谐稳定的重要作用，区行政调解工作部门联席会议办公室制定了《北京市大兴区行政调解工作部门联席会议制度》和《北京市大兴区行政调解工作信息报送制度》、《北京市大兴区行政调解工作考核制度》。现将这三个制度印发给你们，请认真贯彻落实。

附件：1. 北京市大兴区行政调解工作部门联席会议制度

2. 北京市大兴区行政调解工作信息报送制度

3. 北京市大兴区行政调解工作考核制度

二〇一一年十一月二十三日

附件1：

北京市大兴区行政调解工作部门联席会议制度

为深入贯彻落实《北京市大兴区人民政府办公室印发关于加强大兴区行政调解工作意见的通知》（京兴政办发〔2011〕35号）精神，加强对我区行政调解工作的统筹协调指导和监督考核，全面推进我区行政调解工作的深入开展，有效发挥行政调解工作在我区社会矛盾多元调解体系中的作用，经区领导同意，决定建立我区行政调解工作部门联席会议制度。

一、联席会议组织方式

联席会议由区政府分管法制工作的副区长领导，由区政府法制办刘丽主任召集，各成员单位主管行政调解工作的领导参加。根据工作需要，联席会议也可以邀请相关部门参加会议。

联席会议办公室设在区政府法制办。

二、联席会议的成员单位

召 集 人：×× 区政府法制办主任

委 员：（略）

特邀成员：（略）

各成员单位法制机构负责人作为联络员，负责日常性工作。

三、联系会议的具体职责

（一）落实区政府关于进一步加强本区行政调解工作的意见，统筹指导全区行政调解工作，研究确定联席会议年度工作重点和安排；

（二）调查研究行政调解工作中存在的带有普遍性的问题，提出解决意见和建议；

（三）指导、推动成员单位建立健全行政调解具体工作程序和规范，完善相关配套制度；

（四）组织开展行政调解工作考核、评比和表彰工作；

（五）组织开展经验交流，推广行政调解工作中的好作法，加强行政调解信息工作，促进成员单位之间行政调解信息交流和资源共享；

（六）协调推动行政调解与人民调解、司法调解的制度衔接，形成合力；

(七)研究建立行政调解工作经费保障长效机制;

(八)办理区委、区政府交办的其他有关行政调解工作的事项。

四、联席会议办公室职责

(一)负责起草全区行政调解工作规划、年度计划,进行年度工作总结;

(二)负责落实联席会议各项工作决定、意见,并组织对相关部门落实情况进行检查和验收;

(三)组织、督促、定期、及时报送行政调解信息,负责行政调解信息汇总、分析和通报工作;

(四)负责组织、协调开展调解人员培训、调查研究、工作宣传等事项;

(五)负责组织实施行政调解工作的考评工作;

(六)负责组织、协调相关部门加强行政调解工作,推动行政调解与人民调解、司法调解相互衔接;

(七)完成联席会议交办的其他事项。

五、联席会议成员单位职责

区政府法制办负责联席会议办公室工作;牵头推动全区行政调解体系建设工作;负责指导各镇政府,区政府各委、办、局,各街道办事处开展行政调解工作。

区司法局负责在全区律师、公证等领域管理工作中开展行政调解工作。

区规划分局负责加强在房屋拆迁、治理违法建设等领域中与城市规划有关的矛盾纠纷调解工作。

区住建委负责加强全区城市房屋征收拆迁纠纷、物业管理纠纷、建筑施工合同纠纷、建筑质量纠纷和房屋权属纠纷等的调解工作。

区交通局负责结合本部门职能调解相关矛盾纠纷。

区公安分局负责调解交通事故损害赔偿案件;因违反《治安管理处罚法》引发的依法可调解的案件;公民、法人或者其他组织与公安机关发生的行政争议;其他依法属于公安机关调解处理的矛盾纠纷。

区国土分局负责组织建立土地纠纷调解组织,在行政调解队伍中培养乡村土地纠纷调解员,因势利导,就近受理涉及土地权属、征地补偿安置等引发的矛盾纠纷。

区民政局负责调解与民政业务相关的民事纠纷,加快和谐社区建设,加强村(居)民委员会建设、社区管理、养老服务和专职社会工作者队伍建设,建立延伸到社区、村组的调解组织网络。调处养老纠纷,依法调处行政区域界限纠纷。维护孤儿基本权益,与有关部门一道调解孤儿收养、监护纠纷。

区人力资源和社会保障局负责牵头组织全区劳动争议调解工作,推动劳动争议调解组织建设,探索建立健全劳动人事争议案件的应急调解机制,推动事业单位及其主管部门建立人事争议调解组织,做好劳动人事争议调解、仲裁与诉讼衔接的工作。

区工商分局负责消费者权益等领域矛盾纠纷调解纠纷调解工作以及其它依法属于工商行政管理机关职责范围内的矛盾纠纷的调解处理。

区卫生局负责加强全区医疗纠纷调解工作,指导和监督全区各医疗机构提高医疗质量。

区社会工委、区社会建设办负责统筹推进社区建设,完善社区运行机制,畅通民意诉求渠道,化解社区矛盾纠纷。推动社会工作人才队伍的职业化、专业化建设,有效调解相关矛盾纠纷。

区委农工委(区农委)结合部门职能调解相关矛盾纠纷。

区信访办在办理人民群众来信、接待人民群众来访和协调处理重大信访事项、督促检查信访事项时,进一步健全与大调解工作平台衔接的工作机制,组织协调和大力推动用调解的方式解决信访人的诉求。

区编办、区人力资源和社会保障局负责加强全区行政调解机构和人员保障工作。

区财政局根据部门预算管理的有关要求,负责行政调解区级层面的经费审核及保障工作。

附件2:

北京市大兴区行政调解工作信息报送制度

为了加强行政调解信息工作,整合全区行政调解工作信息资源,促进信息共享和信息交流,结合行政调解工作部门联席会议工作需要,制定本制度。

一、信息报送工作组织机构及主要职责

行政调解工作部门联席会议办公室负责全区行政调解信息工作的统筹协

调，制定年度信息报送工作计划和起草年度信息工作报告，及时对信息进行汇总、上报、反馈和存档，对各单位信息工作进行指导和考核。

二、信息报送的内容

1. 行政调解的重要制度、重大决策和重要工作安排与部署；

2. 本单位（系统）行政调解日常工作情况、行政调解相关统计数据等；

3. 突发事件、有重大影响或者群体性的行政调解案件的办理进展情况、办理结果和可能存在的隐患；

4. 行政调解的典型案件，行政调解工作的新模式、先进经验和先进事迹。

三、信息报送的要求

成员单位应当指定专职信息联络员，负责本单位（系统）的行政调解信息工作。

（一）文字要求

语言准确精炼，一般信息字数以 600 ~ 800 字为宜，重要的或者专项信息应当控制在 2000 字以内；格式符合示范文本规定。

（二）报送时间

成员单位应当于每月 5 日前（遇节假日顺延至节假日后第一个工作日）报送上月行政调解工作简报和统计数据，并可以根据信息的性质和内容随时报送其他相关信息。

对于特别重要和紧急的信息，成员单位应当于当日或者在二日内报送。

（三）报送方式

成员单位专职信息联络员应当按照本制度规定，向联席会议办公室分别报送正式书面信息及其电子版。

四、信息报送考核

信息报送工作纳入我区行政调解工作考核体系，每年从信息报送的数量、质量、时效性等方面对各单位的信息报送工作进行考核。

附件3：

北京市大兴区行政调解工作考核制度

根据《北京市行政调解工作考核制度》、《北京市大兴区人民政府关于进一步加强本区行政调解工作的意见》的规定，对全区行政机关的行政调解工作进行考核。

一、考核原则

遵循公平、公开、公正，科学合理、简便易行的原则。

二、考核办法

（一）考核时间

行政调解工作考核每年组织一次，采取日常检查评分和年终综合评分相结合的方式进行。

（二）考核方式

行政调解工作部门联席会议办公室负责对全区所属工作部门、各镇、街道办事处行政调解工作进行考核、打分，并将行政调解考核评比结果汇总形成专项工作报告，上报区政府通过后，报送至北京市行政调解工作部门联席会议办公室。

三、考核内容

总分值为100分。考核内容及具体分值如下：

（一）行政调解工作制度、工作机制建设（40分）

1. 各镇政府，区政府各委、办、局，各街道办事处应建立本部门行政调解工作机制，20分；

2. 制定行政调解工作制度性规范，20分。

（二）行政调解工作保障（30分）

1. 有明确的行政调解责任部门，10分；

2. 有专职工作人员，5分；

3. 有专门的行政调解场所，5分；

4. 有经费保障，10分。

（三）行政调解信息工作（20分）

1. 按照《北京市大兴区行政调解信息报送制度》的规定完成年度信息报送工

作,10 分;

2. 及时完成领导对具体信息批示交办的工作,5 分;

3. 报送典型经验和成功案例,5 分。

(四)积极配合法制部门做好行政复议调解和解工作(10 分)

北京市房山区人民政府
关于加强行政调解工作的实施意见

(2011 年 11 月 10 日 房政发〔2011〕46 号)

各乡镇人民政府、街道办事处,区政府各委、办、局、中心,区直属各单位:

按照《中共北京市委办公厅 北京市人民政府办公厅印发关于构建社会矛盾多元调解体系的意见的通知》(京办发〔2010〕29 号)和《北京市人民政府办公厅关于进一步加强本市行政调解工作的意见》(京政办发〔2011〕27 号)文件要求,为充分发挥行政调解在解决社会矛盾、维护社会稳定中的独特优势,有效预防、减少和化解社会矛盾纠纷,促进全区经济和社会协调发展,结合实际,特制定本实施意见。

一、做好行政调解工作的重要意义

行政调解是指由行政机关(包括法律法规授权具有管理公共事务职能的组织,以下统称行政机关)主持或主导的,以法律、法规和政策规定为依据,主要以民事纠纷和行政争议为对象,通过说服劝导等方法,促使各方当事人平等协商、互谅互让、达成协议,消除矛盾的一种纠纷解决机制。

各乡镇(街道)和各部门,要紧紧围绕全区中心工作,落实科学发展观,提高执政能力,建设法治政府和服务型政府,构建和谐社会,充分认识加强行政调解工作的重大意义。切实增强做好行政调解工作的责任感和紧迫感,把行政调解作为重要的社会矛盾调处手段,充分发挥行政调解在“大调解”工作中的重要作用,形成与人民调解、司法调解的工作合力,及时化解社会发展过程中出现的各种争议,积极为全区经济社会发展创造和谐、稳定、有序的社会环境,为建设“三化两区”新房山发挥重要作用。

二、行政调解工作范围、原则和程序

(一)行政调解工作范围。

1. 行政争议。行政机关在行使职权过程中,与公民、法人或者其他组织之间,因行政管理行为产生的法律法规规定可以调解的行政争议。重点解决好土地征收、房屋拆迁、人力资源和社会保障、治安管理等方面的行政争议。

2. 民事纠纷。公民、法人或者其他组织之间与行政管理有直接或间接关联的民事纠纷。重点解决好交通损害赔偿、医疗卫生、消费者权益保护、物业管理、环境保护、合同争议、劳动争议等与行政管理有关的民事纠纷。

3. 其他民事纠纷。对于涉及资源开发、环境污染、公共安全事故等方面的民事纠纷,以及涉及人数较多、社会影响大、可能影响社会稳定的纠纷要主动进行调解。

(二)行政调解工作原则。

1. 属地管理、分级负责原则。各行政机关按照“属地管理、分级负责”和“谁主管、谁负责”的原则,对发生在本区域、本部门的行政争议进行主动排查,充分运用各种有效手段,切实解决行政争议和民事纠纷,真正做到案结事了。

2. 自愿原则。行政调解要充分尊重各方当事人意愿,不得强迫当事人接受调解方式或调解结果。

3. 合法原则。行政调解要符合法律、法规和政策,不得侵犯国家利益、公共利益,不得损害公民、法人和其他组织的合法权益。

4. 平等原则。兼顾各方当事人的合法权益,平等协商处理纠纷,体现公平正义,行政机关作为当事人一方时,与行政相对人的地位平等。

5. 积极主动原则。行政机关应增强行政调解意识,主动排查、化解行政争议。积极探索研究解决行政争议的新机制,主动加强与人民调解、司法调解组织的沟通和配合,追求“定纷止争、案结事了”的社会效果和法律效果。

(三)行政调解工作程序。

1. 申请和受理。行政机关接到当事人申请后,要认真进行审查,凡符合受理条件的,应及时受理,不予受理的,要向当事人说明理由。

2. 调查。行政机关要根据双方的争议进行必要的调查,要运用宣传政策法规、说服教育、协调疏导等方式方法,充分利用调查取证、现场勘验、听证等时机,积极宣讲有关法律法规,分析利害关系,促使当事人自行和解。

3. 实施调解。行政机关要根据当事人的诉辩主张,依据有关法律规定,平衡当事人之间的利益。坚持情、理、法并用,充分听取当事人的陈述,多做思想疏导工作,使双方互谅互让。并注意调解的艺术和方法,体现人性化的调解。

4. 制作行政调解书。行政调解书应当载明当事人的基本情况、纠纷的主要事实、争议事项、达成调解的内容、履行方式、期限、当事人签名或盖章,并加盖调解机构印章。

5. 履行。达成调解、和解协议后,各方当事人要积极履行。调解机构要对协议的履行情况进行监督和督促。

三、行政调解的主体及工作责任

行政调解是各级政府及其部门的重要职责。要进一步健全政府负总责、政府法制机构牵头、各职能部门为主体的行政调解工作体制,充分发挥行政机关在化解行政争议和矛盾纠纷中的主体作用。

(一)坚持政府负总责。

区政府按照“属地管理、分级负责”的原则,对行政调解工作负总责,指导督促各乡镇(街道)和各部门加强行政调解工作,完善行政调解工作部门联席会议制度,定期研究、分析行政调解工作,切实解决工作中的困难和问题。各乡镇(街道)对本地区行政调解工作负总责,加强基层行政调解工作,落实专兼职调解员,会同有关部门调解矛盾纠纷,加强纠纷排查,及时掌握群众诉求,切实落实防范措施。

(二)坚持法制部门牵头。

在区政府领导下,区法制办要切实担负起行政调解工作的牵头责任,加大指导检查、协调、督促力度,认真开展调查研究,汇总分析行政调解工作情况,牵头负责行政调解工作考核,确保行政调解工作有效开展。

(三)强化部门主体责任。

坚持“属地管理、分级负责”和“谁主管、谁负责”原则,各部门要切实承担行政调解的主体责任,行政一把手负总责,分管领导对主管领域的争议、纠纷化解具体负责,指定专门科室具体承担行政调解工作,确保行政调解工作有人抓、有人管。要加强行政调解队伍建设,配齐配强行政调解人员,并加强培训和管理。涉及矛盾纠纷较多的部门应当成立行政调解委员会,聘请相关专业人员参与行政调解工作。要落实工作经费、调解场所和设施，确保行政调解工作的顺利开展。

（四）加强协调配合。

各行政机关在行政调解工作中要牢固树立抓调解就是抓服务、抓调解就是抓执法、抓调解就是抓和谐、抓调解就是抓稳定的理念，充分运用行政调解手段化解矛盾纠纷。既要各司其职，又要密切配合。对法律关系单一，一个职能部门能够解决的争议纠纷，由该部门负责解决；对涉及多个部门职责的争议纠纷，由最初受理的部门或涉及主要管理工作的部门牵头，相关部门参与协调解决。

四、充分运用行政调解方法解决矛盾纠纷

（一）行政争议的化解。

各行政机关要充分运用调解的办法处理行政争议和行政管理有关的纠纷，着力解决影响社会稳定的争议纠纷。在调解行政争议时，要找准争议纠纷的焦点和各方利益的连接点，充分发挥专业优势，采取灵活多样的方式方法，开展耐心、细致的说服疏导工作，促使各方当事人互谅互让，消除隔阂，达成解决争议纠纷的协议。经行政机关调解的争议纠纷，达成协议的，行政机关应当制作调解书。当事人应当按照约定自觉履行行政调解协议，不得擅自变更或者解除。对不愿进行行政调解或未达成协议的行政调解，应主动告知当事人救济权利和途径。

具有行政复议职能的单位要充分发挥行政复议在解决行政争议、化解矛盾、维护社会稳定中的重要作用，根据《中华人民共和国行政复议法实施条例》规定的调解原则、范围，在不损害国家利益、公共利益和他人合法权益的前提下，按照调解优先原则解决行政争议。对于行政机关行使自由裁量权做出的具体行政行为引发的行政复议案件，要积极促成申请人与被申请人在复议决定做出前自愿和解，力争把行政争议化解在行政复议程序中。

（二）民事纠纷的调解。

行政机关在解决与行政管理有直接或间接关联的民事纠纷时，根据法律的规定和纠纷实际情况，要优先选择调解解决的方式，调解不成再选择其他渠道解决。在争议双方有调解愿望的基础上，行政机关要耐心释法明理，做好劝解工作，充分协商，为双方当事人最后达成调解协议提供方便、创造条件。涉及人数较多、社会影响大、可能影响社会稳定的纠纷要主动进行调解。要注重对重点领域、重点行业社情民意和争议纠纷的收集排查工作，及时了解群众诉求，确保发生争议纠纷时能够及时介入。要通过领导接访、干部下访、现场办公等形式，抓早、抓小、抓苗头，发现一起调处一起，严防各类争议纠纷激化和升级，努力将事态化解在萌芽状态和初始阶段。通过调解，各方当事人能够达成协议的，行政机关应当制作行政调解文书，不能达成协议的，行政机关应当在法定期限内依法做出裁决，并及时告知当事人救济权利和途径。

（三）积极做好涉诉行政争议化解工作。

行政诉讼案件较多的部门，要积极配合人民法院做好行政案件诉前、诉中的协调工作。对人民法院在行政诉讼立案阶段提出的协调意见，应当认真对待、积极履行；对人民法院指出的执法中存在问题，应当立即核实、主动改正、消除负面影响；对因行政行为被诉可能引发重大矛盾纠纷的，应当立即将有关情况向主管领导汇报。

五、建立健全行政调解工作机制

（一）建立区行政调解工作部门联席会议制度。

区行政调解工作部门联席会议由区政府主管副区长领导，区法制办主任召集区综治办、区维稳办、区司法局、区信访办、区财政局、区住建委、区人力社保局、区民政局、区卫生局、区教委、区农业局、区编办、区社会办、区城管大队、房山公安分局、房山规划分局、房山交通支队、房山国土分局、房山工商分局及各乡镇（街道）参加，邀请区法院参加。行政调解联席会议日常工作由区法制办承担，负责全区行政调解工作整体安排，统筹协调行政调解工作，监督考核各行政机关行政调解工作开展情况。

（二）建立行政调解工作报告制度。

对社会影响较大或可能引发群体性事件等重大复杂争议纠纷的调解处理，各乡镇（街道）及各部门要及时向区政府和上级主管部门报告，并通报区法制办。年底前，各乡镇（街道）及各部门向区法制办报告本地区、本部门的行政调解工作，区法制办汇总情况后向区政府和市政府法制办报告。

（三）建立行政调解考评机制。

区政府将行政调解作为依法行政的重要组成部分，纳入各行政机关的依法行政考核内容，年底进行考核。对组织领导不力、工作不落实、责任不到位，导致争议纠纷突出的部门，要进行通报批评并限期改正。对工作敷衍塞责、无故拖延和推诿而导致严重影响社会稳定的重大事件和案件的,要进行责任倒查,严格追究相关领导和责任人员的责任。

(四)建立行政调解与人民调解、司法调解的衔接机制。

各行政机关要建立与人民调解、司法调解组织的协调联系机制、信息沟通机制和效力衔接机制,优化整合调解资源,实现"三大调解"优势互补。在行政调解中需要当事人所在基层人民调解组织配合的,可以邀请其参加,共同开展调解工作。人民法院在进行司法调解时,需要行政机关配合的,行政机关应积极主动配合,对于进入诉讼程序的行政争议,在诉前已经做过行政调解工作的,应当将行政调解的有关情况告知人民法院。

(五)建立行政调解工作制度。

各行政机关要建立健全行政调解工作制度,规范行政调解工作。进一步完善行政调解的案件登记、档案管理、联合调解、统计报告、信息和案例报送、责任追究等相关制度。着力完善行政调解工作规则,重点规范行政调解的申请、受理、调查、听证、调解的实施、制作调解协议等工作环节,规范行政调解各类文书。确保行政调解行为规范化。

(六)建立行政调解经费保障机制和宣传长效机制。

区财政要将行政调解的宣传、培训、聘用专职行政调解工作人员、调解员补贴等调解工作经费列入本级财政年度预算,予以保障。各行政机关要切实保障行政调解工作经费落实到位,健全完善激励机制,提高行政调解工作人员的积极性、主动性。各行政机关要充分利用广播、电视、报刊、网络等新闻媒体,开展各种形式的宣传教育,积极引导广大人民群众了解行政调解、支持并选择行政调解解决矛盾纠纷。

附件:1. 房山区行政调解工作规定

2. 房山区行政调解工作部门联席会议制度

3. 房山区行政调解工作考核制度

4. 房山区行政调解工作信息报送制度

附件1：

房山区行政调解工作规定

第一章 总 则

第一条 为推动行政机关主动、及时化解矛盾纠纷，促进社会和谐稳定，依照有关法律、法规规定，特制定本规定。

第二条 行政调解是指由行政机关（包括法律法规授权具有管理公共事务职能的组织）主持或主导的，以法律、法规和政策规定为依据，主要以民事纠纷和行政争议为对象，通过说服劝导等方法，促使各方当事人平等协商、互谅互让、达成协议，消除矛盾的一种纠纷解决机制。

第三条 全区各行政机关在行使职权过程中开展行政调解，适用本规定。

第四条 行政调解的范围：

（一）行政机关在行使职权过程中，与公民、法人或者其他组织之间，因行政管理行为产生的法律法规规定可以调解的行政争议。

（二）公民、法人或者其他组织之间与行政管理有直接或间接关联的民事纠纷。

第五条 经行政机关调解达成的行政调解协议，当事人应当按照约定履行自己的义务，不得擅自变更或者解除行政调解协议。

第六条 在行政调解活动中，纠纷当事人享有下列权利：

（一）自主决定接受、不接受或者终止调解。

（二）申请有关行政调解人员回避。

（三）表达真实意愿。

（四）自愿达成调解协议。

第七条 在行政调解活动中，纠纷当事人承担下列义务：

（一）如实陈述纠纷事实，不得提供虚假证明材料。

（二）遵守调解规则。

（三）不得加剧纠纷、激化矛盾。

（四）自觉履行调解协议。

第八条　行政机关应当建立行政调解室,确定行政调解协调机构和行政调解人员,并在办公场所适当位置公布调解人员名单。

第二章　行政调解的启动

第九条　行政机关调解矛盾纠纷应当符合下列条件:

(一)调解对象是与本案有直接利害关系的当事人。

(二)该矛盾纠纷与该机关行政职权有关。

(三)该矛盾纠纷具有可调解性。

第十条　行政机关应当主动告知当事人有申请行政调解的权利,说明行政调解必须注意的事项和正确途径,主动引导当事人就矛盾纠纷进行行政调解。

第十一条　行政机关可以根据当事人的申请启动行政调解程序。当事人申请行政调解,应以书面形式提出,书面申请确有困难的,由工作人员按当事人的口述内容进行记录,向当事人宣读确认无误后,由当事人签字。

第十二条　行政机关收到行政调解申请后,应当认真审查有关材料,符合条件的,应当在 5 个工作日内启动行政调解程序并及时告知申请人。对被申请人不同意行政调解,或者虽然同意行政调解,但不属于行政调解范畴的,应当在 5 个工作日内书面告知申请人解决纠纷的渠道。在未启动行政调解程序前,矛盾有可能激化的,行政机关应当及时采取必要的缓解疏导措施。

第十三条　对 2 个以上行政机关都收到行政调解申请的,由有管辖权的行政机关办理;对 2 个以上行政机关都有管辖权的,由先收到行政调解申请的行政机关办理。行政机关对管辖权产生争议的,由区政府法制机构指定管辖。

第十四条　行政调解程序启动后,调解人员应当提前将行政调解时间、地点通知当事人。

第三章　行政调解的进行

第十五条　对重大复杂的争议案件,行政机关的主要负责人应当主持行政调解;其它争议案件,由当事人选择或行政机关负责人指定调解人员进行行政调解。

第十六条　行政机关调解纠纷，根据需要可以邀请有关单位、专业人才或者其他个人参加，被邀请的单位或者个人应当予以支持。调解跨乡镇（街道）、跨部门的纠纷，相关单位应当予以配合，共同做好行政调解工作。

第十七条　行政机关调解纠纷，应注意保护当事人的个人隐私和商业秘密。

第十八条　调解人员有下列情况之一的，应当回避：

（一）是本案当事人或者与当事人、代理人有近亲属关系的。

（二）与本案有利害关系的。

（三）与本案当事人、代理人有其他关系，可能影响纠纷处理的。

当事人发现调解人员有应当回避情形的，可以口头或者书面方式申请其回避；调解人员认为自己不宜调解本纠纷的，应当自行申请回避。

行政机关负责人决定调解人员的回避。

第十九条　行政调解开始时，调解人员应当宣布行政调解纪律，核对当事人身份，宣布当事人应享有的权利和承担的义务，宣布行政调解人、记录人的身份，询问当事人是否要求回避。

第二十条　行政调解过程中，当事人应当提出证明事实的证据，并对所提交证据的真实性负责。调解人员依据各方当事人提供的证据以及本行政机关在行政调解过程中收集的证据认定案件事实，找准纠纷的焦点和各方利益的连结点，采取灵活多样的方式方法，开展耐心、细致的说服疏导工作，促使各方当事人互谅互让，消除隔阂，引导当事人达成解决纠纷的行政调解协议。

第二十一条　行政调解达成协议的，由各方当事人签订行政调解协议书。行政调解协议书的内容不得违反法律规定。行政调解协议书自各方当事人签字之日起生效。行政调解协议书一般应载明下列事项：

（一）各方当事人的基本情况。

（二）纠纷事实、争议焦点及各方责任。

（三）各方当事人的权利和义务。

（四）履行协议的方式、地点、期限。

（五）当事人签名、调解人员签名。

行政调解协议书由各方当事人分别保留一份，行政机关存档一份。

第二十二条　行政机关在主持制作行政调解协议书前，应当向复议机关和人民法院核实该矛盾纠纷是否已经进入复议、诉讼等救济程序，若该矛盾纠纷已进入前述救济程序,应及时将案件转交复议机关或人民法院,并告知当事人。

第二十三条 经行政调解达不成协议的,行政机关应当在行政复议、诉讼等法定救济方式的时效届满前及时终止行政调解。并根据案件性质,告知当事人可以向行政机关申请行政裁决、行政复议,向仲裁机构申请仲裁,向人民法院提起诉讼。属于行政机关职权范围内的纠纷,行政机关应当依法予以处理。

第二十四条 达成行政调解协议后当事人应当自觉履行协议,不履行协议的,当事人一方可以继续申请行政调解或寻求相关法律救济途径。

第二十五条 争议涉及第三人的,应当通知第三人参加。行政调解结果涉及第三人利益的,应当征得第三人同意,第三人不同意的,终止行政调解。

第二十六条 行政调解应当自启动之日起 30 日内终结。遇有特殊情况需延长的,可以适当延长,但延长期不得超过 30 日。法律法规有明确规定的从其规定。

第二十七条 行政调解案件要按年、月、日归档编号,做到一案一档。文书顺序应为:

(一)行政调解卷宗目录。

(二)行政调解申请书或口头申请笔录。

(三)行政调解告知书。

(四)有关证据材料。

(五)行政调解协议书或行政调解终结材料。

(六)送达回证。

第二十八条 行政机关进行行政调解时,需要当事人所在基层人民调解组织配合的,可以向当事人所在基层人民调解组织发出邀请。当事人所在基层人民调解组织接到行政机关邀请后,应当指派调解人员配合行政机关开展调解。人民法院在进行司法调解时,需要行政机关配合的,行政机关应当予以积极配合。

第四章 奖励和处罚

第二十九条 行政机关应严格履行职责,积极化解矛盾纠纷,对行政调解中做出突出贡献的,应予以表彰奖励。

第三十条 行政机关无正当理由不受理行政调解申请，或者在法定期限内不履行调解职责，贻误纠纷调处时机，造成恶性事件、群体性事件或其他严重后果的，由监察部门按有关规定和程序追究相关人员的责任。

第五章 附 则

第三十一条 法律、法规、规章对行政调解另有规定的，从其规定。

第三十二条 行政调解工作由各行政机关负责，区政府法制机构对行政调解工作进行指导。

第三十三条 本规定自发布之日起执行，执行中的具体问题由区法制办负责解释。

附件2：

房山区行政调解工作部门联席会议制度

按照区政府关于加强行政调解工作的实施意见要求，结合实际，特建立全区行政调解工作部门联系会议制度。

一、联席会议组织方式

联席会议由区政府主管副区长领导，由区法制办主任召集，各成员单位主管行政调解工作的领导参加。根据工作需要，联席会议邀请相关部门参加会议。

联席会议办公室设在区法制办。

二、联席会议的成员单位

区综治办、区维稳办、区司法局、区信访办、区财政局、区住建委、区人力社保局、区民政局、区卫生局、区教委、区农业局、区编办、区社会办、区城管大队、房山规划分局、房山公安分局、房山交通支队、房山国土分局、房山工商分局、各乡镇（街道），各确定1名主管副职作为联席会议成员参加联席会议。联席会议成员因工作变动需要调整的，由所在部门提出，联席会议确定。联席会议特邀区法院主管院长和行政庭长参加。

各成员单位法制机构负责人作为联络员，负责日常行政调解工作。

三、联席会议的具体职责

（一）贯彻落实北京市关于行政调解工作的决策部署，统筹全区行政调解工作，研究确定联席会议年度工作重点和安排。

（二）及时了解全区行政调解工作开展情况，调查研究行政调解工作中存在的带有普遍性的问题，提出解决意见和建议。

（三）指导、推动成员单位建立健全行政调解工作程序和规范，完善相关配套制度。

（四）组织开展行政调解工作考核、评比和表彰工作。

（五）组织开展经验交流，推广行政调解工作中的好做法，加强行政调解信息工作，促进成员单位之间行政调解信息交流和资源共享。

（六）协调推动行政调解与人民调解、司法调解的制度衔接，形成合力。

（七）研究建立行政调解工作经费保障长效机制。

（八）办理区政府交办的其他有关行政调解工作的事项。

四、联席会议办公室职责

（一）负责起草全区行政调解工作规划、年度计划，进行年度工作总结。

（二）负责落实联席会议各项工作决定、意见，并组织对各相关部门落实情况进行检查和验收。

（三）组织、督促定期、及时报送行政调解信息，负责行政调解信息汇总、分析和通报工作。

（四）负责组织、协调开展行政调解人员培训、调查研究、工作宣传等事项。

（五）负责组织实施行政调解工作的考评工作。

（六）负责组织、协调相关部门加强行政调解工作，推动行政调解与人民调解、司法调解相互衔接。

（七）完成联席会议交办的其他事项。

五、联席会议议事规则

（一）通报工作进展情况。主要通报贯彻落实市有关文件精神和工作任务的完成情况，总结推广各成员单位行政调解工作的经验和做法，分析存在的突出问题，提出解决问题的措施和办法。

（二）每年召开 1 次联席会议。主要内容：学习贯彻党中央、国务院、市委、市政府关于行政调解工作的指示及有关会议、文件精神；研究工作方案；总结行政调解工作经验;探讨研究法律适用;研究行政调解工作中的重大、疑难问题,按照调解信息沟通与反馈制度,通报纠纷受理以及处理情况;分析存在的问题,提出完善措施的建议;研究其他事项。确因工作需要,可以临时召开联席会议或部分成员单位会议。联席会议以会议纪要形式确认会议议定的事项,经征求与会部门的意见后印发各成员单位。

(三)不定期召开专门会议、开展专项活动和调研。根据年度工作计划和阶段性工作安排,不定期组织各成员单位或部分成员单位开展调研、召开专门会议、进行专题研究,并及时向联席会议各成员单位通报工作成果。

(四)行政调解工作中的重大问题及对策措施,应经联席会议讨论通过。

附件3:

房山区行政调解工作考核制度

按照区政府关于加强行政调解工作的实施意见要求,对全区行政机关的行政调解工作进行考核。

一、考核原则

遵循公平、公开、公正,科学合理、简便易行的原则。

二、考核方式

区行政调解工作部门联席会议办公室负责对区政府所属部门、乡镇(街道)行政调解工作进行考核、打分。

行政调解工作考核每年组织一次,采取日常检查评分和年终综合评分相结合的方式进行。

三、考核内容

总分值为100分。考核内容及具体分值如下:

(一)行政调解工作制度、工作机制建设。(30分)

1. 建立行政调解工作机制。(15分)

2. 制定行政调解工作制度性规范。(15分)

(二)行政调解工作保障。(30分)

1. 有明确的行政调解责任部门。(10分)

2. 有专职工作人员。(5 分)

3. 有专门的行政调解场所。(5 分)

4. 有经费保障。(10 分)

(三)行政调解信息工作。(20 分)

1. 按照房山区行政调解工作信息报送制度的规定,完成年度信息报送工作。(10 分)

2. 及时完成区领导对具体信息批示交办的工作。(5 分)

3. 报送典型案例和成功经验。(5 分)

(四)行政调解工作成效方面。(20 分)

1. 行政调解工作成效明显。(10 分)

2. 积极配合法制部门做好调解工作。(5 分)

3. 积极配合人民法院做好调解工作。(5 分)

附件 4:

房山区行政调解工作信息报送制度

为了加强行政调解信息工作,整合全区行政调解工作信息资源,促进信息共享和信息交流,结合行政调解工作部门联席会议工作需要,制定本制度。

一、区行政调解工作部门联系会议办公室负责全区行政调解信息工作的统筹协调,制定年度信息报送工作计划和起草年度信息工作报告,及时对信息进行汇总、上报、反馈和存档,对各单位信息工作进行指导和考核。

二、各乡镇(街道)、各部门是行政调解信息的报送主体,应明确专门的机构及人员负责行政调解信息撰写和报送工作。

三、各行政机关的行政调解信息报区行政调解工作部门联系会议办公室,包括报送正式书面信息及电子版。

四、报送的内容包括:行政调解的重要制度、重大决策和重要工作安排与部署、工作动态、统计数据、重大案件办理情况、典型案例、经验材料等。报送的形式除文字信息外,有关图片、影像资料等也可一并报送。

五、各单位应当于每季度初始月 10 日前(遇节假日可顺延)报送上季度行政调解工作简报和统计数据,并根据信息的性质和内容随时报送其他相关信息。

对于特别重要和紧急的信息,各单位应当于当日或2日内报送。

六、信息报送工作纳入全区行政调解工作考核体系,每年从信息报送的数量、质量、时效性等方面对各单位的信息报送工作进行考核。

北京市房山区人民政府

二〇一一年十一月十日

北京市昌平区人民政府关于加强行政调解工作的实施意见

(2011年11月28日 昌政办发〔2011〕30号)

各镇人民政府、街道办事处,区政府各委、办、局(公司):

为贯彻《北京市人民政府办公厅关于进一步加强本市行政调解工作的意见》(京政办发〔2011〕27号)文件精神,充分发挥行政调解化解社会矛盾、维护社会和谐稳定的作用,结合昌平实际,现就加强行政调解工作提出如下意见。

一、充分认识做好行政调解工作的重要性

行政调解是由行政机关主持或主导的,以法律、法规和政策规定为依据,主要以民事纠纷和行政争议为对象,通过说服劝导等方法,促使各方当事人平等协商、互谅互让、达成协议,消除矛盾的纠纷解决机制。随着加快经济发展方式转变、城乡一体化建设等工作的推进,社会矛盾化解工作面临着许多新情况、新问题。各镇政府(街道办事处)、各有关部门要将行政调解作为重要的社会矛盾调处手段,充分利用行政调解工作优势,积极运用调解的办法做好矛盾纠纷化解工作,从源头上预防和减少社会矛盾,为加快建设京北创新中心、国际科教新城创造和谐稳定的社会环境。

二、指导思想、工作原则和工作重点

(一)指导思想

深入贯彻落实科学发展观,以化解社会矛盾纠纷为根本,建立行政调解工作

体制,创新行政调解工作机制,充分发挥行政机关在化解行政争议和民事纠纷中的作用,推动建立行政调解与人民调解、司法调解相衔接的大调解联动机制,形成调解工作合力,有效化解社会矛盾。

(二)工作原则

一是自愿原则,要充分尊重当事人意愿,不得强迫当事人接受调解方式或调解结果。二是合法原则,要遵循法律、法规和政策,调解内容不得违反法律禁止性规定,不得损害国家利益、公共利益和他人合法权益。三是公平公正原则,要兼顾各方当事人的合法权益,平等协商处理利益纠纷,体现公平正义,行政机关作为当事人一方时,与行政相对人的地位平等。四是注重效果原则,要追求"定纷止争、案结事了"的社会效果和法律价值。

(三)工作重点

一是行政机关或者经法律法规授权的具有管理公共事务职能的组织,与公民、法人或者其他组织之间产生的法律法规规定可以调解的行政争议,重点解决好土地征收、房屋拆迁、人力资源和社会保障、治安管理等方面的行政争议。二是公民、法人或者其他组织之间产生的与行政机关管理有直接或间接关联的民事纠纷,重点解决好交通损害赔偿、医疗卫生、消费者权益保护、物业管理、劳动争议等与行政管理有关的民事纠纷。对于涉及资源开发、环境污染、公共安全事故等方面的民事纠纷,以及涉及人数较多、社会影响大、可能影响社会稳定的纠纷,要主动进行调解。

三、充分运用行政调解方法解决行政争议和民事纠纷

(一)努力把行政争议化解在行政程序中

各镇政府(街道办事处)、各有关部门要切实做到行政调解与依法履职相结合,充分运用调解方法解决行政争议。行政复议机关要根据《中华人民共和国行政复议法实施条例》规定的调解原则、范围,在不损害国家利益、公共利益和他人合法权益的前提下,按照调解优先原则解决行政争议。在行政复议决定作出之前,要深入了解各方诉求,找准争议焦点,向当事人宣传有关法律法规和政策,摆事实、讲道理,耐心细致地做好当事人的思想工作,为各方当事人自愿调解、达成协议创造条件。经调解,各方当事人达成和解协议的,行政机关应当做好和解协议内容记录;各方当事人达成调解协议的,行政机关应当制作行政复议调解书。在行政复议过程中,各镇政府(街道办事处)、各有关部门要积极配合区政府法制办和其他行政复议机构做好行政复议调解、和解工作,及时履行行政复议调解、和解协议,切实做到"定纷止争、案结事了"。

(二)切实做好民事纠纷调解工作

各镇政府(街道办事处)、各有关部门要结合本辖区、本部门工作实际,建立健全解决民事纠纷的具体工作程序和规范。对依法应当由行政机关调处、裁决的民事纠纷,行政机关要在当事人同意的前提下优先进行调解,向当事人耐心宣传有关法律法规,说服和劝导当事人在平等协商、互谅互让的基础上解决纠纷,努力促成各方当事人达成协议。通过调解,各方当事人能够达成协议的,行政机关应当制作行政调解文书;不能达成协议的,行政机关应当在法定期限内依法作出裁决,并及时告知当事人救济权利和途径。

(三)积极配合开展行政诉讼案件诉前和诉中协调工作

各镇政府(街道办事处)、各有关部门要积极配合人民法院做好行政诉讼案件诉前、诉中协调工作。对人民法院在行政诉讼立案阶段提出的协调意见,应当认真对待、积极履行;对人民法院指出的执法问题,应当立即核实、主动改正、消除负面影响;对因行政行为被诉可能引发重大矛盾纠纷的,应当立即将有关情况向区政府报告。区政府法制办和各镇政府(街道办事处)、各有关部门的法制工作机构要统筹做好涉诉行政争议化解工作。

四、建立健全行政调解工作机制

(一)建立行政调解工作定期分析上报制度

各镇政府(街道办事处)、各有关部门要加强行政调解信息汇报工作,定期向区政府法制办报送本辖区、本部门开展行政调解工作的文字信息、影像资料及工作总结,交流工作经验,及时研究解决工作中出现的问题。对涉及人数多、社会影响大、可能影响社会稳定的行政争议和民事纠纷,要及时将有关情况向区政府和区政府法制办报告,并提出对策和建议。区政府法制办要定期对信息报送情况进行汇总、分析和通报。

(二)健全规范行政调解工作制度

各镇政府(街道办事处)、各有关部门要建立健全行政调解工作制度,规范行政调解工作。要根据本辖区、本行业的特点和实际情况,规范行政调解的受理、调查、调解、制作调解协议等工作环节。在行政调解过程中,要保障当事人的平等地位,保证当事人的知情权、参与权和救济权。

（三）建立行政调解工作考评机制

各镇政府（街道办事处）、各有关部门要建立行政调解工作目标责任制，制定矛盾化解具体目标，对发生在本辖区、本部门的行政争议，及时跟踪调解进展，全面评估调解效果。区政府定期对各镇（街道）、各部门行政调解工作开展情况进行检查或根据工作需要进行专项督导，并将行政调解工作纳入依法行政考核内容。

（四）建立行政调解与人民调解、司法调解的衔接机制

各镇政府（街道办事处）、各有关部门要积极做好行政调解与人民调解的衔接配合，在交通损害赔偿、医疗卫生、消费者权益保护、物业管理、劳动争议等矛盾多发领域，建立由行政机关主导的专业的人民调解组织，开展调解工作。要主动加强行政调解与司法调解的衔接配合，建立调解情况通报交流制度，充分发挥各自职能，妥善化解各类纠纷。对调解不成的重大矛盾纠纷，应当及时告知、引导当事人通过诉讼渠道解决。对进入诉讼程序的行政争议，在诉前已经做过行政调解工作的，应将行政调解的有关情况告知人民法院。

（五）建立行政调解经费保障机制

各镇政府（街道办事处）、各有关部门要根据财政预算管理要求，将宣传、培训、指导、聘用行政调解工作人员、调解员工作补贴等各类调解工作经费纳入年度预算，健全行政调解经费拨付制度。

（六）建立行政调解宣传长效机制

各镇政府（街道办事处）、各有关部门要加大对行政调解工作的宣传力度，及时总结和推广本辖区、本部门开展行政调解工作的成功经验和先进典型。要充分利用广播、电视、报刊、网络等新闻媒体，开展各种形式的宣传教育，积极引导广大人民群众了解行政调解、支持并选择行政调解解决矛盾纠纷。

五、加强领导，抓好落实

（一）建立行政调解工作体制

建立由区政府总负责、区政府法制办牵头、各职能部门为主体的行政调解工作体制。由区政府法制办牵头，会同区农委、区住房城乡建设委、区国资委、公安昌平分局、区财政局、区人力社保局、区委宣传部、区编办、区信访办、区维稳办、国土昌平分局、规划昌平分局、区司法局、区民政局、区卫生局等部门，建立昌平区行政调解工作联席会议制度，研究部署全区行政调解工作的总体安排，统筹协

调重大矛盾纠纷的行政调解工作,对各镇政府(街道办事处)、各有关部门开展行政调解工作情况进行监督考核。区政府法制办负责全区行政调解工作有关事项的统筹协调、信息交流、联络及督查考核等日常工作。各镇政府(街道办事处)、各有关部门要明确行政调解工作的主管领导,指定专门科室承担行政调解工作。特别是涉及矛盾纠纷较多的部门应成立行政调解委员会,建立健全行政调解工作体制机制。

(二)加强行政调解队伍建设

各镇政府(街道办事处)、各有关部门要建立专兼职行政调解工作队伍,选调政治思想好、业务能力强、法律素质较高、善于做群众工作的干部充实到行政调解工作队伍中去。要加强对行政调解工作人员的培训工作,根据行政调解工作需要和特点确定培训内容,充分利用司法、行政、专家学者等各种资源,通过举办培训班、讲座等方式,有计划地开展培训工作,提高行政调解工作人员的素质,不断提升行政调解工作水平。

(三)构建行政主导、社会参与的行政调解体系

各镇政府(街道办事处)、各有关部门在开展行政调解工作过程中,要紧密依靠村委会(社区居委会)、相关行业协会和专家学者等各方面力量,在重点领域、重点行业组建社会专兼职调解员队伍和调解专家库,积极构建行政主导、社会参与的行政调解体系。

(四)落实领导责任,加强监督检查

各镇政府(街道办事处)、各有关部门要认真研究制定本辖区、本部门开展行政调解工作的实施意见和方案,主要领导应当定期听取行政调解工作汇报,及时协调解决行政调解工作中遇到的重大问题。要充分运用行政调解手段,切实把矛盾化解在基层、化解在萌芽状态、化解在本行政机关内部,不得推卸责任。要定期对行政调解工作进行检查和指导,对开展行政调解工作取得突出成绩的单位和个人应当给予奖励。

二〇一一年十一月二十八日

北京市平谷区人民政府关于加强行政调解工作的实施意见

（2011年11月28日 京平政发〔2011〕48号）

各乡镇人民政府、街道办事处，区政府各委、办、局、中心，各公司：

为充分发挥行政调解化解社会矛盾，维护社会和谐稳定作用，根据《中共北京市委办公厅北京市人民政府办公厅印发〈关于构建社会矛盾多元调解体系的意见〉的通知》（京办发〔2010〕29号）、《北京市人民政府办公厅关于进一步加强本市行政调解工作的意见》（京政办发〔2011〕27号）精神，现就加强我区行政调解工作，提出以下实施意见。

一、充分认识行政调解的重要意义

行政调解是由行政机关主持或主导的，以法律、法规和政策规定为依据，主要以民事纠纷和行政争议为对象，通过说服劝导等方法，促使各方当事人平等协商、互谅互让、达成协议，消除矛盾的一种纠纷解决机制。当前，我区经济社会快速发展，社会利益和群众需求呈现多元化趋势，各类矛盾和行政纠纷增多，且涉及法律关系复杂，处理难度较大。全区各行政机关要充分发挥行政机关在化解行政争议和民事纠纷中的作用，把开展日常工作与行政调解工作有机结合，充分运用行政调解的办法处理行政纠纷和相关的民事纠纷，力争把行政纠纷化解在基层、化解在初发阶段，解决在行政程序当中；要统一思想，提高认识，以化解社会矛盾纠纷为根本，建立行政调解工作体制，创新行政调解机制，推动建立行政调解与人民调解、司法调解相衔接的多元调解联动机制，有效化解社会矛盾，为我区创造和谐、稳定、有序的社会环境。

二、指导思想、工作原则、工作重点和工作程序

（一）指导思想。

深入贯彻落实科学发展观，以化解社会矛盾纠纷为根本，以构建幸福平谷为目标，坚持调解优先，立足预防，重在化解，充分发挥行政调解的职能作用，形成

与人民调解、司法调解的合力，有效化解社会矛盾，积极为我区经济社会发展创造和谐、稳定、有序的社会环境。

（二）工作原则。

1. 自愿原则。行政调解中双方当事人，包括接受上级行政机关调解的行政机关和行政管理相对人，在行政调解中地位平等，双方尤其是行政管理相对人有自愿、充分、真实表达自己意愿的权利。行政机关要尊重各方当事人意愿，不得强迫当事人接受调解方式或调解结果。

2. 合法原则。行政调解要依据法律、法规、规章和政策，不得损害国家利益、公共利益和他人合法利益。

3. 公平公正原则。要兼顾各方当事人的合法权益，平等协商处理利益纠纷，体现公平正义，行政机关作为当事人一方时，与行政相对人的地位平等。

4. 注重效果原则。要保证各方当事人平等协商，既要兼顾各方当事人的合法权益，又要说服各方当事人互谅互让、相互理解，尽量达成协议，有效减少和化解社会矛盾，追求定纷止争的社会效果和法律价值。

（三）工作重点。

1. 各行政机关或者法律法规授权的具有管理公共事务职能的组织，在行使职权过程中，与公民、法人或者其他组织之间，因行政管理产生的行政争议。重点要解决好土地征收征用、城镇房屋拆迁、人力资源和社会保障、治安管理等方面的纠纷。

2. 公民、法人或者其他组织之间产生的与行政机关管理有直接或间接关联的民事纠纷。重点解决好交通损害赔偿、医疗卫生、消费者权益保护、物业管理、劳动争议、婚姻家庭等与行使行政管理有关的民事纠纷。

3. 涉及资源开发、环境污染、公共安全事故等方面的民事纠纷，以及涉及人数较多、社会影响大、可能影响社会稳定的纠纷。

（四）工作程序。

1. 申请和受理。行政机关接到当事人申请后，要认真进行审查，凡符合受理条件的，应及时受理；不予受理的，要向当事人说明理由。行政复议机构受理复议案件后，在查明案件事实的基础上，积极运用调解手段解决行政纠纷。

2. 调查。行政机关要根据双方的争议进行必要的调查，要运用宣传政策法规、说服教育、协调疏导等方式方法，充分利用调查取证、现场勘验、复议听证等时机,积极宣讲有关法律法规,分析利害关系,促使当事人自行和解。

3. 实施调解。要根据当事人的诉辩主张,依据有关法律规定,平衡当事人之间的利益和冲突。一是要坚持情、理、法并用;二是多做思想疏导工作,循循善诱,使双方互谅互让;三是注意调解的艺术和方法,使调解体现人性化的要求。

4. 制作行政调解书或行政复议调解书。行政调解书应当载明纠纷事由、调解事项、事实、调解结果等,申请人和被申请人签名或盖章,加盖调解机关印章。行政复议调解书应当载明行政复议请求、事实、理由和调解结果等,并加盖行政复议机关印章。

5. 履行。达成调解、和解协议后,各方当事人要积极履行。

三、充分运用行政调解方法解决行政争议和民事纠纷

(一)努力把行政争议化解在行政程序中。

各行政机关要切实做到行政调解与依法履职相结合,积极主动地开展行政调解工作,努力把争议化解在行政程序中。在调解时,要找准争议纠纷的焦点和各方利益的平衡点,充分发挥专业优势,采取灵活多样的方式,注重情、理、法的有机统一,开展耐心、细致的说服劝导工作,促成各方当事人互谅互让,达成调解协议。

具有行政复议职权的行政机关对符合行政复议受理条件的行政争议,要依法受理行政复议申请,根据《中华人民共和国行政复议法实施条例》规定的调解原则、范围,在不损害国家利益、公共利益和他人合法权益的前提下,按照调解优先原则解决行政争议。在行政复议决定作出之前,要深入了解各方诉求,找准争议焦点,向当事人宣传有关法律法规和政策,摆事实、讲道理,耐心细致地做好当事人的思想工作,为各方当事人自愿调解、达成协议创造条件。经调解,各方当事人达成和解协议的,行政机关应当做好和解协议内容记录;各方当事人达成调解协议的,应当制作行政复议调解书。在行政复议过程中,各行政机关要积极配合区政府法制办做好行政复议调解、和解工作,及时履行行政复议调解、和解协议,切实做到"定纷止争、案结事了"。

(二)切实做好民事纠纷的调解工作。

对依法应当由行政机关裁决、调处的民事纠纷,行政机关要在当事人同意的基础上,优先采用调解的方法,向当事人耐心宣传有关法律法规,说服和劝导当事人在平等协商、互谅互让的基础上解决纠纷,努力促成各方当事人达成协议。

通过调解,各方当事人能够达成协议的,行政机关应当制作行政调解文书;不能达成协议的,行政机关应当在法定期限内依法作出裁决,并及时告知当事人救济权利和途径。

(三)积极配合法院开展行政诉前和诉中协调工作。

行政诉讼案件较多的行政机关,要积极配合人民法院做好行政案件诉前、诉中的协调工作。行政机关对人民法院在行政诉讼立案阶段提出的协调意见,应当认真对待、积极履行;对人民法院指出的执法问题,应当立即核实、主动改正、消除负面影响;对因行政行为被诉可能引发重大矛盾纠纷的,应当立即将有关情况向主管领导汇报。区政府法制办要发挥好对涉诉行政争议化解工作的统筹协调作用,做好涉诉行政争议化解工作。

四、建立健全行政调解工作机制

(一)建立行政调解信息分析上报制度。

各行政机关要加强行政调解的信息分析上报工作,及时通报本行政机关开展行政调解工作情况,及时发现并研究带有倾向性和普遍性的问题。对涉及人数较多、社会影响大、可能影响社会稳定的问题,要及时摸清情况,提出对策建议,并及时与区政府法制办沟通,同时应当向同级党委、政府报告。年底前,各乡镇、街道及区各行政职能部门向区政府法制办报告本地区、本部门的行政调解工作汇总情况;区政府法制办对信息报送情况进行汇总、分析,并向区政府和市政府法制办汇总报告本地区行政调解工作情况。

(二)健全规范行政调解工作制度。

各行政机关要建立健全行政调解工作制度,规范行政调解工作。根据有关法律、法规规定,结合实际,制定具体的行政调解工作程序,规范行政调解的受理、调查、调解、制作调解协议等工作环节。做到有章可循、有规可依,确保行政调解工作合法、规范、有序。行政调解中,要保障当事人的平等地位,保障当事人的知情权、参与权和救济权。

(三)建立行政调解工作考评机制。

各行政机关要建立行政调解工作目标责任制,制定矛盾化解具体目标,对发生在本行政机关的行政争议,全面评估调解效果。对重大行政争议,有关乡镇、街道和部门要重点研究解决措施,抓好落实工作。对不积极主动配合行政调解工作、不能及时化解矛盾纠纷,造成严重后果的要予以问责。

（四）建立行政调解与人民调解、司法调解的衔接机制。

各行政机关要积极做好行政调解与人民调解的衔接配合，在交通损害赔偿、医疗卫生、消费者权益保护、物业管理、劳动争议等矛盾多发领域，要建立由有关行政部门主导的专业的人民调解组织，开展调解工作。要主动加强行政调解与司法调解的衔接配合，建立调解情况通报交流制度，充分发挥各自职能，妥善化解各类纠纷。行政机关对于调解不成的重大矛盾纠纷，应当及时告知、引导当事人通过诉讼渠道解决。对于进入诉讼程序的行政争议，在诉前已经做过行政调解工作的，行政机关应当将行政调解的有关情况告知人民法院。

（五）建立行政调解经费保障机制。

区财政部门要按照现行事权、财权划分原则，在分清渠道、分级负担的前提下，根据行政机关预算管理有关要求，将宣传、培训、指导、聘用专职行政调解工作人员、调解员工作补贴等调解工作经费纳入本级财政年度预算，健全行政调解经费拨付制度。

（六）建立行政调解宣传长效机制。

各行政机关要加强行政调解的宣传工作，及时总结开展行政调解工作的成功经验和先进典型，并做好宣传工作。要充分利用广播、电视、报刊、网络等新闻媒体，开展各种形式的宣传教育，积极引导广大人民群众了解行政调解、支持并选择行政调解解决矛盾纠纷。

五、加强领导，抓好落实

（一）建立行政调解工作体制。

建立由区政府总负责、区政府法制办牵头、各职能部门为主体的行政调解工作体制。在区政府领导下，由区政府法制办会同综治、司法、信访、规划、住房与城乡建设、交通、公安、国土、民政、人力社保、工商、卫生、农业、机构编制、财政等部门建立工作协调机制，共同研究部署本区行政调解工作的总体安排，统筹协调跨地区、跨部门重大矛盾纠纷的行政调解工作，监督考核各行政机关开展行政调解工作情况。区政府法制办承担全区行政调解工作有关事项的统筹协调、信息交流、联络及督查考核等日常工作。政府各部门应当明确行政调解工作的主管领导，在部门内部指定专门科室承担行政调解工作。特别是涉及矛盾纠纷较多的部门应当成立行政调解委员会，建立健全调解工作体制。

(二)加强行政调解队伍建设。

各行政机关要结合本职工作建立一支专、兼职的调解员队伍,一是把政治思想好、业务能力强、有较高法律素质、善于做群众工作的干部充实到行政调解队伍中去。二是根据需要可以邀请有关单位、具有相关专业知识和调解经验的专业人才加入行政调解或调解员队伍中,并公布调解人员名单。三是要结合调解工作实际,充分利用司法、行政、专家学者等各种资源,通过举办培训班等,有计划地开展培训工作,提高行政调解工作人员政治、业务素质,不断提升行政调解工作水平。

(三)落实领导责任,加强监督检查。

各行政机关要根据全区行政调解工作的总体部署,制定开展行政调解工作的具体实施意见和工作方案,主要领导应当定期听取行政调解工作汇报,及时协调解决行政调解工作中遇到的重大问题。要充分运用行政调解手段,切实把矛盾化解在基层,化解在萌芽状态,化解在本行政机关内部,不得推卸责任。区政府定期对行政调解工作进行检查和指导。

附件:1. 平谷区行政调解工作联席会议制度

2. 平谷区行政调解工作规定

3. 平谷区行政调解工作信息报送制度

4. 平谷区行政调解工作考核制度

二〇一一年十一月二十八日

附件1:

平谷区行政调解工作联席会议制度

为全面推进我区行政调解工作,有效发挥行政调解作用,经区政府领导同意,决定建立我区行政调解工作联席会议制度。联席会议由区政府常务副区长领导,由区政府法制办主任召集,各成员单位主管调解工作的领导参加。联席会议也可邀请相关部门参加会议。

联席会议成员单位名单如下:

召 集 人:区政府法制办主任

委　　员：区综治办副主任
区政府法制办副主任
区司法局副局长
区信访办副主任
区规划分局副局长
区住房城乡建设委副主任
区交通局副局长
区公安分局副局长
区国土分局副局长
区民政局副局长
区人力社保局副局长
区工商分局副局长
区卫生局副局长
区农委副主任
区编办副主任
区财政局副局长
各乡镇政府、街道办事处主管负责人
特邀成员：区人民法院副院长
区人民法院行政审判庭庭长

各成员单位法制机构负责人为联络员，负责日常性工作。各成员单位负责职责范围内的行政调解工作，并支持配合其他单位的行政调解工作。联席会议办公室设在区政府法制办，承担全区行政调解工作有关事项的统筹协调、信息交流、联络及督查考核等日常工作，区政府法制办主任兼任办公室主任，区政府法制办副主任兼任办公室副主任。

附件2：

平谷区行政调解工作规定

为规范本区行政争议调解工作，及时化解行政争议，促进社会和谐稳定，结合实际,制定本规定。

一、各行政机关应当成立行政调解工作领导小组,设立行政调解室,确定行政调解协调机构和行政调解人员,并在办公场所适当位置公布调解人员名单;制定行政调解工作规程,确保行政调解工作合法、规范、有序开展。

二、行政调解应当符合下列条件:

(一)调解对象是与案件有直接利害关系的当事人。

(二)矛盾纠纷与行政机关职责有关。

(三)矛盾纠纷具有可调解性。

三、行政机关应当主动告知当事人有申请行政调解的权利,说明行政调解必须注意的事项和正确途径,主动引导当事人就矛盾纠纷进行行政调解。

四、行政机关可以根据当事人的申请启动行政调解程序。当事人申请行政调解,可以书面申请,也可以口头申请。

五、行政机关收到行政调解申请后,应当认真审查有关材料,符合条件的,及时征求被申请人意见,同时应当在收到申请后三个工作日内决定是否启动行政调解程序并及时告知申请人。

对被申请人不同意行政调解,或者虽然同意行政调解,但不属于行政调解范畴的,应当在三个工作日内书面告知申请人解决纠纷的渠道。在未启动行政调解程序前,矛盾有可能激化的,行政机关应当及时采取必要的缓解疏导措施。

六、受理行政调解申请后,行政机关的调解人员事先要对纠纷进行研究,摸清情况,特别是对比较复杂的纠纷,应当进行调查核实。

七、对两个以上行政机关都收到行政调解申请的,由有管辖权的行政机关办理;对两个以上行政机关都有管辖权的,由先收到行政调解申请的行政机关或者由行政职权与矛盾纠纷联系最紧密的行政机关牵头办理。行政机关对管辖权产生争议的,由其共同上一级政府的法制机构指定管辖。

八、行政调解程序启动后,调解人员应当提前将行政调解时间、地点、调解人员名单等事项通知当事人。

九、对重大复杂的争议案件,行政机关的主要负责人应当主持行政调解;其它争议案件行政机关负责人指定调解人员进行行政调解。

十、行政机关调解纠纷,根据需要可以邀请有关单位、专业人员或者其他个人参加,被邀请的单位或者个人应当予以支持。调解跨乡镇、部门的纠纷,相关单位应当予以配合,共同做好行政调解工作。

十一、行政机关调解纠纷,应注意保护当事人的个人隐私和商业秘密。

十二、调解人员有下列情况之一的,应当回避:

(一)是本案当事人或者与当事人、代理人有近亲属关系的。

(二)与本案有利害关系的。

(三)与本案当事人、代理人有其他关系,可能影响纠纷处理的。

当事人发现调解人员有应当回避情形的,可以口头或者书面方式申请其回避;调解人员认为自己不宜调解本纠纷的,应当自行申请回避。行政机关负责人决定调解人员的回避。

十三、行政调解开始时,调解人员应当宣布行政调解纪律,核对当事人身份,宣布当事人应享有的权利和承担的义务,宣布行政调解人、记录人的身份,询问当事人是否要求回避。

十四、行政调解过程中,当事人应当提出证明事实的证据,并对所提交的证据的真实性负责。调解人员依据各方当事人提供的证据以及本行政机关在行政调解过程中收集的证据认定案件事实,找准纠纷的焦点和各方利益的连结点,采取灵活多样的方式方法,开展耐心、细致的说服疏导工作,促使各方当事人互谅互让,消除隔阂,引导当事人达成解决纠纷的行政调解协议。

十五、行政调解达成协议的,由各方当事人签订行政调解协议书。行政调解协议书的内容不得违反法律规定。行政调解协议书自各方当事人签字后生效。行政调解协议书一般应载明下列事项:

(一)各方当事人的基本情况。

(二)纠纷事实、争议焦点及各方责任。

(三)各方当事人的权利和义务。

(四)履行协议的方式、地点、期限。

(五)当事人签名、调解人员签名。

行政调解协议书由各方当事人分别保留一份,行政机关存档一份。

十六、经行政调解达不成协议的,行政机关应当在行政复议、诉讼等法定救济方式的时效届满前及时终止行政调解。并根据案件性质,告知当事人可以向行政机关申请行政裁决、行政复议,向仲裁机构申请仲裁,向人民法院提起诉讼。

属于行政机关职权范围内的纠纷，行政机关应当依法予以处理。

十七、达成行政调解协议后当事人不履行协议的，当事人可以依法寻求行政复议、诉讼等相关法律救济途径。

十八、争议涉及第三人的，应当通知第三人参加。行政调解结果涉及第三人利益的，应当征得第三人同意，第三人不同意的，终止行政调解。

十九、行政机关在主持制作行政调解协议书前，应当向依法主管矛盾纠纷的复议机关和审判机关核实该矛盾纠纷是否已经进入复议、审判等救济程序，若该矛盾纠纷已进入前述救济程序，应及时将案件转交复议机关或审判机关，并告知当事人。

二十、行政调解应当自启动之日起二十日内终结。遇有特殊情况需延长的，根据纠纷当事人的共同意愿，可以延长终结期限。

二十一、行政调解案件要按年、月、日归档编号，做到一案一档。文书顺序应为：

（一）行政调解卷宗目录。

（二）行政调解申请书或口头申请笔录。

（三）行政调解告知书。

（四）有关证据材料。

（五）行政调解协议书或行政调解终结材料。

（六）送达回证。

二十二、行政机关进行行政调解时，需要当事人所在基层人民调解组织配合的，可以向当事人所在基层人民调解组织发出邀请。当事人所在基层人民调解组织接到行政机关邀请后，应当指派调解员配合行政机关开展调解。人民法院在进行司法调解时，需要行政机关配合的，行政机关应当予以积极配合。

二十三、行政机关应严格履行职责，积极化解矛盾纠纷，对行政调解工作作出突出贡献的，应予以表彰奖励。

二十四、行政机关无正当理由不受理行政调解申请，或者在法定期限内不履行调解职责，贻误纠纷调处时机，造成恶性事件、群体性事件或其他严重后果的，由监察部门按有关规定和程序追究相关人员的责任。

二十五、行政调解工作由各行政机关负责，法制机构对行政调解工作进行指导。

二十六、本规定由区政府法制办公室负责解释。

附件3：

平谷区行政调解工作信息报送制度

为了加强行政调解信息工作，促进行政调解工作交流，结合本区实际，建立行政调解信息报送制度。

一、区政府法制办负责全区行政调解信息工作的统筹协调，制定年度信息报送工作计划和起草年度信息工作报告，及时对信息进行汇总、上报、反馈和存档，对信息工作进行指导和考核。

二、各乡镇政府、街道办事处，区政府各部门明确专门的机构及人员负责行政调解信息撰写和报送工作。

三、各乡镇政府、街道办事处，区政府各部门每月至少报送一篇行政调解信息、统计一次行政调解数量，重大的或紧急的行政调解信息应随时报送。

四、报送的内容包括行政调解的重要制度、重大决策和重要工作安排与部署、工作动态、统计数据、重大案件办理情况、典型案例、经验材料等。报送的形式除文字信息外，有关图片、影像资料等也可一并报送。

五、行政调解信息报送工作纳入年度依法行政考核，由区政府法制办代表区政府进行考核。

附件4：

平谷区行政调解工作考核制度

为进一步加强我区行政调解工作，充分发挥行政调解工作维护社会稳定，促进经济发展，构建和谐社会的职能作用，结合我区调解工作实际，制定本制度。

一、指导思想和原则

以邓小平理论和“三个代表”重要思想为指导，坚持实事求是、因地制宜、稳步推进、客观公正、注重实效的原则,以行政调解规范化建设为目标,进一步建立健全行政调解考核激励机制,努力提高行政调解工作质量。

二、考核方式

行政调解联席会议办公室负责对全区各工作部门、乡镇、街道行政调解工作考核、打分。

行政调解工作考核每年组织一次,采取日常检查评分和年终综合评分相结合方式进行。

三、考核验收内容

总分值为100分。考核内容及具体分值如下:

(一)行政调解工作机制方面。建立行政调解工作机制。(20分)

(二)行政调解工作制度方面。建立完善行政调解工作制度。(20分)

(三)行政调解工作保障方面。(20分)

1. 有明确的行政调解责任部门。(5分)

2. 有专职工作人员。(5分)

3. 有专门的调解场所。(5分)

4. 有经费保障。(5分)

(四)行政调解信息报送方面:(20分)

1. 按照规定完成信息报送工作。(10分)

2. 报送典型案例和成功经验。(10分)

(五)行政调解工作成效方面:(20分)

1. 行政调解工作成效明显。(10分)

2. 积极配合法制部门做好调解工作。(5分)

3. 积极配合人民法院做好调解工作。(5分)

密云县人民政府印发关于加强行政调解工作实施意见的通知

（2011 年 8 月 25 日　密政发〔2011〕27 号）

各乡镇人民政府，地区、街道办事处，县政府各委、办、局，各县属机构：

现将《关于加强行政调解工作的实施意见》印发给你们，请结合实际，认真贯彻执行。

二〇一一年八月二十五日

关于加强行政调解工作的实施意见

为贯彻落实《中共北京市委办公厅北京市人民政府办公厅印发〈关于构建社会矛盾多元调解体系的意见〉的通知》（京办发〔2010〕29 号）、《北京市人民政府办公厅关于进一步加强本市行政调解工作的意见》（京政办发〔2011〕27 号）文件精神，充分发挥行政调解在解决社会矛盾、维护社会稳定中的作用，有效预防、减少和化解社会矛盾纠纷，促进社会和谐稳定，现结合我县实际，就加强行政调解工作提出如下实施意见。

一、行政调解工作的重要意义

行政调解是指由行政机关主持或主导，以法律、法规和政策为依据，主要以民事纠纷和行政争议为对象，通过说服劝导等方法，促使各方当事人平等协商、互谅互让、达成协议，从而解决矛盾纠纷的一种行为。当前，我县经济社会快速发展，社会利益和群众需求呈现多元化趋势，各类矛盾和行政纠纷增多，且涉及法律关系复杂，处理难度较大。各行政机关要紧紧围绕全县工作大局，从深入贯彻落实科学发展观、提高党的执政能力建设的高度，充分认识加强行政调解工作的重大意义，切实增强做好行政调解工作的责任感和使命感，把行政调解作为重要的社会矛盾调处手段,充分发挥行政调解在“大调解”工作中的重要作用,形成与人民调解、司法调解的工作合力,及时化解社会发展过程中出现的各种争议,积极为全县经济社会发展创造和谐、稳定、有序的社会环境。

二、准确把握行政调解的范围、原则和程序

(一)范围。

1. 行政机关或者法律法规授权的具有管理公共事务职能的组织在行使职权过程中,与公民、法人或者其他组织之间,因行政管理产生的行政纠纷,法律法规规定可以调解的。重点解决好土地征收、城镇房屋拆迁、人力资源和社会保障、治安管理等方面的纠纷。

2. 公民、法人或者其他组织之间与行政管理有直接或间接关联的民事纠纷。重点解决好交通损害赔偿、医疗卫生、消费者权益保护、物业管理、环境保护、劳动争议等与行政管理有关的民事纠纷。

(二)原则。

1. 自愿原则。尊重各方当事人意愿,不得强迫当事人接受调解方式或调解结果。

2. 合法原则。遵循法律、法规和政策,不得损害国家利益、公共利益和他人合法权益。

3. 公平公正原则。兼顾各方当事人的合法权益,平等协商处理纠纷,体现公平正义,行政机关作为当事人一方时,与行政相对人的地位平等。

4. 注重效果原则。追求“定纷止争、案结事了”的社会效果和法律效果。

(三)程序。

1. 申请和受理。行政机关接到当事人申请后,要认真进行审查,凡符合受理条件的,应及时受理,不予受理的,要向当事人说明理由。

2. 调查。行政机关要根据双方的争议进行必要的调查,要运用宣传政策法规、说服教育、协调疏导等方式方法,充分利用调查取证、现场勘验、听证等时机,积极宣讲有关法律法规,分析利害关系,促使当事人自行和解。

3. 实施调解。行政机关要根据当事人的诉辩主张,依据有关法律规定,平衡当事人之间的利益。坚持情、理、法并用,充分听取当事人的陈述,多做思想疏导工作,使双方互谅互让,并注意调解的艺术和方法,体现人性化的调解。

4. 制作行政调解书。行政调解书应当载明当事人的基本情况、纠纷的主要事实、争议事项、达成调解的内容、履行方式、期限、当事人签名或盖章，并加盖调解机构印章。

5.履行。达成调解、和解协议后，各方当事人要积极履行。调解机构要对协议的履行情况进行监督和督促。

三、充分运用行政调解方法解决行政争议和民事纠纷

（一）调解行政争议。

坚持依法行政，是从源头上预防和减少行政争议的重要措施。各级行政机关要充分运用调解的办法处理行政争议和行政管理有关的纠纷，着力解决影响社会稳定的争议纠纷。在调解行政争议时，要找准争议纠纷的焦点和各方利益的连接点，充分发挥专业优势，采取灵活多样的方式方法，开展耐心、细致的说服疏导工作，促使各方当事人互谅互让，消除隔阂，达成解决争议纠纷的协议。经行政机关调解的争议纠纷，达成协议的，行政机关应当制作调解书。当事人应当按照约定自觉履行行政调解协议，不得擅自变更或者解除。对不愿进行行政调解或未达成协议的行政调解，应主动告知当事人救济权利和途径。

具有行政复议职权的单位要充分发挥行政复议在解决行政争议、化解矛盾、维护社会稳定中的重要作用，根据《中华人民共和国行政复议法实施条例》规定的调解原则、范围，在不损害国家利益、公共利益和他人合法权益的前提下，按照调解优先原则解决行政争议。对于行政机关行使自由裁量权做出的具体行政行为引发的行政复议案件，要积极促成申请人与被申请人在复议决定作出前自愿和解，力争把行政争议化解在行政复议程序中。

（二）调解民事纠纷。

行政机关在解决与行政管理有直接或间接关联的民事纠纷时，根据法律的规定和纠纷实际情况，要优先选择调解解决的方式，调解不成再选择其他渠道解决。在争议双方有调解愿望的基础上，行政机关要耐心释法明理，做好劝解工作，充分协商，为双方当事人最后达成调解协议提供方便、创造条件。重点解决好交通损害赔偿、医疗卫生、消费者权益保护、物业管理、劳动争议等与行政管理有关的民事纠纷。对于涉及资源开发、环境污染、公共安全事故等方面的民事纠纷，以及涉及人数较多、社会影响大、可能影响社会稳定的纠纷要主动进行调解。要加强对重点领域、重点行业社情民意和争议纠纷的收集排查工作，及时了解群众诉求，确保发生争议纠纷时能够及时介入。要通过领导接访、干部下访、现场办公等形式,抓早、抓小、抓苗头,发现一起调处一起,严防各类争议纠纷激化和升级,努力将事态化解在萌芽状态和初始阶段。通过调解,各方当事人能够达成协议的,行政机关应当制作行政调解文书;不能达成协议的,行政机关应当在法定期限内依法作出裁决,并及时告知当事人救济权利和途径。

(三)化解涉诉行政争议。

各部门要在做好行政调解工作的同时,积极构建与人民调解、司法调解的协调配合机制、信息沟通机制和效力衔接机制,优化、整合调解资源,实现“三大调解”优势互补。行政诉讼案件较多的部门,要积极配合人民法院做好行政案件诉前、诉中的协调工作。对人民法院在行政诉讼立案阶段提出的协调意见,应当认真对待、积极履行;对人民法院指出的执法中存在问题,应当立即核实、主动改正、消除负面影响;对因行政行为被诉可能引发重大矛盾纠纷的,应当立即将有关情况向主管领导汇报。

四、建立健全行政调解工作机制

(一)建立行政调解工作报告制度。

对社会影响较大或可能引发群体性事件等重大复杂争议纠纷的调解处理,各乡镇、地区、街道及县级各行政职能部门要及时向上级党委、政府和上级主管部门请示报告,并通报县政府法制办。年底前,各乡镇、地区、街道及县级各行政职能部门向县政府法制办报告本地区、本部门的行政调解工作汇总情况;县政府法制办向县政府和市政府法制办汇总报告本地区行政调解工作情况。

(二)建立健全行政调解工作制度。

各行政机关要建立健全行政调解工作制度,规范行政调解工作。要根据行业特点和要求制定行政调解程序,规范行政调解的受理、调查、调解、制作调解协议等工作环节。行政调解中,要保障当事人的平等地位,保障当事人的知情权、参与权和救济权。

(三)建立行政调解考评机制。

各行政机关要建立行政调解工作目标责任制,要制定矛盾化解具体目标,对发生在本地区、本部门的行政争议,及时跟踪调解进展,全面评估调解效果。对重大行政争议,有关乡镇、地区、街道和部门要重点研究解决措施,抓好落实工作。对不积极主动配合行政调解工作、不能及时化解矛盾纠纷,造成严重后果的要予以问责。

（四）建立行政调解与人民调解、司法调解的衔接机制。

各行政机关要积极做好行政调解与人民调解的衔接配合，在交通损害赔偿、医疗卫生、消费者权益保护、物业管理、劳动争议等矛盾多发领域，要建立由有关行政部门主导的专业的人民调解组织，开展调解工作。要主动加强行政调解与司法调解的衔接配合，建立调解情况通报交流制度，充分发挥各自职能，妥善化解各类纠纷。各行政机关对于调解不成的重大矛盾纠纷，应当及时告知、引导当事人通过诉讼渠道解决。对于进入诉讼程序的行政争议，在诉前已经做过行政调解工作的，应当将行政调解的有关情况告知人民法院。

（五）建立行政调解经费保障机制和宣传长效机制。

县财政部门要按照现行事权、财权划分原则，在分清渠道，分级负担的前提下，将宣传、培训、聘用专职行政调解工作人员、调解员补贴等调解工作经费列入本级财政年度预算，健全行政调解经费拨付制度。各行政机关要充分利用广播、电视、报刊、网络等新闻媒体，开展各种形式的宣传教育，积极引导广大人民群众了解行政调解、支持并选择行政调解解决纠纷。

五、积极构建行政调解工作体系

（一）按照"属地管理、分级负责、谁主管、谁负责"的原则，行政调解主体为各乡镇人民政府，地区、街道办事处、县政府各部门。政府行政部门要充分发挥政治、组织、管理优势，认真落实行政管理责任，充分运用调解的办法处理行政纠纷和行政管理相关民事纠纷，着力解决影响社会稳定的突出矛盾纠纷。

各部门在行政调解工作中，既要各司其职，又要密切配合。对法律关系单一，一个职能部门能够解决的争议纠纷，由该职能部门负责解决；对涉及多个部门职责的争议纠纷，由最初受理的部门或涉及主要管理工作的部门牵头，相关部门参与协调解决；对法律关系复杂的重大疑难争议纠纷，最初受理的部门应主动告知县政府法制办，由县政府法制办牵头，组织有关部门协调解决。

（二）建立由主管县长领导，县法制办主任召集，相关部门主要负责人参加的行政调解联席会议制度，定期研究解决开展行政调解工作涉及的问题，指导、协调重大复杂争议纠纷的调处工作，并定期汇总、分析上报本地区行政调解工作开展情况。行政调解联席会议日常工作由县政府法制办承担。

（三）各乡镇人民政府，地区、街道办事处一把手负总责，实行主要领导亲自抓、分管领导具体抓，把行政调解工作纳入重要议事日程抓紧落实。要建立行政调解室，成立行政调解专兼职工作人员队伍，做好基层行政调解工作。要对辖区内的争议纠纷进行认真梳理，仔细排查，及时了解群众诉求，制定并落实防范措施。

（四）各行政职能部门要切实发挥行政调解的主体作用，要由一把手负总责，确定分管领导和工作机构具体承担行政调解工作，确保行政调解工作有人抓、有人管。要加强行政调解队伍建设，配齐配强行政调解人员，并加强培训和管理。特别是涉及矛盾纠纷较多的部门应当成立行政调解委员会，聘请相关专业人员参与行政调解工作。要落实工作经费、调解场所和设施，确保行政调解工作的顺利开展。

北京市怀柔区人民政府办公室
关于进一步加强行政调解工作的意见

（2011年11月22日　怀政办发〔2011〕39号）

各镇乡人民政府、街道办事处，区政府各委办局，各区属机构：

为充分发挥行政调解化解社会矛盾、维护社会和谐稳定的作用，根据《中共北京市委办公厅北京市人民政府办公厅印发〈关于构建社会矛盾多元调解体系的意见〉的通知》（京办发〔2010〕29号）和《北京市人民政府办公厅关于进一步加强本市行政调解工作的意见》（京政办发〔2011〕27号），现就进一步加强本区行政调解工作提出以下意见。

一、充分认识做好行政调解工作的重要意义

行政调解是由行政机关主持或主导的，以法律、法规和政策规定为依据，主要以民事纠纷和行政争议为对象，通过说服劝导等方法，促使各方当事人平等协商、互谅互让、达成协议，消除矛盾的一种纠纷解决机制。当前，本区仍处于社会矛盾凸显期，特别是随着本区加快经济发展方式转变、城乡一体化建设等工作的推进，社会矛盾化解工作也面临着许多新情况、新问题。各镇乡、各有关部门和单位要将行政调解作为重要的社会矛盾调处手段，充分利用行政调解工作优势，运用调解的办法做好矛盾纠纷化解工作,从源头上预防和减少社会矛盾,为切实维护社会和谐稳定、促进区域经济社会又好又快发展发挥重要作用。

二、指导思想、工作原则和工作重点

(一)指导思想。

深入贯彻落实科学发展观,以化解社会矛盾纠纷为根本,建立行政调解工作体制,创新行政调解工作机制,规范行政调解工作程序,充分发挥行政机关在化解行政争议和民事纠纷中的作用,推动建立行政调解与人民调解、司法调解相衔接的大调解联动机制,形成调解工作合力,有效化解社会矛盾,积极为全区经济社会发展创造和谐、稳定、有序的社会环境。

(二)工作原则。

行政调解应当遵循自愿、合法、公平公正和注重效果的原则。行政调解工作中,行政机关要尊重各方当事人的意愿,不得强迫当事人接受调解方式或调解结果,保证各方当事人平等协商,追求"定纷止争、案结事了"的社会效果和法律价值。

(三)工作重点。

一是行政机关或者法律法规授权的具有管理公共事务职能的组织,与公民、法人或者其他组织之间产生的法律法规规定可以调解的行政争议,重点解决好土地征收、城镇房屋拆迁、人力资源和社会保障、治安管理等方面的行政争议。

二是公民、法人或者其他组织之间产生的与行政管理有直接或间接关联的民事纠纷,重点解决好交通损害赔偿、医疗卫生、消费者权益保护、物业管理、劳动争议等与行政管理有关的民事纠纷。对于涉及资源开发、环境污染、公共安全事故等方面的民事纠纷,以及涉及人数较多、社会影响大、可能影响社会稳定的纠纷要主动进行调解。

三、行政调解的主要程序

(一)申请和受理。

行政机关接到当事人申请后,要认真进行审查,凡符合受理条件的,应及时受理;不予受理的,要向当事人说明理由。行政复议机构受理复议案件后,在查明案件事实的基础上,要积极运用调解手段解决行政争议。

(二)调查。

行政机关要根据双方的争议事项依法进行调查,可采取调查取证、现场勘验、询问当事人等方法了解争议的事实及矛盾纠纷的焦点,有针对性地开展调解工作,促使当事人自行和解。

(三)实施调解。

根据当事人的诉求主张,依据有关法律规定,摆事实,讲道理。要坚持情、理、法并用,多做思想疏导工作,循循善诱,使双方互谅互让,达成协议。

(四)制作调解书。

行政调解达成协议的,由行政机关制作《行政调解协议书》。行政调解书应当载明行政纠纷事由、调解事项、事实、调解结果等内容,并加盖调解机关印章。行政复议调解书应当载明行政复议请求、事实、理由和调解结果,并加盖行政复议机关印章。调解未达成协议的,制作《行政调解终止通知书》。双方和解的,制作行政和解协议。

(五)履行。

达成调解、和解协议后,各方当事人要积极履行。

结案归档。

行政调解案件形成的档案材料应按年度归档,案件终结时由办案人员按调解工作程序和材料形成的时间顺序进行卷内系统整理,案件要按档案管理规定编号,做到一案一卷。

四、充分运用行政调解方法解决行政争议和民事纠纷

(一)强化行政复议调解,努力把行政争议化解在行政程序中。

各行政复议机关要根据《中华人民共和国行政复议法实施条例》规定的调解原则、范围,在查清事实、分清责任的基础上,在不损害国家利益、公共利益和他人合法权益的前提下,按照调解优先原则解决行政争议。在行政复议决定作出之前,要深入了解各方的诉求,找准争议焦点,向当事人宣传有关法律法规和政策,摆事实、讲道理,为各方当事人自愿调解、达成协议创造条件。经调解,各方当事人达成和解协议的,行政机关应当将和解协议的内容记录在案;各方当事人达成调解协议的,行政机关应当制作行政复议调解书。

(二)切实做好民事纠纷的调解工作。

各行政机关对依法应当由行政机关调处、裁决的民事纠纷,要在当事人同意的基础上优先采用调解的方法,向当事人耐心宣传有关的法律法规,说服和劝导当事人在平等协商、互谅互让的基础上解决纠纷,努力促成各方当事人达成协议。通过调解,各方当事人能够达成协议的,行政机关应当制作行政调解文书;不能达成协议的,行政机关应当在法定期限内依法作出裁决,并及时告知当事人救济权利和途径。

(三)积极开展行政诉前和诉中协调工作。

行政诉讼案件较多的部门,要积极配合人民法院做好行政案件诉前、诉中的协调工作。对人民法院在行政诉讼立案阶段提出的协调意见,应当认真对待、积极履行;对人民法院指出的执法问题,应当立即核实、主动改正、消除负面影响;对因行政行为被诉可能引发重大矛盾纠纷的,应当立即将有关情况向主管领导汇报。

五、建立健全行政调解工作机制

(一)建立行政调解信息分析上报制度。

各行政机关要加强行政调解的信息分析上报工作,及时通报本行政机关开展行政调解工作情况,及时发现并研究带有倾向性和普遍性的问题。对涉及人数较多、社会影响大、可能影响社会稳定的问题,要及时摸清情况,提出对策建议,并及时与区政府法制办沟通,同时应当向同级党委、政府报告。区政府法制办应当定期对信息报送情况进行汇总、分析和通报。

(二)健全行政调解工作制度。

各行政机关要加强行政调解制度建设,按照行政调解的主要程序,规范行政调解行为。要根据有关法律、法规规定,结合实际,制定具体工作细则,做到有章可循、有规可依,确保行政调解工作合法、规范、有序。行政调解中,要保障当事人的平等地位,保障当事人的知情权、参与权和救济权。

(三)建立行政调解工作考评机制。

各行政机关要建立行政调解工作目标责任制,制定矛盾化解具体目标,对发生在本地区、本部门的行政争议,全面评估调解效果。对不积极主动配合行政调解工作、不能及时化解矛盾纠纷,造成严重后果的要予以问责。

(四)建立行政调解与人民调解、司法调解的衔接机制。

各行政机关要积极做好行政调解与人民调解的衔接配合,在交通损害赔偿、医疗卫生、消费者权益保护、物业管理、劳动争议等矛盾多发领域,建立由有关行政部门主导的专业的人民调解组织,开展调解工作。要主动加强行政调解与司法调解的衔接配合,建立调解情况通报交流制度,充分发挥各自职能,妥善化解各类纠纷。行政机关对于调解不成的重大矛盾纠纷,应当及时告知、引导当事人通过诉讼渠道解决。对于进入诉讼程序的行政争议,在诉前已经做过行政调解工作的,行政机关应当将行政调解的有关情况告知人民法院。

(五)建立行政调解经费保障机制。

财政部门要按照现行事权、财权划分原则,在分清渠道、分级负担的前提下,根据行政机关预算管理有关要求,将宣传、培训、指导、聘用专职行政调解工作人员、调解员工作补贴等调解工作经费纳入本级财政年度预算,健全行政调解经费拨付制度。

(六)建立行政调解宣传长效机制。

各行政机关要加强行政调解的宣传工作,及时总结开展行政调解工作的成功经验和先进典型,并做好宣传工作。要充分利用广播、电视、报刊、网络等新闻媒体,开展各种形式的宣传教育,积极引导广大人民群众了解行政调解、支持并选择行政调解解决矛盾纠纷。

六、加强领导,落实责任

(一)建立行政调解工作体制。

建立由区政府总负责、区政府法制办牵头、各职能部门为主体的行政调解工作体制。在区政府领导下,由区政府法制办会同司法、宣传、公安、机构编制、信访、维稳、财政、人力社保、规划、国土、住房城乡建设、农业、卫生、民政、国有资产管理等部门建立工作协调机制,共同研究部署本区行政调解工作的总体安排,统筹协调跨地区、跨部门重大矛盾纠纷的行政调解工作,监督考核各行政机关开展行政调解工作情况。区政府法制办承担全区行政调解工作有关事项的统筹协调、信息交流、联络及督查考核等日常工作。各行政调解部门应当明确行政调解工作的主管领导,在部门内部指定专门科室承担行政调解工作。特别是涉及矛盾纠纷较多的部门应当成立行政调解委员会,建立健全调解工作体制。

(二)加强行政调解队伍建设。

各行政机关要结合本职工作,建立一支专、兼职的调解员队伍。要把政治思想好、业务能力强、有较高法律素质、善于做群众工作的干部充实到行政调解队伍中去。根据需要可以邀请有关单位、具有相关专业知识和调解经验的专业人才加入行政调解队伍中。要结合调解工作实际,充分利用司法、行政、专家学者等各种资源,通过举办培训班等,有计划地开展培训工作,提高行政调解工作人员政治、业务素质，不断提升行政调解工作水平。

（三）进一步完善行政调解与人民调解、司法调解的衔接机制。

各行政机关在行政调解过程中，要建立健全与人民调解和司法调解协调联系机制、信息沟通机制和效力衔接机制，优化、整合调解资源，实现优势互补。在行政调解中需要当事人所在地基层人民调解组织配合的，可以邀请其共同开展调解工作。人民法院在进行司法调解时，需要行政机关配合的，行政机关应当予以积极配合。特别是对于重大纠纷和复杂纠纷，要充分运用三大调解手段，增强调解实效，促进社会和谐。

（四）落实领导责任，加强监督检查。

各行政机关要根据全区行政调解工作的总体部署，制定开展行政调解工作的具体方案，主要领导应当定期听取行政调解工作汇报，及时协调解决行政调解工作中遇到的重大问题。要充分运用行政调解手段，切实把矛盾化解在基层，化解在萌芽状态，化解在本行政机关内部，不得推卸责任。区政府定期对行政调解工作进行检查和指导。

二〇一一年十一月二十二日

北京市延庆县人民政府办公室关于加强行政调解工作的实施意见

（2011 年 8 月 23 日　延政办发〔2011〕58 号）

各乡镇人民政府、街道办事处，县政府各委、办、局（中心），各市属垂直部门：

为充分发挥行政调解化解社会矛盾，维护社会和谐稳定的作用，根据《中共北京市委办公厅北京市人民政府办公厅印发〈关于构建社会矛盾多元调解体系的意见〉的通知》（京办发〔2010〕29 号）、《北京市人民政府办公厅关于进一步加强本市行政调解工作的意见》（京政办发〔2011〕27 号）精神，现就加强我县行政调解工作，提出以下实施意见。

一、充分认识行政调解工作的重要意义

行政调解是由行政机关主持或主导的,以法律、法规和政策规定为依据,主要以民事纠纷和行政争议为对象,通过说服劝导等方法,促使各方当事人平等协商、互谅互让、达成协议、消除矛盾的纠纷解决机制。我县各行政机关要充分运用行政调解的办法处理行政纠纷和与行政管理相关的民事纠纷,力争把行政纠纷化解在基层、化解在初发阶段,解决在行政程序当中。开展行政调解工作是落实科学发展观、构建和谐社会的重要组成部分;是最大限度地运用行政法律手段化解社会矛盾纠纷的有效措施;是行政机关服务大局,维护稳定的重要职责。我县各行政机关要统一思想,提高认识,深刻理解开展行政调解工作的重要意义,建立行政调解工作体制,创新行政调解机制,充分发挥行政机关在化解行政争议和民事纠纷中的作用,把开展日常工作与行政调解工作有机结合,推动建立行政调解与人民调解、司法调解相衔接的多元调解联动机制,有效化解社会矛盾,为我县创造和谐、稳定、有序的社会环境。

二、行政调解的重点、原则和工作程序

(一)行政调解的重点

1. 各行政机关或者法律法规授权的具有管理公共事务职能的组织,在行使职权过程中,与公民、法人或者其他组织之间,因行政管理产生的行政争议。重点要解决好土地征收征用、城镇房屋拆迁、人力资源和社会保障、治安管理等方面的纠纷。

2. 公民、法人或者其他组织之间产生的与行政机关管理有直接或间接关联的民事纠纷。重点解决好交通损害赔偿、医疗卫生、消费者权益保护、物业管理、劳动争议、婚姻家庭等与行使行政管理有关的民事纠纷。

3. 涉及资源开发、环境污染、公共安全事故等方面的民事纠纷,以及涉及人数较多、社会影响大、可能影响社会稳定的纠纷。

(二)行政调解的原则

1. 自愿原则。行政调解中双方当事人,包括接受上级行政机关调解的行政机关和行政管理相对人,在行政调解中地位平等,双方尤其是行政管理相对人有自愿、充分、真实表达自己意愿的权利。行政机关要尊重各方当事人意愿,不得强迫当事人接受调解方式或调解结果。

2. 合法原则。行政调解要依据法律、法规、规章和国家政策,不能违反法律

规定无原则地调解，不能片面追求调解率，更不能侵犯国家利益、集体利益和他人利益。

3. 公平公正原则。行政机关要坚持公平公正的原则，不得偏向任何一方。要兼顾各方当事人的合法权益，平等协商处理利益纠纷，体现公平正义，行政机关作为当事人一方时，与行政相对人的地位平等。

4. 注重效果原则。行政机关在调解工作中要保证各方当事人平等协商，既要兼顾各方当事人的合法权益，又要说服各方当事人互谅互让、相互理解，尽量达成协议，有效在减少和化解社会矛盾，达到息纷止争的目的，以维护社会稳定。

（三）行政调解的工作程序

1. 申请和受理。行政机关接到当事人申请后，要认真进行审查，凡符合受理条件的，应及时受理；不予受理的，要向当事人说明理由。行政复议机构受理复议案件后，在查明案件事实的基础上，积极运用调解手段解决行政纠纷。

2. 调查。行政机关要根据双方的争议进行必要的调查，要运用宣传政策法规、说服教育、协调疏导等方式方法，充分利用调查取证、现场勘验、复议听证等时机，积极宣讲有关法律法规，分析利害关系，促使当事人自行和解。

3. 实施调解。要根据当事人的诉辩主张，依据有关法律规定，平衡当事人之间的利益和冲突。一是要坚持情、理、法并用；二是多做思想疏导工作，循循善诱，使双方互谅互让；三是注意调解的艺术和方法，使调解体现人性化的要求。

4. 制作行政调解书或行政复议调解书。行政调解书应当载明行政纠纷事由、调解事项、事实、调解结果，申请人和被申请人签名或盖章，加盖调解机关印章。行政复议调解书应当载明行政复议请求、事实、理由和调解结果，并加盖行政复议机关印章。

5. 履行。达成调解、和解协议后，各方当事人要积极履行。

三、建立健全行政调解工作机制

（一）建立行政调解工作定期分析上报制度。各行政机关应当每年向县政府法制办汇报行政调解的工作情况，总结经验，发现并研究存在的问题。对于涉及人数多，社会影响大，可能影响社会稳定的，要及时掌握情况，提出对策建议，并与县政府法制办沟通，同时向县委、县政府汇报。

（二）建立行政调解信息报送宣传机制。各行政机关加强行政调解的宣传工作，及时总结成功经验和先进典型，充分利用广播、电视、报刊等新闻媒体，开展多种形式宣传。主持行政调解时，应当撰写行政调解信息，连同行政调解的图片、影像资料等，报送县政府法制办，遇有重大紧急行政调解信息应随时报送。

（三）建立行政调解培训机制。要积极培养一批政治强、业务精、懂法律、肯吃苦、会做工作的调解人员。通过定期开展培训班、组织专家进行讲座等措施，提高行政执法人员的素质，确保调解工作规范、有序、高效进行。

（四）行政调解检查考核机制。县政府定期组织对行政调解工作进行检查指导，也可根据工作需要进行专项检查督导。每年对行政调解工作进行考核，并将此作为依法行政评议考核的一项内容。

四、加强领导，落实要求

（一）建立行政调解工作体制。为切实推进此项工作，县政府建立由县政府法制办、司法局、宣传部、公安局、编办、信访办、维稳办、财政局、人力资源和社会保障局、规划分局、国土分局、住房与城乡建设委、农委、卫生局、民政局等部门组成的行政调解工作联席会议，办公室设在县政府法制办，负责我县行政调解工作的总体安排，统筹协调行政调解工作，监督考核各行政机关行政调解工作开展情况。

各行政机关要成立行政调解工作领导小组，设立行政调解室，落实工作机构、办公场所、调解人员。要根据行业、部门特点建立健全行政调解的相关制度，制定行政调解工作规程，确保行政调解工作合法、规范、有序。乡（镇）人民政府、街道办事处要加强依法行政能力建设，狠抓基层行政调解工作，建立完善各行政机关派驻机构、村委会、社区的协调配合机制，最大限度地将各种争议纠纷化解在基层和萌芽状态。

（二）构建行政主导、社会参与的行政调解体系。各行政机关要认真落实行政主管责任，严格依照法律法规，建立健全有关争议纠纷调解的具体工作制度、程序，在调解行政争议时，要找准争议纠纷的焦点和各方利益的连接点，消除隔阂，促使各方当事人互谅互让，从而达成调解协议。经行政机关调解达成协议的，行政机关应当制作调解书，对不愿进行行政调解的或未达成协议的，行政机关要积极引导当事人运用行政复议、裁决等方式解决，调解不成功或对行政复议和裁决结果不服的，应主动告知当事人救济权利和渠道。

各行政机关在解决纠纷中，要积极为双方当事人沟通搭建平台，必要时可邀请专业人士或者其他个人参加行政调解，努力促使当事人和解。对事关人民群众根本利益、事关社会稳定大局的重大疑难纠纷，要认真调查研究，必要时要制定工作预案，积极介入，及时疏导、调处，避免矛盾激化，同时要及时向党委、政府和上级主管部门报告请示，彻底化解矛盾。

（三）充分发挥行政复议在解决行政争议中的重要作用。各行政复议机关在行政复议案件办理过程中，要根据《中华人民共和国行政复议法实施条例》规定的调解原则、范围，优先适用调解方式解决行政争议。对于行政机关行使自由裁量权做出的具体行政行为引发的行政复议案件，要积极促成申请人与被申请人在复议决定作出前自愿和解，各行政机关要积极配合行政复议机关做好行政复议调解和解工作，力争把行政争议化解在行政复议程序中。

（四）建立行政调解与人民调解、司法调解的衔接机制。各行政机关在运用行政调解的过程中，要与人民调解和司法调解建立健全协调联系机制、信息沟通机制和效力衔接机制，优化、整合调解资源，实现优势互补。在行政调解中需要当事人所在地基层人民调解组织配合的，可以邀请其共同开展调解工作。人民法院在进行司法调解时，需要行政机关配合的，应当予以积极配合。特别是对重大纠纷和复杂纠纷，使三大调解手段有机衔接配合，增强调解实效，促进社会和谐。

附件：1. 延庆县行政调解工作联席会议制度

2. 延庆县行政调解工作规定

3. 延庆县行政调解工作信息报送制度

4. 延庆县行政调解工作考核制度

二〇一一年八月二十三日

附件1：

延庆县行政调解工作联席会议制度

为全面推进我县行政调解工作，有效发挥行政调解作用，建立延庆县行政调解工作联席会议制度。联席会议由县政府主管法制工作的副县长领导，由县政府法制办主任召集，各成员单位主管调解工作的领导参加。联席会议也可邀请相关部门参加会议。联席会议成员单位名单（略）

各成员单位负责职责范围内的行政调解工作，并支持配合其他单位的行政调解工作。联席会议办公室设在县政府法制办，承担全县行政调解工作有关事项的统筹协调、信息交流、联络及督查考核等日常工作，王卫东同志兼任办公室主任，朱怀明同志兼任办公室副主任。

附件2：

延庆县行政调解工作规定

为规范本县行政争议调解工作，及时化解行政争议，促进社会和谐稳定，结合实际，制定本规定。

一、各行政机关应当成立行政调解工作领导小组，设立行政调解室，确定行政调解协调机构和行政调解人员，并在办公场所适当位置公布调解人员名单；制定行政调解工作规程，确保行政调解工作合法、规范、有序开展。

二、行政调解应当符合下列条件：

（一）调解对象是与案件有直接利害关系的当事人。

（二）矛盾纠纷与行政机关职责有关。

（三）矛盾纠纷具有可调解性。

三、行政机关应当主动告知当事人有申请行政调解的权利，说明行政调解必须注意的事项和正确途径，主动引导当事人就矛盾纠纷进行行政调解。

四、行政机关可以根据当事人的申请启动行政调解程序。当事人申请行政调解，可以书面申请，也可以口头申请。

五、行政机关收到行政调解申请后，应当认真审查有关材料，符合条件的，及时征求被申请人意见，同时应当在收到申请后三个工作日内决定是否启动行政调解程序并及时告知申请人。

对被申请人不同意行政调解，或者虽然同意行政调解，但不属于行政调解范畴的，应当在三个工作日内书面告知申请人解决纠纷的渠道。在未启动行政调解程序前，矛盾有可能激化的，行政机关应当及时采取必要的缓解疏导措施。

六、受理行政调解申请后，行政机关的调解人员事先要对纠纷进行研究，摸清情况，特别是对比较复杂的纠纷，应当进行调查核实。

七、对两个以上行政机关都收到行政调解申请的，由有管辖权的行政机关办理；对两个以上行政机关都有管辖权的，由先收到行政调解申请的行政机关或者由行政职权与矛盾纠纷联系最紧密的行政机关牵头办理。行政机关对管辖权产生争议的，由其共同上一级政府的法制机构指定管辖。

八、行政调解程序启动后，调解人员应当提前将行政调解时间、地点、调解人员名单等事项通知当事人。

九、对重大复杂的争议案件，行政机关的主要负责人应当主持行政调解；其它争议案件行政机关负责人指定调解人员进行行政调解。

十、行政机关调解纠纷，根据需要可以邀请有关单位、专业人员或者其他个人参加，被邀请的单位或者个人应当予以支持。调解跨乡镇、部门的纠纷，相关单位应当予以配合，共同做好行政调解工作。

十一、行政机关调解纠纷，应注意保护当事人的个人隐私和商业秘密。

十二、调解人员有下列情况之一的，应当回避：

（一）是本案当事人或者与当事人、代理人有近亲属关系的。

（二）与本案有利害关系的。

（三）与本案当事人、代理人有其他关系，可能影响纠纷处理的。

当事人发现调解人员有应当回避情形的，可以口头或者书面方式申请其回避；调解人员认为自己不宜调解本纠纷的，应当自行申请回避。行政机关负责人决定调解人员的回避。

十三、行政调解开始时，调解人员应当宣布行政调解纪律，核对当事人身份，宣布当事人应享有的权利和承担的义务，宣布行政调解人、记录人的身份，询问当事人是否要求回避。

十四、行政调解过程中，当事人应当提出证明事实的证据，并对所提交的证据的真实性负责。调解人员依据各方当事人提供的证据以及本行政机关在行政调解过程中收集的证据认定案件事实，找准纠纷的焦点和各方利益的连结点，采取灵活多样的方式方法，开展耐心、细致的说服疏导工作，促使各方当事人互谅互让，消除隔阂，引导当事人达成解决纠纷的行政调解协议。

十五、行政调解达成协议的，由各方当事人签订行政调解协议书。行政调解协议书的内容不得违反法律规定。行政调解协议书自各方当事人签字后生效。行政调解协议书一般应载明下列事项：

（一）各方当事人的基本情况。

（二）纠纷事实、争议焦点及各方责任。

（三）各方当事人的权利和义务。

（四）履行协议的方式、地点、期限。

（五）当事人签名、调解人员签名。

行政调解协议书由各方当事人分别保留一份，行政机关存档一份。

十六、经行政调解达不成协议的，行政机关应当在行政复议、诉讼等法定救济方式的时效届满前及时终止行政调解。并根据案件性质，告知当事人可以向行政机关申请行政裁决、行政复议，向仲裁机构申请仲裁，向人民法院提起诉讼。属于行政机关职权范围内的纠纷，行政机关应当依法予以处理。

十七、达成行政调解协议后当事人不履行协议的，当事人可以依法寻求行政复议、诉讼等相关法律救济途径。

十八、争议涉及第三人的，应当通知第三人参加。行政调解结果涉及第三人利益的，应当征得第三人同意，第三人不同意的，终止行政调解。

十九、行政机关在主持制作行政调解协议书前，应当向依法主管矛盾纠纷的复议机关和审判机关核实该矛盾纠纷是否已经进入复议、审判等救济程序，若该矛盾纠纷已进入前述救济程序，应及时将案件转交复议机关或审判机关，并告知当事人。

二十、行政调解应当自启动之日起二十日内终结。遇有特殊情况需延长的，根据纠纷当事人的共同意愿，可以延长终结期限。

二十一、行政调解案件要按年、月、日归档编号，做到一案一档。文书顺序应为：

（一）行政调解卷宗目录。

（二）行政调解申请书或口头申请笔录。

（三）行政调解告知书。

（四）有关证据材料。

（五）行政调解协议书或行政调解终结材料。

（六）送达回证。

二十二、行政机关进行行政调解时，需要当事人所在基层人民调解组织配合的，可以向当事人所在基层人民调解组织发出邀请。当事人所在基层人民调解组织接到行政机关邀请后,应当指派调解员配合行政机关开展调解。人民法院在进行司法调解时,需要行政机关配合的,行政机关应当予以积极配合。

二十三、行政机关应严格履行职责,积极化解矛盾纠纷,对行政调解工作作出突出贡献的,应予以表彰奖励。

二十四、行政机关无正当理由不受理行政调解申请,或者在法定期限内不履行调解职责,贻误纠纷调处时机,造成恶性事件、群体性事件或其他严重后果的,由监察部门按有关规定和程序追究相关人员的责任。

二十五、行政调解工作由各行政机关负责,法制机构对行政调解工作进行指导。

二十六、本规定由县政府法制办负责解释。

附件 3:

延庆县行政调解工作信息报送制度

为了加强行政调解信息工作,促进行政调解工作交流,结合本县实际,建立行政调解信息报送制度。

一、县政府法制办负责全县行政调解信息工作的统筹协调,制定年度信息报送工作计划和起草年度信息工作报告,及对信息进行汇总、上报、反馈和存档,对信息工作进行指导和考核。

二、各行政机关均是行政调解信息的报送主体,应明确专门的机构及人员负责行政调解信息撰写和报送工作。

三、各行政机关的行政调解信息报县政府法制办,包括报送正式书面信息及其电子版。

四、报送的内容包括行政调解的重要制度、重大决策和重要工作安排与部署、工作动态、统计数据、重大案件办理情况、典型案例、经验材料等。报送的形式除文字信息外,有关图片、影像资料等也可一并报送。

五、各行政机关应于每月月底前报送本月行政调解工作简报和统计数据,并可以根据信息的性质和内容随时报送其他相关信息,重大的行政调解信息应及时报送。

六、行政调解信息报送工作纳入行政调解工作考核。

附件4:

延庆县行政调解工作考核制度

为进一步加强我县行政调解工作,充分发挥行政调解工作维护社会稳定,促进经济发展,构建和谐社会的职能作用。结合我县调解工作实际,制定本制度。

一、指导思想和原则

以邓小平理论和"三个代表"重要思想为指导,坚持实事求是、因地制宜、稳步推进、客观公正、注重实效的原则,以行政调解规范化建设为目标,进一步建立健全行政调解考核激励机制,努力提高行政调解工作质量。

二、考核方式

行政调解联席会议办公室负责对全县各工作部门、乡镇、街道行政调解工作考核、打分。

行政调解工作考核每年组织一次,采取日常检查评分和年终综合评分相结合方式进行。

三、考核验收内容

总分值为100分。考核内容及具体分值如下:

(一)行政调解工作机制方面。(20分)

建立行政调解工作机制。(20分)

(二)行政调解工作制度方面。(20分)

建立完善行政调解工作制度。(20分)

(三)行政调解工作保障方面。(20分)

1. 有明确的行政调解责任部门。(5分)

2. 有专职工作人员。(5分)

3. 有专门的调解场所。(5分)

4. 有经费保障。(5分)

(四)行政调解信息报送方面。(20分)

1. 按照规定完成信息报送工作。(10分)

2. 报送典型案例和成功经验。(10分)

(五)行政调解工作成效方面。(20 分)

1. 行政调解工作成效明显。(10 分)

2. 积极配合法制部门做好调解工作。(5 分)

3. 积极配合人民法院做好调解工作。(5 分)

北京市延庆区人民政府法制办公室 北京市延庆区社会治安综合治理委员会办公室 中共延庆区委延庆区人民政府信访办公室 北京市延庆区司法局关于印发《北京市延庆区关于成立行政调解委员会的工作方案》的通知

(2018 年 6 月 4 日　延政法制发〔2018〕2 号)

各相关部门:

经研究同意,现将《北京市延庆区关于成立行政调解委员会的工作方案》印发给你们,请认真贯彻执行。

2018 年 6 月 4 日

北京市延庆区关于成立行政调解委员会的工作方案

为进一步提高全区行政调解工作水平,充分发挥行政调解在化解社会矛盾、维护社会和谐稳定中的作用,加快推进法治政府建设,根据《中共北京市委办公厅、北京市人民政府办公厅印发〈关于完善矛盾纠纷多元化解机制的实施意见〉的通知》(京办发〔2016〕33 号)和《中共北京市延庆区委办公室、北京市延庆区人民政府办公室关于印发〈北京市延庆区关于完善矛盾纠纷多元化解机制的实施意见〉的通知》(京延办发〔2017〕17 号)的要求,结合我区工作实际,经研究决定,在相关部门成立行政调解委员会,现将有关事宜通知如下:

一、充分认识成立行政调解委员会的重要意义

党的十九大报告指出“加强社会治理制度建设,完善党委领导、政府负责、社会协同、公众参与、法治保障的社会治理体制,提高社会治理社会化、法治化、智能化、专业化水平。加强预防和化解社会矛盾机制建设,正确处理人民内部矛盾”。开展行政调解工作是落实十九大报告精神、构建和谐社会的重要组成部分;是最大限度地运用行政法律手段化解社会矛盾纠纷的有效措施;是行政机关服务大局,维护稳定的重要职责。在矛盾纠纷较多、调解任务较重的部门成立行政调解委员会,可以有效拓宽预防排查化解矛盾纠纷的方法途径,及时充分地汇总分析在行政调解过程中遇到的重难点问题,有效地防控社会矛盾的集中点和爆发点,将矛盾纠纷化解在基层和初始阶段,最大限度解决影响社会稳定的源头性、根本性、基础性问题,促进社会公平正义,有效维护我区社会和谐稳定。

二、行政调解委员会的工作目标、职责

(一)工作目标。通过建立行政调解委员会,进一步畅通行政调解渠道,基本实现“小纠纷不出本科室、大纠纷不出本行政机关,疑难纠纷不出延庆辖区”,越级上访和涉法涉诉信访案件进一步减少,重特大群体性事件、恶性“民转刑”案件和集体上访案件得到有效防控,为我区创造和谐、稳定、有序的社会环境。

(二)工作职责。行政调解委员会的工作职责包括:加强对行政调解工作的组织领导,指导相关业务科室开展调处工作;对行政调解工作负总责,认真落实上级部门关于化解矛盾纠纷的有关规定;定期听取行政调解工作情况汇报,研究解决行政调解工作中遇到的困难和问题;指导协调化解重大争议与纠纷,对行政调解工作进行考核,实行奖惩。

三、行政调解委员会的工作要求

(一)规范机构设置。在各相关部门设立行政调解委员会,下设办公室。行政调解委员会由本部门主要领导负总责,办公室牵头组织,相关业务科室为主要调解力量。委员会负责从整体上领导本部门行政调解工作,审议本部门行政调解案件。行政调解委员会要做到“五有”(有调委会牌子、有办公室、有调解室、有调解制度、有调解档案),基本达到规范化建设的要求。

(二)加强人员配置。各相关部门应当设行政调解委员会主任,由本部门的主要领导担任。办公室应确定专人负责矛盾纠纷的排查、调解、统计和信息上报等工作。各部门可根据实际情况,聘用专家学者、律师兼职行政调解工作,可招

募志愿者参与行政调解过程,可与高校、科研机关等机构建立行政调解合作机制。

(三)完善制度建设。各相关部门应当具体落实并细化行政调解委员会的相关制度。包括明确行政调解委员会和办公室的职责,确定行政调解的受案范围、调解的原则和调解的程序,建立健全行政调解相关规范以及行政调解相关制度等。

(四)创新工作机制。注重灵活开展行政调解委员会工作,探索行政调解委员会的创新路径。行政机关要紧密依靠基层组织、相关行业协会和专家学者发挥行政调解作用,动员社会各方面力量积极参与行政调解工作。加强行政调解与人民调解、司法调解的衔接配合,完善与信访沟通协调机制,整合调解资源,在重点领域、重点行业要组织建立社会专兼职调解员队伍和调解专家库,优化"三调"对接机制。

(五)加强宣传引导。各相关部门要通过不同途径、采取多种方式,开展行政调解委员会工作宣传。充分利用报纸、电视、网络等媒体以及其他便于群众知晓的方式,提高行政调解委员会社会知晓度,积极引导当事群众通过行政调解途径解决矛盾纠纷。

四、落实行政调解委员会的保障措施

(一)加强组织领导。各相关部门要高度重视成立行政调解委员会工作,根据本区关于行政调解工作的具体部署,制定本部门开展行政调解委员会工作的实施方案,主要领导应当定期听取行政调解委员会工作汇报,及时协调解决行政调解工作中遇到的重大问题。

(二)夯实队伍建设。各相关部门行政调解委员会要选调政治思想好、业务能力强、有较高法律素质、善于做群众工作的干部充实到行政调解工作队伍中去。要加强对行政调解工作人员的培训工作,根据行政调解工作任务的需要和特点确定培训内容,充分利用司法、行政、专家学者等各种资源,通过举办培训班等,有计划地开展培训工作,提高行政调解工作人员政治、业务素质,不断提升行政调解工作水平。

(三)加强经费保障。各相关部门要把行政调解委员会工作所需经费纳入部门预算,完善调解员奖励与调解工作保障机制。

(四)加大考核力度。区综治办要把行政调解委员会的组织建设、制度建设、工作规范、工作成效等纳入综治考核的范围，定期或不定期地开展监督检查。将该项工作纳入领导干部综治工作实绩档案，严格落实综治领导责任制。

各相关部门应当于2018年6月7日之前设立本部门行政调解委员会，并于2018年6月8日之前将本部门设立行政调解委员会的工作方案和联系人报送区政府法制办。

附：北京市公安局延庆分局行政调解委员会试点方案

北京市公安局延庆分局行政调解委员会试点方案

为贯彻落实中共北京市委办公厅、北京市人民政府办公厅发布的《关于完善矛盾纠纷多元化解机制的实施意见》的通知精神，充分发挥行政调解在解决行政争议、化解社会矛盾、建设法治政府、构建社会主义和谐社会中的重要作用，进一步细化行政调解程序，推动行政调解工作规范运行，按照区《行政调解委员会试点方案》要求，根据我局实际，现就开展分局行政调解委员会试点工作制定本方案。

一、指导思想

深入贯彻落实党的十九大、十九大一中全会精神，以发挥行政调解制度功能、强化行政调解作用为目标，围绕行政调解组织形式、运行机制、工作规则等，整合多方资源力量，创新行政调解形式，强化分局依法解决行政争议的能力，为维护稳定、促进发展创造良好的法治环境。

二、工作原则

（一）依法实施。根据市委办公厅、市政府办公厅和区政府文件规定，结合行政管理体制特点和行政调解工作趋势，积极探索，大胆创新，切实做好行政调解工作。

（二）稳步推进。根据市政府、区政府关于行政调解的具体要求，立足我局行政调解实际，将此项工作纳入分局推进依法行政、建设法治政府的整体规划和部署中，逐项实施、稳步推进。

（三）注重实效。通过开展行政调解工作，优化配置行政复议资源，将行政争议化解在基层、化解在初发阶段、化解在行政机关内部程序之中。

三、工作目标

（一）加强规范化建设。2017年年底前，分局行政调解委员正式办公，调委会要做到有牌子、有办公室、有专门调解室、有印章、有调解工作册、有统计报表，基本达到规范化建设的要求。

（二）加强制度建设。建立健全行政调解委员会制度。以法律为依据，以行政调解为依托，本着实事求是、依法调解、公平公正的要求，完善矛盾纠纷多元化解机制，以调解促和谐，以调解带发展。

（三）加强宣传引导和沟通交流。通过报刊、电台、电视台、网站等媒体，开展行政调解委员会试点工作宣传活动。认真研究解决试点，工作中的问题，加强与其他试点单位的沟通交流，及时对试点工作进行总结，不断完善试点内容。

四、机构设置

分局设立行政调解委员会，副区长、分局局长任主任，纪委书记、法制支队支队长任副主任，副局长、政治处主任、副局长任委员，全局各执法办案单位为成员单位。行政调解委员会负责从整体上对行政调解工作进行领导，对行政调解工作负责。

法制支队加挂分局行政调解委员会牌子，行政调解委员会办公室设在法制支队，由委员会副主任兼任办公室主任，法制支队明确专人负责矛盾纠纷的排查、调解、统计和信息上报等工作，各执法办案单位为调解主要力量。

各单位可根据实际情况，聘用专家学者、律师兼职行政调解工作，可招募志愿者参与行政调解过程，可与高校、科研机关等机构建立行政调解合作机制。

五、工作职责

行政调解委员会的工作职责主要分为行政调解委员会的工作职责和行政调解委员会办公室的工作职责。

行政调解委员会的工作职责包括：

（一）加强对行政调解工作的组织领导，指导行政调解办公室及相关业务部门开展调处工作；

（二）对行政调解工作负总责，认真落实上级部门关于化解争议与纠纷的规定；

（三）定期研究解决行政调解工作涉及的问题，定期听取行政调解工作情况汇报，研究解决存在的困难和问题；

（四）指导协调化解重大争议与纠纷，对行政调解工作进行考核，实行奖惩。

行政调解委员会办公室的工作职责包括：

(一)对行政调解工作承担牵头任务,负责本单位行政调解工作的统筹协调、信息汇总、统计上报、情况通报、政策研究、经验交流与督查考核等日常工作;

(二)研究制定行政调解规章制度,使行政调解工作有序开展;

(三)安排行政调解员、调解事件、地点,组织当事人进行调解;负责当事人申请受理、案件登记、调解分工,做好行政争议与民事纠纷的化解督办工作;

(四)承但对行政调解工作人员的培训,提高行政争议与民事纠纷的预判管控能力、应急处理能力,切实提高行政调解工作水平。

六、调解范围

(一)在行使职权过程中与行政管理相对人或利害关系人所产生的行政纠纷;

(二)公民、法人或者其他组织之间产生的与部门职能有直接或间接关系的民事纠纷;

(三)上级机关或人民法院指定本机关调解的纠纷、人民调解移送的纠纷以及法律、法规规定可以由本机关调解的其他纠纷。

七、制度建设

分局具体落实并细化行政调解委员会的相关制度。包括明确行政调解委员会和办公室的职责,确定行政调解的受案范围、调解的原则(如自愿、合法、公正、效率、回避等原则)和调解的程序(包括申请、受理、启动、调查、调处、结案等程序),建立健全行政调解相关规范,完善行政调解相关制度,明确行政调解委员会的权利与义务等。

北京市公安局延庆分局

2017 年 10 月 20 日

北京市延庆区安全生产监督管理局行政调解委员会工作方案

（2018 年 6 月 11 日　延安监发〔2018〕16 号）

为贯彻落实中共北京市委办公厅、北京市人民政府办公厅发布的《关于完善矛盾纠纷多元化解机制的实施意见》的通知精神，充分发挥行政调解在解决行政争议、化解社会矛盾、建设法治政府、构建社会主义和谐社会中的重要作用，进一步细化行政调解程序，推动行政调解工作规范运行，根据我局实际，现就开展我局行政调解委员会工作制定以下工作方案。

一、指导思想

深入贯彻落实党的十九大精神，以发挥行政调解制度功能、强化行政调解作用为目标，围绕行政调解组织形式、运行机制、工作规则等，整合多方资源力量，创新行政调解形式，强化区安全监管局依法解决行政争议的能力，为维护稳定、促进发展创造良好的法治环境。

二、工作原则

（一）依法实施。根据市委办公厅、市政府办公厅和区政府文件规定，结合行政管理体制特点和行政调解工作趋势，积极探索，大胆创新，切实做好行政调解工作。

（二）稳步推进。根据市政府、区政府关于行政调解的具体要求，立足我局行政调解实际，将此项工作纳入区安全监管局推进依法行政、建设法治政府的整体规划和部署中，逐项实施、稳步推进。

（三）注重实效。通过开展行政调解工作，优化配置行政复议资源，将行政争议化解在基层、化解在初发阶段、化解在行政机关内部程序之中。

三、工作目标

（一）加强规范化建设。2018 年年底前，区安全监管局行政调解委员正式办公，调委会要做到有牌子、有办公室、有专门调解室、有印章，基本达到规范化建设的要求。

(二)加强制度建设。建立健全行政调解委员会制度。以法律为依据,以行政调解为依托,本着实事求是、依法调解、公平公正的要求,完善矛盾纠纷多元化解机制,以调解促和谐,以调解带发展。

(三)加强宣传引导和沟通交流。通过报刊、电台、电视台、网站、官方微信等媒体,开展行政调解委员会工作宣传活动。认真研究解决调解工作中的问题,加强与其他单位的沟通交流,及时对调解工作进行总结,不断完善试点内容。

四、机构设置

我局设立行政调解委员会,局长任主任,副书记、副局长副主任,副局长、工会主席、副调研员任委员,全局各执法办案科队为成员单位。行政调解委员会负责从整体上对行政调解工作进行领导,对行政调解工作负责。法制科加挂局行政调解委员会牌子,行政调解委员会办公室设在法制科,由法制科科长任办公室主任,法制科明确专人负责矛盾纠纷的排查、调解、统计和信息上报等工作,各执法科队为调解主要力量。

五、工作职责

行政调解委员会的工作职责主要分为行政调解委员会的工作职责以及行政调解委员会办公室两部分工作职责。

(一)行政调解委员会的工作职责包括

1. 加强对行政调解工作的组织领导,指导行政调解办公室及相关业务科室开展调处工作;

2. 对行政调解工作负总责,认真落实上级部门关于化解争议与纠纷的规定;

3. 定期研究解决行政调解工作涉及的问题,定期听取行政调解工作情况汇报,研究解决存在的困难和问题。

(二)行政调解委员会办公室的工作职责包括

1. 对行政调解工作承担牵头任务,负责本单位行政调解工作的统筹协调、信息汇总、统计上报、情况通报、政策研究经验交流与督查考核等日常工作;

2. 研究制定行政调解规章制度,使行政调解工作有序开展;

3. 安排行政调解员、调解事件、地点,组织当事人进行调解;负责当事人的申请受理、案件登记、调解分工,做好行政争议与民事纠纷的化解督办工作。

六、调解范围

(一)在行使职权过程中与行政管理相对人或利害关系人所产生的行政纠纷;

(二)公民、法人或者其他组织之间产生的与部门职能有直接或间接关系的民事纠纷;

(三)上级机关或人民法院指定本机关调解的纠纷、人民调解移送的纠纷以及法律、法规规定应当由本机关调解的其他纠纷。

七、制度建设

区安全监管局具体落实并细化行政调解委员会的相关制度。包括明确行政调解委员会和办公室的职责,确定行政调解的受案范围、调解的原则(如自愿、合法、公正、效率、回避等原则)和调解的程序(包括申请、受理、启动、调查、调处、结案等程序),建立健全行政调解相关规范,完善行政调解相关制度,明确行政调解委员会的权利与义务等。

北京市延庆区安全生产监督管理局

2018年6月11日

北京市延庆区交通局
关于成立行政调解委员会的工作方案

(2018年6月8日　延交文〔2018〕107号)

为进一步提高交通局行政调解工作水平,充分发挥行政调解在化解社会矛盾、维护社会和谐稳定中的作用,加快推进法治政府建设,根据《中共北京市延庆区委办公室、北京市延庆区人民政府办公室关于印发〈北京市延庆区关于完善矛盾纠纷多元化解机制的实施意见〉的通知》(京延办发〔2017〕17号)的要求,在交通局成立行政调解委员会,主要内容如下:

一、重要意义

党的十九大报告指出"加强社会治理制度建设,完善党委领导、政府负责、社会协同、公众参与、法治保障的社会治理体制,提高社会治理社会化、法治化、智能化、专业化水平。加强预防和化解社会矛盾机制建设,正确处理人民内部矛盾”。开展行政调解工作是落实十九大报告精神、构建和谐社会的重要组成部分;是最大限度地运用行政法律手段化解社会矛盾纠纷的有效措施;是行政机关服务大局,维护稳定的重要职责。在矛盾纠纷较多、调解任务较重的部门成立行政调解委员会,可以有效拓宽预防排查化解矛盾纠纷的方法途径,及时充分地汇总分析在行政调解过程中遇到的重难点问题,有效地防控社会矛盾的集中点和爆发点,将矛盾纠纷化解在基层和初始阶段,最大限度解决影响社会稳定的源头性、根本性、基础性问题,促进社会公平正义,有效维护我区社会和谐稳定。

二、工作目标

通过建立行政调解委员会,进一步畅通行政调解渠道,基本实现“小纠纷不出本科室、大纠纷不出本行政机关,疑难纠纷不出延庆辖区”,越级上访和涉法涉诉信访案件进一步减少,重特大群体性事件、恶性“民转刑”案件和集体上访案件得到有效防控,为我局创造和谐、稳定、有序的社会环境。

三、组织机构

区交通局成立行政调解委员会领导小组,负责对行政调解工作的组织领导,指导相关业务科室开展调处工作;对行政调解工作负总责,认真落实上级部门关于化解矛盾纠纷的有关规定;定期听取行政调解工作情况汇报,研究解决行政调解工作中遇到的困难和问题;指导协调化解重大争议与纠纷。

主　任:×××　交通局局长

副主任:(略)

领导小组下设办公室,办公室设在局法制科,由法制科科长任办公室主任,负责此项工作的组织协调。行政调解委员会要做到“五有”(有调委会牌子、有办公室、有调解室、有调解制度、有调解档案),基本达到规范化建设的要求。

四、工作任务

(一)人员配置。办公室应确定专人负责矛盾纠纷的排查、调解、统计和信息上报等工作。由法制科科长王志新和办公室杨森负责此项工作的具体实施,并根据工作需要协调局属各部门,共同保障我局行政调解工作顺利完成。

(二)制度建设。制定我局行政调解委员会制度,明确职责,确定调解受案范围、调解的原则和调解的程序,为我局行政调解工作提供保障。

(三)宣传引导。通过不同途径、采取多种方式,开展行政调解委员会工作宣传。充分利用报纸、电视、网络等媒体以及其他便于群众知晓的方式,提高行政调解委员会社会知晓度,积极引导当事群众通过行政调解途径解决矛盾纠纷。

(四)经费保障。行政调解委员会将工作所需经费纳入部门预算,完善调解员奖励与调解工作保障机制。

五、工作要求

(一)各部门要高度重视此项工作,加强各自领域业务知识的学习,不断提升行政调解能力水平,确保积极稳妥有效的完成调解工作。

(二)各部门要明确一名负责行政调解工作人员,负责了解本部门涉及行政调解内容,积极化解矛盾,协助行政调解委员会及办公室完成此项工作。

(三)局属各科室、站所制定本部门行政调解工作方案,按月向办公室上报急需解决的矛盾问题,力争把矛盾问题解决在萌芽阶段。

北京市延庆区交通局

2018 年 6 月 8 日

北京市延庆区卫生和计划生育委员会行政调解委员会试点方案

(2018 年 6 月 7 日　延卫文〔2018〕112 号)

为贯彻落实中共北京市委办公厅、北京市人民政府办公厅发布的《关于完善矛盾纠纷多元化解机制的实施意见》的通知精神,充分发挥行政调解在解决行政争议、化解社会矛盾、建设法治政府、构建社会主义和谐社会中的重要作用,进一步细化行政调解程序,推动行政调解工作规范运行,按照区《行政调解委员会试点方案》要求,根据我委实际,现就我委开展行政调解委员会试点工作制定本方案。

一、指导思想

深入贯彻落实党的十九大、十九大一中全会精神,以发挥行政调解制度功能、强化行政调解作用为目标,围绕行政调解组织形式、运行机制、工作规则等,整合多方资源力量,创新行政调解形式,强化我委依法解决行政争议的能力,为维护稳定、促进发展创造良好的法治环境。

二、工作原则

1. 依法实施。根据市委办公厅、市政府办公厅和区政府文件规定,结合行政管理体制特点和行政调解工作趋势,积极探索,大胆创新,切实做好行政调解工作。

2. 稳步推进。根据市政府、区政府关于行政调解的具体要求,立足我委行政调解实际,将此项工作纳入我委推进依法行政、建设法治政府的整体规划和部署中,逐项实施、稳步推进。

3. 注重实效。通过开展行政调解工作,将行政争议化解在基层、化解在初发阶段、化解在行政机关内部程序之中。

三、工作目标

1. 加强规范化建设。2018 年 6 月底前,延庆区卫生计生委行政调解委员正式办公,调委会要做到有牌子、有办公室、有专门调解室、有印章、有调解工作册、有统计报表,基本达到规范化建设的要求。

2. 加强制度建设。建立健全行政调解委员会制度。以法律为依据,以行政调解为依托,本着实事求是、依法调解、公平公正的要求,完善矛盾纠纷多元化解机制,以调解促和谐,以调解带发展。

3. 加强宣传引导和沟通交流。通过报刊、电台、电视台、网站等媒体,开展行政调解委员会试点工作宣传活动。认真研究解决试点工作中的问题,加强与其他试点单位的沟通交流,及时对试点工作进行总结,不断完善试点内容。

四、机构设置

延庆区卫生和计划生育委员会设立行政调解委员会,延庆区卫生和计划生育委员会党组书记、主任尹文强任主任,延庆区卫生和计划生育委员会党组副书记林永生任副主任,区卫生计生委副主任薛亚春、鲁金芳、韩永祥、王留忠、刘惠军,区卫生计生委工会主席刘正武,区卫生计生委副调研员刘凤云任委员,委机关各相关科室、各医疗卫生机构为成员单位。行政调解委员会负责从整体上对行政调解工作进行领导,对行政调解工作负责。

延庆区卫生计生委公共卫生科加挂行政调解委员会牌子,行政调解委员会办公室设在公共卫生科,由委员会委员刘惠军兼任办公室主任,公共卫生科明确专人负责矛盾纠纷的排查、调解、统计和信息上报等工作,委机关各相关科室、各医疗卫生机构为调解主要力量。

各部门可根据实际情况,聘用专家学者、法律顾问兼职行政调解工作,可招募志愿者参与行政调解过程,可与高校、科研机关等机构建立行政调解合作机制。

五、工作职责

行政调解委员会的工作职责主要分为行政调解委员会的工作职责和行政调解委员会办公室的工作职责。

行政调解委员会的工作职责包括:

(一)加强对行政调解工作的组织领导,指导行政调解办公室及相关业务部门开展调处工作;

(二)对行政调解工作负总责,认真落实上级部门关于化解争议与纠纷的规定;

(三)定期研究解决行政调解工作涉及的问题,定期听取行政调解工作情况汇报,研究解决存在的困难和问题;

(四)指导协调化解重大争议与纠纷,对行政调解工作进行考核,实行奖惩。

行政调解委员会办公室的工作职责包括:

(一)对行政调解工作承担牵头任务,负责本单位行政调解工作的统筹协调、信息汇总、统计上报、情况通报、政策研究、经验交流与督查考核等日常工作;

(二)研究制定行政调解规章制度,使行政调解工作有序开展;

(三)安排行政调解员、调解时间、地点,组织当事人进行调解;负责当事人申请受理、案件登记,调解分工,做好行政争议与民事纠纷的化解督办工作;

(四)承担对行政调解工作人员的培训,提高行政争议与民事纠纷的预判管控能力、应急处理能力,切实提高行政调解工作水平。

六、调解范围

1. 在行使职权过程中与行政管理相对人或利害关系人所产生的行政纠纷;

2. 公民、法人或者其他组织之间产生的与部门职能有直接或间接关系的民事纠纷;

3. 上级机关或人民法院指定本机关调解的纠纷、人民调解委员会移送的纠纷以及法律、法规规定可以由本机关调解的其他纠纷。

七、制度建设

延庆区卫生计生委具体落实并细化行政调解委员会的相关制度。包括明确行政调解委员会和办公室的职责,确定行政调解的受案范围、调解的原则(如自愿、合法、公正、效率、回避等原则)和调解的程序(包括申请、受理、启动、调查、调处、结案等程序),建立健全行政调解相关规范,完善行政调解相关制度,明确行政调解委员会的权利与义务等。

北京市延庆区卫生和计划生育委员会

2018 年 6 月 7 日

·天 津 市·

天津市人民政府办公厅关于进一步加强行政调解工作的意见

（2014年1月2日　津政办发〔2014〕1号）

各区、县人民政府，各委、局，各直属单位：

为贯彻落实《国务院关于加强法治政府建设的意见》（国发〔2010〕33号）、中央社会治安综合治理委员会等部门《关于印发〈关于深入推进矛盾纠纷大调解工作的指导意见〉的通知》（综治委〔2011〕10号）和市委、市政府《关于印发〈深化平安天津建设实施纲要〉的通知》（津党发〔2013〕8号）精神，进一步加强我市行政调解工作，经市人民政府同意，现提出如下意见：

一、充分认识做好行政调解工作的重要意义

行政调解是矛盾纠纷大调解工作的重要组成部分，是行政机关有效化解行政争议和相关纠纷，从源头上预防和减少社会矛盾的重要手段。近年来，我市社会矛盾化解工作面临许多新情况、新问题。各区县人民政府、市和区县行政职能部门及具有行政管理职能的组织（以下统称各单位）要充分认识行政调解在化解社会矛盾、维护社会和谐稳定方面的重要作用，以科学发展观为指导，遵循自愿、合法、公平、公正的原则，建立健全行政调解工作体制，完善行政调解工作机制，充分运用行政调解手段，化解行政争议和相关纠纷，推动平安天津、美丽天津建设，为我市经济社会又好又快发展创造和谐稳定的社会环境。

二、主要任务和工作制度

（一）主要任务。

1.依法开展行政调解工作。各单位要在行政调解适用范围内，以相关法律、法规和政策为依据，充分发挥专业优势，对矛盾纠纷当事人开展耐心细致的说服疏导工作，促使当事人互谅互让、平等协商，达成解决争议纠纷的协议，有效化解行政争议和相关纠纷。各单位要进一步规范行政调解程序，对不愿意进行行政调解或调解不成的矛盾纠纷，要及时依法进行处理，主动告知相关法律救济权利和渠道，积极引导当事人通过行政复议、裁决或行政诉讼等方式解决行政争议和相关纠纷。

2. 发挥行政复议机关行政调解职能。全市各级行政复议机关要根据《中华人民共和国行政复议法实施条例》（国务院令第 499 号）规定的调解原则、范围，在不损害国家利益、公共利益和他人合法权益的前提下，优先通过行政调解方式解决行政争议和相关纠纷。全市各级行政复议机关作出行政复议决定前，要深入了解各方诉求，找准争议焦点，向当事人宣传相关法律、法规和政策，为当事人自愿调解、达成协议创造条件。经调解，当事人达成调解协议的，行政复议机关应当制作行政复议调解书。各单位要积极配合行政复议机关做好行政复议调解工作，及时履行行政复议调解协议，切实做到"定纷止争、案结事了"。

3. 配合做好行政案件诉前、诉中调解工作。各单位对人民法院在行政案件诉前、诉中提出的协调意见，要认真对待，积极配合；对人民法院指出的问题，要立即核实，主动改正，积极消除负面影响。各区县人民政府法制机构要切实发挥对本级政府和职能部门涉诉行政争议化解工作的统筹协调作用，切实做好涉诉行政争议化解工作。

（二）工作制度。

1. 规范行政调解工作程序。各单位要根据各自实际，进一步明确行政调解范围，制定和规范行政调解工作程序，保障当事人的平等地位，维护当事人的知情权、参与权和救济权。

2. 建立行政调解分析上报制度。各单位要加强行政调解信息汇报工作，及时通报本区县、本部门开展行政调解工作情况，交流工作经验，及时研究行政调解工作中发现的具有普遍性的行政争议问题。对涉及人数较多、社会影响较大、可能影响社会稳定的行政争议问题，有关职能部门要摸清情况，提出对策建议，并及时与同级政府法制机构沟通，同时向本级党委、政府报告。政府法制机构应当定期对行政调解信息报送情况进行汇总、分析和通报。

3. 建立行政调解与人民调解、司法调解的衔接机制。各单位要积极做好行政调解与人民调解的衔接配合工作，在交通损害赔偿、医疗卫生、消费者权益保护、物业管理、劳动争议等矛盾多发领域，加强对人民调解组织的专业指导，支持人民调解组织开展调解工作。各单位要积极做好行政调解与司法调解的衔接配合工作，建立调解情况通报交流制度，充分发挥各自职能，妥善化解矛盾纠纷。

对于进入诉讼程序的行政争议,在诉前已经做过行政调解工作的,应当将行政调解的有关情况告知人民法院。

三、组织保障

(一)加强组织领导。由市和区县人民政府分管领导同志负责,建立政府法制机构牵头、市和区县行政职能部门为主体的行政调解工作体制。市和区县行政职能部门要明确行政调解工作的主管领导,在部门内部指定专门处室负责行政调解工作。各区县人民政府法制机构要会同公安、民政、工商、人力社保、国资、卫生、教育、农业、规划、建设交通、环保、商务、国土房管和城市管理综合执法等部门,建立行政调解工作协调机制,共同研究制定本区县行政调解工作的总体安排,并统筹协调复杂矛盾纠纷的行政调解工作。

(二)加强队伍建设。各单位要将政治思想好、业务能力强、有较高法律素质、善于做群众工作的干部充实到行政调解工作队伍中去,并给予必要保障,确保行政调解工作顺利开展;要根据行政调解工作任务需要和特点,有计划地开展行政调解工作人员的业务培训。各街道办事处、乡镇人民政府要加强基层行政调解工作,明确专、兼职行政调解工作人员,会同有关职能部门开展行政调解工作,把矛盾化解在基层。

(三)加强监督检查。各单位要按照市人民政府对行政调解工作的总体部署,制定各自开展行政调解工作的具体工作方案,主要领导要定期听取行政调解工作汇报,分管领导要及时协调解决行政调解工作中遇到的问题。各单位要定期对行政调解工作进行检查和指导,对开展行政调解工作取得突出成绩的部门和个人给予表扬。

天津市人民政府办公厅

2014年1月2日

·河北省·

河北省人民政府办公厅关于印发河北省价格争议调解处理办法的通知

（2010年10月26日　办字〔2010〕130号）

各设区市人民政府，各县（市、区）人民政府，省政府有关部门：

《河北省价格争议调解处理办法》已经省政府同意，现印发给你们，请结合本地、本部门实际，认真贯彻执行。

河北省人民政府办公厅

二〇一〇年十月二十六日

河北省价格争议调解处理办法

第一条　为了加强价格管理，及时化解价格矛盾，保护当事人的合法权益，促进公平、公正、合法的市场竞争，维护正常的价格秩序，促进社会和谐稳定，依据《中华人民共和国价格法》、《中华人民共和国价格管理条例》、《河北省涉案资产价格鉴证管理条例》等法律法规及有关规定，制定本办法。

第二条　本办法适用于本省行政区域内当事人之间发生价格（含损失）争议的调解处理工作。

第三条　本办法所称价格争议调解处理，是指政府价格主管部门根据当事人的申请，依法对各类市场主体之间的价格（或损失）争议进行调解处理的行为。

第四条　省政府价格主管部门负责全省价格争议调解处理及监督管理工作；市、县（区）政府价格主管部门负责本行政区域内价格争议调解处理工作。

省价格鉴证机构具体承担全省价格争议调解处理及业务指导工作；市、县（区）政府价格主管部门设立的价格鉴证机构承担本行政区域内价格争议调解处理工作。

第五条 价格争议调解处理遵循依法、公平、公正、自愿的原则。

第六条 申请价格争议调解处理,应当符合下列条件:

(一)申请人与价格争议事项有直接利害关系;

(二)有明确的被申请人及具体的申请要求和确切的事实根据;

(三)有关当事人对标的物的价格或损失存在争议。

第七条 下列情况不属于价格争议调解处理范围:

(一)属政府定价、政府指导价范围的;

(二)涉嫌违法,依法应当立案查处的;

(三)价格争议及其相关事项已提起诉讼、仲裁或者行政复议,且已依法被受理的;

(四)通过非法渠道购买商品或者接受服务的;

(五)违禁品及国家明令禁止生产、流通及销售的物品所产生的价格争议;

(六)其他不宜作为价格争议调解处理的情形。

第八条 申请调解处理价格争议,当事人应当向价格争议调解处理机构提交书面申请书和有关证据材料。书面申请书应当载明以下内容:

(一)有关当事人的姓名(名称)、法人代表姓名及通信地址、联系电话;

(二)价格争议事实、请求及理由;

(三)有关证据,如消费商品或者接受服务的票据、凭证、合同、协议、公证书及其它相关证据材料;

(四)价格争议调解要求提供的其他材料。

第九条 当事人可以委托代理人代为申请和参加调解处理。委托代理人代理的,代理人应当提交授权委托书。授权委托书应当由委托人签名或者盖章,载明代理人姓名、性别、年龄、身份证明、联系方式、委托期限和代理权限。

第十条 价格争议调解处理机构收到调解处理申请书后,应根据本办法有关规定对申请书的有关事项进行审核,对符合受理条件、有关当事人同意调解的,应在接到申请书后的五个工作日内将受理通知书发送有关当事人。

第十一条 有下列情形之一的,价格争议调解处理机构不予受理:

(一)申请人无法提供确切价格争议事实的;

(二)申请人未能提供被申请人的确切名称、地址和通信方式的;

(三)一方申请调解,另一方不愿意调解的;

(四)其他无法受理的情形。

不符合受理条件的,应当书面通知申请人不予受理,并说明理由。

第十二条 被申请人收到受理通知书后,应当在7日内向调解处理机构提交答辩书。调解处理机构应当将答辩书副本送达申请人。被申请人未提交答辩书的,不影响调解程序的进行。

第十三条 价格争议申请被受理后,价格争议调解处理机构应提前以书面或者其他确切方式通知有关当事人举行调解的地点和时间。

第十四条 价格争议调解由价格争议调解处理机构指定2~3名调解员进行调解,调解员由价格鉴证专业人员担任,必要时可以聘请有关专家参加调解。

第十五条 调解员有下列情形之一的,应予回避,当事人也有权提出回避申请:

(一)是本案当事人或者当事人、代理人的近亲属;

(二)与本案有利害关系;

(三)与本案当事人、代理人有其他关系,影响公正调解的;

(四)私自会见当事人、代理人,或者接受当事人、代理人请托的。

第十六条 当事人提出回避申请,应当说明理由,在首次调解前提出。回避事由在首次调解后知道的,可以在最后一次调解终结前提出。

调解员的回避由价格鉴证机构负责人决定,价格鉴证机构负责人的回避,由政府价格主管部门决定。

第十七条 价格争议调解处理机构调解价格争议,应当符合法律、法规及价格政策规定,充分尊重当事人的真实意愿。调解过程中应听取有关当事人的陈述,调查、核实相关情况,主动向有关当事人阐明价格法律、法规、规章和政策。

第十八条 参加调解的争议有关当事人均有举证责任,并对举证事实负责。因申请人提供材料不真实导致不良后果的,价格争议调解处理机构不承担相关责任。

第十九条 价格争议标的物涉及技术质量和价格鉴定评估方面的问题,可以根据需要交由当事人约定的或调解机构指定的有资质的机构对标的物进行分析、鉴定或估价,并将其作为证据提交价格争议调解处理机构。

第二十条 价格争议调解处理过程中,价格争议调解处理机构发现当事人有价格违法行为的,应当停止调解处理,交有关部门另行处理。

第二十一条　价格争议调解处理过程中,申请人自愿撤回申请或争议方提出终止调解的,价格争议调解处理机构应当作结案处理。口头撤回申请的,应记录在案,由申请人签字或盖章确认,或者由 2 名以上经办人员签名确认。

第二十二条　经调解,有关当事人自愿达成调解协议的,价格争议调解处理机构应当及时制作书面调解协议书。调解协议书由双方当事人共同签字,并经价格争议调解处理机构盖章确认。

调解协议书应交有关当事人各持一份,价格争议调解处理机构留存一份。当事人各方须自觉履行调解协议书的内容。

第二十三条　有下列情形之一的,可以视为调解不成:

(一)由于当事人原因,价格争议调解到期未能结案的;

(二)申请人、被申请人不配合调解员调解工作的;

(三)调解过程中一方提起诉讼的;

(四)调解过程中出现无法继续调解的其他情形的。

第二十四条　对当事人未能达成一致意愿或调解不成的,价格争议调解处理机构可以做出价格争议处理意见,指导价格争议双方解决争议,并告知当事人有权就价格争议事项向法院提起诉讼。

第二十五条　调解达成协议后,一方不履行协议,另一方当事人可依法向法院提起民事诉讼。

第二十六条　调解处理价格争议,应当在决定受理之日起 20 个工作日内结束;因情况复杂,在规定时间内不能终结的,经价格争议调解处理机构负责人批准,可以适当延长,但最长不超过 40 个工作日。

第二十七条　价格争议调解处理机构不得向当事人一方或双方收取调解费用。

第二十八条　调解结束后,调解员应对处理争议过程中的有关资料进行整理,由价格争议调解处理机构归档。

第二十九条　调解处理价格争议的文书格式,由河北省物价局统一制定。

第三十条　政府征用集体土地地上附着物补偿争议调解处理,可以参照本办法执行,也可以依法委托价格鉴证机构进行价格鉴证。

第三十一条　本办法自 2010 年 12 月 1 日起施行。

河北省人民政府法制办公室关于印发《河北省行政调解指导意见》的通知

（2018年1月9日 冀法〔2018〕4号）

各市（含定州、辛集市）、县（市、区）人民政府，省政府各部门：

为贯彻落实党的十九大报告提出的“坚持全面依法治国”“加强预防和化解社会矛盾机制建设，正确处理人民内部矛盾”的新要求，进一步规范、促进、强化行政调解工作，充分发挥行政调解在定纷止争、建设和谐社会中的重要作用，经省政府同意，现将《河北省行政调解指导意见》印发你们，请认真学习，结合本地、本部门实际抓好落实。

附件：河北省行政调解指导意见

河北省人民政府法制办公室

2018年1月9日

附件

河北省行政调解指导意见

为进一步发挥行政调解在化解各类社会矛盾纠纷、维护社会稳定中的独特作用，落实党的十九大报告提出的“坚持全面依法治国”“加强预防和化解社会矛盾机制建设，正确处理人民内部矛盾”的新要求，促进我省经济与社会和谐发展，建设经济强省、美丽河北，现就进一步加强行政调解工作提出如下指导意见：

一、充分认识做好行政调解工作的重要意义

当前，我省经济社会快速发展，社会稳定。但随着经济和行政管理体制改革进入深水区，人民群众的需求不断提高及呈现多元化趋势，各类矛盾逐年增多，涉及法律关系复杂,处理难度增大,许多问题的产生和存在都与行政机关行使行政职权有关。而部分行政机关对正确处理新时代矛盾纠纷的重要意义认识尚不到位,运用调解方法化解矛盾的意识不够强,重管理、轻服务,重裁定、轻调处,重事后应急处理、轻事前预警防范,习惯于发号施令,不善于用协商说服的方法解决矛盾纠纷,致使有些本可以在本机关通过调解解决的纠纷转化为复议案件或诉讼案件或引发上访,干扰了正常的社会秩序。各级行政机关要从落实党的十九大报告提出的"坚持全面依法治国"新要求的高度,充分认识加强行政调解工作的重大意义。首先,要认识到加强和深化行政调解工作是建设经济强省、美丽河北的需要。党的十九大报告明确提出"建设平安中国,加强和创新社会治理,维护社会和谐稳定,确保国家长治久安、人民安居乐业",省委九届五次全会鲜明地提出了"建设经济强省、美丽河北"的奋斗目标,并就自觉肩负起首都政治"护城河"的重大责任提出了明确要求。加强行政调解工作,是及时化解社会发展过程中出现的各种争议、减少社会对抗的有效途径,是加强和创新社会治理的重要内容,有利于维护社会和谐稳定,促进首都政治"护城河"的建设。其次,加强和深化行政调解工作是有效预防和减少群体性事件、维护社会稳定的需要。随着国家改革开放的不断深化,会越来越多地触及深层次、群体性的利益矛盾。行政调解具有行政资源多、调解范围广的优势,健全行政调解工作机制,加大行政调解力度,对于有效预防和减少群体性事件、维护社会稳定具有重要意义。再次,加强和深化行政调解工作是建设法治政府、提高政府执行力的需要。用教育、协商、调解的办法,妥善协调各方面利益关系,确保不同社会群体的利益得到兼顾,确保最广大人民的根本利益得到维护,是各级政府及政府部门的职责,是建设法治政府、转变机关作风的具体体现,有利于推进政府各项工作、提高行政机关工作人员做群众工作的能力。

二、明晰调解范围,正确把握行政调解的基本原则

行政调解是各级人民政府及其所属部门和依法行使行政职权的其他组织根据国家政策、法律,在分清责任、明辨是非的基础上,通过说服教育和疏导,促使双方当事人互谅互让,从而化解矛盾纠纷的活动。行政调解是各级行政机关对社会和经济实施管理与监督的一种有效方式。但受观念及多种因素的影响与制约,部分行政机关对行政调解的认识不到位、积极性不高、主动性不强,致使其作用没有充分发挥出来。中央及国家有关文件对运用调解解决矛盾纠纷多次提出要求。为此,各级行政机关要转变思想观念,正确理解有关文件精神,充分运用行政调解化解与行政管理有关的各类纠纷。当前行政调解的范围:一是行政机关或者具有行政管理职权的组织与公民、法人或者其他组织之间产生的行政纠纷,重点要解决好土地征收征用、城镇房屋征收拆迁、社会保险、劳动人事、治安管理等方面的纠纷等;二是公民、法人或者其他组织之间产生的与行政管理有直接或间接关系的民事纠纷,要重点解决好劳动、医疗、交通安全、消费者权益保护、经济合同、婚姻家庭等与行使行政职能有关的民事纠纷的调解工作,切实维护社会稳定。

行政调解要坚持能调则调,同时要遵循以下原则:一是要坚持自愿原则。调解要尊重当事人意愿,不得强迫当事人接受调解方式和调解结果。二是要坚持合法性原则。行政调解要依据法律、法规、规章和国家政策,不能无原则地调和,不能片面追求调解率,不能侵犯国家利益、集体利益和他人利益。三是要坚持中立原则。作为行政调解的行政机关要保持中立,不得偏向任何一方,要保证各方当事人平等协商,既要兼顾各方当事人的合法权益,又要说服各方互谅互让,相互理解。做好行政调解工作的基本要求,一是优先调解。对于发生的行政争议和与行政管理有关的民事纠纷,行政机关在解决矛盾纠纷时,要根据法律的规定和纠纷实际情况,首先选择调解解决的方式,在调解无望的前提下再选择其他渠道解决。二是充分协商。在争议双方自愿调解的基础上,行政机关要耐心释法明理,做好劝解工作,并要为双方充分协商、最后达成调解协议提供方便、创造条件。三是促进和解。纠纷发生后,消除双方当事人的认识偏差和误解是解决矛盾的关键。为此,行政机关在解决纠纷中要积极为双方沟通搭建平台,努力促成当事人和解,以彻底化解纠纷。

三、优先适用调解,认真做好行政复议中的调解工作

行政复议是解决行政争议的法定渠道,是加快建设法治政府、构建和谐社会的重要环节。各级人民政府和政府部门要充分发挥其在解决行政争议、化解人民内部矛盾、维护社会稳定中的重要作用。要依据《中华人民共和国行政复议法》及其实施条例的规定,积极受理公民提出的行政复议申请,切实履行行政复议职责。在审理行政复议案件过程当中,要根据实施条例规定的调解原则、范围,在查清事实、分清责任的基础上,在不损害国家利益、公共利益和他人合法权益的前提下,优先适用调解解决行政争议。行政复议工作人员要在复议决定作出前向双方当事人宣讲有关法律法规,陈述道理,分析利害,为当事人自愿调解创造条件。在复议调解中,行政复议工作人员要真正了解双方诉求,找准争议焦点,熟悉相关法律规定,以增强调解的针对性和有效性;要充分尊重各方当事人的意思自治和处分权,不得代替当事人表达意愿,更不得强迫当事人接受调解条件。对于复议双方当事人达成调解的,要依法制作行政复议调解书,并监督其履行,切实做到"定纷止争、案结事了"。各级人民政府或政府部门要认真落实《河北省行政复议调解和解规定》,注重运用调解方式结案,不断总结调解经验,逐步提高复议调解成功率。各级行政复议机构还要注重运用行政和解的方法解决行政纠纷。要按照《中华人民共和国行政复议法实施条例》的规定,对于行政机关行使法律、法规规定的自由裁量权作出的具体行政行为引发的复议案件,要积极促成申请人与被申请人在行政复议决定作出前自愿达成和解,行政复议工作人员要为申请人与被申请人充分沟通、达成和解发挥好桥梁作用,为双方平等对话创造条件。

四、坚持依法行政,从源头上预防和减少行政争议

各级行政机关要认真贯彻中共中央、国务院《法治政府建设实施纲要(2015~2020年)》,坚持依法、科学、民主决策,不断规范行政决策程序,创新民主决策形式,扩大群众的参与度,积极预防和减少行政争议的发生。对涉及人民群众切身利益的重大事项,在充分调研的基础上,要广泛征求公众意见、组织专家论证、进行合法性审查。除依法应当保密的事项外,要公开行政决策事项、依据和结果。在重大决策实施前,要对可能出现的行政争议作出分析评估,提前做好应对准备。要巩固相对集中行政处罚权工作的成果,从根本上解决多头执法、多层执法、重复执法问题。要认真开展一年一度的依法行政考核,健全评议考核制度,真正把依法行政纳入各级政府的考核目标。各级行政机关的领导干部要树立和落实正确的政绩观,增强依法行政意识,带头依法办事。要着力加强基层政府依法行政工作。行政争议大多发生在基层,解决行政争议主要依靠基层。要切实加强对基层政府依法行政的督促检查,大力推动基层政府依法行政,努力从源头上减少行政争议的发生。要切实加强基层政府法制机构和队伍建设,配备高素质的人员,充分发挥其在推进基层政府依法行政工作中的作用。对可能发生的行政纠纷,行政机关要做好法律法规的宣传和说服教育劝导工作,力争把行政纠纷化解在萌芽状态。

从源头上预防和减少行政争议的发生，各级政府还必须加强对行政纠纷的经常性排查工作。要重点对城市建设、自然资源的管理使用、劳动和社会保障、环境污染等容易引发行政争议的领域进行系统的排查梳理。尤其要掌握容易引发群体性事件的问题，按照属地管理、分级负责和“谁主管谁负责”的原则，落实责任人员，逐一提出解决方案。各级行政机关的领导干部要亲自抓排查工作，并加强督促检查。

五、加强组织领导，建立健全行政调解工作制度

各级人民政府和政府部门要转变行政管理理念，强化行政调解意识，要从执政为民、建设服务型政府的高度来认识做好调解工作的重要性。要把行政调解工作作为各级行政机关工作的重要内容来抓，摆上重要议事日程，切实加强领导，明确责任。要建立各级政府负总责、政府部门为主体的行政调解工作机制。要建立考核评估制度。各级政府及部门对发生在本地区、本部门的重大争议纠纷，要及时跟踪调解进展情况，全面评估调解效果。各级政府要把辖区行政调解工作情况，作为年度依法行政考核的重要内容，细化考核指标，明确分值权重，完善激励机制，对行政调解工作成绩突出的单位和人员予以表彰，对行政调解工作落实不力而导致矛盾激化、造成严重后果的，要严肃追究相关领导和人员的责任。要建立培训制度。要加强对行政调解工作人员的法律培训。各级政府及政府部门在每年组织的法律培训中要把行政调解作为一项重要培训内容。通过法律培训，使行政调解工作人员知法、懂法，端正态度，提高认识，在思想上明确行政调解是一项民主制度、法律制度，要严格按照基本原则做好调解工作，同时又要注意克服利用行政权力影响调解的倾向。各政府部门要建立健全行政调解领导组织和工作机构，明确分管领导，明确牵头处（科）室，负有调解责任的相关处（科）室要密切配合、形成合力。主要执法部门要建立专门的调解机构，明确专门工作人员，做到人员落实、场地落实、办公设施和办公经费落实，切实加强本部门的行政调解工作。各级政府可以结合实际，成立由政府领导挂帅的政府行政调解领导组织，负责对行政区域内重大矛盾纠纷、跨行业跨部门之间的纠纷、群体性纠纷、复杂性等纠纷的统一调处工作，真正提高调解效果。

河北省劳动和社会保障厅关于进一步加强行政调解工作的实施意见

（2008 年 3 月 10 日　冀劳社〔2008〕16 号）

各设区市劳动和社会保障局、扩权县（市）人事劳动和社会保障局：

为认真贯彻省委办公厅、省政府办公厅《关于进一步加强行政调解工作的意见》（冀办发〔2007〕26 号）精神，进一步发挥行政调解在化解各类劳动保障矛盾纠纷、维护社会稳定中的独特作用，现就在全省劳动保障系统进一步加强行政调解工作提出如下意见。

一、充分认识加强行政调解工作的重要意义

当前，我省经济社会快速发展，社会稳定。但随着工业化、城镇化进程加快，经济和行政管理体制改革进入关键阶段，社会利益和群众需求呈现多元化趋势，各类矛盾包括劳动保障行政纠纷增多，涉及法律关系复杂，处理难度增大。一些地方、一些行政执法人员对正确处理新时期劳动保障矛盾纠纷的重要意义认识不足，运用调解方法化解矛盾的意识不够强，还不善于用协商说服的方法解决矛盾纠纷，致使有些本可以通过调解解决的纠纷转化为复议案件、诉讼案件或引发上访，影响了正常的社会秩序。各级劳动保障行政机关要从树立和落实科学发展观、提高党的执政能力建设的高度，充分认识加强行政调解工作的重大意义，认真贯彻执行中共中央办公厅、国务院办公厅《关于预防和化解行政争议健全行政争议解决机制的意见》和省委办公厅、省政府办公厅《关于进一步加强行政调解工作的意见》，切实转变思想观念，进一步加强行政调解工作，及时化解社会发展过程中出现的各种争议，促进经济社会和谐快速发展。要充分发挥劳动保障行政部门行政资源多、调解范围广的优势，健全行政调解工作机制，用教育、协商、调解的办法，妥善协调各方面利益关系，确保不同社会群体的利益得到兼顾，确保最广大人民的根本利益得到维护。

二、行政调解的原则和基本要求

行政调解是各级人民政府及其所属部门和依法行使职权的其他组织根据国家政策、法律，在分清责任、明辨是非的基础上，通过说服教育和疏导，促使双方当事人互谅互让，化解矛盾纠纷的活动，是各级行政机关对社会和经济实施管理与监督的一种有效方式。

当前行政调解的范围：一是行政机关或者具有行政管理职权的组织与公民、法人或者其他组织之间产生的行政纠纷；二是公民、法人或者其他组织之间产生的与行政管理有直接或间接关系的民事纠纷。

行政调解要遵循以下原则：一是要坚持自愿原则。调解要尊重当事人意愿，不得强迫当事人接受调解方式和调解结果；二是要坚持合法性原则。要按照《劳动法》、《劳动争议调解仲裁法》、《信访条例》、《行政复议法实施条例》等有关规定开展调解工作，既不能在执法过程中简单从事，调解缺位，也不能无原则地调和，片面追求调解率，侵犯国家利益、集体利益和他人利益；三是要坚持中立原则。作为行政调解的行政机关要保持中立，不得偏向任何一方，既要兼顾各方当事人的合法权益，又要说服各方互谅互让，相互理解。

做好行政调解工作的基本要求，一是优先调解。对于发生的行政争议、劳动争议和群体性信访事项，行政机关在解决矛盾纠纷时，要根据法律的规定和纠纷实际情况，首先选择调解解决的方式，在调解无望的前提下再选择其他渠道解决。二是充分协商。在争议双方自愿调解的基础上，行政机关要耐心释法明理，做好劝解工作，并要为双方充分协商、最后达成调解协议提供方便、创造条件。三是促进和解。纠纷发生后，消除双方当事人的认识偏差和误解是解决矛盾的关键。为此，行政机关在解决纠纷中要积极为双方沟通搭建平台，努力促成当事人和解，以彻底化解纠纷。

三、要认真做好行政复议中的调解工作

行政复议是解决行政争议的法定渠道，是加快建设法治政府，构建和谐社会的重要环节。各级劳动保障行政部门要充分发挥其在解决行政争议、化解人民内部矛盾、维护社会稳定中的重要作用。当前，要认真贯彻落实国务院颁布的《中华人民共和国行政复议法实施条例》和省委办公厅、省政府办公厅《关于加强和改进行政复议工作的意见》（冀办发〔2007〕5 号），积极受理公民、法人和其他组织提出的行政复议申请，切实履行行政复议职责。在审理行政复议案件过程

中，要根据条例规定的调解原则、范围，在查清事实、分清责任的基础上，在不损害国家利益、公共利益和他人合法权益的前提下，优先适用调解解决行政争议。行政复议工作人员要在复议决定作出前向双方当事人宣讲有关法律法规，陈述道理，分析利害，为当事人自愿调解创造条件。在复议调解中，行政复议工作人员要真正了解双方诉求，找准争议焦点，熟悉相关法律规定，以增强调解的针对性和有效性；要充分尊重各方当事人的意思自治和处分权，不得代替当事人表达意愿，更不得强迫当事人接受调解条件。对于复议双方当事人达成调解的，要依法制作行政复议调解书，并监督其履行，切实做到"定纷止争、案结事了"。各级劳动保障部门要研究制定行政复议调解的程序规定，积极创新行政复议调解的方式方法，不断总结调解经验，逐步提高复议调解成功率。

四、加强行政调解与人民调解、司法调解的衔接配合

省委、省政府创新提出的人民调解、行政调解、司法调解"三位一体"的大调解工作体系，充分整合了调解资源，实现了三大调解的优势互补。特别是对于重大纠纷、劳动争议和复杂纠纷，坚持"三调联动"，使三大调解手段有机衔接与配合，大大增强了调解效果。各级劳动保障部门要按照《劳动争议调解仲裁法》规定的程序，充分发挥企业劳动争议调解委员会、基层人民调解组织、具有劳动争议调解职能的劳动保障站所的作用，积极开展劳动争议调解工作。

对调解成功的劳动争议案件，经双方同意要制作劳动争议仲裁调解书，按照法律程序送达。

五、健全行政调解组织，完善行政调解制度和机制建设

各级劳动保障行政部门要继续认真落实省劳动保障厅、省总工会、省企业家协会《关于建立劳动争议调解工作联系网络和联络员制度的通知》精神和要求（冀劳社办〔2007〕145号文件），构建行政调解四级网络，充分发挥信访、劳动仲裁在行政调解中的重要作用，强化行政调解的责任意识，力争将矛盾解决在行政程序中，解决在本级，避免矛盾扩大化。为此，各级劳动保障部门要高度重视行政调解组织建设，已经成立的行政调解领导小组，要充分发挥作用，没有成立的，要抓紧成立，相关处（科）室要密切配合、形成合力，负责对行政管辖区域内劳动保障矛盾纠纷的统一调处工作，提高调解效果。要明确专门工作人员，做到人员落实、场地落实、办公设施和办公经费落实，上级行政机关要加强对下级行政机关行政调解组织建设情况的督导检查，确保调解工作有人抓、有人管。

各级劳动保障行政机关要结合本机关工作实际建立健全行政调解的有关规章制度,要根据行政特点和要求制定行政调解程序,对调解申请、受理、调查、听证、调解实施、调解期限以及调解协议书的制作等环节提出详细具体的要求,确保行政调解工作基本规范,保证当事人在调解中地位平等,保证当事人的知情权、参与权和救济权。

各级劳动保障部门要把行政调解工作作为行政机关工作的重要内容来抓,摆上重要议事日程,加强领导,明确责任,确保行政调解工作不断发展。对于因组织领导不力、工作落实不到位、行政调解工作消极应付,导致发生重大矛盾纠纷的部门要追究有关领导和直接责任人员的责任。

河北省劳动和社会保障厅关于规范劳动保障纠纷行政调解工作的通知

(2007年4月6日　冀劳社办字〔2007〕16号)

厅内各处室、厅属各单位:

为了认真落实《关于成立劳动保障纠纷调解机构建立行政调解工作规则的通知》(冀劳社办〔2006〕123号),进一步规范行政调解程序,做好劳动保障纠纷行政调解工作,现将有关问题明确如下:

一、提高认识,加强组织领导。积极开展行政调解工作是解决劳动保障纠纷,和谐劳动关系,维护企业生产经营稳定,构建和谐社会的重要手段。厅行政调解领导小组成员单位和行政调解员要按照各自职责切实负起责任,确保劳动保障法规政策执行的严肃性。行政调解员应当保持相对稳定,人员有更换的要及时补充,确保行政调解员工作的连续性。

二、坚持先行调解原则,严格规范调解程序。行政调解办公室受理群体信访、劳动争议事项及时转送成员单位,指定经办调解员,明确调解时间,先行行政调解。行政调解方式:

1. 电话调解。自反映人登记之日3日内调解,双方当事人已自行解决争议的，行政调解办公室工作人员作出记录，将申诉材料归档；

2. 发协商函调解。自反映人登记之日 5 日内调解，双方当事人经行政调解办公室致函解决争议的，行政调解办公室即时制作调解书，邮寄挂号发出，记录在册，将申诉材料、当事人回执和调解书归档；

3. 预约双方当事人当面调解。自反映人登记之日 7 日内调解，双方当事人经行政调解办公室当面解决争议的，工作人员当日制作行政调解书，双方当事人签字记录在册，将申诉材料、调解笔录和行政调解书归档。

属于申请劳动争议仲裁事项，行政调解办公室调解解决的应当制作劳动仲裁调解书。

三、调解意见自愿原则。行政调解过程中，重点向双方当事人讲清、讲透劳动保障法规政策，依据公平公正原则拟定行政调解书。行政调解办公室、相关业务处室要按照冀劳社办〔2006〕123 号关于调解程序的要求及时登记、填写《劳动保障纠纷交转行政调解通知单》、《劳动保障纠纷行政调解表》、《劳动保障纠纷行政调解结案审批表》（附后）。

四、准确书写调解文书，正确使用调解印章。所调解的劳动保障纠纷属于信访事项的，在制作行政调解书时，加盖河北省劳动和社会保障厅行政调解办公室印章；属于劳动争议案件的，在制作调解书时，加盖河北省劳动争议仲裁委员会印章；属于行政复议范围的，由厅政策法规处受理。

附件：1. 河北省劳动和社会保障厅劳动保障纠纷行政调解通知书（略）

2. 劳动保障纠纷交转行政调解通知单（略）

3. 劳动保障纠纷行政调解表（略）

4. 劳动保障纠纷行政调解结案审批表（略）

二〇〇七年四月六日

廊坊市人民政府办公室关于印发廊坊市行政调解办法的通知

（2016年1月6日 廊政办〔2016〕5号）

各县（市、区）人民政府，廊坊开发区管委会，市政府有关部门：

《廊坊市行政调解办法》已经市政府领导同意，现印发给你们，请认真贯彻执行。

廊坊市人民政府办公室

2016年1月6日

廊坊市行政调解办法

第一章 总 则

第一条 为深入贯彻落实党的十八大、十八届三中、四中全会会议精神，加强和创新社会管理，增强行政机关服务功能，规范行政调解行为，及时化解社会争议纠纷，根据《河北省人民政府关于深入推进依法行政加快建设法治政府的实施意见》（冀政发〔2015〕12号）要求，结合本市实际，制定本办法。

第二条 本办法所称行政调解，是指行政机关在法定职权范围内，为更好地行使行政职责，以法律、法规、规章和政策为依据，以当事人自愿为原则，通过对争议各方的说服和劝导，使各方当事人互谅互让、平等协商、达成协议，从而妥善解决争议的活动。

县（市、区）政府和市政府有关部门开展行政调解工作，适用本办法。

第三条 适用行政调解的纠纷包括以下几个方面：

（一）县（市、区）政府和市政府有关部门在行使职权过程中，对行政机关与公民、法人或者其他组织之间,因行政管理产生的行政纠纷。

(二)公民、法人或者其他组织之间产生的与行政机关职能有直接或间接关系的民事纠纷。

第四条 对属于行政调解范围的争议纠纷,具有下列情形之一的,行政机关不予调解:

(一)人民法院已经受理或者作出判决、裁定的;

(二)仲裁机构已经受理或者作出裁决的;

(三)其他行政机关、调解组织已经受理或者处理终结的。

第五条 行政调解工作应当遵守自愿、合法、中立、依法调解和依法处理相结合的原则。

第二章 受理和启动

第六条 行政纠纷由作出具体行政行为的行政机关调解;民事纠纷由法律、法规、规章规定的行政机关调解。

第七条 行政机关调解争议纠纷应当符合下列条件:

(一)当事人与本争议纠纷有利害关系;

(二)当事人申请调解有具体的请求事项、事实和理由;

(三)争议纠纷与本行政机关职能相关;

(四)当事人未选择其他解决途径。

第八条 行政机关在日常管理和行政执法过程中发现属于本机关行政调解范围的争议纠纷,应当告知当事人可以要求行政调解,当事人也可以向相关行政机关提出行政调解要求。

对资源开发、环境污染、公共安全事故等方面的争议纠纷,以及涉及人数较多、影响较大、可能影响社会稳定的争议纠纷,行政机关应当依职权主动进行调解。

第九条 行政调解由一方当事人提出的,应当征得其他当事人同意。行政调解由行政机关主动提出的,应当征得双方当事人同意。

当事人申请行政调解,可以书面提出,也可以口头提出。口头提出的,由行政机关记入笔录。

第十条 两个以上行政机关都收到行政调解申请的，由具有相关管理职能的行政机关受理；两个以上行政机关都有管辖权的，由最先收到的行政机关受理。

第十一条 行政机关收到行政调解申请后，应当在5个工作日内进行审查，决定是否启动行政调解程序。对不符合本办法规定的行政调解申请，决定不予受理，并书面告知当事人；对符合本办法规定但不属于本机关受理的行政调解申请，应当告知申请人向有关行政机关提出。

第十二条 行政调解程序启动后，调解人员应当提前将行政调解时间、地点通知当事人。

第三章 实施调解

第十三条 行政机关调解争议纠纷，调解人员不得少于两人。

第十四条 行政机关实施行政调解，可以要求各方当事人提供相关证据，必要时可以自行调查取证。

行政机关不得将公民、法人或者其他组织在行政调解过程中所作的陈述，作为对其不利行政行为的证据。

第十五条 当事人在行政调解活动中享有下列权利：

（一）申请有关行政调解人员回避；

（二）自愿达成行政调解协议。

第十六条 当事人在行政调解活动中承担下列义务：

（一）如实陈述纠纷事实，不得提供虚假证明材料；

（二）遵守调解规则；

（三）不得加剧纠纷、激化矛盾；

（四）自觉履行行政调解协议。

第十七条 调解人员有下列情况之一的，应当主动回避；不主动回避的，当事人有权申请其回避：

（一）是产生行政争议的具体行政行为的承办人；

（二）是纠纷当事人或者与当事人有近亲属关系；

（三）与纠纷有利害关系；

（四）与纠纷当事人有其他关系，可能影响公正调解的。

当事人申请回避的，行政机关应当及时作出是否回避的决定。决定回避的，应当及时更换行政调解人员；不需要回避的，告知当事人理由。

第十八条 行政机关主持行政调解，应当充分听取双方当事人的陈述，查明争议纠纷的基本事实和主要责任，依据法律、法规、规章对双方当事人进行说服、劝导，引导当事人达成行政调解协议。

第十九条 重大复杂或者社会影响较大的争议纠纷，行政机关应当制作调解笔录，全面、客观记载调解的过程和内容。调解笔录应当由参与调解的相关人员签名。

第二十条 行政机关实施行政调解，应当自行政调解启动后20个工作日内办结，最长不超过30个工作日，法律、法规和规章另有规定的，从其规定。

需要第三方专业机构作出鉴定、认定或者裁决的，鉴定、认定或者裁决所需时间不计入行政调解时限。

第二十一条 行政调解程序启动后，有下列情形之一的，行政调解终止并制作终止通知书：

（一）当事人撤回申请的；

（二）当事人不愿意调解或者无正当理由不参加调解的；

（三）当事人在调解过程中就同一争议纠纷申请行政复议、仲裁或者提起诉讼的；

（四）民事纠纷当事人自行和解的；

（五）在规定期限内未达成调解协议的；

（六）其他应当终止的情形。

第二十二条 当事人在行政复议中提出行政调解申请的，由行政复议机关按照《廊坊市行政复议调解和解制度》在行政复议案件审理中进行调解，不另行启动行政调解程序。

行政机关对当事人提出的同一事项已经作出行政复议决定的，不再受理行政调解申请。

第二十三条 行政机关开展行政调解不得影响正常的行政执法活动，不得以行政调解代替行政执法，不得超越行政执法自由裁量的权限。

第二十四条 行政机关调解争议纠纷，根据需要可以邀请有关单位、专业人员或者其他人员参加，被邀请的单位或者个人应当予以支持。调解跨县（市、区）、跨行政机关的纠纷，相关行政机关应当予以配合，共同做好行政调解工作。

第二十五条 行政机关调解争议纠纷，需要当事人所在基层人民调解组织配合的，可以向当事人所在基层人民调解组织发出邀请。当事人所在基层人民调解组织接到行政机关邀请后，应当指派调解员配合行政机关开展行政调解。

第二十六条 行政机关调解争议纠纷，应当明确告知当事人行政调解期限，提醒当事人关注行政复议和行政诉讼等法定救济权利行使的时效，保护当事人的个人隐私或商业秘密，当事人不愿对外公开纠纷的，应当尊重当事人意愿。

第四章 调解协议

第二十七条 行政调解达成协议的，由各方当事人签订行政调解协议书。行政调解协议书一般载明下列事项：

（一）各方当事人的基本情况；

（二）纠纷的基本事实、争议事项及各方责任；

（三）各方当事人的权利和义务；

（四）履行协议的方式、地点、期限；

（五）当事人签名、行政机关盖章和调解人员签名。

行政调解协议书由各方当事人分别保留一份，行政机关存档一份。

第二十八条 行政调解协议书自各方当事人签名或者盖章，行政机关加盖印章之日起生效。口头调解协议自各方当事人在协议笔录上签名或者盖章之日起生效。当事人应当按照约定自觉履行行政调解协议。

第二十九条 行政机关可以对达成行政调解协议的当事人履行调解协议的情况进行必要的回访，督促行政调解协议的自觉履行。

第三十条 经行政机关调解达成具有民事合同性质的调解协议后，当事人认为有必要的，可以自调解协议生效之日起2年内共同向有管辖权的人民法院申请司法确认。

第三十一条 行政调解案件形成的档案材料按年度归档，案件终结时由办案人员按照行政调解工作程序和文书材料形成的时间顺序进行卷内系统整理、排列、编号、成册，做到一案一卷。

第五章 指导和监督

第三十二条 市、县(市、区)政府设立的行政调解中心,对本级政府所属行政机关和下级人民政府行政调解工作进行指导、协调、监督、检查和考核。

第三十三条 行政机关应当确定行政调解工作机构,配备与行政调解工作相适应的行政调解人员,落实行政调解办公场所和相应的设备设施。

第三十四条 市、县(市、区)政府应当建立行政调解联席会议制度、行政调解统计和分析制度、重大行政调解案件报告制度、行政调解信息报送制度、行政调解督查和考核制度。

第三十五条 行政机关要定期统计、分析本机关行政调解工作情况,并向本级政府法制机构报送。政府法制机构应当定期统计、分析本行政区域行政调解工作情况,向本级政府和上级政府法制机构报送。

第三十六条 行政机关应当加强与人民调解组织和人民法院的沟通联系,做好行政调解与人民调解、司法调解的有效衔接。

第三十七条 行政机关不得把行政调解作为进入行政复议和行政诉讼的前置条件。

第六章 附 则

第三十八条 行政机关开展行政调解工作不得收取任何费用。

第三十九条 本办法自颁布之日起施行。

·山西省·

朔州市人民政府办公厅关于加强行政调解促进社会和谐稳定的意见

（2012年3月16日 朔政办发〔2012〕44号）

各县、区人民政府，市开发区管委会，市直各有关单位：

为了充分发挥行政调解在化解社会矛盾中的重要作用，维护社会稳定，促进我市经济发展和社会和谐，根据《中共中央办公厅国务院办公厅关于预防和化解行政争议健全行政争议解决机制的意见》（中办发〔2006〕27号）、《中华人民共和国人民调解法》、《国务院关于建设法治政府的意见》和中央社会治安综合治理委员会等十六部委《关于深入推进矛盾纠纷大调解工作的指导意见》的规定和要求，现就加强行政调解工作提出如下意见。

一、充分认识行政调解工作的重要意义

随着我市转型跨越发展、综改试验区建设和“四化一体东部新区”建设进程加快，经济和行政管理体制改革进入关键阶段，社会利益和群众需求呈现多元化趋势，各类矛盾纠纷日趋增多，涉及法律关系日趋复杂，处理难度日趋增大。调处和化解矛盾纠纷是对各地政府执政能力的考验。行政调解是各地人民政府及其工作部门、直属机构，以及具有行政管理职能的事业单位和组织（以下统称行政机关），根据职责权限，依照法律法规和政策，通过说服教育和疏导，促使双方当事人互谅互让，化解矛盾纠纷的活动。开展行政调解工作是落实科学发展观，构建和谐社会的重要组成部分，是最大限度地运用法律手段预防和化解社会矛盾纠纷的有效措施，是把矛盾化解在基层，解决在萌芽状态的重要手段，是行政机关对社会和经济实施管理与监督的一种有效方式，也是行政机关服务大局维护稳定的重要职责，是维护社会稳定，促进经济和社会和谐发展的重要保障。为此，各级行政机关都要从落实科学发展观、构建和谐社会的高度，统一思想，提高认识，深刻理解新形势下开展行政调解工作的重大意义。把日常工作开展与行政调解工作有机结合起来，妥善协调各方面利益关系，及时化解发展过程中出现的各种矛盾纠纷，切实抓好行政调解工作，保障最广大人民群众的根本利益，维护社会和谐稳定，促进我市经济社会各项事业健康快速发展。

二、行政调解工作的范围、原则和程序

（一）行政调解的范围

1. 各级行政机关在行使职权过程中与公民、法人或者其他组织之间因行政管理产生的行政争议和纠纷。

2. 公民、法人或者其他组织之间产生的与行政机关职能有直接或间接关联的行政争议和纠纷。

3. 民事纠纷发生后，因行政机关的介入，引发的行政争议和纠纷。

（二）行政调解的原则

1. 自愿原则。行政调解要充分尊重当事人意愿，不得强迫当事人接受调解方式和调解结果。

2. 合法原则。行政机关要公平、公正地化解矛盾纠纷，有效地保护各方当事人的合法权益。调解的内容不得违反法律禁止性规定，不能无原则地调和，不得损害国家利益、社会公共利益和他人合法权益。

3. 平等原则。行政调解机关应当充分尊重行政管理相对人自愿，充分、真实地表达自己意愿和诉求的权利，公正、公平的调处争议纠纷，不得偏向任何一方，要保证各方当事人平等协商，既要兼顾当事人的合法权益，又要让各方当事人互谅互让，互相理解。

4. 积极主动原则。行政机关对职权管辖范围内出现的纠纷，应积极主动进行行政调解。

5. 依法处理原则。对不属于行政调解范畴以及经行政调解不能达成协议的纠纷，行政机关应及时依法作出相关处理决定。

（三）行政调解工作程序

1. 申请和受理。行政机关接到当事人申请后，要认真进行审查，凡符合受理条件的，应及时受理，不予受理的，要向当事人说明理由。行政复议机构受理复议案件后，在查明案件事实的基础上，积极运用调解手段解决行政纠纷。

2. 调查。行政机关要根据双方的争议进行必要的调查，要运用宣传政策法规、说服教育、协调疏导等方式方法，充分利用调查取证、现场勘验、复议听证等时机，积极宣讲有关法律法规，分析利害关系，促使当事人自行和解。

3. 实施调解。要根据当事人的诉辩主张，依据有关法律规定，平衡当事人之间的利益和冲突。一是要坚持情、理、法并用；二是要多做思想疏导工作，循循善诱，使双方互谅互让；三是要注意调解的艺术和方法，使调解体现人性化的要求。

4. 制作行政调解书或行政复议调解书。行政调解书应当载明行政纠纷事由、调解事项、事实、调解结果、申请人和被申请人签名或盖章，要加盖调解机构印章。行政复议调解书应当载明行政复议请求、事实、理由和调解结果，并加盖行政复议机关印章。

5. 履行。达成调解、和解协议后，各方当事人要积极履行。

三、行政调解工作的职责分工和组织保障

（一）行政调解工作的职责分工

1. 各级人民政府对行政调解工作负总责。按照“属地管理、分级负责”的原则，实行政府主要领导亲自抓、分管领导具体抓，把行政调解工作纳入重要议事日程狠抓落实。要定期听取行政调解工作情况汇报，及时研究解决行政调解工作中存在的重大问题，切实加强对行政调解工作的组织领导。要研究建立行政调解工作长效机制，强化保障措施，落实责任，严格考核，强力推进行政调解工作的深入开展。要按照“分级负责”原则，将行政调解工作经费、设备采购资金纳入财政预算统筹安排，给予切实保障。

2. 各级政府法制机构在行政调解工作中负责牵头。政府法制机构具体负责对下级人民政府和本级人民政府各部门行政调解工作的指导、督促和协调，发挥牵头作用。具体职责是：研究制定行政调解相关制度，使行政调解工作有序开展；研究行政调解中的新情况、新问题，加强对行政调解工作的指导；汇总分析下级人民政府和本级人民政府各部门的行政调解工作情况，并向本级人民政府报告；加强对行政调解工作的督促办理工作；做好同人民调解、司法调解组织的衔接配合，加强对行政调解工作的协调；加强行政调解人员的法律知识和调解技能培训，提高行政调解人员的业务水平；牵头组织对法律关系复杂、重大疑难争议纠纷的调解处理。县级以上人民政府要加强政府法制机构建设，使法制机构的规格、编制与其承担的职责和任务相适应，充分发挥法制机构在行政调解工作中的牵头、协调和督促指导作用。乡（镇）、街道办事处要配备法制专干，专门负责行政调解工作。

3. 政府各部门具体负责行政调解工作。政府有行政职能的部门和单位要按照“谁主管、谁负责”的原则具体负责对与本部门和本单位行政管理职权有关的争议纠纷的调处,切实发挥行政调解和主体作用。要由一把手负总责,确定分管领导和工作机构具体承担行政调解工作,确保行政调解工作有人抓、有人管。要加强行政调解队伍建设,配齐、配强行政调解人员,并加强培训和管理。要落实工作经费、调解场所和设施,加强网络信息化平台建设,确保行政调解工作的顺利开展。要根据行业、部门特点建立健全行政调解工作制度,细化工作规程,努力提高行政调解的质量和效率。

(二)行政调解工作的组织保障

1. 设立行政调解委员会。各级人民政府都要建立由政府分管领导牵头,相关部门主要负责人参加的行政调解委员会,定期研究解决开展行政调解工作涉及的问题,指导、协调重大复杂争议纠纷的调处工作,并定期汇总、分析上报本地区行政调解工作开展情况。行政调解委员会日常工作由政府法制机构承担。乡(镇)人民政府、街道办事处应当加强基层行政调解工作,建立行政调解专兼职工作人员队伍,会同有关行政主管部门开展行政调解工作,对辖区的矛盾纠纷进行认真梳理,仔细排查,及时了解群众诉求,做好防范措施。

2. 完善行政调解工作规程。各级人民政府及其工作部门要根据有关法律、法规规定,结合实际,制定具体的工作细则或规程,全面规范行政调解工作程序,做到有章可循、有规可依,确保行政调解工作合法、规范、有序。

3. 严格考核奖惩。要严格落实行政调解工作责任制,将行政调解工作纳入目标管理,把做好行政调解工作作为依法行政的重要考核内容,纳入目标管理。严格落实各地各部门主要领导、分管领导和班子其他成员的责任,将有关行政调解工作的开展情况记入领导干部依法行政能力档案,严格落实行政调解工作责任制,对行政调解工作成绩突出的单位和人员进行表彰奖励,对组织领导不力,行政调解工作不落实,导致矛盾纠纷突出的,要严格问责;对因行政调解工作未落实,而发生严重影响社会稳定的重大案件的,要实行责任倒查,严格追究领导和相关人员的责任。

四、行政调解工作的要求

(一)坚持预防和化解并重。各级人民政府及其工作部门要切实落实矛盾纠纷排查分析研判制度,坚持排查在先,预警靠前,有效预防,及时化解,从源头上预防和减少行政争议的发生。要加强对重点领域、重点行业社情民意和争议纠纷的收集排查工作，及时了解群众诉求，确保发生争议纠纷时能够及时介入。要通过领导接访、干部下访、现场办公等形式，抓早、抓小、抓苗头，发现一起调处一起，严防各类争议纠纷激化和升级，努力将事态化解在萌芽状态和初始阶段，实现“小事不出村、大事不出乡、难事县终结”。要加强法制宣传教育，及时解答群众在法律、政策上的疑惑和问题，积极引导群众通过行政调解理性合法地表达利益诉求、解决争议纠纷。

（二）突出重点，灵活多样运用调解的办法处理争议纠纷。各级人民政府及其部门应大力调处在涉及土地征收、房屋征收补偿、劳动合同、土地承包合同、环保、医疗、消费者权益保护等方面的行政争议和纠纷，要深入调查研究，及时了解群众诉求，积极主动地开展行政调解工作，努力把争议纠纷化解在基层、化解在行政程序之中。在调解争议纠纷时，要找准争议纠纷的焦点和各方利益的平衡点，采取灵活多样的方式，注重法、理、情的有机统一，开展耐心、细致的说服劝导工作，促成各方当事人互谅互让，达成解决争议纠纷的协议。对经劝导不愿进行行政调解或达不成调解协议的，要积极引导当事人通过行政复议、裁决等方式解决或告知当事人其他救济权利和渠道。对于可能引发重大群体性事件的争议纠纷，要制定工作预案。对重大疑难矛盾纠纷的调处要及时向党委、政府和上级主管部门请示报告。

（三）充分发挥行政复议解决行政争议和纠纷的重要作用。各级行政复议机关在行政复议案件办理过程中，要根据《行政复议法实施条例》规定的调解原则、范围，优先适用调解方式解决行政争议。对于行政机关行使自由裁量权做出的具体行政行为引发的行政复议案件，要积极促成申请人与被申请人在复议决定作出前自愿和解，力争把行政争议化解在行政复议程序中，确保定纷止争、案结事了。

（四）加强协调配合。行政调解是从源头上预防和减少行政争议的重要措施，各级行政机关要严格依照行政调解的范围和原则开展行政调解工作，既要各司其职，又要密切配合。要建立健全与人民调解、司法调解的相互衔接配合机制，加强信息沟通、协调联系，优化、整合调解资源，实现人民调解、行政调解、司法调解“三大调解”的优势互补。在行政调解中需要当事人所在基层人民调解组织配合的，可以邀请其参加，共同开展调解工作。人民法院在进行司法调解时，需要行政机关配合的，行政机关应当积极配合，从而有效预防化解社会矛盾，维护社会和谐平安稳定。

各级人民政府及其工作部门要站在维护全市改革发展稳定大局的高度，切实增强责任感和紧迫感，不断推进和深化行政调解工作，共同努力使行政调解工作取得新实效、实现新突破，为全市经济社会发展创造和谐稳定的社会环境。

二〇一二年三月十六日

忻州市人民政府办公厅关于加强行政调解工作的实施意见

（2014 年 11 月 12 日　忻政办发〔2014〕154 号）

各县（市、区）人民政府，市直各有关单位：

为贯彻落实中共忻州市委《关于深入推进矛盾纠纷大调解工作的指导意见》（忻市发〔2014〕26 号），充分发挥行政调解对化解社会矛盾、维护社会和谐稳定的重要作用，结合实际，现就加强我市行政调解工作提出如下意见：

一、充分认识做好行政调解工作的重要性

行政调解是由行政机关主持或主导的，以法律、法规和政策规定为依据，主要以民事纠纷和行政争议为对象，通过说服劝导等方法，促使各方当事人平等协商、互谅互让、达成协议，消除矛盾的一种纠纷解决机制。各级行政机关要将行政调解作为社会矛盾纠纷调处的重要手段，充分利用行政调解工作优势，做好矛盾纠纷化解工作，从源头上预防和减少社会矛盾，为切实维护社会和谐稳定、促进我市经济社会又好又快发展发挥重要作用。

二、行政调解工作的范围、原则

行政调解的范围：行政机关（包括具有行政管理职权的组织）与公民、法人或者其他组织之间产生的行政争议；公民、法人或者其他组织之间产生的与行政管理有直接或间接关联的纠纷。

行政调解工作应当遵循以下原则：

（一）自愿原则。行政调解要充分尊重当事人意愿，不得强迫当事人接受调解方式或调解结果。

(二)合法原则。行政调解要符合法律、法规和国家政策,不得侵犯国家利益,不得侵犯公民、法人和其他组织的合法权益。

(三)平等原则。行政调解机关应当充分尊重行政管理相对人自愿、充分、真实地表达自己意愿和诉求的权利,公正、公平调处争议纠纷。行政机关作为当事一方时,与管理相对人在调解过程中地位平等。

(四)积极主动原则。行政机关应增强行政调解意识,主动排查、化解行政争议,探索研究化解行政争议的新机制,主动加强与人民调解、司法调解组织的沟通配合。

(五)注重效果原则,要追求“定纷止争、案结事了”的社会效果。

三、行政调解的重点领域

行政调解是国家行政机关依法对与其行政事务相关纠纷进行的调解,是矛盾纠纷大调解体系的重要组成部分。各级政府要牵头做好行政调解的相关工作,推动具有行政调解职责的行政部门建立调解组织,充分发挥行政调解的专业优势,努力把矛盾纠纷化解在本系统、本部门。要根据多类矛盾纠纷发生趋势,重点抓好征地拆迁、劳动争议、交通事故、村(矿)矛盾、医患纠纷、环境污染等方面的行政争议。

公安机关要加强道路交通管理部门的专业调解组织建设,充分运用调解方式解决纠纷。人社部门要加强劳动人事争议调解组织建设,特别是要加强劳动保障服务所(站)劳动争议调解组织建设,将调解重心向企业相对集中的村(社区)延伸。卫生计生部门要建立规范的医疗纠纷调解组织,加强对医患纠纷的化解和处理。国土资源部门要建立土地纠纷调解组织,及时调解涉及土地权属、征地补偿安置等引发的矛盾纠纷。住建部门要建立本领域矛盾纠纷调解组织,制定完善本部门行政调解的程序性规定,加强调解力量,重点调解因城市房屋拆迁、建筑施工等引发的矛盾纠纷。环保部门要建立环保纠纷调解组织,加强对环境污染矛盾纠纷的调处。工商行政管理部门要依据法律法规,对法人、个人合伙、个体工商户、农村承包经营户以及其他组织相互之间发生的、以实现一定经济目的为内容的合同争议进行行政调解。

四、坚持依法行政做好行政调解工作

坚持依法行政,是从源头上预防和减少行政争议的重要措施。各级行政机关要认真落实行政主体责任，充分运用调解的办法处理行政争议和与行政管理有关的民事纠纷，着力解决影响社会稳定的突出争议纠纷。根据有关法律、行政法规的规定，建立健全有关争议纠纷调解的具体工作程序，做到有规可依、有章可循。要充分发挥专业优势，采取灵活多样的方式方法，开展耐心、细致的说服疏导工作，促使各方当事人互谅互让，消除隔阂，引导当事人达成解决争议纠纷的协议。经行政机关调解的争议纠纷，达成协议的，行政机关应当制作调解书。当事人应当按照约定自觉履行行政调解协议，不得擅自变更或者解除。

各级行政机关对受理的涉及本部门行政事务的矛盾纠纷，实行首问责任制，确定专人依法依规进行调解。对不属于本部门调解范围的，报同级调解中心登记受理。对涉及多个部门的，由政府法制机构或者调解中心指定一个部门牵头调解。对跨地区的矛盾纠纷，由上一级调解中心负责组织调解。对调解不成的矛盾纠纷，要分别具体情况与诉讼调解、检察调解、公安调解、信访调解有机对接，或引导当事人运用行政复议、仲裁、诉讼等法律方式解决。

行政复议是解决行政争议的重要渠道。各级政府要加强行政复议工作，充分发挥行政复议在解决行政争议、化解矛盾、维护社会稳定中的重要作用。各级政府及其部门在行政复议案件办理过程中，要根据《中华人民共和国行政复议法实施条例》规定的调解原则、范围，优先适用调解方式解决行政争议。对于行政机关行使自由裁量权作出的具体行政行为引发的行政复议案件，要积极促成申请人与被申请人在复议决定作出前自愿和解，力争把行政争议化解在行政复议程序中。

五、行政调解工作的职责分工和协调配合

行政调解工作实行“属地管理、分级负责”、“谁主管、谁负责”，努力将各类矛盾纠纷及时就地化解。一般性矛盾纠纷，由村（社区）、企事业单位等调解组织首先介入调处，调处不成时，逐级移交流转至乡镇（街道）、县（市、区）调解中心调解。

政府法制部门要加强对行政调解工作的指导、督促、协调。加大对行政调解工作的督办力度，加强行政调解人员的法律知识和调解技能培训，提高行政调解人员的业务水平。

政府各部门要切实发挥行政调解的主体作用。要把政治思想好、业务能力强、有较高法律素质的干部充实到行政调解队伍，建立调解员信息库，公布调解人员名单，并加强管理培训，不断提高调解员的综合素质和业务能力。确保行政调解工作的规范进行，并定期向本级人民政府法制部门和上级主管部门汇总上报本单位行政调解工作情况。

政府各部门在行政调解工作中，既要各司其职，又要密切配合。积极建立健全诉调对接、检调对接、公调对接、访调对接的协调配合机制、信息沟通机制和效力衔接机制，优化、整合调解资源。

各县（市、区）和市直各部门要站在维护我市改革发展稳定大局的高度，切实增强责任感和紧迫感，不断推进和深化行政调解工作，共同努力使行政调解工作取得新实效、实现新突破，为促进我市经济社会发展创造和谐稳定的社会环境。

忻州市人民政府办公厅

2014年11月12日

吕梁市人民政府办公厅关于加强行政调解工作的实施意见

（2012年6月26日　吕政办发〔2012〕66号）

各县（市、区）人民政府，市人民政府各委、办、局，市直企、事业单位：

为深入贯彻落实《中共中央办公厅国务院办公厅关于预防和化解行政争议健全行政争议解决机制的意见》（中办发〔2006〕27号）、《国务院关于加强法治政府建设的意见》（国发〔2010〕33号）和市委、市政府《关于开展"大排查、大接访、大化解"活动的实施方案》（吕发〔2010〕4号）精神，充分发挥行政调解对化解社会矛盾、维护社会和谐稳定的重要作用，结合我市实际，现就进、步加强行政调解工作提出以下实施意见。

一、充分认识做好行政调解工作的重要性

行政调解是由行政机关主持或主导的，以法律、法规和政策规定为依据，主要以民事纠纷和行政争议为对象，通过说服劝导等方法，促使各方当事人平等协商、互谅互让、达成协议，消除矛盾的一种纠纷解决机制。当前，我市正处于转型发展的"黄金期",也是人民内部矛盾的凸显期。社会利益和群众需求呈现多元化趋势。社会矛盾化解工作也面临着许多新情况、新问题。各行政机关要将行政调解作为重要的社会矛盾调处手段,充分利用行政调解工作优势,运用调解的办法做好矛盾纠纷化解工作,从源头上预防和减少社会矛盾,为切实维护社会和谐稳定,促进经济转型跨越发展发挥重要作用。

二、行政调解工作的指导思想、基本原则和工作重点

(一)指导思想。

深入贯彻落实科学发展观,以化解社会矛盾纠纷、维护社会和谐稳定为目标,坚持"预防为主、调解优先、积极主动、分工协作"的工作方针,进一步健全行政调解工作机制,创新行政调解工作方法,规范行政调解工作程序,构建行政调解与人民调解、司法调解等相衔接的大调解联动平台,充分发挥行政机关在化解矛盾纠纷中的重要作用,努力为实现市委"打基础、利长远、惠民生"目标任务创造和谐、稳定、有序的社会环境。

(二)基本原则。

1. 属地管理原则。各级行政机关对发生在本地区、本部门的矛盾纠纷要按照"属地管理、分级负责"、"谁主管、谁负责"的原则和要求,落实目标责任,积极履行职责,充分运用行政调解手段努力实现矛盾纠纷化解在基层、化解在初发阶段、化解在行政程序中。

2. 自愿平等原则。开展行政调解工作应以当事人官愿为前提,行政机关不得采取欺骗、威胁等不正当手段强迫当事人接受调解方式或调解结果。行政机关作为一方当事人时,与行政相对人的地位平等。

3. 调解优先原则。要立足预警和疏导,对矛盾纠纷做到早排查、早发现、早调解。要树立调解优先的意识,能调尽调,当调则调,把调解贯穿于处理矛盾纠纷的全过程。

4. 合法合理原则。开展行政调解工作不得损害国家利益、公共利益和他人合法权益,不得违背法律精神和公序良俗。要注重法理、事理、情理的有机结合,调解结果要体现公平正义,合理兼顾各方当事人的合法权益。

5. 注重效果原则。开展行政调解工作要结合各类矛盾纠纷的情况和特点,讲究调解艺术和调解方法,寻求妥善解决的有效途径,以达到定纷止争、案结事了的目的。

6. 调处结合原则。对不宜调解或调解不成的矛盾纠纷,行政机关应当依法履职,及时作出处理,不得久调不决或者久拖不结。

(三)工作重点。

一是行政机关或者法律法规授权的具有管理公共事务职能的组织,与公民、法人或者其他组织之间产生的法律法规规定可以调解的行政争议。二是公民、法人或者其他组织之间产生的与行政管理有直接或间接关联的民事纠纷。三是按上级要求或者视情况有必要开展行政调解的其他纠纷。

三、充分运用行政调解方法解决行政争议和民事纠纷

(一)努力把行政争议化解在行政程序中。

各级行政机关要切实做到行政调解与依法履职相结合,积极主动地开展行政调解工作,努力把争议化解在行政程序中。在调解时,要找准争议纠纷的焦点和各方利益的平衡点,充分发挥专业优势,采取灵活多样的方式,注重法、理、情的有机统一,开展耐心、细致的说服劝导工作,促成各方当事人互谅互让,达成调解协议。

具有行政复议职权的行政机关对符合行政复议受理条件的行政争议,要依法受理行政复议申请,根据《中华人民共和国行政复议法实施条例》规定的调解原则、范围,在不损害国家利益、公共利益和他人合法权益的前提下,按照调解优先原则解决行政争议。在行政复议决定作出之前,要深入了解各方诉求,找准争议焦点,向当事人宣传有关法律法规和政策,摆事实、讲道理,耐心细致地做好当事人的思想工作,为各方当事人自愿调解、达成协议创造条件。经调解,各方当事人达成和解协议的,行政机关应当做好和解协议内容记录;各方当事人达成调解协议的,应当制作行政复议调解书。在行政复议过程中,各行政机关要积极配合政府法制机构做好行政复议调解、和解工作,及时履行行政复议调解、和解协议,切实做到"定纷止争、案结事了"。

(二)切实做好民事纠纷的调解工作。

对依法应当由行政机关裁决、调处的民事纠纷,行政机关要优先适用调解,向当事人耐心宣传有关法律法规,说服和劝导当事人在平等协商、互谅互让的基础上解决纠纷,努力促成各方当事人达成协议。通过调解,各方当事人能够达成协议的,行政机关应当制作行政调解文书;不能达成协议的,行政机关应当在法定期限内依法作出裁决,并及时告知当事人救济权利和途径。

（三）积极配合法院开展行政诉前和诉中协调工作。

行政诉讼案件较多的行政机关，要积极配合人民法院做好行政案件诉前、诉中的协调工作。行政机关对人民法院在行政诉讼立案阶段提出的协调意见，应当认真对待、积极履行；对人民法院指出的执法问题，应当立即核实、主动改正、消除负面影响；对因行政行为被诉可能引发重大矛盾纠纷的，应当立即将有关情况向主管领导汇报。政府法制机构要发挥好对涉诉行政争议化解工作的统筹协调作用，做好涉诉行政争议化解工作。

四、建立健全行政调解工作机制

积极建立由市政府总负责、市政府法制办牵头、各职能部门为主体的行政调解工作体制。在市政府领导下，由市政府法制办会同司法、宣传、公安、编办、信访、财政、人社、国土、住建、农业、卫生、民政、国资等部门建立工作协调机制，共同研究部署本市行政调解工作的总体安排，统筹协调跨县市、跨部门重大矛盾纠纷的行政调解工作，监督考核各行政机关开展行政调解工作情况。市政府法制办承担全市行政调解工作有关事项的统筹协调、信息交流、联络及督查考核等日常工作。政府各部门应当明确行政调解工作的主管领导，在部门内部指定专门科室承担行政调解工作。特别是涉及矛盾纠纷较多的部门应当成立行政调解委员会，建立健全调解工作机制。

（一）建立行政调解信息分析上报制度。

各行政机关要加强行政调解的信息分析上报工作，及时通报本行政机玉关开展行政调解工作情况，及时发现并研究带有倾向性和普遍性的问题。对涉及人数较多、社会影响大、可能影响社会稳定的问题，要及时摸清情况，提出对策建议，并及时与市政府法制办沟通，同时应当向同级党委、政府报告。市政府法制办应当定期对信息报送情况进行汇总、分析和通报。

（二）健全规范行政调解工作制度。

政府各部门在行政调解工作中，既要各司其职，又要密切配合。对法律关系单一、一个职能部门能够解决的争议纠纷，由该职能部门负责解决；对涉及多个部门职责的争议纠纷，由最初受理的部门或涉及主要管理工作的部门牵头，相关部门参与协调解决；对法律关系复杂的重大、疑难争议纠纷，最初受理的部门应主动告知同级政府法制机构，由政府法制机构牵头，组织有关部门协调解决。各行政机关要根据有关法律、法规规定，结合实际，制定具体的工作细则或规程，全面规范行政调解工作程序,做到有章可循、有规可依,确保行政调解工作合法、规范、有序。

(三)建立行政调解工作考评机制。

各级政府及其部门要认真落实行政调解工作责任制,对工作成绩突出的部门和个人要给予表彰奖励;对组织领导不力、工作不落实、责任不到位,导致争议纠纷突出的地区和部门,要进行通报批评并限期整改;对工作敷衍塞责、无故推诿和拖延而导致发生严重影响社会稳定的案件,要实行责任倒查,按照有关规定,追究有关领导和相关人员的责任。

(四)建立行政调解与人民调解、司法调解的衔接机制。

各行政机关要主动加强行政调解与人民调解、司法调解的衔接配合,建立调解情况通报交流制度,充分发挥各自职能,妥善化解各类纠纷,实现"三大调解"优势互补。行政机关对于调解不成的重大矛盾纠纷,应当及时告知、引导当事人通过诉讼渠道解决。对于进入诉讼程序的行政争议,在诉前已经做过行政调解工作的,行政机关应当将行政调解的有关情况告知人民法院。

(五)建立行政调解经费保障机制。

财政部门要按照现行事权、财权划分原则,在分清渠道、分级负担的前提下,根据行政机关预算管理有关要求,将宣传、培训、指导、聘用专职行政调解工作人员、调解员工作补贴等调解工作经费纳入本级财政年度预算,健全行政调解经费拨付制度。

(六)建立行政调解宣传长效机制。

各行政机关要加强行政调解的宣传工作,及时总结开展行政调解工作的成功经验和先进典型,并做好宣传工作。要充分利用广播、电视、报刊、网络等新闻媒体,开展各种形式的宣传教育,积极引导广大人民群众了解行政调解、支持并选择行政调解解决矛盾纠纷。

(七)加强行政调解队伍建设。

各行政机关要结合本职工作建立一支专、兼职的调解员队伍。一是把政治思想好、业务能力强、有较高法律素质、善于做群众工作的干部充实到行政调解队伍中去。二是根据需要可以邀请有关单位、具有相关专业知识和调解经验的专业人才加入行政调解或调解员队伍中。三是要结合调解工作实际,充分利用司法、行政、专家学者等各种资源,通过举办培训班等,有计划地开展培训工作,提高行政调解工作人员政治、业务素质，不断提升行政调解工作水平。

各级各部门要切实增强责任感和紧迫感，进一步转变行政管理方式，强化行政调解意识，推进行政调解工作，努力使行政调解工作取得新实效、实现新突破，共同营造全市良好氛围。

吕梁市人民政府办公厅

二〇一二年六月二十六日

晋中市人民政府办公厅关于进一步推进行政调解工作的意见

（2014年7月25日　市政办发〔2014〕53号）

各县(区、市)人民政府，开发区管委会，市直有关单位：

行政调解工作是新时期党和政府为人民服务、联系群众、维护群众切身利益的新纽带，是化解行政争议、维护社会和谐稳定的新机制，是创建法治政府的新措施。进一步加强和推进行政调解工作，及时化解行政争议，是当面面临的新形势和新任务。为进一步推进行政调解工作，现提出以下意见，请认真贯彻落实。

一、充分发挥行政调解在化解行政争议中的作用

化解行政争议应坚持预防和化解并用、排查和调处并行的方法。

一是建立健全行政争议排查机制，实现排查工作常态化。坚持“抓早、抓小、抓苗头”原则，通过深入细致的排查工作，全面准确掌握本地区、本部门、本系统实际存在和可能发生的行政争议。

二是及时妥善化解行政争议。对排查出来的行政争议，应认真制订调解方案，及时妥善化解，努力把争议消灭在萌芽状态，有效防止行政争议转化为群体性事件。

三是对群众反映强烈的问题，尤其是涉及土地征用、房屋征收、移民安置、资源开发、医疗事故、交通事故、企业改制、社会保障等民生问题应超前谋划、主动作为。

四是对重大复杂的疑难争议要协调联动,共同化解。

五是始终坚持公平、公正原则,准确把握行政调解的性质、任务、争议受理范围、调解原则、调解程序、工作纪律、当事人权利义务,遵循依法调解、平等自愿、尊重当事人诉讼权利原则,维护当事人合法权益。

六是积极开展行政争议信息报告分析工作,充分发挥行政调解工作了解民意、反映群众诉求、服务领导决策的作用。创新行政调解工作机制,建立行政机关内部"接待人员调解、责任部门调解、分管领导调解"的三级调解机制。把行政调解与创建法治政府相结合,与人民调解、司法调解相结合,充分发挥"大调解"体系的整体功能,形成化解行政争议的合力,共同解决涉及多个部门(系统)的行政争议和涉稳隐患,实现信息互通、资源共享,确保重大的争议稳妥化解。

二、大力推进行政调解队伍建设

加紧建立行政调解员队伍。市公安、人社、国土、环保、住建、卫生、工商等行政调解任务重的部门应设立行政调解室。各县(区、市)要比照市直有关部门建立行政调解员队伍,并配备必要的人力、物力。

提高行政调解员职业化和专业化水平。加大对行政调解员的教育培训工作,按照"分级负责、条块结合,以块为主、重在实效"的原则,围绕行政调解员应当具有的基本知识、基本素质和基本能力有计划地开展培训,逐步使行政调解员达到"四懂"(懂方针政策、懂法律法规、懂业务知识、懂调解技巧)、"四会"(会预防、会调查、会调解、会制作调解文书)。

三、进一步加强行政调解工作制度建设

积极推动行政调解工作规范化建设。要细化行政调解流程,规范案件登记、立案受理、调解程序、调解规则、文书格式、案卷归档等工作,公开行政调解员姓名、行政调解守则、行政调解范围和行政调解电话等事项。要建立健全岗位责任、重大争议讨论、争议排查、案件回访、档案管理、登记统计、信息报送等工作制度。切实维护行政调解的信誉,不断提高行政调解的质量和公信力。

高度重视对行政调解工作的指导。行政调解工作既要充分保护群众的合法权益,又要坚持依法行政,维护国家利益、公共利益和社会秩序;既要能调尽调,又要坚持自愿;要加强对多发性行政争议问题的调查研究,提出针对性的指导意见;对行政调解工作进行定期通报,促进行政调解工作均衡开展;注意收集行政调解典型案例,不断总结、提高行政调解经验;要积极开展行政调解理论研究,把握新形势下行政调解工作的规律和特点,形成有指导意义的研究成果,用科学理论指导行政调解。

四、落实行政调解工作责任制

行政调解工作,各县(区、市)实行行政首长负责制,市直部门实行一把手负责制,第一责任人要主动听取行政调解工作情况汇报,亲自研究部署重要事项,亲自协调解决困难问题,亲自调处重大疑难争议,发挥协调各方的领导作用。对组织领导不力,调解工作不落实,导致矛盾纠纷突出的要通报批评和限期整改;对发生严重影响社会稳定重大案件和事件的要实行责任倒查,严格依照有关规定追究领导和相关人员的责任。

晋中市人民政府办公厅

2014 年 7 月 25 日

山西省晋城市人民政府办公厅关于印发《晋城市行政复议调解办法》的通知

(2009 年 5 月 31 日　晋市政办〔2009〕64 号)

各县(市、区)人民政府,市直及驻市各有关单位:

《晋城市行政复议调解办法》已经市人民政府同意,现印发给你们,请遵照执行。

晋城市人民政府办公厅

二〇〇九年五月三十一日

晋城市行政复议调解办法

第一条　为进一步发挥行政复议制度在解决行政争议、建设法治政府、构建和谐社会中的作用,监督和推进各级行政机关依法行政,保障公民、法人和其他组织的合法权益,根据《中华人民共和国行政复议法实施条例》及有关规定,制定本办法。

第二条 本办法所称行政复议调解,是指行政复议机关审理行政复议案件时,在查明事实、分清是非的基础上,以协调和解的方式,引导行政复议案件当事人互谅互让达成协议,从而实现定纷止争、案结事了的行政复议案件办理程序。

第三条 本办法适用于全市各级行政复议机关办理行政复议案件调解工作。

第四条 行政复议调解应当遵循自愿、合法、平等、调解与决定相结合的原则。

第五条 行政复议调解以当事人自愿为前提,从表达调解愿望、开始调解、提出调解方案到调解结束,行政复议机关应当充分尊重当事人意愿。

第六条 行政复议调解不得违背法律原则、法律精神和法律规定,不得损害国家利益、公共利益和他人合法权益。

第七条 行政复议案件当事人在行政复议调解过程中应当平等协商沟通。行政复议机关组织行政复议调解应当做到公平、公正、合理。

第八条 行政复议案件当事人不愿意调解、调解未达成协议或调解书生效前一方反悔的,行政复议机关应当及时作出行政复议决定。

第九条 有下列情形之一的,行政复议机关可以调解:

(一)公民、法人或者其他组织对行政机关行使法律、法规规定的自由裁量权作出的具体行政行为不服申请行政复议的;

(二)当事人之间的行政赔偿或者行政补偿纠纷;

(三)其他可以调解的案件。

第十条 行政复议调解在行政复议机关主持下进行。被申请人应当指派主要负责人或授权代理人参加,申请人与第三人可以委托代理人参加。

第十一条 行政复议机关主持行政复议调解,按照下列程序进行:

(一)查明行政复议案件事实;

(二)征求行政复议当事人是否同意调解的意见;

(三)组织协调沟通,达成调解协议;

(四)审查调解协议内容;

(五)制作行政复议调解书。

第十二条 行政复议机关应当结合不同案情,探索建立针对性强、灵活多样的调解机制。

第十三条 行政复议案件当事人经调解达成协议的,行政复议机关应当制作行政复议调解书,载明行政复议请求、事实、理由和调解结果,并加盖行政复议机关印章。

第十四条 行政复议调解书自双方当事人签字或盖章之日起生效。

行政复议调解书送达当事人,行政复议机关留存备案。

第十五条 行政复议调解书签订后,申请人应当撤回行政复议申请,行政复议机关据此作出行政复议终止决定。

第十六条 行政复议调解书生效后当事人应当自觉履行,行政复议机关应当督促履行。

第十七条 本办法由晋城市人民政府法制办公室负责解释。

第十八条 本办法自2009年7月1日起施行。

·吉林省·

吉林省人民政府办公厅关于印发吉林省价格争议调解处理办法的通知

（2014年1月20日 吉政办发〔2014〕5号）

各市（州）人民政府，长白山管委会，各县（市）人民政府，省政府各厅委办、各直属机构：

《吉林省价格争议调解处理办法》已经省政府同意，现予印发，请认真组织实施。

吉林省人民政府办公厅

2014年1月20日

吉林省价格争议调解处理办法

第一条 为促进价格主管部门积极履行价格争议调解处理职能，规范价格争议调解处理行为，及时化解价格矛盾纠纷，维护当事人的合法权益，促进社会和谐稳定，依据《中华人民共和国价格法》、《中华人民共和国价格管理条例》等法律、法规及有关规定，制定本办法。

第二条 本省行政区域内，县级以上政府价格主管部门调解处理价格争议，适用本办法。

第三条 本办法所称价格争议调解处理，是指县级以上政府价格主管部门根据当事人的申请，依法对公民、法人及其他组织之间的价格矛盾、价格纠纷等进行行政调解处理的行为。

第四条 省政府价格主管部门负责全省价格争议调解处理及监督管理工作。市（州）、县（市、区）政府价格主管部门负责本行政区域内的价格争议调解处理工作。

第五条 县级以上政府价格主管部门设立的价格认证机构,是价格争议调解处理机构。

省政府价格主管部门设立的价格认证机构,具体承担全省价格争议调解处理及业务指导工作。市(州)、县(市、区)政府价格主管部门设立的价格认证机构,承担本行政区域内价格争议调解处理具体工作。

第六条 价格争议调解处理遵循依法、公平、公正、自愿的原则。

第七条 申请价格争议调解处理,应当符合下列条件:

(一)申请人与价格争议事项有直接利害关系;

(二)有明确的被申请人;

(三)有具体的价格争议调解请求、理由及事实依据;

(四)有关当事人对争议事项的价格或者财产损失存在争议;

(五)当事双方均同意接受调解处理。

第八条 下列情况不属于价格争议调解处理范围:

(一)属政府定价、政府指导价范围的;

(二)涉嫌价格违法,依法应当立案查处的;

(三)价格争议及其相关事项已提起诉讼、仲裁或者行政复议且已被依法受理的,或者已经向价格主管部门投诉举报且已被受理的;

(四)通过非法渠道购买商品或者接受服务的;

(五)对违禁品及国家明令禁止生产、流通及销售的物品所产生的价格争议;

(六)其他不宜作为价格争议调解处理的情形。

第九条 申请价格争议调解处理,当事人应当向价格主管部门设立的价格认证机构提交《价格争议调解处理申请书》(以下简称《申请书》)和有关证据材料,并保证其真实性。《申请书》应当载明下列内容:

(一)双方当事人的姓名(名称)、法定代表人姓名和相应身份证明及通讯地址、联系电话;

(二)价格争议事实、请求及理由;

(三)有关证据,如消费商品或者接受服务的票据、凭证、协议及其他相关证据材料;

(四)价格争议调解要求提供的其他材料。

第十条 当事人可以委托代理人代为申请和参与价格争议调解处理。受委托的代理人应当提交由委托人签名或盖章的《价格争议调解处理授权委托书》,载明代理人姓名、性别、年龄、住所地、工作单位、联系方式、委托期限和代理权限。

第十一条 价格争议调解处理机构收到《申请书》后,应根据本办法有关规定,对申请人提交的价格争议调解处理申请材料进行审核。对于符合价格争议调解处理条件的申请,价格争议调解处理机构应在接到《申请书》后的5个工作日内,将《受理价格争议调解处理通知书》(以下简称《通知书》)发送有关当事人。

第十二条 有下列情形之一的,调解申请不予受理,同时书面通知申请人并说明理由:

(一)不符合本办法第七条价格争议调解处理申请条件的;

(二)属于本办法第八条所列范围的事项;

(三)不能提供本办法第九条、第十条所要求的价格争议调解处理所必需材料的;

(四)其他无法受理的情形。

第十三条 被申请人收到《通知书》后,应在7日内向价格争议调解处理机构提交《价格争议调解答辩书》(以下简称《答辩书》),价格争议调解处理机构应将《答辩书》副本送达申请人。

《答辩书》应当载明被申请人自然状况、主要争议事实、对价格争议的意见和主张、价格争议的理由和依据等内容。被申请人未在要求期限内提交《答辩书》的,视为不接受价格争议调解处理。

第十四条 被申请人接受价格争议调解且在要求期限内提交《答辩书》的,价格争议调解处理机构应以书面或者其他适当方式提前通知有关当事人举行调解的时间和地点。

第十五条 价格争议调解处理由价格争议调解处理机构指定2~3名调解员进行,调解员由价格认证机构专业人员担任,对专业性较强的价格争议调解,可以聘请其他相关专业人员参加。

第十六条 调解员有下列情形之一的,应予回避:

(一)是价格争议事项当事人或者当事人、代理人的近亲属;

(二)与价格争议事项有利害关系;

（三）与价格争议事项当事人、代理人有其他关系，可能影响公正调解的。调解员的回避，由价格争议调解处理机构负责人决定。价格争议调解处理机构负责人的回避，由政府价格主管部门决定。

第十七条 当事人有权提出调解员回避申请。当事人提出回避申请的，应当说明理由，并在调解前提出。

第十八条 价格争议调解处理机构调解价格争议，应当符合法律、法规及价格政策规定，充分尊重当事人的真实意愿。调解过程中应听取有关当事人的陈述，调查、核实相关情况，主动向有关当事人阐明价格法律、法规、规章和政策。

第十九条 参加价格争议调解的有关当事人均有举证责任，并对举证事实负责。因申请人、被申请人提供材料不真实导致不良后果的，价格争议调解处理机构不承担相关责任。

第二十条 价格争议标的物涉及质量、技术等专业检测和价格鉴定评估的，由双方当事人约定或者价格争议调解处理机构建议的法定或专门机构进行，并将其分析、检测、鉴定及评估的结论作为证据，提交价格争议调解处理机构。

第二十一条 价格争议调解处理过程中，价格争议调解处理机构如发现当事人存在价格违法行为的，应当停止调解处理。

第二十二条 价格争议调解处理过程中，申请人自愿撤回申请或者提出终止调解的，价格争议调解处理机构应当作结案处理。口头撤回申请的，应记录在案，由申请人签字或者盖章确认。

第二十三条 经调解，有关当事人自愿达成调解协议的，由双方当事人在《价格争议调解处理协议书》（以下简称《协议书》）上共同签字，并经价格争议调解处理机构盖章确认。《协议书》应交有关当事人各持一份，价格争议调解处理机构留存一份。当事双方应当自觉履行调解协议书的内容。

第二十四条 有下列情形之一的，价格争议调解终止：

（一）因当事人原因，价格争议调解到期未能结案的；

（二）申请人或被申请人不配合调解员调解工作的；

（三）调解过程中因一方提起诉讼或双方同意申请仲裁的；

（四）调解过程中出现无法继续调解的其他情形的。

第二十五条 调解终止或经调解当事人未能达成一致意愿的，价格争议调解处理机构可以提出价格争议处理意见，指导争议双方解决争议，并告知当事人有权就价格争议事项向人民法院依法提起诉讼。

第二十六条 调解达成协议后，一方不履行协议，另一方当事人可依法向人民法院提起民事诉讼。

第二十七条 价格争议调解处理应在受理之日起30个工作日内结束。因情况复杂，在规定时间内不能终结的，经价格争议调解处理机构负责人批准，可以适当延长，但最长不超过60个工作日。

第二十八条 价格争议调解处理机构不得向当事人收取调解费用。聘请其他相关专业人员参加调解以及对价格争议标的物进行质量、技术等专业检测和价格鉴定评估所产生的费用由当事人承担。

第二十九条 调解结束后，调解员应将调解处理过程中的有关资料进行整理，由价格争议调解处理机构存档。

第三十条 价格争议调解处理申请书、受理通知书等文书格式，由吉林省物价局统一制订。

第三十一条 本办法由吉林省物价局负责解释。

第三十二条 本办法自发布之日起施行。

吉林省人民政府法制办公室关于印发《吉林省人民政府法制办公室关于加强行政调解工作的指导意见》的通知

（2016年1月14日 吉府法发〔2016〕6号）

各市（州）人民政府，长白山管委会，各县（市/区）人民政府，省政府各厅委办、各直属机构：

《吉林省人民政府法制办公室关于加强行政调解工作的指导意见》已经省政府同意，现印发给你们，请认真贯彻执行。

吉林省人民政府法制办公室

2016年1月14日

吉林省人民政府法制办公室
关于加强行政调解工作的指导意见

为有效预防和化解矛盾纠纷,切实维护社会和谐稳定,充分发挥行政调解在"大调解"工作体系中的重要作用,促进我省经济发展和社会和谐稳定,根据《中共中央关于全面推进依法治国若干重大问题的决定》和《中共吉林省委关于贯彻落实党的十八届四中全会精神全面推进依法治省的实施意见》等文件精神,经省政府同意,现就加强行政调解工作提出如下意见:

一、充分认识加强行政调解工作的重要意义

行政调解是指行政机关和法律、法规授权的具有管理公共事务职能的组织依据法律、法规、规章和有关规定居中调解民事纠纷,促使争议各方平等协商、化解矛盾的活动。做好行政调解工作,是密切党和政府与人民群众联系、增进社会和谐的重要途径,是加强和创新社会管理、加快建设法治政府的迫切需要。当前,我省正处于全面深化改革和东北老工业基地振兴的关键时期,经济社会各个领域的改革进入攻坚阶段,社会结构和利益格局深刻调整,社会矛盾化解面临许多新情况、新问题,必须进一步加强和改进行政调解工作,充分发挥行政调解的优势,积极运用行政调解,有效化解矛盾、解决争议。各地、各部门要着眼于改革发展稳定全局,充分认识新时期加强行政调解工作的重要性和紧迫性,切实把这项工作摆上重要位置,进一步加大力度、提升水平,促进行政调解工作更好地为经济社会发展服务。

二、行政调解的范围、原则和程序

(一)行政调解的范围。

1. 对下列民事纠纷,行政机关可以进行调解:

(1)法律、法规、规章规定由行政机关调解的民事纠纷;

(2)法律、法规规定由行政机关作出处理的民事纠纷;

(3)法律、法规规定由行政机关裁决的民事纠纷。

2. 对下列民事纠纷,行政机关不予调解:

(1)人民法院已经受理或者作出判决、裁定的;

(2)仲裁机构已经受理或者作出裁决的;

（3）其他行政机关、调解组织已经受理的。

（二）行政调解的基本原则。

1. 自愿平等原则。尊重当事人意愿，各方当事人地位平等，不得强迫当事人接受调解或者达成调解协议。

2. 合法正当原则。依据法律、法规、规章和国家政策规定进行，体现公平合理，不得损害国家利益、社会公共利益和他人的合法权益。

3. 公平公正原则。行政机关调解民事纠纷应当保持中立，平等对待各方当事人。

4. 及时高效原则。行政机关应当及时、高效地调解民事纠纷，对经调解达不成协议的，行政机关应当告知当事人通过诉讼、仲裁等途径解决纠纷。

（三）行政调解的程序。

行政调解程序可分为简易程序和一般程序。其中，简易程序运用于案情简单、调解结果能够即时履行的争议纠纷，尽可能减少当事人的程序性负担；一般程序运用于案情复杂、当场不能解决的争议纠纷。一般程序通常包括以下几个步骤：

1. 申请。当事人应当以书面形式申请调解，行政机关同意的，也可口头申请。书面申请的，申请书应当包括申请人和其他当事人的基本情况、申请调解的事项、请求和理由。口头申请的，行政机关应当记录申请人和其他当事人的基本情况、申请调解的事项、理由、时间等，并由申请人签名确认。

2. 管辖。法律、法规对调解民事纠纷的行政机关有明确规定的，依照其规定；没有明确规定的，由对民事纠纷负有法定处理职责的行政机关调解。两个以上行政机关对同一民事纠纷都有管辖权的，由先收到调解申请的行政机关受理。不同行政机关之间因同一民事纠纷调解的管辖权产生争议，由争议双方协商解决；协商解决不了的，由其共同的上一级行政机关指定管辖。

3. 受理。民事纠纷当事人共同向行政机关申请调解，经审查符合规定的，行政机关应当场受理，当场调解；不具备当场调解条件的，应当告知当事人调解的时间、地点、调解人员等事项。民事纠纷当事人一方向行政机关申请调解，审查符合规定并且对方当事人同意调解的，除法律、法规、规章对受理时间另有规定的外，行政机关应当在当事人申请之日起 5 日内受理。受理后，行政机关应当告知当事人调解的时间、地点、调解人员等事项。

对不予受理的,行政机关应当向当事人说明理由;对不属于本行政机关调解范围的,应当告知当事人向有管辖权的行政机关申请调解。

4. 调解。行政机关受理行政调解后,应及时告知当事人依法享有的权利和义务、遵循的程序及相关事项。调解过程中,要充分听取各方当事人的陈述、申辩和质证,分析并归纳各方争议的焦点,依据法律、法规、规章及有关规定,对当事人进行说服、劝导,引导争议各方达成谅解。涉及重大、复杂以及社会影响较大的争议纠纷,行政机关应当制作调解笔录,全面客观记载调解的过程和内容。对争议纠纷基本事实有异议的,行政机关可采取听证、现场调查等方式调查取证。行政机关调解民事纠纷,应当自行政机关受理之日或者双方当事人同意调解之日起 30 日内结束;情况复杂或者有其他特殊情形的,经当事人同意,可以适当延长。

经调解无法达成协议或者当事人要求终止调解的,行政机关应当终止调解,并告知当事人可以通过诉讼、仲裁等途径解决民事纠纷。

5. 行政调解书的制作。行政调解达成协议的,行政调解机关应当制作行政调解书,行政调解书应当载明当事人的基本情况、纠纷的事实和理由、当事人达成的调解协议内容和其他事项。由当事人、调解主持人签名并加盖行政调解机关印章。

三、加强行政调解工作体制建设

县级以上人民政府要加快建立政府负总责、政府法制机构牵头、各职能部门为主体的行政调解工作体制,确保行政调解职责全面落实。具体按照以下职责分工做好行政调解工作:

(一)各级政府对行政调解工作负总责。各级政府要高度重视行政调解工作,按照"属地管理、分级负责"的原则,落实目标责任制。县级以上人民政府要建立行政调解联席会议制度,联席会议由政府分管领导为总召集人,政府法制部门主要负责人为召集人,有行政调解职能部门的分管负责人为成员,定期召开会议,研究解决行政调解工作涉及的重大问题,听取相关部门情况汇报,分析上报本地区行政调解工作情况。行政调解联席会议日常工作由政府法制部门承担。

乡(镇)人民政府、街道办事处应当加强基层行政调解工作,建立行政调解专兼职工作人员队伍,配合有关行政主管部门开展行政调解工作,对辖区内的矛盾纠纷进行认真梳理,仔细排查,及时了解群众诉求,做好防范措施。

(二)各级政府法制机构要切实发挥牵头作用。政府法制机构要切实发挥牵头作用,加强对行政调解工作的指导、督促和协调。主要职责是:研究制订完善有关工作制度;指导和组织调处法律关系复杂、重大疑难或者本级政府交办的争议纠纷;推动与人民调解、司法调解等矛盾纠纷化解机制的衔接配合;组织做好行政调解工作宣传和对行政调解人员的业务培训,建立行政调解人员信息库。

(三)政府各职能部门要切实发挥行政调解的主体作用。政府各职能部门主要领导是本机关行政调解工作的第一责任人。各职能部门要确定分管负责人和工作机构具体承担行政调解工作,充实行政调解人员,建立调解员信息库;根据部门和行业的特点,成立行政调解委员会,建立健全行政调解相关制度,并加强行政调解人员管理培训;行政调解任务较重或者有条件的职能部门要设立行政调解室。

四、建立健全行政调解工作机制

(一)统计报告制度。政府各职能部门要定期统计、分析本部门行政调解工作情况,并向本级政府法制机构和上级主管部门报送。政府法制机构要定期统计、分析本行政区域行政调解工作情况,并向本级政府报告。

(二)考核评估制度。各级行政机关对发生在本地区、本部门的重大争议纠纷,要及时跟踪调解进展情况,全面评估调解效果。各级人民政府要把下级人民政府和本级人民政府工作部门行政调解工作情况,作为年度依法行政考核的重要内容,细化考核指标,明确分值权重,完善激励惩处机制,对行政调解工作成绩突出的单位和人员予以表彰,对行政调解工作落实不力而导致矛盾激化、造成严重后果的,要严肃追究相关领导和人员的责任。

(三)公开运行制度。认真贯彻《政府信息公开条例》,采取多种形式向社会公开行政调解工作制度、依据、范围、原则、流程和行政调解人员名单及其行为规范,方便群众了解相关信息,接受社会监督。

(四)宣传和信息报送制度。各级行政机关要加大行政调解工作宣传力度,开展多种形式的宣传教育活动,使广大人民群众了解和支持行政调解工作,主动选择行政调解方式解决矛盾纠纷。重视和加强行政调解信息报送工作,明确专人负责行政调解工作信息的收集、整理、分析、汇总和报送,对重要、典型的行政调解工作信息,要采取专报形式及时上报。

(五)行政调解与人民调解、司法调解有效衔接机制。各级行政机关要按照

“整合资源、整体联动”的要求，建立行政调解与人民调解、司法调解衔接配合、相互融合的工作机制，积极推动信息互通、工作联动、矛盾联调、优势互补，形成矛盾纠纷化解的合力。

长春市人民政府关于加强行政调解工作的意见

（2012年9月19日　长府发〔2012〕12号）

各县（市）、区人民政府，市政府各委办局、各直属机构：

为加强和规范行政调解工作，充分发挥行政调解化解社会矛盾、维护社会和谐稳定的作用，依据国务院《关于加强法治政府建设的意见》（国发〔2010〕33号）等文件精神，结合我市实际，现提出如下意见。

一、充分认识行政调解工作的重要意义

行政调解是由行政机关主持或主导，以法律、法规和政策规定为依据，以行政争议和民事纠纷为对象，在查清事实和厘清责任的基础上，通过说服、劝导等方法，促使各方当事人平等协商、互谅互让、达成协议、化解矛盾的一种纠纷解决机制。开展行政调解工作是行政机关的重要职责，是依法化解社会矛盾纠纷的重要手段，是促进经济社会发展和维护和谐稳定的重要保障。全市各级行政机关要紧紧围绕预防和化解社会矛盾纠纷，建立健全行政调解体制机制，不断强化行政调解化解、预防和教育功能，充分发挥行政机关在化解行政争议和民事纠纷中的作用，推动建立行政调解与人民调解、司法调解相衔接的大调解联动机制，形成调解工作合力，有效化解社会矛盾。

二、基本原则

（一）自愿原则。充分尊重当事人的意愿，不得强迫当事人接受调解方式或调解结果。

（二）合法原则。遵循法律、法规、规章和政策规定，不得损害国家利益、公共利益和他人的合法权益。

（三）平等原则。尊重争议各方表达意愿和诉求的权利，公正、平等地协商解决利益纠纷。行政机关作为一方当事人时,与行政管理相对人的地位平等。

(四)便捷原则。行政调解应当简便、快捷、高效,鼓励采取灵活多样、诚信规范的方式方法化解矛盾,做到"定纷止争、案结事了"。对不宜调解或调解不成的矛盾纠纷,行政机关应当依法及时做出处理,不得久调不决或久拖不结。

三、调解范围

(一)行政机关或法律法规授权的具有管理公共事务职能的组织与公民、法人或其他组织之间产生的法律法规规定可以调解的行政争议。

(二)依法应当由行政机关居中裁决、调处的民事纠纷。

行政机关开展行政调解应当依职权重点解决好土地征收、房屋拆迁、山林权属、土地承包、社会保障、劳动争议、医疗卫生、房地产开发、建筑施工、消费者权益保护、产品质量、食品药品安全以及治安管理、物业管理、交通损害赔偿等重点领域的行政争议或民事纠纷。对涉及资源开发、环境污染、公共安全事故等方面的民事纠纷,以及涉及人数较多、影响较大、可能影响社会稳定的纠纷,要主动进行调解。

四、调解程序

可分为简易程序和一般程序。其中,简易程序适用于案情简单、调解结果能够即时履行的争议纠纷;一般程序适用于案情较为复杂、当场不能解决的争议纠纷。一般程序通常包括以下几个步骤:

(一)受理。行政调解可由当事人申请,也可由行政机关依职权启动,但必须征得各方当事人同意。行政机关接到当事人申请后,要认真进行审查,凡符合受理条件的,应及时受理,不予受理的要向当事人说明理由。行政复议机构受理行政复议案件后,在查明案件事实的基础上,要积极运用调解手段解决行政纠纷,特别是对可能影响社会和谐稳定的重大、复杂的矛盾纠纷,行政机关应当主动征询当事人的意见,尽量启动行政调解程序。两个以上行政机关收到同一行政调解申请的,由具有相关管理职能的行政机关受理;属两个以上行政机关有权管辖的,由最先收到行政调解申请的行政机关受理。对涉及多个部门的矛盾纠纷,由政府法制机构牵头调解。行政调解程序启动后,应及时告知各方当事人依法享有的权利、调解程序和注意事项。

(二)调查。行政机关要根据纠纷争议进行调查取证、现场勘验,查明情况,为行政调解提供事实依据。

(三)调解。在调解过程中,要认真听取各方当事人的陈述、申辩和质证,分析并归纳各方争议的焦点,根据案件特点和需要,依法对当事人进行说服、劝导,析法明理,积极引导当事人通过沟通协调、互谅互让,达成调解协议。凡行政机关调解的案件,应当制作调解笔录,全面客观记载调解过程、内容和结果。

(四)结案。经行政调解达成协议的,应签订调解协议书或行政复议调解书。调解协议书应载明纠纷事由、调解事项、事实、调解结果、申请人和被申请人签名或盖章及调解机构印章。行政复议调解书应当载明行政复议请求、事实、理由和调解结果,并加盖行政复议机关印章。签订行政调解协议书或行政复议调解书后,案件处理程序终止。行政机关依法制作的调解书经各方当事人签字,即具有法律效力,各方当事人要自觉履行。对达成的调解协议,当事人认为有必要的,可以依法向人民法院申请司法确认。

(五)回访。行政机关应及时对争议各方履行调解协议的情况进行跟踪、回访,督促当事人按照协议履行义务,巩固调解成果,实现行政调解目的。

各行政机关应根据行政复议、行政诉讼、仲裁等法定救济权利的时效规定,确定行政调解时限。对在规定时限内达不成调解协议的,或协议生效前一方反悔的,行政机关应及时终止调解,依法做出处理或引导当事人通过行政复议、仲裁和诉讼等渠道解决。

五、几点要求

(一)加强行政调解组织领导。各级政府要按照“属地管理、分级负责”的原则,建立由政府负总责,政府法制机构牵头、各职能部门为主体的行政调解工作体制和运行机制。各级政府法制机构要加强对行政调解工作的指导、督促和协调,建立健全行政调解工作制度,加强行政调解人员的法律知识和调解技能培训,牵头组织对法律关系复杂、重大疑难争议纠纷的调解处理,做好同人民调解、司法调解的衔接配合。政府各部门是行政调解的主体,要按照“谁主管、谁负责”的原则,对与本部门行政管理职权有关的争议纠纷进行调处,确保行政调解工作有人抓、有人管。

(二)加强行政调解制度建设。各级政府工作部门要结合实际,建立行政调解工作制度,规范案件登记、立案受理、调解程序、调解规则、文书格式、案卷归档等环节的工作,确保行政调解工作合法、规范、有序进行。一是建立信息公开工作制度。要把行政调解工作人员、行政调解规则、行政调解范围和行政调解受理电话等信息公开，方便群众联系，接受社会监督。二是建立“接待人员调解、处室负责人调解、部门领导调解”的三级行政调解制度。一般性矛盾纠纷可由行政调解人员进行调解，较为复杂的矛盾纠纷可由有关处室负责人进行调解，重大矛盾纠纷要由部门分管领导或主要领导主持调解。三是建立考核奖惩制度。各级政府及其工作部门要把行政调解工作作为依法行政考评的重要内容，加强日常监督和考核。对行政调解工作成绩突出的单位和人员给予表彰奖励，对应调不调、调解不当导致矛盾激化，造成较大社会影响和严重后果的，要追究有关领导和相关人员的责任。四是建立与人民调解、司法调解有效衔接机制。定期通报情况，加强工作联系。行政机关对于调解不成的矛盾纠纷，应当及时告知并引导当事人通过诉讼解决。对于进入诉讼程序的争议，在诉前已经做过行政调解工作的，应当将行政调解的有关情况告知司法机关。

（三）加强矛盾纠纷预防排查。各级政府及其工作部门要切实强化矛盾纠纷排查分析工作，做到提前预警、有效预防，从源头上减少行政争议的发生。要及时了解重点领域、重点行业的社情民意和争议纠纷情况，掌握群众诉求，确保发生争议纠纷时能够及时介入。要通过领导接访、干部走访、现场办公等形式，及时发现争议纠纷，做到发现一起调处一起，严防各类矛盾激化和升级，努力将矛盾纠纷化解在萌芽状态和初始阶段。

（四）加强行政调解队伍建设。各级行政机关要选调政治思想好、业务能力强、有较高法律素质、善于做群众工作的干部从事行政调解工作。要加强对行政调解人员的业务培训，提高行政调解人员的素质和能力。同时，要充分发挥基层组织、行业协会和专家学者的作用，动员社会各方面力量积极参与行政调解工作。在重点领域、重点行业要组织建立社会专兼职调解员队伍和调解专家库，构建行政主导、社会参与的行政调解体系。

（五）加强行政调解宣传工作。各级行政机关要及时总结本地区、本部门开展行政调解工作的先进典型经验，充分利用广播、电视、报刊、网络等新闻媒体，加强对行政调解工作的宣传，及时解答群众在法律、政策上的疑惑和问题，积极引导群众通过行政调解理性合法地表达利益诉求、解决争议纠纷。

长春市人民政府

二〇一二年九月十九日

· 黑龙江省 ·

黑龙江省人民政府办公厅关于印发《黑龙江省价格争议调解处理办法》的通知

(2013年1月19日 黑政办发〔2013〕6号)

各市(地)、县(市)人民政府(行署),省政府各直属单位:

《黑龙江省价格争议调解处理办法》已经省政府领导同意,现印发给你们,请认真贯彻执行。

黑龙江省人民政府办公厅

2013年1月19日

黑龙江省价格争议调解处理办法

第一条 为加强价格争议调解处理工作,规范价格争议调解处理行为,及时化解价格矛盾纠纷,维护当事人的合法权益,促进社会和谐稳定,依据《中华人民共和国价格法》、《中华人民共和国价格管理条例》等法律、法规规定,制定本办法。

第二条 本办法适用于我省行政区域内,县级以上政府价格主管部门对公民、法人及其他组织之间价格争议的调解处理工作。

第三条 本办法所称价格争议调解处理,是指县级以上政府价格主管部门根据当事人的申请,依法对公民、法人及其他组织之间的价格矛盾、价格纠纷等进行行政调解处理的行为。

第四条 省政府价格主管部门负责全省价格争议调解处理及监督管理工作。市(地)、县(市)政府价格主管部门负责本行政区域内的价格争议调解处理及监督管理工作。

第五条 县级以上政府价格主管部门设立的价格鉴证机构,是价格争议调解处理机构(以下统称为价格争议调解处理机构)。

省政府价格主管部门设立的价格鉴证机构,具体承担省内复杂、疑难的价格争议调解处理及全省业务指导工作。市(地)、县(市)政府价格主管部门设立的价格鉴证机构,承担本行政区域内价格争议调解处理工作。

第六条 价格争议调解处理遵循依法、公平、公正、自愿的原则。

第七条 申请价格争议调解处理,应符合下列条件:

(一)当事人双方均同意接受调解处理。

(二)申请人、被申请人与价格争议事项有直接利害关系。

(三)有明确的申请人、被申请人及具体的申请要求、确切的事实根据。

(四)有关当事人对争议事项的价格或者损失金额存在争议。

第八条 下列情况不属于价格争议调解处理范围:

(一)争议双方责任归属判定。

(二)争议事项涉及的财物、权利及其质量技术等级、品牌、型号、数量等状况认定。

(三)属政府定价、政府指导价范围的。

(四)涉嫌违法,依法应立案查处的。

(五)价格争议及其相关事项已提起诉讼、仲裁或者行政复议,有关机关没有作出不予受理决定的。

(六)通过非法渠道购买商品或者接受服务的。

(七)违禁品及国家明令禁止生产、流通及销售的物品所产生的价格争议。

(八)其他不宜作为价格争议调解处理的情形。

第九条 当事人申请价格争议调解处理,应向价格争议调解处理机构提交下列材料:

(一)申请人、被申请人及其代理人单位证明、个人身份证明原件及复印件。

(二)价格争议调解申请书。

(三)与价格争议事项相关的票据、凭证、合同、协议、公证书及其他相关证据材料。

(四)价格调查、取证材料(含评估报告)。

(五)必要的标的质量、技术、等级证明。

(六)价格争议调解处理要求提供的其他材料。

第十条 价格争议调解处理申请书应载明下列内容:

(一)有关当事人及其代理人的姓名(名称)、法人代表姓名及通信地址、联系电话。

(二)价格争议事实、请求及理由。

(三)申请人、被申请人签名盖章。

第十一条 委托代理人代为申请和参加调解处理的,应提交当事人的授权委托书。授权委托书应由委托人签名或者盖章,载明代理人姓名、性别、年龄、身份证明、联系方式、委托期限和代理权限。

第十二条 价格争议调解处理机构应根据本办法有关规定,对申请人提交的争议调解处理申请材料进行审核。

申请材料不全或者不符合要求的,价格争议调解处理机构应自收到书面申请书之日起5个工作日内书面通知申请人、被申请人补正。申请人、被申请人应在收到补正通知之日起10日内向价格争议调解处理机构提交补正材料。补正材料期间不计入价格争议调解处理受理时限。

第十三条 申请价格争议调解处理时,被申请人应向价格调解处理机构提交价格争议答复意见书,价格调解处理机构应将答复意见书副本同时送达申请人。

答复意见书主要包括被申请人身份、主要争议事实、对价格争议的意见和主张及其理由、依据等内容。

被申请人不提交答复意见书的,视为不接受价格争议调解处理。

第十四条 对于符合条件的价格争议调解处理申请,价格争议调解处理机构应在5个工作日内受理,并以书面形式通知相关当事人。

第十五条 有下列情形之一的,价格争议调解处理机构不予受理调解申请:

(一)不符合本办法第七条价格争议调解处理申请条件的。

(二)属于本办法第八条所列范围的事项。

(三)不能提供申请人、被申请人的确切名称、地址和通信方式的。

(四)不能提供本办法第九条等所要求的价格争议调解处理所必需材料的。

(五)其他无法受理的情形。

不予受理的,应在书面通知中告知双方当事人理由。

第十六条 价格争议调解处理机构受理申请后,应以书面或者其他适当方式通知有关当事人举行调解的地点和时间。

第十七条 价格争议调解处理由价格争议调解处理机构指定 2 名以上调解员进行调解，调解员由价格鉴证专业人员担任，必要时可以聘请其他相关专业人员参加调解。

第十八条 调解员有下列情形之一的，应回避：

（一）是价格争议事项当事人或者当事人、代理人的近亲属。

（二）与本价格争议事项有利害关系。

（三）与价格争议事项当事人、代理人有其他关系，影响公正调解的。

调解员的回避，由价格争议调解处理机构负责人决定。价格争议调解处理机构负责人的回避，由政府价格主管部门决定。

第十九条 当事人提出回避申请的，应说明理由，并在调解前提出。

第二十条 价格争议调解处理机构调解价格争议，应符合法律、法规及价格政策规定，充分尊重当事人的真实意愿。调解过程中应听取有关当事人的陈述，调查、核实相关情况，主动向有关当事人阐明价格法律、法规、规章和政策。

第二十一条 参加价格争议调解的有关当事人均有举证责任，并对举证事实负责。因申请人、被申请人提供材料不真实导致不良后果的，价格争议调解处理机构不承担相关责任。

第二十二条 价格争议调解处理过程中，需要进行质量、技术等专业检测、鉴定及价格评估的，由双方当事人约定或者调解机构建议的法定或专门机构进行检测、鉴定、评估，其结果作为证据提交价格争议调解处理机构。

第二十三条 价格争议调解处理过程中，如发现当事人存在涉嫌违法行为的，价格争议调解处理机构应中止调解处理。经有关部门查实，涉嫌当事人无违法行为的，应恢复调解处理。

第二十四条 价格争议调解处理过程中，申请人、被申请人自愿撤回申请或者提出终止调解的，价格争议调解处理机构应作结案处理。口头撤回申请的，应记录在案，由申请人签字或者盖章确认，或者由 2 名以上经办人员签名确认。

第二十五条 经调解，有关当事人自愿达成调解协议的，价格争议调解处理机构应制作价格争议调解处理协议书。价格争议调解处理协议书由双方当事人共同签字，并经价格争议调解处理机构盖章确认。

价格争议调解处理协议书应交有关当事人各一份，价格争议调解处理机构留存一份。当事人各方应自觉履行调解协议书的内容。

第二十六条 有下列情形之一的，可以视为调解不成：

（一）因当事人原因，价格争议调解到期未能结案的。

（二）申请人或被申请人不配合调解员调解工作的。

（三）调解过程中一方提起诉讼、仲裁或行政复议的。

（四）调解过程中出现无法继续调解的其他情形的。

第二十七条 对当事人未能达成一致意愿或者调解不成的，价格争议调解处理机构可以提出价格争议处理意见，指导争议双方解决争议，并告知当事人有权就价格争议事项向人民法院依法提起诉讼。

双方当事人就调解事项部分达成协议的，其达成协议部分事项按本办法第二十五条处理。

第二十八条 调解达成协议后，一方不履行协议，另一方当事人可依法向人民法院提起民事诉讼。

第二十九条 价格争议调解处理，应在受理之日起30个工作日内结束。因情况复杂，在规定时间内不能终结的，经价格争议调解处理机构负责人批准，可以适当延长，但最长不超过60个工作日。

第三十条 价格争议调解处理机构不得向当事人收取调解费用。聘请其他相关专业人员参加调解和需要进行质量、技术等专业检测、鉴定及价格评估的，所产生的费用由争议责任方承担。

第三十一条 调解结束后，调解员应将调解处理的有关资料进行整理、归档。

第三十二条 价格争议调解处理的文书格式，由省物价监管局统一制定。

第三十三条 价格争议调解人员徇私舞弊、索贿受贿、构成犯罪的，依法追究相应责任。

第三十四条 本办法自发布之日起30日后施行。

黑河市人民政府办公室关于印发《黑河市行政调解规定》的通知

(2016 年 9 月 29 日　黑市政办发〔2016〕80 号)

各县(市、区)人民政府、五大连池管委会,中、省、市直有关单位:

为贯彻落实《中共中央办公厅、国务院办公厅关于完善矛盾纠纷多元化解机制的意见》(中办发〔2015〕60 号)和《中共黑龙江省委办公厅、黑龙江省人民政府办公厅印发〈关于完善矛盾纠纷多元化解机制的实施意见〉的通知》(黑办发〔2016〕8 号)要求,进一步推进全市行政调解工作,切实化解社会矛盾,有效维护社会秩序,结合实际制定了《黑河市行政调解规定》,现印发给你们,请认真遵照执行。

黑河市人民政府办公室

2016 年 9 月 29 日

黑河市行政调解规定

第一章　总　　则

第一条　为规范行政机关的调解活动,促进依法行政,及时化解社会矛盾,维护社会和谐稳定,根据有关法律、法规及相关规定,结合实际,制定本规定。

第二条　本规定所称行政调解,是指行政机关或者法律、法规授权组织(以下统称"行政机关")根据法律、法规、规章的规定,对与其行政管理职能相关的民事纠纷、行政争议,通过协调、疏导、说服和教育,促使各方当事人在自愿、平等的基础上达成一致意见,从而化解纠纷和矛盾的活动。

第三条　行政调解应当遵循自愿、合法、公平公正、高效便民的原则。

第四条 行政机关调解行政争议,不得妨碍依法履行行政管理职责,不得以行政调解代替行政执法。

第五条 市、县两级政府及各级行政机关应当加强对本行政区域、本行业内行政调解工作的领导,健全行政调解与人民调解、司法调解的衔接机制,加强行政调解队伍建设。

市、县两级政府法制机构负责推进、指导、协调和监督本行政区域的行政调解工作。

第六条 行政调解不得向当事人收取任何费用。

第二章 行政调解范围

第七条 行政机关在行政管理职责范围内依法对下列民事纠纷进行调解:

(一)可以进行治安调解的民间纠纷;

(二)交通事故损害赔偿纠纷;

(三)农村土地承包经营权、宅基地使用权、林权纠纷;

(四)医患纠纷;

(五)环境污染纠纷;

(六)劳动人事和社会保障权益纠纷;

(七)婚姻家庭纠纷;

(八)物业权益纠纷;

(九)消费者权益纠纷;

(十)产品质量纠纷;

(十一)水事纠纷;

(十二)知识产权纠纷;

(十三)法律、法规、规章规定可以适用行政调解的其他民事纠纷。

第八条 行政机关在行政管理职责范围内依法对下列行政争议进行调解:

公民、法人或者其他组织与行政机关之间关于行政赔偿、补偿以及行政机关行使法律、法规、规章规定的自由裁量权产生的争议。

第九条 行政机关不予行政调解的情形:

(一)当事人明确拒绝接受行政调解的;

（二）已申请人民调解的；

（三）已提起诉讼的；

（四）已申请仲裁的；

（五）已达成调解协议再次申请调解的；

（六）当事人一方下落不明的；

（七）法律、法规、规章规定不适用行政调解的其他情形。

第三章　行政调解参加人

第十条　申请行政调解的纠纷当事人应当参加调解，纠纷涉及第三人利益的，应当通知第三人参加。

一方当事人人数超过5人的，应当推选2至5名代表参加行政调解。

第十一条　当事人委托代理人参加调解的，受委托人应当提交授权委托书。授权委托书应当由委托人签名或者盖章，并载明委托人和受委托人基本情况和代理权限等内容。

第十二条　当事人在行政调解活动中，依法享有以下权利：

（一）提出终止调解要求；

（二）要求调解公开或者不公开进行；

（三）委托代理人参加调解；

（四）申请有关行政调解人员回避；

（五）对有关专门性问题申请鉴定、勘验；

（六）申请调取证据；

（七）自主表达意愿、自愿达成调解协议；

（八）法律、法规规定的其他权利。

第十三条　当事人在行政调解活动中，依法履行以下义务：

（一）如实陈述纠纷事实和提交有关证据；

（二）遵守调解秩序、尊重调解人员和对方当事人；

（三）自觉履行达成的调解协议；

（四）法律、法规规定的其他义务。

第十四条　行政调解员由本行政机关负责人在本机关工作人员中指派，一般纠纷由 1 名行政调解员进行调解,疑难复杂的纠纷由 2 名以上调解员进行调解。

涉及法律关系复杂、重大疑难、影响较大的案件,行政机关可以邀请律师或其他专业人员作为辅助人员参与调解。

第十五条 行政调解人员,不得有下列行为:

(一)徇私舞弊,偏袒一方当事人;

(二)压制、侮辱当事人;

(三)索取、收受财物或者牟取其他不正当利益;

(四)泄露国家秘密、商业秘密和个人隐私;

(五)其他影响调解公正或者损害当事人合法权益的行为。

第十六条 行政调解人员具有下列情形之一的,应当主动回避:

(一)与本案有利害关系的;

(二)与本案当事人是近亲属的;

(三)其他可能影响公正调解的。

当事人认为行政调解人员有应当回避情形的,可以申请回避。符合回避情形的应当回避;不符合回避情形的,经行政机关负责人批准后,可以不予回避,并向当事人说明理由。

第四章 行政调解程序

第十七条 当事人申请行政调解,应当符合下列条件:

(一)申请调解的纠纷属于本规定第八条、第九条规定范围;

(二)申请人必须是与申请调解的纠纷有直接利害关系;

(三)有明确的对方当事人;

(四)有具体的调解请求、事实和理由;

(五)当事人未选择其他途径解决纠纷。

第十八条 当事人应当向纠纷发生地的有关行政机关申请行政调解。

第十九条 当事人申请行政调解,可以书面申请,也可以口头申请。口头申请的,行政机关应当制作笔录,并由申请人签名确认。

第二十条 申请人书面申请行政调解的,应当在行政调解申请书中载明下列事项：

（一）申请人及对方当事人的基本情况；

（二）调解请求及事实和理由；

（三）申请人签名或者盖章；

（四）申请日期。

行政机关可以制作行政调解申请书的格式文本，无偿提供当事人使用。

第二十一条 行政机关应当自当事人收到申请之日起5个工作日内征求对方当事人意见并决定是否受理。

当事人一致同意申请行政调解的，行政机关收到行政调解申请即为受理，并向各方当事人发送受理通知书。

行政机关认为纠纷不属于本机关调解的，应当告知当事人向有管辖权的机关申请。

第二十二条 对涉及多个部门职能的纠纷，当事人提出行政调解申请的，由最初收到申请的部门受理，报本级政府法制机构确定，由法制机构通知相关部门共同调解。

第二十三条 行政机关应当在受理行政调解申请后5个工作日内告知对方当事人有关行政调解的权利义务及相关事项。

对于可能导致矛盾激化的纠纷，行政机关应当及时采取必要的缓解、疏导措施，并向有关机关报告。

第二十四条 行政调解员对权利义务明确、争议不大、能够即时履行的纠纷，可以不制作调解协议，但应当如实记录调解情况并保存归档。

第二十五条 行政机关受理的行政调解案件，行政调解员可以根据案件需要对相关事实和证据依法进行调查取证，有关单位和个人应当予以配合。

申请人由于客观原因无法提供证据的，可以申请调取证据。调查事项在本行政机关职权范围内的，应予准许。

第二十六条 行政调解开始时，行政调解员应当核对当事人身份，告知当事人相关权利义务，宣布行政调解纪律，询问当事人是否申请回避。

第二十七条 行政调解员应当根据纠纷的不同情形，采取多种方式调解纠纷，充分听取当事人的陈述，查明事实，讲解有关法律、法规、规章，耐心疏导，促使当事人自愿达成调解协议。

第二十八条 当事人可以自行提出调解方案,行政调解人员也可以提出调解意见供当事人参考。

第二十九条 行政机关应当自受理之日起15个工作日内调解终结。疑难复杂,在规定时间内不能调解终结的,经行政机关负责人批准,可以适当延长期限,并告知当事人,但延长的期限不得超过10个工作日。

行政调解的期间不包括勘验或者技术鉴定的期间。

第三十条 行政调解涉及专门事项需要勘验或者技术鉴定的,应征得双方当事人同意。双方当事人可以协商一致自行委托,也可以共同授权行政机关委托专门机构进行,费用由申请人交纳。

第三十一条 行政调解过程中,有下列情形之一的,行政调解中止:

(一)当事人一方因正当并被对方当事人认可的理由暂时不能参加调解或要求暂停调解的;

(二)发生不可抗力或意外事件的;

(三)行政机关认为需要中止调解的其他情形。

出现上述情形的,行政机关应当于3个工作日内制作行政调解中止通知书并送达当事人。

中止期间不计入调解期限内。

第三十二条 行政调解过程中,有下列情形之一的,行政调解终结:

(一)当事人拒绝继续调解的;

(二)当事人无正当理由缺席或者以其他方式表明放弃调解的;

(三)当事人采取其他途径解决纠纷的;

(四)公民死亡的;

(五)法人或者其他组织终止的;

(六)调解期限届满尚未达成调解协议的;

(七)行政机关认为需要终结调解的其他情形。

出现上述情形的,行政机关应当于3个工作日内制作行政调解终结通知书并送达当事人。

第三十三条 行政调解达成协议的,行政机关应当制作行政调解书,行政调解书应当载明下列主要事项:

(一)当事人、委托代理人基本情况;

(二)争议事项;

(三)调解请求、事实及理由;

(四)协议的内容、履行的方式和期限;

(五)行政调解机关印章;

(六)签订时间。

第三十四条 行政调解协议不得违反法律、法规的禁止性规定,不得损害国家利益、公共利益或他人的合法权益。

第三十五条 行政调解书自各方当事人签名或者盖章之日起生效。

行政调解书由当事人各执一份,行政机关存档一份。

第三十六条 经行政机关调解达成的行政调解协议,当事人应当自觉履行。行政机关可以对当事人履行行政调解协议情况进行回访,督促各方当事人积极履行调解协议。

第三十七条 行政机关在行政调解中发现可能引起治安案件、刑事案件或者其他影响社会稳定的纠纷,不适宜继续调解的,应立即通知公安机关或者其他有权处理的部门,并及时终结调解。

第五章 责任追究

第三十八条 行政机关违反本规定,无正当理由不受理行政调解申请,或者不履行行政调解职责的,依照有关规定对直接负责的主管人员和其他直接责任人员给予行政问责或者处分。

第三十九条 行政调解人员在调解活动中有下列情形之一的,由其所在的行政机关给予批评教育、责令改正;情节严重的,依法给予处分;涉嫌犯罪的,移交司法机关处理:

(一)徇私舞弊,偏袒一方当事人的;

(二)怠于履行行政调解职责,造成当事人合法权益受到损害的;

(三)违规会见当事人、接受当事人宴请的;

(四)索取、收受财物或者牟取不正当利益的;

(五)泄露当事人的商业秘密、个人隐私的;

(六)其他影响行政调解公正、及时处理的不当行为。

第四十条 当事人违反本规定具有下列情形之一的,由行政机关给予批评教育;情节严重的,移交有关部门处理:

(一)扰乱行政调解秩序的;

(二)伪造证据材料的;

(三)辱骂、威胁或者殴打行政调解人员或者对方当事人的;

(四)其他干扰、阻挠行政调解工作的行为。

第六章 附 则

第四十一条 法律、法规、规章另有规定的,从其规定。

第四十二条 行政调解结案后,行政机关应当将行政调解案件材料归档保存。归档后,当事人要求调取档案中有关材料的,行政机关应当配合。

第四十三条 有关行政机关可以根据本规定制定行政调解工作实施细则。

第四十四条 本规定自发布之日起施行。

·上 海 市·

上海市国家税务局、上海市地方税务局关于发布《上海市税务行政复议和解调解实施办法》的公告

（2017 年 11 月 21 日 上海市国家税务局、上海市地方税务局公告 2017 年第 5 号）

为进一步规范本市税务行政复议和解、调解程序，解决税务争议，保护公民、法人和其他组织的合法权益，监督税务机关依法实施税务行政复议和解、调解，上海市国家税务局、上海市地方税务局决定发布《上海市税务行政复议和解调解实施办法》，自发布之日起施行。

特此公告。

附件：

《上海市税务行政复议和解调解实施办法》

上海市国家税务局

上海市地方税务局

2017 年 11 月 21 日

附件：

上海市税务行政复议和解调解实施办法

第一章 总 则

第一条 （目的和依据）

为切实保护纳税人合法权益，进一步提高行政复议工作的效率，妥善解决税务行政争议，根据《中华人民共和国行政复议法实施条例》、《税务行政复议规则》

(国家税务总局令第39号)以及《国家税务总局关于全面加强税务行政复议工作的意见》(国税发〔2007〕28号),制定本办法。

第二条 (适用范围)

本市各级税务机关在办理行政复议案件过程中开展的和解、调解工作适用本办法。

第三条 (定义)

本办法所称行政复议和解,是指在行政复议机关作出行政复议决定前,公民、法人或者其他组织(以下简称"申请人")与税务机关(以下简称"被申请人")就复议申请中有关具体行政行为自行协商,自愿达成和解,从而消除争议的处理程序。

本办法所称行政复议调解,是指行政复议机关在审理行政复议案件过程中,为有效化解行政争议,积极进行协调,引导争议各方交流沟通,平衡利益,并就复议申请中有关争议达成调解协议,从而消除争议的处理程序。

第四条 (建立和解、调解机制)

各级税务机关在办理行政复议案件过程中,应当积极建立健全行政复议裁决与和解、调解相结合的工作机制。

第五条 (和解、调解工作实施部门)

市局、各区税务分局、各直属分局负责法制工作的部门负责税务行政复议和解的管理、指导以及税务行政复议调解的相关工作。相关业务部门应积极配合,并予以具体业务指导,必要时,应指派本部门人员全程参与。

第六条 (基本原则)

行政复议的和解、调解应遵循下列原则:

(一)合法合理原则。行政复议的和解、调解应当符合法律、法规、规章的强制性规定,不得损害国家利益、社会公共利益和他人的合法权益。行政复议的和解、调解行为应当适当。

(二)自愿平等原则。行政复议的和解、调解应当充分尊重争议各方的意愿,不得强迫争议各方接受和解、调解方案或条件;在和解、调解过程中,争议各方应平等协商,真诚交换意见。

(三)公正公平原则。行政复议的和解、调解应当做到客观、公正、公平。

(四)及时便民原则。行政复议的和解、调解应当遵循及时、便民的原则,为双方当事人,尤其是申请人,创造良好的条件。

(五)诚实守信原则。对行政复议的和解、调解的结果,争议各方应当诚实守信、自觉履行。

第七条 (和解、调解的范围)

有下列情形之一的行政复议案件,可以适用和解、调解:

(一)被申请人行使自由裁量权作出的具体行政行为,如行政处罚、核定税额、确定应税所得率等;

(二)行政赔偿或者行政补偿;

(三)涉税检举奖励;

(四)上位法不明确,税务机关主要依据政策调整作出决定的案件;

(五)依法可以和解、调解的其他行政复议案件。

对于明显违法的具体行政行为,除税务机关及时进行自我纠正外,行政复议机关只能裁决,不能作和解、调解处理。

第二章 税务行政复议和解

第八条 (和解的提出)

申请人或被申请人在行政复议机关作出复议决定前,对符合本办法第七条规定的行政复议案件,均可提出和解要求。申请人和被申请人达成和解意向后,应及时通知行政复议机关。

行政复议机关对符合本办法第七条规定的行政复议案件,可以主动向申请人和被申请人制发《税务行政复议和解建议书》,征询和解意向。申请人和被申请人应当自收到《税务行政复议和解建议书》之日起三日内将和解意向书面或口头通知行政复议机关。口头表达和解意向的,行政复议机关应当记录在案,并经当事人签字确认。在规定期限内,申请人和被申请人未作回复的,不影响行政复议机关继续审理案件。

第九条 (和解案件的当事人)

和解案件的当事人为申请人、作出具体行政行为的本市各级税务机关。

作出具体行政行为的税务机关负责人应当参与和解谈判。

第十条 (和解协议)

申请人和被申请人达成和解的,双方应签订《税务行政复议和解协议》。和解协议应当载明行政复议请求、案件基本情况和达成和解的结果,并且由申请人和被申请人签字或者盖章。

和解协议的内容不损害国家利益、社会公共利益和他人合法权益的,行政复议机关应当准许,和解协议生效。

第十一条 (和解后复议的终止)

和解协议生效后,行政复议机关依法制作并送达《税务行政复议终止决定书》,行政复议终止。

第十二条 (和解后的复议再申请)

达成和解协议,行政复议依法终止后,申请人以同一事实和理由再次申请行政复议的,行政复议机关不予受理。但是,申请人提出证据证明和解协议违反本办法第六条规定的除外。

第三章 税务行政复议调解

第十三条 (调解的提出)

申请人或者被申请人在复议决定作出前,对符合本办法第七条规定的行政复议案件,可以向行政复议机关书面或口头提出调解申请。口头提出申请的,行政复议机关应当记录在案,并经当事人签字确认。

行政复议机关对符合本办法第七条规定的行政复议案件,可以主动向申请人和被申请人制发《税务行政复议调解建议书》,征询调解意向。申请人和被申请人应当自收到《税务行政复议调解建议书》之日起三日内将调解意向书面或口头通知行政复议机关。口头表达调解意向的,行政复议机关应当记录在案,并经当事人签字确认。在规定期限内,申请人和被申请人未作回复的,不影响行政复议机关继续审理案件。

第十四条 (复议中的调解)

申请人和被申请人均有调解意向的,行政复议机关应当进行调解。调解过程中,可以由行政复议机关提出调解方案供双方当事人协商参考,也可以由当事人提出调解方案。

对于较为复杂或者对社会有较大影响的行政复议案件的调解,可以采用询问、听证等形式进行,也可以邀请专家参加。

第十五条 （调解人员的参加与代理）

行政复议调解由行政复议机关指定的案件承办人员主持。

被申请人应当委派主要负责人或授权代理人及其经办人员参加调解。调解案件较为复杂的，被申请人相关业务部门也应派员参加。

申请人为自然人的，由本人或其委托代理人参加调解；申请人为法人或者其他组织的，由其法定代表人、负责人或者委托代理人参加调解。

第十六条 （申请回避）

申请人或者被申请人认为调解主持人与本案有直接利害关系的，可以申请回避。回避申请，应当在调解协议达成前向行政复议机关书面提出，并说明理由。

调解主持人的回避，由行政复议机构负责人决定；行政复议机构负责人的回避，由行政复议机关法定代表人决定。

第十七条 （调解的程序）

行政复议机关主持调解应当按照下列程序进行：

（一）征求申请人和被申请人是否同意进行调解，取得一致同意后，方可举行调解；

（二）听取申请人和被申请人的陈述意见；

（三）提出调解方案；

（四）充分沟通协调，达成调解协议。

第十八条 （调解的终止）

有下列情况之一的，复议调解应当终止：

（一）申请人或被申请人在调解确定的时间内无正当理由拒不到场的；

（二）申请人或被申请人在调解过程中要求终止调解的；

（三）行政复议机关认为需要终止调解的其他情形。

第十九条 （行政复议调解书的制作）

经行政复议机关调解，申请人和被申请人达成调解协议的，由行政复议机关制作《税务行政复议调解书》。

《税务行政复议调解书》应当载明下列内容：

（一）申请人与被申请人的名称、法定代表人姓名、职务等基本情况；

（二）申请人申请行政复议的请求、事实、理由；

(三)查明认定的事实和证据;

(四)调解结果;

(五)其他需要约定或说明的事项;

(六)签名、盖章及日期。

《税务行政复议调解书》经双方当事人签字或者盖章确认,并加盖行政复议机关印章后,即具有法律效力。

第二十条 (调解后复议的终止)

《税务行政复议调解书》生效后,行政复议机关应当及时制作《行政复议终止决定书》,行政复议终止。

第四章 税务行政复议和解、调解的其他相关问题

第二十一条 (和解、调解的期限)

行政复议的和解、调解应当在法定的行政复议审理期限内进行。行政复议当事人在法定期限内无法达成和解、调解协议的,行政复议机关应当依法作出行政复议决定。

第二十二条 (和解、调解不成的处理)

和解、调解未达成协议或者《税务行政复议调解书》生效前一方当事人反悔的,行政复议机关应当按规定及时作出行政复议决定。

行政复议机关作出行政复议决定时,不得将在调解、和解过程中申请人为达成协议所作出的认可或者承诺作为对其不利的证据进行采信。

第二十三条 (和解、调解协议的转化禁止)

当事人要求按照和解、调解协议内容制作《税务行政复议决定书》的,行政复议机关不予支持。

第二十四条 (和解、调解协议的执行)

和解、调解协议具有法律效力,双方应按协议执行。涉及原案件的相关文书不需调整。

被申请人应当根据生效后的协议,按规定的程序及时履行相关事项,退还多征(缴)的税款(包括滞纳金、罚款),依法予以行政赔偿,行政补偿或者涉税检举奖励。

第二十五条 （和解、调解协议执行完毕后的处理）

和解协议、调解笔录、调解协议及履行情况等材料，行政复议机构应当装订归档。

被申请人应当作好和解、调解案件与原具体行政行为案件的案卷衔接。

第五章 附 则

第二十六条 （检查、指导、监督、管理）

上级税务机关应当加强对下一级税务机关税务行政复议和解与调解工作的检查、指导、监督和管理。

第二十七条 （行政复议建议书和意见书）

行政复议机关在案件和解与调解过程中，发现行政机关在行政管理或者行政执法过程中存在问题的，应当及时向有关部门制作行政复议建议书或意见书。

第二十八条 （期限的界定）

本办法所称“三日”、“五日”指工作日，不包含法定节假日。

第二十九条 （文件解释）

本办法由上海市国家税务局、上海市地方税务局负责解释。

第三十条 （生效日期）

本办法自发布之日起施行。《上海市国家税务局 上海市地方税务局关于发布〈上海市税务行政复议和解调解实施办法〉的公告》（上海市国家税务局公告2014年第3号）、《上海市国家税务局 上海市地方税务局关于修订〈上海市税务行政复议和解调解实施办法〉的公告》（上海市国家税务局公告2015年第6号）同时废止。

·江 苏 省·

江苏省人民政府办公厅关于加强行政调解工作的意见

(2011年10月10日 苏政办发〔2011〕143号)

各市、县(市、区)人民政府,省各委办厅局,省各直属单位:

为有效预防和化解矛盾纠纷,切实维护社会和谐稳定,根据《国务院关于加强法治政府建设的意见》(国发〔2010〕33号)和《省政府关于加快推进法治政府建设的意见》(苏政发〔2011〕31号)等文件精神,现就我省加强行政调解工作提出如下意见:

一、充分认识加强行政调解工作的重要意义

行政调解是由行政机关主持或主导,通过说服教育和疏导,促使争议各方平等协商、化解矛盾的纠纷解决方式。做好行政调解工作,是密切党和政府与人民群众联系、增进社会和谐的重要途径,是加强和创新社会管理、加快建设法治政府的迫切需要。当前,我省正处于全面建设更高水平小康社会并向基本实现现代化迈进的关键时期,经济社会各个领域的改革进入攻坚阶段,社会结构和利益格局深刻调整,社会矛盾化解面临许多新情况、新问题,必须进一步加强和改进行政调解工作,充分发挥行政调解的优势,积极运用行政调解,有效化解矛盾、解决争议。各地、各部门一定要着眼于改革发展稳定全局,充分认识新时期加强行政调解工作的重要性和紧迫性,切实把这项工作摆上重要位置,进一步加大力度、提升水平,促进行政调解工作更好地为经济社会发展服务。

二、明确行政调解工作的总体要求和工作原则

(一)总体要求。坚持以邓小平理论和"三个代表"重要思想为指导,深入贯彻落实科学发展观,把实现好、维护好、发展好最广大人民群众的根本利益作为出发点和落脚点,紧紧围绕预防和化解社会矛盾纠纷,建立健全行政调解体制机制,进一步拓宽行政调解工作领域,不断强化行政调解的化解、预防和教育功能,大力推进行政调解与人民调解、司法调解的有机衔接,及时、有效地化解矛盾纠纷,为全面落实“六个注重”、大力实施“八项工程”、又好又快推进“两个率先”创造更加和谐、稳定、有序的社会环境。

(二)工作原则。

1. 自愿原则。充分尊重当事人的意愿,不得强迫当事人接受调解方式或调解结果。

2. 合法原则。遵循法律、法规、规章和有关规定,不得损害国家利益,不得侵犯公民、法人和其他组织的合法权益。

3. 平等原则。尊重争议各方表达意愿和诉求的权利,公正、平等地协商解决利益纠纷。行政机关作为当事人一方时,与行政管理相对人的地位平等。

4. 优先原则。根据法律、法规、规章有关规定和争议纠纷情况,在征得当事人同意的基础上,优先选用调解的方式解决矛盾纠纷。

5. 便捷原则。行政调解应当简便、快捷、高效,鼓励采取既灵活多样又诚信规范的方式方法化解矛盾。

三、规范行政调解工作的范围和程序

(一)工作范围。主要包括行政机关或法律、法规授权的具有管理公共事务职能的组织与公民、法人或其他组织之间产生的行政争议;公民、法人或其他组织之间产生的与行政管理职能有关的民事纠纷。各地、各部门要结合实际,有计划、有步骤、有针对性地推进行政调解工作。当前,要把房屋土地征收、社会保障、治安管理等方面的行政争议,以及交通损害赔偿、医疗卫生、消费者权益保护、劳动争议等与行政管理职能有关的民事纠纷,作为行政调解工作的重点,依法、及时、妥善予以解决。对涉及资源开发、环境污染、公共安全事故等方面的民事纠纷,以及涉及人数较多、影响较大、可能影响社会稳定的矛盾纠纷,要主动进行调解。

(二)调解程序。可分为简易程序和一般程序。其中,简易程序运用于案情简单、调解结果能够即时履行的争议纠纷,尽可能减少当事人的程序性负担;一般程序运用于案情复杂、当场不能解决的争议纠纷。一般程序通常包括以下几个步骤:

1. 申请。行政调解可书面申请,也可口头申请;可由一方当事人申请,也可由行政机关依职权提出,但必须征得各方当事人同意。一方当事人是政府工作部门的,另一方当事人可向该部门或该部门的上一级主管部门提出调解要求,也可向同级“大调解”工作机构或同级政府法制机构提出调解申请。行政机关在日常管理和行政执法过程中发现争议纠纷时,应当主动告知当事人可申请行政调解。

2. 受理。行政机关收到行政调解申请后,应及时决定是否受理并告知当事人。2 个以上行政机关收到同一行政调解申请的,由具有相关管理职能的行政机关受理;属于 2 个以上行政机关有权管辖的,由最先收到行政调解申请的行政机关受理。对涉及多个部门的矛盾纠纷,由政府法制机构或“大调解”工作机构指定的部门牵头调解。

3. 调处。行政机关受理行政调解后,应及时告知当事人依法享有的权利、遵循的程序及相关事项。调解过程中,要认真听取各方当事人的陈述、申辩和质证,分析并归纳各方争议的焦点,依据法律、法规、规章及有关规定,对当事人进行说服、劝导,引导争议各方达成谅解。涉及重大、复杂以及社会影响较大的争议纠纷,行政机关应当制作调解笔录,全面客观记载调解的过程和内容。对争议纠纷基本事实有异议的,行政机关可采取听证、现场调查等方式调查取证。调解达成协议的,应签订调解协议书。

各级行政机关应根据行政复议、行政诉讼等法定救济权利的时效和行政调解工作实际,确定本地区、本系统行政调解时限。对在规定时限内达不成调解协议的,行政机关应及时终止调解,依法作出处理或引导当事人通过行政复议、仲裁和诉讼等渠道解决。行政调解协议经各方当事人认可并签字或盖章后,即对调解当事人具有约束力,当事人应当自觉履行。行政机关应及时对争议各方履行调解协议情况进行回访,督促各方履行约定义务,巩固调解成果,实现定纷止争、案结事了。

法律、法规、规章对行政调解范围、程序、时限等有明确规定的,从其规定。

四、建立健全行政调解工作制度

(一)统计报告制度。各级行政机关每季度要对行政调解工作有关数据和情况进行汇总统计,市、县、乡级人民政府要将统计结果报送上一级人民政府,各级人民政府工作部门要将统计结果报送本级人民政府,具体工作由政府法制机构和部门负责行政调解的机构承担。对社会影响较大或可能引发群体性事件的重大复杂争议纠纷,其调处情况应及时报告;年度行政调解工作情况纳入年度依法行政工作报告一并报送。各级政府法制机构要对报送情况进行分析并定期通报。

（二）考核评估制度。各级行政机关对发生在本地区、本部门的重大争议纠纷，要及时跟踪调解进展情况，全面评估调解效果。各级人民政府要把下级人民政府和本级人民政府工作部门行政调解工作情况，作为年度依法行政考核的重要内容，细化考核指标，明确分值权重，完善激励惩处机制，对行政调解工作成绩突出的单位和人员予以表彰，对行政调解工作落实不力而导致矛盾激化、造成严重后果的，要严肃追究相关领导和人员的责任。

（三）公开运行制度。认真贯彻《政府信息公开条例》，采取多种形式向社会公开行政调解工作制度、依据、范围、原则、流程和行政调解人员名单及其行为规范，方便群众了解相关信息，接受社会监督。

（四）信息宣传制度。各级行政机关要加大行政调解工作宣传力度，开展多种形式的宣传教育活动，使广大人民群众了解和支持行政调解工作，主动选择行政调解方式解决矛盾纠纷。重视和加强行政调解信息报送工作，明确专人负责行政调解工作信息的收集、整理、分析、汇总和报送，对重要、典型的行政调解工作信息，要采取专报形式及时上报。

（五）行政调解与人民调解、司法调解有效衔接机制。各级行政机关要按照"整合资源、整体联动"的要求，建立行政调解与人民调解、司法调解衔接配合、相互融合的工作机制，积极推动信息互通、工作联动、矛盾联调、优势互补，形成矛盾纠纷化解的合力。完善与人民法院在调解、执行等工作环节的联动机制，落实重大复杂案件通报制度、行政执法与行政审判联席会议制度和行政机关负责人出庭应诉制度，积极配合做好人民法院委托调解或需要行政、司法机关共同调解的行政案件有关工作。

五、创新行政调解工作方式方法

（一）坚持预防在先。行政调解工作要坚持预防和化解并重、排查和调处并行，加强社会矛盾排查，及时发现、准确掌握本地区、本部门、本系统实际存在和可能发生的争议纠纷，及时了解人民群众的利益诉求。对社会反映强烈的问题要制定矛盾纠纷防范和化解预案，并建立重大行政争议预警机制，努力把矛盾化解在萌芽状态和初始阶段，防止各类争议纠纷激化和升级。重视做好新形势下的群众工作，更加积极主动地处理好人民内部矛盾。

（二）注重调解效果。各级行政机关要根据部门实际和行业特点，积极探索有效化解争议纠纷的行政调解方式。行政机关主持调解工作时，可邀请当事人所在基层组织以及其他与案件有关的社会力量参加调解；重大、复杂、群众关注度高的争议纠纷，可邀请相关专家参加调解。积极引导支持社会各方力量参与相关纠纷的调解工作，探索组建专业性调解组织或委托行业协会、社会组织等第三方调解机构实施调解，保证调解的中立性和客观性。

（三）强化科技支撑。各级行政机关要充分运用电子网络技术，开发建设行政调解信息化平台，建立行政调解工作信息资料库，提高行政调解申请、受理和工作统计、监督备案的信息化程度。探索利用视频系统进行调解，推行多部门联动的电子调解方式，减少行政成本，提高调解效率。

六、切实加强对行政调解工作的组织领导

各级人民政府要按照“属地管理、分级负责”的原则，建立由政府负总责、政府法制机构牵头、各职能部门为主体的行政调解工作体制，并纳入同级“大调解”工作平台，充分发挥行政机关在化解行政争议和民事纠纷中的重要作用；完善行政调解工作协调机制和联席会议制度，定期分析问题，研究改进措施，协调解决影响社会稳定的重大行政争议；注重加强行政调解工作机构和调解员队伍建设，将行政调解工作经费纳入财政预算予以保障，加强对行政调解工作人员的教育、培训和管理，使机构设置、人员配备与其承担的工作任务相适应，有条件的地区可建立行政调解中心；乡（镇）人民政府、街道办事处明确行政调解工作人员，积极开展行政调解工作。各级人民政府法制机构要充分发挥行政调解工作牵头作用，制定完善配套制度，深入开展调查研究，加强工作指导、信息汇总、情况通报、政策研究、经验交流和宣传培训，定期组织开展行政调解情况检查考核。对工作中出现的带有普遍性的问题，要会同有关部门进行分析研究，提出具体解决方案和建议，并向本级人民政府汇报。及时总结、交流、推广和宣传行政调解工作先进经验，大力培育行政调解工作先进典型，积极营造有利于行政调解的良好环境。各有关部门要充分发挥行政调解工作的主体作用，明确行政调解工作的主管领导和工作人员，把调解任务和责任落实到岗到人；公安、民政、人力资源社会保障、国土资源、环保、住房城乡建设、交通运输、卫生、工商、价格等行政调解任务较重的部门，应建立“一把手”负总责、分管领导具体抓、法制工作机构牵头、相关业务处室为主要调解力量的工作体制，根据工作需要成立行政调解委员会，设立行政调解室、接待室；各部门和单位要根据行业特点和要求，制定具体的行政调解程序，建立案件申请、受理、调处、回访、登记统计、立卷归档和信息报送等制度,确保行政调解工作规范运行。

江苏省人民政府办公厅

二〇一一年十月十日

江苏省水利厅关于发布《江苏省水利厅行政调解工作暂行规定》的通告

(2012 年 2 月 15 日 苏水规〔2012〕1 号)

为了全面提高省水利厅行政调解工作水平,积极运用行政调解的方式化解矛盾、解决争议,维护良好的水事秩序和社会稳定,促进和保障水利事业发展,根据《省政府办公厅关于加强行政调解工作的意见》(苏政办发〔2011〕143 号),制定了《江苏省水利厅行政调解工作暂行规定》,已经省水利厅厅长办公会议研究通过,现予发布,自 2012 年 3 月 20 日起施行。

二〇一二年二月十五日

江苏省水利厅行政调解工作暂行规定

为加强和创新水行政管理,及时化解社会矛盾,构建和谐社会,充分发挥行政调解工作作用,根据《省政府办公厅关于加强行政调解工作的意见》(苏政办发〔2011〕43 号),结合水利工作实际,制定本规定。

第一条 本规定所称行政调解,是指省水利厅在履行职权过程中与公民、法人或其他组织之间产生的行政争议以及公民、法人或者其他组织之间产生的与省水利厅行政管理职能有关的民事纠纷,由省水利厅主持或者主导,通过说服教育,促使争议各方平等协商,依法进行协调、疏导和解决的活动。

第二条 省水利厅成立行政调解工作领导小组,由厅长任组长,分管副厅长任副组长,各有关处室和单位的负责人为成员。行政调解工作领导小组下设办公室，设在政策法规处，具体负责行政调解的组织协调以及矛盾纠纷定期排查和综合调处工作。

第三条 省水利厅行政调解工作领导小组的职责：

（一）监督检查行政调解办公室及相关业务处室、单位开展行政调解工作；

（二）听取水利行政调解工作汇报；

（三）负责与省水利厅事务相关的多部门行政调解的沟通协调工作；

（四）负责行政调解重大事项的研究和决定。

第四条 省水利厅行政调解工作领导小组办公室（以下简称行政调解办公室）的职责：

（一）负责当事人申请受理、案件登记；

（二）协调安排厅机关相关业务处室和单位的调解工作；

（三）督促具体调解处室在规定期限内完成调解工作；

（四）负责调解文书的送达、相关材料的归档和管理。

第五条 行政调解工作原则：

（一）自愿原则。充分尊重当事人意愿，不得强迫当事人接受调解方式或者调解结果；

（二）合法原则。遵循法律、法规和有关规定，不得损害国家利益，不得侵犯公民、法人和其他组织的合法权益；

（三）平等原则。尊重争议各方表达意愿和诉求的权利，公正、公平地协商解决利益纠纷。省水利厅作为当事人一方时，与水行政管理相对人的地位平等。

（四）优先原则。根据法律、法规、规章有关规定和争议纠纷情况，在征得当事人同意的基础上，优先选用调解的方式解决矛盾纠纷。

（五）便捷原则。行政调解应当简便、快捷、高效，鼓励采取既灵活多样又诚信规范的方式化解矛盾。

第六条 行政调解工作方式：

（一）坚持预防在先。坚持预防和化解并重、排查和调处并行，加强矛盾排查，及时发现、准确掌握本部门实际存在和可能发生的争议纠纷，努力把矛盾纠纷化解在萌芽状态和初始阶段，防止纠纷激化和升级；

（二）注重调解效果。根据水利工作实际和行业特点，积极探索有效化解争议纠纷的行政调解方式。省水利厅机关主持调解工作时，可邀请当事人所在基

层组织以及其他与案件有关的社会力量参加调解;重大、复杂、群众关注度高的争议纠纷,可邀请相关专家和社会有关力量参加调解;

(三)强化科技支撑。充分运用电子网络技术,开发建设行政调解信息化平台,建立行政调解工作信息资料库,提高行政调解申请、受理和工作统计、监督备案的信息化程度。

第七条　行政调解的范围:

(一)省水利厅因行使水行政管理职权或者在公共服务过程中,与行政管理相对人或者服务对象发生的行政争议;

(二)公民、法人和其他组织之间发生的与省水利厅行政管理职能有关系的矛盾纠纷;

(三)省水利厅在行政执法过程中依法可以调解的争议纠纷;

(四)法律、法规规定的其他可以进行行政调解的水事纠纷。

第八条　行政调解职责分工

(一)属于水行政管理、执法和水利公共服务所涉及的权利、义务纠纷的,由厅机关各处室、厅直各相关单位在各自职责和权限范围内负责调解;

(二)属于省际边界水事纠纷的,由厅政法处会同相关处室负责调解。

第九条　行政调解工作程序分为简易程序和一般程序。简易程序适用于案情简单、调解结果能够及时履行的争议纠纷。一般程序适用于案情复杂、当场不能解决的争议纠纷。

第十条　行政调解工作的一般程序:

(一)申请。行政调解可以书面申请,也可以口头申请;可以由一方当事人申请,也可以由省水利厅依职权提出,但是必须征得各方当事人同意。申请人申请行政调解,应当向行政调解办公室提出。书面申请的,应提交行政调解申请书;口头申请的,应做好记录,并交申请人签字确认。

省水利厅作为一方当事人的,另一方当事人可以向省水利厅、江苏省"大调解"工作机构或者江苏省人民政府法制办公室提出调解申请。

省水利厅在水利社会管理、公共服务和水行政执法过程中发现争议纠纷时,应当主动告知当事人可申请行政调解。

(二)受理。省水利厅行政调解办公室接到当事人申请后,应当在 5 个工作日内完成材料审查。符合条件的,应当及时告知纠纷另一方,另一方同意调解的,应当受理并组织调解。不符合条件或者另一方不同意调解的,不予受理并向申请人说明理由,同时告知申请人解决纠纷的其他渠道。

行政调解办公室受理案件后,应当将行政调解申请书和相关材料按照职责分工及时转交责任处室或者单位。责任处室或者单位应当及时告知当事人调解起止时间、依法享有的权利、应当遵循的程序、注意的事项等。在未启动行政调解程序前,矛盾有可能激化的,应当及时采取必要的缓解疏导措施。

(三)调查。责任处室或者单位应当根据双方的争议焦点,采取查阅文件和资料等方式进行必要的调查。

(四)调解。责任处室或者单位在查明案件事实的基础上,应当根据当事人的诉辩主张,依据有关法律规定,平衡当事人之间的利益和冲突,促使当事人自行和解。在调解中应当坚持情、理、法并用,多做思想疏导工作,促使双方互谅互让;应当注意调解的艺术和方法,体现调解人性化的要求。

1. 责任处室或者单位应当在实施调解 5 日前将调解的时间、地点、调解主持人及其他调解人员的姓名和职务通知当事人,当事人一方无正当理由未按规定时间参加调解的,视为其不同意调解,按自行撤销调解处理。当事人可以委托代理人参加调解,委托代理人参加调解的,应当在调解前向省水利厅提交由委托人签名或者盖章的委托书。

2. 调解开始时,调解主持人宣布行政调解纪律,核对当事人及其代理人身份,宣布主持人、记录员名单,告知当事人在调解中的权利和义务,询问当事人是否申请回避,并告知当事人调解的内容。调解主持人由责任处室或者单位负责人或者其指定人员担任。重大复杂的争议纠纷,省水利厅负责人应当参与组织行政调解。

3. 调解主持人宣布调查核实的案件基本事实,认真听取各方当事人的陈述、申辩和质证,查明争议纠纷的基本事实,分析并且归纳争议的焦点,分析双方当事人应负的责任,并询问当事人对案件事实是否有异议。对争议纠纷基本事实有异议的,责任处室或者单位可采取听证、现场调查等方式调查取证;

4. 询问双方请求和主张,公开初步拟定的调解方案,并做出说明,征询当事人的意见,并依据法律、法规、规章及政策对双方当事人进行说服、劝导,对当事人间的分歧进行协调,引导争议各方达成谅解,力求取得一致意见,促成当事人和解,达成调解协议;

5. 争议纠纷涉及第三人的,应当通知第三人参加行政调解。调解结果涉及第三人利益的,应当征得第三人同意,第三人不同意的,终止行政调解;

6. 重大复杂或者社会影响较大的争议纠纷,应当制作调解笔录,全面、客观地记载调解的过程和内容。调解笔录应当由参与调解的相关人员签名。

(五)制作行政调解协议书。行政调解达成协议的,应当签订调解协议书。调解协议书应当包括以下内容:当事人的姓名或者单位名称,法定代表人姓名、职务;争议的案件及主要情况;当事人协议的内容和调解结果;履行协议的方式、地点、期限。调解协议不得对各方当事人增设超越法律、法规规定的权利和义务。

调解协议书经各方当事人认可并签字或者盖章后,即对调解当事人具有约束力,当事人应当自觉履行。

(六)回访。省水利厅对争议达成调解协议的,应当及时对争议各方履行调解协议的情况进行回访,督促各方履行约定义务,巩固调解成果,实现定纷止争、案结事了。

(七)归档。行政调解案件形成的档案材料应当由行政调解办公室按年度归档,定期进行统计分析。

第十一条 达成行政调解协议后当事人不履行协议的,当事人可以继续申请行政调解或者寻求相关法律救济途径。

第十二条 行政调解应当自受理之日起30个工作日内终结。特殊情况需延长的,经省水利厅负责人批准后,可以延长20个工作日。对在规定期限内达不成调解协议的,省水利厅应当及时终止调解,依法作出处理或者引导当事人通过行政复议、仲裁和诉讼等渠道解决。需要第三方专业机构作出鉴定、认定或者裁决的,鉴定、认定或者裁决所需时间不计入行政调解期限。

第十三条 省水利厅调解争议纠纷,应当提醒当事人关注行政复议、诉讼等法定救济权利行使的时效,注意保护当事人的个人隐私或商业秘密。

当事人不愿对外公开争议纠纷的,应当尊重当事人意愿。

第十四条 当事人可以接受、不接受或者终止行政调解,也可以要求行政调解人员回避。

第十五条 调解主持人、记录员、鉴定人、勘验人有下列情形之一的应当自行回避,当事人也可以申请其回避:

(一)是争议纠纷当事人或者与当事人、代理人有近亲属关系的;

(二)与争议纠纷有利害关系的;

(三)与争议纠纷当事人、代理人有其他关系,可能影响对案件公正处理的。

行政调解主持人的回避由省水利厅行政调解工作领导小组决定,其他人员的回避由行政调解主持人决定。当事人申请回避,应当说明理由。

第十六条 无正当理由不受理行政调解申请,或者在法定期限内不履行调解职责,贻误纠纷调解处理时机,造成恶性事件、群体性事件或者其他严重后果的,由江苏省监察厅驻水利厅监察室按有关规定和程序追究相关人员的责任。

第十七条 行政调解工作人员在行政调解活动中,徇私舞弊或者渎职、失职的,依法给予行政处分;构成犯罪的,依法追究刑事责任。

第十八条 法律、法规、规章对行政调解另有规定的,从其规定。

第十九条 本制度由江苏省水利厅负责解释,自2012年3月20日起施行。

江苏省物价局关于贯彻实施《江苏省价格争议调解处理办法》的通知

(2017年1月20日 苏价认定〔2017〕17号)

各设区市、县(市、区)物价局(发改委、发改局):

《江苏省价格争议调解处理办法》(以下简称调解办法)已经省政府第97次常务会议讨论通过,省政府第111号令公布,将于2017年3月1日起施行。调解办法的颁布施行,是继《江苏省价格条例》出台后的又一重要立法成果,为价格主管部门创新监管服务、促进价格职能转变提供了法律保障。为贯彻实施好调解办法,现就有关事项通知如下:

一、充分认识调解办法施行的重要意义

调解办法全面贯彻了中央和省全面深化价格改革、完善矛盾纠纷多元化解机制的决策部署,细化落实了《江苏省价格条例》设定的价格争议调解制度,系统吸收了近年来我省价格争议调解处理工作的成功做法,同时也为进一步创新监管服务、价格职能转变引领方向。调解办法的颁布实施,对于规范价格争议调解处理行为,努力将价格矛盾争议化解在基层、化解在萌芽状态,维护当事人合法权益,促进社会和谐稳定,具有十分重要的意义。学习宣传贯彻调解办法,是全省价格系统特别是价格认定条线当前和今后一个时期一项重要任务,各地要充分认识调解办法颁布实施的重大意义,采取有效措施,作出具体部署,狠抓贯彻落实,扎实做好调解办法的贯彻实施工作。

二、认真组织学习和宣传调解办法

调解办法在总结我省多年价格争议调解实践的基础上,确立了价格争议调解的基本原则、调解主体、受理范围、调解程序、调解协议等重要制度。全省各级价格主管部门特别是价格认定机构要高度重视调解办法的学习、宣传,准确把握调解办法的立法精神、基本原则和各项制度规定,将调解办法作为全年学法的重点,采取集中培训、政策解读、知识竞赛、个人自学等多种方式,做到准确理解、正确执行调解办法。要面向社会、面向群众广泛开展调解办法的宣传,通过电视、互联网、报纸、系统刊物,以及标语、横幅、橱窗、电子显示屏等方式,对调解办法的内容、意义、作用、亮点以及调处工作的典型案例进行广泛宣传,提高全社会对价格争议调解工作的认知度。在调解办法实施当天,系统上下组织开展广场咨询集中宣传活动,通过向群众分发调解办法单行本、现场解答政策咨询等方式,使广大人民群众了解价格争议调解的法律规定,并自觉运用价格争议调解化解价格矛盾,促进社会和谐稳定。

三、积极推进价格争议调解队伍建设

各级价格主管部门及其价格认定机构要全面履行调解办法赋予的价格争议调解职责,建立健全调解网络和调解工作机制,畅通受理渠道,落实调解工作职责。加强专兼职的价格争议调解员队伍建设,加强法律政策、职业道德和调解技巧的培训,不断提高价格调解员的政治素质和业务能力。要加强与财政、综治办、法制办等相关部门的协作,加强调解工作检查指导,落实调解工作经费,共同推动价格争议调解工作的进一步深入。

四、规范价格争议调解活动

(一)落实价格争议调解工作职责。县级以上地方人民政府价格主管部门负责对价格争议调解处理工作的指导、协调和监督,其所属价格认定机构承担本行政区域内的具体价格争议调解处理工作,当事人向价格争议发生地的价格认定机构提出申请。上级价格认定机构要加强对下级价格认定机构开展价格争议调解处理工作的业务指导和培训,并可将其受理的价格争议调解申请指定下级价格认定机构办理。

(二)规范价格争议调解程序。当事人提出价格争议调解申请的,应当填写《价格争议调解处理申请书》;价格认定机构收到申请后应当审查决定是否受理,并书面告知当事人;受理申请后,价格认定机构应当指定2名以上调解员调解;对事实清楚、争议较小的价格争议,经当事人同意,可以由1名调解员采用简易程序调解;价格争议调解可以采用电话调解、网络调解、现场调解和调解庭调解等方式;采用调解庭调解价格争议,应当提前3个工作日通知当事人;开展价格争议调解应当制作调解笔录;当事人达成调解协议的,要及时制作调解协议书;对出现当事人自愿撤回申请等法定终止情形的,价格认定机构应当终止调解,并通知相关当事人。

(三)完善价格争议调解协议。经调解达成调解协议的,价格认定机构应当及时制作价格争议调解协议书,并及时送达当事人。价格争议调解协议书应当载明下列主要内容:当事人及委托代理人的基本情况;价格争议事项、理由和请求;调解协议的内容、履行方式、期限,以及其他需要约定的事项。调解协议书应当由当事人、调解员签名,并加盖价格认定机构印章,由当事人各执一份,价格认定机构留存一份。当事人达成口头调解协议的,可以不出具价格争议调解协议书,但应在调解笔录中记载。

(四)健全价格争议调解工作制度。各级价格认定机构应当建立、健全价格争议调解处理制度,对照《江苏省价格条例》和调解办法的要求,对现有争议调解工作制度进行集中清理,完善价格争议处理程序,落实价格争议调解文书格式、统计报告、考核奖惩等工作制度。落实争议调解工作保障,为价格争议调解处理提供相应的场所,配备相应的工作人员,公布相关工作流程,实行规范化管理。

各地价格主管部门接到本通知后,要结合本地实际,认真研究落实。对调解办法贯彻实施中的做法成效、推进情况和意见建议,请及时与省物价局法规处、省价格认定局联系。

江苏省物价局

2017年1月20日

江苏省物价局关于印发《价格行政调解暂行规定》的通知

（2012 年 8 月 8 日　苏价综〔2012〕230 号）

各市、县（区）物价局（发改委、发改局），本局各部门：

为规范和加强价格行政调解工作，根据《省政府办公厅关于加强行政调解工作的意见》等有关规定，省物价局制定了《价格行政调解暂行规定》，现印发给你们，请认真贯彻落实。

二〇一二年八月八日

价格行政调解暂行规定

第一条　为规范和加强价格行政调解工作，及时化解价格矛盾纠纷，推动社会管理创新，根据《省政府办公厅关于加强行政调解工作的意见》等有关规定，结合价格工作实际，制定本规定。

第二条　本规定所称价格行政调解，是指由价格主管部门主持或主导，通过说服教育和疏导，以当事人自愿为原则，以法律、法规、规章和政策为依据，促使争议各方平等协商、化解矛盾的纠纷解决方式。

第三条　省物价局负责全省价格行政调解工作的组织、协调和指导。市、县人民政府价格主管部门负责本行政区域内价格行政调解工作。

价格行政调解具体工作由价格主管部门各业务处（科）室和直属机构在各自职责和权限范围内负责办理：

（一）办公室负责信访、政府信息公开有关争议的行政调解；

（二）法制机构负责行政诉讼、行政复议与行政调解对接的价格争议案件的行政调解；

（三）各业务处（科）室负责与本部门管理的政府定价、政府指导价和行政事业性收费相关价格争议的行政调解；

（四）检查分局和反垄断分局负责价格监督检查、价格举报符合《价格违法行为举报规定》第十二条规定双方愿意协商解决以及被举报人涉嫌价格违法、但情节轻微未造成严重后果，符合《江苏省价格举报案件协调处理暂行办法》（苏价检〔2003〕86号）第六条规定价格争议的行政调解；

（五）价格认证中心负责《江苏省价格争议调解处理办法》（苏价规〔2011〕6号）范围内价格争议的行政调解；

（六）其他处（科）室、直属机构负责本部门职责范围内其他依法可以调解的价格矛盾纠纷的行政调解。

对涉及多个部门职责的争议纠纷，由涉及主要职责的部门牵头，相关部门参与协调解决；在特殊情况下，法律关系复杂的重大疑难争议纠纷，价格主管部门负责人可以指定牵头承办部门。

第四条 价格行政调解工作应当坚持自愿、合法、平等、优先、便捷的原则。

第五条 价格行政调解的范围包括：

（一）价格主管部门与公民、法人和其他组织之间发生的行政争议；

（二）公民、法人和其他组织之间发生的与价格行政管理职能相关的纠纷。

第六条 公民、法人和其他组织可以向价格主管部门申请价格行政调解，也可以由价格主管部门依职权提出，但必须征得各方当事人同意。

当事人申请价格行政调解，可以书面申请，也可以口头申请；口头申请的，应当当场记录，并交申请人签字确认。

一方当事人是价格主管部门，另一方当事人可向该价格主管部门或者其上一级主管部门提出调解要求，也可向同级"大调解"工作机构或者同级人民政府法制机构提出调解申请。

第七条 公民、法人和其他组织申请价格行政调解，应当符合下列条件：

（一）申请人与价格争议事项有直接利害关系；

（二）有明确的被申请人；

（三）有具体的调解处理请求、理由及事实依据；

（四）当事人双方同意调解。

第八条 价格主管部门收到调解申请后，应当在5个工作日内进行审查，对符合条件的,决定予以受理,并出具受理回执;决定不予受理的,应当书面告知申请人并说明理由。

第九条 价格行政调解分为简易程序和一般程序:

(一)简易程序适用于案情简单、调解结果能够即时履行的价格争议纠纷,在决定受理后由一名价格行政调解员当场组织调解;

(二)一般程序适用于案情复杂,当场不能解决的价格争议纠纷,在决定受理后10个工作日内由二名以上价格行政调解员组织调解。

第十条 价格主管部门受理行政调解后,应当及时告知当事人调解起止时间、依法享有的权利和应当承担的义务、调解程序等,使当事人明确行政调解的有关要求,帮助当事人正确行使权利。

第十一条 价格主管部门应当对矛盾纠纷进行必要的调查,在查明矛盾纠纷的事实及争议焦点的基础上,有针对性组织当事人进行调解。

对专业性较强、有一定社会影响的争议,可以聘请社会专业人员或邀请政府职能部门有关人员参加调解。

第十二条 价格行政调解开始时,行政调解人员应当宣布行政调解纪律,核实当事人身份,宣布当事人的权利和义务,宣布行政调解人员、记录人的身份,询问当事人是否申请回避。

当事人可以委托代理人参加调解,并提交授权委托书。

第十三条 价格行政调解人员有下列情形之一的,应当自行回避,当事人也可以申请其回避:

(一)是本案当事人或者当事人近亲属的;

(二)与本案处理结果有利害关系的;

(三)与本案有其他关系可能影响案件公正处理的。

当事人申请回避,应当说明理由。价格行政调解人的回避由价格主管部门负责人决定。

第十四条 在调解过程中,当事人应当提出证明事实的证据,如实陈述相关事实和请求;调解人员应当认真听取各方当事人的陈述、申辩,依据各方当事人提供的证据以及本部门在行政调解过程中收集的证据,尽可能查明事实,找准纠纷的焦点和各方利益的连结点,引导当事人达成调解协议。

在调解过程中,行政调解人员应当制作笔录记录调解过程。

第十五条 在价格行政调解处理过程中，需要进行质量、技术等专门检测、鉴定的，根据当事人约定，可以委托有关专门机构进行检测、鉴定，检测、鉴定费用由当事人负担。

第十六条 价格行政调解达成协议的，各方当事人应当签订价格行政调解协议书。价格行政调解协议书可以载明下列事项，但不得违反法律规定，不得对各方当事人增设超过法律法规规定的权利和义务：

（一）当事人的基本情况；

（二）价格争议事项及主要事实；

（三）当事人达成调解协议的内容、履行方式、期限；

（四）其他需要约定的事项。

价格行政调解协议书自各方当事人签字盖章之日即对当事人具有约束力，当事人应当自觉履行。调解协议书由当事人各执一份，价格主管部门留存一份。

第十七条 对达成调解协议的，价格主管部门应当及时对各方履行调解协议情况进行回访，督促各方履行约定义务，巩固调解成果。

第十八条 价格行政调解应当自受理之日起30个工作日内办结；因情况复杂不能在规定时间内办结的，经价格主管部门负责人批准可以适当延长，但延长时间不得超过10个工作日。质量、技术等检测、鉴定时间不计入调解处理时限。

对在规定时限内达不成调解协议的，价格主管部门应当及时终止调解，依法作出处理或者引导当事人通过行政复议、仲裁和诉讼等途径解决。

第十九条 价格行政调解结案后，应当由调解员按规定将与案件有关的材料归档。

第二十条 价格行政争议调解过程中，当事人自行和解的，应当结案。

第二十一条 价格主管部门应当加强行政调解人员的培训和管理，将行政调解工作经费申请列入预算予以保障。

价格主管部门应当加强价格行政调解信息化平台的开发建设，建立行政调解工作信息资料库，积极运用视频系统等进行调解，减少行政成本，提高调解效率。

第二十二条 价格主管部门无正当理由不受理价格行政调解申请或者在规定期限内不履行调解职责，贻误调解时机，造成恶性事件、群体性事件或其他严重后果的，按有关规定和程序追究相关人员的责任。

第二十三条 价格主管部门应当对行政调解进行统计汇总,将每季度价格行政调解工作情况报送本级人民政府和上一级价格主管部门,行政调解工作情况纳入年度依法行政工作报告。

对社会影响较大或者可能引发群体性事件的重大复杂纠纷的调处情况应及时通报。

第二十四条 本规定由江苏省物价局负责解释。

第二十五条 本规定自2012年9月1日起暂行,有效期二年。

江苏省民委、江苏省宗教局关于印发《民族宗教行政调解工作制度》的通知

(2013年12月27日 苏民宗发〔2013〕67号)

各市民宗局,昆山、泰兴、沭阳县(市)民宗局,委(局)机关各处室、研究中心:

现将我委(局)制定的《民族宗教行政调解工作制度》印发给你们,希认真贯彻执行。

附:民族宗教行政调解工作制度

江苏省民委

江苏省宗教局

2013年12月27日

附:

民族宗教行政调解工作制度

第一条 为有效化解民族宗教行政争议,保障公民、法人和其他组织的合法权益,充分发挥行政调解在化解矛盾、解决行政争议中的作用,促进社会和谐稳

定,结合委(局)工作实际,制定本制度。

第二条 本制度所称的行政调解,是指本委(局)根据相关法律、法规和政策规定,对本部门或下级部门与公民、法人和其他组织之间因行使职权产生的纠纷,通过查明事实、分清是非,进行协调疏导,促使本部门或下级部门与公民、法人和其他组织在平等协商的基础上达成和解协议或调解协议,从而妥善解决行政争议的活动。

第三条 行政调解过程中,应当注意保护当事人的个人隐私和商业秘密。

第四条 行政调解工作应当遵守下列原则:

(一)自愿原则。在各方当事人自愿的基础上进行调解。

(二)合法原则。依据法律、法规、规章和政策进行调解,不得损害国家利益、社会公共利益和他人合法权益。

(三)主动原则。委(局)各处室发现职权管辖范围内出现可以适用行政调解的纠纷,应主动说服当事人接受行政调解。

(四)平等原则。行政调解不得偏向任何一方,既要兼顾各方当事人的合法权益,又要说服各方当事人互谅互让,相互理解。

第五条 民族宗教行政调解管辖按照“谁主管、谁负责”的原则确定:

(一)属于民族宗教行政管理所涉及的纠纷,分别由人教处、民族处、宗教一处、宗教二处负责办理。

(二)属于信访事项,按照《信访条例》的规定,由办公室负责办理。

(三)属于民族宗教行政复议、行政赔偿、行政补偿案件的,按照《行政复议法》、《国家赔偿法》等有关法律的规定,由政法处办理。

第六条 对委(局)与公民、法人和其他组织之间的行政纠纷或者涉及跨省的行政纠纷,可以提交上级部门调解。

第七条 行政调解的范围包括:

(一)相关法律法规没有规定或者规定不明确,在适用法律方面有一定困难的案件。

(二)具体行政行为存在瑕疵或不适当的案件。

(三)涉及行政机关不依法履行法定职责的案件。

(四)公民法人和其他组织对行政机关行使自由裁量权作出的具体行政行为不服申请行政复议的案件。

(五)其他可以调解的行政纠纷。

第八条 委(局)各处室处理矛盾纠纷时应当主动告知当事人有申请行政调解的权利,对于符合行政复议、行政诉讼条件的案件,还应告知当事人有提起行政复议或行政诉讼的权利。

第九条 除法律、行政法规、规章另有规定外,行政调解不是委(局)办理行政复议案件或者处理特定矛盾纠纷的必经程序。对不宜调解或一方当事人不同意调解的,应当告知当事人解决纠纷的渠道或者及时作出行政复议决定或其他行政处理决定。

第十条 双方当事人同意调解的,委(局)应予受理,并告知当事人调解起止时间,调解时限一般不超过30天,且不应超过当事人提起行政复议或行政诉讼的时效期限。在信访或行政复议等程序中进行行政调解的,还应符合相关程序的时限要求。

第十一条 在行政调解活动中,纠纷当事人享有下列权利:

(一)自主决定接受、不接受或者终止调解。

(二)表达真实意愿。

(三)自愿达成和解协议或调解协议。

(四)聘请代理人参与调解。

第十二条 在行政调解活动中,纠纷当事人承担下列义务:

(一)如实陈述纠纷事实,不得提供虚假证明材料。

(二)遵守调解规则。

(三)不得加剧纠纷、激化矛盾。

(四)自觉履行和解协议或调解协议。

第十三条 调解的方式可灵活多样,可邀请当事人所在基层组织以及其他与案件处理有关的社会力量参与调解处理;涉及到第三人切身利益的纠纷应邀请第三人参加调解。重大、复杂、群众关注的行政复议案件和其他纠纷,还可邀请相关专家参加调解。

第十四条 行政调解工作按照下列程序进行:

(一)申请。申请人申请行政调解,可以书面申请,也可以口头申请。书面申请的,应提交行政调解申请书;口头申请的,应做好记录,并交申请人签字。

(二)受理。接到当事人申请后,应及时登记,并在5个工作日内完成材料审查。符合条件的,交委(局)相应业务处室具体处理,并及时告知申请人应享有的权利和承担的义务;对不符合条件的,应及时书面告知申请人,并说明理由。

(三)调查和调解。具体承担调解工作的业务处室,要进行认真的调查,查明事实,分析并归纳双争议的焦点,根据争议内容,依据相关法律法规和政策规定,进行必要的调解。调解时,应当听取当事人陈述事实和理由,并做好调解笔录。需要核实有关情况的,可以向其他组织和人员进行核实。

(四)制作行政调解书。经调解达成调解协议,由调解人员制作行政调解协议书。行政调解协议书一般应载明下列事项:各当事人的基本情况;纠纷事实、争议焦点及各方责任;调解方案、理由;协议生效时间以及履行协议的方式、地点、期限;其他需要约定的事项;当事人各方的签字或者盖章、调解人员签名、委(局)机关印章。

行政调解协议书的内容不得违反法律法规和相关政策的规定。

调解协议书一式三份,由双方当事人各执一份,委(局)留存一份备案存档。

(五)履行。调解书生效后,由当事人自行履行。

(六)归档。由具体承担调解工作的处室将于案件有关的材料按照一案一卷的要求整理存档。

第十五条 行政调解中有以下情形之一的调解终止:

(一)当事人已达成调解协议并自觉履行的。

(二)当事人在调解确定的时间内无正当理由拒不到场的。

(三)当事人在调解过程中要求终止调解的。

(四)行政调解结果涉及第三人利益的且第三人不同意调解的。

第十六条 调解人员有下列情况之一的,应当回避:

(一)是本案当事人或者与当事人、代理人有近亲属关系的。

(二)与本案有利害关系的。

(三)与本案当事人、代理人有其他关系,可能影响纠纷处理的。

当事人发现调解人员有应回避情形的,可以口头或者书面方式向委(局)申请其回避;调解人员认为自己有回避情形的,应当自行申请回避。

调解人员的回避由委(局)主要领导决定。当事人申请回避,应当说明回避理由,并在举行调解会前 3 日内提出。

第十七条 具体行政行为存在合法性或合理性问题,或者应当履行职责而未履行的,具体承担调解工作的处室应当督促纠正,争取行政相对人谅解,化解行政争议。

第十八条 经行政调解达不成协议的,委(局)应当依法及时作出行政复议决定或者其他行政处理决定。

第十九条 一方当事人为达成调解协议而在调解协议中所作的不利陈述,不能作为委(局)作出行政复议决定或者其他行政处理决定的事实依据。

第二十条 行政调解后发生行政复议或行政诉讼的,具体承担行政调解工作的处室应将行政调解的有关材料移交行政复议或行政诉讼案件的承办部门。

第二十一条 具体承担行政调解工作的处室应当及时对各方履行调解协议的情况进行回访,督促调解协议的实现。

第二十二条 委(局)参与行政调解的人员应耐心细致地做好调解工作,做到公正、廉洁、不徇私舞弊。无正当理由不受理行政调解申请,或在规定期限内不履行调解职责,或因调解工作失误、不当引起矛盾纠纷激化,造成恶性事件、群体性事件或其他严重后果的,依据《行政监察法》有关规定和程序追究相关责任人员的责任。

第二十三条 本制度自2014年2月3日起施行。

南京市人民政府办公厅关于印发《南京市行政调解工作实施办法》的通知

(2013年1月23日 宁政办发〔2013〕5号)

各区县人民政府,市府各委办局,市各直属单位:

经市政府同意,现将《南京市行政调解工作实施办法》印发给你们,请认真贯彻执行。

南京市人民政府办公厅

2013年1月23日

南京市行政调解工作实施办法

第一条 为建立健全行政调解工作体制，规范行政调解行为，充分发挥行政调解在预防和化解矛盾纠纷、维护社会和谐稳定方面的作用，根据国务院《关于加强法治政府建设的意见》、省政府办公厅《关于加强行政调解工作的意见》，结合本市实际，制定本办法。

第二条 行政调解是指在行政机关主持或者主导下，以各方当事人自愿为基础，依据法律、法规及政策规定，通过对争议各方的说服与劝导，促使当事人互让互谅、平等协商，从而解决有关争议、达成和解协议的活动。

第三条 行政调解实行政府总负责、政府法制部门牵头、各职能部门为主体的工作体制。

第四条 市、区县人民政府应当将行政调解工作纳入本级人民政府依法行政考核和年度目标管理，建立行政调解工作联席会议制度，由同级人民政府法制部门组织实施。

各级行政机关具体负责行政调解工作。行政调解任务较重的部门应当明确本部门负责行政调解的工作机构，配备相应的人员、办公场所和设施设备，保障行政调解工作正常开展。

第五条 各级政府法制部门应当加强对行政调解工作的指导、协调、监督、检查和考核。

第六条 行政机关应当加强与人民法院、人民调解组织的沟通联系，完善行政调解与司法调解、人民调解相衔接的协调联动、信息沟通和效力衔接机制。

第七条 行政调解应当遵循下列原则：

（一）自愿原则。充分尊重当事人意愿，不得逼迫当事人接受调解方式或者调解结果。

（二）合法原则。遵循有关法律规定，不得损害国家利益、公共利益，不得侵犯公民、法人和其他组织的合法权益。

（三）公平合理原则。兼顾各方当事人的合法权益，公正平等地协商解决利益纠纷。行政机关作为当事人一方时，与行政管理相对人的地位平等。调解应当客观、适度、合理。

(四)主动优先原则。根据有关法律规定及争议纠纷的情况,以征得当事人同意为前提,优先选用行政调解方式解决纠纷。

(五)高效便民原则。行政调解应当简便、快捷、高效,采取灵活多样的方式方法,减少当事人的程序性负担。

第八条 行政调解的范围:

(一)公民、法人或其他组织之间产生的与行政管理职能有关的食品安全、安全生产、环境保护、治安案件、交通事故损害赔偿、医疗卫生、消费者权益保护、劳动争议等民事纠纷;

(二)行政机关或者法律、法规授权的具有管理公共事务职能的组织与公民、法人或其他组织之间产生的房屋土地征收、社会保障、治安管理等行政争议;

(三)其他涉及人数较多、影响较大、可能影响社会稳定的矛盾纠纷和行政争议。

上述范围内的事项,行政机关可以根据当事人的申请或者依职权进行调解。行政机关在作出可调解的具体行政行为时,应当主动告知当事人有向本机关申请行政调解的权利。

行政调解不得收取费用。

第九条 当事人可以书面或者口头向矛盾纠纷发生地或者具有管理权限的行政机关申请行政调解。

口头申请行政调解的,行政机关应当记录申请人的基本情况和申请调解的请求、主要事实、理由、时间等。

第十条 当事人申请行政调解,应当符合下列条件:

(一)有明确的相对人、申请事项和事实;

(二)当事人与申请调解的矛盾纠纷有直接利害关系;

(三)申请调解的矛盾纠纷与行政机关的行政管理职能有关,并符合本办法第八条的规定;

(四)具有可调解性,且相对人、第三人同意行政调解。

第十一条 下列事项不属于行政调解范围:

(一)法院、仲裁机构、复议机关已经受理或者处理的;

(二)有管辖权的其他行政机关已经受理或者处理的;

(三)已经行政调解完毕,就同一纠纷争议以同一事实和理由申请的;

（四）一方当事人拒绝调解的；

（五）涉嫌违法或者犯罪行为的。

第十二条 各级行政机关应当根据部门、行业特点建立简便、灵活的行政调解工作程序，方便当事人开展行政调解。

行政调解时限一般不超过20个工作日。重大疑难案件经各方当事人同意，由行政机关负责人批准，可以延长10个工作日。

法律、法规、规章对行政调解程序、时限等有明确规定的，从其规定。

第十三条 对案情简单、调解结果可以即时履行的争议纠纷，可以适用简易程序，当场调解，当场办结，事后登记。

对案情复杂的争议纠纷，应当经过申请、受理、调解、签订协议等程序。

对重大疑难案件，应当进行听证、鉴定。

第十四条 行政调解的一般程序包括：

（一）申请。行政调解可以书面申请，也可以口头申请。可以由一方当事人申请，行政机关依职权提出的，应征得各方当事人同意。

（二）受理。行政机关收到行政调解申请后，应当在3个工作日内决定是否受理并告知当事人。决定不受理的，应当说明理由。

2个以上行政机关收到同一行政调解申请的，由具有相关管理职能的行政机关受理；属于2个以上行政机关共同管辖的，由先收到申请的行政机关受理。对涉及多个部门的矛盾纠纷，由政府指定的部门牵头调解。

（三）调处。行政机关受理行政调解后，应当及时告知当事人依法享有的权利义务及调解人员、记录人员的身份，核对当事人身份，询问当事人或者第三人是否申请回避。

调解过程中，行政机关应当认真听取各方当事人的陈述、申辩和质证，分析归纳各方争议的焦点，依法对当事人进行说服、劝导，引导争议各方达成谅解。

第十五条 行政调解中，当事人享有下列权利：

（一）自主接受调解、拒绝调解或者要求终止调解；

（二）要求公开调解或者不公开调解；

（三）表达真实意愿、自愿达成调解协议；

（四）其他依法享有的权利。

第十六条 行政调解中，当事人应当履行下列义务：

（一）如实提交有关证据和陈述纠纷事实，不得提供虚假证明材料；

（二）遵守调解秩序，不得加剧纠纷、激化矛盾；

（三）自觉履行调解协议。

第十七条 行政调解人员和记录人员有下列情形之一的，当事人或者第三人有权申请其回避：

（一）是本案当事人或者当事人近亲属的；

（二）与本案有利害关系的；

（三）可能影响对案件公正调解的。

符合前款规定情形的行政调解人员或者记录人员，当事人或者第三人提出回避要求的，行政机关应当调换。

第十八条 行政机关调解矛盾纠纷，应当制作调解笔录。行政调解笔录应当全面、真实地记载调解过程，并由调解人员和双方当事人、第三人签名。

第十九条 行政调解达成协议的，行政机关应当制作行政调解协议书。

行政调解协议书应当载明下列事项：

（一）当事人的基本情况；

（二）矛盾纠纷事实、争议焦点；

（三）协议的内容和调解结果；

（四）履行协议的方式、地点、期限；

（五）调解人员、双方当事人、第三人签名；

（六）其他事项。

行政调解协议书的内容不得违法，不得损害国家利益、公共利益、他人合法权益。

第二十条 行政调解协议书自双方当事人、第三人和调解人员、调解组织签字盖章之日起生效，当事人应当自觉履行。当事人认为有必要的，可以依法向法院申请司法确认。

行政调解协议书由双方当事人、第三人各执一份，行政机关存档一份。

第二十一条 行政调解达不成协议或者行政调解协议生效前，一方当事人或者第三人反悔的，行政机关应当终止行政调解，并制作行政调解终止通知书，依法作出处理或者引导当事人通过行政复议、仲裁和诉讼等渠道解决争议和纠纷。

第二十二条 行政调解可以聘请法官、检察官、律师、人民调解员等专业人员参与。有关单位应当予以配合。

行政机关应当配合做好人民法院委托调解或者与司法机关共同调解行政案件的有关工作。

第二十三条 行政调解工作情况纳入年度依法行政考核。有关部门应当制定行政调解相关制度，完善行政调解考核评估制度。

第二十四条 完善行政调解信息公开制度。采取多种形式向社会公开行政调解工作制度、依据、范围、原则、流程和行政调解人员名单及其行为规范。

各部门应当做好行政调解统计工作，按规定报送有关数据和情况。对社会影响较大或者可能引发群体性事件行政调解工作信息，应当及时上报。

第二十五条 有条件的政府法制机构可以设立行政调解中心，配备专职行政调解工作人员和相应的工作场所、设备设施等。

行政调解中心负责具体指导、协调各部门的行政调解工作，并组织调处法律关系复杂、重大疑难、跨部门以及涉及政府的矛盾纠纷。

行政调解任务较重的部门，可以根据工作需要成立行政调解委员会，设立行政调解室、接待室。

第二十六条 财政部门应当根据部门预算管理有关要求，将行政调解工作经费纳入财政预算予以保障。

第二十七条 各级政府对行政调解工作成绩突出的单位和个人予以表彰；对行政调解工作落实不力而导致矛盾激化、造成严重后果的，追究相关领导和工作人员的责任。

第二十八条 县区政府、市各部门应当根据本办法，制定本地区、本部门开展行政调解工作的实施意见。

第二十九条 本办法自 2013 年 3 月 1 日起施行。

无锡市人民政府办公室关于印发《无锡市行政调解实施办法》的通知

（2012 年 9 月 5 日　锡政办发〔2012〕195 号）

各市（县）和各区人民政府，市各委、办、局，市各直属单位：

《无锡市行政调解实施办法》已经市政府同意，现印发给你们，请认真贯彻执行。

无锡市人民政府办公室

2012 年 9 月 5 日

无锡市行政调解实施办法

第一条　为健全社会矛盾纠纷调解机制，规范行政调解行为，及时化解争议纠纷，促进社会和谐稳定，根据《国务院关于加强法治政府建设的意见》（国发〔2010〕33 号）、《省政府办公厅关于加强行政调解工作的意见》（苏政办发〔2011〕143 号），结合我市实际，制定本办法。

第二条　本办法所称行政调解，是指行政机关（包括法律法规授权组织）在日常管理和行政执法过程中，对与本机关行政职权有关的各类争议纠纷，以当事人自愿为原则，通过对争议当事人的说服和疏导，促使当事人平等协商、互谅互让，达成调解协议，解决争议纠纷的活动。

第三条　本市行政区域内行政机关组织实施行政调解，公民、法人或者其他组织申请和参加行政调解，适用本办法。

第四条　行政调解工作由各级行政机关负责。

行政机关应当加强与人民调解组织和人民法院的联系，做好行政调解与人民调解、司法调解有效衔接、相互配合的工作，积极推动信息互通、工作联动、矛盾联调、优势互补,形成化解争议纠纷的合力。

各级政府法制机构应当加强对行政调解工作的指导、协调、监督、检查和考核。

第五条 行政调解应当遵循以下原则:

(一)自愿原则。充分尊重当事人意愿,不得逼迫当事人接受调解方式或者调解结果。

(二)合法原则。遵循法律、法规、规章和有关规定,不得损害国家利益、公共利益,不得侵犯公民、法人和其他组织的合法权益。

(三)平等原则。尊重争议各方表达意愿和诉求的权利,公正平等地协商解决利益纠纷。行政机关作为当事人一方时,与行政管理相对人的地位平等。

(四)优先原则。根据法律、法规、规章有关规定和争议纠纷的情况,在征得当事人同意的基础上,优先选用调解方式解决矛盾纠纷。

(五)便捷原则。行政调解应当简便、快捷、高效,鼓励采取既灵活多样又诚信规范的方式化解矛盾。

第六条 行政调解的范围,主要包括行政机关和公民、法人或者其他组织之间产生的行政争议;公民、法人或者其他组织之间产生的与行政管理职能有关的民事纠纷。

第七条 行政机关在日常管理和行政执法过程中发现争议纠纷时,应当告知当事人可以要求行政调解。当事人也可以向行政机关就争议纠纷提出行政调解要求。

对资源开发、环境污染、公共安全事故等方面的民事纠纷,以及涉及人数较多、影响较大、可能影响社会稳定的纠纷,行政机关应当依职权主动进行调解,并向当事人说明原因。

当事人可以接受、不接受或者终止行政调解。

第八条 凡是已经行政机关信访复核的,已经仲裁作出仲裁裁决的,已经行政复议作出决定的,已经法院审理作出裁决、裁定的事项,不得再申请行政调解。

第九条 行政调解分为简易程序和一般程序。

简易程序适用于案情简单、调解结果易于履行的争议纠纷,尽可能减少当事人的程序性负担。

一般程序适用于案情相对复杂的争议纠纷。

第十条　行政调解一般程序主要包括以下步骤：

（一）申请。行政调解可以书面申请，也可以口头申请；可以由一方当事人申请，也可以由行政机关依职权提出，但必须征得各方当事人同意。一方当事人是行政机关的，另一方当事人可以向该部门或者该部门的上一级主管部门提出调解要求，也可以向同级"大调解"工作机构或者同级政府法制机构提出调解申请。

（二）受理。行政机关收到行政调解申请后，应当在 3 个工作日内决定是否受理并及时告知当事人。决定不受理的，应当说明理由。

两个以上行政机关收到同一行政调解申请的，由具有相关管理职能的行政机关受理；两个以上行政机关都有管辖权的，由最先收到申请的行政机关受理。对涉及多个部门的矛盾纠纷，由同级"大调解"工作机构或者同级政府法制机构指定的部门牵头调解。

（三）调处。行政机关受理行政调解申请后，应当及时告知当事人依法享有的权利和应当遵守的程序及相关事项。

行政机关主持行政调解，应当充分听取当事人的陈述、申辩和质证意见，依据法律、法规、规章及有关规定，对当事人进行说服、劝导，引导争议各方达成谅解。对争议纠纷基本事实有异议的，行政机关可以采取听证、现场调查等方式调查取证。涉及第三人的，应当通知第三人参加行政调解。调解达成协议的，应当签订调解协议书。

第十一条　行政调解时限一般不超过 20 个工作日，重大、复杂的争议纠纷调处时间可以延长 10 个工作日。需要第三方专业机构作出鉴定、认定或者裁决的，鉴定、认定、裁决所需时间不计入行政调解时限。

第十二条　重大、复杂争议纠纷的行政调解，行政机关负责人应当参与，一般争议纠纷的调解由行政机关相关处室负责人或者行政机关指定的工作人员负责。

行政调解实行回避制度。

第十三条　行政机关调解争议纠纷，应当提醒当事人关注行政复议、行政诉讼等法定救济权利行使的时效，对达不成调解协议的，行政机关应当及时终止调解，依法作出处理或者引导当事人通过行政复议、仲裁、诉讼等途径解决。

第十四条　行政机关应当在争议纠纷达成调解协议后，及时对履行调解协议情况进行回访，督促各方履行约定义务，巩固调解成果，实现定纷止争、案结事了。

第十五条 行政调解形成的档案材料应当及时归档。

第十六条 行政机关应当建立本部门的行政调解制度,完善行政调解机制,落实具体责任,加强业务培训,统一文书格式。

第十七条 行政机关应当建立重大行政争议预警机制,坚持预防和化解并重,准确把握实际存在和可能发生的争议纠纷,努力把矛盾化解在萌芽状态和初始阶段。

第十八条 行政机关应当根据部门实际和行业特点,积极探索有效化解争议纠纷的行政调解方式。进行行政调解时,可以邀请当事人所在基层组织以及其他与争议纠纷有关的社会力量参加调解;重大、复杂、群众关注度高的争议纠纷,可以邀请相关专家参加调解。

第十九条 行政机关应当建立行政调解工作统计分析制度,每季度对有关数据和情况进行汇总统计,并报同级人民政府法制机构,再经政府法制机构汇总报上一级人民政府。

当年行政调解工作情况纳入年度依法行政工作报告一并报送。

第二十条 行政调解工作列入各级政府和行政机关依法行政考核内容,对行政调解工作成绩突出的单位、人员予以表彰,对行政调解工作落实不力导致矛盾激化、造成严重后果的,要严肃追究相关领导和人员的责任。

第二十一条 本办法自2012年10月1日起施行。

无锡市民族宗教事务局
关于印发《无锡市民族宗教事务局
行政调解暂行办法》的通知

(2014年2月12日 锡民宗通〔2014〕8号)

各市(县)区民宗局,局机关各处室:

现将我局制定的《无锡市民族宗教事务局行政调解暂行办法》印发给你们,

希认真贯彻执行。

附件:《无锡市民族宗教事务局行政调解暂行办法》

无锡市民族宗教事务局

2014 年 2 月 12 日

附件:

无锡市民族宗教事务局行政调解暂行办法

第一条　为有效化解民族宗教行政争议,保障公民、法人和其他组织的合法权益,充分发挥行政调解在化解矛盾、解决行政争议中的作用,促进社会和谐稳定,结合局工作实际,制定本办法。

第二条　本办法所称的行政调解,是指本局根据相关法律、法规和政策规定,对本部门或下级部门与公民、法人和其他组织之间因行使职权产生的纠纷,通过查明事实、分清是非,进行协调疏导,促使本部门或下级部门与公民、法人和其他组织在平等协商的基础上达成和解协议或调解协议,从而妥善解决行政争议的活动。

第三条　行政调解过程中,应当注意保护当事人的个人隐私和商业秘密。

第四条　行政调解工作应当遵守下列原则:

(一)自愿原则。在各方当事人自愿的基础上进行调解。

(二)合法原则。依据法律、法规、规章和政策进行调解,不得损害国家利益、社会公共利益和他人合法权益。

(三)主动原则。局各处室发现职权管辖范围内出现可以适用行政调解的纠纷,应主动说服当事人接受行政调解。

(四)平等原则。行政调解不得偏向任何一方,既要兼顾各方当事人的合法权益,又要说服各方当事人互谅互让,相互理解。

第五条　民族宗教行政调解管辖按照"谁主管、谁负责"的原则确定:

(一)属于民族宗教行政管理所涉及的纠纷,分别民族处、宗教处负责办理。

(二)属于信访事项,按照《信访条例》的规定,由办公室负责办理,有关业务处室配合。

(三)属于民族宗教行政复议、行政赔偿、行政补偿案件的,按照《行政复议法》、《国家赔偿法》等有关法律的规定,由行政法规处办理。

第六条 对本局与公民、法人和其他组织之间的行政纠纷或者涉及跨市的行政纠纷,可以提交上级部门调解。

第七条 行政调解的范围包括:

(一)相关法律法规没有规定或者规定不明确,在适用法律方面有一定困难的案件。

(二)具体行政行为存在瑕疵或不适当的案件。

(三)涉及行政机关不依法履行法定职责的案件。

(四)公民、法人和其他组织对行政机关行使自由裁量权作出的具体行政行为不服申请行政复议的案件。

(五)其他可以调解的行政纠纷。

第八条 局各处室处理矛盾纠纷时应当主动告知当事人有申请行政调解的权利,对于符合行政复议、行政诉讼条件的案件,还应告知当事人有提起行政复议或行政诉讼的权利。

第九条 除法律、行政法规、规章另有规定外,行政调解不是本局办理行政复议案件或者处理特定矛盾纠纷的必经程序。对不宜调解或一方当事人不同意调解的,应当告知当事人解决纠纷的渠道或者及时作出行政复议决定或其他行政处理决定。

第十条 双方当事人同意调解的,本局应予受理,并告知当事人调解起止时间,调解时限一般不超过 30 天,且不应超过当事人提起行政复议或行政诉讼的时效期限。在信访或行政复议等程序中进行行政调解的,还应符合相关程序的时限要求。

第十一条 在行政调解活动中,纠纷当事人享有下列权利:

(一)自主决定接受、不接受或者终止调解。

(二)表达真实意愿。

(三)自愿达成和解协议或调解协议。

(四)聘请代理人参与调解。

第十二条 在行政调解活动中,纠纷当事人承担下列义务:

(一)如实陈述纠纷事实,不得提供虚假证明材料。

（二）遵守调解规则。

（三）不得加剧纠纷、激化矛盾。

（四）自觉履行和解协议或调解协议。

第十三条　调解的方式可灵活多样，可邀请当事人所在基层组织以及其他与案件处理有关的社会力量参与调解处理；涉及到第三人切身利益的纠纷应邀请第三人参加调解。重大、复杂、群众关注的行政复议案件和其他纠纷，还可邀请相关专家参加调解。

第十四条　行政调解工作按照下列程序进行：

（一）申请。申请人申请行政调解，可以书面申请，也可以口头申请。书面申请的，应提交行政调解申请书；口头申请的，应做好记录，并交申请人签字。

（二）受理。接到当事人申请后，应及时登记，并在5个工作日内完成材料审查。符合条件的，交局相应业务处室具体处理，并及时告知申请人应享有的权利和承担的义务；对不符合条件的，应及时书面告知申请人，并说明理由。

（三）调查和调解。具体承担调解工作的业务处室，要进行认真的调查，查明事实，分析并归纳双方争议的焦点，根据争议内容，依据相关法律法规和政策规定，进行必要的调解。调解时，应当听取当事人陈述事实和理由，并做好调解笔录。需要核实有关情况的，可以向其他组织和人员进行核实。

（四）制作行政调解书。经调解达成调解协议，由调解人员制作行政调解协议书。行政调解协议书一般应载明下列事项：各当事人的基本情况；纠纷事实、争议焦点及各方责任；调解方案、理由；协议生效时间以及履行协议的方式、地点、期限；其他需要约定的事项；当事人各方的签字或者盖章、调解人员签名、局机关印章。

行政调解协议书的内容不得违反法律法规和相关政策的规定。

调解协议书一式三份，由双方当事人各执一份，本局留存一份备案存档。

（五）履行。调解书生效后，由当事人自行履行。

（六）归档。由具体承担调解工作的处室将与案件有关的材料按照一案一卷的要求整理存档。

第十五条　行政调解中有以下情形之一的调解终止：

（一）当事人已达成调解协议并自觉履行的。

（二）当事人在调解确定的时间内无正当理由拒不到场的。

(三)当事人在调解过程中要求终止调解的。

(四)行政调解结果涉及第三人利益的且第三人不同意调解的。

第十六条 调解人员有下列情况之一的,应当回避:

(一)是本案当事人或者与当事人、代理人有近亲属关系的。

(二)与本案有利害关系的。

(三)与本案当事人、代理人有其他关系,可能影响纠纷处理的。

当事人发现调解人员有应回避情形的,可以口头或者书面方式向本局申请其回避;调解人员认为自己有回避情形的,应当自行申请回避。

调解人员的回避由局主要领导决定。当事人申请回避,应当说明回避理由,并在举行调解会3日前提出。

第十七条 具体行政行为存在合法性或合理性问题,或者应当履行职责而未履行的,具体承担调解工作的处室应当督促纠正,争取行政相对人谅解,化解行政争议。

第十八条 经行政调解达不成协议的,本局应当依法及时作出行政复议决定或者其他行政处理决定。

第十九条 一方当事人为达成调解协议而在调解协议中所作的不利陈述,不能作为本局作出行政复议决定或者其他行政处理决定的事实依据。

第二十条 行政调解后发生行政复议或行政诉讼的,具体承担行政调解工作的处室应将行政调解的有关材料移交行政复议或行政诉讼案件的承办部门。

第二十一条 具体承担行政调解工作的处室应当及时对各方履行调解协议的情况进行回访,督促调解协议的实现。

第二十二条 本局参与行政调解的人员应耐心细致地做好调解工作,做到公正、廉洁、不徇私舞弊。无正当理由不受理行政调解申请,或在规定期限内不履行调解职责,或因调解工作失误、不当引起矛盾纠纷激化,造成恶性事件、群体性事件或其他严重后果的,依据《行政监察法》有关规定和程序追究相关责任人员的责任。

第二十三条 本办法自2014年3月1日起施行。

徐州市司法局行政调解工作制度(试行)

(2011 年 10 月 18 日　徐司〔2011〕96 号)

第一条　为了充分发挥行政调解工作作用,及时化解社会矛盾,保护公民、法人和其他组织的合法权益,促进社会和谐稳定,结合我局工作实际,制定本制度。

第二条　本制度所称行政调解,是指司法行政机关在日常管理和行政执法过程中,对与本机关行使司法行政职权有关的各类争议纠纷,以法律、法规、规章及政策为依据,以当事人自愿为原则,通过对争议当事人的说服和疏导,促使当事人平等协商、互谅互让,达成调解协议,快速解决争议纠纷的活动。

第三条　局成立行政调解工作领导小组,局长任组长,副局长任副组长,各处、室、直属单位的主要负责人为小组成员。行政调解工作领导小组下设办公室,局办公室主要负责人兼任办公室主任,局办公室和相关业务处室各确定 1 名行政调解员为办公室工作人员。

第四条　局行政调解工作领导小组的职责:指导行政调解办公室及相关业务处室和局直属单位开展纠纷调处工作;决定是否受理行政调解申请,安排落实调解办案人员;协调涉及多个部门的争议纠纷调解事宜;督促指导县(市)、区司法局行政调解工作。

第五条　局行政调解办公室的职责:统一登记受理行政调解案件,提出受理、不予受理的初步意见;按照行政调解工作领导小组意见,协调安排局机关相关业务处室和直属单位进行调解;督促承办调解处室或直属单位在规定期限内完成调解、形成调解文书并送达;负责调解文书的案卷归档和管理。

第六条　行政调解工作应遵循自愿、公平、合法、合理、效率的原则。

第七条　行政调解的范围:

(一)司法行政管理部门在行使管理职权过程中,与行政管理相对人发生的行政纠纷;

(二)公民、法人和其他组织之间产生的与司法行政管理有关的矛盾纠纷;

(三)法律、法规规定的其他可以行政调解的司法行政类纠纷。

第八条 行政调解工作程序:

(一)申请。申请人申请行政调解,可以书面申请,也可以口头申请。书面申请的,应提交行政调解申请书;口头申请的,行政调解办公室应做好记录,并交申请人签字确认。

(二)受理。行政调解办公室接到当事人申请后,应在5个工作日内完成材料审查,提出受理或不予受理的意见,报行政调解工作领导小组审定后书面告知当事人。

1.符合条件的,应当在5个工作日内启动行政调解程序并及时告知申请人。

2.对被申请人不同意行政调解的,应当在5个工作日内书面告知申请人解决纠纷的渠道。

3.在未启动行政调解程序前,矛盾有可能激化的,或其他紧急情形不立即处理有可能损害申请人合法权益的,应当及时采取必要的缓解疏导措施,或告知申请人采取其他纠纷解决渠道。

行政调解办公室根据案件情况,及时确定行政调解处室或直属单位,并将当事人的申请材料转交负责调解的处室或直属单位。

(三)调查。负责调解的处室或直属单位受理案件后,要根据双方的争议焦点,采取当事人举证、调查取证、现场勘验、查阅文件和资料等方式进行必要的调查。相关证据应当由双方当事人在调解过程中进行质证。

(四)调解。

1.负责调解的处室或直属单位确定调解时间、地点和参加的人员后,通知有关当事人到场调解;

2.调解开始时,宣布行政调解纪律,核对当事人身份,宣布当事人应享有的权利和承担的义务,宣布调解员、记录员身份,询问当事人是否要求回避,并明确告知当事人纠纷事由;

3.调解员宣布调查核实的案件基本事实,分析双方当事人应负的责任,并询问当事人对案件事实是否有异议;

4.询问双方请求和主张,公开初步拟定的调解方案,向当事人作出说明,征询当事人的意见,对当事人间的分歧进行协调,力求取得一致意见,促成当事人和解,达成调解协议。

（五）制作行政调解书。行政调解达成协议的,由各方当事人签订行政调解协议书。行政调解协议书送达有关当事人签收后生效。当事人拒绝签收行政调解协议书的,视为调解不成。对调解不成的纠纷,由行政调解员宣告行政调解结束,并告知有关当事人根据争议性质,实行其他途径的救济。

（六）履行。调解书生效后当事人应当积极履行。经行政调解达成具有民事合同性质的协议,由司法行政机关盖章后,双方当事人可以共同向有管辖权的人民法院提出确认申请,法院确认该协议合法有效的,则该行政调解协议具有强制执行力,一方当事人在对方不履行调解协议时可以向法院申请强制执行。

（七）归档。调解结案或调解不成的案件,应由调解员按规定将与案件有关的材料装订归档,妥善保存并向行政调解办公室备案。

第九条　行政调解中有下列情形之一的,终止调解:

（一）一方或双方在调解确定的时间内无正当理由拒不到场的;

（二）一方或者双方在调解过程中要求终止调解的。

第十条　争议涉及第三人的,应当通知第三人参加。行政调解结果涉及第三人利益的,应当征得第三人同意,第三人不同意的,终止行政调解。

第十一条　调解人员有下列情况之一的,应当回避:

（一）是争议纠纷当事人,或者与当事人及其代理人有近亲属关系;

（二）与争议纠纷有利害关系;

（三）与争议纠纷当事人及其代理人有其他关系,可能影响争议纠纷公正处理的。

当事人发现调解人员有应当回避情形的,可以要求其回避。

调解人员有应当回避情形的,应当自行提出回避。

调解人员是否回避由主持调解的处室或直属单位负责人决定;处室或直属单位负责人担任调解员的,由行政机关负责人决定。

第十二条　行政调解时限一般不超过 20 个工作日,重大、复杂的争议纠纷,经行政机关负责人批准可延长 10 个工作日。

需要第三方专业机构作出鉴定、认定或者裁决的,鉴定、认定或者裁决所需时间不计入行政调解时限。

第十三条　重大复杂的争议纠纷,行政机关负责人应当参与组织行政调解;

一般的争议纠纷，由行政机关相关业务处室负责人或者行政机关负责人指定人员进行行政调解。

第十四条 坚持“三调联动”（人民调解、行政调解、司法调解），重大复杂的行政调解可以与人民法院、人民调解组织、仲裁机构和基层组织联合进行，也可以邀请人大代表、政协委员、相关专业人员和当事人共同信任的人参加。

第十五条 无正当理由不受理行政调解申请，或者在法定期限内不履行调解职责，贻误纠纷调处时机，造成恶性事件、群体性事件或其他严重后果的，由监察部门按有关规定和程序追究相关人员的责任。

第十六条 法律、法规、规章对行政调解另有规定的，从其规定。

第十七条 本规定自发布之日起施行。

常州市人民政府办公室关于进一步规范和加强行政机关行政调解工作的意见

（2009年5月6日 常政办发〔2009〕66号）

各辖市、区人民政府，市各委办局，市各直属单位：

为全面贯彻落实国务院《全面推进依法行政实施纲要》、《国务院关于加强市县政府依法行政的决定》和省委《法治江苏建设纲要》，加快法治政府建设，构建社会主义和谐社会，充分发挥行政调解在化解矛盾、解决纠纷方面的独特优势，促进我市经济社会全面协调可持续发展，根据《中华人民共和国行政复议法实施条例》相关规定，经市人民政府同意，现就进一步规范和加强我市行政机关行政调解工作提出如下意见：

一、行政调解的指导思想

坚持以邓小平理论和“三个代表”重要思想为指导，深入贯彻落实科学发展观，全面推进依法行政，紧紧围绕建设法治政府、服务型政府和构建和谐社会的总要求，以预防和化解与人民群众生活密切相关的行政争议为重点，规范和加强行政调解，优化行政调解功能，努力实现好、维护好、发展好最广大人民群众的根本利益，切实解民忧，排民难，维民权，保民安，促和谐。

二、行政调解的原则

行政调解是指行政机关在法定职权范围内，为更好地行使行政职责，以法律、法规、规章和政策为依据，以当事人自愿为原则，通过对争议各方的说服和劝导，使各方当事人互谅互让、平等协商、达成协议，从而妥善解决矛盾纠纷的活动。加强和规范行政机关行政调解工作，必须遵循以下原则：

（一）自愿原则。行政调解要建立在当事人自愿的基础上，自愿应当贯穿于调解的全过程并尊重当事人对调解方式、方法的选择。

（二）合法原则。行政机关要公平、公正地化解矛盾纠纷，有效地保护各方当事人的合法权益。调解的内容不得违反法律禁止性规定，不得损害国家利益、社会公共利益和他人合法权益。

（三）便民高效原则。行政机关要便民、高效地化解矛盾纠纷，使各方当事人的矛盾纠纷获得快捷、简便、有效、成本低廉的解决。

（四）依法调解和依法处理相结合的原则。除法律、行政法规、规章另有规定外，行政调解不是行政机关办理行政复议案件或者处理特定矛盾纠纷的必经程序。对不宜调解或者经调解达不成协议的，行政机关应当及时作出行政复议决定或者其他行政处理决定（含裁决）。

三、行政调解的范围

（一）对下列行政复议案件，行政复议机关可以进行调解：

1. 公民、法人和其他组织对行政机关行使法律、法规、规章规定的自由裁量权作出的具体行政行为不服申请行政复议的；

2. 当事人之间的行政赔偿或者行政补偿案件。

（二）对下列属于行政机关法定职权范围内的特定矛盾纠纷，行政机关可以进行调解：

1. 依法可以调解的治安案件、交通事故损害赔偿的矛盾纠纷；

2. 土地、林木、矿产等自然资源经营、承包、流转等权益的矛盾纠纷；

3. 土地、林地等承包经营权的矛盾纠纷；

4. 征用、征收土地房屋发生的安置补偿的矛盾纠纷；

5. 劳动、人事方面发生的矛盾纠纷；

6. 消费争议、产品质量的矛盾纠纷；

7. 医疗事故赔偿的矛盾纠纷；

8. 其他依法可以调解的矛盾纠纷。

四、行政调解的程序

(一)行政调解的启动。行政调解启动可以由一方当事人申请，也可以由行政机关依职权提出。但不论采取哪种方式，都必须征得各方当事人同意。

(二)行政调解的受理。调解申请经各方当事人同意后，行政机关应予受理，并告知当事人调解起止时间，调解时限一般不超过40天。行政复议过程中进行调解的，案件中止审理。

(三)行政调解的组织和协调。行政机关受理行政调解后，应当及时告知当事人依法享有的权利、应当遵循的程序，以及行政调解应当注意的事项和正确途径，使当事人明确行政调解的有关要求，帮助当事人正确行使自己的权利。

行政机关应当指派具有专业知识和调解经验的专门人员主持调解工作，调解主持人应当积极引导当事人进行当面协商。调解的方式方法可灵活多样，既可邀请行政机关的经办人员、主管领导参加，也可邀请当事人所在基层组织以及其他与案件处理有关的社会力量参与调解处理，涉及到第三人切身利益的纠纷还可邀请第三人参加调解。重大、复杂、群众关注的行政复议案件和其他纠纷，行政机关还可邀请相关专家参加调解。

在调解过程中，一方当事人不同意调解的，是复议案件的，恢复复议程序；是其他纠纷的，恢复其他处理程序。

在调解过程中，调解主持人要认真听取双方当事人的陈述、申辩和质证，分析并归纳双方争议的焦点，据此对当事人进行说服、劝导，以引导双方达成谅解。

在调解过程中，行政机关应当制作调解笔录，全面、客观记载调解的过程、内容。调解笔录应当由参与调解的人员签名。

(四)调解协议的签订。调解达成协议后，双方当事人应当签订书面调解协议。调解协议应当包括以下内容：

1. 当事人的姓名或者单位名称，法定代表人姓名、职务；

2. 争议的案由及主要情况；

3. 当事人协议的内容和调解结果；

4. 其他需要约定的事项。

调解协议不得对各方当事人增设超过行政法规规定的权利和义务。

（五）调解协议的签字盖章。调解协议经各方当事人认可并签字或者盖章，即对调解当事人具有约束力，当事人应当自觉履行。调解书当事人各执一份，行政机关留存一份备案。

调解协议签订后，是复议案件的，行政复议机关终止行政复议案件的审理；是其他特定矛盾纠纷的，行政机关终止相应处理程序。

（六）调解未达成协议的处理。调解未达成协议或者调解协议生效之前一方反悔的，行政机关应当终结调解，依法及时作出行政复议决定或者行政处理决定（含裁决）。一方当事人为促成达成调解协议而在调解协议中所作出的不利陈述，不能作为行政机关作出行政复议决定或者行政处理决定的事实依据。

（七）调解结果的回访。行政机关对达成调解协议的争议，应当及时组织对各方履行调解协议结果进行回访，巩固调解成果，注意发现问题，督促调解协议的实现。

五、加强行政调解工作的组织领导

（一）具有调解矛盾纠纷职能的行政机关，应当建立调解组织，明确相应的职能机构承担行政调解的职责，配备具有法律知识、专业知识、经验丰富的调解人员，依照国家有关政策、规定，对其行政管理职权范围内的特定矛盾纠纷进行行政调解，当调则调，调裁结合，及时解决问题，就地化解矛盾。

公安、民政、工商、劳动社保、人事、国资、经贸、卫生、教育、农林、规划、建设、城管、环保、文广新、国土资源和房产管理等部门是行政调解的重点单位。上述单位要针对自身管理职权范围内的特定矛盾纠纷，根据本部门工作实际，遵循调解优先的原则，制定具体调解办法。

（二）各级行政机关要高度重视行政调解工作，将行政调解工作列入本机关依法行政目标考核的重要内容，法制工作机构要负责行政调解的组织、协调、指导和监督工作，相关职能机构要按照职责分工，依法做好行政调解的各项工作。

行政调解人员要耐心细致地做好调解工作，在调解过程中，做到公正、廉洁，不得徇私舞弊。对因调解工作失误或者不当引起矛盾纠纷激化，影响社会稳定的，将依法追究行政机关负责人及调解人员的相应责任。

（三）建立健全行政调解与司法调解的衔接机制。具有调解纠纷职能的行政机关，应当把调解作为化解社会矛盾纠纷的前置措施，及时依法调解，定纷止争；当社会矛盾纠纷无法通过行政调解解决时，应当积极引导当事人通过正当途径，依法向司法机关表达自身诉求。

(四)建立健全行政调解与人民调解的衔接机制。具有调解纠纷职能的行政机关要以市、区调解办公室的联合办公制度为平台,积极与当地人民调解组织建立信息通报和联动调解的协作机制,共同做好化解社会矛盾纠纷的工作。

(五)各级政府法制工作部门要加强对行政调解工作的指导、协调、监督、检查和考核,研究制订相关的配套制度、格式示范文本及指导意见。加强与各级人民法院和各级人民调解工作机构的沟通联系,做好行政调解与司法调解、人民调解衔接的相关工作。

二〇〇九年五月六日

苏州市教育局关于印发《苏州市教育局行政调解工作制度(试行)》的通知

(2012年10月16日 苏教法规〔2012〕10号)

各市、区(教育文体局、教育和体育局),各直属单位,局机关各处室:

为深入推进教育法治建设,创新教育管理方式,促进社会和谐发展,根据《国务院关于加强法治政府建设的意见》、《江苏省人民政府关于加快推进法治政府建设的意见》和《苏州市行政调解办法》的规定,经研究,我局制订了《苏州市教育局行政调解工作制度(试行)》(见附件一),现与省政府法制办下发的《行政调解文书示范文本(试行)》(见附件二)一起印发给你们,请认真学习,切实贯彻落实。

附件:1. 苏州市教育局行政调解工作制度(试行)

2. 行政调解文书示范文本(试行)

二〇一二年十月十六日

附件1:

苏州市教育局行政调解工作制度(试行)

第一条 为增强教育行政机关服务功能,规范教育行政调解行为,及时化解教育管理行政纠纷,保护公民、法人和其他组织的合法权益,促进教育行政机关依法行政,构建和谐社会,根据《苏州市行政调解办法》精神,结合我局工作实际,制定本制度。

第二条 本制度所称教育行政调解,是指教育局在法定职权范围内,在日常管理和行政执法过程中,对与本机关行使职权有关的各类争议纠纷,以法律、法规、规章及政策为依据,以当事人自愿为原则,通过对争议当事人的说服和疏导,促使当事人平等协商、互让互谅、达成调解协议、快速解决争议纠纷的活动。

第三条 教育行政调解工作应遵循以下原则:

(一)自愿原则。调解应当充分尊重当事人意愿,不得强迫当事人接受调解方式或调解结果;

(二)合法原则。调解应当符合法律、法规、规章及政策,不得损害国家利益、公共利益和他人合法权益;

(三)平等原则。行政机关要公平、公正地调解争议纠纷。教育行政机关作为一方当事人时,与其他当事人在调解过程中地位平等;

(四)高效便民原则。局机关应当增强服务意识,积极、迅速、及时地履行行政调解职责,减少当事人程序性负担,妥善化解争议纠纷。

第四条 行政调解范围:

(一)教育行政部门在行使职权过程中与公民、法人或者其他组织之间因行政管理产生的行政争议;

(二)公民、法人或者其他组织之间产生的与教育部门职能有直接或间接关联的行政纠纷;

(三)其他依法可以由教育行政机关进行调解的纠纷。

第五条 调解争议纠纷应当符合下列条件:

(一)当事人与纠纷所涉事项有直接利害关系;

(二)该争议纠纷与本机关职权有关;

(三)该争议纠纷具有可调解性;

(四)当事人未选择其他解决途径。

第六条 局机关成立行政调解工作领导小组,由局主要负责人任组长,各副局长任副组长,相关各处室主要负责人为成员。行政调解工作领导小组下设办公室,办公室设在政策法规处,具体负责行政调解组织协调和综合调处等日常工作。相关各处室分别确定1名行政调解员为办公室工作人员。

第七条 局机关行政调解工作领导小组职责:

(一)负责部署、督促和指导本局行政调解工作;

(二)研究、解决本局行政调解工作中的重大问题;

(三)负责涉及局内多个部门的行政纠纷协调工作。

第八条 局机关行政调解领导小组办公室的职责:

(一)依法受理、登记、审查当事人提出的调解申请,按照各处室职责分工,交局相应业务部门具体办理;不予受理的,应当说明理由;

(二)负责本局行政调解的日常工作;

(三)督促具体调解处室在规定期限内完成调解并形成调解文书;

(四)负责调解文书的送达、案卷归档和管理;

(五)承办领导小组交办的其他工作。

第九条 重大复杂的争议纠纷,由局机关负责人组织行政调解;一般的争议纠纷,由相关处室负责人或者行政机关负责人指定人员进行行政调解。

第十条 调解人员有下列情况之一的,应当回避:

(一)是争议纠纷当事人或者与当事人、代理人有近亲属关系的;

(二)与争议纠纷有利害关系的;

(三)与争议纠纷当事人、代理人有其他关系,可能影响争议纠纷公正处理的。

当事人发现调解人员有应当回避情形的,可以口头或者书面方式向行政调解领导小组办公室申请其回避;调解人员认为自己有回避情形的,应当自行申请回避。

行政调解人员的回避由主持调解的行政机关负责人决定。当事人申请回避,应当说明回避理由,并在举行调解会前3日内提出。

第十一条 行政调解一般应在受理后20个工作日内调解结案,重大、复杂的争议纠纷可延长 10 个工作日。

需要第三方专业机构做出鉴定、认定或者裁决的，鉴定、认定或者裁决所需时间不计入行政调解时限。

第十二条 教育行政调解工作程序：

（一）程序启动。行政调解启动可以由当事人申请，也可以由教育行政机关依职权提出并经双方当事人同意。一方当事人不同意调解的，不再进行行政调解。

（二）受理。行政调解领导小组办公室接到当事人申请后，应及时登记，并在 5 个工作日内完成材料审查。符合条件的，交局相应业务部门具体办理，并及时告知申请人调解起止时间、依法享有的权利和应当遵循的程序；对不符合条件的，应当及时书面告知申请人，并说明理由。

（三）调查和调解。具体承担调解工作的业务部门，根据争议内容，进行必要的调查，依据相关政策法规规定，及时通知有关当事人进行调解。调解时，应当听取当事人陈述事实和理由，并做好调解笔录。需要核实有关情况的，可以向其他组织和人员进行核实。

争议纠纷涉及第三人的，应当通知第三人参加行政调解。调解结果涉及第三人利益的，应当征得第三人同意，第三人不同意的，终止行政调解。

（四）制作行政调解书。调解达成协议后，双方当事人一般应当签订书面调解协议。调解协议不得对各方当事人增设超过法律法规规定的权力和义务。

（五）履行。调解协议经当事人签字或盖章，再由行政机关加盖印章后，即对调解当事人具有约束力，当事人应当自觉履行。调解协议书一式三份，由双方当事人各执一份，行政机关留存一份备案存档。

（六）调解协议的司法确认。经行政调解达成具有民事合同性质的协议，由主持调解的行政机关和调解员盖章后，双方当事人可以共同向有管辖权的人民法院提出确认申请。

（七）回访。局行政调解领导小组办公室应及时对履行调解协议情况进行回访，巩固调解成果，督促调解协议的实现。

（八）归档。由具体负责调解的业务部门将与案件有关的材料整理建档，交局档案室统一保管。

第十三条 调解未达成协议的情况处理。调解未达成协议或者调解协议生效之前一方反悔的，行政机关应当终结调解。一方当事人为促成调解所作出的不利陈述，不能作为教育行政机关作出行政处理决定的事实依据。

第十四条 行政调解过程中，应当注意保护当事人的个人隐私或商业秘密。当事人不愿对外公开争议纠纷的，应当尊重当事人意愿。

第十五条 法律、法规、规章对行政调解另有规定的，从其规定。

第十六条 局相关部门无正当理由不受理行政调解申请，或者在规定期限内不履行调解职责，造成恶性事件、群体性事件或其他严重后果的，由监察部门按规定追究相关部门和人员的责任。

第十七条 教育行政机关应当对在行政调解工作中做出突出贡献的处室和个人给予表彰。

第十八条 本制度由苏州市教育局行政调解领导小组办公室负责解释。自印发之日起施行。

附件2：

行政调解文书示范文本（试行）

（注：适用于行政调解一般程序）

[1]行政调解卷宗

卷宗类别：________________________________

卷　　名：________________________________

年　　度：________________　卷　　号：________________

调解主持人：________________　结案日期：________________

立 卷 人：________________　立卷日期：________________

保管期限：________________________________

备　　注：________________________________

[2]卷宗目录

序号	材料名称	页码

[3]行政调解告知书

根据____________(法律依据)第________条之规定,____________(纠纷案由)可向本机关免费申请行政调解。现将有关事项告知如下:

一、当事人享有以下权利

1. 自主决定接受、不接受或者终止调解;

2. 申请有关行政调解人员回避;

3. 委托代理人参加调解;

4. 表达真实意愿,提出要求;

5. 自愿达成调解协议。

二、当事人应履行以下义务

1. 如实陈述纠纷事实,不提供虚假证明材料;

2. 遵守调解规则;

3. 不加剧纠纷、激化矛盾;

4. 自觉履行调解协议。

三、行政调解程序

1. 申请人口头或书面向本机关提出行政调解申请;

2. 本机关收到行政调解申请后,审查有关材料,符合条件且被申请人同意调解的,依法组织调解;

3. 行政调解达成协议的，本机关依法制作行政调解协议书；行政调解达不成协议的，通过其他法律途径解决。

四、行政调解效力

根据《省政府办公厅关于加强行政调解工作的意见》（苏政办发〔2011〕143号）规定，行政调解协议经各方当事人认可并签字或盖章后，即对调解当事人具有约束力，当事人应当自觉履行。行政复议机关依法对行政争议进行调处后达成的调解协议，具有法律效力，可以强制执行。

（印章）

年 月 日

（备注：各单位在行政管理中发现纠纷属于行政调解范围时，将此告知书送达当事人。）

[4]行政调解申请书

申请人（自然人姓名、性别、年龄、民族、职业、单位或住址，法人及社会组织的名称、地址、法定代表人姓名和职务）：

____

被申请人（自然人姓名、性别、年龄、民族、职业、单位或住址，法人及社会组织的名称、地址、法定代表人姓名和职务）：

____

行政调解请求：______________________________

事实及理由：______________________________

____

____

____

特申请____________予以调解。

申请人（签名）

年 月 日

[5]口头申请行政调解笔录

申请人(自然人姓名、性别、年龄、民族、职业、单位或住址,法人及社会组织的名称、地址、法定代表人姓名和职务):

____

被申请人(自然人姓名、性别、年龄、民族、职业、单位或住址,法人及社会组织的名称、地址、法定代表人姓名和职务):

____

行政调解请求:______________________________

事实及理由:______________________________

____

____

____

以上记录经本人核对,与口述一致。

申请人(签名)________

记录人(签名)________

年　月　日

[6]行政调解征求意见书(Ⅰ)

根据____________(法律依据)第________条之规定,本机关拟对你们____________(纠纷案由)一案依法进行调解。如同意调解,本机关将择期举行行政调解会(时间和地点另行通知),调解期间必须遵守国家有关法律规定,不得采取过激行为,不得加剧纠纷、激化矛盾;如不同意调解,可向____________(单位名称)申请行政裁决/申请行政复议/申请仲裁/提起诉讼。

当事人意见:　　　　当事人意见:

签名:　　　　　　　签名:

送达人签名:

(印章)

年　月　日

（备注：本意见书于本机关主动调解或当场调解时使用。本意见书一式____份，各当事人一份，本机关一份。）

[7]行政调解征求意见书（Ⅱ）

__________（被申请人）

你（单位）与________（申请人）__________（纠纷案由）一案，现__________（申请人）向本机关申请调解。如你（单位）同意调解，本机关将择期举行行政调解会（时间和地点另行通知），调解期间必须遵守国家有关法律规定，不得采取过激行为，不得加剧纠纷、激化矛盾；如不同意调解，可向__________（单位名称）申请行政裁决/申请行政复议/申请仲裁/提起诉讼。

被申请人意见：

签名：

送达人签名：

（印章）

年 月 日

（备注：本意见书于申请人向本机关申请调解时使用。本意见书一式____份，各当事人一份，本机关一份。）

[8]行政调解受理通知书

__________：

你（单位）与__________（申请人或被申请人）__________（纠纷案由），经你们双方同意，本机关决定于________年____月____日____时____分在__________（地点）举行行政调解会，由__________（调解主持人）组织调解。请你（单位）准时出席。不按时出席调解会，且事先未说明理由，视为放弃调解。

申请调解人员回避的，应当向本机关提交回避申请。

委托代理人参加调解的，应当在调解会举行前向本机关提交代理委托书。

联系人：　　　　　　联系电话：

联系地址：　　　　　邮政编码：

（印章）

年　月　日

（备注：此通知书一式____份。各当事人一份，本机关一份。）

[9]行政调解不予受理决定书

__________（申请人）：

你（单位）因__________（纠纷案由）于_______年____月____日申请行政调解，因被申请人不同意行政调解/不属于行政调解范围，本机关决定不予受理。

该纠纷可以向__________（单位名称）申请行政裁决/申请行政复议/申请仲裁/提起诉讼。

（印章）

年　月　日

[10]行政调解调查笔录

时　　间：____________________地　点：______________________________

事　　由：____________________参加人：______________________________

被调查人：____________________

笔　　录：____

____

____

____

____

____

____

____

____

____

____

被调查人(签名)

调查人(签名)　　　　　　　　记录人(签名)

[11]行政调解会议记录

时　间:______________________________

地　点:______________________________

事　由:______________________________

参加人:______________________________

主持人:______________记录人:______________

调解情况记录:______________________________

参会人员(签名)______________

记录人(签名)______________

[12]行政调解审批表

<table>
<tr><td rowspan="2">申请人姓名</td><td>姓名或名称</td><td></td><td>电话</td><td></td></tr>
<tr><td>委托代理人</td><td></td><td>电话</td><td></td></tr>
<tr><td rowspan="2">被申请人</td><td>姓名或名称</td><td></td><td>电话</td><td></td></tr>
<tr><td>委托代理人</td><td></td><td>电话</td><td></td></tr>
<tr><td rowspan="2">第三人</td><td>姓名或名称</td><td></td><td>电话</td><td></td></tr>
<tr><td>委托代理人</td><td></td><td>电话</td><td></td></tr>
<tr><td>简要情况</td><td colspan="4"></td></tr>
<tr><td>调解主持人意见</td><td colspan="4">调解主持人：
年　月　日</td></tr>
<tr><td>调解委员会
(或办公室)意见</td><td colspan="4">审查人：
年　月　日</td></tr>
<tr><td>机关负责人意见</td><td colspan="4">负责人：
年　月　日</td></tr>
</table>

备注：此表用于行政调解受理、不予受理、延期、终止等。

[13]行政调解协议书

(××调字〔　〕第　号)

申请人(自然人姓名、性别、年龄、民族、职业、单位或住址，法人及社会组织的名称、地址、法定代表人姓名和职务)：

____

委托代理人(姓名、性别、年龄、民族、职业、单位或住址)：

____

被申请人(自然人姓名、性别、年龄、民族、职业、单位或住址，法人及社会组织的名称、地址、法定代表人姓名和职务)：

____

委托代理人（姓名、性别、年龄、民族、职业、单位或住址）：

____

纠纷概况：______________________________________

经调解，双方当事人自愿达成如下协议：______________________

____

履行协议的方式、地点、期限：___________________________

本协议一式____份，当事人、行政机关各持一份。

当事人（签名或盖章）：

调解员（签名）：

（印章）

年　月　日

[14]行政调解终止通知书

（×××字〔　〕第　　号）

____________：

____________于________年____月____日向本机关提出行政调解申请。本机关受理后，经多次调解，双方未达成协议。现本机关决定终止调解。当事人可向____________（单位名称）申请行政裁决/申请行政复议/申请仲裁/提起诉讼。

特此通知。

（印章）

年　月　日

[15]行政调解文书送达回证

送达文书	
送达机关	
受送达人	
签收人及送达日期	年 月 日
备 注	

[16]行政调解回访记录

当事人：

纠纷事由：

行政调解协议书编号：××调字〔 〕第 号

回访时间：________________________________

回访事由：________________________________

____

____

回访情况：________________________________

____

____

____

____

____

____

____

回访人(签名)

年 月 日

[17]行政调解受理登记表

序号	申请人	被申请人	事由	受理时间	调解人	结案时间	结案方式	备注

连云港市政府办公室关于加强行政调解工作的实施意见

(2012年5月17日　连政办发〔2012〕74号)

各县、区人民政府,市各委、办、局,市各直属单位:

行政调解是由行政机关主持或主导,通过说服教育和疏导等方式,促使争议各方平等协商、化解矛盾的一种纠纷解决机制。为充分发挥行政机关在化解行政争议和民事纠纷中的重要作用,切实把矛盾纠纷化解在基层、化解在初发阶段、解决在行政程序当中,创造和谐、稳定、有序的社会环境,根据《国务院关于加强法治政府建设的意见》(国发〔2010〕33号)、《省政府办公厅关于加强行政调解工作的意见》(苏政办发〔2011〕143号),现就我市加强行政调解工作提出如下意见:

一、建立健全行政调解工作体制

(一)建立健全机构。按照“属地管理、分级负责”的原则,建立由政府负总责、政府法制机构牵头、各职能部门为主体的行政调解工作机构。市政府成立市行政调解工作领导小组,由市长任组长,常务副市长任副组长,市各有关部门负责人为成员,领导小组办公室设在市政府法制办,负责全市行政调解的工作指导、信息汇总、情况通报、政策研究、经验交流、宣传培训、案卷评查、检查考核及重大事项调解等工作。市各有关部门和其他依法独立行使行政职权组织的主要领导是本机关行政调解工作的第一责任人，对本部门的行政调解工作负总责，要成立由主要领导任组长，分管领导任副组长，相关工作人员为成员的行政调解工作领导小组，明确两名以上政治思想好、业务能力强、法律素质高、善于做群众工作的人员，具体负责本部门的行政调解工作。各县区、乡（镇）政府（街道办事处）也应成立机构，明确人员，落实责任。建立健全覆盖全市、职责清晰、分工明确、运转高效的行政调解组织机构和网络。

（二）搭建工作平台。为方便群众表达诉求，市政府决定在市信访局（人民来访接待中心）增挂"行政调解接待处理中心"牌子，由市政府法制办抽选相关部门人员，轮流值班，具体负责对涉及市、县区政府、市级行政机关行政调解的接待、受理、协调、处置、交办及督查督办工作。市各有关部门和其他依法独立行使行政职权的组织要建立相应的"行政调解接待处理室"，具体负责本机关行政调解事务的处理。各级政府或部门要为行政调解工作平台提供必要的办公条件，确保行政调解申请人有办法查询申请行政调解的联系方式和联系人、有专人接待、有具体接待场所、有明确的调处结果。

二、扎实做好行政调解工作

（三）坚持预防在先。坚持预防和化解并重、排查和调处并行的工作方法，加强社会矛盾排查，及时发现、准确掌握本地区、本部门、本系统实际存在和可能发生的争议纠纷，及时了解人民群众的利益诉求。对社会反映强烈的问题要制定矛盾纠纷防范和化解预案，并建立重大行政争议预警机制，努力把矛盾化解在萌芽状态和初始阶段，防止各类争议纠纷激化或升级。重视做好新形势下群众工作，积极主动处理好人民内部矛盾。

（四）依法界定行政调解范围。主要包括两个方面：一是行政机关或法律、法规授权的具有管理公共事务职能的组织与公民、法人或其他组织之间产生的行政争议；二是公民、法人或其他组织之间产生的与行政管理职能有关的民事纠纷。

由市政府法制办牵头，围绕行政调解主体、事项、依据、程序以及时限等方面内容，对全市各行政机关及其下属法律法规授权的组织行政调解事项开展全面清理，并建立动态调整机制。

(五)突出行政调解工作重点。各县区、各部门要结合实际,有计划、有步骤、有针对性地推进行政调解工作。当前,要把房屋土地征收、社会保障、治安管理等方面的行政争议,以及交通损害赔偿、医疗卫生、消费者权益保护、劳动争议等与行政管理职能有关的民事纠纷,作为行政调解工作的重点,依法、及时、妥善予以解决。对涉及资源开发、环境污染、公共安全事故等方面的民事纠纷,以及涉及人数较多、影响较大、可能影响社会稳定的矛盾纠纷,要主动进行调解。

(六)遵循行政调解工作原则。

1. 自愿原则。充分尊重当事人的意愿,不得强迫当事人接受调解方式或调解结果。

2. 合法原则。遵循法律、法规、规章和有关规定,不得损害国家利益,不得侵犯公民、法人和其他组织的合法权益。

3. 平等原则。尊重争议各方表达意愿和诉求的权利,公正、平等地协商解决利益纠纷。行政机关作为当事人一方时,与行政管理相对人的地位平等。

4. 优先原则。根据法律、法规、规章有关规定和争议纠纷情况,在征得当事人同意的基础上,优先选用调解的方式解决矛盾纠纷,调解不成再通过其他渠道解决。

5. 便捷原则。行政调解应当简便、快捷、高效,鼓励采取既灵活多样又诚信规范的方式方法化解矛盾。

(七)遵守行政调解工作程序。行政调解程序可分为简易程序和一般程序。其中,简易程序运用于案情简单、调解结果能够即时履行的争议纠纷,尽可能减少当事人的程序性负担;一般程序运用于案情复杂、当场不能解决的争议纠纷。一般程序通常包括以下几个步骤:

1. 申请。行政调解可书面申请,也可口头申请;可由一方当事人申请,也可由行政机关依职权提出,但必须征得各方当事人同意。一方当事人是政府工作部门的,另一方当事人可向该部门或该部门的上一级主管部门提出调解要求,也可向同级“大调解”工作机构或同级政府法制机构提出调解申请。行政机关在日常管理和行政执法过程中发现争议纠纷时,应当主动告知当事人可申请行政调解。

2. 受理。行政机关收到行政调解申请后,应及时决定是否受理并告知当事人。2 个以上行政机关收到同一行政调解申请的,由具有相关管理职能的行政机关受理;属于2个以上行政机关有权管辖的,由最先收到行政调解申请的行政机关受理。对涉及多个部门的矛盾纠纷,由政府法制机构或“大调解”工作机构指定的部门牵头调解,相关部门参与。

3. 调处。行政机关受理行政调解后,应及时告知当事人依法享有的权利、遵循的程序及相关事项。调解过程中,要认真听取各方当事人的陈述、申辩和质证,分析并归纳各方争议的焦点,依据法律、法规、规章及有关规定,对当事人进行说服、劝导,引导争议各方达成谅解。涉及重大、复杂以及社会影响较大的争议纠纷,行政机关应当制作调解笔录,全面客观记载调解的过程和内容。对争议纠纷基本事实有异议的,行政机关可采取听证、现场调查等方式调查取证。调解达成协议的,应签订调解协议书。行政调解协议经各方当事人认可并签字或盖章后,即对调解当事人具有约束力,当事人应当自觉履行。行政机关应及时对争议各方履行调解协议情况进行回访,督促各方履行约定义务,巩固调解成果,实现定纷止争、案结事了。

各级行政机关应根据行政复议、行政诉讼等法定救济权利的时效和行政调解工作实际,确定本地区、本系统行政调解时限,法律、法规、规章有明确规定的,从其规定。

(八)创新行政调解工作方式。各级行政机关要根据部门实际和行业特点,积极探索有效化解争议纠纷的行政调解方式。行政机关主持调解工作时,可邀请当事人所在基层组织以及其他与案件有关的社会力量参加调解;重大、复杂、群众关注度高的争议纠纷,可邀请相关专家参加调解。积极引导支持社会各方力量参与相关纠纷的调解工作,探索组建专业性调解组织或委托行业协会、社会组织等第三方调解机构实施调解,保证调解的中立性和客观性。通过行政调解工作方式方法创新,不断提升行政调解工作效果。

(九)强化科技支撑。各级行政机关要充分运用行政权力网上公开透明运行系统或其他电子网络技术,开发建设行政调解信息化平台,建立行政调解工作信息资料库,提高行政调解申请、受理、办理和工作统计、监督、备案等信息化程度,实现行政调解工作资源共享、信息互通,方便快捷、有效监督。探索利用视频系统进行调解,推行多部门联动的电子调解方式,减少行政成本,提高调解效率。

(十)健全行政调解工作制度。

1. 统计报告制度。各级行政机关每季度要对行政调解工作有关数据和情况进行汇总统计，报送同级人民政府；县(区)、乡(镇)人民政府要将统计结果报送上一级人民政府，具体工作由政府法制机构和部门负责行政调解的机构承担。对社会影响较大或可能引发群体性事件的重大复杂争议纠纷，其调处情况应及时报告；年度行政调解工作情况纳入年度依法行政工作报告一并报送。各级政府法制机构要对报送情况进行分析并定期通报。

2. 考核评估制度。各级行政机关要建立行政调解工作目标责任制，对发生在本地区、本部门的重大争议纠纷，要及时跟踪调解进展情况，全面评估调解效果。各级人民政府要把下级人民政府和本级人民政府工作部门行政调解工作情况，作为年度依法行政考核的重要内容，细化考核指标，明确分值权重，严格进行考核。要完善激励惩处机制，对行政调解工作成绩突出的单位和人员予以表彰奖励，对行政调解工作落实不力导致矛盾激化、造成严重后果的，要严肃追究相关领导和人员的责任。

3. 公开运行制度。认真贯彻《政府信息公开条例》，通过多种形式和渠道，向社会公开行政调解工作制度、依据、范围、原则、流程和行政调解人员名单及其行为规范，方便群众了解相关信息，接受社会监督。

4. 信息宣传制度。各级政府及其部门要加大行政调解工作宣传力度，开展多种形式的宣传教育活动，使广大人民群众了解和支持行政调解工作，主动选择行政调解方式解决矛盾纠纷。重视和加强行政调解信息报送工作，明确专人负责行政调解工作信息的收集、整理、分析、汇总和报送，对重要、典型的行政调解工作信息，要采取专报形式及时上报。

5. 行政调解联席会议制度。要建立由政府领导、法制机构牵头、相关部门参加的行政调解工作联席会议制度，定期分析研究行政调解工作中存在的突出问题，研究提出改进和加强行政调解工作的具体措施，协调解决影响社会稳定的重大行政争议，汇总、分析、上报本地区行政调解工作情况。行政调解联席会议日常工作由政府法制部门承担。

三、推动行政调解与人民调解、司法调解衔接联动

(十一)完善行政调解、行政复议、信访、人民调解与司法调解等矛盾纠纷化解途径的有效衔接机制。对在规定时限内达不成行政调解协议的，行政机关应及时终止调解，依法作出处理或引导当事人通过行政复议、仲裁和诉讼等渠道解决。对不符合行政复议受理条件的案件，行政复议机关要一次性告知申请人可通过信访、人民调解等救济途径化解争议；对可以通过行政复议、诉讼等法律程序解决的信访事项，信访机关应当告知信访人、举报人申请人民调解、申请行政复议和提起诉讼的权利，积极引导当事人通过法律渠道解决矛盾。通过加强各种矛盾纠纷化解途径的联系与信息沟通，形成形式多样、相互衔接、协调配合、畅通有序的矛盾纠纷化解渠道，确保人民群众依法合理表达诉求的权利得到充分实现。

（十二）形成行政调解与人民调解、司法调解等矛盾纠纷化解的工作合力。按照“整合资源、整体联动”的要求，建立健全行政调解与人民调解、司法调解“三大调解”衔接配合和相互融合的机制，积极推动信息联通、工作联动、矛盾联调、优势互补，形成化解矛盾纠纷的整体合力。将行政调解纳入同级“大调解”工作平台，积极探索行政机关引导当事人选择人民调解、或将争议纠纷委托人民调解组织调解、或与基层人民调解组织、人民调解员联合调解和职能部门为主导、有关方面共同参与的行政调解工作方式方法。建立健全“诉调对接”机制，对未经人民调解组织调解、行政调解，当事人直接起诉的案件，人民法院可向当事人发出调解建议书，引导其在人民调解组织、行政机关进行调解，就近就地解决争议；对于人民法院委托调解或邀请调解的事项，各级政府及其部门应当积极配合支持。对于进入诉讼程序的行政争议，诉前已经经过行政调解的，行政机关应当将行政调解的有关情况告知人民法院。落实重大复杂案件通报制度、行政执法与行政审判联席会议制度和行政机关负责人出庭应诉制度，积极配合人民法院做好调解工作。

（十三）重视仲裁调解及专业调解。积极推行仲裁调解制度，指导仲裁机构建立完善仲裁调解工作机制和制度，发展仲裁调解队伍，从仲裁人员责任、仲裁程序等环节落实调解工作内容，不断提升仲裁工作质量。加强对民商事仲裁、劳动人事争议仲裁、农村土地承包经营权仲裁、林权仲裁、消费者权益保护、医疗事故处理等领域调解工作的指导，推动相关部门建立完善配套制度，不断提高仲裁组织专业调解工作的能力和水平。

（十四）重视行政复议调解。按照“调解优先，全程调解”的工作原则，充分发挥行政复议化解行政争议的主渠道作用。在申请、审查受理环节，实行受理前告知调解权利、申请人接受调解则先行调解、暂不立案制度。在审理环节，在书面审查的同时，采取现场调查取证、勘查，召开听证会、质证会、见面会等多种形式查明案情，化解纠纷。在结案方式上，坚持调复结合，能调尽调，尽量采用和解、调解、协调协议、撤回申请而终止的方式结案，力争把行政争议化解在行政复议程序中。在善后工作上，通过制发建议书、意见书，促成当事人达成执行协议等方式延伸行政复议的监督功能，促进行政机关依法行政和当事人自觉履行义务。

（十五）加强组织领导。各级政府要对行政调解工作负总责，统一领导本行政区域内的行政调解工作，注重加强行政调解工作机构和调解员队伍建设，将行政调解工作经费纳入财政预算予以保障，使机构设置、人员配备与其承担的工作任务相适应。政府法制机构要充分发挥行政调解工作牵头作用，深入开展调查研究，制定完善配套制度，切实加强工作指导，积极营造有利于行政调解的良好环境。各有关部门要"谁主管、谁负责"的原则，充分发挥行政调解工作的主体作用，根据行业特点和要求，制定具体的行政调解程序，建立案件申请、受理、调处、回访、登记统计、立卷归档和信息报送等制度，把调解任务和责任落实到岗到人，加强对行政调解工作人员的教育、培训和管理，确保行政调解工作规范运行。

二〇一二年五月十七日

连云港市政府办公室关于加强行政调解规范化建设的实施意见

（2017年11月28日　连政办发〔2017〕167号）

各县、区人民政府，市各委办局，市各直属单位：

为认真贯彻落实中央和省、市关于完善矛盾纠纷多元化解机制的决策部署，健全和完善社会矛盾纠纷多元融合式调处机制，积极化解与行政管理职能有关的民事纠纷，切实维护社会和谐稳定，根据《中共中央　国务院关于印发〈法治政府建设实施纲要（2015～2020年）〉的通知》（中发〔2015〕74号）、《江苏省贯彻落实〈法治政府建设实施纲要（2015～2020年）〉实施方案》（苏发〔2016〕30号）、《江苏省行政程序规定》（省政府令第100号）、《连云港市法治政府建设实施方案（2016～2020年）》（连发〔2017〕27号）以及《关于完善矛盾纠纷多元化解机制的实施意见》(连委办发〔2016〕116号)等精神,现就加强我市行政调解规范化建设提出如下实施意见。

一、指导思想

全面贯彻党的十九大精神,以毛泽东思想、邓小平理论、“三个代表”重要思想、科学发展观、习近平新时代中国特色社会主义思想为指导,以预防化解与行政管理职能有关的民事纠纷为重点,解决人民群众最关心、最直接、最现实的利益问题,预防和依法化解社会矛盾纠纷,有效防控社会风险,切实将矛盾纠纷及时化解在基层、解决在萌芽状态,全力推进我市依法行政、法治政府建设进程。

二、工作目标

以建设服务型政府为目标,全面履行行政调解工作职能,健全完善行政调解制度,规范行政调解程序,培育行政调解文化,健全行政调解保障机制,从源头上预防和减少行政争议的发生,提高行政调解率和人民群众满意度,进一步规范行政行为,提升政府公信力。

三、行政调解定义、范围和原则

(一)行政调解定义

行政调解是指行政机关为了化解社会矛盾、维护社会稳定,依照法律、法规、规章和有关规定,居间协调处理与行使职权相关的民事纠纷的行为。

(二)行政调解范围

一是法律、法规、规章规定由行政机关调解的民事纠纷;二是法律、法规、规章规定由行政机关作出行政裁决的民事纠纷;三是法律、法规、规章规定由行政机关作出处理的民事纠纷。

(三)行政调解原则

1. 合法合理原则。遵循法律、法规、规章和有关政策规定,合理调整争议纠纷主体之间的利益关系,依据公平原则提出调解建议和方案,不得损害国家利益、社会公共利益,不得侵犯公民、法人和其他组织的合法权益。

2. 积极主动原则。行政机关应有效利用行政权力具有的积极能动特质,通过各种方式和途径,积极主动地将纠纷引导到行政调解程序中并加以解决。

3. 优先及时原则。根据法律、法规、规章有关规定和纠纷情况,在征得当事人同意基础上,优先选用调解方式解决矛盾纠纷,调解不成再通过其他法定渠道解决。

4. 平等自愿原则。充分尊重当事人意愿，并尊重纠纷各方表达意愿和诉求权利，平等协商解决纠纷，不得强迫当事人接受调解方式或调解结果。

四、健全行政调解工作体制

按照“属地管理、分级负责”原则，健全由政府领导、政府法制部门牵头、各职能部门为主体的行政调解工作体制。各级政府成立行政调解工作领导小组，由政府分管领导任组长，各有关部门主要负责人为成员，领导小组办公室设在政府法制部门，负责行政调解的工作指导、信息汇总、情况通报、政策研究、经验交流、宣传培训、案卷评查、检查考核及重大事项调解等工作。依法承担行政调解职能的行政机关应当严格落实“谁主管、谁负责”的责任，建立主要领导负总责、分管领导具体抓、法制部门牵头、相关业务处室为主要调解力量的工作机制，充分运用调解方式处理与行政管理职能有关的民事纠纷，着力处理影响社会和谐稳定的突出矛盾纠纷，积极做好行政调解工作。各乡（镇）人民政府、街道办事处和村（居）委员会也应加强基层行政调解工作，建立专兼职工作队伍，会同有关行政主管部门开展行政调解工作，认真梳理、仔细排查辖区内的矛盾纠纷，及时了解群众诉求，做好社会风险防范工作。

五、健全行政调解工作制度

（一）统计报告制度。行政机关每季度要汇总统计行政调解工作数据和情况，报送同级人民政府；县（区）、乡（镇）人民政府要将统计结果报送上一级人民政府，具体工作由政府法制部门负责行政调解的处室承担。对社会影响较大或可能引发群体性事件的重大复杂纠纷，应及时报送调处情况；年度行政调解工作情况纳入年度依法行政工作报告一并报送。各级政府法制部门要分析并定期通报报送情况。

（二）分析研判制度。行政机关应当坚持排查在先、预警靠前、有效预防、及时化解的指导思想，加强对重点领域和重点行业的社情民意和争议纠纷的收集排查工作，定期对行政调解案件数量、争议纠纷类型、结案方式等数据进行统计分析，向同级和上级党委政府报告，为党委政府制定科学决策、解决矛盾纠纷提供依据。

（三）告知制度。当出现与行政管理职能相关的民事纠纷时，行政机关应当坚持平等自愿原则，告知并引导当事人把调解作为解决矛盾纠纷的首要选择，积极引导当事人自愿选择调解方式解决矛盾纠纷，不以行政权力压制当事人接受调解;另一方面,充分尊重双方当事人的真实意愿和诉讼权利,不得强迫当事人接受调解方式和调解结果。对调解不成功的,调解机关应当及时告知当事人其他救济途径。

(四)行政调解员选任及培训制度。行政机关应当建立健全行政调解员选任工作制度,按照公平、公正原则选取本单位专业素养较高、道德品行良好的人员作为行政调解员,建立专业调解员名录并向社会公布。加强对行政调解员法律和业务知识培训,形成定期培训制度,提高行政调解技能。

(五)回访制度。行政调解终结后,行政机关应当及时组织回访各方当事人履行调解协议情况,跟踪调解协议履行情况。

(六)考核奖惩制度。各级政府及各部门要建立行政调解工作目标责任制,对发生在本地区、本部门的重大争议纠纷,要及时跟踪调解进展情况,全面评估调解效果。要完善激励惩处机制,对行政调解工作成绩突出的单位和人员予以表彰奖励。行政调解工作落实不力、无正当理由不受理行政调解申请或在规定期限内不履行调解职责,贻误纠纷调处时机,导致矛盾激化、造成恶性事件或其他严重后果的,按有关规定和程序追究相关人员责任。

六、规范行政调解工作程序

(一)申请。申请行政调解应当符合下列条件:

1. 有明确的各方当事人;

2. 当事人与申请调解的民事纠纷有利害关系;

3. 有明确具体的调解请求、事实和理由;

4. 属于调解机关的职责范围;

5. 矛盾纠纷尚未被人民法院、仲裁机构、人民调解组织或其他行政机关受理、处理。

行政调解可由一方当事人申请,也可由行政机关依职权提出,但必须征得各方当事人同意。申请形式分为书面申请和口头申请。采取书面形式申请的,申请书中应当载明当事人基本情况,行政调解请求、主要事实和理由,各方当事人签名或盖章,申请行政调解的时间等内容。调解机关应当制作标准格式的行政调解申请书供当事人使用。

(二)参加人。行政调解参加人主要包括当事人、行政调解员和行政调解代理人。

1. 当事人。符合申请条件的公民、法人或其他组织。当事人在争议调解处理中享有下列权利:

(1)有权申请调解员回避;

(2)接受调解、拒绝调解或者要求终止调解;

(3)要求调解公开或不公开;

(4)自主表达意愿、自愿达成调解协议。

当事人在争议调解处理中应当履行下列义务:

(1)如实陈述纠纷事实;

(2)遵守调解现场秩序,尊重调解员;

(3)尊重对方当事人行使权利。

2. 行政调解员。对重大、复杂、疑难的民事纠纷,行政机关负责人应当主持行政调解;其他民事纠纷,由行政机关从公布的调解人员名单中选择 1 名或者多名调解人员进行调解。行政调解机关可邀请人大代表、政协委员、人民调解员、行政执法监督员及民事纠纷发生地群众代表作为特邀调解员参加调解。

调解员有下列情形之一的,应当自行回避:

(1)是本案当事人或者当事人、代理人近亲属的;

(2)与本案有利害关系的;

(3)与本案当事人、代理人有其他关系,可能影响公正调解的。

当事人认为调解员有前款情形之一的,有权以口头或者书面方式提出回避申请。

调解员的回避,由行政机关调解机构负责人决定;调解机构负责人担任调解员的回避,由行政机关负责人决定。

3. 行政调解代理人。同一行政调解案件中,一方当事人超过 5 人的,可以推选 1 ~5 名代表参加行政调解,被推选的代表应当取得其他当事人的明确授权。各方当事人均有权委托 1 ~2 名代理人参加行政调解。代理人资格参照《中华人民共和国民事诉讼法》关于诉讼代理人的规定来确定。

(三)受理。行政机关收到争议调解处理申请后,应当对申请材料进行审查,并在收到申请书之日起 5 个工作日内作出是否受理的决定。决定受理的,应当出具受理通知书;不予受理的,应当书面告知申请人并说明理由。

行政机关应当将调解时间、地点以及需要携带的证件、材料等在调解前 3 日内通知当事人及其他参加人。申请材料不全或不符合要求的，行政机关应当当场或5个工作日内一次性告知申请人补正。补正材料所需时间不计入受理时限。

（四）调处。行政机关受理行政调解后，应及时告知当事人依法享有的权利、遵循的程序及相关事项。经各方当事人同意，行政机关对事实简单、争议不大且能够即时履行的纠纷，可以当场组织调解。调解开始前，调解员应当宣布调解纪律，核对当事人身份，告知当事人的权利和义务、调解程序和期限、调解员身份，询问当事人是否需要申请调解员回避等事项。调解员根据纠纷不同情况，可以采取直接调解、间接调解和公开调解等方式调解纠纷。调解员应当充分听取当事人陈述，必要时，行政机关可以在职权范围内根据案件情况依法开展调查，宣讲有关法律、法规和政策，耐心疏导，引导当事人在平等协商、互谅互让基础上提出纠纷解决方案，帮助当事人达成调解协议。调解员也可以提出调解建议方案，供当事人协商。

（五）终止。调解未达成协议的、调解协议签订前或调解协议生效之前一方反悔的，调解机关应当终止调解，出具行政调解终止通知书并载明原因。

下列情形，行政机关可以自行决定终止行政调解，并根据前款规定作出相应处理：

1. 当事人无正当理由缺席调解的或者中途退出调解的；

2. 当事人要求终止调解或者撤回调解申请的；

3. 当事人在调解过程中隐瞒重要事实、提供虚假情况或者故意拖延时间的；

4. 当事人在调解过程中又提请行政复议、诉讼、仲裁的；

5. 公民死亡或者法人、其他组织终止，无权利义务承受人的；

6. 调解涉及第三人利益的，而第三人不同意调解的；

7. 当事人自行和解的；

8. 在法定期限内不能达成调解协议的；

9. 法律、法规、规章规定的其他应当终止的情形。

（六）行政调解协议书的制作。行政调解达成调解协议的，除当场调解（并履行）的案件外，行政机关应当制作行政调解协议书，并加盖行政机关的行政调解专用章。

行政调解协议书应当载明当事人情况、基本事实、争议焦点、协议内容和履行方式、履行期限、救济方式等事项,由各方当事人、调解主持人签名或者盖章,并加盖行政机关的行政调解专用章。

行政调解协议书由各方当事人各执 1 份,行政机关留存 1 份。当事人一致认为无需制作行政调解协议的,可以采取口头协议方式,由调解员记录调解结果,当事人应当对调解结果予以确认。

(七)行政调解期限。行政调解期限应当自受理之日起不得超过 30 日。情况复杂、在规定时限内不能终结的,经各方当事人同意,由调解员提出延期建议,经行政机关主要负责人批准,可适当延长,但是延长期限一般不得超过 20 日,并应将延长期限的理由告知当事人。勘验、检验、检测、检疫、鉴定所需时间不计入调解期限。法律、法规、规章对行政调解的期限另有规定的,从其规定。

(八)行政调解文书归档。行政调解案件要按年、月、日归档编号,做到一案一档。文书归档顺序为:行政调解卷宗目录;行政调解申请书或口头申请笔录;行政调解告知书;有关证据材料;行政调解协议书或行政调解终结材料;送达回证;卷内备考表等。

(九)费用。行政调解不收取任何费用,勘验、检验、检测、检疫、鉴定等第三方所需费用由当事人协商承担。

七、推动行政调解与人民调解、司法调解衔接联动

(一)强化行政调解与人民调解的衔接联动。行政机关在处理与行政管理职能相关的民事纠纷时,应首选调解、协调模式,先行归口调解,做到行政管理和调解并重,促成当事人达成和解。当事人对行政机关、行政机关工作人员和行政调解有较大抵触情绪、行政调解难以进行时,可采取委托、移转、邀请、联合调解等方式,将纠纷交由人民调解组织进行调解,或者组织相关职能部门和调解组织联合调解。

(二)强化行政调解与司法调解的衔接联动。对调解不成功的,行政机关应当告知当事人救济途径,并主动配合人民法院协助处理和出庭应诉。人民法院鼓励和支持行政机关按照职权调解、裁决或依法作出其他处理决定。

(三)建立健全行政调解协议书司法确认制度。行政机关依法对调处民事纠纷后达成的具有民事合同性质的调解协议书,经调解员签名并加盖行政机关的行政调解专用章的,当事人可以自调解协议生效之日起 30 日内向有管辖权的人民法院申请司法确认。

(四)创新行政调解方式。积极探索化解社会矛盾纠纷的新途径,拓展人大代表、政协委员、律师等第三方参与矛盾纠纷化解,鼓励和支持通过设立调解工作室等方式开展矛盾纠纷化解工作。发动网格管理员、平安志愿者、社区工作者、“五老人员”(老党员、老干部、老教师、老知识分子、老政法干警)等开展矛盾纠纷预防化解工作。鼓励心理咨询师及其他领域专业化社会力量作为调解志愿者,为人民群众提供心理疏导、评估、鉴定、调解等服务。发挥法律顾问、公职律师在调解矛盾纠纷中的作用,鼓励和规范法律顾问、公职律师参与重大复杂矛盾纠纷化解,明确操作规程。

八、落实工作保障

(一)加强组织领导。各级人民政府要对行政调解负总责,统一领导本行政区域内的行政调解工作。要把下级人民政府和本级人民政府组成部门行政调解情况作为年度依法行政考核的重要内容,细化考核指标,明确分值权重,严格考核。政府法制部门要发挥行政调解牵头作用,各有关部门根据需要成立调解委员会,充分发挥行政调解在化解民事纠纷、维护社会稳定方面的主体作用,将行政调解纳入年度工作计划,放在工作重要位置。

(二)加强队伍建设。行政机关应当确定法制机构统筹本机关的行政调解工作,并指导本机关具体承担行政调解工作的机构开展行政调解。行政机关可以根据需要聘请行政调解辅助人员,保证行政调解正常开展。县级以上政府要加强法制机构建设,使法制机构的规格、编制与其承担的职责和任务相适应,充分发挥法制机构在行政调解中的牵头、协调和督促指导作用。乡(镇)、街道办事处要配备法制助理,负责行政调解工作。定期对行政调解工作人员开展业务培训,提高行政调解人员专业素质。

(三)加强行政调解文化建设。各级政府及部门开展行政调解应当以“和为贵”为核心,把行政调解文化建设贯穿于行政机关文化建设中,把化解矛盾纠纷贯穿宣传法律法规、践行行政调解文化全过程。各级政府及其组成部门应根据需要设立行政调解室、办公室、接待室,有条件的单位可增设谈心室,将工作制度、工作流程和当事人权利义务等上墙公示,精选能够集中体现情、德、法于一体的名言悬挂于调解室内,营造和谐的调解氛围。

(四)加强经费保障。行政机关要把行政调解工作经费列入本机关预算。各级人民政府要把行政调解工作经费和设施设备采购费用等纳入本级财政预算,确保行政调解工作经费足额拨付。建立责任明确、管理规范、投入稳定的经费保障机制,保障行政调解正常开展。

附件:行政调解文书示范文本(试行)

连云港市人民政府办公室

2017年11月28日

附件:

行政调解文书示范文本(试行)

[1]行政调解卷宗

卷宗类别:______________________________

卷　　名:______________________________

年　　度:______________ 卷　　号:______________

调解主持人:______________ 结案日期:______________

立 卷 人:______________ 立卷日期:______________

保管期限:______________________________

备　　注:______________________________

[2]卷宗目录

序号	材料名称	页码

续表

序号	材料名称	页码

[3]行政调解告知书

根据____________(法律依据)第________条之规定,____________(纠纷案由)可向本机关免费申请行政调解。现将有关事项告知如下:

一、当事人享有以下权利

1. 自主决定接受、不接受或者终止调解;

2. 申请有关行政调解人员回避;

3. 委托代理人参加调解;

4. 表达真实意愿,提出要求;

5. 自愿达成调解协议。

二、当事人应履行以下义务

1. 如实陈述纠纷事实,不提供虚假证明材料;

2. 遵守调解规则;

3. 不激化矛盾;

4. 自觉履行调解协议。

三、行政调解程序

1. 申请人口头或书面向本机关提出行政调解申请；

2. 本机关收到行政调解申请后，审查有关材料，符合条件且被申请人同意调解的，依法组织调解；

3. 行政调解达成协议的，本机关依法制作行政调解协议书；行政调解达不成协议的，通过其他法律途径解决。

四、行政调解效力

根据《省政府办公厅关于加强行政调解工作的意见》（苏政办发〔2011〕143号）规定，行政调解协议经各方当事人认可并签字或盖章后，即对调解当事人具有约束力，当事人应当自觉履行。行政复议机关依法对行政争议进行调处后达成的调解协议，具有法律效力，可以强制执行。行政机关（调解机关）依法对调处民事纠纷后达成的具有民事合同性质的调解协议书，经调解员签名并加盖行政机关的行政调解专用章的，当事人可以自调解协议生效之日起30日内向有管辖权的人民法院申请司法确认。

（印章）

年　月　日

（备注：各单位在行政管理中发现纠纷属于行政调解范围时，将此告知书送达当事人。）

[4]行政调解申请书

申请人（自然人姓名、性别、年龄、民族、职业、单位或住址，法人及社会组织的名称、地址、法定代表人姓名和职务）：

____

被申请人（自然人姓名、性别、年龄、民族、职业、单位或住址，法人及社会组织的名称、地址、法定代表人姓名和职务）：

____

调处请求：______________________________

事实及理由：______________________________

____

____

____

特申请__________予以调解。

申请人(签名)

年 月 日

[5]口头申请行政调解笔录

申请人(自然人姓名、性别、年龄、民族、职业、单位或住址,法人及社会组织的名称、地址、法定代表人姓名和职务):

____

被申请人(自然人姓名、性别、年龄、民族、职业、单位或住址,法人及社会组织的名称、地址、法定代表人姓名和职务):

____

调处请求:____

事实及理由:____

____

____

____

以上记录经本人核对,与口述一致。

申请人(签名)

记录人(签名)

年 月 日

[6]行政调解征求意见书(Ⅰ)

根据__________(法律依据)第________条之规定,本机关拟对你们__________(纠纷案由)一案依法进行调解。如同意调解,本机关将择期举行行政调解会(时间和地点另行通知),调解期间必须遵守国家有关法律规定,不得采取过激行为,不得加剧纠纷、激化矛盾;如不同意调解,可向__________(单位名称)申请行政裁决/申请行政复议/申请仲裁/提起诉讼。

当事人意见：　　　　　　　　当事人意见：

签名：　　　　　　　　　　　签名：

送达人签名：

(印章)

年　月　日

(备注:本意见书于本机关依职权主动调解或当场调解时使用。本意见书一式____份,各当事人一份,本机关一份。)

[7]行政调解征求意见书(Ⅱ)

____________(被申请人)：

你(单位)与________(申请人)____________(纠纷案由)一案,现____________(申请人)向本机关申请调解。如你(单位)同意调解,本机关将择期举行行政调解会(时间和地点另行通知),调解期间必须遵守国家有关法律规定,不得采取过激行为,不得加剧纠纷、激化矛盾;如不同意调解,可向____________(单位名称)申请行政裁决/申请行政复议/申请仲裁/提起诉讼。

被申请人意见：

签名：

送达人签名：

(印章)

年　月　日

(备注:本意见书于申请人向本机关申请调解时使用。本意见书一式____份,各当事人一份,本机关一份。)

[8]行政调解受理通知书

____________：

你(单位)与____________(申请人或被申请人)____________(纠纷案由),经你们双方同意,本机关决定于________年____月____日____时____分在

____________(地点)举行行政调解会,由____________(调解主持人)组织调解。请你(单位)准时出席。不按时出席调解会,且事先未说明理由,视为放弃调解。

申请调解人员回避的,应当向本机关提交回避申请。

委托代理人参加调解的,应当在调解会举行前向本机关提交代理委托书。

联系人: 联系电话:

联系地址: 邮政编码:

(印章)

年 月 日

(备注:此通知书一式____份。各当事人一份,本机关一份。)

[9]行政调解不予受理决定书

____________(申请人):

你(单位)因____________(纠纷案由)于________年____月____日申请行政调解,因被申请人不同意行政调解/不属于行政调解范围,本机关决定不予受理。

该纠纷可以向____________(单位名称)申请行政裁决/申请行政复议/申请仲裁/提起诉讼。

(印章)

年 月 日

[10]行政调解调查笔录

时　　间:____________________ 地　点:____________________

事　　由:____________________ 参加人:____________________

被调查人:____________________

笔　　录:____

被调查人(签名)

调查人(签名)　　　　　　　　　　记录人(签名)

[11]行政调解会议记录

时　间：

地　点：

事　由：

参加人：

主持人：　　　　　　　　记录人：

调解情况记录：

参会人员(签名)____________________

记录人(签名)______________________

[12]行政调解审批表

申请人	姓名或名称		电话	
	委托代理人		电话	
被申请人	姓名或名称		电话	
	委托代理人		电话	
第三人	姓名或名称		电话	
	委托代理人		电话	
申请事由				
办案人意见	年　月　日			
领导审批意见	年　月　日			

备注:此表用于行政调解受理、不予受理、延期、终止等。

[13]行政调解协议书

(××调字〔　〕第　　号)

申请人(自然人姓名、性别、年龄、民族、职业、单位或住址,法人及社会组织的名称、地址、法定代表人姓名和职务):

____

委托代理人(姓名、性别、年龄、民族、职业、单位或住址):

____

被申请人(自然人姓名、性别、年龄、民族、职业、单位或住址,法人及社会组织的名称、地址、法定代表人姓名和职务):

____

委托代理人(姓名、性别、年龄、民族、职业、单位或住址):

____

纠纷概况：______________________________________

经调解，双方当事人自愿达成如下协议：________________

____

履行协议的方式、地点、期限：______________________

本协议一式____份，当事人、行政机关各持一份。

当事人（签名或盖章）：

调解员（签名）：

（印章）

年 月 日

[14]行政调解终止通知书

（×××字〔 〕第 号）

____________：

____________于________年____月____日向本机关提出行政调解申请。本机关受理后，经多次调解，双方未达成协议。现本机关决定终止调解。当事人可向____________（单位名称）申请行政裁决/申请行政复议/申请仲裁/提起诉讼。

特此通知。

（印章）

年 月 日

[15]行政调解文书送达回证

送达文书	
送达机关	
受送达人	
签收人及送达日期	年 月 日
备 注	

[16]行政调解回访记录

当事人：

纠纷事由：

行政调解协议书编号：××调字〔　〕第　　号

回访时间：________________________________

回访事由：________________________________

____

____

回访情况：________________________________

____

____

____

____

____

____

____

回访人(签名)

年　月　日

[17]行政调解受理登记表

序号	申请人	被申请人	事由	受理时间	调解人	结案时间	结案方式	备注

镇江市人民政府办公室关于印发《镇江市行政调解工作暂行办法》的通知

（2012年9月19日 镇政办发〔2012〕224号）

各辖市、区人民政府，镇江新区管委会，"三山"景区管委会，市各委办局，各直属单位、企事业单位：

现将《镇江市行政调解工作暂行办法》印发给你们，请认真贯彻执行。

镇江市人民政府办公室

2012年9月19日

镇江市行政调解工作暂行办法

第一章 总 则

第一条 为了及时化解行政争议，保障公民、法人和其他组织的合法权益，推进和监督行政机关依法行政，促进社会和谐稳定，根据有关法律、法规规定，结合本市实际，制定本规定。

第二条 本市行政区域内各行政机关（包括法律、法规授权的具有管理公共事务职能的组织，以下统称"行政机关"）开展行政调解活动，适用本规定。

第三条 本规定所称行政调解，是指国家行政机关根据相关法律规定及政策，对与本机关行政职权有关的纠纷，通过疏导，促使各方当事人在平等协商的基础上达成一致协议，从而解决矛盾纠纷的一种行为。

第四条 行政机关进行行政调解，应当遵循自愿、合法、适当、效率、公平、公正和积极主动原则。

第五条 行政调解的范围：

（一）公民、法人和其他经济组织之间产生的与行政机关有关的矛盾纠纷；

（二）行政机关在行使行政职权过程中，与行政管理相对人发生的矛盾纠纷；

（三）法律、法规规定的其他可以行政调解的矛盾纠纷。

第六条 行政机关在行政调解活动中，当事人的地位平等。

第七条 纠纷当事人在行政调解活动中享有以下权利：

（一）决定接受、不接受或者要求终止调解；

（二）要求有关行政调解人员回避；

（三）自愿达成调解协议。

第八条 纠纷当事人在行政调解活动中承担以下义务：

（一）遵守调解规则；

（二）如实陈述纠纷事实，不得提供虚假证明材料；

（三）不得加剧纠纷、激化矛盾；

（四）自觉履行调解协议。

第九条 行政调解人员有下列情形之一的，应当自行回避，当事人也可以申请其回避：

（一）当事人或者与当事人、代理人有近亲属关系的；

（二）与纠纷的处理结果有利害关系的；

（三）有可能影响对纠纷公正处理的。

行政调解人员的回避由行政机关负责人决定，行政机关负责人担任调解员的，回避由市政府分管副市长决定。

当事人申请回避，应当说明理由，并在举行调解会 3 日前告知行政机关。

第十条 行政机关应当确定行政调解负责科室和行政调解人员，并在办公场所适当位置公布调解人员名单。

第二章 行政调解的启动

第十一条 申请调解的纠纷是因行政机关的行政行为引起的，当事人可以向作出该行政行为的行政机关提出调解申请，也可以直接向市行政调解工作领导小组办公室提出申请。

因与行政管理有直接或间接关联引起民事纠纷申请行政调解的，须向有管辖权的行政机关提出调解申请。

第十二条 行政调解可以由一方当事人申请,也可以由行政机关依职权提出。但不论采取哪种方式,都必须征得各方当事人同意。

第十三条 申请行政调解应当符合下列条件:

(一)申请人必须是与所申请调解的争议纠纷有直接利害关系的当事人;

(二)有明确的被申请人、具体的调解请求和事实依据;

(三)所申请调解的争议纠纷与该行政机关的行政职权有关;

(四)所申请调解的争议纠纷具有可调解性。

第十四条 下列调解申请,行政机关不予受理:

(一)已向仲裁机构申请仲裁的;

(二)已向行政复议机关申请复议的;

(三)已向人民法院起诉的(人民法院请求行政机关协助调解的除外);

(四)一方要求调解,另一方不同意调解的。

第十五条 申请行政调解需提交下列材料:

(一)行政争议调解申请书,申请书应写明申请人和被申请人名称或姓名、地址、法定代表人姓名、职务、申请的理由和要求、申请日期;

(二)申请人身份证明、授权委托书、代理人身份证明;

(三)其他有关材料。

当事人申请行政调解,可以书面申请,也可以口头申请。当事人口头申请调解的,行政机关应当做好记录。

第十六条 对于符合启动条件的,行政机关应在5个工作日内征求其他当事人的意见。

对不符合启动条件或其他当事人不同意调解的,应在5个工作日内书面告知申请人并提出解决纠纷的其他渠道。在决定是否启动行政调解程序前,矛盾有可能激化的,行政机关应当及时采取必要的缓解疏导措施。

第十七条 两个以上行政机关都收到行政调解申请的,由有管辖权的行政机关办理;两个以上行政机关都有管辖权的,由先收到行政调解申请的行政机关办理;对管辖权有异议的,由市政府法制部门指定管辖。

第三章 行政调解的进行

第十八条 行政调解申请符合启动条件并经各方当事人同意后，行政机关应当予以调解。

第十九条 行政调解启动后，行政机关应在7日前将调解的时间、地点通知当事人。

调解的过程中发现调解结果涉及第三人及其利益的，应通知第三人参加。

第二十条 对重大、复杂、疑难的争议案件，行政机关的主要负责人应当主持行政调解；其他争议案件，行政机关负责人指定调解人员进行行政调解。

第二十一条 行政机关调解纠纷，应当保护当事人的个人隐私和商业秘密。

第二十二条 行政机关根据需要，可以邀请有关单位、专业人士或者有关公民参加行政机关的调解工作。被邀请的单位或者个人应当予以支持。调解跨区域、跨部门的纠纷，相关单位应当予以配合，共同做好行政调解工作。

第二十三条 调解主持人员在调解行政纠纷前，应当核对当事人身份；宣布调解纪律；宣布调解人员、记录人员的身份；宣布当事人享有的权利和承担的义务。

第二十四条 当事人一方因正当的或者对方当事人可以谅解的理由不能参加调解或中途退出调解的，调解主持人可以决定延期调解。

第二十五条 行政调解过程中，调解人员依据各方当事人提供的证据以及本机关收集的证据认定纠纷事实，采用灵活多样的说理、疏导等方法，引导当事人互谅互让、消除隔阂，达成调解协议。

第二十六条 行政调解达成协议的，调解人员应当组织当事人签署调解协议书。行政调解协议书的内容不得违反法律法规规定。调解协议书由当事人各执一份，行政机关存档一份。

第二十七条 行政调解协议书一般应当载明下列事项：

（一）各方当事人的基本情况；

（二）纠纷事实、争议焦点及各自应承担的责任；

（三）当事人的权利义务；

（四）协议履行的方式、期限和地点；

（五）当事人、调解人员及其他参加调解的单位代表和个人签名。

行政调解协议书由各方当事人签字后生效。

第二十八条 达成行政调解协议后，当事人一方不履行协议的，另一方可以寻求相关法律救济途径解决。

第二十九条 对调解不成，或者当事人不愿意继续调解，或者调解结果涉及第三人利益而第三人不同意的，终止调解。

在调解过程中，当事人又提请仲裁、复议、诉讼的，视为放弃调解，调解终止。

第三十条 行政调解应当自启动之日起30日内终结。如因特殊情况不能终结，应当经行政机关负责人批准适当延长调解期限，但延长期限不得超过30日。法律法规另有规定的，从其规定。

第三十一条 行政机关调解行政纠纷，可以邀请当事人所在地的人民调解组织予以配合。人民调解组织接到邀请后，应当派员协助行政机关的调解工作。行政机关应当积极支持、配合人民调解、司法调解工作。

第四章 调解终结

第三十二条 行政纠纷调解终结后，行政机关应当及时组织对各方当事人履行调解协议情况进行回访，巩固调解成果。

第三十三条 行政调解终结后，应及时进行立卷归档。

第五章 奖励与惩罚

第三十四条 行政机关应严格履行职责，积极化解矛盾纠纷，对行政调解工作中作出突出贡献的，将予以表彰奖励。

第三十五条 行政机关无正当理由不受理行政调解申请，或者在法定期限内不履行调解职责，贻误纠纷调处时机，造成恶性事件、群体性事件或其他严重后果的，由市监察部门按有关规定和程序追究相关人员的责任。

第六章　附　　则

第三十六条　法律、法规、规章对行政调解另有规定的,从其规定。

第三十七条　市政府法制部门负责对各行政机关的行政调解工作进行检查指导。

第三十八条　本规定自2012年10月1日起施行。

·浙 江 省·

浙江省人民政府办公厅关于加强行政调解工作的意见

(2013年5月21日 浙政办发〔2013〕52号)

各市、县(市、区)人民政府,省政府直属各单位:

行政调解是行政机关依照法定职权,以平等自愿为基础,以事实为依据,在法律范围内通过协调、协商处理行政争议和有关民事纠纷的重要机制。加强行政调解工作,对保障人民群众合法权益、促进经济社会持续健康发展、改善政府形象等都具有重要意义。根据《国务院关于加强法治政府建设的意见》(国发〔2010〕33号)、《浙江省人民政府关于加强法治政府建设的实施意见》(浙政发〔2011〕71号)和《浙江省人民政府关于印发〈浙江省全面推进依法行政“十二五”规划〉的通知》(浙政发〔2011〕100号)等文件精神,经省政府同意,现就加强行政调解工作提出如下意见:

一、行政调解的基本原则

(一)自愿平等原则。尊重当事人意愿,各方当事人地位平等,不得偏私、歧视,不得强迫当事人接受调解。

(二)合法正当原则。遵守法律、法规、规章和政策规定,体现公平合理,不得损害国家利益、公共利益以及他人合法权益。

(三)调解优先原则。行政机关对行政监管中出现的矛盾纠纷,应当主动及时调解,做到早排查、早发现、早调解;行政争议相对人申请调解的,作为矛盾纠纷一方的行政机关应当积极配合调解。

(四)便民高效原则。行政调解应当手续简便、方式灵活,在规定时限内注重提高工作效率、提供优质服务。

二、行政调解的范围、主体和程序

(一)行政调解范围和主体。

1.行政机关与公民、法人或者其他组织之间产生的行政争议,由上一级行政机关负责调解。重点是城市建设、房屋征收、社会保障、治安管理、环境保护等方面的行政争议。

2. 公民、法人或者其他组织之间产生的与行政管理相关的民事纠纷，由主管该事项的行政机关负责调解。重点是交通损害事故赔偿、消费者权益保护、医疗卫生、土地（林地、海域）权属争议、环境污染损害赔偿、劳动就业、渔业、生产事故等方面的民事纠纷。

（二）行政调解程序。

1. 行政调解的启动。行政调解机关依申请或者依职权启动行政调解。当事人申请行政调解，可以书面提出申请，也可以口头提出申请；口头申请由行政调解机关笔录后经当事人签字确认。凡符合调解条件的，行政调解机关应当在收到申请之日起 5 个工作日内发出受理通知，明确调解时间、地点和调解主持人；不符合调解条件的，应当告知申请人，并说明理由。

当事人在行政复议或者信访中提出行政调解申请的，由行政复议机关或者信访事项办理机关在行政复议案件审理或者信访事项办理中进行调解，不另行启动行政调解程序；同一行政机关对同一当事人提出的同一事项已经作出行政复议或者信访处理决定的，不再受理行政调解申请。

2. 行政调解的实施。行政调解申请受理后，原则上在 20 个工作日内结案，听证、鉴定和专家评审所需时间不计算在内。行政调解机关要采取解释、说明和劝导等方式，促使各方当事人自愿达成调解协议；不能达成调解协议的，应当告知当事人通过其他法定途径解决争议纠纷。

3. 行政调解书的制作。行政调解达成协议的，行政调解机关应当制作行政调解书，由当事人、调解主持人签名并加盖行政调解机关印章，自当事人签字之日起生效。有关民事纠纷经行政调解达成协议的，可申请有管辖权的人民法院或者仲裁机构确认其效力。

对事实清楚，各方当事人无较大分歧或者所涉赔（补）偿数额在 1 万元以下的争议纠纷，其行政调解的申请、受理和办理可适用简易程序。具体办法由省级有关部门根据实际情况另行制订，并按规定报送备案。

三、加强行政调解工作体制建设

县级以上人民政府要加快建立政府负总责、政府法制机构牵头、各职能部门为主体的行政调解工作体制，确保行政调解职责全面落实，以最低层级、最初阶段、最少成本、最佳效果化解社会矛盾纠纷,为建设物质富裕精神富有的现代化浙江创造更加和谐稳定的社会环境。

县级以上人民政府要建立行政调解工作联席会议,定期或不定期听取行政调解工作情况汇报,研究解决行政调解工作中遇到的重大问题。行政调解工作联席会议日常工作由政府法制机构承担。乡镇政府、街道办事处要通过依托社会服务管理中心等途径落实行政调解场所,明确行政调解人员,履行法定行政调解职责,协同有关部门做好本区域内的行政调解工作。行政调解工作宣传、培训、指导等工作经费纳入本级财政预算。

政府法制机构要切实发挥牵头作用,加强对行政调解工作的指导、督促和协调。主要职责是:研究制订完善有关工作制度;指导和组织调处法律关系复杂、重大疑难或者本级政府交办的争议纠纷;推动与人民调解、司法调解等矛盾纠纷化解机制的衔接配合;组织做好行政调解工作宣传和对行政调解人员的业务培训,研究建立行政调解人员信息库。

政府各职能部门主要领导是本机关行政调解工作的第一责任人。各职能部门要明确有关机构和人员承担行政调解工作,根据本部门、本系统、本行业特点建立健全行政调解相关制度,确保行政调解工作责任到位、规范有序。

四、建立健全行政调解工作机制

(一)建立行政调解工作协调配合机制。政府各部门既要各司其职、各负其责,又要加强协作、密切配合。对涉及多个部门职责的争议纠纷,由最初受理的部门或者涉及主要管理工作的部门牵头,相关部门参与协调处理;难以确定牵头部门的,由政府法制机构商机构编制部门确定牵头部门协调处理。

(二)建立行政调解与人民调解、司法调解的衔接机制。行政调解机关可以邀请人民调解组织参与或者委托人民调解组织进行调解。对进入行政诉讼程序的争议纠纷,要积极配合人民法院做好诉前、诉中调解工作;对人民法院提出的调解意见和指出的执法问题,要认真研究处理。

(三)建立行政调解工作社会参与机制。行政调解机关要注重发挥基层组织、相关行业协会和专家学者在行政调解中的作用,在重点领域、重点行业可以组建调解员队伍和调解专家库,动员社会力量参与行政调解工作。

(四)建立行政调解工作信息统计分析报告和考核机制。政府各职能部门要定期统计、分析本部门行政调解工作情况,并向本级政府法制机构和上级主管部门报送。政府法制机构要定期统计、分析本行政区域行政调解工作情况，并向本级政府报告。将行政调解工作开展情况列为依法行政考核的重要内容，对工作成绩突出的单位和个人给予表彰。对组织领导不力、工作不落实、责任不到位的地区和部门要通报批评、责令限期整改；造成严重后果的，要严肃追究有关负责人和其他相关人员的责任。

浙江省人民政府办公厅

2013年5月21日

浙江省人民政府办公厅关于印发《浙江省行政调解办法》的通知

（2016年12月30日　浙政办发〔2016〕172号）

各市、县（市、区）人民政府，省政府直属各单位：

《浙江省行政调解办法》已经省政府同意，现印发给你们，请结合实际认真贯彻执行。

浙江省人民政府办公厅

二〇一六年十二月三十日

浙江省行政调解办法

第一条　为加强和规范行政调解工作，构建多元联动的矛盾纠纷解决机制，及时化解与行政管理有关的争议纠纷，促进社会和谐稳定，根据有关法律、法规、规章规定，结合本省实际，制定本办法。

第二条　本省各级行政机关开展行政调解适用本办法，法律、法规、规章另有规定的从其规定。

本办法所称的行政调解，是指行政机关依照法定职责和规定程序，以自愿平等为基础,以事实为依据,通过解释、沟通、说服、疏导、协商等方法,促使公民、法人或者其他组织之间以及行政机关与行政相对人之间(以下统称当事人),依法化解有关民事纠纷和行政争议的活动。

第三条 行政调解应当坚持自愿平等、合法正当、优先及时、便民高效的原则。

第四条 行政机关依照相关法律、法规、规章规定,对与本机关履行行政管理职能有关的公民、法人或者其他组织之间的民事纠纷进行调解。

行政机关可以对下列行政争议进行调解:

(一)公民、法人或者其他组织对行政机关行使法律、法规、规章规定的行政裁量权作出的行政行为不服的;

(二)公民、法人或者其他组织与行政机关之间的行政赔偿、行政补偿纠纷;

(三)其他依法可以调解的行政争议。

第五条 下列情形不适用行政调解:

(一)人民法院、行政复议机关、行政裁决机关、仲裁机构等有权处理机关已经依法作出处理,或者已经经过信访复查、复核的;

(二)无明确另一方当事人的;

(三)已经超出行政复议、行政裁决、仲裁、诉讼期限的;

(四)当事人就同一事实以类似理由重复提出行政调解申请的;

(五)法律、法规、规章规定不适用行政调解的其他情形。

第六条 与行政管理有关的民事纠纷的调解,履行相关行政管理职能的行政机关为行政调解机关。

行政争议的调解,按以下规定确定行政调解机关:

(一)涉及人民政府的行政争议,由上一级人民政府的相关职能部门负责调解;

(二)涉及政府工作部门的行政争议,由本级人民政府负责调解;

(三)涉及实行垂直领导部门的行政争议,由上一级主管部门负责调解;

(四)涉及县级以上人民政府依法设立的派出机关的行政争议,由设立该派出机关的人民政府负责调解;

(五)涉及政府工作部门依法设立的派出机构的行政争议,由设立该派出机构的部门负责调解;

(六)涉及法律、法规授权组织的行政争议,由直接管理该组织的人民政府或者部门负责调解。

行政调解机关为人民政府的,可以指定相关部门或者机构具体组织调解。

涉及多个行政机关职责的争议纠纷,由最初受理的行政机关或涉及主要管理工作的行政机关牵头调解,相关行政机关参与调解。难以确定牵头行政机关的,由政府法制工作机构、机构编制部门共同协商明确。

第七条 公安、民政、国土资源、环保、交通运输、卫生计生、工商、质监、价格、知识产权、人力社保等行政调解任务较重的部门,可以根据需要成立行政调解委员会,并配置行政调解室、接待室。

各级人民政府及其工作部门可以建立专业调解员名录,并向社会公布。

第八条 行政调解机关可以通过向社会力量购买服务等方式,委托人民调解组织、社会组织、中介服务机构等第三方调解组织,具体组织民事纠纷的调解。

第九条 公民、法人或者其他组织就民事纠纷或者行政争议申请行政调解,应当向行政调解机关提出书面申请或者口头申请。对口头申请的,应当当场记录并经申请人确认。

行政调解机关收到行政调解申请后,应当予以登记。属于本机关行政调解范围且另一方当事人同意调解的,应当在5个工作日内通知各方当事人有关调解时间、地点和调解主持人、调解员,并提醒对有关争议纠纷申请行政复议及提起诉讼、仲裁等的法定期限;不属于本机关行政调解范围或者另一方当事人不同意调解的,应当在收到申请之日起5个工作日内告知申请人,并说明理由。

第十条 行政调解机关对下列争议纠纷,可以主动组织调解:

(一)资源开发、环境污染、重大交通事故、危旧房搬迁等方面的民事纠纷;

(二)涉及人数较多、可能对本区域行政执法活动产生重大影响的行政争议;

(三)行政调解机关认为需要主动组织调解的其他情形。

行政调解机关主动组织调解的,应当征得当事人(行政机关除外)同意,并在5个工作日内通知各方当事人有关调解时间、地点和调解主持人、调解员。

第十一条 行政机关在具体行政执法活动中对涉及的民事纠纷,具备当场调解条件的,行政机关工作人员可以当场启动调解,并将相关情况记录在案。

第十二条 人民法院协商委托行政调解的,行政机关应当及时组织调解,并反馈调解结果。

第十三条 行政调解机关组织调解时,应当由本机关相关业务机构工作人员主持调解,重大或复杂的争议纠纷可以由本机关负责人主持调解。

行政调解机关可以组织专业调解员或者邀请人大代表、政协委员、人民调解员、行政执法监督员以及行政争议发生地群众代表作为特邀调解员参加调解。

第十四条 其他公民、法人或者其他组织认为与有关争议纠纷有利害关系的,可以向行政调解机关申请作为一方当事人参加调解。

调解结果直接影响第三方利益的,行政调解机关应当通知其作为一方当事人参加调解。

第十五条 当事人可以委托1至2名代理人参加调解;当事人不能参加调解的,应当明确至少1名代理人的委托权限为特别授权。

一方当事人人数超过5名的,应当推选1至5名代表人参加行政调解。

第十六条 调解员应当充分听取各方当事人的陈述,解释法律、法规、规章和政策,解答当事人的疑问,厘清事实,辨明是非,促使各方达成调解协议。

经当事人同意,可以采取网络、电话、信函等方式进行行政调解。

第十七条 行政调解机关可以依申请在其职权范围内进行调查取证或者依职权主动进行调查、核实证据,有关单位和个人应当予以配合。

行政调解需要进行检测、检验、检疫、技术鉴定、伤残评定的,当事人可以协商一致委托,也可以共同委托行政调解机关送专门机构进行,费用由当事人协商承担。

第十八条 行政调解应当自收到调解申请之日起30日内办结。检测、检验、检疫、技术鉴定、伤残评定的时间不计算在内。

情况复杂或者有其他特殊情形的,经各方当事人同意,可以延长10日。

第十九条 有下列情形之一的,行政调解机关应当终止调解:

(一)当事人要求终止调解或者调解期限届满未达成调解协议的;

(二)当事人拒不参加调解或者中途退出调解的;

(三)调解协议生效前当事人反悔的;

(四)公民死亡或者法人、其他组织终止,无权利义务承受人的;

(五)法律、法规、规章规定的其他应当终止的情形。

行政调解终止后,行政调解机关应当制作行政调解终止通知书或者记录在案;需履行相应行政管理职责的,行政机关应当依法及时履行有关职责。

第二十条 对事实清楚,各方当事人争议不大或者所涉赔偿、补偿数额在1万元以下的争议纠纷,行政调解机关可以简化行政调解程序。省级有关部门可根据实际情况制定具体简化程序,并报省法制办备案。

第二十一条 行政调解达成调解协议的,应当根据争议性质制作行政调解书(民事纠纷/行政争议)。

行政调解书应当载明当事人情况、基本事实、争议焦点、协议内容和履行方式、履行期限、救济方式等事项,由各方当事人、调解主持人签名或者盖章,并加盖行政调解机关印章。

行政调解书由各方当事人各执1份,行政调解机关或者具体组织调解机构留存1份。

第二十二条 调解协议即时履行、当事人自行和解,或者当事人认为没有必要的,可以不制作行政调解书,由当事人、调解主持人在调解笔录上注明并签名或者盖章确认。

第二十三条 行政调解书自各方当事人签收之日起生效,当事人应当按照约定履行。行政机关不履行行政调解书的,行政调解机关应当责令履行。

第二十四条 对有关民事纠纷经调解达成的行政调解书,各方当事人可以依据《中华人民共和国公证法》有关规定申请公证;或者依据《中华人民共和国民事诉讼法》《中华人民共和国仲裁法》以及有关规定,向行政调解机关所在地基层人民法院或者仲裁机构,申请确认其效力。

以金钱或者有价证券给付为内容的行政调解书(民事纠纷),债权人可以依据《中华人民共和国民事诉讼法》及其司法解释的规定,向人民法院申请支付令。

第二十五条 各级人民政府对本行政区域内行政调解工作负总责,加强行政调解工作领导,完善行政调解与人民调解、司法调解联动工作体系,保障行政调解所必需的工作条件和经费。

各级人民政府工作部门应当履行本系统行政调解工作的主体责任,加强业务指导和协调,明确具体业务机构负责组织行政调解工作。

各级人民政府法制工作机构应当发挥牵头作用,加强对本行政区域内行政调解工作的指导、督促和协调,推动制定行政调解权力义务清单,研究制定配套制度,组织开展业务培训,定期通报工作情况。

第二十六条 行政调解机关应当建立健全行政调解工作统计分析报告制

度,定期对行政调解案件数量、争议纠纷类型、结案方式等数据进行统计分析,并向本级人民政府法制工作机构报送统计分析报告。

第二十七条 行政调解机关应当将调解申请登记、调解笔录、行政调解书等立卷归档。

第二十八条 行政调解不得向当事人收取费用。

第二十九条 行政复议以及行政裁决等案件处理过程中进行调解的,依照其相关规定执行。

法律、法规授权组织对与行政管理有关的民事纠纷进行调解,参照本办法执行。

第三十条 本办法自2017年3月1日起施行。

浙江省人民政府办公厅关于印发《浙江省排污权有偿使用和交易试点工作暂行办法》的通知

(2010年10月9日 浙政办发〔2010〕132号)

各市、县(市、区)人民政府,省政府直属各单位:

《浙江省排污权有偿使用和交易试点工作暂行办法》已经省政府同意,现印发给你们,请认真贯彻执行。

二〇一〇年十月九日

浙江省排污权有偿使用和交易试点工作暂行办法

第一章 总 则

第一条 为积极有序推进排污权有偿使用和交易试点工作,规范排污权有偿使用和交易行为,根据国家有关法律法规政策和《浙江省人民政府关于开展排污权有偿使用和交易试点工作的指导意见》(浙政发〔2009〕47 号)等有关规定,制定本办法。

第二条 排污权有偿使用和交易坚持试点先行、循序渐进,统一政策、属地管理,新老划断、区别对待,依法依规、促进减排,公开公平、社会监督的原则。

第三条 本办法所称的污染物,是指现阶段实施污染物排放总量控制的化学需氧量和二氧化硫两项主要污染物。

本办法所称的排污权,是指排污单位按排污许可证许可的污染物排放总量指标向环境直接或间接排放污染物的权利。排污单位的排污权以排污许可证的形式确认,排污权的有效期限与排污许可证期限一致。

本办法所称的排污权有偿使用,是指在区域排污总量控制的前提下,排污单位依法取得排污权指标,并按规定缴纳排污权有偿使用费的行为。

本办法所称的排污权交易,是指在区域排污总量控制的前提下,排污单位对依法取得的排污权指标进行交易的行为。

第四条 化学需氧量排污权有偿使用和交易,适用于太湖流域、钱塘江流域范围内,以及经省环境保护行政主管部门、省财政主管部门同意纳入试点的其他流域的市县内按排污许可证规定有总量控制要求的工业排污单位。二氧化硫排污权有偿使用和交易,适用于全省范围内按排污许可证规定有总量控制要求的工业排污单位。

化学需氧量排污权交易原则上在设区市市区或县(市)范围内进行,需跨设区市市区或县(市)交易的,须经省环境保护行政主管部门批准;二氧化硫排污权交易可在全省范围内进行。

第五条 各级环保、财政部门会同发展改革、经信、税务、物价、法制等部门共同推进排污权有偿使用和交易试点工作。省环境保护行政主管部门要会同有关部门制定排污权指标核定技术规范,排污权交易管理细则,排污权储备及收储、出售或出让的具体管理规定,加强对省级交易平台的监管,加强对市县环保部门的指导,推动形成有效的排污权交易和管理机制。省财政主管部门要会同有关部门制定排污权有偿使用费收支、排污权储备资金管理办法,加强对市县财政部门的指导。省价格行政主管部门要会同有关部门制定出台排污权有偿使用费征收标准管理办法,加强排污权交易价格监管,加强对市县物价部门的指导。

第六条 排污权交易机构具体负责排污权交易的业务指导、信息提供、咨询服务、技术核算和评估，具体办理排污权有偿使用和交易业务等工作。

省里设立省排污权交易中心。太湖流域、钱塘江流域范围内的设区市和经批准试点的设区市可依托现有的事业单位建立排污权交易平台。试点期间，县（市）暂不增设新的排污权交易机构。

化学需氧量排污权交易由设区市排污权交易机构或省排污权交易中心操作，二氧化硫排污权交易由省排污权交易中心统一操作。

第七条 排污单位实行排污权有偿使用、开展排污权交易，不免除环境保护的其他法定义务。

第二章 初始排污权指标的核定、分配和有偿使用

第八条 初始排污权指标的核定、分配实行分级管理。省负责总装机容量30万千瓦以上燃煤发电企业的排污权指标核定、分配；设区市负责所辖市区范围内的排污权指标核定、分配；县（市）负责辖区内的排污权指标核定、分配。为保障重大项目建设的环境容量，加强对排污权交易市场的调控，省市县三级应建立排污权储备与调控机制。

第九条 排污单位的初始排污权指标由负责该排污单位排污许可证管理的环境保护行政主管部门本着尊重历史、推进改革的精神，按照排污权指标核定技术规范进行核定，并经公示后确定。公示时间不少于15日。

排污权指标核定技术规范由省环境保护行政主管部门负责制定并向社会公布。

第十条 各级环境保护行政主管部门对现有排污单位核定初始排污权指标总量，应以上级下达的区域排污总量控制指标为基数，落实污染减排的要求，并可储备一定量的排污权指标。

第十一条 排污单位对环境保护行政主管部门核定的排污权指标不服的，可在公示期间向环境保护行政主管部门申请复核，环境保护行政主管部门应当自接到复核申请之日起10日内，作出复核决定；也可就排污许可证申请行政复议或提起行政诉讼。

第十二条 参加排污权交易的单位，应按规定实行初始排污权有偿使用。

第三章　排污权交易

第十三条　开展排污权有偿使用和交易试点的地区,新建、改建、扩建项目和排污单位需要新增排污权指标的,应通过排污权交易取得。

第十四条　新建、改建、扩建项目和排污单位新增或出售排污权指标,均应通过排污权交易机构的平台进行交易。排污权交易价格实行市场调节。

省市县三级应逐步建立排污权储备。政府或有关部门可以向市场购入排污权用于储备。政府或有关部门储备的排污权,可直接入市出售以调控市场或用于保障重大项目建设。省环境保护、财政、价格行政主管部门要制定排污权储备的具体管理规定,健全排污权收储、储备排污权出售或出让的运作机制。

排污单位破产、关停、被取缔或迁出本行政区域,其初始排污权指标无偿获得的,由政府或有关部门无偿收回,作为排污权储备。

第十五条　排污单位出现排污权指标闲置的,闲置期如超过一年,应向核发排污许可证的环境保护行政主管部门申报,闲置期超过三年的,其闲置的排污权指标由政府或有关部门回购。

第十六条　需要购买或出售排污权的新建、改建、扩建项目或排污单位,应当按照规定向相应的排污权交易机构提交相关申请、证明材料。环境保护行政主管部门和排污权交易机构应当主动公布需提交的材料目录及办理情况。

环境保护行政主管部门应对参与排污权交易单位的主体资格、排污权限进行审核,核定交易双方的具体排污权指标,并对排污权交易协议进行确认。

排污权交易双方达成交易协议后,必须签订排污权交易合同。交易合同由排污权交易机构统一提供,一式四份,核发排污许可证的环境保护行政主管部门、排污权交易机构、交易双方各执一份,并报省环境保护行政主管部门备案。

排污权交易出现争议的,相关单位可以向排污权交易机构申请调解,争议涉及排污权交易机构的,相关单位可以向环境保护行政主管部门申请调解,也可以按约定向仲裁机构申请仲裁或向人民法院提起诉讼。

第十七条　排污权交易合同生效后,排污单位必须按规定到核发排污许可证的环境保护行政主管部门办理排污权变更登记手续。环境保护行政主管部门依法核发、变更或注销排污许可证。

第十八条 需要临时新增排污权或有富余排污权指标需要临时出售的排污单位,可以向排污权交易机构申请交易。临时排污权交易的单位期限为一年。

第十九条 跨行政区域交易排污权,需符合出让区域的排污总量控制要求、符合受让区域的环境功能达标要求,经过省环境保护行政主管部门审批。交易的排污权指标仍纳入出让区域的排污总量控制指标,待排污权有效期满后再转入受让区域。

第四章 资金管理

第二十条 排污单位缴纳的初始排污权有偿使用费属国有资源类政府非税收入,应全额上缴财政,实行收支两条线管理。

第二十一条 总装机容量30万千瓦以上燃煤发电企业的排污权有偿使用费由省排污权交易中心代为收取,其他排污单位的排污权有偿使用费,根据管理权限由相应的排污权交易机构代为收取。

第二十二条 为加强对排污权交易市场的调控,确保重点建设项目的需要,各级财政可安排一定的排污权储备资金。要加强排污权储备资金的管理,规范排污权收储、出售或出让的核算。

第二十三条 各级财政要保障排污权交易机构的工作和管理经费,支持排污权交易平台建设和排污权交易关键技术、共性技术的研发应用。

第五章 监督管理

第二十四条 各级环境保护行政主管部门要加强对排污单位排污权使用行为的执法监管,依法查处超过排污权指标排放污染物的行为。

第二十五条 各级环境保护、财政、审计、价格行政主管部门应当及时掌握本辖区排污权有偿使用和交易情况,加强对排污权交易和排污权交易机构运作的监管,及时查处各种违法违规行为;涉嫌犯罪的,移交司法机关依法处理。

第二十六条 加快构建排污权交易管理信息系统。各级环境保护行政主管部门初始排污权核定、分配的信息和排污权交易机构的排污权供求、交易信息应实时汇集到排污权交易管理信息系统,向社会公开,接受社会监督。

第六章 附 则

第二十七条 本办法自发布之日起施行。国家对排污权有偿使用和交易有新规定的，从其规定。

各地先行出台的排污权有偿使用和交易管理相关规定，应根据《浙江省人民政府关于开展排污权有偿使用和交易试点工作的指导意见》（浙政发〔2009〕47号）和本办法进行修改完善，加以规范。省有关部门要加强指导、督促和检查。

浙江省住房和城乡建设厅关于印发《浙江省物业项目服务退出管理办法（试行）》的通知

（2010年3月9日 浙建房市〔2010〕20号）

各市、县（市、区）建委（建设局）、房地产管理局（处）：

为加强物业项目服务退出管理，规范物业服务企业退出行为，维护当事人的合法权益，保持物业管理活动的正常秩序，引导物业服务行业健康有序发展，根据《浙江省物业管理条例》和国家有关法律、法规的规定，在调查研究和广泛征求意见的基础上，我厅制定了《浙江省物业项目服务退出管理办法（试行）》，现印发给你们，请认真组织物业服务企业、房地产开发企业、业主委员会等单位以及相关部门进行学习和贯彻实施。实施中如遇问题请及时反馈我厅房地产市场监管处。

附件：浙江省物业项目服务退出管理办法（试行）

二〇一〇年三月九日

附件：

浙江省物业项目服务退出管理办法（试行）

第一条 为加强物业项目服务退出管理，规范物业服务企业退出行为，维护当事人的合法权益，保持物业管理活动的正常秩序，根据《浙江省物业管理条例》和国家有关法律、法规，结合本省实际，制定本办法。

第二条 本省行政区域内因物业服务合同期满终止，或者依据法律规定和物业服务合同约定提前解除合同，物业服务企业退出物业项目服务管理活动，适用本办法。

第三条 退出物业项目服务管理应当本着维护社会稳定、保证业主基本生活秩序、依法有序、平稳过渡的原则进行。

第四条 省人民政府住房和城乡建设行政主管部门负责全省物业项目服务退出的指导、监督和管理。

县级以上人民政府房产行政主管部门（以下简称"物业主管部门"）负责本行政区域内物业项目服务退出的指导、监督和管理。

第五条 业主大会和业主委员会应当从保持物业项目服务管理的稳定性和长远利益出发，不得随意更换物业服务企业，要保证业主的正常生活秩序。

物业服务企业应当坚持诚信守法的原则，严格履行退出物业项目服务管理程序和相应职责，解决好项目管理遗留问题，做好新老物业服务管理的衔接工作，保持项目服务管理的连续性。

开发建设单位应当尊重购房人的合法权益，兑现售房承诺，妥善解决项目建设遗留问题，为物业项目管理的顺利开展提供保障。

第六条 前期物业服务合同期满终止，业主大会和业主委员会尚未成立，物业服务企业退出项目服务管理的，适用下列程序：

（一）建设单位或物业服务企业不再续约的，合同当事人一方应当在前期物业服务合同届满60日前，向对方提出不再续约的意见。建设单位应当按照《浙江省物业管理条例》及前期物业管理招标投标有关规定，并征得专有部分占建筑物总面积过半数的业主且占总人数过半数的业主同意，及时另行选聘具有相应资质等级的物业服务企业，按不低于原物业服务合同约定的服务标准执行。

（二）物业服务企业应当将不再续约原因、退出时间等以书面形式报送项目所在地物业主管部门和街道办事处（乡镇人民政府）备案，并填写《物业服务企业退出项目服务管理情况登记表》。

（三）建设单位应当在新选聘的物业服务企业（以下统称"新受托物业服务企业"）确定后10日内，将新受托物业服务企业及相关情况书面函告业主，并抄报物业所在地物业主管部门和街道办事处（乡镇人民政府）备案。

（四）建设单位未及时履行选聘物业服务企业责任的，原物业服务企业应当及时向所在地物业主管部门和街道办事处（乡镇人民政府）书面报告。物业主管部门应当会同街道办事处（乡镇人民政府）、社区居民委员会督促建设单位及时选聘物业服务企业。

第七条 前期物业服务合同期满终止且业主大会、业主委员会已成立，或物业服务合同期满终止，物业服务企业退出项目服务管理的，适用下列程序：

（一）业主大会或物业服务企业不再续约的，合同当事人一方应当在前期物业服务合同或物业服务合同期限届满60日前，向对方提出不再续约的意见。业主大会应当按照《浙江省物业管理条例》和《管理规约》等有关规定，及时另行选聘具有相应资质等级的物业服务企业。

（二）物业服务企业应当将未续约原因、退出时间等以书面形式报送项目所在地物业主管部门和街道办事处（乡镇人民政府）备案，并填写《物业服务企业退出项目服务管理情况登记表》。

（三）业主委员会按照规定的程序和要求重新选聘物业服务企业后的10日内，应当在本物业管理区域内公告，并报物业所在地物业主管部门和街道办事处（乡镇人民政府）备案。

（四）业主大会未及时履行选聘物业服务企业责任，也未决定实施自治管理的，原物业服务企业应当及时向所在地物业主管部门和街道办事处（乡镇人民政府）书面报告。物业主管部门应当会同街道办事处（乡镇人民政府）、社区居民委员会督促业主大会及时选聘物业服务企业。

第八条 物业服务合同当事人提前解除合同，物业服务企业退出项目服务管理的，应依情形分别适用下列程序：

（一）前期物业服务期间，合同当事人一方要求提前解除物业服务合同的，应于拟解除合同前90日书面告知对方，并征得专有部分占建筑物总面积过半数的业主且占总人数过半数的业主同意。

建设单位应当按照《浙江省物业管理条例》及前期物业招标投标有关规定，及时另行选聘具有相应资质等级的物业服务企业。同时，建设单位、物业服务企业和物业主管部门应分别履行本办法第六条(二)至(四)项相关规定。

(二)物业服务期间，经业主委员会或者20%以上业主提议要求提前解除合同的，应于拟解除物业服务合同前90日组织召开业主大会。在召开业主大会15日前，将会议通知及解聘物业服务企业事项等书面材料送交与会人员并以书面形式在物业管理区域内公告。经征得专有部分占建筑物总面积过半数的业主且占总人数过半数的业主同意，业主大会做出解聘物业服务企业决定的，业主委员会应当在业主大会作出决定后3日内书面通知物业服务企业，但管理规约、业主大会议事规则或合同另有约定的从其约定。

业主大会应当按照《浙江省物业管理条例》和本物业项目《管理规约》等有关规定，及时另行选聘具有相应资质等级的物业服务企业。业主委员会应当将提前解除合同的原因、退出时间等以书面形式报送项目所在地物业主管部门和街道办事处(乡镇人民政府)备案。同时，物业服务企业应填写《物业服务企业退出项目服务管理情况登记表》。

未经业主大会依法通过提前解聘物业服务企业的，业主委员会及其成员不得擅自作出解聘物业服务企业的决定。

(三)物业服务期间，物业服务企业要求提前解除物业服务合同的，应当在拟解除物业服务合同90日前，将解约原因、退出时间以书面形式告知业主委员会，就相关事项进行协商，同时以书面形式在物业管理区域内公告15日。

物业服务企业应当将解约原因、退出时间以书面形式报送项目所在地物业主管部门和街道办事处(乡镇人民政府)备案，并填写《物业服务企业退出项目服务管理情况登记表》，书面告知社区居民委员会。业主委员会应当启动选聘物业服务企业的程序。

(四)当事人一方对提前解除物业服务合同行为有争议的，双方应依据物业服务合同的约定协商解决。如协商不成，可申请物业项目所在地街道办事处(乡镇人民政府)、物业主管部门调解，也可以直接向人民法院起诉或按合同约定申请仲裁。

第九条 物业服务企业应当在前期物业服务合同或物业服务合同期满终止

或解除之日前继续按照合同的约定提供物业服务，积极协助建设单位或业主大会做好物业项目管理相关工作。业主应当按时交纳物业管理服务费至合同期满终止或解除退出之日。

第十条 在前期物业服务合同或物业服务合同期满终止或解除之日前，物业服务企业应当根据业主的意见将预收的物业服务费等相关费用的结余款项退还给业主或转交给下一任物业服务企业；原欠缴的物业服务费，业主应当按照物业服务合同的约定，及时补缴。

第十一条 原物业服务企业应当按照《浙江省物业项目承接验收管理办法（试行）》的规定，在物业项目管理移交前30日，与物业服务合同委托方、新受托物业服务企业办理物业项目交接验收手续，移交物业的共用部位、共用设施设备及相关场地、物业服务用房等，并提供该管理办法第九条、第十条规定的资料。

第十二条 新受托物业服务企业接管物业时，应当按照《浙江省物业项目承接验收管理办法（试行）》的规定与物业服务合同委托方、原物业服务企业共同对物业共用部位、共用设施设备和物业服务用房等进行查验。

查验时应当制作物业查验记录。查验记录应当包括查验项目名称、查验时间、查验内容、查验结论、存在问题等，并由查验人签字。对查验中发现的问题，应详细记录，双方应当以书面形式明确有关问题的解决办法。

经查验符合要求的，应在7日内办理有关交接手续，原物业服务企业与物业服务合同委托方及其新受托物业服务企业签订《物业服务管理交接验收协议》。

第十三条 物业服务合同的权利义务终止后，原物业服务企业不得以业主欠交物业服务费为由拒绝办理交接手续。原物业服务企业拒不退出物业管理区域的，业主可拒付物业服务合同权利义务终止后的物业服务费；新受托物业服务企业和物业服务合同委托方应通过司法途径要求原物业服务企业退出物业服务区域、办理交接手续。

第十四条 物业服务合同期满终止，业主大会未依法及时选聘新的物业服务企业且未作出自治管理决定的，应当按照下列程序做好衔接工作：

（一）在物业服务合同期满终止前30日，业主大会未明确续聘或未选聘新的物业服务企业，且未作出自治管理决定时，原物业服务企业应当向物业项目所在地物业主管部门和街道办事处（乡镇人民政府）报告。

（二）物业主管部门接到物业服务企业报告后7个日内，应当会同街道办事处（乡镇人民政府）、社区居委会到物业项目所在地听取业主、业主委员会和物业服务企业的意见，并就继续做好物业服务进行沟通协调工作。

（三）物业主管部门应当会同街道办事处（乡镇人民政府），积极协助业主大会依法选聘新的物业服务企业，并主动提供相关信息，协助其做好选聘物业服务企业工作，指导业主大会与新选聘的物业服务企业签订《物业服务合同》。

（四）对拒不选聘新的物业服务企业的，物业主管部门应当会同街道办事处（乡镇人民政府）将有关情况书面报送物业项目所在地县（市、区）人民政府。根据《浙江省物业管理条例》等有关规定，及时制定管理预案，并组织社区居委会、环卫、园林、供电、供水等部门做好共用设备设施运行、垃圾清扫、绿化维护等基本服务。所发生的费用由业主交纳，业主委员会负责收取。

第十五条 物业服务企业不履行合同约定、不按规定程序退出及未按规定办理物业项目退出备案的，应记入企业诚信档案，作为不良行为记录向社会公布，并按《物业管理企业资质管理办法》（建设部令第164号）等有关的规定，可给予降低企业资质等级或取消企业资质。

第十六条 因物业规模较小导致物业服务企业退出项目服务管理的，所在地县（市、区）物业主管部门应从实际出发，本着规模经营、方便管理、降低成本、提高服务质量的原则，积极创造条件推动相邻项目整合。

第十七条 各设区的市、县物业主管部门可依据本办法结合当地实际，制定具体实施细则。

第十八条 本办法自发布之日起施行。

杭州市人民政府办公厅转发市法制办关于加强和规范行政调解工作意见的通知

（2011年12月21日 杭政办函〔2011〕346号）

各区、县（市）人民政府，市政府各部门、各直属单位：

市法制办《关于加强和规范行政调解工作的意见》已经市政府同意，现转发给你们,请认真组织实施。

杭州市人民政府办公厅

二〇一一年十二月二十一日

关于加强和规范行政调解工作的意见

(2011 年 11 月 7 日 杭州市法制办)

为深入贯彻落实《国务院关于加强法治政府建设的意见》(国发〔2010〕33 号)、《关于印发〈关于深入推进矛盾纠纷大调解工作的指导意见〉的通知》(综治委〔2011〕10 号)、《浙江省人民政府关于加强法治政府建设的实施意见》(浙政发〔2011〕71 号)以及《市委办公厅 市政府办公厅印发〈关于全面构建大调解工作体系有效预防化解社会矛盾的意见〉的通知》(市委办发〔2011〕98 号)等文件精神,充分发挥行政调解化解社会矛盾、维护社会和谐稳定、推进服务型政府建设的作用,结合我市实际,现就加强和规范我市行政调解工作提出如下意见。

一、指导思想

深入贯彻落实科学发展观,以化解社会矛盾纠纷、维护社会和谐稳定为目标,坚持"预防为主、调解优先、积极主动、分工协作"的工作方针,进一步健全行政调解工作机制,创新行政调解工作方法,规范行政调解工作程序,构建行政调解与人民调解、司法调解等相衔接的大调解联动平台,充分发挥行政机关在化解矛盾纠纷中的重要作用,努力为全市经济社会持续平稳较快发展创造和谐、稳定、有序的社会环境。

二、基本原则

(一)属地管理原则。行政机关对发生在本地区、本部门的矛盾纠纷要按照"属地管理、分级负责"、"谁主管、谁负责"的原则和要求,落实目标责任,积极履行职责,充分运用行政调解手段努力实现矛盾纠纷化解在基层、化解在初发阶段、化解在行政程序中(以下简称"三个化解")。

(二)自愿平等原则。开展行政调解工作应以当事人自愿为前提,行政机关不得采取欺骗、威胁等不正当手段强迫当事人接受调解方式或调解结果。行政机关作为一方当事人时,与行政相对人的地位平等。

(三)调解优先原则。要立足预警和疏导,对矛盾纠纷做到早排查、早发现、早调解。要树立调解优先的意识,能调尽调,当调则调,把调解贯穿于处理矛盾纠纷的全过程。

(四)合法合理原则。开展行政调解工作不得损害国家利益、公共利益和他人合法权益,不得违背法律精神和公序良俗。要注重法理、事理、情理的有机结合,调解结果要体现公平正义,合理兼顾各方当事人的合法权益。

(五)注重效果原则。开展行政调解工作要结合各类矛盾纠纷的情况和特点,讲究调解艺术和调解方法,寻求妥善解决的有效途径,以达到定纷止争、案结事了的目的。

(六)调处结合原则。对不宜调解或调解不成的矛盾纠纷,行政机关应当依法履职,及时作出处理,不得久调不决或者久拖不结。

三、调解范围和工作程序

(一)调解范围。

行政机关对下列矛盾纠纷可以依法开展行政调解:

1. 行政机关与公民、法人或者其他组织之间产生的各类行政争议;

2. 依法应当由行政机关居中裁决、调处的民事纠纷;

3. 按上级要求或者视情况有必要开展行政调解的其他纠纷。

行政机关开展行政调解应当依职权重点解决好房屋拆迁、土地征收、山林权属、劳动人事、医疗卫生、消费者权益、企业改制、产品质量、食品药品安全以及治安、物业管理、建筑施工等重点领域的行政争议或民事纠纷。

(二)工作程序。

1. 启动与受理。行政调解可以依据当事人的申请启动,也可以由行政机关依据职权启动,但必须征得各方当事人的同意。对于可能影响社会和谐稳定的重大、复杂的矛盾纠纷,行政机关应当主动征询当事人的意见,尽量启动行政调解程序。行政调解程序启动后,应及时通知各方当事人,告知调解起止期限、依法享有的权利、应当遵循的程序和注意事项,帮助当事人正确行使权利。

2. 组织与开展。行政机关应指派具有专业知识和调解经验的工作人员开展调解工作,对于重大、复杂的矛盾纠纷,行政机关负责人或分管领导应亲自主持调解。行政机关还可邀请相关专家、基层组织以及其他社会专业调解力量参与调解。开展行政调解应当在查明事实的基础上进行,并根据案件特点和需要,采取灵活多样的工作方法,分清利害、析法明理,积极引导各方当事人沟通协商、互谅互让,达成协议。必要时可以召开专门的听证会或调解会听取意见,进行劝导、说服、教育。

3. 终结与回访。经行政调解达成协议的,由当事人签订调解(和解)协议或者由行政机关依法制作行政调解书,案件处理程序终止。对达成的调解协议,当事人认为有必要的,可以依法向人民法院申请司法确认。行政机关依法制作的行政调解书经各方当事人签字,即具有法律效力。行政机关应及时跟踪、回访协议或调解书的执行情况,督促当事人及时履行,积极促成调解目的的实现。

经行政调解达不成协议或协议生效前一方反悔的,行政机关应当终止调解程序,依法作出处理决定或引导当事人通过复议、诉讼、仲裁等法律渠道解决。

四、工作要求

(一)加强组织领导。

各级政府要按照综治委〔2011〕10 号文件的要求,对行政调解工作负总责,切实加强组织领导。要建立行政调解工作领导小组,研究解决本地区重大、复杂的矛盾纠纷,统筹协调跨地区、跨部门的行政调解工作。行政调解工作领导小组下设办公室(设在政府法制机构),负责处理日常工作。

各级政府要将行政调解工作纳入政府目标管理内容,建立健全目标责任制。要根据工作部署制定本地区开展行政调解工作的具体实施意见,积极构建行政调解工作平台,健全本地区行政调解工作机制和网络体系。要落实工作保障,抓好行政调解队伍建设,将开展调解工作所需的各种培训指导、人员聘用、工作补贴等经费纳入财政预算统筹安排。

(二)加强监督指导。

各级政府法制机构作为行政调解工作的牵头部门,要切实承担起行政调解工作的统筹协调、综合指导、政策研究、信息交流以及监督检查等工作职责,具体包括:研究制定行政调解有关规章制度,推动行政调解工作规范化建设;建立行政调解工作信息统计分析制度,及时汇总分析通报行政调解工作情况;建立健全与人民调解、司法调解等各种调解组织的协调联系、信息沟通和衔接机制,促进相互配合、有效联动;建立健全行政调解工作监督机制,对行政调解工作实施监督检查;建立行政调解典型案例指导和学习培训制度,提高行政调解人员的业务水平;对涉及多个部门职责的矛盾纠纷,协调相关部门共同解决并确定牵头单位等。

（三）加强机制建设。

行政机关要按照“属地管理、分级负责”、“谁主管、谁负责”的要求，做到“领导、机构、人员、场地、经费、责任”六个落实，为发挥行政机关在开展行政调解中的主体作用提供充分保障。涉及矛盾纠纷较多的重点执法单位，应当成立行政调解工作室，组建行政调解专业队伍，加强行政调解工作平台和组织网络的建设。行政机关要根据本单位本领域的工作特点和要求，制定工作方案，明确矛盾化解目标，规范、完善本单位开展行政调解的工作程序，确保行政调解工作依法、规范、有序进行。要立足预警、防范，建立完善矛盾纠纷预测排查、分析研判、信息交流、统计分析报告、档案管理等工作制度，积极创新行政调解工作机制，探索邀请专家、基层组织以及有关专业调解组织参与行政调解的合作机制。要加强对行政调解人员的日常管理和岗位培训，落实奖惩措施。要进一步加强和改进行政复议工作，积极履行行政复议职责，充分运用行政调解手段实现案结事了。要加大对行政调解工作以及成功经验、先进典型的宣传力度，积极营造人民群众了解、支持、参与行政调解工作的良好氛围。

（四）加强协调联动。

各级行政机关既要各司其职，又要密切配合，加强沟通衔接，共同妥善处理各类矛盾纠纷。对依法属于本单位调解范围的矛盾纠纷，要及时组织开展调解；对不属于本单位调解范围的矛盾纠纷，要报同级大调解工作平台登记受理，及时明确责任单位和责任人；对涉及多个单位的矛盾纠纷，由大调解工作平台或政府法制机构指定的单位牵头调解；对跨地区的矛盾纠纷，由涉及地区的上一级大调解工作平台负责组织调解；对依法进入行政复议程序的行政争议，行政复议机关开展行政调解时，有关单位要积极做好协调配合。各级行政机关要采取措施主动融入大调解平台，深入推进大调解工作体系的建设。要充分利用、整合人民调解室、人民信访接待中心、司法行政法律服务中心以及社会矛盾排查调处中心、综治工作中心等各种资源和优势，有效借助网络等信息化平台，实行“访调对接、诉调对接、民行对接”，积极探索行政调解、人民调解、司法调解等各种调解的有机联动机制，实现优势互补、信息互通、资源共享，最大程度地形成解决矛盾纠纷的整体合力。

宁波市人民政府关于加强行政调解工作的意见

（2013 年 1 月 10 日　甬政发〔2013〕7 号）

各县（市）区人民政府，市直及部省属驻甬各单位：

为贯彻落实《国务院关于加强法治政府建设的意见》、《浙江省人民政府关于加强法治政府建设的实施意见》、《浙江省人民政府关于印发〈浙江省全面推进依法行政“十二五”规划〉的通知》和《宁波市人民政府关于加强法治政府建设的实施意见》等有关规定，切实加强我市行政调解工作，充分发挥行政调解在预防和化解社会矛盾纠纷中的重要作用，结合实际，提出如下意见。

一、充分认识加强行政调解工作的重要性

行政调解是行政机关依照法定职权，以平等自愿为基础，以法律、法规、规章、政策和事实为依据，通过说服、劝导、协商等方法，解决行政争议和有关民事纠纷的重要机制。当前我市正处于经济社会快速转型期，利益冲突加剧，社会矛盾凸显，并呈现出复杂化、多元化、群体化等特点。加强行政调解工作，是保障行政机关履行法定职责、拓宽矛盾纠纷解决渠道的重要途径，是全面推进依法行政、维护行政管理相对人合法权益的重要内容，是创新社会管理、促进社会和谐稳定的重要保障。各级人民政府和政府各部门要从贯彻落实科学发展观、建设法治政府、构建和谐社会的高度出发，从保增长、抓转型、重民生、促稳定的大局出发，充分认识加强行政调解工作的重要性和紧迫性，切实增强责任感和使命感，采取有力措施，建立健全行政调解工作体制，完善行政调解工作制度，全面履行行政调解工作职责，充分发挥行政调解在化解社会矛盾纠纷中的积极作用。

二、行政调解的基本原则

（一）自愿原则。行政调解机关应当尊重当事人意愿，在自愿平等的基础上进行调解，不得强迫当事人接受调解。

（二）合法原则。行政调解机关应当根据法律、法规、规章和政策，依据事实进行调解，不得损害国家利益、公共利益和其他组织、公民的合法权益。

（三）公平公正原则。行政调解机关在调解时应当坚持公平公正的立场，不得偏袒、歧视，既兼顾各方当事人的合法权益，平等协商处理利益纠纷，又说服各方当事人互谅互让，握手言和。

（四）便民高效原则。行政调解机关应当及时、迅速地履行行政调解职责，最大程度地方便当事人，调解不成的，应当引导当事人通过复议、诉讼、仲裁等法定途径解决。

（五）分工合作原则。在明确职责的基础上加强部门之间的合作，并做好行政调解与司法调解、人民调解、仲裁调解的衔接，形成化解矛盾纠纷的工作合力。

三、行政调解的主要范围

（一）行政机关可以对下列行政争议进行调解：

1. 公民、法人或者其他组织对行政机关行使法律、法规、规章规定的自由裁量权作出的具体行政行为不服申请行政复议的；

2. 公民、法人或者其他组织就行政赔偿或者行政补偿纠纷申请行政复议的；

3. 其他依法可以进行调解的行政争议。

（二）行政机关可以对下列属于其法定职权范围内的特定民事纠纷进行调解：

1. 依法可以调解的治安案件、交通事故损害赔偿纠纷；

2. 土地、山林、矿产、滩涂、水域等自然资源经营、承包、流转过程中发生的民事纠纷；

3. 征收、征用土地房屋过程中发生的安置补偿纠纷；

4. 劳动、人事、环境保护、安全生产保护、城市管理方面发生的民事纠纷；

5. 消费争议、产品质量纠纷；

6. 医疗事故赔偿纠纷；

7. 其他依法可以进行调解的民事纠纷。

四、加快推进行政调解工作体制建设

市、县（市）区人民政府要加快建立“政府负总责、政府法制机构牵头、各职能部门为主体”的行政调解工作体制，确保行政调解职责全面落实。

（一）坚持政府负总责。市、县（市）区人民政府要成立行政调解工作领导小组，定期听取行政调解工作情况汇报，研究和协调解决行政调解工作中遇到的重大问题。领导小组下设办公室，办公室设在政府法制机构，负责工作计划、组织实施、监督考核、信息通报等工作。乡镇人民政府、街道办事处要建立行政调解专兼职人员队伍,履行有关法律、法规和规章规定的行政调解职责,协同有关部门做好本辖区内的行政调解工作。行政调解工作的宣传、培训、指导、聘用专职工作人员等工作经费要纳入各级财政预算。

(二)坚持政府法制机构牵头。政府法制机构要根据省政府的要求明确工作部门,承担好行政调解工作领导小组办公室的日常工作。其主要职责是:研究制定和完善行政调解的相关工作制度;汇总分析下级人民政府和本级政府各部门的行政调解工作情况,并向本级人民政府报告;推动与司法调解、人民调解、仲裁调解等矛盾纠纷化解机制的衔接配合;组织做好行政调解工作宣传和对行政调解人员的培训;加强对下级人民政府和本级政府各部门行政调解工作的指导协调、督查考核;组织调处法律关系复杂、重大疑难的争议纠纷。

(三)坚持政府职能部门为主体。政府各部门的主要领导是本部门行政调解工作的第一责任人,对本部门行政调解工作负总责。各部门要确定分管领导和工作机构具体承担行政调解工作,配备相应的行政调解专兼职人员。各部门要根据部门、行业特点建立健全行政调解相关工作制度,确保行政调解工作规范有序进行。

五、建立相应的行政调解工作机制

(一)建立行政调解工作协作配合机制。政府各部门既要各司其职、各负其责,又要加强协作、相互配合。对涉及多个部门职责的争议纠纷,由最初受理的部门或者涉及主要管理工作的部门牵头,相关部门参与协调解决;难以确定牵头部门的,由政府法制机构指定。对法律关系复杂、重大疑难的争议纠纷,受理部门应当主动告知本级政府法制机构,政府法制机构应当加强指导,必要时可以牵头组织协调。

(二)建立行政调解工作情况报告统计分析机制。政府各部门应当定期统计分析本部门的行政调解工作情况,并向本级政府法制机构和上级主管部门报告;对涉及人数较多、社会影响大或者可能影响社会稳定等重大复杂的争议纠纷,要及时摸清情况,提出对策建议,向党委、政府和上级主管部门报告,并通报本级政府法制机构;政府法制机构要定期统计分析本行政区域内的行政调解工作情况,并向本级人民政府报告。

(三)建立行政调解与司法调解、人民调解、仲裁调解的衔接机制。通过开展信息通报、联动调解等方式,建立行政调解与司法调解、人民调解、仲裁调解的衔接机制,形成科学有效的利益协调机制、诉求表达机制、矛盾调处机制、权益保障机制、信息沟通机制,合力化解矛盾纠纷。

(四)建立行政调解工作宣传、培训长效机制。要加强对行政调解工作的宣传,通过报刊、电视、广播等新闻媒体,开展形式多样的宣传活动,积极引导广大群众了解行政调解制度,并选择行政调解方式解决矛盾纠纷。要加强对行政调解人员的培训,不断提高行政调解人员的政治素质和业务能力,切实提升行政调解工作水平。

(五)建立行政调解工作考核奖惩机制。要把行政调解的组织建设、制度建设、工作规范、工作成效等纳入依法行政考核的范围,确保行政调解工作落实到位。要对行政调解工作定期或者不定期地开展监督检查,对工作成绩突出的单位和个人进行表彰奖励;对组织领导不力、工作不落实、责任不到位的单位进行通报批评和限期整改;对因工作敷衍塞责、无故推诿和拖延而导致严重影响社会稳定重大事件的,实行责任倒查,追究领导和相关人员的责任。

宁波市人民政府

2013年1月10日

宁波市人民政府关于印发《宁波市行政调解工作暂行规定》的通知

(2013年12月6日 甬政发〔2013〕119号)

各县(市)区人民政府,市直及部省属驻甬各单位:

《宁波市行政调解工作暂行规定》已经市政府第35次常务会议审议通过,现予印发,请遵照执行。

宁波市人民政府

2013年12月6日

宁波市行政调解工作暂行规定

第一条　为了规范我市行政调解工作，提高行政调解的效率和质量，有效化解争议纠纷，促进社会和谐稳定，根据《国务院关于加强法治政府建设的意见》（国发〔2010〕33号）、《浙江省人民政府关于加强法治政府建设的实施意见》（浙政发〔2011〕71号）和《宁波市人民政府关于加强行政调解工作的意见》（甬政发〔2013〕7号）等文件精神，结合我市实际，制定本规定。

第二条　本规定所称行政调解是指行政机关根据法律、法规和规章等规定，在其行使行政管理的职权范围内，对特定的行政争议以及属于其法定职权范围内的民事纠纷，以平等自愿为基础，通过说服教育的方法，促使当事人平等协商，互谅互让，达成协议，从而解决争议的一种行为。

第三条　我市行政区域内各级行政机关和法律法规授权的具有管理公共事务职能的组织（以下统称"行政机关"）开展行政调解工作，适用本规定。

第四条　行政调解工作遵循以下原则：

（一）自愿原则。行政调解应当充分尊重当事人意愿，在当事人自愿的基础上进行调解；

（二）合法原则。行政调解应当符合法律、法规、规章的规定，不得损害国家利益、公共利益和其他组织、公民的合法权益；

（三）公平公正原则。行政机关应当坚持公平公正的立场进行调解，不得偏袒、歧视；

（四）便民高效原则。行政机关应当及时、迅速地履行行政调解职责，妥善化解争议纠纷；

（五）分工协作原则。行政机关应当在明确职责的基础上加强协作，并做好行政调解与人民调解、司法调解等其他纠纷解决机制的衔接。

第五条　当事人在行政调解过程中享有下列权利：

（一）接受调解、拒绝调解或者要求终止调解；

（二）申请有关行政调解人员回避；

（三）表达真实意愿、自愿达成行政调解协议；

（四）法律、法规、规章规定的其他权利。

第六条 当事人在行政调解过程中承担下列义务:

(一)遵守调解规则;

(二)如实陈述事实,不得提供虚假材料;

(三)自觉履行行政调解协议;

(四)法律、法规、规章规定的其他义务。

第七条 行政调解工作由各级行政机关负责,市、县(市)区政府法制机构对本级人民政府所属部门和下级人民政府的行政调解工作进行指导、协调和监督。

行政机关应当明确有关机构和人员承担行政调解工作,行政调解人员应当具有相应的法律素养、政策水平和专业能力。

第八条 行政机关可以对下列行政争议进行调解:

(一)公民、法人或者其他组织对行政机关行使法律、法规、规章规定的自由裁量权作出的具体行政行为不服申请行政复议的;

(二)公民、法人或者其他组织就行政赔偿或者行政补偿纠纷申请行政复议的;

(三)其他依法可以进行调解的行政争议。

第九条 行政机关可以对下列属于其法定职权范围内的特定民事纠纷进行调解:

(一)依法可以调解的治安案件、交通事故损害赔偿纠纷;

(二)土地、山林、矿产、滩涂、水域等自然资源经营、承包、流转过程中发生的民事纠纷;

(三)征收、征用土地房屋过程中发生的安置补偿纠纷;

(四)劳动、人事、环境保护、安全生产保护、城市管理方面发生的民事纠纷;

(五)消费争议、产品质量纠纷;

(六)医疗事故赔偿纠纷;

(七)其他依法可以进行调解的民事纠纷。

第十条 申请行政调解应当符合下列条件:

(一)申请人与申请调解的争议纠纷有直接的利害关系;

(二)有明确的请求、理由和争议纠纷对象;

(三)属于本规定第八条和第九条规定的可调解范围;

(四)申请调解的争议纠纷属于收到申请的行政机关的调解职权范围;

(五)申请调解的争议纠纷未被有关国家机关作出终结处理决定。

第十一条 行政调解可以由当事人提出申请,也可以由行政机关依职权主动进行。

由一方当事人提出行政调解申请的,应当征得其他当事人同意;由行政机关依职权主动调解的,应当征得各方当事人同意。

第十二条 当事人申请行政调解,可以书面申请,也可以口头申请。口头申请的,行政机关应当记录申请人基本情况、申请调解的事项、请求、理由和争议纠纷对象等内容。

第十三条 行政调解的一方当事人超过5人的,应当推选1至3名代表参加行政调解。

第十四条 当事人申请行政调解,应当向具有相应行政管理职权的行政机关提出行政调解申请。

申请人就同一争议纠纷向两个或者两个以上有行政管理职权的行政机关提出行政调解申请的,由最先收到的行政机关办理;同时收到行政调解申请的,由收到申请的行政机关协商;协商不成的,由其共同上一级行政机关确定办理机关。

第十五条 行政机关收到行政调解申请后,应当在5个工作日内进行审查。对属于其法定职权范围内的申请,应当在征求其他当事人同意后予以受理,启动行政调解程序;对不属于行政调解范围或其他当事人不同意调解的,应当告知当事人不予受理,并说明理由;对申请事项不属于其法定职权管辖范围内的,应当告知当事人向有关行政机关提出。

对行政调解程序启动前可能激化的争议纠纷,行政机关应当及时采取措施,疏导缓解争议纠纷。

第十六条 当事人在行政复议或者信访中提出的行政调解申请,由行政复议机关或者信访事项办理机关在行政复议案件审理或者信访事项办理中进行调解,不另行启动行政调解程序;同一行政机关对同一当事人提出的同一事项已经作出行政复议或者信访处理决定的,不再受理行政调解申请。

第十七条 行政机关进行调解时,根据需要可以邀请有关单位、专业人员或者其他个人参加,被邀请的单位或者个人应当予以配合。

第十八条 行政调解程序启动后,行政机关应当提前5个工作日将举行行政调解的时间、地点、调解人员等告知当事人。

第十九条 行政调解人员有下列情形之一的，应当主动回避，当事人也可以申请回避：

（一）与本争议纠纷有利害关系的；

（二）与本争议纠纷的当事人、代理人有利害关系的；

（三）存在其他可能影响本争议纠纷公正处理的情形的。

第二十条 行政调解开始时，行政调解人员应当宣布行政调解纪律，核对当事人身份，告知当事人应享有的权利和承担的义务，宣布行政调解人员、记录人员的身份，询问当事人是否申请回避。

第二十一条 行政调解过程中，行政调解人员应当充分听取当事人的陈述，查明争议纠纷的基本事实，并根据法律、法规、规章等规定对当事人进行说服、劝导，提出调解方案，引导当事人达成调解协议。

第二十二条 当事人经行政调解达成协议的，行政机关应当制作行政调解协议书。行政调解协议书应当载明下列事项：

（一）当事人的基本情况；

（二）争议纠纷的主要事实；

（三）当事人达成调解协议的内容，履行协议的方式、期限；

（四）当事人违反调解协议的责任；

（五）其他需要约定的事项。

行政调解协议书应当由各方当事人和行政调解人员签名或盖章，并加盖行政机关印章。行政调解协议书自各方当事人签字之日起生效。

行政调解协议书由各方当事人分别保留一份，行政机关存档一份。

第二十三条 经调解达不成协议的，行政机关应当及时终止行政调解，并告知当事人可以寻求的法律救济途径。

第二十四条 行政调解应当自受理之日起20个工作日内终结。特殊情况确需延长的，经行政机关负责人批准，可以适当延长，并告知当事人，但延长期限最多不超过10个工作日。法律、法规、规章另有规定的，从其规定。听证、鉴定和专家评审所用时间不计入行政调解期限。

第二十五条 当事人应当全面履行行政调解协议内容，不得擅自变更或者解除。有关民事纠纷经行政调解达成协议的，可申请有管辖权的人民法院或者仲裁机构确认其效力。

第二十六条 行政调解案件形成的档案材料应当按照年度归档，由行政调解人员按照调解工作程序和文书材料形成的时间顺序进行卷内系统整理、排列、编号、装订成册，做到一案一档。

第二十七条 行政机关无正当理由不受理行政调解申请，或在规定期限内不履行行政调解职责，造成严重后果的，由同级监察部门按照有关规定和程序追究行政机关及其工作人员的责任。

第二十八条 行政机关工作人员在行政调解活动中，有徇私舞弊或者其他渎职、失职行为的，依法给予行政处分；构成犯罪的，依法追究刑事责任。

第二十九条 行政机关进行行政调解时，不得向当事人收取任何费用。行政调解活动所需经费，应当列入本行政机关的行政经费，由本级财政予以保障。

第三十条 本规定自发布之日起30日后施行。

宁波市司法局关于加强行政调解工作的意见

（2014年12月24日 甬司发〔2014〕105号）

各县（市）区司法局、局机关各处室：

为认真贯彻落实《浙江省人民政府办公厅关于加强行政调解工作的意见》（浙政办发〔2013〕52号）、《宁波市人民政府关于加强行政调解工作的意见》（甬政发〔2013〕7号）文件精神，切实加强我市司法行政行政调解工作，充分发挥行政调解在预防和化解矛盾纠纷中的重要作用，结合实际，提出如下意见。

一、指导思想

深入贯彻落实党的十八大、十八届三中、四中全会精神，以化解社会矛盾为根本，健全和完善行政调解工作体制，充分发挥行政机关在化解行政争议和民事纠纷中的积极作用，有效化解社会矛盾，积极为全市经济、社会持续健康发展营造和谐、有序的社会环境。

二、工作原则

(一)属地管理原则。按照"属地管理、分级负责"、"谁主管、谁负责"的原则和要求,落实目标责任,积极履行职责,充分运用行政调解手段,努力实现将矛盾纠纷化解在基层、化解在萌芽状态、化解在行政程序之中的目标。

(二)自愿原则。司法行政机关开展行政调解要充分尊重当事人意愿,在自愿平等的基础上进行调解,不得强迫当事人接受调解。

(三)合法原则。司法行政机关依据职权法定原则实施行政调解,不得超越法定权限。行政调解要符合法律、法规、规章和政策规定,合法合理调解,不得损害国家利益、公共利益以及当事人合法权益。

(四)公平公正原则。司法行政机关在调解时应当坚持公平公正的立场,不得偏袒、歧视,既兼顾各方当事人的合法权益,平等协商处理利益纠纷,又说服各方当事人互谅互让,做到案结事了。

(五)积极主动原则。司法行政机关应增强行政调解意识,探索研究化解行政争议的新机制,主动加强与人民调解、司法调解的联动配合。

(六)便民高效原则。行政调解应当及时、迅速地履行行政调解职责,最大程度地方便当事人,调解不成的,应当引导当事人通过复议、诉讼、仲裁等法定途径解决。

三、调解范围

司法行政机关对下列矛盾纠纷可依法开展行政调解工作:

(一)司法行政机关与公民、法人或者其他组织之间产生的各类行政争议。

(二)在行政许可、非行政许可审批、行政处罚、行政监管和投诉查处等职能履行过程中,与职能履行相关的当事人之间或当事人与第三方之间产生的民事纠纷。

(三)行政听证、行政复议和国家赔偿等案件办理过程中涉及的当事人与司法行政机关之间的行政争议。

(四)与司法行政机关行政管理工作有关的当事人之间或当事人与第三方之间产生的民事纠纷。

四、调解程序

(一)启动与受理。行政调解可以依据当事人的申请启动,也可以由司法行政机关依据职权引导启动,但必须征得各方当事人的同意。对于可能影响社会和谐稳定的重大、复杂的矛盾纠纷，司法行政机关应当主动征询当事人的意见，尽量启动行政调解程序。行政调解程序启动后，应及时通知各方当事人，告知调解起止期限、依法享有的权利、应当遵循的程序和注意事项，帮助当事人正确行使权利。涉及行政纠纷和行政争议的，由各局法制部门受理；涉及当事人之间或当事人与第三方之间的民事纠纷，由各局相关业务部门受理，并在受理后 2 个工作日内报局法制部门备案。

（二）组织与开展。司法行政机关应指派具有专业知识和调解经验的工作人员开展调解工作，涉及行政纠纷和行政争议由法制部门负责组织调解，涉及当事人之间或当事人与第三方之间的民事纠纷由业务部门负责组织调解。对于重大、复杂的矛盾纠纷，司法行政机关负责人或分管领导应亲自组织调解，还可邀请相关专家、基层组织以及其他社会专业调解力量参与调解。开展行政调解应当在查明事实的基础上进行，并根据案件特点和需要，采取灵活多样的工作方法，分清利害、析法明理，积极引导各方当事人沟通协商、互谅互让，达成协议。必要时可以召开专门的听证会或调解会听取意见，进行劝导、说服、教育。

（三）终结与回访。经行政调解达成协议的，由当事人签订调解（和解）协议或者由司法行政机关依法制作行政调解书。对达成的调解协议，当事人认为有必要的，可以依法向人民法院申请司法确认。司法行政机关依法制作的行政调解书经各方当事人签字，即具有法律效力。司法行政机关应及时跟踪、回访调解协议或行政调解书的执行情况，督促当事人及时履行，积极促成调解目的的实现。经行政调解达不成协议或协议生效前一方反悔的，司法行政机关应当终止调解程序，依法作出处理决定或引导当事人通过复议、诉讼或者仲裁等法律渠道解决。

五、工作要求

（一）加强行政调解的组织领导。市局成立行政调解工作领导小组，由局长任组长，其他副局长任副组长，市局机关各处室主要负责人为成员。市局行政调解工作领导小组下设办公室，办公室设在市局法制处，市局法制处负责人兼任办公室主任，具体工作由法制工作人员专职承担。领导小组办公室负责对行政调解的组织、协调、指导和督促检查。必要时可聘请有专项特长、有经验的律师成立法律顾问小组，协助调解。各县（市）区司法局要成立相应的组织机构，定期召开会议，掌握分析情况，落实措施，推动工作的开展。

(二)加强行政调解队伍建设。把政治思想好、业务能力强、有较高法律素质、善于做群众工作的干部充实到行政调解队伍。根据需要,邀请有关单位具有相关专业知识和调解经验的专业人才充实行政调解队伍。要加强培训工作,提高行政调解工作人员的政治、业务素质,不断提升行政调解工作水平。

(三)健全行政调解工作制度。要加强行政调解制度建设,规范行政调解行为,建立行政调解案件的申请、受理、调查、调处、回访、登记统计、立卷归档和信息报送等制度,采取多种形式向社会公开行政调解工作制度、依据、范围、原则、流程和行政调解人员名单及其行为规范。要充分利用、整合人民调解室、司法行政法律服务中心等各种资源和优势,有效借助网络等信息化平台,积极探索行政调解、人民调解、司法调解等各种调解的有机联动机制,实现优势互补、信息互通、资源共享,最大程度地形成解决矛盾纠纷的整体合力。

宁波市司法局

2014 年 12 月 24 日

宁波国家高新区管委会、宁波新材料科技城管委会印发《关于加强行政调解工作实施办法》的通知

(2014 年 2 月 13 日　甬高科〔2013〕5 号)

各部门、直属事业单位,梅墟、新明街道办事处:

现将《关于加强行政调解工作的实施办法》印发给你们,请遵照执行。

宁波国家高新区管委会

宁波新材料科技城管委会

2014 年 2 月 13 日

关于加强行政调解工作的实施办法

为贯彻落实宁波市人民政府《关于印发宁波市行政调解工作暂行规定的通知》(甬政发〔2013〕119 号)等文件要求,建立健全我区行政调解工作体制、机制,充分发挥行政调解在化解矛盾纠纷、维护社会和谐稳定中的作用,推进社会矛盾多元调解体系建设,结合高新区实际,制定本实施办法。

一、行政调解工作原则

(一)自愿原则。行政调解应当充分尊重当事人意愿,在当事人自愿的基础上进行调解。

(二)合法原则。行政调解应当符合法律、法规、规章的规定,不得损害国家利益、公共利益和其他组织、公民的合法权益。

(三)公平公正原则。行政机关应当坚持公平公正的立场进行调解,不得偏袒、歧视。

(四)便民高效原则。行政机关应当及时、迅速地履行行政调解职责,妥善化解争议纠纷。

(五)分工协作原则。行政机关应当在明确职责的基础上加强协作,并做好行政调解与人民调解、司法调解等其他纠纷解决机制的衔接。

二、行政调解主要范围及职责分工

(一)依法可以调解的行政争议。主要包括:公民、法人或者其他组织对行政机关行使法律、法规、规章规定的自由裁量权作出的具体行政行为不服申请行政复议的;公民、法人或者其他组织就行政赔偿或者行政补偿纠纷申请行政复议的;其他依法可以进行调解的行政争议等。(由办公室、相关部门为主落实)

(二)依法可以调解的治安案件、交通事故损害赔偿民事纠纷。主要包括:公民、法人或其他组织之间因违反《治安管理处罚法》引发的民事纠纷或其他轻微违法案件;依法可以调处的轻微刑事案件;因交通事故引发的损害赔偿案件等。(由公安分局为主落实)

(三)土地、水域等自然资源经营、承包、流转过程中发生的民事纠纷。主要包括:公民、法人或其他组织之间发生的土地使用权或所有权争议;因农村土地承包合同引发的纠纷;公民、法人或其他组织之间发生的水事纠纷等。(由国土

分局、城管局为主落实)

(四)征收、征用土地房屋过程中发生的安置补偿纠纷。主要包括:因土地征收、出让、划拨、审批等问题引发的纠纷;因房屋征收、拆迁引发的纠纷等。(由国土分局、征收办为主落实)

(五)劳动、人事、环境保护、安全生产保护、城市管理方面发生的民事纠纷。主要包括:劳动者和用人单位之间因享有劳动权利和履行劳动义务发生的纠纷;因水污染问题、大气污染问题、噪声污染问题、固体废物污染问题引发的环境污染纠纷;安全生产管理领域的民事纠纷;因城市管理行政执法引发的纠纷;公民、法人或其他组织之间产生的与城市管理有直接或间接关系的民事纠纷等。(由人社局、建设局、经发局、城管局为主落实)

(六)消费争议、产品质量纠纷。主要包括:因产品质量、侵害消费者权益等引发的消费纠纷;公民、法人或其他组织在流通环节所产生的市场交易、消费纠纷;因食品、药品安全问题引发的纠纷;公民、法人或其他组织之间产生的与产品、食品等质量管理有关系的民事纠纷;因特种设备制造安装、维修、改造、使用问题引发的矛盾纠纷等。(由工商分局、社管局、质监分局为主落实)

(七)医疗事故赔偿纠纷。(由社管局为主落实)

(八)其他依法可以进行调解的民事纠纷。(由各相关部门落实)

三、行政调解的程序

(一)行政调解的启动

1. 申请。当事人可书面或口头申请行政调解;口头申请的,由行政调解机关记录申请人基本情况、申请调解的事项、请求、理由和争议纠纷对象等内容,经当事人签字确认。一方当事人提出行政调解申请的,应当征得其他当事人同意。

2. 受理机关。当事人申请行政调解,应当向具有相应行政管理职权的行政机关提出。申请人就同一争议纠纷向两个或两个以上有行政管理职权的行政机关提出行政调解申请的,由最先收到的行政机关办理;同时收到行政调解申请的,由收到申请的行政机关协商;协商不成的,报管委会确定。应由管委会调解的事项,由指定的部门(单位)承办。

3. 审查决定。行政调解机关收到行政调解申请后,应当在 5 个工作日内审查是否符合调解条件:(1)申请人与申请调解的争议纠纷有直接利害关系;(2)有明确的请求、理由和争议纠纷对象;(3)属于本办法规定的可调解范围;(4)申请调解的争议纠纷属于收到申请的行政机关的调解职权范围;(5)申请调解的争议纠纷未被有关国家机关作出终结处理决定。

凡符合调解条件的,行政调解机关应当在征求其他当事人同意后予以受理,启动行政调解程序;对不属于行政调解范围或其他当事人不同意调解的,应当告知当事人不予受理,并说明理由;对申请事项不属于其法定职权管辖范围内的,应当告知当事人向有关行政机关提出。

4. 其他。行政机关可依职权主动调解,但应当征得各方当事人同意。

当事人在行政复议或者信访中提出行政调解申请的,由行政复议机关或者信访事项办理机关在行政复议案件审理或者信访事项办理中进行调解,不另行启动行政调解程序;同一行政机关对同一当事人提出的同一事项已经作出行政复议或者信访处理决定的,不再受理行政调解申请。

(二)行政调解的实施

1. 调解前准备。行政调解程序启动后,行政调解机关应当提前 5 个工作日将举行行政调解的时间、地点、调解人员等告知当事人。行政调解的一方当事人超过5 人的,应当推选1 至3 名代表参加行政调解。行政调解机关可根据需要邀请有关单位、专业人员或其他个人参加,被邀请的单位或个人应当予以配合。

2. 调解。行政调解开始时,行政调解人员应当宣布行政调解纪律,核对当事人身份,告知当事人应享有的权利和承担的义务,宣布行政调解人员、记录人员的身份,询问当事人是否申请回避。行政调解人员有下列情形之一的,应当主动回避,当事人也可以申请回避:(1)与本争议纠纷有利害关系的;(2)与本争议纠纷的当事人、代理人有利害关系的;(3)存在其他可能影响本争议纠纷公正处理的情形的。

行政调解过程中,行政调解人员应当充分听取当事人的陈述,查明争议纠纷的基本事实,并根据法律、法规、规章等规定对当事人进行说服、劝导,提出调解方案,引导当事人达成调解协议。经调解达不成协议的,行政调解机关应当及时终止行政调解,并告知当事人可以寻求的法律救济途径。

3. 期限。行政调解应当自受理之日起 20 个工作日内结案,听证、鉴定和专家评审所用时间不计入。特殊情况确需延长的,经行政机关负责人批准,可以适当延长,并告知当事人,但延长期限最多不超过 10 个工作日。法律、法规、规章另有规定的,从其规定。

(三)行政调解协议书的制作

行政调解达成协议的,行政调解机关应当制作行政调解协议书,载明下列事项:

1. 当事人的基本情况;

2. 争议纠纷的主要事实;

3. 当事人达成调解协议的内容,履行协议的方式、期限;

4. 当事人违反调解协议的责任;

5. 其他需要约定的事项。

行政调解协议书应当经各方当事人和行政调解人员签名或盖章,并加盖行政调解机关印章。行政调解协议书自各方当事人签字之日起生效。有关民事纠纷经行政调解达成协议的,可申请有管辖权的人民法院或者仲裁机构确认其效力。

(四)行政调解案卷归档

行政调解案件形成的档案材料应当按照年度归档,由行政调解人员按照调解工作程序和文书材料形成的时间顺序进行卷内系统整理、排列、编号、装订成册,做到一案一档。

四、组织领导与保障

为确保行政调解职责落实,决定建立由管委会负总责、办公室(综治办)牵头、部门与街道为主体的行政调解工作体制,成立相关领导小组(见附件)。

办公室(综治办)对部门、街道开展行政调解工作进行指导、协调与监督,组织相关部门做好有关矛盾纠纷的排查、疏导及化解工作;区监察部门履行相关监察职能。

各部门、街道的主要领导是本单位行政调解工作的第一责任人,对本单位行政调解工作负总责。要确定分管领导及牵头科室,认真履行职责,把握调解时机和方式,做到能调尽调,全力化解与行政管理有关的行政争议、民事纠纷。

矛盾相对多发的行政执法部门、各街道在条件允许时要建立专门的行政调解组织,配备专(兼)职的调解人员,设立专门场所。

行政调解不向当事人收取费用,活动所需经费各自由区、街道财政予以保障。

温州市人民政府、温州市中级人民法院关于依法推进行政争议调解工作的实施意见(试行)

(2017 年 12 月 20 日　温政发〔2017〕36 号)

各县(市、区)人民政府,市政府直属各单位:

根据《浙江省高级人民法院关于同意温州地区全面开展行政调解中心试点工作的批复》(浙高法〔2017〕43 号),温州市人民政府与温州市中级人民法院经研究决定,共同在市中院诉讼服务中心设立“温州市行政争议调解中心”。为推进温州市行政争议调解中心有序、高效运行,确保各项工作落到实处,结合我市实际,提出如下实施意见。

一、工作目标

贯彻落实法治政府建设部署,以服务保障“大立案、大服务、大调解”三大机制建设为目标,践行《行政诉讼法》立法精神,加强行政调解、司法调解在工作程序、工作方法和效力确认等方面的对接、配合,充分发挥行政调解的职能作用,司法调解的主导作用,以及调解工作对依法裁判的补充作用,最大限度地为人民群众提供高效、便捷的纠纷解决途径,将矛盾纠纷化解在基层和初始阶段,确保社会和谐稳定。

二、工作原则

坚持自愿原则。对诉至法院的行政争议,在当事人同意的前提下,均可以进行登记,并由行政争议调解中心组织涉诉行政机关和当事人先行调解。

坚持合法原则。在查明事实、分清是非的基础上进行调解,不能违反法律、法规的强制性或禁止性规定,不能侵害国家利益、社会公共利益和他人合法权益。

坚持先行调解、调判结合原则。把调解作为解决行政争议的重要方式,将调解贯穿于行政案件立案、审判和执行的全过程，同时平衡调解和判决的关系，坚持有限适度调解，对没有调解可能以及不适宜调解的案件，尽快依法裁判。

三、运行方式

各县（市、区）法院联合本级政府共同设立行政争议调解中心，负责本辖区范围内的行政争议调解工作。行政争议调解中心以法院为主导，政府法制办参与搭建调解平台，涉诉行政机关为调解主要参与者，各自发挥优势，相互协同配合，共同推进行政争议调解工作。

四、职责分工

（一）涉诉行政机关。

行政争议调解涉诉行政机关根据“谁主管、谁负责”原则确定。涉诉行政机关要认真落实行政主管责任，对于法院通知进行调解的事项应积极配合支持，充分运用调解的方法处理行政争议，着力解决影响社会稳定的突出矛盾纠纷。涉及多个职能部门的，由法院和政府法制办协商确定主要职能部门牵头调解。对不愿进行调解或经调解无法达成协议的行政争议，要积极引导当事人运用行政裁决、行政复议等方式进行解决；对行政裁决、行政复议结果不服的，应当告知司法救济权利和渠道，并积极主动配合人民法院依法审理相关行政案件。

涉诉行政机关应当认真履行职责，把握调解时机和方式，做到能调尽调，全力化解行政争议。对涉及其他行政机关的矛盾纠纷，应当告知当事人救济途径，并通过行政争议调解中心主动与其他涉诉行政机关联系、配合，帮助解决问题；对有可能激化或造成严重后果、影响社会稳定的纠纷，应当立即采取必要的缓解或疏导措施。

（二）人民法院。

法院要积极引导当事人采取立调、立预等方式予以登记，组织行政争议诉前调解，尽力促成行政争议各方达成一致，最大限度提高调解及协调撤诉结案率。应加强调解力量配备，将熟悉行政管理、善做群众工作、善于联络沟通的审判人员充实到行政争议调解工作一线，并与政府法制办做好资源共享和数据对接工作，建立紧密配合的联系互动机制。制定行政争议调解工作台账，指定工作人员负责行政争议调解案件的数据汇总。同时，要加大与各涉诉行政机关协调力度，对于在沟通对接过程中出现的问题，可及时告知政府法制办。

对涉诉行政争议，要在登记立案阶段积极引导通过行政争议调解中心先行调解;审理中要加大调解化解力度,力促行政争议实质性化解;对敏感及群体性行政案件,要加强与有关部门的沟通和调解,切实做好信访维稳与舆情应对工作。

(三)政府法制办。

政府法制办应切实发挥协调作用,协助法院全力化解行政争议。可视情委派专人负责行政争议调解事务,或采取预约调解、特邀调解等方式搭建涉诉行政机关与法院的沟通平台,对行政争议调解工作提供法律咨询或诉讼指导。建立与法院联络机制,做好行政争议调解信息共享工作,并定期研究解决行政争议调解工作涉及的问题。指定工作人员负责对接行政争议调解案件的数据汇总和进度跟进。

(四)司法局。

司法局应建立律师参与涉诉行政争议调解工作机制,努力营造尊重和保障律师依法执业的良好环境,指派有经验的律师充实到行政争议调解工作一线,将部分群体性、政策敏感性等涉及政府中心工作且有调解可能的行政案件纳入法律援助范围,积极引导涉诉群众合理表达诉求,助力行政争议化解工作。

五、健全制度

(一)规范调解决策授权程序。

行政机关应结合实际建立行政调解决策机制,一般情况下可由应诉机关领导班子专题研究,确定调解方案,形成会议纪要备案。应诉机关对出庭应诉人员的调解授权内容应具体明确,并向法院出具载明调解权限的授权委托书,也可将"经应诉机关审查确认"约定为调解协议生效的条件。

(二)建立调解责任豁免机制。

行政争议调解应坚持自愿、合法原则,应诉机关及应诉人员依法开展行政争议调解工作,受法律保护,非因滥用职权、徇私等故意行为导致调解违法或明显不当,原则上不应追究个人法律责任。

(三)完善调解监督考核机制。

将行政机关参与行政诉讼调解及协议履行情况纳入法治政府建设重点工作考核范围,形成定期通报制度。同时,做好调解撤诉案件回访和跟踪工作,关注调解协议的履行情况,对行政机关拒绝履行调解协议的,依法可视情决定强制执行,对该行政机关负责人处以罚款,将其拒绝履行情况予以公告,向监察委员会或者该行政机关的上一级行政机关提出司法建议;社会影响恶劣的,可对该行政机关直接负责的主管人员和其他直接责任人员予以拘留;情节严重构成犯罪的,依法追究刑事责任。

附件:1. 温州市行政争议调解中心工作规则(试行)

2. 行政争议调解通知书等文书格式

3. 行政争议调解流程图

温州市人民政府

温州市中级人民法院

2017年12月20日

附件1:

温州市行政争议调解中心工作规则(试行)

第一条 行政争议调解中心应当根据《温州市人民政府 温州市中级人民法院关于温州市行政争议调解工作实施意见(试行)》的规定开展调解工作。

第二条 行政争议调解中心纳入法院诉讼服务中心统一规划,实行工作人员坐班制,由法院落实具体人员定期值班,政府法制办可视情派驻工作人员参加。

第三条 下列行政争议案件,可在查明事实,分清是非的基础上进行调解:

(一)行政处罚等涉及行政机关自由裁量权的行政争议;

(二)涉行政赔偿、行政补偿、行政协议、行政给付等具有金钱给付内容的行政争议;

(三)符合《中华人民共和国行政诉讼法》第六十一条规定的当事人申请在行政诉讼中一并解决的相关民事争议;

(四)当事人自愿调解的其他行政争议。

根据《最高人民法院关于人民法院进一步深化多元化纠纷解决机制改革的意见》的规定,适用行政协调的案件,可参照本规则办理。

第四条 对符合行政争议调解的案件,法院立案部门收到起诉材料正式立案前,应主动告知涉诉行政争议可经行政争议调解中心先行调解,并征询其意见。当事人同意的,应当予以诉前登记,并立"引调"字案号,将材料移送行政争议调解中心办理。

行政诉讼案件审理过程中,各方当事人自愿申请行政争议调解中心先行调解的,行政审判庭经审查可参照前款办理。但调解不影响诉讼程序进行,调解期限在案件审理期限中扣除。

第五条 当事人申请先行调解的,可以提交书面申请。提交书面申请确有困难的,可以提出口头申请,由调解中心工作人员记录并由申请人签名或盖章确认。

第六条 行政争议调解中心收到案件后,应指定行政争议调解主办人,于登记之日起5个工作日内向涉诉行政机关发出书面《行政争议调解通知书》,并将情况告知政府法制办。

必要时,政府法制办应协助法院,通过传真、微信、短信等方式向涉诉行政机关的分管领导或办公室负责人发送《行政争议调解通知书》。

第七条 行政争议调解中心认为必要时,可以邀请人大代表、政协委员、社会团体、律师、社区干部及心理医生等作为特邀调解组织、特邀调解员参与行政争议调解工作。

第八条 涉诉行政机关收到《行政争议调解通知书》后3个工作日内,应指定专人作为调解联络人,与调解主办人进行沟通并说明案情。重大案件由涉诉行政机关负责人担任调解联络人。

第九条 政府法制办和涉案行政机关认为有必要的,可提请本级行政争议协调委员会协调,并及时向调解主办人反馈协调结果。

第十条 行政争议调解中心应于调解前3个工作日通知各方调解时间、地点,并告知调解人员、书记员的姓名、申请回避等相关权利义务。

调解结果可能影响第三方利益的,应当通知其作为一方当事人参加调解。

第十一条 当事人可以委托1至2名代理人参加调解;当事人本人不能参加调解的,应当明确至少1名代理人的委托权限为特别授权。

当事人一方人数超过10名的,应当推选1~5名代表人参加调解。

第十二条 当事人要求提供法律援助的,应当向司法局提出申请。司法局应在收到法律援助申请之日起3个工作日内,审查该当事人是否符合提供法律援助条件。对符合法律援助条件的,应安排援助律师协助当事人参与行政争议调解。不符合法律援助条件的,及时反馈行政争议调解中心和当事人。

必要时,人民法院可为当事人指定法律援助。司法局应当自收到法院援助通知之日起3个工作内指派援助律师参与行政争议调解。

第十三条 当事人经书面通知,无正当理由不到调解现场或者未经调解人员许可中途退出的,视为拒绝调解。

第十四条 行政争议调解主要采取当面调解的形式,经争议各方同意,也可以通过网络、电话等方式进行调解。

第十五条 当事人可自行提出调解方案,调解主办人也可以提出调解方案供当事人协商时参考。

第十六条 调解人员应当充分听取争议各方的陈述,解释法律、法规、规章和政策,解答当事人的疑问,厘清事实,辨明是非,促使各方达成调解协议。

第十七条 行政争议调解应当制作行政争议调解笔录或签订调解协议,由参与调解各方当事人签名或盖章确认之日起即发生法律效力。

经调解达成协议的,可以载明就相关行政争议达成一致意见后,不得再申请行政裁决、行政复议或者提起诉讼。

第十八条 经调解达成协议的,当事人可在签订调解笔录或调解协议同时申请撤回起诉,法院经审查并裁定是否予以准许。准许撤诉的,可以在裁定书中载明双方已妥善解决涉案行政争议;也可以申请对调解协议内容司法确认,法院经审查并决定是否作出行政调解书。

在第二审程序中,原审原告申请撤回起诉,经其他当事人同意,且不损害国家利益、社会公共利益、他人合法权益的,人民法院可以准许。准许撤诉的,应当一并裁定撤销一审裁判。

第十九条 行政争议经调解达成协议并履行完毕后,当事人又以同一事实和理由就争议事项再次提起诉讼,法院应裁定不予受理;已经受理的,裁定驳回起诉。

第二十条 行政争议调解应当自受理调解申请之日起30日内办结。检测、检验、检疫、技术鉴定、伤残评定等不计入调解期限。案情复杂或者其他特殊情形的,经各方当事人申请,可以适当延长一次,但延长期限不得超过30日。

第二十一条 当事人为达成调解协议对案件事实的认可、收集的证据,不得在其后作为对其不利的证据。

第二十二条 具有以下情形,调解程序终止:

(一)调解期限届满,调解员出具书面意见,认为已无成功调解可能的;

(二)当事人明确要求终止调解的;

(三)行政机关经通知后未按期指定人员进行沟通,或行政机关指定人员经两次通知均拒不参加调解的;

(四)调解协议或调解笔录生效前当事人反悔,且无继续调解可能的;

(五)公民死亡或者法人、其他组织终止,无权利义务承受人的;

(六)其他应当终止的情形。

行政争议调解中心应于调解终止之日起3个工作日内将案件移交原移送部门依法处理。

第二十三条 本工作规则由温州市中级人民法院、温州市人民政府法制办公室负责解释,自发布之日起施行。

附件2:

浙江省温州市×××人民法院

行政争议调解通知书

(诉前调解用)

(201×)浙××立调×号

×××:

本院于××年×月×日收到原告×××不服(诉)被告×××(行政行为)一案的相关起诉材料,已予诉前登记。为妥善解决行政争议,根据《温州市行政争议调解中心工作规则(试行)》的规定,特通知你单位。请你单位核实涉案行政争议情况,并自收到本通知书之日起3个工作日内,指定专人携带相关资料到本院与行政争议调解主办人进行沟通,积极开展行政争议调解工作,全力化解行政争议。

联系人:×××(主办人)联系号码:

附:起诉状副本及证据各一份

二〇一×年×月×日

抄送：温州市×××人民政府法制办公室

浙江省温州市×××人民法院
行政争议调解通知书
（诉讼中调解用）

（201×）浙××立调×号

×××：

原告×××不服（诉）被告×××（行政行为）一案，双方当事人同意经行政争议调解中心先行调解。为妥善解决行政争议，根据《温州市行政争议调解中心工作规则（试行）》的规定，特通知你单位。请你单位核实涉案行政争议情况，并自收到本通知书之日起3个工作日内，指定专人携带相关资料到本院与行政争议调解主办人进行沟通，积极开展行政争议调解工作，全力化解行政争议。

联系人：×××（主办人）联系号码：

附：起诉状副本及证据各一份

二〇一×年×月×日

行政争议先行调解申请书

温州市________人民法院：

本人________不服（诉）________（行政机关和行政行为）一案，我方自愿申请行政争议调解中心先行调解。调解期限________天（在案件审理期限中扣除），逾期未达成调解协议的，请法院依法处理。

申请人：

绍兴市人民政府办公室关于建立健全行政调解与司法调解衔接机制的意见

（2015 年 12 月 5 日　绍政办发〔2015〕96 号）

各区、县（市）人民政府，市政府各部门、各单位：

为切实加强行政调解与司法调解的衔接配合，建立健全工作对接机制，有效预防和化解行政争议，根据《中共中央办公厅、国务院办公厅关于预防和化解行政争议、健全行政争议解决机制的意见》（中办发〔2006〕27 号）、《最高人民法院关于建立健全诉讼与非诉讼相衔接的矛盾纠纷解决机制的若干意见》（法发〔2009〕45 号）和《浙江省人民政府办公厅关于加强行政调解工作的意见》（浙政办发〔2013〕52 号）等有关规定，经市政府同意，现就建立健全行政调解与司法调解衔接机制提出如下意见。

一、指导思想

以党的十八届四中、五中全会精神为指导，把推进行政调解和司法调解工作作为贯彻“四个全面”战略布局、化解社会矛盾、创新社会管理的新方法，建立健全行政调解与司法调解衔接机制，实现行政调解与司法调解的有效衔接。

二、工作原则和组织保障

1. 工作原则。坚持政府行政调解与法院司法调解各司其职、协调配合。坚持行政争议积极主动调解原则，对行政争议以及公民、法人或者其他组织产生与行政管理直接或间接相关的纠纷，在当事人自愿的前提下，由行政机关先行组织调解，把行政调解作为解决行政争议的重要方式。坚持合法、高效、便民原则，尊重当事人意愿，严格依法调解，简化工作环节，方便群众参与。

2. 组织保障。各级人民政府及其部门应加强调解力量配备，将熟悉行政管理、善做群众工作的行政管理人员充实到行政调解工作一线，落实专门办公场所和设施，加大物质装备投入，把调解所需工作经费纳入财政预算统筹安排。

三、衔接方式

1. 行政调解由各级人民政府负总责。市、县两级政府要建立行政调解协调指导委员会,委员会由政府法制部门牵头,各职能部门负责人参加,落实专人负责行政调解与司法调解的衔接工作。各级政府法制部门应当切实发挥牵头作用,加强对下级政府和本级政府各部门行政调解工作的指导、督促、协调。各级政府工作部门要切实发挥行政调解的主体作用,尤其是涉及民生的重点职能部门要确定分管领导和工作机构,负责本部门、本系统的行政调解工作。

2. 行政调解实行"谁主管、谁负责"。各级政府及其工作部门调解行政纠纷和涉及多部门职能的矛盾纠纷,对不愿进行行政调解或未达成协议的行政争议,要积极引导当事人依法运用行政裁决、行政复议等方式予以解决。对调解不成或对行政裁决、行政复议结果不服的,应当依法告知当事人司法救济权利,并积极配合法院帮助其解决行政争议。各级政府及其工作部门应当认真履行职责,把握调解时机和方式,做到能调则调,全力化解与行政管理相关的民事争议、行政争议。对于法院委托调解或邀请调解的事项,应当积极配合。

3. 司法调解由各级法院负责。行政机关要主动与法院对接,在调解中遇到的法律问题要求法院给予行政调解指导的,要积极争取法院支持。

4. 行政调解与司法调解应当资源共享。建立各牵头单位负责、各职能部门紧密配合的联系互动机制,加大合作协调力度。各级政府及其部门要与本级法院建立"诉调对接"工作统计台帐,如实统计"诉调对接"工作数据。

5. 落实行政机关负责人出庭应诉制度。各级政府及其部门、各级法院要按要求落实行政机关负责人出庭应诉制度,建立行政机关负责人出庭应诉情况定期通报制度,密切关注调解结案后的执行情况,及时交流信息、总结经验、解决和协调有关问题。行政机关负责人出庭应诉情况应纳入对各级政府及其部门的依法行政考核指标。

四、衔接程序

1. 公民、法人或者其他组织向政府或有关职能部门申请调解行政争议的,政府及有关职能部门或者所属的行政调解组织应当予以受理。

2. 未经行政调解的行政争议,如法院在正式立案后,经引导、劝导当事人同意,在开庭前先行向相关行政机关发出行政调解建议书的,相关行政机关应积极受理并进行行政调解,行政调解时间一般不超过 15 日。当事人不同意行政调解或者在商定、指定时间内不能达成调解协议的，法院应依法及时予以裁判。

3. 政府及有关职能部门按法院的行政调解建议书组织调解后达成调解协议的，应当制作调解书，送达当事人。达成的调解协议有民事权利义务内容的，经双方当事人签字或者盖章后，具有民事合同性质。法律另有规定的除外。

4. 行政调解达成调解协议的，行政争议当事人可以申请撤回起诉，或者由法院依法按撤诉处理。

法律、法规、规章或国家、省有关文件对行政调解和司法调解工作另有规定的，从其规定。

绍兴市人民政府办公室

2015 年 12 月 5 日

绍兴市人民政府办公室关于印发《绍兴市行政调解实施办法》的通知

(2014 年 1 月 17 日　绍政办发〔2014〕6 号)

各区、县(市)人民政府，市政府各部门、各单位：

《绍兴市行政调解实施办法》已经市政府同意，现印发给你们，请结合实际，认真贯彻执行。

绍兴市人民政府办公室

2014 年 1 月 17 日

绍兴市行政调解实施办法

第一章　总　　则

第一条　为切实加强行政调解工作，规范行政调解行为，及时化解矛盾纠纷，促进社会和谐稳定，根据国务院《关于加强法治政府建设的意见》（国发〔2010〕33号）、浙江省人民政府《关于加强法治政府建设的实施意见》（浙政发〔2011〕71号）和浙江省人民政府办公厅《关于加强行政调解工作的意见》（浙政办发〔2013〕52号）等有关规定，结合本市实际，制定本办法。

第二条 本市各级行政机关组织开展行政调解工作，适用本办法。

本办法所称行政调解，是指在行政机关主持或主导下，对行政机关与公民、法人或其他组织之间，因行政管理而产生的行政争议，以及与行政机关行政管理职能有关的民事纠纷，依法进行积极协调和疏导，促使当事人平等协商、互谅互让、达成协议，从而解决矛盾纠纷的活动。

第三条 行政调解实行政府负总责、政府法制机构牵头、各职能部门为主体的工作体制。政府法制机构要加强对行政调解工作的指导、督促和协调。

第四条 行政调解应当遵循自愿平等、合法正当、调解优先、高效便民的原则。

第五条 下列纠纷可以进行行政调解：

（一）行政机关与公民、法人或者其他组织之间产生的城市建设、房屋征收、社会保障、治安管理、环境保护等方面的行政争议；

（二）公民、法人或者其他组织之间产生的如交通损害事故赔偿、消费者权益保护、医疗卫生、土地（林地、海域）权属争议、环境污染损害赔偿、劳动就业、渔业、生产事故等与行政管理相关的民事纠纷。

前款规定的行政争议，由涉及争议一方行政机关的上一级行政机关负责调解；与行政管理相关的民事纠纷，由主管该事项的行政机关负责调解。

第六条 市县两级人民政府成立行政调解协调组织，定期或不定期听取行政调解工作情况汇报，研究解决行政调解工作中遇到的重大问题。政府各职能部门应当明确有关机构和人员承担行政调解工作。

第七条 乡镇人民政府、街道办事处应当依托社会服务管理中心等落实行政调解场所，明确行政调解人员，履行法定行政调解职责，协同有关部门做好本区域内的行政调解工作。

第八条 行政机关在调解过程中可以吸收基层组织、相关行业协会和专家学者参加行政调解。

重点领域、重点行业应当组建调解员队伍，建立调解专家库，动员社会力量参与行政调解工作。

第二章　行政调解程序

第九条　行政机关依申请或者依职权启动行政调解程序。

当事人申请行政调解,可以书面提出申请,也可以口头提出申请;口头申请的,行政机关应当记录申请人的基本情况和请求事项、主要事实、理由、申请时间等,并经申请人签字确认。

行政机关依职权启动行政调解程序的,应征得各方当事人同意。

第十条　当事人申请行政调解,应当符合下列条件:

(一)有明确的申请人、申请事项和事实;

(二)当事人与申请调解的矛盾纠纷有直接利害关系;

(三)申请调解的矛盾纠纷与行政机关的行政管理职能有关;

(四)具有可调解性,且当事人同意调解。

第十一条　下列事项不予启动行政调解程序:

(一)已经信访处理、仲裁裁决、行政复议决定、法院裁决的;

(二)当事人在行政复议或信访中提出行政调解申请的;

(三)当事人拒绝调解的;

(四)已经行政调解完毕,当事人就同一纠纷以同一事实和理由申请的;

(五)涉嫌犯罪行为的;

(六)法律、法规、规章规定不适用行政调解的。

第十二条　凡符合调解条件的,行政机关应当在收到申请之日起 5 个工作日内向当事人发出受理通知,明确调解时间、地点和调解主持人;不符合调解条件的,应当告知申请人,并说明理由。

行政调解涉及第三人利益的,应当通知第三人参加调解。

第十三条　两个以上行政机关收到同一行政调解申请的,由具有行政管理职能的行政机关受理;属于两个以上行政机关共同管辖的,由先收到申请的行政机关受理。对涉及多个部门的矛盾纠纷,由政府指定的部门牵头调解。

第十四条　行政机关受理行政调解后,应当及时告知当事人依法享有的权利义务及调解人员、记录人员的身份,核对当事人身份,询问当事人或者第三人是否申请回避。

第十五条 行政调解人员和记录人员有下列情形之一的,当事人或者第三人有权申请其回避:

(一)是本案当事人或者当事人近亲属的;

(二)与本案有利害关系的;

(三)可能影响案件公正调解的。

符合前款规定情形的行政调解人员或者记录人员应当主动提出回避,当事人或者第三人提出回避要求的,行政机关应当调换。

第十六条 行政调解时限一般不超过20个工作日。重大疑难案件经各方当事人同意,由行政机关负责人批准,可以延长10个工作日。

第十七条 对事实清楚、各方当事人无较大分歧且调解结果可以即时履行或者所涉赔(补)偿额在1万元以下的争议纠纷,可以适用简易程序,当场调解,当场办结,事后登记。

对案情复杂的争议纠纷,应当经过申请、受理、调解、签订协议等程序。

需要第三方专业机构作出鉴定、认定等的,鉴定、认定等所需时间不计入行政调解时限。

第十八条 在行政调解过程中,行政调解机关应当认真听取各方当事人的陈述、申辩和质证,分析归纳各方争议的焦点,依法对当事人进行说服、劝导,引导争议各方达成调解协议。

第十九条 对争议纠纷基本事实有异议的,行政调解机关可以采取听证、查阅有关资料、现场调查等方式调查取证。

第二十条 行政调解中,当事人享有下列权利:

(一)自主接受调解、拒绝调解或者要求终止调解;

(二)要求公开调解或者不公开调解;

(三)表达真实意愿、自愿达成调解协议;

(四)其他依法享有的权利。

第二十一条 行政调解中,当事人应当履行下列义务:

(一)如实提交有关证据和陈述纠纷事实,不得提供虚假证明材料;

(二)遵守调解秩序,不得加剧纠纷、激化矛盾;

(三)自觉履行调解协议。

第二十二条 行政机关调解矛盾纠纷,应当制作调解笔录。行政调解笔录应当全面、真实地记载调解过程,并由调解人员和当事人签名。

第二十三条 行政调解达成协议的,行政机关应当制作行政调解书。行政调解书应当载明下列事项:

(一)当事人的基本情况;

(二)矛盾纠纷事实、争议焦点;

(三)协议的内容和调解结果;

(四)履行协议的方式、地点、期限;

(五)其他事项。

行政调解书的内容不得违反法律规定,不得损害国家利益、公共利益、他人合法权益。

第二十四条 行政调解书由当事人、调解主持人签字并加盖行政调解机关印章,自签字之日起生效,当事人应当自觉履行。有关民事纠纷调解协议当事人认为有必要的,可以依法向法院或者仲裁机构申请确认其效力。

行政调解书由双方当事人、第三人各执 1 份,行政机关存档 1 份。

第二十五条 行政机关可以邀请人民调解组织参与或者委托人民调解组织进行调解。

对进入行政复议和行政诉讼程序的争议纠纷,行政机关要积极配合行政复议机关和人民法院做好争议纠纷调解工作。

第三章 行政调解制度保障

第二十六条 各级人民政府要将行政调解工作列入政府年度工作目标管理或者依法行政工作考核内容。对行政调解工作成绩突出的单位和个人予以表彰,对行政调解工作不落实、不到位的单位予以批评。

第二十七条 行政机关要加强与人民法院、人民调解组织的沟通联系,完善行政调解与司法调解、人民调解相衔接的协调联动、信息沟通和效力衔接机制。

第二十八条 行政机关应当采取多种形式向社会公开行政调解工作制度、依据、范围、原则、流程和行政调解人员名单及行为规范的信息。

第二十九条 行政调解不得收费。行政调解宣传、培训、指导等工作经费应当纳入本级财政年度预算。

第三十条 行政调解形成的档案材料应当按照档案管理的要求一案一卷归档保存。

第三十一条 行政机关应当定期对行政调解有关数据和情况进行统计分析,并报同级政府法制机构和上级主管部门。行政调解工作信息统计按照浙江省人民政府法制办公室《关于做好行政调解依据公告信息统计报告工作的通知》(浙府法发〔2013〕27号)执行。

第四章 附 则

第三十二条 法律法规授权的具有社会管理职能的组织,按照本办法规定开展行政调解工作。

第三十三条 法律、法规、规章或国家、省有关文件对行政调解工作另有规定的,从其规定。

第三十四条 本办法自2014年3月1日起施行。

湖州市人民政府办公室关于加强行政调解工作的意见

(2012年7月10日 湖政办发〔2012〕75号)

各县区人民政府,市府各部门,市直各单位:

为贯彻《国务院关于加强法治政府建设的意见》(国发〔2010〕33号)、省政府《关于加强法治政府建设的实施意见》(浙政发〔2011〕71号)精神,充分发挥行政调解化解社会矛盾、维护社会和谐稳定的作用,结合实际,现就进一步加强行政调解工作提出如下意见:

一、充分认识做好行政调解工作的重要意义

行政调解是由行政机关主持或主导的,以法律、法规和政策规定为依据,以当事人自愿为原则,主要以民事纠纷和行政争议为对象,通过说服、劝导等方法,促使各方当事人平等协商、互谅互让、达成协议、消除矛盾的一种纠纷解决机制。当前,是全面建设惠及全市人民小康社会的攻坚时期,是经济社会转型的关键时期,社会矛盾化解工作也面临着诸多新情况、新问题。全市各级行政机关要将行政调解作为重要的社会矛盾调处手段,充分发挥行政调解工作的优势,运用调解的办法做好矛盾纠纷化解工作,从源头上预防和减少社会矛盾,为推进我市经济转型升级、促进社会和谐稳定发挥重要作用。

二、行政调解工作的指导思想、目标任务和基本原则

(一)指导思想

深入贯彻落实科学发展观,以化解社会矛盾纠纷为根本,建立创新行政调解工作体制机制,充分发挥行政机关在化解行政争议和民事纠纷中的作用,推动建立行政调解与人民调解、司法调解相衔接的大调解联动机制,形成调解工作合力,最大限度地减少社会不和谐因素,切实维护好广大人民群众的合法权益。

(二)目标任务

建立政府负总责、政府法制机构牵头、各职能部门为主体的行政调解工作机制,充分运用行政调解化解行政争议和与行政管理相关的民事纠纷,力争调解成功率达到80%以上,90%以上的争议纠纷化解在基层、化解在初始阶段、化解在行政程序内。

(三)基本原则

自愿平等原则。行政调解应在自愿前提下进行,要尊重当事人自愿、充分、真实表达意愿和选择合法救济途径的权利;行政机关作为当事一方时,与管理相对人在调解过程中的地位平等。

合法合理原则。行政调解要符合法律、法规、规章和政策,依据事实,释法明理,分清是非;调解方式和结果不得违反法律禁止性规定,不得损害国家利益、社会公共利益和他人合法权益。

公平公正原则。行政调解机关不得偏向任何一方,既要兼顾各方当事人的合法权益,又要说服各方当事人互谅互让、相互理解,公平公正地化解争议纠纷。

高效便民原则。行政机关应当增强服务意识,积极、稳妥、及时地履行行政调解职责,减少当事人的程序性负担,妥善化解争议纠纷,防止久调不结。

分工协作原则。要妥善处理好行政调解与信访、人民调解、司法调解等其他纠纷解决机制之间的关系,各司其职,分工协作,加强配合,努力形成有效化解争议纠纷综合解决机制。

三、行政调解的范围

行政调解的范围包括:行政机关或者法律法规授权的具有管理公共事务职能的组织,与公民、法人或者其他组织之间产生的依法可以调解的行政争议,重点解决好土地征收、城镇房屋征收、人力资源和社会保障、治安管理等方面的行政争议;公民、法人或者其他组织之间产生的与行政管理有直接或间接关联的民事纠纷,重点解决好交通损害赔偿、医疗卫生、消费者权益保护、物业管理、劳动争议等与行政管理有关的民事纠纷。对于涉及资源开发、环境污染、公共安全事故等方面的民事纠纷,以及涉及人数较多、社会影响大、可能影响社会稳定的纠纷要主动进行调解。

四、建立健全行政调解工作的体制机制

(一)建立行政调解工作体制。市政府由分管领导牵头,法制、公安、机构编制、信访、维稳、财政、司法、人力社保、国土、建设、农业、卫生、民政等部门参与协同,成立行政调解工作指导小组,协调解决行政调解工作中的重大问题。政府各部门应当明确行政调解工作的主管领导,在部门内部指定专门处室承担行政调解工作。特别是涉及矛盾纠纷较多的部门应当成立行政调解委员会或工作领导小组,建立健全调解工作体制。

(二)建立行政调解信息报告统计分析制度。对社会影响较大或可能引发群体性事件等重大复杂争议纠纷的调解处理,要及时向上级党委、政府和上级主管机关请示报告,并通报政府法制机构。各行政职能部门应向上级主管机关汇总报告本部门行政调解工作情况;政府法制机构应向本级人民政府和上级政府法制机构汇总报告本地区行政调解工作情况,及时报送重大的行政调解信息。

(三)建立行政调解协调会商机制。建立交流平台,加强各单位之间在行政调解工作中的信息沟通与协同配合,围绕化解社会矛盾的目标任务,发挥各自职能作用。政府法制机构、法律顾问要主动参与重大、复杂、疑难问题的行政调解工作,加强对行政调解中实际问题的研究。

(四)建立行政调解与人民调解、司法调解衔接机制。积极探索建立协调配合、信息沟通等衔接机制,规范运行程序和操作办法,实现有效、无缝对接,形成调处解决争议纠纷的合力。

（五）建立行政调解人员培训制度。围绕行政调解人员应具备的基础知识、基本素质、基本能力有计划地开展培训，使其做到“四懂”（懂方针政策、懂法律法规、懂业务知识、懂调解技巧）“四会”（会预防、会调查、会调解、会制作文书）。

（六）规范行政调解工作规程。根据有关法律、法规、规章及政策，结合实际，制定行政调解工作规定，明确行政调解范围、原则、权利义务、启动与受理、实施、奖惩等内容，确保行政调解工作合法、规范、有序。

五、行政调解的工作要求

（一）思想高度重视。要从落实科学发展观、建设法治政府、构建和谐社会的高度，充分认识加强行政调解工作的重要意义，切实增强责任感、紧迫感，把行政调解工作纳入重要议事日程和工作日程，摆在突出的位置，加强组织领导，按照职责分工，强化工作举措，切实做好行政调解的各项工作。行政调解人员要耐心细致地做好调解工作，保持公正、廉洁，不得徇私舞弊。

（二）坚持预防和化解并重。要加强对重点领域、重点行业社情民意和争议纠纷的收集排查工作，抓早、抓小、抓苗头，严防各类争议纠纷激化和升级，努力将事态化解在萌芽状态和初始阶段。要坚持调解优先，积极引导群众通过行政调解理性合法地表达利益诉求、解决争议纠纷。

（三）加强协调配合。在行政调解工作中，既要各司其职，又要密切配合。对法律关系单一、一个职能部门能够解决的争议纠纷，由该职能部门负责解决；对涉及多个部门职责的争议纠纷，由最初受理的部门或涉及主要管理职责的部门牵头，相关部门参与协调解决；对法律关系复杂的重大疑难争议纠纷，相关职能部门应主动告知同级政府法制机构，由政府法制机构牵头组织有关部门协调解决。

湖州市人民政府办公室

2012 年 7 月 10 日

嘉兴市人民政府关于加强行政调解工作的实施意见

(2012年9月24日　嘉政发〔2012〕89号)

各县(市、区)人民政府,市政府各部门、直属各单位:

为深入贯彻落实《国务院关于加强法治政府建设的意见》(国发〔2010〕33号)和《浙江省人民政府关于加强法治政府建设的实施意见》(浙政发〔2011〕71号)精神,充分发挥行政调解化解社会矛盾、维护社会和谐稳定、推进服务型政府建设的作用,促进行政调解与人民调解、司法调解的有机结合,有效预防、减少和化解社会矛盾纠纷,结合我市实际,现就加强我市行政调解工作提出如下实施意见。

一、行政调解的指导思想、目标任务和基本原则

(一)指导思想。

深入贯彻落实科学发展观,以化解社会矛盾纠纷、维护社会和谐稳定为目标,坚持“预防为主、调解优先、积极主动、分工协作”的工作方针,进一步健全行政调解工作机制,创新行政调解工作方法,规范行政调解工作程序,构建行政调解与人民调解、司法调解相衔接的大调解联动平台,充分发挥行政机关在化解矛盾纠纷中的重要作用,努力为全市经济社会持续平稳较快发展创造和谐、稳定、有序的社会法治环境。

(二)目标任务。

建立政府负总责、政府法制机构牵头、各职能部门为主体的行政调解工作机制,充分运用行政调解化解行政争议和与行政管理相关的民事纠纷,努力实现矛盾纠纷化解在基层、化解在初发阶段、化解在行政程序中,促进社会和谐稳定。

(三)基本原则。

各级行政机关对于属于行政调解范围内的矛盾纠纷,要严格按照相关法律、法规、规章和政策的规定,在遵循属地管理、自愿平等、合法合理、调解优先、分工协作等原则的基础上，促使双方协商一致，从而彻底化解矛盾纠纷。

——属地管理原则。对发生在本地区、本部门的矛盾纠纷，各行政机关要按照“属地管理、分级负责”、“谁主管、谁负责”的要求，落实目标责任，积极履行职责，充分运用行政调解手段化解社会矛盾。

——自愿平等原则。行政调解工作应以当事人自愿为前提，行政机关不得采取欺骗、威胁等不正当手段强迫当事人接受调解方式或调解结果。行政机关作为一方当事人时，与行政相对人的地位平等。

——合法合理原则。行政调解工作不得违反法律、法规的规定，不得损害国家利益、公共利益和他人合法权益，不得违反公序良俗。要注重法理、事理、情理的有机结合，平等协商处理利益纠纷，调解结果要体现公平正义，合理兼顾各方当事人的合法权益。

——调解优先原则。要立足预警和疏导，对矛盾纠纷做到早排查、早发现、早调解。要树立调解优先的意识，能调尽调，当调则调，把调解贯穿于处理矛盾纠纷的全过程。

——分工协作原则。要妥善处理好行政调解与信访、人民调解、司法调解等其他纠纷解决机制之间的关系，各司其职，加强配合，努力形成化解争议纠纷的工作合力。

二、行政调解范围

行政机关开展行政调解应当依照职权重点解决好环境污染、自然资源权属、土地承包、公共安全事故、房屋土地征收、劳动人事、医疗卫生、消费者权益、企业改制、产品质量、食品药品安全以及治安、物业管理、建筑施工等领域的行政争议或与行政管理相关的民事纠纷。

（一）行政机关对下列矛盾纠纷可以依法进行行政调解：

1. 公民、法人和其他组织对行政机关依法行使自由裁量权作出的行政处罚、行政赔偿、行政补偿等具体行政行为不服申请行政复议的；

2. 公民、法人和其他组织对行政机关具体行政行为不服提起行政诉讼涉及的行政争议；

3. 公民、法人和其他组织信访时提起解决事项中涉及的行政争议；

4. 领导交办、下级行政机关提请解决的其他行政争议。

(二)与行政管理相关的民事纠纷,行政机关可以在其法定职责范围内进行调解:

1. 依法可以调解的治安案件、交通事故损害赔偿的矛盾纠纷;

2. 土地、矿藏、滩涂、内陆水域等自然资源经营、承包、流转等过程中发生的矛盾纠纷;

3. 征用、征收土地房屋发生的安置补偿的矛盾纠纷;

4. 劳动、人事方面发生的矛盾纠纷;

5. 消费争议、产品质量的矛盾纠纷;

6. 医疗事故赔偿的矛盾纠纷;

7. 其他依法可以调解的矛盾纠纷。

三、工作要求

(一)加强组织领导。各级政府要对行政调解工作负总责,建立行政调解工作领导小组,由政府分管领导任组长,法制、发改、司法、公安、社会保障、食品安全、交通运输、国土资源、城乡规划、卫生、环保、民政、工商等部门为成员单位,统筹协调跨地区、跨部门的行政调解工作,研究本地区重大、复杂的矛盾纠纷。领导小组下设行政调解指导中心,指导中心设在政府法制办公室,负责处理日常工作。

各级政府要将行政调解工作纳入政府目标管理内容,建立健全目标责任制。要根据工作部署制订本地区开展行政调解工作的具体实施意见,积极构建行政调解工作平台,健全本地区行政调解工作机制和网络体系。要强化工作保障,抓好行政调解队伍建设,将开展调解工作所需的各种培训指导、人员聘用、工作补贴等经费纳入财政预算统筹安排。各镇人民政府、街道办事处要设立行政调解室,建立行政调解专(兼)职工作人员队伍,会同有关行政部门做好基层行政调解工作。

(二)加强监督指导。各级政府法制机构要充分发挥牵头作用,切实承担起行政调解工作的统筹协调、综合指导、政策研究、信息交流以及指导、督查和考核等工作职责,研究制订行政调解工作规程,使行政调解工作规范有序开展;汇总分析下级人民政府和本级政府各部门(单位)的行政调解工作情况,研究解决行政调解中的新情况、新问题,并向本级政府报告;加强对行政调解人员的法律知识和调解技能培训,提高行政调解人员的业务水平;牵头组织对法律关系复杂、重大疑难争议纠纷的调解处理。

（三）加强机制建设。各级行政机关要在开展行政调解中充分发挥主体作用，涉及矛盾纠纷较多的重点执法单位，要建立行政调解专业队伍，加强行政调解工作平台和组织网络的建设。要根据本单位本领域的工作特点和要求，制订工作方案，明确矛盾化解目标，规范、完善行政调解的工作程序，确保行政调解工作依法、规范、有序进行。积极创新行政调解工作机制，探索邀请专家、基层组织以及有关专业调解组织参与行政调解的合作机制。加强对行政调解人员的日常管理和岗位培训，落实奖惩措施。加大对行政调解工作以及成功经验、先进典型的宣传力度，积极营造人民群众了解、支持、参与行政调解工作的良好氛围。

（四）加强协调联动。各级行政机关既要各司其职，又要密切配合，加强沟通衔接，共同妥善处理各类矛盾纠纷。对依法属于本单位调解范围的矛盾纠纷，要及时组织开展调解；对涉及多个单位的矛盾纠纷，由大调解工作平台指定的单位牵头调解；对跨地区的矛盾纠纷，由涉及地区的上一级大调解工作平台负责组织调解；对依法进入行政复议程序的行政争议，行政复议机关开展行政调解时，有关单位要积极做好协调配合。各级行政机关要采取措施主动融入大调解平台，深入推进大调解工作体系建设。要充分利用、整合各种资源和优势，有效借助网络等信息化平台，实行“访调对接、诉调对接”，努力实现优势互补、信息互通、资源共享，强化解决社会矛盾纠纷整体合力。

嘉兴市人民政府

二〇一二年九月二十四日

衢州市人民政府办公室关于印发《衢州市行政调解工作实施意见（试行）》的通知

（2011年8月29日　衢政办发〔2011〕86号）

各县（市、区）人民政府，市政府各部门、直属各单位：

《衢州市行政调解工作实施意见（试行）》已经市政府同意，现印发给你们，请结合实际,认真贯彻落实。

二〇一一年八月二十九日

衢州市行政调解工作实施意见(试行)

为深入贯彻《国务院关于加强法治政府建设的意见》(国发〔2010〕33号)、《中共中央办公厅、国务院办公厅关于预防和化解行政争议健全行政争议解决机制的意见》(中办〔2006〕27号),充分发挥行政调解在推动我市社会管理创新、化解社会矛盾纠纷和维护社会和谐稳定中的重要作用,结合我市实际,现就开展行政调解工作提出如下实施意见。

一、充分认识做好行政调解工作的重要性

行政调解是由行政机关主持或主导的,以法律、法规、规章和政策规定为依据,以行政争议以及与行政管理职能相关的民事纠纷为主要对象,通过说理引导、说服劝导等方法,促使各方当事人平等协商、互谅互让、达成协议、消除矛盾的一种纠纷解决机制。当前,我市正处于社会矛盾凸显期,随着加快经济发展方式转变、城乡一体化建设等工作的推进,社会矛盾化解工作也面临着许多新情况、新问题。全市各级行政机关要将行政调解作为重要的社会矛盾调处手段,充分利用行政调解工作优势,运用调解的办法做好矛盾纠纷化解工作,切实保障公民权益,从源头上预防和减少社会矛盾。

二、行政调解的工作原则和范围

(一)行政调解的原则。

坚持合法原则。行政调解必须依法进行,不得损害国家利益和公民、法人、其他组织的合法权益。

坚持自愿原则。行政调解全过程都应当尊重当事人意愿,不得强迫当事人接受调解方式或调解结果。

坚持平等原则。负责行政调解的行政机关要公平、公正调解纠纷,保证当事人平等协商,有效保护各方当事人的合法权益。

坚持便民高效原则。行政机关要便民、高效地化解矛盾纠纷,使各方当事人的矛盾纠纷获得快捷、简便、有效、成本低廉的解决。

（二）行政调解的范围。

1. 行政机关与公民、法人或者其他组织之间产生的法律法规规定可以调解的行政争议。重点解决好土地征收、土地及林地权属争议、城镇房屋拆迁、人力资源和社会保障、治安管理等方面的行政争议。

2. 公民、法人或者其他组织之间产生的与行政管理有直接或间接关联的民事纠纷。重点解决好交通损害赔偿、医疗卫生、消费者权益保护、物业管理、劳动争议等与行政管理有关的民事纠纷。对于涉及资源开发、环境污染、公共安全事故等方面的民事纠纷，以及涉及人数较多、社会影响大、可能影响社会稳定的纠纷要主动进行调解。

三、行政调解的工作内容

（一）完善行政调解工作程序。行政机关要根据行业特点和要求制定行政调解程序，规范行政调解的申请、受理、调查、听证、实施调解、制作调解书、协议履行等工作环节。行政调解中，要保障当事人的平等地位，保障当事人的知情权、参与权和救济权。

（二）规范行政调解法律文书。行政调解达成协议的，行政机关应当制作行政调解书。行政调解书的内容不得违反法律、法规、规章和政策规定，不得损害国家利益、公共利益、他人合法权益。行政调解书的内容应当包括：当事人的基本情况、矛盾纠纷的事实、协议的具体内容、履行协议的方式和期限。行政调解书应当由当事人、调解人员签名并加盖行政机关印章，由当事人各方各执一份，行政机关存档一份。调解书自各方当事人签字之日起生效。

（三）保障行政调解协议履行。矛盾纠纷经行政调解制作行政调解书的，当事人应当按照诚实信用原则全面履行约定内容，不得擅自变更或者解除。对经行政调解后达成的具有民事合同性质的协议，行政机关应当引导当事人依法申请有管辖权的人民法院或衢州市仲裁委员会确认其效力。当事人不履行的，其他当事人可以请求有关行政机关督促其履行或向人民法院提起诉讼、申请强制执行。

（四）建立健全行政调解工作制度。要立足于体制机制的完善，促进行政调解工作有序开展。

1. 建立行政调解联席会议制度。联席会议的日常工作由同级政府法制办公室承担，定期召开联席会议，听取行政调解工作情况汇报，研究、解决开展行政调解工作涉及的重大问题，加强对本地区行政调解工作的指导。

2. 建立行政调解信息报送制度。行政机关应当确定专人撰写行政调解信息，连同行政调解的图片、影像资料等，一并在行政调解终结后5个工作日内报送同级政府法制办公室。遇有重大紧急行政调解信息应当日报送。

3. 建立行政调解与人民调解、司法调解的衔接机制。根据调解纠纷的需要，行政机关可以邀请人民调解组织、其他调解组织参与行政调解；也可将属于行政调解范围的争议纠纷，委托人民调解组织或其他调解组织调解；或者与有关主管部门协商，指定人民调解组织或其他调解组织进行调解。行政机关对于调解不成的重大矛盾纠纷，应当及时告知、引导当事人通过诉讼渠道解决。对于进入诉讼程序的行政争议，在诉前已经做过行政调解工作的，应当将行政调解的有关情况告知人民法院。

4. 建立行政调解与信访工作衔接机制。对信访工作中发现的可通过行政复议程序化解的行政争议，应积极引导至政府法制机构或政府各职能部门复议，在复议程序中先行开展行政调解。对非行政复议范畴的行政争议，应积极引导至各级行政调解组织开展相应争议化解工作。

5. 建立行政调解宣传长效机制。行政机关要加强行政调解的宣传工作，及时总结本地区、本部门开展行政调解工作的成功经验和先进典型，并做好宣传工作。要充分利用广播、电视、报刊、网络等新闻媒体，开展各种形式的宣传教育，积极引导广大人民群众了解行政调解、支持并选择行政调解解决矛盾纠纷。

四、行政调解的职责分工

各级各部门要切实转变行政管理方式，强化行政调解意识，并按以下职责分工做好争议纠纷调处工作：

（一）政府对行政调解工作负总责。各级各部门要按照“政府统一领导，法制部门牵头，各职能部门为主体”的行政调解工作体制，高度重视行政调解工作，切实加强组织领导，明确分管负责人，狠抓工作落实。

各县（市、区）人民政府要建立行政调解委员会，同时建立行政调解员信息库，把行政执法部门熟悉法律法规和业务知识、法律服务机构、社会中介组织人员以及离退休法官和检察官、德高望重人士、人民调解员等，纳入行政调解员信息库。市、县两级各职能部门要建立行政调解组织，各乡镇要积极开展行政调解中心建设，可与综治办等合署办公，有条件的乡镇可单设行政调解中心。各县

(市、区)人民政府行政调解委员会、市级部门行政调解组织调解员名单要报市政府法制办公室备案。

(二)政府法制机构要做好行政调解的牵头工作。政府法制机构要结合工作职责,承担好行政调解委员会办公室及行政调解联席会议日常工作,加强对下级人民政府和本级政府各部门行政调解工作的指导、督促、协调。

(三)政府各职能部门要切实发挥行政调解的主体作用。行政调解实行"谁主管、谁负责"。政府各部门的主要领导是本机关行政调解工作的第一责任人,对本部门的行政调解工作负总责,各部门要确定分管领导和工作机构具体承担行政调解工作。要把政治思想好、业务能力强、有较高法律素质的干部充实到行政调解队伍。要根据部门、行业的特点,建立健全行政调解工作相关制度,在调解申请、受理、调查、听证、调解实施、调解期限以及调解协议书的制作等方面制订出具体的规定,确保行政调解工作规范进行。行政争议发生后,对符合行政复议条件的,应积极引导其进入行政复议程序,行政复议机关在受理后,应将行政调解做为行政复议的必经程序。对于行政复议机关主持的调解,依据《衢州市行政复议调解工作暂行规定》执行。

五、加强对行政调解工作的组织领导

(一)要强化责任追究。行政调解工作作为各级政府、部门重点工作列入依法行政考核,工作开展情况作为年终考核重要依据。市、县两级法制部门要建立健全监督考核机制,不定期开展监督检查。对工作成绩突出的单位和个人进行表彰奖励;对组织领导不力、工作不落实、责任不到位的地区和部门,要进行通报批评并限期整改;对工作敷衍塞责、无故推诿和拖延而导致严重影响社会稳定的重大事件和案件的,要实行责任倒查,严格追究领导和相关人员责任。

(二)要强化协作配合。政府各部门在行政调解工作中,既要各司其职,又要密切配合。对法律关系单一、一个职能部门能够解决的争议纠纷,由该职能部门负责解决;对涉及多个部门职责的争议纠纷,由最初受理的部门或涉及主要管理工作的部门牵头,相关部门参与协调解决;对法律关系复杂的重大疑难争议纠纷,最初受理的部门应主动告知同级政府法制部门,由政府法制部门牵头,组织有关部门协调解决。

(三)要强化工作保障。各级人事编制管理机构要大力支持行政调解机构建设,加强开展行政调解工作的人员力量配备。各级财政部门要按照现行事权、财权划分原则,在分级负担的前提下,根据部门预算管理有关要求,将宣传、培训、指导、聘用专职行政工作人员、调解员工作补贴等各类调解工作经费纳入本级财政年度预算,健全行政调解经费拨付制度。

丽水市人民政府办公室关于修改《丽水市行政调解工作办法》的通知

(2017年6月1日 丽政办发〔2017〕59号)

各县(市、区)人民政府,市政府直属各单位:

经市政府同意,决定对《丽水市行政调解工作办法》(丽政发〔2014〕61号)的个别条款作如下修改:

一、将第十条第一款修改为:"行政调解时限一般不超过30日,重大、复杂的争议纠纷可以适当延长,但延长时间最多不超过10日。"

二、将第十九条第一款修改为:"行政机关接受行政调解要求后,应当进行登记,了解相关情况,在5个工作日内决定是否启动行政调解程序,并书面告知双方当事人。决定不启动调解程序的,应当说明原因。"

本通知自公布之日起施行。

附件:《丽水市行政调解工作办法》(略)

丽水市人民政府办公室

2017年6月1日

·安徽省·

安徽省地方税务局关于发布《安徽省地方税务系统税务行政复议和解调解办法》的公告

(2017年3月1日　安徽省地方税务局公告2017年第1号)

《安徽省地方税务系统税务行政复议和解调解办法》已经审议通过,现予公布,自2017年1月1日起施行。

安徽省地方税务局

2017年3月1日

安徽省地方税务系统税务行政复议和解调解办法

第一条　为进一步规范税务行政复议和解、调解工作,提高税务行政复议案件办理效率和质量,保护税务行政复议申请人(以下简称申请人)的合法权益,推进纳税服务,监督和保障各级地税机关依法行使职权,根据《中华人民共和国行政复议法实施条例》、国家税务总局《税务行政复议规则》、《安徽省行政复议调解和解办法(试行)》规定,结合安徽省地税系统实际,制定本办法。

第二条　安徽省范围内申请人与被申请复议的地税机关(以下简称被申请人)协商开展税务行政复议和解,以及各级地税行政复议机关(以下简称复议机关)负责法制工作的机构(以下简称复议机构)对税务行政复议案件进行调解,适用本办法。

第三条　本办法所称和解,是指税务行政复议决定作出前,申请人与被申请人自行协商,达成和解协议,并经复议机构准许,从而解决行政争议的行政复议案件审理制度。

第四条　本办法所称调解,是指税务行政复议案件审理过程中,复议机构在查明事实的基础上,主持协调,引导争议各方交流沟通,就有关行政争议达成协议,从而解决行政争议的行政复议案件审理制度。

第五条 税务行政复议和解、调解的参加人为申请人、被申请人。与具体税务行政复议事项有利害关系的公民、法人和其他组织,可以作为第三人参加和解与调解。申请人、第三人可以委托代理人参加,但应当向复议机构提交授权委托书,并载明委托事项、权限、期限以及代理人可以参加和解、调解活动。被申请人应当由主要负责人或授权代理人员参加。

第六条 税务行政争议各方可以向复议机构提出和解或调解请求,复议机构也可以根据案件具体情况向争议各方提出和解或调解建议。

第七条 税务行政复议和解、调解应当遵循以下原则:

(一)自愿平等原则。申请人与被申请人应当自愿达成和解、调解协议。复议机构不得强迫各方当事人采取和解或调解方式,也不得强迫各方当事人接受调解结果。

(二)合法公正原则。税务行政复议和解、调解协议不得违反法律、法规、规章的禁止性规定,不得违背社会公德,不得损害国家利益、社会公共利益和他人合法权益。

(三)诚实信用原则。参加和解、调解的各方当事人应当诚实守信,自觉履行和解、调解协议。

(四)和解、调解优先原则。属于和解、调解范围的案件,复议机构应当先行调解、鼓励和解。

第八条 下列涉税行政复议案件,可以选择和解、调解的处理方式:

(一)涉及税务行政自由裁量权行使的;

(二)涉及行政赔偿、补偿争议的;

(三)涉及税务行政奖励争议的;

(四)具体行政行为存在其他合理性问题的。

第九条 在税务行政复议和解、调解活动中,争议各方享有下列权利:

(一)自主决定同意、不同意或终止和解、调解;

(二)表达真实意愿,提出合理请求;

(三)要求调解人员回避;

(四)自愿达成和解、调解协议。

第十条 在税务行政复议和解、调解活动中,争议各方应履行下列义务:

（一）如实陈述案件事实，不得提供虚假证明材料；

（二）听从复议机构有关调解活动的安排；

（三）不得加剧纠纷、激化矛盾。

第十一条 和解按照以下程序进行：

（一）申请人或被申请人提出和解意愿并达成和解；

（二）申请人或被申请人向复议机构提交书面和解协议；

（三）复议机构决定是否准许和解并告知申请人、被申请人；

（四）被申请人制作《税务行政复议和解协议》。

《税务行政复议和解协议》应当载明复议请求、案件基本情况、达成和解具体内容，并由争议各方签字或盖章。

第十二条 因和解协议违反法律、法规、规章规定未获复议机构准许，复议机构应当继续依法办理复议案件。

第十三条 调解按照下列程序进行：

（一）征得申请人和被申请人同意；

（二）听取申请人和被申请人的意见；

（三）提出调解方案；

（四）达成调解协议；

（五）制作调解笔录，争议各方在调解笔录上签字或盖章；

（六）制作《税务行政复议调解书》。

《税务行政复议调解书》应当载明行政复议请求、案件基本情况、调解具体内容、结果，经双方当事人签字或盖章，并加盖复议机关印章或税务行政复议专用章。

第十四条 复议机构在调解活动中应当结合不同案件，探索采用灵活多样的调解方式，对重大、复杂、社会关注的行政复议案件，可以邀请有关专家或其他有利于促使达成调解协议的组织和个人参加调解活动。

第十五条 调解未达成协议或者《税务行政复议调解书》生效前一方反悔的，复议机关应当及时作出税务行政复议决定，不得以调解为由拖延办理案件。

第十六条 税务行政复议和解、调解应当在法定的行政复议审理期限内进行，和解、调解协议应当在税务行政复议案件审理期限届满前合理期限内作出，在上述期限内无法达成和解、调解协议的，税务行政复议机构应当及时报请税务行政复议机关作出决定。

第十七条　税务行政复议和解、调解协议发生法律效力之后，争议各方应当自觉履行。

申请人不履行或者无正当理由拖延履行调解协议的，被申请人可依法强制执行或者申请人民法院强制执行。

被申请人不履行或者无正当理由拖延履行调解协议的，复议机关应当责令其限期履行。

第十八条　复议机关在税务行政复议和解、调解过程中，对涉及申请人个人隐私或者商业秘密的，应当依法保密。

第十九条　复议机构应当按照规定将税务行政复议和解、调解的资料与复议案件一并立卷归档。

第二十条　本办法由安徽省地方税务局负责解释。

第二十一条　本办法自 2017 年 1 月 1 日起施行。

安徽省物价局关于印发安徽省价格争议调解处理办法的通知

（2014 年 12 月 24 日　皖价证〔2014〕162 号）

各市、县物价局：

现将《安徽省价格争议调解处理办法》印发给你们，请认真贯彻落实。

安徽省物价局

2014 年 12 月 24 日

安徽省价格争议调解处理办法

第一条　为规范价格争议调解处理行为，及时化解价格矛盾和纠纷，维护当事人合法权益和社会公平正义,依据《中华人民共和国价格法》、《安徽省价格条例》、《安徽省高级人民法院关于调解协议司法确认的实施意见》等法律、法规及有关规定,制定本办法。

第二条 省人民政府价格主管部门负责全省价格争议调解处理及监督管理工作;市、县(市、区)人民政府价格主管部门负责本行政区域内价格争议调解处理工作。

县级以上人民政府价格主管部门设立的价格认证机构承担价格争议调解处理的具体工作。

第三条 本办法所称价格争议调解处理,是指价格主管部门根据消费者、经营者和行业组织的申请,依法对当事人之间的价格争议进行调解处理的行为。

第四条 价格争议调解处理遵循合法、自愿、公正、高效的原则。

第五条 申请价格争议调解处理,应当符合下列条件:

(一)申请人与价格争议有直接利害关系;

(二)有明确的被申请人;

(三)有具体的价格争议调解请求、理由及事实依据;

(四)当事人双方同意调解;

(五)属于价格争议调解处理的范围。

第六条 下列情况不属于价格争议调解处理范围:

(一)属政府定价、政府指导价的;

(二)涉嫌价格违法,依法应当立案查处的;

(三)通过非法渠道购买商品或者接受服务的;

(四)违禁品及国家明令禁止生产、流通及销售物品所产生的价格争议;

(五)其他不应作为价格争议调解处理的情形。

第七条 申请调解处理价格争议,应由双方当事人共同提出。一方当事人提出申请,另一方当事人明确拒绝调解的,不得调解。

第八条 申请调解处理价格争议,当事人应当向价格争议调解处理部门提交书面申请书和有关证据材料,并保证其真实性。书面申请书应当载明以下内容:

(一)双方当事人的姓名(名称、法人代表姓名和相应身份证明)及通讯地址、联系电话;

(二)价格争议事实、诉求及理由;

(三)有关证据,如消费商品或者接受服务的票据、凭证、协议及其他相关证据材料;

(四)双方当事人签名或盖章;

(五)价格争议调解要求提供的其他材料。

第九条 当事人可以委托代理人代为申请和参加调解处理。委托代理人代理的,代理人应当提交授权委托书。授权委托书应当由委托人和受委托人共同签名或者盖章,载明代理人姓名、性别、年龄、身份证明、联系方式、委托期限和代理权限。

第十条 价格争议调解处理部门收到《价格争议调解处理申请书》后,应根据本办法有关规定对申请书的有关事项进行审核,在接到申请书后的三个工作日内作出是否受理的决定。决定受理的,应当出具受理通知书;不符合本办法第五条规定的条件,不予受理,应告知申请人并说明理由。

第十一条 价格争议调解处理部门受理价格争议申请后,应当启动调解程序,并提前通知双方当事人举行调解的地点和时间。

第十二条 价格争议调解由价格争议调解处理部门指定两名以上调解员进行调解。

对专业性较强的价格争议调解,可以聘请其他相关专业人员参加。

调解员与价格争议事项有利害关系或者其他关系,可能影响价格争议调解公正处理的,应当回避。

第十三条 价格争议调解处理部门调解价格争议,应当符合法律、法规、规章及价格政策规定,充分尊重双方当事人的真实意愿。调解过程中应听取双方当事人的陈述,调查、核实相关情况,主动向双方当事人阐明价格法律、法规、规章和政策。

第十四条 参加调解的争议双方当事人对自己的主张负有举证责任,并对举证事实负责。

价格争议标的物涉及技术质量方面的问题,当事人可以根据需要委托有资质的机构对标的物进行技术分析和鉴定,并将其作为证据提交价格争议调解处理部门。

第十五条 价格争议调解处理过程中,价格争议调解处理部门发现当事人有价格违法行为的,应当停止调解处理。

第十六条 价格争议调解处理过程中,申请人自愿撤回申请的,应提交撤回价格争议调解处理申请书,价格争议调解处理部门应当作结案处理。口头撤回申请的,应记录在案,由申请人签字或盖章确认,或者由两名以上经办人员签名确认。

第十七条 经调解,双方当事人自愿达成调解协议的,价格争议调解处理部门应当及时制作书面调解协议书。调解协议书由双方当事人共同签字,并经价格争议调解处理部门盖章确认。

调解协议书应交双方当事人各持一份,价格争议调解处理部门留存一份。双方当事人应当自觉履行调解协议书的内容。

第十八条 有下列情形之一的,视为调解不成:

(一)由于当事人原因,价格争议调解到期未能结案的;

(二)申请人、被申请人不配合调解员调解工作的;

(三)调解过程中因一方提起诉讼、双方同意申请仲裁等原因导致调解工作终止的;

(四)调解过程中出现无法继续调解的其他情形。

第十九条 对双方当事人未能达成一致意愿或调解不成的,价格争议调解处理部门可以作出价格争议处理意见,指导价格争议双方解决争议,并告知当事人其他解决价格争议的途径。双方当事人就调解事项部分达成协议的,其达成协议部分事项按本办法第十七条处理。

第二十条 价格争议调解协议达成后,双方当事人可向所在地基层人民法院申请司法确认。

第二十一条 申请司法确认的,双方当事人应当在价格争议调解协议生效之日起三十日内,向所在地基层人民法院提出申请。

第二十二条 人民法院作出的确认调解协议的裁定具有强制执行效力。一方当事人拒绝履行或者未全部履行的,对方当事人可以向人民法院申请执行。

第二十三条 调解处理价格争议,应当在决定受理之日起二十个工作日内结束;因情况复杂,在规定时间内不能终结的,经价格争议调解处理部门负责人批准,可以适当延长,但最长不超过六十个工作日。

因当事人补充材料等本部门调解工作之外的时间不计入价格争议调解时

限。价格争议调解时限另有约定的，从其约定。

第二十四条　调解结束后，调解员应在一个月内将调解处理的有关资料进行整理、归档。

第二十五条　价格争议调解处理的文书格式，由安徽省物价局制定。

第二十六条　价格争议调解处理部门不得向当事人收取调解费用，所需经费由价格主管部门按照规定向同级财政部门申请。

第二十七条　本办法由安徽省物价局负责解释。

第二十八条　本办法自 2015 年 1 月 1 日起施行。

合肥市人民政府办公厅关于进一步加强行政复议、行政调解与信访工作衔接的意见

（2015 年 11 月 20 日　合政办秘〔2015〕169 号）

各县（市）、区人民政府，市政府各部门、各直属机构：

为充分发挥行政复议化解行政争议的主渠道作用，有效维护人民群众合法权益，根据《行政复议法》、《行政复议法实施条例》、《信访条例》等法律法规和有关规定，经市政府同意，现就进一步加强行政复议、行政调解与信访工作衔接提出如下意见：

一、充分认识衔接工作重要意义

当前，经济结构深刻变动，利益格局深刻调整，思想观念深刻变化，是经济社会发展的重要机遇期，同时也是社会矛盾的多发期。加强行政复议、行政调解与信访工作衔接，是国务院推进法治政府建设提出的明确要求，也是实践证明了的化解社会矛盾的有效举措，有利于引导人民群众通过法定途径合法理性地表达利益诉求，在行政程序中及时化解行政争议，将绝大部分行政纠纷化解在初始阶段、化解在基层、化解在行政系统内部，避免和减少集体上访、重复上访、越级上访，保障经济平稳健康发展和社会和谐稳定，为全面建成小康社会、打造长三角世界级城市群副中心、开创"大湖名城，创新高地"建设新局面提供坚实保障。

二、建立健全衔接工作机制

1. 建立行政复议和信访联席会议制度。各级行政复议工作机构与信访工作机构要建立行政复议与信访联席会议制度，相互通报行政复议和信访工作方面的信息和资料，及时掌握全市行政争议的动向和趋势，研究行政复议与信访工作中适用法律法规有关问题以及矛盾排查中出现的新情况、新问题，分析引发行政争议的原因、协调处理重大行政争议案件，推动行政复议与信访工作进一步配合和衔接。

2. 建立行政复议、信访合力化解行政争议制度。信访工作机构在处理来信来访、复查复核信访事项时，涉及行政争议需要行政复议工作机构配合的，行政复议工作机构应积极协助，并对案件处理提出法律意见和建议。对疑难复杂、问题突出的行政争议，信访工作机构与行政复议工作机构可联合督办，确保问题妥善处理、矛盾有效化解。对群体性、敏感性的行政复议案件，行政复议工作机构应及时通报信访工作机构，信访工作机构积极配合。

3. 建立考核评估机制。各级各部门对本地区、本部门发生的重大行政纠纷，要跟踪衔接工作进展情况，及时妥善化解。同时，将衔接工作开展情况，纳入本地区本部门年度依法行政考核。

三、规范优化衔接工作流程

(一)信访工作机构处理流程。

1. 受理审查。信访工作机构在接收信访材料后，应依据《信访条例》、《行政复议法》及其实施条例等法律法规相关规定进行审查，并充分征询法律顾问意见，对是否属于行政复议受案范围、是否符合受理条件以及应向哪个复议机关提交申请作出判断。情况复杂特殊一时难以作出判断的，应主动与同级行政复议工作机构进行协商，根据协商结果及时予以答复。

2. 分流处理。信访工作机构对属于行政复议受案范围并符合行政复议受理条件的，应在接收信访材料后 15 个工作日内作出不予受理决定，同时告知信访人申请行政复议的权利及行政复议管辖机关等。

3. 后续反馈。行政复议工作机构对经信访审查分流的案件，应自接收行政复议申请之日起 5 个工作日内进行审查决定，并及时将审查处理结果反馈原信访工作机构。

（二）复议工作机构处理流程。

1. 受理审查。行政复议工作机构在接收行政复议申请后，应依据《行政复议法》及其实施条例、《信访条例》等法律法规的相关规定进行审查。对不符合行政复议受案范围、受理条件的行政复议申请，应征求信访工作机构意见，对是否属于信访受理范围作出判断。

2. 分流处理。行政复议工作机构在接收行政复议申请后，对不符合行政复议也不符合诉讼、仲裁等法定渠道受理条件，但属于《信访条例》第十四条第一款规定、可通过信访途径解决的事项，应在 5 个工作日内作出不予受理决定，并告知申请人向相关信访工作机构提出诉求。

3. 后续反馈。信访工作机构按照信访程序受理后，应及时向原办理的行政复议工作机构反馈办理情况。

（三）加强行政调解工作。

各级信访工作机构对信访转办案件，应充分考虑信访事项背后的历史成因，根据法律、法规和政策规定进行调解；对重大疑难的矛盾纠纷，积极参与协同调解，跟踪掌握调解进展动态，协调有关方面支持配合。各级行政复议工作机构对事实清楚、案情简单的争议案件，在立案之前应征求申请人意见先行调解；对较为复杂的案件，应通过召开调解会、听证会、单方沟通等方式查清事实调解；对复议案件中涉及复议申请人和复议第三人之间的民事纠纷，应主动作为，居中调解，统筹解决。

四、工作要求

（一）加强组织领导。各级各部门要充分认识衔接工作的重要意义，充分发挥行政复议、行政调解与信访工作的综合优势，形成协调一致、互动有序的行政争议处理机制。各级行政复议工作机构和信访工作机构要加强配合、主动作为，周密部署、规范操作，明确责任领导和人员分工负责，确保衔接工作落到实处。市信访局、市政府法制办应加强指导监督。

（二）密切日常联系。各级行政复议工作机构、信访工作机构应明确联络员，负责工作衔接的日常联系。对信访人、复议申请人提出的问题，联络员应认真登记并及时解释、答复。联络员之间应加强沟通协调，及时准确地甄别、判定信访复议事项，避免发生当事人来回跑行政机关等现象。

（三）强化法律培训。各级各部门要加大对信访、行政复议、调解工作人员的培训力度，促其熟练掌握《行政复议法》、《信访条例》等法律法规以及行政调解相关政策知识，不断提高对行政争议纠纷的化解能力、对重大行政争议纠纷的管控能力、对突发行政争议纠纷的应急能力，全面提升衔接工作水平。

（四）营造浓厚氛围。行政复议工作机构要加强行政复议法律法规宣传，接受信访转送案件的部门要及时向上访群众宣传行政复议制度，引导信访人通过行政复议解决行政纠纷。要充分利用各类媒体、各种渠道，广泛宣传衔接工作成效，营造全民遵法守法的良好氛围，推动衔接工作顺利开展。

2015年11月20日

合肥市粮食局关于行政复议、行政调解与信访工作衔接的规定

（2017年1月1日　合粮办〔2017〕136号）

局机关各处室：

为充分发挥行政复议化解行政争议的主渠道作用，有效维护人民群众合法权益，根据《行政复议法》、《行政复议法实施条例》、《信访条例》等法律法规和有关规定及市人民政府办公厅《关于进一步加强行政复议、行政调解与信访工作衔接的意见》（合政办秘〔2015〕169号），经局长办公会议研究决定，现就市局行政复议、行政调解与信访工作衔接提出如下规定：

一、建立健全衔接工作机制

1. 加强行政复议和信访工作联系协作。市局办公室与政策法规处要建立行政复议与信访协作工作机制，相互通报行政复议和信访工作方面的信息和资料，及时掌握行政争议的动向和趋势，研究行政复议与信访工作中适用法律法规有关问题以及矛盾排查中出现的新情况、新问题，分析引发行政争议的原因、协调处理重大行政争议案件，推动行政复议与信访工作进一步配合和衔接。

2. 建立行政复议、信访合力化解行政争议机制。市局办公室在处理来信来访、复查复核信访事项时，涉及行政争议需要政策法规处配合的，政策法规处应积极协

助,并对案件处理提出法律意见和建议。对疑难复杂、问题突出并涉及法律法规的行政争议,办公室与政策法规处可联合督办,确保问题妥善处理、矛盾有效化解。

3. 建立考核评估机制。对本系统发生的重大行政纠纷,要跟踪衔接工作进展情况,及时妥善化解。同时,要认真做好相关资料收集整理和案卷制作归档,将衔接工作开展情况,纳入本部门年度依法行政考核。

二、规范优化衔接工作流程

(一)办公室处理流程。

1. 受理审查。办公室在接收信访材料后,应依据《信访条例》、《行政复议法》及其实施条例等法律法规相关规定进行审查,并充分征询法律顾问意见,对是否属于行政复议受案范围、是否符合受理条件以及应向哪个复议机关提交申请作出判断。情况复杂特殊一时难以作出判断的,应主动与政策法规处进行协商,根据协商结果及时予以答复。

2. 分流处理。办公室对属于行政复议受案范围并符合行政复议受理条件的,应在接收信访材料后 15 个工作日内作出不予受理决定,同时告知信访人申请行政复议的权利及行政复议管辖机关等。

3. 后续反馈。政策法规处对经信访审查分流的案件,应自接收行政复议申请之日起 5 个工作日内进行审查决定,并及时将审查处理结果反馈办公室。

(二)政策法规处处理流程。

1. 受理审查。政策法规处在接收行政复议申请后,应依据《行政复议法》及其实施条例、《信访条例》等法律法规的相关规定进行审查。对不符合行政复议受案范围、受理条件的行政复议申请,应征求办公室意见,对是否属于信访受理范围作出判断。

2. 分流处理。政策法规处在接收行政复议申请后,对不符合行政复议也不符合诉讼、仲裁等法定渠道受理条件,但属于《信访条例》第十四条第一款规定、可通过信访途径解决的事项,应在 2 个工作日内作出不予受理决定,并转交办公室通过信访途径处理。

3. 后续反馈。办公室按照信访程序受理后,应及时向政策法规处反馈办理情况。

(三)加强行政调解工作。

办公室对信访转办案件,应充分考虑信访事项背后的历史成因,根据法律、法规和政策规定进行调解；对重大疑难的矛盾纠纷，积极参与协同调解，跟踪掌握调解进展动态，协调有关方面支持配合。政策法规处对事实清楚、案情简单的争议案件，在立案之前应征求申请人意见先行调解；对较为复杂的案件，应通过召开调解会、听证会、单方沟通等方式查清事实调解；对复议案件中涉及复议申请人和复议第三人之间的民事纠纷，应主动作为，居中调解，统筹解决。

三、工作要求

（一）密切日常联系。局办公室是行政复议、行政调解与信访工作衔接的牵头部门，政策法规处是配合部门，均要明确专人负责衔接工作，对信访人、复议申请人提出的问题，认真登记并及时解释、答复。加强沟通协调，及时准确地甄别、判定信访复议事项，避免发生当事人来回跑行政机关等现象。

要加强与市信访局、市政府法制办联系沟通，及时取得业务指导，确保衔接工作落到实处。

（二）强化法律培训。要积极组织专人参加信访、行政复议、调解的相关培训工作，促其熟练掌握《行政复议法》、《信访条例》等法律法规以及行政调解相关政策知识，不断提高对行政争议纠纷的化解能力、对重大行政争议纠纷的管控能力、对突发行政争议纠纷的应急能力，全面提升衔接工作水平。

合肥市水务局关于印发《行政复议、行政调解与信访联动工作制度》的通知

（2016年6月1日　合水资〔2016〕138号）

各县（市）水务局，区农林水务局，各直属单位，机关各处室：

为依法防范化解水利系统行政争议，保障社会和谐稳定，结合我市水务工作实际，特制定本工作制度。现印发给你们，请遵照执行。

合肥市水务局

2016年6月1日

行政复议、行政调解与信访联动工作制度

第一条 为依法防范、化解水利系统行政争议，保障社会和谐稳定，结合我市水务工作实际，制定本制度。

第二条 本制度适用于全市各级水行政主管部门处理辖区内的行政争议事件。

第三条 行政复议、行政调解与信访联动工作应坚持以下原则：

（一）合法性原则。要依据法律、法规、规章和国家有关政策，进行合法性审查，对符合法规和政策的诉求，要切实维护；对不符合的，不予支持，并说明理由。

（二）公正合理原则。在行政复议、行政调解与信访联动工作中，要平等对待当事人，不偏袒、不歧视，提出的处理意见要公平合理，不得侵犯国家利益、社会公共利益和他人利益。

（三）先行调解原则。要注重选择调解解决方式，组织争议双方在合法和自愿的基础上充分协商，在兼顾各方合法权益的同时，说服争议双方互谅互让，相互理解，促成和解。

第四条 涉及下列行政争议事项，当事人在行政复议法定期限内提出复议的，水行政主管部门信访机构可以转送本部门法制机构，并按照行政复议程序办理：

（一）对水行政主管部门作出的警告、罚款、没收违法所得、没收非法财物、吊销许可证等行政处罚决定不服的；

（二）对水行政主管部门作出的行政许可（证书）变更、中止、撤销、注销等决定不服的；

（三）认为符合法定条件，申请水行政主管部门颁发许可证或者审批、登记有关事项，水行政主管部门没有依法办理的；

（四）认为水行政主管部门有其他行政行为侵犯其合法权益的。

已经过人民法院作出行政判决、裁定，或者行政复议审查和上级行政机关信访复核等行政争议事项，法制机构不再作为行政复议事项办理。

第五条 符合行政复议受理范围，且在行政复议申请期限内提出的行政争议事项信访件转送程序如下：

水行政主管部门信访机构收到涉及本部门的行政复议受理范围的行政争议事项信访件,应当在7个工作日内转送本部门法制机构,并告知信访人。法制机构收到转送函和信访材料后,对属于本部门的行政争议事项,应当在5个工作日内通知信访人办理行政复议受理手续;对不属于本部门受理的行政复议事项,参照行政复议法第十七条第一款、第十八条的相关规定,转送有管辖权的行政复议机关法制机构,并告知信访人。

第六条 水行政主管部门法制机构办理信访机构转送行政复议、行政调解案件应当遵循合法、公正、公开、及时、便民的原则,坚持有错必纠,严格按照行政复议程序办事,注重调解、和解,做到“定纷止争、案结事了”。办理情况和结果应当按照原转送途径反馈信访机构。

第七条 符合涉及水行政主管部门行政复议受理范围的,但超过行政复议申请期限的行政争议事项信访件转送程序如下:

当事人因涉及水行政主管部门行政争议提出的信访诉求,属于行政复议受理范围但超过行政复议申请期限的,水行政主管部门信访机构收到后,在7个工作日内转送本部门法制机构,并告知信访人。法制机构收到转送函和信访材料后,应当在5个工作日内告知信访人,已超过行政复议期限,但可按照行政层级监督的原则进行处理。

第八条 水行政主管部门法制机构按照行政层级监督的原则,办理信访机构转送的涉及我市水行政主管部门的行政争议事项,应当先跟与行政争议事项相关的下一级水行政主管部门或本部门执法机构进行沟通。

与行政争议事项相关的下一级水行政主管部门或本部门执法机构应当按照法规政策进行认真复核,自身有过错或者不当的,应当在10日内自行纠正;自身没有过错或者不当的,应当在15日内向承办该争议事项的法制机构说明情况和理由。

第九条 承办行政争议事项的法制机构认为下一级水行政主管部门或本部门执法机构说明的理由成立的,应当协助下一级水行政主管部门或本部门执法机构共同做好信访人的解释、说服、教育工作。

承办行政争议事项的法制机构认为理由不成立或者争议仍然较大的,应当进一步调查、核实案情,并可通过组织召开听证会等方式充分听取争议双方意见,在合法和自愿的基础上组织双方进行调解。调解不成的,法制机构应当根据事实,依照法规、政策提出处理意见,经局依法行政领导小组批准后(重大、复杂、群体性行政争议事项处理意见应经依法行政领导小组集体讨论决定),以书面形式通知相关的下一级水行政主管部门或本部门执法机构。处理意见要综合考虑多方面的因素,做到既公平、公正,又合情合理。

下一级水行政主管部门或本部门执法机构接书面通知后,应在20日内将依据处理意见进行处理的结果,书面反馈法制机构。

第十条 水行政主管部门法制机构按照行政层级监督的原则,办理信访机构转送的涉及我市水行政主管部门的行政争议事项应当在60日内办结;案情重大复杂的,经局依法行政领导小组同意,可延长30日。办理情况和结果应按照原渠道反馈信访机构。

第十一条 水行政主管部门要把信访与行政复议联动化解行政争议工作列入依法行政工作的年度考核内容,加大考评力度,对工作成绩突出的单位和个人予以表彰。

第十二条 法制机构对信访机构转送的行政复议受理范围的行政争议事项,无正当理由不处理、办理或者故意拖延的,应当予以通报批评,并取消其相关评先资格。

第十三条 与行政争议事项相关的下一级水行政主管部门或本部门执法机构,拒绝、消极复核行政争议事项,不予协助配合或者阻挠法制机构复核、调解的,由信访机构和法制机构报本级依法行政领导小组进行处理;对信访人打击报复,情节严重的,依法追究相关责任人员的法律责任。

蚌埠市人民政府关于加强行政调解工作的意见

(2015年6月1日　蚌政秘〔2015〕56号)

各县、区人民政府,市政府各部门、各直属单位:

为深入贯彻落实党的十八大和十八届三中、四中全会精神,充分发挥行政调解在化解行政争议、民事纠纷等方面的积极作用,提升行政调解预防化解矛盾纠纷的能力和水平，促进社会和谐，切实保护公民、法人和其他组织的合法权益，现提出以下意见：

一、指导思想

以党的十八大和十八届三中、四中全会精神为指导，坚持问题导向、源头治理、预防为主，善于运用法治思维和法治方式破解难题、化解矛盾，主动排查、化解行政争议，加强与人民调解、司法调解衔接互动，联动联调，形成合力，实现矛盾纠纷发现得早、控制得了、解决得好，最大限度减少不和谐因素，促进社会和谐稳定。

二、行政调解工作范围、原则和程序

（一）工作范围。

行政调解工作的范围主要包括：行政机关（包括法律法规授权的具有管理公共事务职能的组织）与公民、法人或者其他组织之间产生的行政争议；依法应当由行政机关裁决、调处的民事纠纷；公民、法人或者其他组织之间产生的与行政管理有直接或间接关联的其他纠纷。

（二）工作原则。

1. 谁主管、谁负责原则。各县、区政府（管委会）和市政府各部门要按照“属地管理”和“谁主管、谁负责”的原则，对发生在本地、本部门的行政争议及关联争议，通过说服、疏导等方法，促使争议各方自愿平等协商，化解矛盾争议。

2. 自愿原则。行政调解应充分尊重当事人意愿，不得强迫当事人接受调解方式或调解结果。

3. 合法原则。行政调解要善于运用法治思维和法治方式化解矛盾，严格依照法律法规和相关政策进行调解，注重法、理、情的有机统一，增强调解的权威性和公信力。

4. 平等原则。行政调解机关应当充分尊重行政调解当事人的诉求，公平、公正地调处争议。行政机关作为当事人一方时，与管理相对人在调解过程中地位平等。

5. 主动原则。行政机关应增强行政调解意识，主动排查、化解行政争议，发现当事人之间的纠纷符合行政调解的，应当及时主动告知当事人可以申请行政调解。

(三)行政调解程序。

1. 行政调解的启动。行政调解机关依申请或者依职权启动行政调解。当事人申请行政调解,可以书面提出申请,也可以口头提出申请;口头申请由行政调解机关制作笔录后经当事人签字确认。凡符合调解条件的,行政调解机关应当在收到申请之日起5个工作日内发出受理通知,明确调解时间、地点和调解主持人;不符合调解条件的,应当告知申请人,并说明理由。

当事人在行政复议或者信访中提出行政调解申请的,由行政复议机关或者信访事项办理机关在行政复议案件审理或者信访事项办理中进行调解,不另行启动行政调解程序;同一行政机关对同一当事人提出的同一事项已经作出行政复议或者信访处理决定的,不再受理行政调解申请。

2. 行政调解的实施。行政调解申请受理后,原则上在20个工作日内结案,听证、鉴定和专家评审所需时间不计算在内。行政调解机关要采取解释、说明和劝导等方式,促使各方当事人自愿达成调解协议;不能达成调解协议的,应当告知当事人通过其他法定途径解决争议纠纷。

3. 行政调解书的制作。行政调解达成协议的,行政调解机关应当制作行政调解书,由当事人、调解主持人签名并加盖行政调解机关印章,自当事人签字之日起生效。有关民事纠纷经行政调解达成协议的,可申请有管辖权的人民法院或者仲裁机构确认其效力。

对事实清楚,各方当事人无较大分歧或者所涉赔(补)偿数额在1万元以下的争议纠纷,其行政调解的申请、受理和办理可适用简易程序,具体办法另行制订。

三、建立健全行政调解工作体系

(一)成立市行政调解协调指导委员会。成立由市政府负责同志任主任,市直有关部门负责同志为成员的市行政调解协调指导委员会,负责研究全市行政调解工作中的重大问题,研究制定全市各级行政机关开展行政调解工作的规则和相关制度。

(二)设立市行政调解指导中心。市行政调解协调指导委员会下设市行政调解指导中心,日常工作由市法制办负责。指导中心负责汇总分析各县、区政府(管委会)和市政府各部门行政调解工作情况,并向市"三调联动"体系项目建设工作领导小组报告;组织法律专家开展法律咨询论证,为疑难复杂争议提供处理意见；负责市“三调联动”体系项目建设工作领导小组交办的有关事项。

根据全市行政调解工作需要，适时整合行政调解资源，集中市本级行政调解工作。

（三）市直部门设立行政调解工作室。市直各部门建立健全行政调解组织，设立行政调解工作室（接待室和调解室），配备专（兼）职调解人员，充分运用调解的办法处理行政纠纷和与行政管理相关的民事纠纷。确定相关人员负责行政调解工作，并根据本部门调解工作需要，建立行业性行政调解专家库。积极推进“警民联调”工作，加强对仲裁、行政复议等行政争议的调解工作。

（四）各县区政府建立行政调解工作组织体系。各县、区政府（管委会）要建立主要领导负总责、分管领导抓落实、法制部门牵头实施的行政调解工作领导机构，县区政府部门要设立行政调解工作室，依托乡镇（街道）综治工作中心平台充实调解工作人员，建立健全本区域行政调解工作机制和网络体系。

四、提高行政调解工作水平

（一）加强业务能力建设。各级行政调解组织要明确行政调解工作职责、调解范围、调解程序及工作流程，建立健全纠纷当事人权利义务告知制度，统一制作调解协议和调解书，做到制度公开上墙，便于群众监督。严格落实首问（首办）负责制，强化内部工作人员考勤、工作纪律、绩效考核等相关制度，建立健全矛盾纠纷统一登记、受理、卷宗归档等规范化管理模式。加强专（兼）职调解人员的业务培训，强化纪律作风教育，培养法治观念，提高运用法治思维和法治方式化解矛盾纠纷的能力和水平。

（二）完善协调配合机制。各级政府部门在调解行政争议时，对依法属于本部门调解范围的争议，根据法律、法规和政策规定，由行政机关自行调处、委托人民调解组织调处或由行政机关会同人民调解组织联合调处，调解达成协议的应制作调解协议书；调解不成或对行政裁决不服的，应引导当事人申请仲裁、行政复议或向人民法院提起诉讼。申请行政复议的案件应贯彻调解优先的原则，可邀请人民调解组织、司法调解组织参与调解，行政机关应积极配合并做好相关工作。

（三）发挥法制部门行政调解牵头作用。政府法制部门要结合工作职责，加强对下级政府和本级政府部门行政调解工作的指导，加强同人民调解、司法调解组织的衔接配合，加大对行政调解工作的监督检查力度。对跨地区、跨部门的行政争议,要协调相关部门确定牵头单位,共同解决。

五、工作要求

(一)提高思想认识,加强组织领导。各级行政机关要充分认识行政调解在社会管理创新中的重要意义,切实从贯彻落实党的十八大、十八届三中、四中全会精神,站在深化平安蚌埠建设的战略高度,推进行政调解和"三调联动"体系建设。要细化措施,制定切合实际、操作性强的实施方案,加大人财物的保障力度,明确相应工作机构承担行政调解工作。

(二)创新争议调处机制,坚持行政调解优先。建立健全行政调解具体工作程序,做到有章可循、有规可依。优先运用行政调解解决民事、商事纠纷,对依法应当由部门裁决、调处的民事纠纷、法定裁决,调处部门要优先实施调解。

(三)严格考核奖惩。"三调联动"体系项目建设是今年全市社会治安综合治理重点工作,行政调解工作已纳入市综治目标管理,对工作突出、成效显著的,将给予表彰奖励;对工作推进不力、效果不佳的县区和单位,将予以通报批评。

附件:蚌埠市行政调解协调指导委员会成员名单(略)

2015 年 6 月 1 日

滁州市人民政府关于加强行政调解工作的意见

(2014 年 12 月 26 日　滁政秘〔2014〕182 号)

各县、市、区人民政府,市政府各部门、各直属机构:

为贯彻落实《中共中央关于全面推进依法治国若干重大问题的决定》、《国务院关于加强法治政府建设的意见》等有关规定,切实加强我市行政调解工作,充分发挥行政调解在预防和化解社会矛盾纠纷中的重要作用,结合实际,提出如下意见。

一、充分认识加强行政调解工作的重要性

行政调解是行政机关依照法定职权,以平等自愿为基础,以法律、法规、规章、政策和事实为依据,通过说服、劝导、协商等方法,解决行政争议和有关民事纠纷的重要机制。当前我市正处于追赶跨越的关键时期,经济社会快速转型,利益冲突加剧,社会矛盾凸显,局面复杂多变。加强行政调解工作,是保障行政机关履行法定职责、拓宽矛盾纠纷解决渠道的重要途径,是全面推进依法行政、维护行政管理相对人合法权益的重要内容,是创新社会管理、促进社会和谐稳定的重要保障。各级人民政府和政府各部门要充分认识加强行政调解工作的重要性和紧迫性,切实增强责任感和使命感,采取有力措施,建立健全行政调解工作体制,完善行政调解工作制度,全面履行行政调解工作职责,充分发挥行政调解在化解社会矛盾纠纷中的积极作用。

二、行政调解的基本原则

(一)自愿原则。行政调解机关应当尊重当事人意愿,在自愿平等的基础上进行调解,不得强迫当事人接受调解。

(二)合法原则。行政调解机关应当根据法律、法规、规章和政策,依据事实进行调解,不得损害国家利益、公共利益和其他组织、公民的合法权益。

(三)公平公正原则。行政调解机关在调解时应当坚持公平公正的立场,不得偏袒、歧视,既兼顾各方当事人的合法权益,平等协商处理利益纠纷,又说服各方当事人互谅互让,握手言和。

(四)便民高效原则。行政调解机关应当及时、迅速地履行行政调解职责,最大程度地方便当事人,调解不成的,应当引导当事人通过复议、诉讼、仲裁等法定途径解决。

(五)分工合作原则。在明确职责的基础上加强部门之间的合作,并做好行政调解与司法调解、人民调解、仲裁调解的衔接,形成化解矛盾纠纷的工作合力。

三、行政调解的主要范围

(一)行政机关可以对下列行政争议进行调解:

1.公民、法人或者其他组织对行政机关行使法律、法规、规章规定的自由裁量权作出的具体行政行为不服申请行政复议的;

2.公民、法人或者其他组织就行政赔偿或者行政补偿纠纷申请行政复议的;

3.其他依法可以进行调解的行政争议。

(二)行政机关可以对下列属于其法定职权范围内的特定民事纠纷进行调解:

1.依法可以调解的治安案件、交通事故损害赔偿纠纷;

2.土地、山林、矿产、滩涂、水域等自然资源经营、承包、流转过程中发生的民

事纠纷;

3. 征收、征用土地房屋过程中发生的安置补偿纠纷;

4. 劳动、人事管理方面发生的民事纠纷;

5. 环境保护、安全生产保护管理方面发生的民事纠纷;

6. 消费争议、产品质量纠纷;

7. 医疗事故赔偿纠纷;

8. 住房建设管理方面发生的民事纠纷;

9. 文化、体育、教育、科技管理方面发生的民事纠纷;

10. 其他依法可以进行调解的民事纠纷。

四、加快推进行政调解工作体制建设

市、县(市、区)人民政府要加快建立"政府负总责、政府法制机构牵头、各职能部门为主体"的行政调解工作体制,确保行政调解职责全面落实。

(一)坚持政府负总责。市、县(市、区)人民政府要成立行政调解工作领导小组,定期听取行政调解工作情况汇报,研究和协调解决行政调解工作中遇到的重大问题。领导小组下设办公室,办公室设在政府法制机构,负责工作计划、组织实施、监督考核、信息通报等工作。乡镇人民政府、街道办事处要建立行政调解专兼职人员队伍,履行有关法律、法规和规章规定的行政调解职责,协同有关部门做好本辖区内的行政调解工作。行政调解工作的宣传、培训、指导等工作经费要纳入各级财政预算。

(二)坚持政府法制机构牵头。政府法制机构要明确工作部门,承担好行政调解工作领导小组办公室的日常工作。其主要职责是:研究制定和完善行政调解的相关工作制度;汇总分析下级人民政府和本级政府各部门的行政调解工作情况,并向本级人民政府报告;推动与司法调解、人民调解、仲裁调解等矛盾纠纷化解机制的衔接配合;组织做好行政调解工作宣传和对行政调解人员的培训;加强对下级人民政府和本级政府各部门行政调解工作的指导协调、督查考核;组织调处法律关系复杂、重大疑难的争议纠纷。

(三)坚持政府职能部门为主体。政府各部门的主要领导是本部门行政调解工作的第一责任人,对本部门行政调解工作负总责。各部门要确定分管领导和工作机构具体承担行政调解工作,配备相应的行政调解专兼职人员。各部门要根据部门、行业特点建立健全行政调解相关工作制度,确保行政调解工作规范有序进行。

五、建立相应的行政调解工作机制

(一)建立行政调解工作协作配合机制。政府各部门既要各司其职、各负其责,又要加强协作、相互配合。对涉及多个部门职责的争议纠纷,由最初受理的部门或者涉及主要管理工作的部门牵头,相关部门参与协调解决;难以确定牵头部门的,由政府法制机构指定。对法律关系复杂、重大疑难的争议纠纷,受理部门应当主动告知本级政府法制机构,政府法制机构应当加强指导,必要时可以牵头组织协调。

(二)建立行政调解工作情况报告统计分析机制。政府各部门应当定期统计分析本部门的行政调解工作情况,并向本级政府法制机构和上级主管部门报告;对涉及人数较多、社会影响大或者可能影响社会稳定等重大复杂的争议纠纷,要及时摸清情况,提出对策建议,向党委、政府和上级主管部门报告,并通报本级政府法制机构;政府法制机构要定期统计分析本行政区域内的行政调解工作情况,并向本级人民政府报告。

(三)建立行政调解与司法调解、人民调解、仲裁调解的衔接机制。通过开展信息通报、联动调解等方式,建立行政调解与司法调解、人民调解、仲裁调解的衔接机制,形成科学有效的利益协调机制、诉求表达机制、矛盾调处机制、权益保障机制、信息沟通机制,合力化解矛盾纠纷。

(四)建立行政调解工作宣传、培训长效机制。要加强对行政调解工作的宣传,通过报刊、电视、广播等新闻媒体,开展形式多样的宣传活动,积极引导广大群众了解行政调解制度,并选择行政调解方式解决矛盾纠纷。要加强对行政调解人员的培训,不断提高行政调解人员的政治素质和业务能力,切实提升行政调解工作水平。

(五)建立行政调解工作考核奖惩机制。要把行政调解的组织建设、制度建设、工作规范、工作成效等纳入依法行政考核的范围,确保行政调解工作落实到位。要对行政调解工作定期或者不定期地开展监督检查,对工作成绩突出的单位和个人进行表彰奖励;对组织领导不力、工作不落实、责任不到位的单位进行通报批评和限期整改;对因工作敷衍塞责、无故推诿和拖延而导致严重影响社会稳定重大事件的,实行责任倒查,追究领导和相关人员的责任。

附件:1. 滁州市行政调解工作流程

2. 滁州市行政调解工作领导小组

2014 年 12 月 26 日

附件 1：

滁州市行政调解工作流程

行政调解按照申请、调解、履行、回访、结案、归档五个步骤进行。

一、申请

（一）当事人申请。

1. 申请。行政机关处理矛盾纠纷时应当主动告知当事人有申请行政调解的权利。当事人申请行政调解，可以书面申请，也可以口头申请。

2. 受理。行政机关收到当事人申请后，应当在五个工作日进行审查，符合下列条件的，应当予以受理，并及时告知申请人；不符合受理条件的，不予受理，并向当事人说明理由。

（1）调解对象是与本案有直接利害关系的当事人；

（2）该矛盾纠纷与该机关行政职权有关；

（3）该矛盾纠纷具有可调解性。

对两个以上行政机关都收到行政调解申请的，由有管辖权的行政机关办理；对两个以上行政机关都有管辖权的，由先收到行政调解申请的行政机关办理。行政机关对管辖权产生争议的，由同级政府授权法制工作机构指定管辖。

政府法制工作机构收到当事人有关争议纠纷诉求时，初步核实基本情况后，应当告知申请人向具有行政管理职权的相关部门或单位提出，或转交具有行政管理职权的相关部门或单位予以处理。

（二）行政机关启动调解。

行政调解可以由行政机关根据案件情况，在征得各方当事人同意的基础上启动。

二、调解

（一）行政调解事项告知。

行政机关受理行政调解后，应当及时告知当事人调解起止时间、依法享有的权利、应当遵循的程序、注意的事项等，使当事人明确行政调解的有关要求，帮助当事人正确行使自己的权利。

行政调解应当自受理之日起20个工作日内终结，重大复杂的矛盾纠纷经调解机构负责人批准后，可以延长10个工作日。

（二）调查。

行政机关要根据双方的争议事项进行必要的调查，采用调查证人、现场勘验、询问当事人等方法了解争议的事实及矛盾纠纷的焦点，有的放矢地开展调解工作。

（三）实施调解。

1. 调解方法。

要根据当事人的诉辩主张，积极宣讲有关法律法规，分析利害关系，平衡当事人之间的利益冲突。注意调解的方式和方法，坚持法、理、情并用，多做思想疏导工作，使双方互谅互让，促使当事人自行和解。

2. 调解参加人员。

（1）行政调解人。一般争议案件由行政机关从事行政调解的专、兼职人员进行行政调解；对重大复杂的争议案件，由行政机关的主要负责人进行行政调解。

（2）当事人。行政调解事项的当事人应参加调解，当事人也可以委托代理人参加调解。

（3）第三人。争议涉及第三人的，应当通知第三人参加。

（4）其他受邀人员。行政机关调解纠纷，根据需要可以邀请当事人所在基层调解组织、有关单位、专业人士等参加。

3. 调解程序。

（1）行政调解开始时，调解工作人员应当宣布行政调解纪律，核实当事人身份，宣布当事人应享有的权利和承担的义务，宣布行政调解人、记录人的身份，询问当事人是否要求回避等。

（2）行政调解过程中，当事人应当提出证明事实的证据，并对所提交的证据的真实性负责。

（3）调解工作人员依据各方当事人提供的证据以及本行政机关在行政调解过程中收集的证据认定案件事实，找准纠纷的焦点和各方利益的连结点，引导当事人达成解决纠纷的行政调解协议。行政调解结果涉及第三人利益的，应当征得第三人同意。

(4)在调解过程中,行政机关应当制作调解笔录,全面、客观记载调解的过程、内容。调解笔录应当由参与调解的人员签名。

(四)调解终结。

1. 达成行政调解协议。行政调解达成协议的,制作《行政调解协议书》。

(1)调解协议应当包括以下内容:当事人的姓名或者单位名称,法定代表人姓名、职务;争议的案由及主要情况;当事人协议的内容和调解结果;履行协议的方式、地点、期限;当事人签名、调解工作人员签名,加盖调解机构印章。调解协议不得对各方当事人增设超越法律、法规规定的权利和义务。

(2)调解协议的效力:行政调解协议书自各方当事人签字之日起生效,对调解当事人具有约束力。双方当事人认为有必要的,可以对行政调解协议书依法向有管辖权的人民法院申请司法确认。

2. 未达成行政调解协议。调解未达成协议或者调解协议生效之前一方反悔的,或者行政调解结果涉及第三人的利益而第三人不同意调解协议的,行政机关应当终止行政调解,制作《行政调解终止通知书》,根据案件性质,告知当事人依法申请行政复议、行政赔偿、行政裁决、仲裁或者提起行政诉讼、民事诉讼等权利。

三、履行

达成行政调解协议后,当事人应当自觉履行。行政机关要督促各方当事人积极履行。一方当事人不履行协议的,另一方当事人可以寻求相关法律途径救济。

四、回访

行政机关对达成调解协议的争议,应当及时组织对各方履行调解协议结果进行回访,巩固调解成果,注意发现问题,督促调解协议的实现。

五、结案归档

行政调解案件形成的档案材料应按年度归档,案件按年、月、日编号,案件终结时由办案人员按调解工作程序和材料形成的时间顺序进行卷内系统整理,做到一案一卷。

附件2：

滁州市行政调解工作领导小组

为充分发挥行政调解在化解行政争议、民事纠纷等方面的积极作用，促进社会和谐，切实保护公民、法人和其他组织的合法权益。经研究，决定成立滁州市行政调解工作领导小组。组成人员名单如下：

组　长：×　×　市政府副市长

副组长：×××　市政府副秘书长、法制办主任

成　员：（略）

领导小组负责组织领导全市行政调解工作；督促各县（市）区人民政府成立行政调解工作领导小组；定期听取行政调解工作情况汇报，研究和协调解决行政调解工作中遇到的重大问题。

领导小组办公室设在市政府法制办，章勤惠兼任办公室主任，负责落实领导小组的工作部署，起草工作计划，并按要求组织实施、监督考核、信息通报，以及处理日常事务等。

·福建省·

福建省物价局、省司法厅关于建立价格争议行政调解与人民调解衔接配合工作机制的意见

（2012年8月20日 闽价认〔2012〕348号）

各设区市物价局、司法局，平潭综合实验区经济发展局、司法局：

为推进大调解体系建设，加强行政调解与人民调解的衔接配合，充分发挥价格争议行政调解和人民调解在预防、化解价格争议纠纷中的作用，根据《福建省价格争议调解处理暂行办法》（闽政办〔2010〕288号）和《关于加强行业性、专业性人民调解委员会建设的意见》（司发通〔2011〕93号），现就建立价格争议行政调解与人民调解衔接配合工作机制提出以下工作意见。

一、提高认识，统一思想

人民调解是一项具有中国特色的化解矛盾、消除纷争的非诉讼纠纷解决方式，被国际社会誉为“东方经验”。人民调解组织遍布城乡、网络健全，人民调解员扎根基层、来自群众，人民调解工作具有平等协商、互谅互让、成本低、效率高的特点，人民调解在社会矛盾纠纷调解体系中，发挥着基础性作用，成为维护社会稳定的第一道防线。

价格争议行政调解的显著特点在于行政机关调处矛盾纠纷符合我国传统习惯和民众心理，调解主体具有较强的专业性。由价格主管部门进行专业性的调解，尤其是与价格有关的专业性较强的特殊纠纷更适合于价格争议行政调解。

各级价格主管部门和司法行政部门要从构建社会主义和谐社会、创新社会管理、推进社会矛盾化解的高度，深刻认识价格争议行政调解与人民调解衔接配合的重要意义，加强组织领导和协调配合，结合本地实际，扎实稳妥地推进此项工作，化解价格争议纠纷，维护社会和谐稳定。

二、灵活协作，科学对接

各级价格主管部门设立的价格认证机构和司法行政部门指导的人民调解组织应因地制宜，结合实际，选取各种适当的合作方式，密切协作，科学对接，共同做好此项工作。

（一）联合调解

各级价格认证机构在调解涉及重大、复杂、疑难的价格争议纠纷，在征得双方当事人同意后，可以与所在地县（市、区）人民调解中心或纠纷发生所在地乡镇（街道）人民调解委员会组成联合调解小组，共同对价格争议纠纷进行调解。

各类人民调解组织在调解涉及重大、复杂、疑难的价格争议纠纷，在征得双方当事人同意后，可以与所在地县（市、区）价格认证机构组成联合调解小组，共同对价格争议纠纷进行调解。

（二）协助调解

各级价格认证机构在调解价格争议纠纷过程中，可以邀请所在地县（市、区）人民调解中心或纠纷发生所在地乡镇（街道）人民调解委员会的人民调解员协助调解。人民调解组织在调解价格争议纠纷中，可以邀请价格认证机构的工作人员协助调查和调解。价格认证机构和人民调解组织要相互支持，协同配合。

（三）移交调解

1. 价格认证机构移交人民调解组织调解。各级价格认证机构办理的价格明确并涉及其他纠纷、更适宜使用人民调解方式的价格争议纠纷，在征得双方当事人同意后，可以移交所在地县（市、区）人民调解中心或纠纷发生所在地乡镇（街道）人民调解委员会进行调解。

对移交人民调解组织进行调解的案件，应及时移交《移交人民调解函》等相关材料。

人民调解组织在收到移交案件后，应当在规定的时间内办结，如遇特殊情况，可以按规定延长时间。经调解达成协议的，人民调解组织在达成协议之日起3日内出具《移交人民调解反馈函》反馈给价格认证机构。经调解达不成调解协议的，应当终止调解程序，并在3日内出具《移交人民调解反馈函》反馈给价格认证机构。

2. 人民调解组织移交价格认证机构调解。各级人民调解组织在调解涉及难度较大的价格争议纠纷，在征得双方当事人同意后，可以移交价格认证机构进行调解。

对移交价格认证机构进行调解的案件，应及时移交《移交价格争议行政调解函》等相关材料。

价格认证机构在收到移交案件后，应当在规定时间内办结，如遇特殊情况，可以按规定延长时间。经调解达成协议的，价格认证机构在达成协议之日起3日内出具《移交价格争议行政调解反馈函》反馈给人民调解组织。经调解达不成调解协议的，应当终止调解程序，并在3日内出具《移交价格争议行政调解反馈函》反馈给人民调解组织。

三、保障运行，确保实效

（一）加强领导。各级价格主管部门和司法行政部门要切实加强组织领导，强化分工协作，扎实推进价格争议行政调解与人民调解衔接配合工作，确保取得实效。

（二）建立制度。各级价格主管部门和司法行政部门要建立联席会议制度，定期召开联席会议，讨论有关工作，解决工作中存在的问题；建立定期信息通报制度，双方互通衔接配合工作情况，以及相关数据和报表；要建立督导考评制度，定期对价格争议行政调解与人民调解衔接配合工作情况进行通报与考评。

（三）立足实际。各级价格主管部门和司法行政部门要立足本地实际，积极探索价格争议行政调解与人民调解衔接工作机制。

附件：1.《移交人民调解函》（略）

2.《移交价格争议行政调解函》（略）

3.《移交人民调解反馈函》（略）

4.《移交价格争议行政调解反馈函》（略）

福建省物价局

福建省司法厅

2012年8月20日

福州市人民政府办公厅关于进一步加强行政调解工作的意见

（2017 年 1 月 23 日　榕政办〔2017〕21 号）

各县(市)区人民政府,市直各委、办、局(公司),各人民团体,市属各高等院校,自贸区福州片区管委会:

为深入贯彻落实《中共中央关于全面推进依法治国若干重大问题的决定》和《中共中央、国务院关于印发〈法治政府建设实施纲要(2015～2020 年)〉的通知》(中发〔2015〕36 号)精神和省市工作部署,充分发挥行政调解在化解社会矛盾、维护社会和谐稳定中的作用,结合我市实际,现就进一步加强我市行政调解工作提出如下意见:

一、充分认识行政调解工作的重要性

做好行政调解工作是新时期党和政府践行群众路线、维护群众合法权益和社会安定稳定的新方法、新途径,也是依法治市和法治政府建设的工作重点。全市各级各行政机关要充分认识行政调解的重要性,充分利用行政调解工作优势,积极做好矛盾纠纷化解工作,切实维护省会中心城市社会和谐稳定。

二、明确行政调解的适用范围和重点

(一)法律、法规、规章规定可以由行政机关调解的公民、法人和其他组织之间的民事纠纷,重点是:可以进行治安调解的民间纠纷、交通事故损害赔偿纠纷、医疗事故赔偿纠纷、消费者权益保护纠纷、产品质量纠纷、土地承包经营纠纷、专利侵权、环境污染赔偿纠纷、合同纠纷、劳动争议等。

(二)公民、法人或者其他组织与行政机关之间关于行政赔偿、补偿以及行政机关行使法律、法规、规章规定的自由裁量权产生的争议。

三、充分运用行政调解方法解决行政争议和民事纠纷

(一)积极开展行政争议纠纷排查化解工作。坚持"抓早、抓小、抓苗头"原则,通过深入细致的排查,全面准确掌握本地区、本部门、本系统实际存在和可能存在的行政争议纠纷。对排查出的行政争议纠纷,应认真制定调解方案,及时妥善化解,努力把争议纠纷消灭在萌芽状态。

(二)努力把行政争议化解在行政程序中。各级行政机关要切实做到行政调解与依法履职相结合,充分运用调解方法解决行政争议。各级行政复议机关要根据《中华人民共和国行政复议法实施条例》规定的调解原则、范围,在不损害国家利益、公共利益和他人合法权益的前提下,按照调解优先原则解决行政争议。

(三)切实做好民事纠纷的调解工作。对涉及人数较多、社会影响大、可能影响社会稳定的纠纷要主动进行调解。对依法应当由行政机关调处、裁决的民事纠纷,行政机关要在当事人同意的基础上优先采用调解的方法,向当事人耐心宣传有关法律法规,说服和劝导当事人在平等协商、互谅互让的基础上解决纠纷,努力促成各方当事人达成协议。

四、加强行政调解与人民调解、司法调解的衔接联动

(一)积极做好调解协议书的司法确认引导工作。根据《最高人民法院关于进一步做好司法便民利民工作的意见》(法〔2014〕293 号)第 22 条关于"加强对调解协议的司法确认工作,实现诉讼调解与人民调解、行政调解、行业调解的有效对接"的规定,对调解协议书,行政机关告知当事人可以向人民法院申请确认效力。

(二)积极配合开展行政诉讼司法调解工作。各行政机关要积极配合人民法院做好行政案件的司法调解工作。对人民法院在行政诉讼立案阶段提出的协调意见,应当认真对待、积极履行;对人民法院指出的执法问题,应当立即核实、主动改正、消除负面影响;对因行政行为被诉可能引发重大矛盾纠纷的,应当立即将有关情况向主管领导汇报。

(三)建立行政调解与人民调解、司法调解的衔接机制。各级行政机关要积极做好行政调解与人民调解的衔接配合,在交通损害赔偿、医疗卫生、消费者权益保护、物业管理、劳动争议等矛盾多发领域,要建立由有关行政部门主导的专业人民调解组织,或依托第三方专业性调解组织开展调解工作。要主动加强行政调解与司法调解的衔接配合,建立调解情况通报交流制度,充分发挥各自职能,妥善化解各类纠纷。行政机关对于调解不成的重大矛盾纠纷,应当及时告知、引导当事人通过诉讼渠道解决。对于进入诉讼程序的行政争议,在诉前已经做过行政调解工作的,经双方当事人同意,可将行政调解的有关情况告知人民法院。

五、进一步规范行政调解工作程序

（一）加强行政调解受理工作。属于可以由行政机关调解的民事纠纷事项，当事人如未选择其他解决途径，可以申请调解。行政机关应当自当事人申请之日起5个工作日内征求对方当事人意见，并决定是否受理；法律、法规、规章另有规定的从其规定。

行政机关在履行行政管理职责过程中发现属于行政调解范围的民事纠纷，可以在征得双方当事人同意后启动调解。

行政复议或者行政诉讼过程中，作出行政行为的行政机关征得当事人同意后，可以在行政复议机关或者人民法院的指导下进行调解。

（二）行政调解时限一般不超过20个工作日，重大、复杂的争议纠纷可延长10个工作日；法律、法规、规章另有规定的从其规定。需要第三方专业机构作出鉴定、认定或者裁决的，鉴定、认定或者裁决所需时间不计入行政调解时限。

（三）行政机关接受行政调解后，应当及时告知当事人调解起止时间、依法享有的权利和应当遵循的程序。

（四）行政机关主持行政调解，应当充分听取双方当事人的陈述，查明争议纠纷的基本事实和主要责任，依据法律、法规、规章及政策对双方当事人进行说服、劝导，引导当事人达成谅解。

（五）对民事争议纠纷基本事实有异议的，行政机关可以采取听证、现场调查等方式调查取证。

重大复杂或者社会影响较大的民事争议纠纷，可以邀请相关专家参加调解。

（六）争议纠纷涉及第三人的，应当通知第三人参加行政调解。调解结果涉及第三人利益的，应当征得第三人同意，第三人不同意的，终止行政调解。

（七）重大复杂或者社会影响较大的争议纠纷，行政机关应当制作调解笔录，全面、客观地记载调解的过程和内容。调解笔录应当由参与调解的相关人员签名。

（八）调解达成协议的，应当签订调解协议。简单的争议纠纷，也可以在调解笔录中记录协议内容。调解结果可以即时履行的，也可以不签订调解协议，由调解人员作工作记录。

调解达不成协议的，行政机关应当及时终止调解，并告知当事人通过其他法律途径解决。

(九)行政调解人员办理的调解事项与本人或者其近亲属有利害关系的,应当回避。行政复议或者行政诉讼过程中的行政调解,原行政行为的承办人不得担任调解人员。

六、加强组织领导与工作保障

(一)统筹协调。市县两级都要建立行政调解联席会议制度,主要任务是统筹协调行政调解工作,强化行政调解与人民调解、司法调解的对接力度,研究出台重要工作制度。联席会议由各级法制办作为联席会议召集单位,各级司法行政、公安、交通、城管、建设、房管、教育、民政、知识产权、文化广电新闻出版、民族宗教、旅游、国土、环保、农业等涉法事项较多的行政管理部门为成员单位。

(二)考核监督。从2017年起,对各级各有关部门落实行政争议纠纷排查化解机制、落实行政调解人员经费保障和调解工作规范化情况等进行考评,考评结果纳入政府绩效(依法行政指标)评估结果。

(三)经费保障。各级各部门要加大对行政调解工作经费的保障力度,相关工作经费从纳入部门预算管理的单位综合定额公用经费中列支。

(四)宣传引导。各级行政机关要充分用好政府网站、政务微博、政务微信等宣传平台及新闻媒体,加强宣传,引导广大人民群众了解行政调解、支持并选择行政调解解决矛盾纠纷。

福州市人民政府办公厅

2017年1月23日

厦门市人民政府办公厅转发市法制局关于加强行政调解工作实施意见的通知

(2011年12月8日 厦府办〔2011〕262号)

各区人民政府,市直各委、办、局:

市法制局《关于加强行政调解工作的实施意见》已经市政府同意,现转发给你们，请认真贯彻执行。

厦门市人民政府办公厅

二〇一一年十二月八日

关于加强行政调解工作的实施意见

为贯彻《国务院关于加强法治政府建设的意见》（国发〔2010〕33 号）、中央综治委等十六部委《关于印发〈关于深入推进矛盾纠纷大调解工作的指导意见〉的通知》（综治委〔2011〕10 号）等文件精神，充分发挥行政调解在“大调解”工作体系中的重要作用，有效化解社会矛盾，营造和谐稳定的社会环境，结合本市实际，就进一步加强行政调解工作提出以下实施意见：

一、明确行政调解工作的指导思想、原则和范围

行政调解工作的指导思想是贯彻落实科学发展观，以化解社会矛盾、维护社会和谐稳定为目标，完善行政调解工作体制，创新行政调解工作机制，规范行政调解工作程序，把行政调解纳入“大调解”工作平台，充分发挥行政机关在化解行政争议和民事纠纷中的作用。

行政调解工作要坚持自愿、合法、平等、便民高效的原则。行政调解工作要以自愿为基础，充分尊重当事人意愿；要遵循法律、法规、规章和规范性文件规定，不得损害国家利益、公共利益和公民、法人或其他组织的合法权益；要保障各方当事人充分表达自己意愿和诉求的权利，平等协商，公平、公正地处理纠纷；要增强效率意识，综合运用法律、经济、行政等手段，加强教育与疏导，便民、高效地处理社会矛盾。

行政调解的工作范围，一是行政机关、法律法规授权的具有管理公共事务职能的组织，与公民、法人或者其他组织之间产生的依法可以调解的行政争议，重点是土地房屋、环境保护、食品安全、公安管理、卫生管理、司法行政、建设工程、工商行政管理、人力资源和社会保障等领域的行政争议；二是公民、法人或者其他组织之间产生的依法可以由行政机关调解的民事争议，重点是消费者权益保护、物业管理、人身损害赔偿等领域的民事争议。

二、完善行政调解工作机制

政府各职能部门要加强行政调解工作，政府职能部门之间要加强对行政调解工作的配合。各级政府职能部门受理纠纷,实行首问负责制,对属于本部门职能范围、依法可以调解的,应开展调解;对不属于本部门职能范围的,报上级机关确定责任单位进行调解;涉及多个部门的,由上级机关指定工作部门牵头调解。

各级行政机关要完善行政调解与人民调解、司法调解的衔接,主动加强与人民调解组织、司法机关的联系与配合,妥善化解纠纷。人民调解组织对于调解不成的重大纠纷,属于行政调解范围的,应引导当事人向行政机关申请调解;行政调解中,如需人民调解组织配合,可以邀请其参加,共同开展调解工作。行政机关对于调解不成的重大纠纷,属于民事诉讼或行政诉讼范围的,应及时告知当事人通过诉讼渠道解决。对于进入诉讼程序的行政争议,如在诉前已经行政调解,应将行政调解情况告知人民法院。

三、规范行政调解工作程序

各级行政机关应根据本行政区域、本部门的工作特点,健全行政调解工作制度,规范行政调解程序,做到行政调解的启动、调查、调解、调解协议制作等环节有章可循、有规可依。在行政调解过程中,切实保障各方当事人的平等地位,保障当事人的知情权、参与权和救济权。

各级行政机关在调解工作中对依法由行政机关调解的民事纠纷,在当事人同意的基础上,应对当事人进行说服、劝导,引导其平等协商、互谅互让,协商解决争议。各方当事人通过调解达成一致意见的,应当签署书面协议或在调解笔录上签字,法律规定应制作行政调解文书的,行政机关应及时制作并送达当事人;如不能达成一致意见,行政机关应当在法定期限内依法作出相关行政决定,并告知当事人救济途径。

四、加强队伍建设和组织领导,把行政调解工作要求落到实处

当前,我国已进入改革发展的关键时期和社会转型期。这一时期,既是经济社会发展的重要战略机遇期,也是各种社会矛盾的集中凸显期。在经济体制深刻变革、社会结构深刻变动、利益格局深刻调整、思想观念深刻变化的大背景下,各种深层次矛盾和问题呈多发、多样的态势,对维护社会的和谐与稳定提出了新的更高的要求。各级行政机关要从维护改革发展稳定大局的高度出发,切实增强做好行政调解工作的责任感和紧迫感,充分发挥行政调解工作优势,从源头上预防和减少社会矛盾,努力使行政调解工作取得新实效、实现新突破,为建设"平安厦门"发挥重要作用。

各级行政机关应加强行政调解队伍建设,把政治素质硬、业务能力强、善于做群众工作的干部充实到行政调解人员队伍当中,有条件的行政机关,还可以吸收经济、法律、社会管理等领域专业人士参与行政调解,构建政府主导、社会参与的行政调解体系。应根据本机关行政调解工作需要,有针对性地加强对行政调解工作人员的培训,提高行政调解能力。

各级行政机关应转变行政管理方式,强化行政调解意识,明确行政调解工作的主管领导,确定负责行政调解工作的部门,行政调解任务较重的机关或有条件的机关要成立行政调解工作委员会,协调指导行政调解工作。要定期检查行政调解工作。对在行政调解工作中取得突出成绩、做出突出贡献的单位和个人,给予表彰奖励。

厦门市人力资源和社会保障局办公室关于印发《厦门市劳动纠纷行政调解程序规定》的通知

(2018 年 10 月 12 日　厦人社办〔2018〕76 号)

各区人社局,机关各处室、局属各事业单位:

《厦门市劳动纠纷行政调解程序规定》已征求各区人社局意见并经局务会研究通过,现印发给你们,请遵照执行。

厦门市人力资源和社会保障局办公室

2018 年 10 月 12 日

厦门市劳动纠纷行政调解程序规定

第一章 总 则

第一条 为规范和促进劳动纠纷多元化调解工作,积极、及时、便捷、有效化解劳动纠纷,增进劳动关系和谐稳定,根据《福建省多元化解决纠纷条例》、《厦门经济特区多元化纠纷解决机制促进条例》、《劳动人事争议仲裁办案规则》等有关规定,以及中共中央办公厅、国务院办公厅《关于完善矛盾纠纷多元化解机制的意见》(中办发〔2015〕60号)和《厦门市人民政府关于印发厦门市行政调解程序规定的通知》(厦府〔2015〕176号)等文件要求,结合我市工作实际,制定本规定。

第二条 本规定所称劳动纠纷行政调解,是人力资源和社会保障行政部门根据法律、法规、规章和市人民政府的规定,在职权范围内,对用人单位与劳动者双方因执行国家有关用工管理、工资、工作时间、休息休假、社会保险、劳动保护规定或者因订立、履行、变更、解除和终止劳动合同等方面发生的矛盾纠纷事项,通过说服教育、劝导协商等方式,促使双方当事人在自愿、平等、协商的基础上达成共识,从而化解纠纷的活动;是人力资源和社会保障行政部门主动服务用人单位,降低劳动者维权成本,履行法定职责的行为。

第三条 各级人力资源和社会保障行政部门(以下简称人社部门)开展劳动纠纷行政调解(以下简称调解)工作适用本规定。

人力资源服务机构、职业培训与职业技能鉴定组织与其服务对象发生的纠纷协调处理,可以参照执行。

法律、法规、规章另有规定的,从其规定。

第四条 调解应当遵循以下原则:

(一)自愿选择原则。应当充分尊重双方当事人对调解方式、调解方法的选择,不得强迫当事人接受调解,不得因调解而阻止当事人依法通过仲裁、行政、司法等途径维护自己的权利。

(二)依法调解原则。应当遵守法律、行政法规强制性规定,符合社会公序良俗,不得损害国家利益、公共利益和第三人合法权益。

(三)公平公正原则。双方当事人的法律地位平等,权利义务平等。人社部门应当公平、公正化解纠纷，有效保护双方当事人的合法权益，不得偏向任何一方。

（四）高效便民原则。应当坚持维护社会稳定与维护群众利益相一致的原则，积极、及时地履行调解职责，缓和当事人之间的对立，促进当事人互谅互让，引导当事人达成和解协议，以快捷、低成本方式解决纠纷，化解社会矛盾，实现定分止争、案结事了。

（五）诚实信用原则。双方当事人应当讲信用，恪守诺言，诚实不欺，在追求自己利益的同时不损害社会和他人利益，维持双方的利益以及当事人利益与社会利益的平衡，正当行使权利和履行义务，不得滥用权利及规避法律、规章制度规定的或劳动合同约定的义务。

（六）保守秘密原则。应当保障个人隐私、商业秘密不受侵犯。调解不公开进行，但当事人同意公开的除外。

第五条 调解案件受理范围与管辖权限按照劳动保障监察管辖有关规定执行。

第六条 当事人在调解活动中享有下列权利：

（一）选择或者接受调解员；

（二）接受调解、拒绝调解或者要求终止调解；

（三）要求调解公开进行或者不公开进行；

（四）自主表达意愿、自愿达成调解协议。

第七条 当事人在调解活动中履行下列义务：

（一）如实陈述纠纷事实；

（二）遵守调解现场秩序，尊重调解员；

（三）尊重对方当事人行使权利。

第二章 机构职责

第八条 各级人社部门应当成立劳动纠纷行政调解委员会（以下简称调解委员会），领导调解工作。

调解委员会履行下列职责：

（一）负责组织、督促和指导本系统调解工作；

(二)研究、解决调解工作中的重大问题;

(三)协调解决涉及两个以上人社部门有关调解管辖争议事宜。

第九条 调解委员会下设办公室,履行下列职责:

(一)负责制定和落实调解工作制度;

(二)负责调解申请的受理登记;

(三)组织实施调解;

(四)做好调解会议、案件讨论有关资料收集和记录;

(五)负责调解文书的送达、案卷归档和管理;

(六)做好调解统计分析的报告工作;

(七)负责调解员业务培训与监督管理;

(八)承接调解委员会交办的其他工作。

第十条 各级人社部门应当建立信访、调解、监察、仲裁"四位一体"一站式劳动纠纷解决服务平台,采取一个窗口受理、归口办理,实现"调、裁、审、罚"有机衔接。

第三章 调解程序

第十一条 申请调解应当符合下列条件:

(一)当事人与纠纷所涉及事项有直接利害关系;

(二)该劳动纠纷事项与本机关行政职权有关;

(三)该劳动纠纷具有可调解性。

第十二条 调解按照下列工作程序进行:

(一)申请

劳动纠纷当事人申请调解,可以书面申请,也可以口头提出申请。口头申请的,调解受理人员应当制作笔录,并由申请人签名确认。申请人提交调解书面申请时,可以一并提交相关证据材料。

人社部门在履行职责过程中,发现用人单位与劳动者存在劳动纠纷时,应当告知当事人可以依法申请调解;对涉及人数较多、影响较大、可能影响社会稳定的劳动纠纷,应当依职权主动进行调解,并向当事人说明原因。

多人采用走访形式提出共同劳动纠纷事项的,应当推选代表参与调解,代表人数不得超过五人。

（二）受理

对当事人提出的调解申请，人社部门应当审查是否为本部门受理范围，并在二个工作日内做出是否受理的书面决定；法律关系或者事实认定复杂的，或者涉及多个部门的，应当在四个工作日内做出书面决定并告知当事人。

对收到的调解申请进行初步审查时，认为不属于本部门调解范围的，应当在三个工作日内移送给有管辖权的部门；认为调解管辖不明确或者有争议的，应当在收到调解申请之日起四个工作日内，报请上级人社部门指定管辖或本级调解委员会确定管辖。

（三）审查

对收到的调解申请进行初步审查时，发现当事人已启动信访、民事诉讼、劳动人事调解仲裁等救济程序的，或者以同一事实与理由重复申请调解，应当告知当事人不予受理，并书面说明理由。

（四）调查和调解

调解员主持调解，应当充分听取各方当事人陈述事实和理由，查明争议纠纷的基本事实，收集当事人提交的证据或者依职权主动调查，需要核实有关情况的，可以向其他组织和人员调查核实，并做好调解笔录，向当事人讲解有关法律、法规和政策，在分清事实、明辨法理的基础上，通过建议、辅导、规劝、示范和约谈等非强制方式实施行政指导，对各方当事人进行说服劝导，引导当事人协商解决纠纷。

调解员应当鼓励和引导纠纷当事人优先通过协商、谈判、第三方斡旋等方式，达成和解协议，也可以邀请人大代表、政协委员，或者人民调解员、律师、公证人员、行政机关工作人员等其他中立第三方参与，促进达成和解协议。

人社部门可以通过提供事实调查结果、专业鉴定或法律意见，作为当事人协商的依据，促使其达成和解。

（五）制作调解书

经调解达成协议的，由调解员制作调解协议书。

调解协议书应当载明下列主要事项：

1. 当事人、委托代理人基本情况；

2. 争议事项；

3. 调解请求、事实及理由;

4. 协议的内容、履行的方式和期限;

5. 调解员签名和人社部门调解专用印章或调解机构印章;

6. 调解时间;

7. 其他依法应当载明的事项。

调解协议书由当事人各执一份,人社部门存档一份。

当事人就部分争议事项达成调解协议的,可以就该部分先行确认并制作调解协议;调解未达成调解协议的,经双方当事人同意,调解员可以对没有争议的事实进行记载,由当事人在调解笔录上签字确认。

在调解中,对权利义务明确、争议不大的纠纷,可以当场进行调解。当场调解达成协议,且能够即时履行的,可以不制作调解协议书,但应当如实记录调解情况并保存归档。

(六)送达

调解协议书应当现场交付当事人;当事人不在现场,人社部门应当在七个工作日内采取有效方式送达。

(七)归档

各级人社部门应当建立调解工作档案,将调解登记、调解工作记录、调解协议书等材料立卷归档,妥善保管。同时,应当及时将工作档案资料录入调解业务信息管理系统,全程接受当事人和上级机关监督。

第十三条 自调解受理之日起三十日内,当事人不能达成调解协议的,调解终止;情况复杂,在规定时间内不能终止调解的,或者双方当事人协商一致同意延长调解期限的,经人社部门负责人批准,可以延长,延长期限不得超过三十日。调解期限不包括专业鉴定、检测、检验和送达时间。

第十四条 调解未能达成协议的,应当及时终止调解,并告知当事人通过其他法律途径解决。

第十五条 调解中有下列情形之一的,应当终止调解:

(一)人社部门受理调解后,当事人撤回调解申请或者明确表示不再接受调解或要求终止调解的;

(二)人社部门受理调解后,发现当事人已经启动其他法定救济程序的;

(三)当事人双方已达成和解协议并自觉履行的;

（四）当事人在调解确定的时间内无正当理由拒不到场的；

（五）当事人隐瞒重要事实、提供虚假情况或者故意拖延时间的；

（六）当事人可能存在恶意串通，损害公共利益或者第三人合法权益的；

（七）其他导致调解活动难以进行的；

（八）法律、法规、规章规定其他终止调解的情形。

终止调解后，当事人认为需要的，人社部门应当出具证明，如实记载当事人申请调解和调解终止时间，并记录终止调解理由。

第十六条 调解员有下列情形之一的，应当回避，当事人也可以申请回避：

（一）与纠纷当事人或者其代理人有近亲属或利害关系的；

（二）与调解事项有利害关系的；

（三）存在其他可能影响公正调解情形的。

当事人发现调解员有应当回避情形的，可以口头或者书面方式向人社部门调解办公室申请回避；当事人申请回避，应当说明回避理由，并在举行调解会前三个工作日内提出。

调解员认为自己有回避情形的，应当自行申请回避。调解员是否回避，由主持调解的调解机构负责人决定。

第四章 协议履行与机制衔接

第十七条 依法达成的调解协议书自调解当事人签字之日起生效，对调解当事人具有约束力，当事人双方应当自觉履行。

当事人一方不履行的，另一方可以依法申请劳动争议调解仲裁或者向人民法院提起诉讼；对用人单位存在违反劳动保障法律规定行为的，劳动者可以依法向人社部门举报、投诉。

当事人一方拒不履行调解协议的，经核实后，应当记录入人社部门诚信档案。

第十八条 经调解达成调解协议的，双方当事人可以自调解协议送达生效之日起十五日内，共同向有管辖权的劳动人事争议仲裁委员会提出仲裁审查申请。

劳动人事争议仲裁委员会经审查认为调解协议的形式和内容合法有效的，

应当制作调解书；调解书的内容应当与调解协议的内容相一致。调解书经双方当事人签收后，具有法律效力。

第十九条　经人社部门调解达成的协议，双方当事人可以共同向人社部门所在地基层人民法院申请确认其效力。

人民法院裁定调解协议有效后，一方当事人不履行的，另一方当事人可以向人民法院申请执行。

第二十条　以金钱或者有价证券给付为内容的和解协议、调解协议，当事人可以向有管辖权的基层人民法院申请支付令。

债务人逾期不履行支付令的，债权人可以向人民法院申请执行。

第二十一条　人社部门对受理的金钱给付类投诉案件，可以依一方当事人申请并经对方同意后，组织双方进行调解。

调解达成一致意见并当场全部履行的，人社部门可以视情节轻重，依法不予处罚或者减轻对用人单位的处罚。

调解达成一致意见但未当场全部履行的，根据当事人双方向劳动人事争议仲裁委员会申请审查确认后出具的仲裁调解书，人社部门可以视情节轻重，依法从轻或者减轻对用人单位的处罚。

对不宜调解、经调解达不成协议或当事人拒不履行调解协议的，应当依法予以处理。

第二十二条　调解过程中，经当事人双方质证、认可的案件事实陈述与证明材料，可以作为劳动人事调解仲裁依据和人社部门行政执法证据。

第二十三条　各级人社部门在调解纠纷过程中，发现纠纷有可能激化的，应当按照突发公共事件预案采取有针对性的预防措施；对可能引起治安案件、刑事案件的纠纷，应当及时报告当地公安机关和有关部门。

第五章　组织保障与监督管理

第二十四条　各级人社部门应当建立健全调解组织名册管理制度，加强对调解组织和调解员的监督考核。调解组织名册应当向社会公开，接受社会监督。

第二十五条　各级人社部门应当将调解规范、流程等内容在办公场所醒目位置公布，便于当事人查询，并在当事人提交调解申请后详细说明，为当事人提供清晰、便捷的途径引导。

第二十六条 各级人社部门应加强调解队伍建设，建立相对固定、熟悉工作业务和相关法律规定的调解员队伍，形成以政府为主导、全社会广泛参与的社会化工作格局。

第二十七条 各级人社部门应建立和完善调解员的选聘、业务培训、工作考评等管理制度，积极扩大调解员来源渠道，充分调动社会各方资源，吸纳律师、专家学者、劳动保障监察监察员和协管员、工会法律监督员等法律工作者，作为兼职调解员，参与调解工作。

第二十八条 重大复杂案件的调解可以与人民法院、人民调解组织、劳动人事争议调解仲裁委员会和基层组织联合进行，也可以邀请人大代表、政协委员和当事人共同信任的人参加。

第二十九条 各级人社门应当将所设立的调解组织的工作经费纳入本部门预算，提供必要的工作条件。调解活动不得收取任何费用或者以任何名义收取报酬。

第三十条 各级人社部门可以采取政府购买服务等方式，聘请兼职调解员，也可以交由调解组织以及其他具备条件的社会组织、机构等社会力量承接调解工作。

购买调解服务应当进行绩效评价。评价结果向社会公布，并作为以后选择购买服务承接主体的重要依据。

第三十一条 各级人社部门应当建立调解工作责任制度和过错追究制度。

第三十二条 各级人社部门调解机构违反本规定，无正当理由不受理调解申请，或者不履行调解职责的，由有关机关按规定追究其负责人和直接责任人的行政责任。

第三十三条 调解员在调解工作中有下列情形之一的，给予批评教育、责令改正，拒不改正或者情节严重的，调解委员会应当予以解聘，依法追究责任：

（一）徇私舞弊，侮辱、偏袒一方当事人的；

（二）怠于履行调解职责，造成当事人合法权益受到损害的；

（三）索取、收受财物或者牟取不正当利益的；

（四）泄露当事人的商业秘密、个人隐私的；

（五）对当事人态度恶劣、影响政府形象的；

（六）在法定期限内不履行调解职责，贻误纠纷调处时机，造成恶性事件、群体性事件或其他严重后果的；

（七）其他影响调解公正的不当行为。

第三十四条 各级人社部门应当建立行政决策风险评估、政务信息公开、听证制度，定期分析与本部门业务工作相关的纠纷特点和规律，加强信息收集、报送、研判和预测工作，预防和减少劳动纠纷。

第六章 附 则

第三十五条 各级人社部门与公民、法人或者其他组织之间因行政管理产生的行政争议，依法通过行政复议途径解决的，其调解按照《中华人民共和国行政复议法》、《中华人民共和国行政复议法实施条例》等有关规定进行。

第三十六条 本规定自公布之日起施行，有效期5年。

厦门市国土资源与房产管理局关于印发《厦门市国土资源与房产管理局行政调解工作规定》的通知

（2012年2月29日 厦国土房〔2012〕58号）

机关各处室、局属有关单位：

为了规范我局行政调解工作，构建有效的国土资源与房产管理行政调解工作机制，特制定《厦门市国土资源与房产管理局行政调解工作规定》，现印发施行，请遵照执行。执行中遇到问题请及时与局政策法规处联系。

二〇一二年二月二十九日

厦门市国土资源与房产管理局行政调解工作规定

第一章　总　　则

第一条　为了推动涉及国土资源与房产管理矛盾纠纷得以及时化解,促进社会和谐稳定,依照有关法律、法规规定,制定本规定。

第二条　本规定所称行政调解是指承担国土资源与房产管理职能的行政机构根据相关法律规定及政策,对与国土资源与房产管理行政职权有关的纠纷,通过疏导,促使各方当事人在平等协商的基础上达成一致协议,从而解决矛盾纠纷的一种行为。

第三条　局机关各处室、局属各分局,依法行使行政职权的局属各事业单位(以下简称行政机构)调解与本单位、本部门行政管理职权有关的纠纷,适用本规定。

第四条　行政调解的范围:

(一)行政机构对公民、法人和其他组织之间与行政管理职权有关的民事纠纷进行调解。

(二)上级行政机构对公民、法人和其他组织与下级行政机构的行政纠纷进行调解。

第五条　行政调解工作应当遵守下列原则:

(一)自愿原则。在各方当事人自愿的基础上进行调解。

(二)合法原则。依据法律、法规、规章和政策进行调解。

(三)中立原则。行政调解不得偏向任何一方,既要兼顾各方当事人的合法权益,又要说服各方当事人互谅互让,相互理解。

(四)积极主动原则。行政机构发现职权管辖范围内出现的纠纷,应积极主动向各方当事人表明组织行政调解的态度,并尽量说服当事人接受行政调解。

(五)谁主管谁负责原则。行政机构对与本机关行政管理职权有关的纠纷负责调解。

第六条　在行政调解活动中,纠纷当事人享有下列权利:

(一)自主决定接受、不接受或者终止调解。

(二)申请有关行政调解人员回避。

(三)表达真实意愿。

(四)自愿达成调解协议。

第七条 在行政调解活动中,纠纷当事人承担下列义务:

(一)如实陈述纠纷事实,不得提供虚假证明材料。

(二)遵守调解规则。

(三)不得加剧纠纷、激化矛盾。

(四)自觉履行调解协议。

第八条 行政机构调解纠纷,应当防止矛盾激化。

有条件的行政机构可以建立行政调解室,确定行政调解协调机构和人员,并在办公场所适当位置公布调解人员名单。

第二章 行政调解的一般程序

第九条 行政机构调解矛盾纠纷应当符合下列条件:

(一)矛盾纠纷与本行政机构行政职权有关。

(二)调解对象是与本案有直接利害关系的当事人。

(三)当事人有行政调解的意愿。

第十条 行政机构应当主动调解矛盾纠纷,并在处理矛盾纠纷时主动告知当事人有申请行政调解的权利。

第十一条 行政机构可以根据当事人的书面或口头申请启动行政调解程序。一方当事人人数在5人以上的,申请时应当确定1至3人参加行政调解。

第十二条 行政机构收到行政调解申请后,应当认真审查有关材料,确认有关当事人愿意通过行政调解解决纠纷的,应当在五个工作日内予以受理,在召开行政调解会前七个工作日将行政调解时间、地点通知当事人。

行政调解应当自受理申请之日起二个月内终结。遇有特殊情况需延长的,可以适当延长,但延长期不得超过一个月。法律法规有明确规定的从其规定。

对有关当事人不同意行政调解,或者虽然同意行政调解,但不属于行政调解范畴的,应当在收到行政调解申请五个工作日内向申请人建议通过有关渠道解决纠纷。

第十三条 对重大复杂的争议案件,行政机构的负责人应当主持行政调解;其它争议案件,由行政调解工作人员进行行政调解。

第十四条 行政调解纠纷,根据需要可以邀请有关单位、专业人士或者其他个人参加。

行政机构进行行政调解时,需要当事人所在地基层人民调解组织配合的,可以向当事人所在地基层人民调解组织发出邀请。

第十五条 行政机关调解纠纷,应注意保护当事人的个人隐私和商业秘密。

第十六条 行政调解人员有下列情况之一的,应当回避:

(一)属于本案当事人或者与当事人、代理人有近亲属关系的。

(二)与本案有利害关系的。

(三)与本案当事人、代理人有其他关系,可能影响纠纷处理的。

当事人发现行政调解人员有应当回避情形的,可以口头或者书面方式申请其回避;调解人员认为自己不宜调解本纠纷的,应当自行申请回避。

行政机构负责人决定调解人员的回避。

第十七条 行政调解开始时,调解人员应当宣布行政调解纪律,核对当事人身份,宣布当事人应享有的权利和承担的义务,宣布行政调解人、记录人的身份,询问当事人是否要求回避。

第十八条 在行政调解过程中,当事人应当根据事实和法律,如实陈述自己的观点,不得采取暴力、威胁等方法影响行政调解正常进行。

调解人员依据各方当事人提供的证据以及本行政机关在行政调解过程中收集的证据认定案件事实,找准纠纷的焦点和各方利益的连结点,采取灵活多样的方式方法,开展耐心、细致的说服疏导工作,促使各方当事人互谅互让,消除隔阂,引导当事人达成解决纠纷的行政调解协议。

第十九条 行政调解达成协议的,由各方当事人签订行政调解协议书。行政调解协议书的内容不得违反法律规定。行政调解协议书自各方当事人签字之日起生效。行政调解协议书一般应载明下列事项:

(一)调解机关名称、调解主持人及各方当事人的基本情况。

(二)纠纷事实、争议焦点及各方责任。

(三)各方当事人的权利和义务。

(四)履行协议的方式、地点、期限。

(五)当事人、调解人员以及其他参加人员签名。

行政调解协议书由各方当事人分别保留一份,行政机构存档一份。

第二十条 属于行政机构职权范围内的纠纷,行政机构应当依法予以受理。经行政调解达不成协议的,行政机构应当终止行政调解,并告知当事人可依法申请行政裁决、行政复议、申请仲裁、提起诉讼。

第二十一条 经行政机构调解达成的行政调解协议,当事人应当按照约定履行自己的义务,不得擅自变更或者解除行政调解协议。

达成行政调解协议后当事人不履行协议的,当事人可依据行政调解协议的约定寻求相关法律救济途径。

第二十二条 争议涉及第三人的,应当通知第三人参加。行政调解结果涉及第三人利益的,应当征得第三人同意,第三人不同意的,终止行政调解。

第二十三条 行政调解案件要按年、月、日归档编号,做到一案一档。文书顺序应为:

(一)行政调解卷宗目录。

(二)行政调解申请书或口头申请笔录。

(三)行政调解告知书或电话告知记录。

(四)有关证据材料。

(五)行政调解协议书或行政调解终结材料。

(六)送达回证。

第三章 附 则

第二十四条 《国有土地上房屋征收与补偿条例》及《土地权属争议调查处理办法》等法律法规和政策对国土资源与房产行政调解另有规定的,从其规定。

调解如公积金缴存争议等方面的民事简单争议,可以运用简易程序(如口头或电话调解并促成争议当事人达成口头协议后,敦促履行协议)进行调解,但应建立行政调解台帐或记录备查。

第二十五条 行政调解工作由局政策法规处负责进行统一协调和指导。

行政机构与行政相对人产生行政纠纷需要调解的,可以要求局政策法规处派人主持或参与调解。

第二十六条 本规定自发布之日起施行。

厦门市交通运输局关于印发行政调解工作责任制度及过错责任追究制度的通知

（2015 年 12 月 8 日　厦交法〔2015〕35 号）

局属各单位，局机关各处室：

为规范我局行政调解工作，构建有效的交通运输行政调解工作机制，根据《厦门经济特区多元化纠纷解决机制促进条例》及《厦门市行政调解程序规定》的规定，我局研究制定了《厦门市交通运输局行政调解工作责任制度》、《厦门市交通运输局行政调解过错责任追究制度》，现印发给你们，请按照“谁决定、谁调解”的工作分工原则，局属各单位明确受理纠纷的内设机构或明确牵头机构的基础上，设立各专业业务的行政纠纷调解委员会；局相关处室按专业设立专门调解委员会，并按规定认真贯彻执行。

厦门市交通运输局

2015 年 12 月 8 日

厦门市交通运输局行政调解工作责任制度

第一条　为规范行政调解活动，明确各部门职责范围，及时、便捷、有效化解涉及交通运输领域矛盾纠纷，维护社会和谐稳定，根据有关规定，结合工作实际，制定本制度。

第二条　本制度所称行政调解，是指承担交通运输管理职能的行政机关或事业单位根据相关法律、法规、规章和市人民政府的规定，对公民、法人或者其他组织之间发生的与交通运输管理相关的民商事纠纷或者依法可以调解的行政争议，通过说服教育、劝导协商等方式，促使各方当事人在自愿、平等、协商的基础上达成共识，从而化解纠纷的活动。

第三条 局机关各处室、依法行使行政职权的局属各单位(以下统称:行政机构)开展与本单位、本部门行政管理职权有关的行政调解工作,适用本制度。

第四条 行政调解工作应当遵循以下原则:

(一)自愿原则。行政调解应当充分尊重当事人意愿,不得强迫当事人接受行政调解;

(二)合法原则。行政调解应当符合法律、法规、规章及政策规定,不得损害国家利益、公共利益和第三人合法权益;

(三)公平公正原则。行政调解应当充分尊重纠纷各方当事人表达意愿和诉求的权利,友好协商解决纠纷;

(四)高效便民原则。行政机构应当积极、及时地履行行政调解职责,妥善化解纠纷。

第五条 行政机构应当坚持"谁决定谁调解"的分工原则,对因本行政机构作出的行政决定而产生的依法可以调解的行政争议负责进行行政调解。

道路运输管理类事项由市运管处、局综运处负责行政调解;道路运政、公路路政的行政执法类事项由市执法支队负责行政调解;公路养护和公路路政管理(非行政处罚部分)类事项由市公路局负责行政调解;交通建设工程类事项由局建管处负责行政调解。

第六条 局政策法规处应加强对交通运输系统行政调解工作的指导和协调。

第七条 行政机构应当加强与人民法院、人民调解组织和仲裁调解机构的工作联系,建立完善行政调解与人民调解、司法调解、仲裁调解的衔接和信息沟通机制。

第八条 纠纷当事人可以书面或者口头向行政机构申请行政调解。口头申请的,行政机构应当制作笔录,并由申请人签名确认。一方当事人明确拒绝调解的,不得强制调解。

行政机构在履行职责过程中发现纠纷时,应当告知当事人可以依法申请行政调解;对涉及人数较多、影响较大、可能影响社会稳定的纠纷,行政机构应当依职权主动进行调解,并向当事人说明原因。

第九条 行政调解实行属地管理和首问负责制。行政机构对当事人提出的行政调解申请,应当审查是否为本行政机构受理范围,并在2个工作日内做出是否受理的书面决定；法律关系或者事实认定复杂的，或者涉及多个部门或机构的，应当在4个工作日内做出书面决定并告知当事人。

行政机构对收到的行政调解申请进行初步审查后，认为不属于本行政机构调解范围的，应当在3个工作日内移送给有管辖权的部门；认为行政调解管辖不明确或者有争议的，或者涉及多个部门或机构的，应当在收到行政调解申请之日起4个工作日内报请共同的上级行政机关指定管辖。

行政机构对收到的行政调解申请进行初步审查时发现当事人已启动行政复议、诉讼、仲裁等救济程序的，应当告知当事人不予受理并书面说明理由。

第十条　行政机构主持行政调解，应当充分听取各方当事人的陈述，查明争议纠纷的基本事实，依据法律、法规、规章以及政策对各方当事人进行说服劝导，引导当事人达成一致意见。

第十一条　自行政调解受理之日起30曰内当事人不能达成调解协议的，行政调解终止；情况复杂，在规定时间内不能终止调解的，或者双方当事人一致同意延长调解期限的，经行政机构负责人批准，可以延长，并告知当事人，延长期限不得超过30日。

第十二条　行政调解达成协议的，行政机构应当制作行政调解协议书。调解协议书自调解当事人签字之日起生效，对调解当事人具有约束力，当事人应当自觉履行。

第十三条　调解未能达成协议的，行政机构应当及时终止调解，并告知当事人通过其他法律途径解决。

第十四条　本制度自印发之日起施行。

厦门市交通运输局行政调解过错责任追究制度

第一条　为规范行政调解活动，促进局机关及下属事业单位及时、便捷、有效化解涉及交通运输领域矛盾纠纷，预防行政机构工作人员违法或不当行政行为，切实维护人民群众的合法权益，根据有关规定，制定本制度。

第二条　本制度所称行政调解过错责任追究，是指承担交通运输管理职能的行政机关或事业单位工作人员在履行行政调解职责时，因故意或过失，违反相关法律、法规、规章和市人民政府的规定，对当事人的合法权益和本局的形象和利益,造成一定危害后果而应当承担的过错责任。

第三条 局机关各处室、依法行使行政职权的局属各单位(以下统一简称:行政机构)在开展行政调解工作中出现的失职行为,适用本制度。

第四条 本制度由局组织人事处和驻局监察室组织实施,并监督执行。

第五条 追究行政调解过错责任,应坚持以下原则:

(一)客观公正原则。追究过错责任,必须以事实为依据,

以法律、法规和政策为准绳,认定过错事实,追究过错责任。

(二)有错必究原则。坚持有错必究,不得姑息迁就。

(三)责任自负原则。行政机构工作人员在行政调解过程中,对自己的失职行为负责。

(四)民主集中制原则。追究行政调解过错责任,必须经过党工委会、党政联席会或局长办公会讨论,并在局内及时公开追究的事实及追责依据。

第六条 行政机构工作人员在调解活动中有下列情形之一的,应当追究过错责任:

(一)徇私舞弊,侮辱、偏袒一方当事人的;

(二)怠于履行行政调解职责,造成当事人合法权益受到损害的;

(三)索取、收受财物或者牟取不正当利益的;

(四)泄露当事人的商业秘密、个人隐私的;

(五)对行政调解当事人态度恶劣、影响政府形象的;

(六)对其他影响行政调解公正、及时办理的不当行为。

第七条 追究行政调解过错责任的形式:

(一)公开批评教育;

(二)责令作出书面检讨;

(三)调整工作岗位;

(四)情节恶劣,造成严重后果的给予行政处分。

第八条 对因过失行为造成影响或危害后果不大,能及时承认过错并主动改正的,给予过错责任人批评教育。

第九条 行政机构工作人员在行政调解活动中,有索贿、受贿、敲诈勒索、打击报复等严重违法犯罪行为,由有关机关依法追究刑事责任。

第十条 本规定自印发之日起施行

泉州市人民政府办公室关于加强行政调解的实施意见(试行)

(2012 年 9 月 24 日 泉政办〔2012〕256 号)

各县(市、区)人民政府,泉州开发区、泉州台商投资区管委会,市政府各部门,各直属机构:

为贯彻《国务院关于加强法治政府建设的意见》(国发〔2010〕33 号)、中央综治委等十六部委《关于印发〈关于深入推进矛盾纠纷大调解工作的指导意见〉的通知》(综治委〔2011〕10 号)等文件精神,充分发挥行政调解在“大调解”工作体系中的重要作用,有效化解社会矛盾,营造和谐稳定的社会环境,结合本市实际,就进一步加强行政调解工作提出以下实施意见:

一、明确行政调解工作的指导思想、原则和范围

行政调解工作的指导思想是贯彻落实科学发展观,以化解社会矛盾、维护社会和谐稳定为目标,完善行政调解工作体制,创新行政调解工作机制,规范行政调解工作程序,把行政调解纳入“大调解”工作平台,充分发挥行政机关在化解行政争议和民事纠纷中的作用。

行政调解工作要坚持自愿、合法、平等、便民高效的原则。行政调解工作要以自愿为基础,充分尊重当事人意愿;要遵循法律、法规、规章和规范性文件规定,不得损害国家利益、公共利益和公民、法人或其他组织的合法权益;要保障各方当事人充分表达自己意愿和诉求的权利,平等协商,公平、公正地处理纠纷;要增强效率意识,综合运用法律、经济、行政等手段,加强教育与疏导,便民、高效地处理社会矛盾。

行政调解的工作范围,一是行政机关、法律法规授权的具有管理公共事务职能的组织,与公民、法人或者其他组织之间产生的依法可以调解的行政争议,重点是土地房屋、环境保护、食品安全、公安管理、卫生管理、司法行政、建设工程、工商行政管理、人力资源和社会保障等领域的行政争议;二是公民、法人或者其他组织之间产生的依法可以由行政机关调解的民事争议,重点是消费者权益保护、物业管理、人身损害赔偿等领域的民事争议。

二、完善行政调解工作机制

政府各职能部门要加强行政调解工作，政府职能部门之间要加强对行政调解工作的配合。各级政府职能部门受理纠纷，实行首问负责制，对属于本部门职能范围、依法可以调解的，应开展调解；对不属于本部门职能范围的，报上级机关确定责任单位进行调解；涉及多个部门的，由上级机关指定工作部门牵头调解。

各级行政机关要完善行政调解与人民调解、司法调解的衔接，主动加强与人民调解组织、司法机关的联系与配合，妥善化解纠纷。人民调解组织对于调解不成的重大纠纷，属于行政调解范围的，应引导当事人向行政机关申请调解；行政调解中，如需人民调解组织配合，可以邀请其参加，共同开展调解工作。行政机关对于调解不成的重大纠纷，属于民事诉讼或行政诉讼范围的，应及时告知当事人通过诉讼渠道解决。对于进入诉讼程序的行政争议，如在诉前已经行政调解，应将行政调解情况告知人民法院。

三、规范行政调解工作程序

各级行政机关应根据本行政区域、本部门的工作特点，健全行政调解工作制度，规范行政调解程序，做到行政调解的启动、调查、调解、调解协议制作等环节有章可循、有规可依。在行政调解过程中，切实保障各方当事人的平等地位，保障当事人的知情权、参与权和救济权。

各级行政机关在调解工作中对依法由行政机关调解的民事纠纷，在当事人同意的基础上，应对当事人进行说服、劝导，引导其平等协商、互谅互让，协商解决争议。各方当事人通过调解达成一致意见的，应当签署书面协议或在调解笔录上签字，法律规定应制作行政调解文书的，行政机关应及时制作并送达当事人；如不能达成一致意见，行政机关应当在法定期限内依法作出相关行政决定，并告知当事人救济途径。

四、加强队伍建设和组织领导，把行政调解工作要求落到实处

当前，我国已进入改革发展的关键时期和社会转型期。这一时期，既是经济社会发展的重要战略机遇期，也是各种社会矛盾的集中凸显期。在经济体制深刻变革、社会结构深刻变动、利益格局深刻调整、思想观念深刻变化的大背景下，各种深层次矛盾和问题呈多发、多样的态势，对维护社会的和谐与稳定提出了新的更高的要求。各级行政机关要从维护改革发展稳定大局的高度出发，切实增强做好行政调解工作的责任感和紧迫感，充分发挥行政调解工作优势，从源头上预防和减少社会矛盾，努力使行政调解工作取得新实效、实现新突破，为建设“平安泉州”发挥重要作用。

各级行政机关应转变行政管理方式，强化行政调解意识，明确行政调解工作的主管领导，确定负责行政调解工作的部门，行政调解任务较重的机关或有条件的机关要成立行政调解工作委员会，强化组织领导工作。法制工作部门要充分发挥协调指导作用，政府各工作部门要按业务范围积极开展行政调解工作。各级行政机关应加强行政调解队伍建设，把政治素质硬、业务能力强、善于做群众工作的干部充实到行政调解人员队伍当中，有条件的行政机关，还可以吸收经济、法律、社会管理等领域专业人士参与行政调解，构建政府主导、社会参与的行政调解体系。应根据本机关行政调解工作需要，有针对性地加强对行政调解工作人员的培训，提高行政调解能力。要定期检查行政调解工作。对在行政调解工作中取得突出成绩、做出突出贡献的单位和个人，给予表彰奖励。

附件：行政调解文书（参考文本）

泉州市人民政府办公室

2012 年 9 月 24 日

附件：

____________（行政机关名称）

卷　宗

卷宗类别：____________________

卷　　名：____________________

卷　　号：__________ 受理登记号：__________

调 解 员：__________ 调解日期：__________

立 卷 人：__________ 立卷日期：__________

保管期限：____________________

备　注：____________________

____

卷宗目录

序号	文件名称	页次

行政调解申请书

当事人(自然人姓名、性别、年龄、民族、职业、单位或住址,法人及社会组织的名称、地址、法定代表人姓名和职务):

____

____

____

____

纠纷事实:______________________________________

____

____

____

申请事项：______________________________________

____

____

____

____

特申请______________(行政机关名称)予以调解。

申请人(签章)__________日期：______年____月____日

行政调解案件受理通知书

______受字〔　　〕第　　号

(申请人)：__________

你(单位)对______________案件提出的行政调解申请，已于______年____月____日收悉。经审查，并征求对方当事人同意，本机关认为：你提出的行政调解申请符合行政调解受理条件，决定予以受理。

______年____月____日

(行政调解机关印章)

行政调解案件不予受理通知书

______不受字〔　　〕第　　号

(申请人)：__________

你(单位)对______________案件提出的行政调解申请，已于______年____月____日收悉。经审查，你提出的行政调解申请不符合行政调解受理条件，本机关决定不予受理。

______年____月____日

(行政调解机关印章)

行政调解权利义务告知书

一、行政调解遵循依法原则、自愿平等原则和尊重当事人诉讼权利原则,经调解达成的调解协议书具有民事合同性质,当事人应当按照约定履行自己的义务,不得擅自变更或者解除。

二、纠纷当事人有下列权利:

(一)自主决定接受、不接受或者终止调解;

(二)要求有关调解人员回避;

(三)不受压制强迫,表达真实意愿,提出合理要求;

(四)自愿达成调解协议。

三、纠纷当事人承担下列义务:

(一)如实陈述纠纷事实,不得提供虚假证明材料;

(二)遵守调解规则;

(三)不得加剧纠纷、激化矛盾;

(四)自觉履行行政调解协议。

当事人:____________

日　期:________年____月____日

行政调解授权委托书

委托人:____

地　址:____

电　话:____________________邮编:____________________

受托人:____

地　址:____

电　话:____________________邮编:____________________

兹委托____________________为____________________

案件____________________代理人。

代理权限:____

委托人：____________

受托人：____________

日　期：________年____月____日

行政调解调查笔录

时间：____________________地　点：____________________

事由：____________________参加人：____________________

被调查人：____

____

____

笔录：____

____

____

____

____

____

____

____

____

____

____

____

____

____

____

____

____

____

被调查人(签名)____________ 调查人(签名)____________

日期:________年____月____日 日期:________年____月____日

记录人(签名)____________ 日期:________年____月____日

行政调解通知书

(存根联)________〔 〕行调字 号

____________:

你与____________因____________纠纷一案,经审查符合受理条件,请于________年____月____日____时到____________参加调解。

特此通知

____________(行政机关名称)

年 月 日

当事人签收:____________ ________年____月____日

行政调解通知书

________〔　　〕行调字　　号

____________：

你与____________因____________纠纷一案，经审查符合受理条件，请于________年____月____日____时到____________参加调解。

特此通知

____________（行政机关名称）

年　月　日

行政调解记录

时间：____________________地　点：____________________

事由：____________________参加人：____________________

当事人：____

____

____

调解员：________与________关于____________纠纷一案，经当事人申请和本机关审查，符合行政调解受理范围，现决定进行调解。

调解员：现在宣读权利义务告知书，当事人双方听清楚了没有？

答：____

调解员：当事人双方是否同意调解？

答：____

调解员：本次调解由____________担任调解员，由________担任记录员，是否需要申请回避。

答：____

调解员：现在调解开始。

____

____

当事人（签名）____________ 调解员（签名）____________

________年____月____日 ________年____月____日

参加人（签名）____________ 记录员（签名）____________

________年____月____日 ________年____月____日

行政调解协议书

编号：____________

当事人（自然人姓名、性别、年龄、民族、职业、单位或住址，法人及社会组织的名称、地址、法定代表人姓名和职务）：

纠纷简要情况：

____
____
____
____

经调解,双方当事人自愿达成如下协议：____________________

____
____
____
____
____
____
____
____
____
____
____
____
____

履行协议的方式、地点、期限：__________________________

____
____
____
____
____

本协议一式____份,当事人、本行政机关(本单位)各持一份。

当事人(签名或盖章)____________

____________(行政机关行政调解专用章)

调解员(签名)____________　　________年____月____日

简易纠纷(口头)调解

记

录

簿

____________(行政机关名称)

年 月 日

简易纠纷(口头)行政调解记录表

<table>
<tr><td>受理时间</td><td></td><td>纠纷类别</td><td></td><td>编号</td><td></td></tr>
<tr><td>纠纷当事人</td><td colspan="5">当事人(自然人姓名、性别、年龄、民族、职业、单位或住址、法人及社会组织的名称、地址、法定代表人姓名和职务)</td></tr>
<tr><td>调解结果</td><td colspan="5">经调解于________年____月____日达成如下协议:

当事人:________ ________
调解员:________ ________
调解日期:________年____月____日</td></tr>
</table>

行政调解终止通知书

________调终字〔　　〕第____号

____________：

你（单位）提出的关于____________________案件的行政调解申请，本机关已于________年____月____日予以受理。通过调查、调解，未能达成行政调解协议，本机关决定终止行政调解。你（单位）可以按照法律规定，向有权机关提起行政复议、行政诉讼或者仲裁。

特此通知

________年____月____日

（行政调解机关印章）

行政调解送达回证

文书名称	
文书文号	
送达人	
送达地点	
接收人	
接收时间	
接收地点	
备注	

三明市人民政府
关于进一步加强行政调解工作的意见

（2012 年 6 月 12 日　明政文〔2012〕108 号）

各县（市、区）人民政府，市政府各部门：

为贯彻《国务院关于加强法治政府建设的意见》（国发〔2010〕33 号）和《福建省 2012 年推进依法行政建设法治政府工作要点》（闽政办〔2012〕36 号）等文件精神，充分发挥行政调解工作优势，化解矛盾纠纷，维护社会和谐稳定，现结合我市实际，就加强行政调解工作提出如下意见。

一、充分认识行政调解工作的重要性和必要性

行政调解是行政机关根据职责权限，依照法律法规和政策，在分清责任、明辨是非的基础上，通过说服、教育和疏导，促使各方当事人平等协商、互谅互让、达成协议、消除矛盾的一种纠纷解决机制。当前，我市正处在经济社会发展的重要战略机遇期，同时也是矛盾纠纷凸显期，社会矛盾化解工作面临着许多新情况和新问题。各级行政机关要从落实科学发展观、构建和谐社会的高度，充分认识新形势下行政调解工作的重要性和紧迫性，切实增强行政调解意识，充分利用行政调解工作优势，妥善协调各方面利益关系，及时化解社会发展过程中出现的各种矛盾纠纷，为推进我市科学发展、跨越发展提供良好的社会环境。

二、明确行政调解工作指导思想、工作原则和工作范围

（一）指导思想。深入贯彻落实科学发展观，以化解社会矛盾纠纷为根本，建立行政调解工作体制，创新行政调解工作机制，充分发挥行政机关在化解行政争议和民事纠纷中的作用，推动建立行政调解与人民调解、司法调解相衔接的大调解联动机制，形成调解工作合力，有效化解社会矛盾，积极为全市经济社会发展创造和谐、稳定、有序的社会环境。

（二）工作原则。一是自愿原则，要尊重各方当事人意愿，不得强迫当事人接受调解方式或调解结果。二是合法原则，要遵循法律、法规和政策，不得损害国家利益、公共利益和他人合法权益。三是公平公正原则，要兼顾各方当事人的合法权益，平等协商处理利益纠纷，体现公平正义，行政机关作为当事人一方时，与行政相对人的地位平等。四是注重效果原则，要追求“定纷止争、案结事了”的社会效果和法律价值。

（三）工作范围。一是行政机关、法律法规授权的具有管理公共事务职能的组织，与公民、法人或者其他组织之间产生的依法可以调解的行政争议，重点是土地房屋、环境保护、食品安全、治安管理、卫生管理、建设工程、工商行政管理、人力资源和社会保障等领域的行政争议；二是公民、法人或者其他组织之间产生的与行政管理有直接或间接关联的民事纠纷，重点解决好交通损害赔偿、医疗卫生、消费者权益保护、物业管理、劳动争议等与行政管理有关的民事纠纷。

三、规范行政调解工作程序

（一）申请和受理。各级行政机关要按照“属地管理、分级负责”和“谁主管、谁负责”的原则，认真做好行政调解工作。行政机关接到当事人申请后，要认真进行审查，凡符合受理条件的，应及时受理；不予受理的，要向当事人说明理由。对涉及人数较多、社会影响大、可能影响社会稳定的纠纷，行政机关要主动进行调解。

（二）调查核实。行政机关要根据双方的争议事项依法进行调查，可采取调查取证、现场勘验、询问当事人等方法了解争议的事实及矛盾纠纷的焦点，认真核实有关情况。

（三）实施调解。根据当事人的诉求主张，依据有关法律规定，摆事实，讲道理，有针对性地开展调解工作。要坚持情、理、法并用，多做思想疏导工作，循循善诱，促使各方在互谅互让的基础上达成一致意见。

（四）制作调解文书。通过调解当事人达成一致意见的，应签订书面协议或在调解笔录上签字。法律规定应制作行政调解文书的，行政机关应依法及时制作行政调解文书，并送达当事人。调解未达成一致意见的，行政机关应在法定期限内依法作出相关的行政决定，并告知当事人救济权利和途径。

（五）结案归档。行政调解案件形成的档案材料应按年度归档，案件终结时由办案人员按调解工作程序和材料形成的时间顺序进行卷内系统整理，案件要按档案管理规定编号，做到一案一卷。

四、健全完善行政调解工作机制

（一）建立行政调解定期汇总分析上报制度。各级行政机关要及时汇总分析本地区、本部门开展行政调解的工作情况，交流工作经验，及时发现并研究带有倾向性和普遍性的问题，并定期向本级人民政府法制机构和上级主管部门汇总上报本单位行政调解工作情况。对涉及人数较多、社会影响大、可能影响社会稳定的，要及时摸清情况，提出对策建议，并及时向同级党委、政府报告。政府法制机构应当定期对信息报送情况进行汇总、分析和通报。

（二）健全完善行政调解工作制度。各级行政机关要建立健全行政调解工作制度，规范行政调解工作。要根据行业特点和要求制定行政调解程序，规范行政调解的受理、调查、调解、制作调解协议等工作环节。行政调解中，要保障当事人的平等地位，保障当事人的知情权、参与权和救济权。

（三）建立行政调解工作考评机制。各级行政机关要建立行政调解工作目标责任制，对发生在本地区、本部门的行政争议，及时跟踪调解进度，全面评估调解效果。对重大行政争议，有关政府和部门要重点研究解决措施，抓好落实工作。对不积极主动配合行政调解工作、不能及时化解矛盾纠纷，造成严重后果的要予以问责。

（四）建立行政调解与人民调解、司法调解的衔接机制。各级行政机关要积极做好行政调解与人民调解的衔接配合，在交通损害赔偿、医疗卫生、消费者权益保护、物业管理、劳动争议等矛盾多发领域，要建立由有关行政部门主导的专业的人民调解组织，开展调解工作。要主动加强行政调解与司法调解的衔接配合，建立调解情况通报交流制度，充分发挥各自职能，妥善化解各类纠纷。行政机关对于调解不成的重大矛盾纠纷，应当及时告知、引导当事人通过诉讼渠道解决。对于进入诉讼程序的行政争议，在诉前已经做过行政调解工作的，应当将行政调解的有关情况告知法院。

五、加强行政调解工作组织领导

（一）加强组织领导。各级各部门要把行政调解工作纳入“一把手”工程，主要领导要定期听取行政调解工作情况汇报，认真研究部署本地区行政调解工作的总体安排，统筹协调跨地区、跨部门重大矛盾纠纷的行政调解工作。要建立调解工作平台，建立健全行政调解工作机制和网络体系。要切实加强督促检查，确保工作落实。

(二)重视队伍建设。各级行政机关要选调政治思想好、业务能力强、有较高法律素质、善于做群众工作的干部充实到行政调解工作队伍中去,各级政府部门及乡(镇)政府、街道办事处要建立专、兼职行政调解工作人员队伍,开展行政调解工作。要加强对行政调解工作人员的培训工作,提高行政调解工作人员政治、业务素质。同时,行政机关要善于动员社会各方面力量参与行政调解,充分发挥基层组织、行业协会和专家学者在调解中的独特作用。

(三)加强宣传引导。各级行政机关要加强行政调解的宣传工作,及时总结本地区、本部门开展行政调解工作的成功经验和先进典型,并做好宣传工作。要充分利用广播、电视、报刊、网络等新闻媒体,开展各种形式的宣传教育,积极引导广大人民群众了解行政调解、支持并选择行政调解解决矛盾纠纷。

三明市人民政府

二〇一二年六月十二日

莆田市人民政府办公室
关于深入推进行政调解工作的通知

(2012年11月27日 莆政办〔2012〕236号)

各县(区)人民政府(管委会),市政府各单位:

为有效预防和化解行政争议,维护社会安定稳定,根据《国务院关于加强法治政府建设的意见》(国发〔2010〕33号)、中央政法委等部门联合印发的《关于深入推进矛盾纠纷大调解工作的指导意见》,结合我市工作实际,现就深入推进行政调解工作通知如下:

一、落实行政调解保障机制,加强行政调解机构建设

(一)加强机构建设。各县(区)人民政府(管委会)应当按照《中共莆田市委莆田市人民政府关于全面构建"大调解"工作体系有效预防化解社会矛盾纠纷的实施意见》(莆委〔2011〕53号)规定成立行政调解工作指导中心,具体负责对下级人民政府和本级政府各行政职能部门(包括依法具有行政管理职权的其他组织)行政调解工作的指导、督查和考核。政府各主要职能部门要成立行政调解室。乡(镇)人民政府、街道办事处要创造条件设立行政调解室,建立行政调解专(兼)职人员队伍,会同有关职能部门做好基层行政调解工作。

(二)落实经费保障。行政调解工作经费、调解员工作补贴要纳入市、县(区)财政预算统筹安排,给予切实保障。各级各部门对行政调解指导中心、行政调解室的办公场所和必要的办公设施,要优先给予落实解决。

(三)选调(聘用)调解人员。各级行政机关应当选调(聘用)熟悉国家有关政策和法律法规、具有一定专业知识和行政调解经验的工作人员从事行政调解工作。对新进入行政调解队伍的工作人员,要加强专业素质培训,使之尽快适应调解工作需要。

二、健全行政调解工作机制,全面推进行政调解工作

(一)建立行政调解联席会议制度。各县(区)政府要建立由政府分管领导牵头,法制、司法、公安(交警)、社会保障、交通运输、国土资源、规划、环保、工商、住房建设等部门负责人参加的联席会议制度,定期通报交流行政调解工作情况,研究解决行政调解工作的问题和难点,指导、协调重大复杂争议纠纷的调处工作。行政调解联席会议日常工作由政府法制机构承担。

(二)建立健全行政调解与人民调解、司法调解协调配合制度。各县(区)政府要优化、整合调解资源,推进"诉调对接",实现"三大调解"优势互补。在行政调解中需要当事人所在基层人民调解组织配合的,可以邀请其共同开展调解工作;必要时,也可以邀请人民法院予以指导支持。人民法院在进行司法调解时,需要行政机关配合的,行政机关应当积极配合。行政机关对于调解不成的重大矛盾纠纷,应当及时告知、引导当事人通过行政复议或者诉讼渠道解决。

(三)建立行政调解工作目标考评制度。按照《中共莆田市委莆田市人民政府关于全面构建"大调解"工作体系有效预防化解社会矛盾纠纷的实施意见》(莆委〔2011〕53 号)规定,市政府决定将行调解经费落实、人员调配、办公场所安排等情况作为法治政府考核重要内容。对发生在本地区、本部门的行政争议,要及时跟踪调解进展,全面评估调解效果。对重大行政争议,有关县(区)政府和部门要重点研究解决措施,抓好落实工作。对不积极主动配合行政调解工作,不能及时化解矛盾纠纷,造成严重后果的要予以问责。

(四)建立行政调解工作长效宣传制度。各级行政机关要加强行政调解的宣传工作,及时总结本地区、本部门开展行政调解工作的成功经验和先进典型,并做好宣传工作。要充分利用广播、电视、报刊网络等新闻媒体,开展各种形式的宣传教育,积极引导广大人民群众了解行政调解,支持并选择行政调解来解决矛盾纠纷。

三、落实行政调解台帐制度,推进行政调解规范化

(一)规范行政调解工作流程与文书台帐。行政调解文书台帐,是行政调解事项的载体,各级各部门应当建立行政调解事项登记制度,把行政调解纠纷类别、当事人情况、案件来源、处理情况等详细记录于《行政调解案件登记簿》,以备查询、汇总、调查研究时使用。制作行政调解通知书、协议书等调解文书时,要注重格式规范、要素完整、表达准确,推动行政调解文书的规范化(具体文书格式由市法制办另行发文)。要规范行政调解工作流程,建立案件归档制度,经调解达成协议的,应当及时结案归档;达不成协议的,也应当及时终结行政调解程序,告知当事人法定处理途径。

(二)建立行政调解信息报告和统计分析制度。各行政职能部门每年6月底、12月底前应当向本级人民政府法制机构和上级主管机关汇总报告本部门行政调解工作情况政府法制机构将有关情况汇总后,分别于7月10日、1月10日前向本级人民政府和上级政府法制机构汇总报告本地区行政调解工作情况。对社会影响较大或可能引发体性事件等重大复杂争议纠纷的调解处理,要及时向当地党委、政府和上级主管机关请示报告,并通报政府法制机构。各职能部门要确定专人作为信息联络员,定期交换沟通工作简报和典型案例,建立信息互通共享机制。

(三)梳理界定本部门行政调解项目。各部门要安排专门工作人员,根据《中共莆田市委莆田市人民政府关于全面构建“大调解”工作体系有效预防化解社会矛盾纠纷的实施意见》(莆委〔2011〕53号)关于行政调解范围的有关规定,结合本部门工作实际情况,对本部的行政调解项目进行全面梳理界定。进行具体梳理界定时,各级行致机关要按照矛盾纠纷的性质、管理服务对象、调解依据的法律或相关政策规定、调解办理时限等内容对界定出的调解事项进行分类梳理真实准确填报《行政调解事项梳理表》(见附件),并于2012年12月20日前将梳理结果报送市政府法制办汇总。

莆田市人民政府办公室

2012年11月27日

南平市人民政府办公室关于进一步规范和加强行政机关行政调解工作的意见的通知

（2014 年 3 月 25 日　南政办〔2014〕46 号）

各县（市、区）人民政府，市政府各部门、各直属机构：

《南平市人民政府办公室关于进一步规范和加强行政机关行政调解工作的意见》已经市政府批准，现印发你们，请结合实际，认真组织实施。实施中的有关情况和问题，请径向市政府法制办公室反映。

南平市人民政府办公室

2014 年 3 月 25 日

南平市人民政府办公室关于进一步规范和加强行政机关行政调解工作的意见

各县（市、区）人民政府，市政府各部门、各直属机构：

为深入贯彻落实党的十八届三中全会精神和《国务院关于加强法治政府建设的意见》，积极构建全国绿色发展示范区，充分发挥行政调解在化解矛盾、解决争议、维护稳定方面的独特优势，推动我市绿色发展跨越发展，加快法治政府建设，根据相关规定，现就进一步规范和加强我市行政机关行政调解工作提出如下意见：

一、行政调解的原则

行政调解是指具有调解纠纷职能的国家行政机关主持的，根据国家政策、法律，以自愿为原则，在分清责任，明辨是非的基础上，通过说服教育，促使双方当事人互谅互让，从而达成协议解决纠纷的活动。行政调解是调解矛盾纠纷的一种重要形式，加强和规范行政机关的行政调解工作，必须遵循以下原则：

(一)自愿原则。行政调解要建立在当事人自愿的基础上,自愿应当贯穿于调解的全过程,自愿还表现为尊重当事人对调解方式、调解方法的选择。

(二)合法原则。行政机关要公平、公正地化解纠纷,有效地保护各方当事人的合法权益。调解的内容不得违反法律禁止性规定,不得损害国家利益、社会公共利益和他人的合法权益。

(三)依法调解和依法处理相结合的原则。除法律、行政法规、规章另有规定的外,行政调解不是行政机关处理特定矛盾纠纷的必经程序。对不宜调解或者经调解达不成协议的,行政机关应当依法予以处理。

(四)属地管理、分级负责原则。各级行政机关要对发生在本区域、本部门的行政争议进行主动排查,充分运用各种有效手段切实予以解决。对能够通过行政调解解决的矛盾纠纷,不得推卸责任、轻意上交或推向复议机关、人民法院解决。

二、行政调解的范围

(一)行政机关与公民、法人或者其他组织之间产生的行政争议;

(二)依法应当由行政机关行政裁决和调处的民事纠纷;

(三)公民、法人或者其他组织之间产生的与行政管理有直接关联的纠纷;

(四)其他依法可以调解的争议事项。

三、行政调解的程序

(一)行政调解的启动。行政调解启动可以由一方当事人申请,也可以由行政机关依职权提出。但不论采取哪种方式,都必须征得双方当事人同意。

(二)行政调解的受理。调解申请经双方当事人同意后,行政机关应予受理,并告知当事人调解的起止时间,调解时限一般不超过60天。

(三)行政调解的组织和协调。行政机关受理行政调解后,应当及时告知当事人依法享有的权利、应当遵循的程序,以及行政调解应当注意的事项和正确途径,使当事人明确行政调解的有关要求,帮助当事人正确行使自己的权利。

行政机关应当指派具有专业知识和调解经验的专门人员主持调解工作,调解主持人应当积极引导当事人进行当面协商。调解的方式、方法可灵活多样,既可邀请行政机关的经办人员、主管负责人参加,也可邀请当事人所在基层组织以及其他与案件处理有关的社会力量参与调解处理。涉及到第三人切身利益的纠纷还可邀请第三人参加调解。重大、复杂、群众关注的行政纠纷,行政机关还可以邀请相关专家参加调解。

在调解过程中，调解主持人要认真听取双方当事人的陈述、申辩和质证，分析并归纳双方争议的焦点，据此对当事人进行说服、劝导，以引导双方达成谅解。

对重大、复杂以及群众关注的行政调解案件，行政机关应当制作调解笔录，全面、客观地记载调解的过程、内容。调解笔录应当由参与调解的人员签名。

（四）调解协议的签订。调解达成协议后，双方当事人应当签订书面调解协议。调解协议应当包括以下内容：当事人的姓名或者单位名称，法定代表人姓名、职务；争议的案由及主要情况；当事人协议内容和调解结果；其他需要约定的事项。

调解协议不得对各方当事人增设超越法律、法规规定的权利和义务。

（五）调解协议的签字盖章。调解协议须经行政机关认可，加盖行政机关印章，当事人签字或者盖章，即对调解当事人具有约束力，当事人应当自觉履行。调解协议书当事人各执一份，行政机关留存一份备案。

（六）调解未达成协议的纠纷的处理。调解未达成协议或者调解协议生效之前一方反悔的，行政机关应当终结调解，及时告知当事人通过其他法律渠道解决。

（七）调解结果的回访。行政机关对达成的调解协议，应当及时组织对各方履行调解协议的结果进行回访，注意发现问题，督促调解协议的实现。行政调解案件形成的档案材料应按年度归档，案件终结时由办案人员按调解工作程序和材料形成的时间顺序进行卷内系统整理，做到一案一卷。

四、工作要求

（一）各级行政机关要高度重视行政调解工作。要将行政调解工作列入本机关依法行政目标考核的重要内容，法制工作机构要负责行政调解的组织、协调、指导和监督工作，相关职能机构要按照职责分工，依法做好行政调解的各项工作。

公安、司法行政、民政、信访、人力资源和社会保障、国土资源、环境保护、住房和城乡建设、交通运输、农业、林业、水利、文化、卫生、规划、教育、经贸、工商、国有资产、民族宗教、城市管理等部门是行政调解的重点单位。各单位要针对自身管理职权范围内的特定矛盾纠纷，根据本部门工作实际，遵循调解优先的原则，制定具体调解办法。

（二）具有调解纠纷职能的行政机关应当充分履行工作职责。要建立调解组织，安排具有法律知识、专业知识、经验丰富的调解人员，依照国家有关法律、法规和政策规定，对其行政管理职权范围内的特定矛盾纠纷加强行政调解，当调则调，调裁结合，及时解决问题，就地化解矛盾。

要加大对行政调解员的教育培训工作，围绕行政调解员应当具有的基本知识、基本素质和基本能力有计划地开展培训，不断提高行政调解员对各类行政争议纠纷的化解能力、对重大行政争议纠纷的管控能力、对突发行政争议纠纷的应急能力，切实提高行政调解工作水平。

（三）行政调解人员要耐心细致地做好调解工作，在调解过程中，做到公正、廉洁，不得徇私舞弊，不得吃请受礼。对因调解工作失误或者不当引起矛盾纠纷激化，影响社会稳定的，将依法追究行政机关负责人及调解人员的相应责任。

（四）建立健全行政调解与司法调解的衔接机制。具有调解纠纷职能的行政机关，应当把调解作为化解社会矛盾纠纷的前置条件，及时依法调解，定纷止争；当社会矛盾纠纷无法通过行政调解解决时，应当积极引导当事人通过正当途径，依法向司法机关提起司法程序解决。

（五）建立健全行政调解与人民调解的衔接机制。具有调解纠纷职能的行政机关要积极与当地人民调解组织建立信息通报和联动调解的协作机制，共同做好化解社会矛盾纠纷的工作。

龙岩市人民政府关于印发《龙岩市医疗纠纷处置办法》的通知

（2017 年 2 月 20 日　龙政综〔2014〕30 号）

各县（市、区）人民政府，龙岩经济技术开发区、各新区、区

管委会，市直各部、委、办、局，各人民团体，中央、省属驻岩单位，市属企事业单位：

《龙岩市医疗纠纷处置办法》已经市政府第 31 次常务会议审议通过。现印

发给你们,请认真贯彻执行。

(此件主动公开)

龙岩市人民政府

2017 年 2 月 20 日

龙岩市医疗纠纷处置办法

第一条 为有效处置医疗纠纷,保护患者、医疗机构及其医务人员的合法权益,维护医疗机构正常的医疗秩序和医疗安全,促进卫生事业健康发展。依照《中华人民共和国侵权责任法》、《中华人民共和国人民调解法》、《医疗事故处理条例》等有关法律、法规,结合本市实际,制定本办法。

第二条 本办法所称医疗纠纷,是指医患双方当事人因医疗机构及其医务人员在医疗过程中实施的医疗、预防、保健等执业行为而引起的争议。

第三条 本办法适用于龙岩市行政区域内医疗机构(含计划生育技术服务机构)的医疗纠纷处置,法律法规规章以及国家其他文件另有规定的除外。

第四条 处置医疗纠纷应当遵循"以人为本、及时便民、依法处置"和"统一领导、社会参与、调解优先、属地管理"的原则,以实事求是的态度消除隔阂、化解矛盾。

发生医疗纠纷后,医患双方当事人可以通过医患双方自行协商解决、向医疗纠纷人民调解委员会(以下简称医调委)申请调解、申请卫生行政部门处理、向人民法院提起民事诉讼以及法律、法规、规章规定的其他途径解决。

第五条 龙岩市成立处置医疗纠纷引发群体性事件领导小组,领导小组负责协调指导医疗纠纷的处置工作。

各县(市、区)应设立相应的领导小组,负责本行政区域内医疗纠纷的处置工作。

各部门应按职责负责医疗纠纷处置相关工作:卫生行政部门负责依法履行对医疗机构管理和医疗服务监管职责,指导、监督医疗机构做好医疗纠纷的处置工作,引导医患双方当事人依法妥善解决医疗纠纷;公安部门负责对医院及周边的治安管理,指导帮助医疗机构加强内部治安保卫工作,依法处理侵害医务人员患者人身安全等扰乱医疗秩序的行为,切实维护正常医疗秩序;司法行政部门负责对医疗纠纷调解工作的指导,牵头组织成立由专职调解员组成的医调委;民政部门负责保障民政、医疗救助对象能够得到及时有效的医疗救助;人力资源与社会保障、财政物价等部门在各自职责范围内,做好医疗纠纷处置工作。

第六条 医调委是依法设立的专业性人民调解组织。

市司法行政部门应当指导当地设立医调委,县级司法行政部门应当指导当地根据实际需要设立医调委,负责本行政区域内医疗纠纷的调解工作。

县级以上司法行政部门应当对本行政区域内医调委的设立情况进行统计,并及时向社会公布医调委的名称、负责人、地址和电话。

县级以上人民政府对医疗纠纷调解工作所需经费、人员、办公场地等给予必要的支持和保障。

各级司法行政部门和卫生行政部门应当加强沟通与协作,加医疗纠纷调解工作的指导。

第七条 医疗纠纷发生后,双方人员可自行协商解决,也可以医疗机构所在地的医调委申请调解;不愿协离、调解的,可以向人民法院提起诉讼。医疗纠纷患者或其近来属的索赔要求有以下情形的:

(一)对一般的医疗纠纷(索赔金额三级医院在人民币1.5万元以下、二级及以下医院在人民币1万元以下),医患双方可以协商解决;

(二)对疑难复杂或重、特大的医疗纠纷(索赔金额三级医院在人民币15万元以上、二级及以下医院在人民币1万元以上),医疗机构不得自行协商处置,须通过医调委进行调处;

(三)请求赔付金额在人民15万元以上的,须经过术鉴定或司法鉴定,并根据鉴定结论进行通处。

不愿意调解或解不成的,建议当事人向人民法院提起诉讼。

第八条 各级卫生行政部门及医疗机构应当按照国务院卫生行政部门规定制定医疗纠纷报告制度,发生医疗纠纷后按要求及时报告,不得瞒报、缓报、谎报。

第九条 医疗纠纷发生后,医疗机构应当根据医疗纠纷的实际情况,采取以下相应措施进行处置:

(一)应患方要求,在医患双方共同在场的情况下,按照《医疗事故处理条例》有关规定封存和启封现场实物及相关文书;

(二)迅速将患方代表约请至医院调解室,进行调解。告知患方有关医疗纠纷处置的途径和程序，患方要求协商解决的，应当告知其推举最多不超过 5 名代表参加协商，并确定 1 名主要代表。调解会议医院分管领导主持，必要时由医院主要领导到达医院调解室，主持调解工作；

（三）医疗纠纷发生后，医院应第一时间组织院内专家讨论，并将讨论意见及时反馈患方；

（四）医疗纠纷处置完毕后，医疗机构应当及时向当地卫生行政部门报告处理结果。

第十条 医患双方在医院内调解无法达成一致意见时，应共同申请医调委调解。

第十一条 医调委对医患双方当事人提出的医疗纠纷调解申请，应当在 ± 个工作日内予以审查；决定受理的，及时答复当事人；不予受理的，应当书面通知当事人并说明理由。医调委受理调解申请后，应当告知双方当事人在调解中享有的权利和承担的义务。

第十二条 有以下情形之一的医疗纠纷调解申请，医调委不予受理；已经受理的，终止调解。

（一）一方当事人已向人民法院提起诉讼的；

（二）卫生行政部门已经受理的；

（三）一方当事人拒绝医调委继续调解的；

（四）因非法行医而引发的纠纷赔（补）偿；

（五）法律、法规禁止采用调解方式解决的。

终止调解的，应当在决定终止调解之日起五日内书面通知当事人并说明理由。

第十三条 医调委受理医疗到纷调解申请后，可以指定 1 名或者数名调解员进行调解，也可以由当事人选择 1 名或者数名调解员进行解。必要时，在征得当事人的同意后，可以邀请人大代表、政协委员或者有关社会组织的人员参与或旁听调解。

当事人对调解员提出回避要求的，经医调委负责人审查符合规定的，应予以更换。

医调委或者其监督管理机关及其负资人认为有应当回避情形的，可直接作出回避决定；调解员认为有应当回避情形的，可以向医调委提出自行回避。

第十四条 医调委受理调解申请后,调解员应当分别向双方当事人及有关专家了解相关事实和情况,并根据需要进行调查核实,相关单位和个人应当予以配合。

第十五条 医调委应自受理调解申请之日起三十日内(不含尸检及鉴定、专家咨询等所需时间)调结。因特殊情况需延长调解期限的,医患双方当事人可共同提出书面申请,由医调委确定延长期限。

对未依法定性、定级的医疗过失,医调委可以在征求相关法律专家、医学专家、医患双方的意见后,比照《中华人民共和国侵权责任法》、《医疗事故处理条例》等相关法律、法规提出赔偿费用参考意见。

第十六条 经医调委调结的医疗纠纷,应当制作调解协议书调解达成协议,必须双方自愿,不得强迫。调解协议书自各方数人签名,盖章或著接指印,调解员签名并加盖医调委印章之日起生效,当事应按约定履行。

双方当事人认为有必要,可以自调解协议生效之日起三十日内共同向人民法院申请司法确认,经过司法确认有效的调解协议,一方当事人拒绝履行或者未全部履行的,对方当事人可以向人民法院申请强制执行。人民法院依法确认调解协议无效的,当事人可通过原医调委变更原协议或者达成新的调解协议,也可以向人民法院提起诉讼。

第十七条 根据医疗纠纷群体性事件的发生情况,实行三级处理制度,分级实施控制措施,动态管理,以达到最佳处置效果。

(一)三级预警处理:医疗纠纷群体性事件初起,纠集人员在20人以下,状况平稳,矛盾尚未激化时。医院应及时报告所在地派出所,由当事医院领导组织医务科、保卫科及有关人员和医院所在地派出所民警、医调委人员做好矛盾纠纷化解处置工作。

要正确区分不同性质的矛盾,努力化解矛盾,防止矛盾激化;要采取因人施策的办法宣传法律政策,讲明道理,教育疏导,努力调解,平息事态。当地派出所会同有关部门迅速做好劝离、疏散聚集人群工作。

(二)二级预警处理:经耐心解释、教育疏导无效,矛盾进步激化,有关当事人大吵大闹,纠集人员在20~50人以内,影响扰乱医院日常工作秩序和社会公共秩序事件。当事医院应依照有关规定及时向当地卫生行政部门报告,当地派出所向当地公安局报告,由当地卫生行政部和公安部门组织相关人员到场参与协调处置。公安部门应立即劝离、疏散聚集人群,对不听劝解者,依法采取有效措施,避免事态进一步发展。

(三)一级预警处理:当事人纠集人数在50人以上,聚众占据医疗机构诊疗、办公场所,严重干扰医疗机构正常工作的;或侮辱、诽谤、威胁、殴打医务人员,或侵犯医务人员人身自由干扰医务人员正常生活的;或停尸闹丧,拒绝将尸体移送太平间或殡仪馆,在医疗场所设灵堂、摆花圈、拉横幅等行为的;或患方在医疗机构内实施打、砸、抢等行为,造成财物损坏等情形由当地卫生行政部门和公安部门分管领导到场,迅速采取有效措施做好工作,及时将事态报告当地党委、政府,通报患方所在地县(市、区)党委、政府。当地公安部门应立即组织充足警力维持医疗机构正常秩序,保障医疗人员合法权益,会同有关部门依法采取有效措施移尸至太平间或殡仪馆,撤除灵堂、花圈、横幅等。当地政府医疗纠纷处置领导小组及相关县(市、区)党委、政府应及时派出分管领导到场处置,并通知当事人所在乡镇人民政府(街道办事处)村(居)委会领导到事发现场,对当事人进行劝导教育,讲明法律法规,劝其自行解散,防止事态恶化。对拒不听劝解,继续聚集医院的人群,当地公安部门应依法采取有效措施。对事件中起组织、策划作用,或严重扰乱医院诊疗秩序情节严重构成犯罪的,由公安部门依法追究其刑事责任。

第十八条 医患双方经医院内调解和医调委调解后仍无法达成一致意见时,医患双方可以照《医疗事该处理条例》向医疗机构所在地的县级以上卫生行政部门申请行政处理。确定为医疗事故的,卫生行政部门应医患双方当事人的请求,可以进行医疗事故赔偿调解。经调解成功的,应当制作调解书,双方当事人应当履行;调解不成或者经调解达成协议后一方不履行协议的,当事人按法律规定直接向医疗机构所在地的人民法院提起诉讼。

卫生行政部门在行政处理过程中发现医疗机构及其医务人员有违法违规行为的,应当依法依规作出处分或者行政处罚。

第十九条 在处置医疗纠纷中,对于经济特别困难的患者在医疗纠纷处置赔付之后,可依法实施医疗救助。

第二十条 违反本办法规定,医疗机构及其医务人员不履行医疗纠纷处置工作职责,或者有侵害患者合法权益的,由卫生行政部门责令改正;情节严重的,对直接负责的主管人员和其他责任人依法给予处理;构成犯罪的,依法追究刑事责任。

第二十一条 患者及其近亲属和其他关系人实施影响医院正常工作秩序行为的，由公安机关依法处理；构成犯罪的，依法追究刑事责任。

第二十二条 医调委的调解员在医疗纠纷调解工作中违反相关规定的，由其主管部门依法追究其相关法律责任。

第二十三条 有关部门及其工作人员在医疗纠纷处理工作中未依法履行相关职责，玩忽职守、滥用职权、徇私舞弊的，由其主管部门或者监察机关对负有直接责任的主管人员和其他责任人依法给予处理；构成犯罪的，依法追究刑事责任。

第二十四条 本办法所称医疗机构，是指依照《医疗机构管理条例》的规定取得《医疗机构执业许可证》的机构。

本办法所称医务人员，是指在医疗机构中依法取得执业资格的卫生技术专业人员，以及为医疗服务提供管理、辅助与支持等相关服务的人员。

本办法所称患方，包括患者、患者直系亲属及其合法委托人，外籍亲属授权委托时需有外国使领馆认证书。

第二十五条 本办法自2014年2月25日起施行。

各县（市、区）人民政府可参照本办法，结合实际，制定本地医疗纠纷处置的具体办法。

龙岩市人民政府办公室关于印发《龙岩市人民政府行政复议案件调解和解规定》的通知

（2010年10月25日 龙政办〔2010〕265号）

各县（市、区）人民政府、市直各行政执法单位：

为进一步发挥行政复议制度在化解行政争议、构建法治政府、创新社会管理、构建和谐社会中的重要作用，依法保障公民、法人和其他组织的合法权益，实现办案法律效果与社会效果的有机统一，依据《中华人民共和国行政复议法》、《中华人民共和国行政复议法实施条例》和《龙岩市人民政府行政复议案件办理程序规定》（龙政办〔2009〕167号）等有关规定，市政府法制办拟定了《龙岩市人民政府行政复议案件调解和解规定》。经市政府同意，现将《龙岩市人民政府行政复议案件调解和解规定》印发给你们，请结合实际，做好本单位行政复议案件调解和解工作。

龙岩市人民政府办公室

二〇一〇年十月二十五日

龙岩市人民政府行政复议案件调解和解规定

第一条 为进一步发挥行政复议制度在化解行政争议、构建法治政府、创新社会管理、构建和谐社会中的重要作用，依法保障公民、法人和其他组织的合法权益，实现办案法律效果与社会效果的有机统一，依据《中华人民共和国行政复议法》、《中华人民共和国行政复议法实施条例》和《龙岩市人民政府行政复议案件办理程序规定》（龙政办〔2009〕167号）有关规定，结合我市实际，制定本规定。

第二条 本规定所称行政复议调解，是指在行政复议过程中，行政复议机关经查明有关行政争议的事实、分清是非，在不违背法律、法规、规章的禁止性规定，不损害国家利益、社会公共利益和他人合法利益的基础上，积极协调并引导案件当事人互谅互让达成调解协议，从而有效化解行政争议的案件处理方式。

本规定所称行政复议和解，是指在行政复议过程中，当事人之间自行达成和解，并经行政复议机关确认准许相关和解内容从而有效化解行政争议的案件处理方式。

第三条 有下列情形之一的行政复议案件，可以组织调解：

（一）公民、法人或者其他组织对行政机关行使法律、法规规定的自由裁量权作出的具体行政行为不服申请行政复议的；

（二）当事人之间的行政赔偿或者行政补偿纠纷。

第四条 行政复议调解遵循以下基本原则：

（一）自愿原则，以当事人自愿为前提，从表达调解愿望开始调解、提出调解方案到达成调解协议全过程，应当充分尊重当事人的意愿。不得采用威胁、压制、限制一方权利等方式强迫当事人进行调解或者造背真实意愿接受调解结果。

（二）合法原则。调解应当按照"以事实为根据、以法律为准绳"原则依法进行，调解程序、调解结果必须符合法律规定，不得损害公共利益、国家利益和他人的合法权益。不得为了调解超越或放弃法定职权。

（三）平等原则。坚持客观、公道、正派，平等对待当事各方，通过说服教育，促使当事各方平等协商、真诚交换意见，平衡各方利益，平息各种矛盾，做到公正合理、不偏不倚。

（四）效率原则。调解应当讲求效率，对各方分歧明显难以达成调解协议的案件，应当及时作出复议决定，不得久拖不决。对一些复杂、敏感、影响面广，可能引起连锁反应的群体性的行政复议案件，坚持原则性与灵活性相结合，努力把行政争议化解在行政程序。

第五条 当事人可以以书面或口头形式向行政复议机关提出调解申请，口头提出的应当记录在案并经当事人签名确认。

案件经办人员也可以根据行政复议案件的具体情况直接组织调解。

第六条 行政复议调解由案件主办人主持，被申请人应当由主要负责人或者委托经特别授权的工作人员参加。申请人或第三人可以委托代理人参加调解。

第七条 案件主办人在组织调解前应当认真查阅案卷，查明案件基本事实以及相关背景情况，分析当事各方提出的理由、证据及法律依据，找准案件争议焦点，有针对性地组织行政复议调解。

第八条 案件主办人在主持调解时，应当善于把握调解时机灵活运用各种调解方法，找到调解的切入点和突破口，引导当事人互谅互让达成调解协议。

第九条 行政复议调解应当制作调解笔录。调解笔录载明以下内容：

（一）当事人基本情况；

（二）争议请求（答复）及理由；

（三）查明认定的事实；

（四）协调结果与依据。

第十条 调解达成一致的，调解笔录应当经当事人签名予以确认。案件经办人应根据调解笔录在5个工作日内作出行政复议调解书。行政复议调解书应当载明行政复议请求、事实、理由和调解结果，并加盖行政复议机关印章。行政复议调解书经双方当事人签字之日起，即具有法律效力。

调解书生效后，当事各方应当自觉履行。任何情况下，当事人不得就同一事项重新申请行政复议。

调解未达成协议或者调解书生效前当事人一方改变达成意愿的，应当在法定期限内作出行政复议决定。

第十一条 在作出行政复议决定之前，属本规定第三条第（一）项规定情形的，申请人和被申请人也可以在自愿、合法的基础上自行达成和解。

申请人和被申请人达成和解的，应当向行政复议机关提交书面和解协议。行政复议机关对书面和解协议内容经审查不违背法律、法规和规章的禁止性规定，不损害国家利益、社会公共利益和他人合法权益的，应准许和解并在5个工作日内作出行政复议终止通知书，终止行政复议案件审理。

第十二条 行政复议调解、和解的当事人对调解、和解事项具有处分权，调解内容或和解协议可能影响第三人的权利行使或要求第三人承担义务的，应当经第三人书面同意并在调解笔录调解书或和解协议上签名予以认可。

第十三条 当事人要求按照和解协议制作行政复议调解书并符合本规定要求的，可以作出行政复议调解书。

第十四条 在调解、和解过程中，当事人为达成一致而妥协认可形成的证据材料，除当事人已根据调解笔录、和解协议履行部分外，如未能以调解、和解方式结案的，不得作为行政复议决定的证据或依据。

当事人要求按照和解协议或调解笔录内容制作行政复议决定书的，不予支持。

第十五条 行政复议案件以调解、和解方式结案，该调解、和解内容对原具体行政行为有所变更的，应在行政复议调解书或终止通知书中对原具体行政行为的效力加以注明。

第十六条 各县（市、区）人民政府、市直各部门办理行政复议案件进行调解和解的，可参照适用本规定。

第十七条 本规定自颁布之日起施行。

龙岩市中级人民法院 龙岩市消费者权益保护委员会 龙岩市司法局关于印发《关于加强工商行政调解、人民调解与诉讼调解衔接工作若干意见》的通知

(2011年8月19日 岩工商综〔2011〕175号)

各县(市、区)人民法院、工商局、司法局、消委会:

为逐步规范我市工商行政调解与人民法院诉讼调解衔接工作,有效整合全市消费纠纷调处资源,增强工商行政调解、人民调解与诉讼调解在化解消费纠纷中的合力,充分发挥工商行政调解、人民调解、诉讼调解的互动作用,为广大消费者营造和谐消费环境,保障和改善民生、促进社会和谐进步,经市中级人民法院、市工商行政管理局、市司法局、市消委会共同研究,联合制定《关于加强工商行政调解、人民调解与诉讼调解衔接工作的若干意见》,现将《意见》印发给你们,请结合本地实际,认真组织实施。

龙岩市中级人民法院
龙岩市消费者权益保护委员
龙岩市司法局
二〇一一年八月十九日

关于加强工商行政调解、人民调解与诉讼调解衔接工作的若干意见

为建立我市工商行政调解、人民调解与诉讼调解衔接工作,有效整合全市消费纠纷调处资源,形成化解社会矛盾合力,维护社会和谐稳定。根据《中华人民共和国民事诉讼法》、《中华人民共和国人民调解法》、最高人民法院《关于人民法

院民事调解工作若干问题的规定》、《关于建立健全诉讼与非诉讼相衔接的矛盾纠纷解决机制的若干意见》、《关于进一步贯彻“调解优先、调判结合”工作原则的若干意见》及龙岩市委关于《龙岩市全面构建“大调解”工作体系预防化解社会矛盾纠纷的意见》等相关规定，经龙岩市中级人民法院（以下简称市中院）、龙岩市工商行政管理局（以下简称市工商局）、龙岩市司法局（以下简称市司法局）、龙岩市消费者权益保护委员会（以下简称市消委会）共同研究协商，制定本意见。

一、充分认识做好新形势下消费纠纷调解衔接工作的重要性

1. 保护消费者合法权益工作，是工商行政管理部门和司法部门的共同职责。当前，由于法律未赋予行政调解协议和人民调解协议强制执行力，在消费纠纷调处过程中往往容易产生调解协议履行难、易反悔的问题，而一旦经营者不愿履行调解协议，消费者则只能通过向法院起诉来维护自身合法权益，从而大大提高了消费者维权成本，也导致了行政调解资源的极大浪费，因此，做好消费纠纷诉调衔接工作，进一步强化法院诉讼调解、工商行政调解、人民调解在解决消费矛盾纠纷中的职能作用，努力实现“三个调解”优势互补、良性互动，发挥整体合力，对于更好地维护消费者合法权益，防止消费矛盾激化、减少消费投诉、降低诉讼成本、提高消费者维权效能，营造和谐的消费环境都具有重要的现实意义。

二、建立健全组织机构

2. 市中院、市工商局、市司法局、市消委会共同成立诉调衔接工作领导小组，领导小组下设办公室，诉调衔接工作领导小组及其办公室成员由市中院、市工商局、市司法局、市消委共同协商组成。各县（市、区）人民法院、工商局、司法局，消委会也应成立相应机构。

3. 各级诉调衔接工作领导小组应当针对本地消费维权工作的实际问题，对辖区内诉调衔接工作的开展情况进行深入分析研究、及时作出决策部署，要切实做好各部门间的协调和配合工作，在促进组织衔接、部门互动、上下联动、合力调处等方面加大工作力度，以保证诉调衔接工作有条不紊地进行。

三、建立联络沟通机制

4. 各领导小组成员单位通过定期或不定期召开会议、相互走访、信息交流等形式保持联系，每年定期召开一次诉调衔接工作联席会议。

5. 各县（市、区）人民法院、工商局、司法局、消委会每半年召开一次联席会议，各片区法庭庭长、工商所所长、司法所所长、消委分会会长每季度召开一次联席会议加强协作。

6. 各县（市、区）工商局及其基层工商所、消委分会与县（市区）人民法院及其基层人民法庭每月以书面形式互送矛盾纠纷排查调处情况通报，切实加强沟通和联系，共同商讨加强12315行政调解工作的措施，研究解决诉调衔接过程中的新情况、新问题。

四、建立培训指导机制

7. 工商局、消委会应联合人民法院、司法局每年组织一次对12315调解员的法律知识培训。

8. 人民法院负责指导12315调解员调解重大疑难矛盾纠纷、可通过采取集中培训、旁听法院庭审等方式，对调解员进行法律法规和技能培训、指导调解员制作规范的12315行政调解协议书、组织调解员观摩庭审。

五、建立诉调衔接制度

9. 人民法院与工商局、司法局、消委会开展诉调衔接工作机制，应遵循自愿、平等、公平、诚实信用和合法原则，依法调处消费纠纷。

10. 工商局、消委会关于涉消费维权纠纷调解衔接方面的工作接受人民法院、司法局业务指导。

11. 诉前调解。未经工商局、消委会调解的涉消费维权纠纷，法院在收到起诉状或口头起诉之后正式立案之前，对于有调解可能的案件，立案法官应当积极引导并在征得各方当事人同意后进行立案预登记，并将案件材料移送工商局或消委会进行诉前调解。经调解达成调解协议的，工商局、消委会应当制作调解书，送达当事人；经调解达不成协议的，工商局、消委会应当制作终止调解通知书，送达当事人，并将案件材料移交法院，法院应当及时立案。

12. 协助调解，法院在审理涉消费维权案件中，征得当事人同意后，可以邀请工商局、消委会参与协调、共同调解；工商局、消委会在处理重大、疑难涉消费维权纠纷时，也可以邀请人民法院参与调解、提供法律意见。

13. 委托调解。人民法院在审理涉消费维权案件过程中，在征得当事人同意后，可以委托工商局、消委会调解，工商局、消委会应在委托期限内召集当事人进行调解。委托调解达成协议的，及时交由委托法院审查确认；无法达成协议的，及时交由法院依法审理。

六、建立司法确认程序

14. 工商局、消委会调解涉消费维权纠纷等案件，对双方当事人已达成调解协议的，在下列情况下可以引导当事人申请法院对调解协议的合法性进行审查并予以确认：

(1)调解协议不能一次性履行完毕的；

(2)双方当事人可能反悔的；

(3)双方当事人都认为有必要对调解协议进行确认且均表示同意的；

(4)工商部门认为有必要的。

15. 当事人申请法院进行调解确认的，应当向人民法院提交民事协议效力确认申请书、调解协议书、身份证明材料、送达地址、联系电话等，人民法院在收到申请后应当及时按法律规定程序对达成协议时当事人双方是否自愿、协议内容是否合法等内容进行审查。

16. 人民法院受理当事人申请确认调解协议效力的案件后，应自收到申请后4个工作日内进行审查确认；法院对变更、撤销或无效的调解协议及其原因，应当以适当方式向主持调解的工商部门反馈。

17. 人民法院对调解书进行确认后，应及时将生效的裁判文书寄送原承办的工商局12315机构，并可就审理中发现的问题提出建议。

18. 经人民法院依法确认的调解协议具有与民事判决书同等的法律效力，当事人一方不自觉履行协议的，另一方当事人可以直接申请人民法院强制执行。

19. 人民法院对调解协议司法确认案件不收取诉讼费用。

七、健全长效工作机制

20. 各县(市、区)人民法院可由立案庭、民一庭或民二庭负责，设立消费者维权合议庭或巡回法庭派驻所在地工商局直接负责诉调对接工作，人民法院、工商局、司法局应各指定数名干部作为日常工作的联系人。

21. 各县(市、区)人民法院应定期对本辖区内涉及工商行政调解协议的民事案件数量(包括邀请12315调解员协助诉讼调解和委托调解的案件)进行分类统计，并对审理这类案件中的经验做法、存在问题进行分析总结，报送市中院。

22. 各县(市、区)工商局、消委会应定期对本辖区内行政调解案件、消委会人民调解案件数量(包括调解达成协议及未达成协议)进行统计，并对调解工作中的经验做法、存在问题、未能达成调解协议的原因等进行分析总结，形成书面材料,汇总后报送市工商局、市消委会。

23. 市中院、市工商局和消委会对全市诉调工作情况进行统计、汇总后,可以采用座谈会、研讨会等形式,交流诉调衔接工作经验和做法,加强对新情况、新问题的研究,共同探讨解决衔接工作中存在问题的对策和方法。

24. 各级法院、工商局及消委会应定期对诉调衔接工作情况进行考评,对工作表现突出、工作成绩显著的个人和集体进行表彰和奖励,对典型案例和先进事例应及时进行宣传报道。

25. 各县(市、区)人民法院、工商局、司法局、消委会可以结合本地实际,制定实施细则。

26. 本意见自印发之日起执行。

宁德市人民政府办公室关于进一步规范和加强行政机关行政调解工作的意见

(2010年11月22日 宁政办〔2010〕281号)

各县(市、区)人民政府、东侨开发区管委会,市政府各部门、各直属机构:

为积极构建社会主义和谐社会,充分发挥行政调解在化解矛盾、解决争议、维护稳定方面的优势,促进我市经济社会全面协调可持续发展,根据相关规定,现就进一步规范和加强我市行政机关行政调解工作提出如下意见:

一、行政调解的原则

行政调解工作是新时期党和政府为人民服务、联系群众、维护群众切身利益的新纽带,是化解行政争议纠纷、维护社会和谐稳定的新机制,是创建法治政府的新措施。行政调解是指行政机关在法定职权范围内,为更好地行使行政职责,以法律、法规、规章和政策为依据,以当事人自愿为原则,通过对争议各方的说服和劝导,使各方当事人互谅互让、平等协商、达成协议,从而妥善解决争议的活动。加强和规范行政机关的行政调解工作,必须遵循以下原则:

(一)自愿原则。行政调解要建立在当事人自愿的基础上,自愿应当贯穿于调解的全过程,自愿还表现为尊重当事人对调解方式、调解方法的选择。

(二)合法原则。行政机关要公平、公正地化解纠纷,有效地保护各方当事人的合法权益。调解的内容不得违反法律禁止性规定,不得损害国家利益、社会公共利益和他人的合法权益。

(三)预防和化解并用、排查和调处并行原则。建立健全行政争议纠纷排查机制,实现排查工作常态化。通过深入细致的排查工作,全面准确掌握本地区、本部门、本系统实际存在和可能发生的行政争议纠纷。认真制订调解方案,及时妥善化解,努力把争议纠纷消灭在萌芽状态,有效防止行政争议纠纷转化为群体性事件。

(四)依法调解和依法处理相结合的原则。除法律、法规、规章另有规定的外,行政调解不是行政机关处理特定矛盾纠纷的必经程序。对不宜调解或者经调解达不成协议的,行政机关应当依法予以处理。

二、行政调解的范围

依法可以调解的治安案件、交通事故损害赔偿争议的事项;土地、林木、矿产等自然资源权属争议的事项;土地、林地、水面等承包经营权争议的事项;征用、征收土地房屋发生的安置补偿争议的事项;劳动、人事争议的事项;消费、产品质量争议的事项;医疗事故赔偿争议的事项;其他依法可以调解的争议事项。

三、行政调解的程序

(一)行政调解的启动。行政调解启动可以由一方当事人申请,也可以由行政机关依职权提出。但不论采取哪种方式,都必须征得双方当事人同意。

(二)行政调解的受理。调解申请经双方当事人同意后,行政机关应予受理,并告知当事人调解的起止时间,调解时限一般不超过60天。

(三)行政调解的组织和协调。行政机关受理行政调解后,应当及时告知当事人依法享有的权利、应当遵循的程序,以及行政调解应当注意的事项和正确途径,使当事人明确行政调解的有关要求,帮助当事人正确行使自己的权利。

行政机关应当指派具有专业知识和调解经验的专门人员主持调解工作,调解主持人应当积极引导当事人进行当面协商。调解的方式、方法可灵活多样,既可邀请行政机关的经办人员、主管负责人参加,也可邀请当事人所在基层组织以及其他与案件处理有关的社会力量参与调解处理。涉及到第三人切身利益的纠纷还可邀请第三人参加调解。重大、复杂、群众关注的行政纠纷,行政机关还可以邀请相关专家参加调解。

在调解过程中,调解主持人要认真听取双方当事人的陈述、申辩和质证,分析并归纳双方争议的焦点,据此对当事人进行说服、劝导,以引导双方达成谅解。

对重大、复杂以及群众关注的行政调解案件,行政机关应当制作调解笔录,全面、客观地记载调解的过程、内容。调解笔录应当由参与调解的人员签名。

(四)调解协议的签订。调解达成协议后,双方当事人应当签订书面调解协议。调解协议应当包括以下内容:当事人的姓名或者单位名称,法定代表人姓名、职务;争议的案由及主要情况;当事人协议内容和调解结果;其他需要约定的事项。

调解协议不得对各方当事人增设超过法律法规规定的权利和义务。

(五)调解协议的签字盖章。调解协议须经行政机关认可,加盖行政机关印章,当事人签字或者盖章,即对调解当事人具有约束力,当事人应当自觉履行。调解协议书当事人各执一份,行政机关留存一份备案。

(六)调解未达成协议的纠纷的处理。调解未达成协议或者调解协议生效之前一方反悔的,行政机关应当终结调解。

(七)调解结果的回访。行政机关对达成的调解协议,应当及时组织对各方履行调解协议的结果进行回访,注意发现问题,督促调解协议的实现。

四、工作要求

(一)具有调解纠纷职能的行政机关应当充分履行工作职责。要建立调解组织,安排具有法律知识、专业知识、经验丰富的调解人员,依照国家有关法律、法规和政策规定,对其行政管理职权范围内的特定矛盾纠纷加强行政调解,当调则调,调裁结合,及时解决问题,就地化解矛盾。

公安、信访、司法、民政、工商、劳动和社会保障、人事、国有资产、经贸、交通、卫生、教育、农业、规划、建设、民族宗教、环保、国土资源和房产管理等部门是行政调解的重点单位。上述单位要针对自身管理职权范围内的特定矛盾纠纷,根据本部门工作实际,遵循调解优先的原则,制定具体调解办法。

(二)提高行政调解员职业化和专业化水平。加大对行政调解员的教育培训工作,按照"分级负责、条块结合,以块为主,重在实效"的原则,围绕行政调解员应当具有的基本知识、基本素质和基本能力有计划地开展培训,逐步使行政调解员达到"四懂"(懂方针政策、懂法律法规、懂业务知识、懂调解技巧)、"四会"(会预防、会调查、会调解、会制作调解文书)，不断提高行政调解员对各类行政争议纠纷的化解能力、对重大行政争议纠纷的管控能力、对突发行政争议纠纷的应急能力，切实提高行政调解工作水平。

(三)创新行政调解工作机制，建立行政机关内部"接待人员调解、责任部门调解、分管领导调解"的三级调解机制。把行政调解与创建法治政府相结合，与人民调解、司法调解相结合，充分发挥"大调解"体系的整体功能，形成化解行政争议纠纷的合力，共同解决涉及多个部门(系统)的行政争议纠纷和涉稳隐患，实现信息互通、资源共享，确保重大争议纠纷案件的稳妥化解。

(四)各级行政机关要高度重视行政调解工作。行政调解人员要耐心细致地做好调解工作，在调解过程中，做到公正、廉洁，不得徇私舞弊，不得吃请受礼。对因调解工作失误或者不当引起矛盾纠纷激化，影响社会稳定的，将依法追究行政机关负责人及调解人员的相应责任。

二〇一〇年十一月二十二日

行政调解
相关规范性文件汇编

（下册）

司法部人民参与和促进法治局　编

XINGZHENG TIAOJIE

XIANGGUAN GUIFANXING WENJIAN HUIBIAN

法律出版社
LAW PRESS·CHINA

目　　录

重庆市

四川省

贵州省

云南省

陕西省

青海省

宁夏回族自治区

新疆维吾尔自治区

·江 西 省·

江西省人民政府办公厅关于推进行政调解工作的实施意见

（2012年8月3日 赣府厅发〔2012〕61号）

为深入贯彻落实《国务院关于加强法治政府建设的意见》（国发〔2010〕33号）精神，充分发挥行政调解的功能与作用，有效预防和化解社会矛盾，促进我省经济发展和社会和谐稳定，经省政府同意，现就推进我省行政调解工作提出如下实施意见：

一、充分认识加强行政调解工作的重要意义

行政调解是由行政机关主持或主导，依据法律、法规和政策的规定，主要以行政争议和民事纠纷为对象，在查清事实和厘清责任的基础上，对争议和纠纷当事人进行说服劝导，促其通过协商和互谅互让，化解争议和纠纷的活动。加强行政调解工作，是密切党和政府与人民群众联系、增进社会和谐的重要途径，是加强和创新社会管理、加快建设法治政府的迫切需要。当前，我省处于科学发展、绿色崛起的关键时期，经济社会各领域的改革进入攻坚阶段，社会结构和利益格局深刻调整，社会矛盾化解面临许多新情况、新问题，必须积极运用调解手段，促进矛盾纠纷有效解决。各地、各部门要从改革发展稳定的大局出发，充分认识新时期加强行政调解工作的重要性和紧迫性，把推进行政调解工作作为贯彻落实科学发展观、构建社会主义和谐社会的新举措，作为化解社会矛盾、创新社会管理的新方法，摆在更加重要的位置，进一步加大力度，提升水平，发挥其更大的作用。

二、行政调解工作的范围、原则和程序

（一）行政调解的范围。主要包括：行政机关或者法律法规授权的具有管理公共事务职能的组织，与公民、法人或者其他组织之间产生的行政争议；公民、法人或者其他组织之间产生的依法由行政机关调解的民事纠纷。

（二）行政调解的原则。

1. 自愿原则。充分尊重各方当事人意愿，不得强迫当事人接受调解方式或调解结果。

2. 合法原则。遵循法律、法规、规章和政策的规定，不得损害国家利益、公共利益和他人合法权益。

3. 公平公正原则。兼顾各方当事人的合法权益，平等协商处理利益纠纷，体现公平正义。行政机关作为当事人一方时，与行政相对人的地位平等。

4. 注重效果原则。行政调解要提高工作效率，简化调解程序，促成双方当事人达成调解协议，化解社会矛盾纠纷，实现定纷止争、案结事了。

（三）行政调解的程序。根据案情复杂和调解难易程度，行政调解工作可分为简易程序和一般程序。对于案情简单、当场能够解决的争议纠纷，适用简易程序，行政机关可以当场制作行政调解书，并交付当事人。案情复杂、当场不能解决的争议纠纷适用一般程序。一般程序通常应包括以下几个步骤：

1. 申请。行政调解可书面申请，也可口头申请；可由一方当事人申请，也可由行政机关依职权提出，但必须征得各方当事人同意。

2. 受理。行政机关收到行政调解申请后，应及时决定是否受理并告知当事人。两个以上行政机关收到同一行政调解申请的，由具有相关管理职能的行政机关受理；属于两个以上行政机关有权管辖的，由最先收到行政调解申请的行政机关受理。

3. 调解。行政机关受理行政调解后，应及时告知当事人依法享有的权利、遵循的程序及相关事项。在查明事实，分清责任的基础上，分析并归纳各方争议的焦点，依据法律、法规、规章及有关政策，对当事人进行说服、劝导，引导当事人消除争议，达成调解协议。行政机关主持调解工作时，可邀请当事人所在的基层组织以及其他与案件有关的社会力量参加调解；重大、复杂、群众关注度高的争议纠纷，可邀请相关专家参加调解，保证调解的中立性和客观性。对争议纠纷基本事实有异议的，行政机关可采取听证、现场调查等方式调查取证。

调解达成协议的，行政机关应制作行政调解书。行政调解书内容包括当事人申请调解事项、查证的事实、调解结果、双方当事人的签名或盖章等；行政调解书应加盖调解机关印章或行政调解专用章。对在规定时限内达不成调解协议或一方当事人不愿意继续调解的，行政机关应当制作终止行政调解决定书，并交付当事人。行政机关终止行政调解的,应依法作出处理或引导当事人通过行政复议、仲裁和诉讼等渠道解决。

各级行政机关要根据行政复议、行政诉讼等法定救济权利的时效和行政调解工作实际,确定本地区、本系统行政调解时限。

三、行政调解工作的职责分工与保障

各级政府要按照“属地管理、分级负责”的原则,建立由政府负总责、政府法制机构牵头、各职能部门为主体的行政调解工作体制,做好行政争议与民事纠纷的化解工作。

(一)各级政府对行政调解工作负总责。各级人民政府要认真落实党中央、国务院和省委、省政府有关化解争议与纠纷的规定,建立行政调解工作联席会议制度,联席会议由政府法制机构牵头,监察、公安、司法、人力资源社会保障、卫生、国土资源、工商、民政、住房城乡建设、教育、财政、交通运输、农业、林业、水利、商务、环保、税务、质量监督、安全生产监管、食品药品监管、信访等部门为成员单位,定期研究解决行政调解工作涉及的问题。各级人民政府要将行政调解工作经费纳入财政预算予以保障。

(二)各级政府法制机构承担牵头任务。政府法制机构负责本地区行政调解工作的统筹协调、信息汇总、情况通报、政策研究、经验交流及督查考核等日常工作。要研究制定行政调解规章制度,使行政调解工作有序开展;汇总分析下级政府和本级政府各部门的行政调解工作情况,并向本级政府报告;加强对政府各部门的指导协调,加大对行政调解工作的督办力度。政府法制机构要加强对行政调解工作人员的培训,不断提高行政调解工作人员对各类行政争议与民事纠纷的预判管控能力、应急处理能力,切实提高行政调解工作水平。

(三)政府各部门是行政调解主体。行政调解实行“谁主管、谁负责”。各部门要切实履行好与本单位行政管理职能相关的行政调解职能,切实做到行政调解与依法履职相结合;特别是公安、司法、民政、人力资源社会保障、卫生、工商、住房城乡建设、交通运输、国土资源、农业、林业、水利、环保、安全生产监管等行政调解任务较重的部门,要建立“一把手”负总责、分管领导具体抓、法制工作机构牵头、相关业务处室为主要调解力量的工作体制,确保“有人管事、有人干事”。要根据部门实际和行业特点,积极探索有效化解争议纠纷的行政调解方式,建立案件申请、受理、调处、回访、登记统计、立卷归档和信息报送等制度,确保行政调解工作常态化、规范化。

各级行政复议机关要根据《中华人民共和国行政复议法实施条例》规定的调解原则，在不损害国家利益、公共利益和他人合法权益的前提下，按照调解优先原则解决行政争议。

四、加强领导，落实责任

各级人民政府及其部门要切实加强对行政调解工作的组织领导，认真履行职责，严格落实行政调解工作责任。各级人民政府及其部门的主要负责人是本地区、本部门行政调解工作的第一责任人，要亲自指导协调化解重大争议与纠纷，定期听取行政调解工作情况汇报，研究解决存在的困难和问题。要严格考核问责，对工作成绩突出的单位和个人进行表扬；对组织不得力、工作不落实、责任不到位的，进行通报批评并限期整改；对因工作敷衍塞责导致发生严重影响社会稳定事件的，要实行责任倒查，严格追究相关人员责任。

各级人民政府及其部门要站在维护我省改革发展稳定大局的高度，切实增强责任感和紧迫感，不断推进和深化行政调解工作，共同努力使行政调解工作取得新实效、实现新突破，为建设富裕和谐秀美江西营造和谐稳定的社会环境。

江西省人民政府办公厅

2012 年 8 月 3 日

江西省人民政府法制办公室关于印发《行政调解文书示范文本》的通知

（2012 年 9 月 28 日　赣府法办字〔2012〕38 号）

各市、县（区）政府法制办，省政府各有关部门法制机构：

为认真贯彻落实省政府办公厅《关于推进行政调解工作的实施意见》（赣府厅发〔2012〕61 号），规范行政调解行为，进一步提高行政调解工作水平，现将行政调解文书示范文本印发给你们，请结合实际，参照执行。在执行过程中遇到新的问题，请与我办行政执法监督处联系。

附件:行政调解文书示范文本

江西省人民政府法制办公室

2012 年 9 月 28 日

行政调解文书示范文本

目　　录

行政调解文书示范文本之一

(行政机关名称)

行政调解卷宗

卷宗类别:　　　　□民事纠纷　　□行政争议

卷　　名：________________

年　　度：________________卷　　号：________________

调 解 员：________________

立案日期：________________结案日期：________________

立 卷 人：________________立卷日期：________________

保管期限：________________

备　　注：________________

行政调解文书示范文本之二

卷 宗 目 录

序号	材料名称	页号	备注

行政调解文书示范文本之三

行政调解申请书

申请人：

自然人姓名：__________；性别：______；年龄：______

工作单位：________________

住　　址：________________

联系电话：________________

法人或其他组织名称：________________

法定代表人:____________;职务:____________

住　　所:________________________

联系电话:________________________

被申请人:

自然人姓名:________;性别:_____;年龄:_____

工作单位:________________________

住　　址:________________________

联系电话:________________________

法人或其他组织名称:________________________

法定代表人:____________;职务:____________

住　　所:________________________

联系电话:________________________

行政调解请求:________________________

____

____

____

____

____

____

____

事实和理由:________________________

____

____

____

____

____

____

特申请____________(行政机关名称)予以调解。

申请人(签字):__________

______年____月____日

行政调解文书示范文本之四

(行政机关名称)
____
行政调解征求意见书(Ⅰ)

根据有关规定,本机关拟对你们______(纠纷案由)______一案依法进行调解。如同意调解,本机关将依法进行调解;调解期间双方当事人必须遵守国家有关法律规定,不得采取过激行为,不得加剧纠纷、激化矛盾。如不同意调解,可依法向有权机关提起行政复议、行政诉讼或者仲裁。

当事人意见:______________________

签名:__________;________年____月____日

当事人意见:______________________

签名:__________;________年____月____日

行政机关印章

________年____月____日

备注:1. 本意见书于行政机关当场调解和主动调解时使用。

2. 本意见书一式____份,各当事人一份,本机关一份。

行政调解文书示范文本之五

(行政机关名称)
____
行政调解征求意见书(Ⅱ)

____(被申请人)____:

你(单位)与____(申请人)____(纠纷案由)____一案,现(申请人)____向本机关申请调解。如你(单位)同意调解,本机关将依法进行调解;如不同意调解,可依法向有权机关提起行政复议、行政诉讼或者仲裁。

被申请人意见:______________________

____

签名：____________；________年____月____日

行政机关印章

________年____月____日

备注：1. 本意见书于申请人向行政机关申请调解时使用。

2. 本意见书一式____份，各当事人一份，本机关一份。

行政调解文书示范文本之六

(行政机关名称)

行政调解审批表

<table>
<tr><td rowspan="4">申请人</td><td rowspan="2">法人或其他组织</td><td>单位名称</td><td colspan="3"></td><td>法定代表人姓名和职务</td><td></td></tr>
<tr><td>地址</td><td colspan="3"></td><td>电话</td><td></td></tr>
<tr><td rowspan="2">自然人</td><td>姓名</td><td></td><td>性别</td><td></td><td>年龄</td><td></td></tr>
<tr><td>民族</td><td></td><td>职业</td><td></td><td>地址</td><td></td></tr>
<tr><td colspan="2">纠纷类别</td><td colspan="4"></td><td>申请时间</td><td>年 月 日</td></tr>
<tr><td colspan="2">简要情况</td><td colspan="6"></td></tr>
<tr><td colspan="2">请求事项</td><td colspan="6"></td></tr>
<tr><td colspan="2">经办人意见</td><td colspan="6">(签字)：
年 月 日</td></tr>
<tr><td colspan="2">处室负责人意见</td><td colspan="6">(签字)：
年 月 日</td></tr>
<tr><td colspan="2">机关负责人意见</td><td colspan="6">(签字)：
年 月 日</td></tr>
</table>

备注：此审批表用于行政调解受理、不予受理、延期、终结等。

行政调解文书示范文本之七

(行政机关名称)

行政调解受理通知书

编号:____________

______(申请人)______(被申请人)______:

______(申请人)______与______(被申请人)______对______(纠纷案由)______一案提出的行政调解申请,已于________年____月____日收悉。经审查,并征求双方当事人同意,本机关决定予以受理。调解期间,双方当事人必须遵守国家有关法律规定,不得采取过激行为,不得加剧纠纷、激化矛盾。

联系人及电话:____________________________________

联系地址:____

行政机关印章

________年____月____日

备注:此通知书一式份。各当事人一份,本机关一份。

行政调解文书示范文本之八

行政调解权利义务告知书

一、当事人享有如下权利:

1. 行政调解自愿选择权;

2. 陈述、申辩和质证权;

3. 委托代理权;

4. 无偿获得行政调解权;

5. 调解员选择权;

6. 申请和案件有利害关系的调解员回避权;

7. 公开或不公开行政调解选择权;

8. 行政调解不能达成协议的，享有依法提起行政复议、行政诉讼或者仲裁等权利。

二、当事人履行如下义务：

1. 遵守调解纪律；

2. 如实陈述、申辩和质证，不得提供虚假材料；

3. 不得加剧纠纷、激化矛盾；

4. 全面履行生效的行政调解协议。

以上各项权利和义务内容，当事人已全部知悉并自愿遵守执行。

当事人：________

________年____月____日

备注：此告知书随受理通知书一并送交当事人。

行政调解文书示范文本之九

______（行政机关名称）______

行政调解不予受理通知书

编号：____________

______（申请人）______：

你（单位）对____（被申请人）______（纠纷案由）____一案提出的行政调解申请，已于________年____月____日收悉。经审查，你提出的行政调解申请不符合行政调解受理条件，本机关决定不予受理。

你（单位）可依法向有权机关提起行政复议、行政诉讼或者仲裁。

行政机关印章

________年____月____日

备注：此通知书一式二份。申请人一份，本机关一份。

行政调解文书示范文本之十

（行政机关名称）

行政调解调查笔录

第____次调查

共____页第____页

时间____________________地点：____________________________________

案由____

调查人：____________________；____________________________________

记录人：____

被调查人：（基本情况）____

____

____

笔录：____

____

____

____

被调查人（签名）：

________年____月____日

行政调解文书示范文本之十一

（行政机关名称）

行政调解通知书

编号：____________

____________：

你与____________因____（纠纷案由）____一案，已于________年____月

____日受理。请于________年____月____日____时到____________________参加调解。

联系人及电话：____

联系地址：____

行政机关印章

________年____月____日

备注：此通知书一式____份。各当事人一份，本机关一份。

行政调解文书示范文本之十二

（行政机关名称）

行政调解笔录

第____次调解

共____页第____页

时　间：____

地　点：____

案　由：____

申请人（自然人姓名、性别、年龄、职业、单位或住址，法人及社会组织的名称、地址、法定代表人姓名和职务）：

____

____

委托代理人（姓名、性别、年龄、职业、单位或住址）：

____

____

被申请人（自然人姓名、性别、年龄、职业、单位或住址，法人及社会组织的名称、地址、法定代表人姓名和职务）：

____

____

委托代理人（姓名、性别、年龄、职业、单位或住址）：

____

____

其他参加人：____

____

调解员：__________与__________关于__________纠纷一案，经当事人_______申请，并经__________（单位名称）审查，该纠纷涉及事项属本单位行政管理职权范围的事项，可以进行行政调解。

调解员：现对当事人和代理人到场情况进行核对。

申请人：____

委托代理人：____

被申请人：____

委托代理人：____

调解员：现在宣布纪律。当事人、参加人以及旁听人员不得喧哗、吵闹、鼓掌；不准随意走动；不准有实施其他妨碍行政调解活动的行为；行政调解员有权制止任何影响调解进行的行为。

调解员：根据自愿调解原则，双方当事人是否愿意通过行政调解解决双方当事人之间的纠纷？

申请人：____

被申请人：____

调解员：__________与__________关于__________纠纷一案，由（单位名称）进行行政调解。根据有关规定，在行政调解活动中，各方当事人享有下列权利：1. 行政调解自愿选择权；2. 陈述、申辩和质证权；3. 委托代理权；4. 无偿获得行政调解权；5. 调解员选择权；6. 申请和案件有利害关系的调解员回避权；7. 公开或不公开行政调解选择权；8. 行政调解不能达成协议的，享有依法提起行政复议、行政诉讼或者仲裁等权利。同时，各方当事人应履行下列义务：1. 遵守调解纪律；2. 如实陈述、申辩和质证，不得提供虚假材料；3. 不得加剧纠纷、激化矛盾；4. 全面履行生效的行政调解协议。

调解员：当事人对上述权利、义务是否听清楚？

申请人：____

被申请人：____

调解员:今天的行政调解活动,由行政调解员____________、____________主持,记录员____________担任调解记录。各方当事人对行政调解员和记录员是否申请回避?

申请人:____________________________________

被申请人:__________________________________

调解员:现在由双方当事人____________及其代理人陈述事实和理由。

____

调解员:记录调解的过程

____

调解员：经过本机关调解，双方当事人自愿达成如下协议：

____

____

____

____

____

____

____

____

____

____

调解员：对以上协议内容，双方当事人有无异议？

申请人：______________________________________

被申请人：____________________________________

调解员：本机关将根据各方当事人达成的上述协议内容制作行政调解书，当事人应当按照约定履行自己的义务，不得擅自变更或解除协议。（如调解不成，调解员则宣布终结调解）

当事人（签名）：____________；________年____月____日

当事人（签名）：____________；________年____月____日

调解员（签名）：____________；________年____月____日

参加人（签名）：____________；________年____月____日

记录人（签名）：____________；________年____月____日

行政调解文书示范文本之十三

（行政机关名称）

终止行政调解决定书

编号：____________

____（申请人）或（被申请人）____：

你（单位）与________（被申请人）或（申请人）________关于

____________________纠纷一案，本机关于________年____月____日受理。经多次调解，双方当事人未能达成行政调解协议，本机关决定终止调解。

你（单位）可依法向有权机关提起行政复议、行政诉讼或者仲裁。

行政机关印章

________年____月____日

备注：本终结书一式____份。各当事人一份，本机关一份。

行政调解文书示范文本之十四

________（行政机关名称）________

行政调解书

编号：____________

当事人基本情况：（自然人姓名、性别、年龄、职业、单位或住址，法人及社会组织的名称、地址、法定代表人姓名和职务）：

____

____

____

____

案由：____________________________________

纠纷事实：________________________________

____

____

____

____

____

____

____

经本机关主持调解，双方当事人自愿达成如下协议：

____

____

____

____

____

____

____

本调解书经各方当事人签字后生效。

当事人(签名):____________;________年____月____日

当事人(签名):____________;________年____月____日

调解员(签名):____________;________年____月____日

行政机关印章

________年____月____日

备注:本调解书一式____份。各当事人一份,本机关一份。

行政调解文书示范文本之十五

(行政机关名称)

行政调解送达回证

文书名称	
文书编号	
送达人	
送达地点	
签收人	
签收时间	
签收地点	
备注	

江西省人民政府法制办公室关于建立省级行政调解工作联席会议制度的通知

(2012年11月26日 赣府法办字〔2012〕47号)

为深入贯彻《国务院关于加强法治政府建设的意见》(国发〔2010〕33号)精神,充分发挥行政调解的功能与作用,有效预防和化解社会矛盾,促进我省经济发展和社会和谐稳定。根据《江西省人民政府办公厅关于推进行政调解工作的实施意见》(赣府厅发〔2012〕61号)规定,成立省级行政调解工作联席会议制度,联席会议成员如下:召集人:×××省政府法制办主任;成员:略。

联席会议下设协调小组,协调小组设在省政府法制办,组长由省政府法制办副主任兼任,组成人员由联席会议成员相关处室主要负责人组成,协调小组负责日常工作。

江西省人民政府法制办公室

2012年11月26日

江西省人民政府法制办公室关于简化行政调解程序的通知

(2014年8月6日 赣府法办字〔2014〕42号)

为充分发挥行政调解高效、便民的优势,减轻行政调解案件中行政机关及纠纷当事人的程序性负担,及时有效地化解社会矛盾纠纷,进一步推进行政调解工作,根据省综治办、省法制办《关于做好2014年全省行政调解工作的意见》等有

关规定,结合各地、各部门工作中反映的实际情况,现就简化行政调解程序的有关事项通知如下:

一、扩大简易程序的适用范围

各地、各部门开展行政调解工作,要注重提高调解工作效率,简化调解程序,以定纷止争、案结事了、高效便民为目标,结合案件的具体情况,最大限度地适用简易程序,特别是对案件事实清楚、权利义务明确、争议不大的纠纷,原则上都应当适用简易程序。有下列情形之一的,可以适用一般程序:

(一)当事人对适用简易程序有异议的;

(二)权利义务不明确,需要进一步调查取证的;

(三)争议标的金额较大的;

(四)需要履行特定义务的;

(五)群体性纠纷或者纠纷涉及多个部门职能的;

(六)其他案情复杂不适宜简易程序处理的。

二、优化简易程序的操作流程

各地、各部门在具体适用简易程序调解案件时,应当更加注重突出简易程序简便性的特点,简化、优化简易程序的操作流程。

一是简化调解方式。调解时,可以依纠纷当事人的请求,灵活掌握调解时间和地点,可以引导当事人双方自行和解,也可以由调解人员提出调解建议,促成双方达成调解协议。

二是简化文书制作。对能够当场达成调解协议的,行政机关可以通过事先制作格式化调解协议的方式,方便调解人员和纠纷当事人;对能够即时履行、案结事了的案件,也可以不制作行政调解协议,但应当及时登记案件基本情况、保留工作日志和电子记录等原始资料。

三是简化案件核查机制。对适用简易程序的案件,在行政调解案件统计核定时,政府法制机构可以采取抽查工作日志等原始资料、电话回访纠纷当事人等简便方式进行核查。

行政调解适用一般程序的,既要注重程序的规范性,也要兼顾对当事人的便捷性。

为进一步提升行政调解工作水平,我办拟每年开展行政调解培训及十大行政调解典型案例评选等活动,适用简易程序的调解案件也可参加典型案例的评选。

各地、各部门法制机构对上述规定或者在行政调解工作中有任何意见或者建议的，可直接与省政府法制办行政调解工作处联系。

江西省人民政府法制办公室

2014年8月6日

江西省人民政府法制办公室关于做好国有土地上房屋征收与补偿纠纷行政调解机制创新试点工作的通知

（2014年12月29日 赣府法办字〔2014〕60号）

抚州市政府法制办、抚州市政府房屋征收部门：

为认真落实省综治办、省政府法制办联合印发的《关于做好2014年全省行政调解工作的意见》，加强国有土地上房屋征收与补偿纠纷领域行政调解工作，创新调解工作机制，及时有效地化解房屋征收与补偿纠纷，省政府法制办、省住房与城乡建设厅决定在抚州市开展国有土地上房屋征收与补偿纠纷行政调解机制创新试点工作。为认真做好试点工作，现就有关事项通知如下：

一、充分认识行政调解在化解国有土地上房屋征收与补偿纠纷工作中的重要性

国有土地上房屋征收与补偿工作，事关群众的切身利益，事关城市的发展建设，是社会公众高度关注的热点，也是矛盾纠纷比较集中的领域。行政调解是化解社会矛盾纠纷的有效途径，也是政府实现柔性治理的重要载体。扎实开展好国有土地上房屋征收与补偿纠纷行政调解工作，创新调解工作机制，有效预防和化解房屋征收与补偿争议纠纷，对保障被征收人的合法权益、密切政府与人民群众的联系、创新社会治理体系、促进我省城镇化健康有序发展都有着非常积极的作用。为此，试点地区和单位要进一步提高对开展试点工作重要性的认识，切实增强做好试点工作的责任感和使命感，以试点工作为突破口，不断完善行政调解工作机制，增强行政调解工作的专业性和高效性，提高行政调解的成功率和补偿协议的签订率，实现国有土地上房屋征收与补偿工作的平稳有序推进。

二、创新国有土地上房屋征收与补偿纠纷调解工作机制的主要内容

一是建立房屋征收与补偿纠纷调解联席会议制度。征收项目确定后，实施征收的市、县级政府应当组建由政府法制机构、房屋征收部门、房屋征收实施单位、征收所在地社区、街道及相关部门工作人员组成的纠纷调解联席会议组织，并主动邀请当地法院、人民调解组织及房地产价格评估专家、政府法律顾问参加。调解联席会议应当不定期分析研判征收补偿工作中可能发生的潜在矛盾因素，有针对性地提出防范措施或者解决对策，对发生的群体性争议纠纷要主动开展多部门、多主体的联动调解。

二是完善矛盾纠纷排查机制。市、县级人民政府在作出房屋征收决定前，应当严格依照国务院《国有土地上房屋征收与补偿条例》规定，执行公开征求意见、听证会、社会稳定风险评估等法定程序，充分听取吸纳被征收人意见。在听取群众意见的过程中，房屋征收部门应当邀请纠纷调解联席会议的其他成员参加，及早收集掌握潜在的争议苗头，及时沟通争议纠纷的预警信息，并区分不同的诉求类型，有针对性地通过法律咨询、政策宣传、修改补偿方案等方式预防和减少矛盾纠纷的发生。

三是积极引入第三方调解机制。试点地区可以学习我省医患纠纷人民调解委员会的经验，组建城市房屋征收补偿纠纷人民调解组织，为房屋征收补偿工作提供全程服务。房屋征收部门应当积极引导支持人民调解组织、人民调解员参与房屋征收补偿纠纷调解工作，充分利用他们在化解家庭共有产权纠纷、安置补偿款分配纠纷、租赁房承租纠纷等民事纠纷方面的调解优势，及时化解与房屋征收补偿相关的家庭纠纷，为房屋征收补偿协议的达成减轻阻力、扫清障碍。

四是建立政府补偿决定作出前的行政调解机制。房屋征收是政府行为。根据国务院《国有土地上房屋征收与补偿条例》规定，房屋征收部门与被征收人在征收补偿方案确定的签约期限内达不成补偿协议的，由房屋征收部门报请政府作出房屋补偿决定。在政府作出房屋补偿决定之前，政府法制机构应当主动作为，及时开展行政调解工作，组织房屋征收部门与被征收人双方就补偿问题进行协调磋商，调解时可以邀请人民调解员、法官参加，通过多方努力力争促成房屋征收补偿协议的达成。

五是发挥行政复议机关行政调解职能。被征收人对补偿决定不服的,有关行政机关要在保证被征收人享有充分诉权的同时,积极引导被征收人选择行政复议程序解决行政争议。行政复议案件受理后,行政复议机关要根据《中华人民共和国行政复议法实施条例》规定的调解原则,在不损害国家利益、公共利益和他人合法权益的前提下,优先通过行政调解方式化解房屋补偿行政争议。经行政复议机关调解达成协议的,作出补偿决定的行政机关应当撤销原补偿决定。

六是积极配合人民法院做好行政案件诉前、诉中的协调工作。被征收人因不服政府作出的房屋征收、补偿决定诉至法院的,房屋征收部门对法院在行政诉讼立案阶段提出的协调意见,应当认真对待、积极履行;对法院指出的问题,应当立即核实、主动改正、消除负面影响;对因行政行为被诉可能引发重大矛盾纠纷的,应当立即将有关情况向主管领导汇报。政府法制机构要发挥好对本级政府和所属工作部门涉诉行政争议化解工作的统筹协调作用,做好涉诉行政争议化解工作。

三、试点工作要求

一要加强对试点工作的组织领导。要建立由政府负总责、政府法制机构牵头、房屋征收部门为主体的房屋征收与补偿纠纷调解工作体制。市、县级政府应当做好统筹协调,为试点工作提供必要的政策、资金和场所支持。政府法制机构应当履行好牵头职责,研究解决试点工作中存在的一般性问题。政府房屋征收部门应当严格执行征收程序、规范实施征收行为、加大与被征收人的协商力度,依法保障被征收人的合法权益,从源头上减少征收补偿争议纠纷的发生。

二要精心组织实施试点工作。抚州市政府法制办、市政府房屋征收部门应当按照本通知的要求,结合本地区工作实际,在市综治办的领导下,选择确定2个县(区)先期开展试点工作。要指导试点县(区)在今年年底之前出台相关试点工作方案,健全配套工作制度,组建调解联席会议组织和人民调解专业组织,积极稳妥地推动试点工作的开展。2015年下半年在全市推开试点工作。

三要认真总结试点工作经验。试点县(区)和相关单位要定期对试点工作情况进行认真分析总结,归纳提炼工作中的有益经验,及时研究解决试点过程中遇到的问题,不断充实完善机制创新内容,增强行政调解工作效果,推动房屋征收与补偿工作的顺利开展。抚州市政府法制办、市政府房屋征收部门应当加强对试点县(区)工作的指导和帮助,及时发现并推广试点工作中的好做法,有序推动全市试点工作的全面铺开。

试点工作的有关情况,请抚州市政府房屋征收部门每三个月向省住房和城乡建设厅反馈一次。试点过程中遇到的突出问题,请及时与省政府法制办行政调解工作处、省住房和城乡建设厅政策法规处联系。

江西省人民政府法制办公室

2014 年 12 月 29 日

江西省人民政府法制办公室 江西省社会治安综合治理委员会办公室 关于做好行政争议调解工作的试行办法

(2017 年 5 月 5 日　赣府法办字〔2017〕19 号)

各市、县(区)综治办、政府法制办,省直有关单位:

2010 年,国务院《关于加强法治政府建设的意见》明确提出,要建立由地方各级人民政府负总责、政府法制机构牵头、各职能部门为主体的行政调解工作体制,充分发挥行政机关在化解行政争议和民事纠纷中的作用。2012 年,省政府办公厅印发了《关于推进行政调解工作的实施意见》。近年来,在综治机构、政府法制机构的大力推动下,全省行政调解工作取得了一定成效,有效化解了一大批行政争议和民事纠纷,为服务我省改革发展大局、维护社会和谐稳定作出了积极努力。但从当前各级政府行政复议、行政应诉案件数量成倍增长的现状看,与人民群众对解决争议纠纷的实际需求相比,行政调解工作在推进力度和社会影响方面仍有较大差距,在化解社会矛盾纠纷方面仍有较大作为空间。

2015 年 12 月,中共中央、国务院印发的《法治政府建设实施纲要(2015 ~ 2020 年)》,中央办公厅、国务院办公厅印发的《关于完善矛盾纠纷多元化解机制的意见》以及省委、省政府的相关配套文件,都对行政调解工作提出了更加明确的任务和要求。为充分发挥行政调解在化解行政争议中的作用,挖掘政府法制机构的专业优势及职能部门的主动性,现就做好行政争议调解工作制定本试行办法。

一、行政争议调解的案件来源及范围

(一)行政复议申请案件,可以在依法受理前,通过向申请人释明行政调解制度引导申请人自愿选择行政调解程序解决行政争议。对属于政府及部门行政复议受案范围却因超期无法通过法定复议程序解决的行政争议,根据双方当事人意愿可以开展行政调解。

(二)根据人民法院在诉前或者诉中的委托或者邀请,参与或者组织开展行政调解。

(三)政府交办的行政争议案件。

(四)其他依法可以调解的行政争议。

二、不适用行政争议调解的事项

(一)人事争议、内部管理纠纷等非行政争议事项。

(二)已经通过信访、诉讼、仲裁、行政复议等途径作出结论性意见、裁决、决定的事项。

(三)正在其他机关信访、诉讼、仲裁、行政复议审理、处理程序中的事项。

(四)没有可调解内容或者调解诉求不明确的事项。

(五)其他不宜调解的事项。

三、行政争议调解机关的确定

(一)行政复议案件的案前调解,及超出行政复议申请期限的行政争议事项调解,行政复议机关是政府的,由政府法制机构组织调解;行政复议机关是政府部门的,由相关部门组织调解。

(二)人民法院委托或者需要行政机关协同调解的行政争议案件,由受委托的相关部门或者机构组织调解。

(三)涉及多个行政机关职责的行政争议,政府可以指定相关部门或者机构牵头组织调解,其他机关参与调解。

四、行政争议调解原则和调解程序

(一)调解原则。行政争议调解应当遵循自愿、合法,公平、公正,及时、便民,注重效果的原则,不得强迫当事人接受调解方式或者调解结果,不得损害国家利益、公共利益和他人合法权益。

（二）调解程序。根据争议案情复杂和调解难易程度，可以分为简易程序和一般程序。对案件事实清楚、权利义务明确、争议不大的，适用简易程序，主持行政争议调解的组织可以协助当事人自行和解、即时履行或者当场制作调解协议交付当事人。一般程序通常包括启动、调解及协议的签订和履行等环节：

1. 启动。除人民法院委托调解或者政府交办调解的，直接启动调解程序外，一般应当经以下步骤启动调解程序：

①申请。由行政争议相对人向政府法制机构或者政府部门提出行政调解申请。申请主要以书面形式提出，也可以口头形式，以口头形式提出的，应当制作笔录，由申请人签名确认。行政复议案件申请人同意立案前调解的，行政复议程序暂不启动。

②受理。政府法制机构或者政府部门应当自收到申请人提出的行政调解申请之日起 3 个工作日内，书面征询行政争议所涉行政机关的调解意愿。有关行政机关同意调解的，应当自收到书面征询意见函之日起 10 日内提交有关案件基本情况、证据材料及协商处理方案等书面材料。行政机关 10 日内未提交相关书面材料的，视为拒绝调解。收到行政机关相关书面材料后，政府法制机构或者政府部门应当及时受理并书面告知申请人。

③报告。对群体性的行政争议案件或者在本辖区有重大影响的行政争议案件，政府法制机构或者政府部门在受理前还应当报请本级政府。

2. 调解。政府法制机构或者政府部门受理行政调解申请后，应当明确 2 名以上工作人员开展以下调解工作：

①事实调查。对当事人双方提供的行政争议所涉证据材料进行书面审查，就争议事实充分听取各方意见。对基本事实有疑义的，可以开展实地调查；对重大、复杂的案件，可以组织听证。在查明事实，分清责任的基础上，分析并归纳各方争议的焦点。

②方案协商。行政调解工作人员应当就被申请人在受理阶段提出的协商处理方案内容征询申请人意见。申请人有不同意见的，调解人员既可以与双方当事人分别单独协商，也可以召开调解会议共同面对面协商，依据法律法规及有关政策，对双方当事人进行说服、劝导，引导双方当事人消除争议，达成调解协议。召开调解会议的，行政调解工作人员应当即时制作调解会议记录，交双方当事人

签字后存档。

③联合调解。要充分发挥引发行政争议的行政机关化解争议纠纷的主观能动性,该行政机关法制机构或者法律顾问应全程跟进案件调解工作,及时将调解进程、申请人调解诉求等情况向行政机关负责人汇报,并将行政机关的反馈意见及时报送组织调解的政府法制机构或者政府部门。必要时,可以邀请该行政机关负责人参加调解会议与申请人进行面对面协商。

重大、复杂、群众关注度高的争议纠纷,还可以邀请申请人所在的基层组织、其他与案件有关的社会力量和相关专家参加调解,保证调解的中立性和客观性。

3. 协议的签订和履行。通过行政调解,争议双方达成一致意见的,政府法制机构或者政府部门应当在7个工作日内制作行政调解协议。行政调解协议内容包括当事人申请调解事项、案件事实、调解结果、双方当事人的签名或盖章等。对能够即时履行、当事人自行和解,或者当事人认为没有必要的,可以不制作行政调解协议,但应当及时登记案件基本情况、保留会议记录等原始资料。行政争议相对人认可原行政行为或者行政机关按照协议改变原行政行为的,行政争议相对人应撤回行政复议申请或撤回起诉;行政机关改变原行政行为,应当撤销原行政行为,重新作出行政行为。政府法制机构或者政府部门应当跟踪督促行政调解协议的实际履行,力争实现案结事了。

4. 终止。行政调解期限一般不超过45日,重大复杂、当事人申请延长调解期限的,可以延长15日。对在规定期限内达不成调解协议或一方当事人不愿意继续调解的,政府法制机构或者政府部门应当制作终止行政调解书,并交付当事人。终止行政调解的,行政调解工作人员应当引导当事人依法通过行政复议、仲裁、诉讼、信访等渠道解决。开展行政复议立案前调解工作的,应当注意做好与行政复议程序的依法有序衔接。

5. 报告。对政府交办的事项,负责组织调解的部门或者机构应当在达成行政调解协议后或者调解终止之日起的5个工作日内,形成行政调解工作报告呈报政府。

五、工作要求

(一)进一步树立调解优先理念。做好行政争议调解工作,是密切党和政府与人民群众的联系、增进社会和谐稳定的重要途径。各地、各部门要树立调解优先的理念,对行政管理过程中遇到或发现的行政争议以及与行使行政职权有关的民事纠纷,优先选择调解方式解决。各级政府要认真落实党中央、国务院和省委、省政府有关化解争议与纠纷的规定,按要求保障行政调解工作经费,加强行政调解人员队伍建设。各级政府部门要充分发挥行政调解的主体作用,对涉及本部门职权的争议纠纷及时发现、及早介入,积极、主动地引导当事人采用调解和解方式法治化解决。

(二)进一步推动调解工作创新。目前国家规范行政调解工作的专门法律法规尚未出台,有关行政调解的原则程序、工作模式和有关制度等仍处在探索之中。各地、各部门要从工作实际出发,大胆尝试、积极创新,努力形成多元衔接、合力共调的工作格局。作为政府推进行政调解工作的牵头机构,各级政府法制机构既要认真履行好对本行政区域内行政调解工作的指导、督促、研究和协调等职责,更应积极发挥自身的职能作用,勇于担当、主动作为,及时有效化解具体行政争议,为政府分忧、替百姓解难,以自身的示范行为带动政府部门共同推动行政调解工作的深入开展。

(三)进一步加强信息调度等基础工作。各级政府法制机构要依托综治机构的矛盾纠纷调处云平台系统加强对行政调解工作信息的调度,对下级政府及本级政府部门的行政调解工作成效、亮点、经验及创新做法做到每季度一调度。设区市政府法制机构及省政府相关部门应当将所掌握的本地区、本系统调解工作信息即时报送省政府法制办,并按期做好行政调解案件数据统计和年度总结工作。各级政府法制机构要商综治机构,不断完善社会治安综合治理考核中有关行政调解工作的考核标准,加强对本级政府部门和下一级政府行政调解工作的督查力度,推动本地区各级政府、各部门行政调解工作的均衡开展。

江西省人民政府法制办公室

江西省社会治安综合治理委员会办公室

2017 年 5 月 5 日

南昌市人民政府办公厅关于推进行政调解工作的实施意见

（2012年9月19日　洪府厅发〔2012〕121号）

各县（区）人民政府，市政府各部门：

为深入贯彻落实《国务院关于加强法治政府建设的意见》（国发〔2010〕33号）和《江西省人民政府办公厅关于推进行政调解工作的实施意见》（赣府厅发〔2012〕61号）精神，充分发挥行政调解的功能与作用，有效预防和化解社会矛盾，促进我市经济发展和社会和谐稳定，经市政府同意，现就推进我市行政调解工作提出如下实施意见：

一、充分认识行政调解工作的重要性

行政调解是由行政机关主持或主导，依据法律、法规和政策的规定，主要以行政争议和民事纠纷为对象，在查清事实和厘清责任的基础上，对争议和纠纷当事人进行说服劝导，促其通过协商和互谅互让，化解争议和纠纷的活动。加强行政调解工作，是密切党和政府与人民群众联系、增进社会和谐的重要途径，是加强和创新社会管理、加快建设法治政府的迫切需要。当前，我市处于大发展、大投入、大建设，全力打造核心增长极的关键时期，经济社会各领域的改革进入攻坚阶段，社会结构和利益格局深刻调整，社会矛盾化解面临许多新情况、新问题，必须积极运用行政调解手段，促进矛盾纠纷有效解决。各县（区）、各部门要从改革发展稳定的大局出发，充分认识新时期加强行政调解工作的重要性和紧迫性，切实把这项工作摆在重要位置，进一步加大力度，提升水平，促进行政调解工作更好地为经济社会发展服务。

二、行政调解工作的范围、原则和程序

（一）行政调解的范围

行政机关或者法律法规授权的具有管理公共事务职能的组织，与公民、法人或者其他组织之间产生的行政争议；公民、法人或者其他组织之间产生的依法由行政机关调解的民事纠纷。

1. 行政争议

(1)公民、法人和其他组织对行政机关依法作出的行政处罚、行政许可、行政强制、行政赔偿和行政征收等具体行为不服申请行政复议的;

(2)公民、法人和其他组织对行政机关具体行政行为不服提起行政诉讼涉及的行政争议;

(3)公民、法人和其他组织信访时提起解决事项中涉及的行政争议和上级交办、下级行政机关提请解决的其他行政争议。

2. 与行政管理相关的民事纠纷

(1)依法可以调解的治安案件、交通事故损害赔偿的民事纠纷;

(2)土地、山林、矿产、滩涂、水域等自然资源经营、承包、流转等过程中发生的民事纠纷;

(3)征用、征收土地房屋发生的安置补偿的民事纠纷;

(4)劳动、人事方面发生的民事纠纷;

(5)消费争议、产品质量的民事纠纷;

(6)医疗事故赔偿的民事纠纷;

(7)其他依法可以调解的民事纠纷。

(二)行政调解的原则

1. 自愿原则。充分尊重各方当事人意愿,不得强迫当事人接受调解方式或调解结果。

2. 合法原则。遵循法律、法规、规章和政策的规定,不得损害国家利益、公共利益和他人合法权益。

3. 公平公正原则。兼顾各方当事人的合法权益,平等协商处理利益纠纷,体现公平正义。行政机关作为当事人一方时,与行政相对人的地位平等。

4. 注重效果原则。行政调解要提高工作效率,简化调解程序,促成双方当事人达成调解协议,化解社会矛盾纠纷,实现"定纷止争"、"案结事了"。

(三)行政调解的程序

根据案情复杂和调解难易程度,行政调解工作可分为简易程序和一般程序。对于案情简单、当场能够解决的争议纠纷,适用简易程序,行政机关可以当场制作行政调解书,并交付当事人。案情复杂、当场不能解决的争议纠纷适用一般程序。一般程序通常应包括以下几个步骤：

1. 申请。行政调解可书面申请，也可口头申请；可由一方当事人申请，也可由行政机关依职权提出，但必须征得各方当事人同意。如争议纠纷涉及第三人的还应征得第三人同意。一方当事人不同意调解的，恢复原处理程序。

2. 受理。行政机关收到行政调解申请后，应在 3 个工作日内决定是否受理并告知当事人。两个以上行政机关收到同一行政调解申请的，由具有相关管理职能的行政机关受理；属于两个以上行政机关有权管辖的，由最先收到行政调解申请的行政机关受理。

3. 调解。行政机关受理行政调解后，应及时告知当事人依法享有的权利、遵循的程序及相关事项。在查明事实，分清责任的基础上，分析并归纳各方争议的焦点，依据法律、法规、规章及有关政策，对当事人进行说服、劝导，引导当事人消除争议，达成调解协议。行政机关主持调解工作时，可邀请当事人所在的基层组织以及其他与案件有关的社会力量参加调解；重大、复杂、群众关注度高的争议纠纷，可邀请相关专家参加调解，确保调解的中立性和客观性。对争议纠纷基本事实有异议的，行政机关可采取听证、现场调查等方式调查取证。

调解达成协议的，行政机关应制作行政调解书。行政调解书内容包括当事人申请调解事项、查证的事实、调解结果、双方当事人的签名或盖章等；行政调解书应加盖调解机关印章或行政调解专用章。行政调解书具有约束力，当事人应当积极如实履行。

4. 时限。为了保护当事人行政复议和行政诉讼权利，避免久调不决情况的出现，行政调解期限一般不应超过 30 天。在 30 天内达不成调解协议的，行政机关应当及时终止调解，依法作出处理或引导当事人通过行政复议、仲裁和诉讼等渠道解决。

法律、法规、规章对行政调解范围、程序、时限等有明确规定的，从其规定。

三、行政调解工作的职责分工与保障

各级人民政府要按照“属地管理、分级负责”的原则，建立由政府负总责，政府法制机构牵头、各职能部门为主体的行政调解工作体制，做好行政争议与民事纠纷的化解工作。

（一）各级政府对行政调解工作负总责。各级人民政府要认真落实党中央、国务院和省委、省政府有关化解争议与纠纷的规定，做好行政调解工作的统筹协调,建立行政调解工作联席会议制度,联席会议由本级政府分管法制工作的领导牵头,每半年召开一次,政府法制机构、监察、公安、司法、人保、卫生、国土资源、工商、民政、房产、建设、教育、财政、交通运输、农业、林业、水利、商务、环保、税务、质量监督、安全生产监管、食品药品监管、信访等部门参加,必要时可邀请司法机关、仲裁机构和当事人所在地县(区)、乡(镇)、街道办事处负责人参加,听取各部门行政调解工作开展情况,研究解决行政调解工作涉及的问题。行政调解联席会议的日常工作由政府法制机构承担。各级人民政府要将行政调解工作经费纳入财政预算予以保障。

(二)各级政府法制机构承担牵头任务。政府法制机构负责本地区行政调解工作的统筹协调、信息汇总、情况通报、政策研究、经验交流及督察考核等日常工作。要研究制定行政调解规章制度,使行政调解工作有序开展;汇总分析下级政府和本级政府各部门的行政调解工作情况,并向本级政府报告;加强对政府各部门的指导协调,加大对行政调解工作的督办力度。政府法制机构要加强对行政调解工作人员的培训,不断提高行政调解工作人员对各类行政争议与民事纠纷的预判管控能力、应急处理能力,切实提高行政调解工作水平。

(三)政府各部门是行政调解主体。行政调解实行"谁主管、谁负责"。各部门要切实履行好与本单位行政管理职能相关的行政调解职能,做到行政调解与依法履职相结合。当前,要把土地征收、城镇房屋拆迁、社会保障、治安管理等方面的行政争议,以及交通损害赔偿、医疗卫生、消费者权益保护、物业管理、劳动争议等与行政管理有关的民事纠纷,作为行政调解工作的重点,依法、及时、妥善予以解决。尤其是对涉及资源开发、环境污染、公共安全事故等方面的民事纠纷,以及涉及人数较多、影响较大、可能影响社会稳定的矛盾纠纷,要主动进行调解。各部门开展行政调解工作不得收取任何费用。

各级行政复议机关要根据《中华人民共和国行政复议法实施条例》规定的调解原则,在不损害国家利益、公共利益和他人合法权益的前提下,按照调解优先原则解决行政争议。

四、行政调解工作要求

(一)加强组织领导。各级人民政府及其部门要切实加强对行政调解工作的组织领导,认真履行职责,严格落实行政调解工作责任。各县(区)和市政府各部门的主要负责人是本地区、本部门行政调解工作的第一责任人,要亲自指导协调化解重大争议与纠纷,定期听取行政调解工作情况汇报,研究解决存在的困难和问题。要严格考核问责,对工作成绩突出的单位和个人进行表扬;对组织不得力、工作不落实、责任不到位的,进行通报批评并限期整改;对因工作敷衍塞责导致发生严重影响社会稳定事件的,要实行责任倒查,严格追究相关人员责任。

(二)健全工作机制。各部门要建立"一把手"负总责、分管领导具体抓、法制工作机构牵头、相关业务处室为主要调解力量的工作体制,配齐配强专(兼)职调解员,把政治思想好、业务能力强、有较高法律素质和实际工作经验的干部充实到行政调解队伍中,确保"有人管事、有人干事"。各部门要组建行政调解工作室,与本部门的法制机构合署办公,并提供必要的办公条件,建立行政调解人员信息库,公布行政调解人员名单。

(三)完善工作制度。各部门要按照行政调解工作的有关规定,根据行政执法部门、行业特点,建立健全案件申请、受理、调处、回访、登记统计、立卷归档和信息报送等制度,并以适当方式予以公布,确保行政调解工作规范进行。同时,各部门要加强行政调解工作情况的统计上报工作,每半年向政府法制机构报告行政调解工作情况。

各级人民政府及其部门要站在保障经济社会发展和维护我市改革发展稳定大局的高度,切实增强责任感和紧迫感,不断推进和深化行政调解工作,共同努力使行政调解工作取得新实效、实现新突破,为把南昌打造成为带动全省发展的核心增长极营造和谐稳定的社会环境。

南昌市人民政府办公厅

2012年9月19日

南昌市人民政府法制办公室关于印发《全面推进行政调解工作实施方案》的通知

(2013年5月15日 洪府法字〔2013〕8号)

为认真贯彻落实《南昌市人民政府办公厅关于推进行政调解工作的实施意

见》(洪府厅发〔2012〕121 号),全面推进我市行政调解工作,有效预防、减少和化解行政争议,促进社会和谐稳定,结合我市实际,制定本实施方案。

一、指导思想

以党的十八大精神为指导,以《南昌市人民政府办公厅关于推进行政调解工作的实施意见》(洪府厅发〔2012〕121 号)和省政府法制办、省综治办《关于做好2013 年全省行政调解工作的意见》(赣府法办字〔2013〕9 号)为依据,扎实推进和规范行政调解工作,充分发挥行政调解的功能与作用,有效预防和化解社会矛盾,促进我市经济发展和社会和谐稳定。

二、组织领导

市行政调解工作联席会议协调小组全面负责推进全市行政调解工作。

组　长:×××　市政府法制办主任

副组长:(略)

成　员:(略)

三、目标任务

(一)组建工作机构,落实工作人员

各县(区)人民政府、各开发区(新区)管委会要按照洪府厅发〔2012〕121 号文件规定建立行政调解工作联席会议制度,研究解决行政调解工作涉及的问题,并将行政调解工作经费纳入财政预算予以保障。

市综治各成员单位要建立"一把手"负总责、分管领导具体抓、法制工作机构牵头、相关业务处室为主要调解力量的工作体制,配备专(兼)职调解员 3—5 人,设立行政调解工作室并规范标示(可与本部门的法制机构或指定处室合署办公),提供必要的办公条件,启用行政调解专用章,确保"有机构管事,有场地办事",并公布行政调解室职责、行政调解流程图、行政调解有关制度、行政调解人员名单。

(二)加强队伍建设,培训调解人员

各县、区(开发区、新区)综治办、政府法制机构,市综治各成员单位要强化对行政调解工作人员的业务培训,结合当前工作需要和特点,认真制定培训计划,精心选择培训内容和授课教师,通过案例点评、经验交流、现场观摩等多种方式,切实提高行政调解工作人员的政治、业务素质,达到"四懂"(懂政策、懂法律、懂业务、懂技巧)、"四会"(会预防、会调查、会调解、会制作调解文书),不断提升行政调解工作水平。市法制办拟于上半年组织一期行政调解骨干培训。

(三)梳理工作事项,建立工作制度

市综治各成员单位要按照行政调解的范围和谁主管谁负责的原则,梳理调解工作事项,细化行政调解工作流程,根据行业特点和要求制作行政调解文书,建立健全案件申请登记、立案受理、调解程序、调解规则、文书格式、立卷归档和信息报送等制度,并以适当方式予以公布,确保行政调解工作规范进行,不断提高行政调解的质量和公信力。

(四)发挥调解功能,化解行政争议

各县、区(开发区、新区)综治办、政府法制机构,市综治各成员单位一方面要通过广播、电视、报刊、网络等形式,向社会宣传行政调解知识,培养公众参与意识,引导人民群众自觉把调解作为解决矛盾纠纷的主要选择;另一方面要把土地征收、城镇房屋拆迁、社会保障、治安管理等方面的行政争议,以及交通损害赔偿、医疗卫生、消费者权益保护、物业管理、劳动争议等与行政管理有关的民事纠纷,作为行政调解工作的重点,依法、及时、妥善予以解决。尤其是对涉及资源开发、环境污染、公共安全事故等方面的民事纠纷,以及涉及人数较多、影响较大、可能影响社会稳定的矛盾纠纷,要主动进行调解。对各级信访部门移交的信访件,要集中力量调解和办结。

四、方法步骤

(一)制定实施方案阶段(5月上旬)

由市政府法制办草拟全市全面推进行政调解工作实施方案,并明确市发改委、市工信委、市法制办、市信访局、市外经贸委、市商贸委、市审计局、市教育局、市科技局、市财政局、市人保局、市统计局、市国税局、市地税局、市民政局、市公安局、市司法局、市档案局、市建委、市规划局、市国土局、市房管局、市园林局、市环保局、市城管委、市供销社、市工商局、市物价局、市粮食局、市旅游局、市农业局、市林业局、市水务局、市计生委、市气象局、市交通局、市安监局、市人防办、市质监局、市药监局、市公路局、市文化新闻出版局、市卫生局、市体育局、市广电局、市民宗局、市残联、市防震减灾局、市邮政管理局等49个部门为具有行政调解职能的单位。

(二)动员部署阶段(5月下旬)

组织召开动员部署大会,宣读方案,明确工作目标任务。

（三）组织试点阶段（6月底前）

联席会议协调小组重点指导市教育局、市农业局、市交通局、市国土局等4个部门先行，打造起点高、符合上级要求和实际的行政调解工作室，建立规范工作流程和规章制度。

（四）全面推广实施阶段（7月至9月底）

在全市49个具有行政调解职能的部门进行全面推开，实施行政调解工作在我市全覆盖。

（五）检查验收阶段（10月）

由市行政调解工作联席会议协调小组组织有关部门进行检查验收，并将检查验收结果纳入年度社会管理综合治理目标管理考评。

五、工作要求

（一）提高认识，加强领导

行政调解工作是增进社会和谐的重要途径，是加强和创新社会管理、加快建设法治政府的迫切需要，是省、市政府依法行政和综合治理年度考核的重要内容。各县（区）人民政府、各开发区（新区）管委会、市综治各成员单位要切实加强对行政调解工作的组织领导，单位主要负责人要切实担负起行政调解工作第一责任人的职责，亲自指导协调化解重大争议与纠纷，定期听取行政调解工作情况汇报，研究解决存在的困难和问题。要落实行政调解工作考评机制，将行政调解工作纳入社会管理综合治理考核内容，对不积极主动开展行政调解工作、不能及时化解矛盾纠纷的，要进行通报批评并限期整改，造成严重后果的，要予以问责。

（二）主动沟通，搞好协调

各县、区（开发区、新区）综治办、政府法制机构，市综治各成员单位要加强与人民法院和人民调解工作机构的沟通联系，建立完善行政调解与人民调解、司法调解协调配合、信息沟通和效力衔接机制，及时通报工作情况，形成“三调联动”的整体合力，充分发挥行政调解、人民调解、司法调解各自的工作优势，妥善化解争议纠纷。行政机关对于调解不成的重大矛盾纠纷，应当及时告知、引导当事人通过行政复议或者诉讼渠道解决。对进入行政复议或者诉讼程序的行政争议，应当积极配合行政复议机关和人民法院做好调解工作。

（三）完善制度，建档备查

市综治各成员单位要加强行政调解工作情况的统计上报工作，每半年向本级政府法制机构和综治办报告行政调解工作情况。要做好立案归档工作,落实“一案一卷”制度,注重行政调解工作资料的整理留存,做到有工作方案、有组织机构(成立文件)、有调解队伍(花名册)、有行政调解室(挂牌)、有行政调解专用章、有工作制度、有调解规则、有调解流程图、有经费保障、有调解案卷。

南昌市人民政府法制办公室

2015年5月15日

九江市人民政府办公厅关于印发《九江市行政调解工作机制运行规则》的通知

(2011年9月15日　九府厅发〔2011〕75号)

各县(市、区)人民政府,庐山管理局,九江经济技术开发区、庐山西海风景名胜区、九江八里湖新区管委会,市政府各部门,市直及驻市各单位:

经市政府同意,现将《九江市行政调解工作机制运行规则》印发给你们,请遵照执行。

九江市人民政府办公厅

2011年9月15日

九江市行政调解工作机制运行规则

一、各级政府对行政调解工作负总责

各级政府要高度重视矛盾纠纷调解工作,充分发挥各级行政部门在化解行政争议和民事纠纷中的作用,积极探索解决行政争议、化解社会矛盾的新途径、新方法,研究制定行政争议调解办法和运行规则,负责做好行政调解工作中的协调工作,形成覆盖全市的行政调解网络,实现行政争议调解工作的制度化和规范化。各级行政部门要高度重视行政调解队伍建设,选调政治思想好、专业能力强、有较高法律素质、善于做群众工作的干部充实到行政调解工作队伍中去，根据行政调解工作任务的需要和特点定期组织培训，提高行政调解工作人员政治、业务素质，不断提升行政调解工作水平。

二、下列市直部门应当在本单位设立行政调解工作机构，配备专(兼)职工作人员

市国有资产监督管理委员会、市交通运输局、市建设规划局、市环境保护局、市教育局、市人力资源和社会保障局、市卫生局、市文化新闻出版局、市司法局、市民政局、市国土资源局、市农业局、市林业局、市水利局、市质量技术监督局、市工商行政管理局、市旅游局、市民族宗教事务局、市安全生产监督管理局、市食品药品监督管理局、市商管办、市国税局、市地税局、市城市管理执法局、市住房保障和房产管理局。

三、行政调解工作职责范围

(一)行政机关或者法律法规授权的具有管理公共事务职能的组织，与公民、法人或者其他组织之间产生的依法可以调解的行政争议；

(二)公民、法人或者其他组织之间产生的与行政管理有直接或间接关联的民事纠纷；

(三)制定行政调解工作标准，指导、监督、协调所属各行政执法部门开展行政争议调解工作；

(四)对可能发生的重大行政争议、引发的不稳定因素进行排查、预警；

(五)接受部门咨询，就有关行政争议的调解提出意见和建议；

(六)为公民、法人和其他组织提供行政法律咨询服务；

(七)其他依法应当由行政机关调解的争议或纠纷。

四、建立行政调解协调运行制度

(一)建立行政争议提前排查、提前预防制度。各级行政部门在实施行政处罚、行政许可、行政征收、行政检查、行政强制等具体行政行为过程中，要严格遵守法定程序履行法定告知义务，充分听取行政管理相对人的意见，对不接受具体行政存为或对具体行政行为提出异议的，要记录在案，做到提前预防、提前应对、提前化解。

(二)建立行政调解案卷备查制度。鼓励依法通过调解、和解的方式化解行政争议。各级行政执法部门在采取调解、和解方式化解行政争议时，要坚持合法、自愿的原则，防止国家利益、公共利益和他人的合法权益受到侵害，达成的调解、和解协议要组卷备查。

（三）建立行政争议转送办理制度。对通过信访等方式受理的行政争议，依法可以通过行政复议程序解决的，各级部门应当引导当事人通过行政复议程序进行解决，各级复议机关认为符合行政复议案件受理条件的，要依法进行立案审理。

五、落实责任，严格考核

各级政府要切实加强对行政调解工作的组织领导，各行政执法部门负责人要亲自抓、亲自过问，各部门调解机构专（兼）职人员要具体抓、具体负责，形成层层有人抓、有人管的工作格局，确保人员配备到位、工作落实到位。市政府法制办要加强对全市行政调解工作情况的指导检查，对不重视、不及时开展行政调解工作的，市政府将在全市范围内进行通报；对在社会上造成不良影响或严重后果的，要严肃追究有关责任人的责任。

九江市人民政府法制办公室关于在全市政府法制机构开展行政争议调解工作的意见

（2017 年 6 月 23 日　九府法办发〔2017〕3 号）

各县（市、区）政府法制办，庐山管理局法制办、九江经济技术开发区、庐山西海风景名胜区、八里湖新区管委会法制工作机构：

为充分发挥政府法制机构在推进行政调解工作中的牵头示范作用，为化解行政争议搭建第三方调解平台，按照《法治九江建设 2017 年工作要点》（九法建字〔2017〕1 号）、《九江市 2017 年法治政府建设工作要点》（九府厅发〔2017〕18 号）工作部署，根据省政府法制办省综治办关于做好行政争议调解工作的试行办法（赣府法办字〔2017〕19 号）工作要求，现就政府法制机构开展行政争议调解工作提出如下意见。

一、行政争议调解的案件

政府法制机构参与或者主持调解的必须是行政争议，即行政机关因行使行政管理职能与行政相对人之间产生的行政争议。

（一）行政复议案件。对符合法定受理条件并有可调解内容的行政复议申请，行政复议机关是政府的，同级政府法制机构负责组织调解。

（二）超出法定申请期限无法进入行政复议程序的行政争议案件。对属于本级政府受案范围却因超期无法通过法定复议程序审理的行政争议，政府法制机构根据双方当事人意愿可以开展行政调解。

（三）政府交办的行政争议案件。

（四）其他依法可以调解的行政争议。

二、行政争议调解的原则

行政争议调解应当遵循自愿、合法，公平、公正，及时、便民，注重效果的原则，不得强迫当事人接受调解方式或者调解结果，不得损害国家利益、公共利益和他人合法权益。

三、行政争议调解的程序

根据争议案情复杂和调解难易程度，行政争议调解可以分为简易程序和一般程序。

对案件事实清楚、权利义务明确、争议不大的，适用简易程序，政府法制机构可以协助当事人自行和解、即时履行或者当场制作调解协议交付当事人。

一般程序通常包括启动、调解及协议的签订和履行等环节，具体操作按照省政府法制办省综治办关于做好行政争议调解工作的试行办法（赣府法办字〔2017〕19号）规定办理。

四、超出法定申请期限无法进入行政复议程序的行政争议案件的调解

政府法制机构根据双方当事人意愿，对超出法定申请期限无法进入行政复议程序的行政争议案件进行调解时，应当先与行政争议有关的行政机关进行沟通。该行政机关应当按照法规政策对该行政争议进行认真复核，行政机关有过错或者不当的，应当在10日内自行纠正；行政机关没有过错或者不当的，应当在15日内向政府法制机构说明情况和理由，政府法制机构认为理由成立的，应当协助该行政机关共同做好行政争议另一方的解释、说服、教育工作。政府法制机构认为理由不成立或者争议仍然较大的，应当进一步调查核实案情，可通过组织召开听证会等方式，充分听取争议双方当事人的意见，并在合法和自愿的基础上组织双方进行调解。调解不成的，政府法制机构应当根据事实，依照法规、政策提出处理意见，并书面通知有关行政机关，该行政机关应在20日内将依据处理意见进行处理的结果书面反馈政府法制机构。处理意见要综合考虑多方面的因素，做到既公平、公正，又合情合理。重大、复杂、群体性行政争议事项处理意见提出前，政府法制机构应当向本级政府领导报告。

作为政府推进行政调解工作的牵头机构，各级政府法制机构既要认真履行好对本行政区域内行政调解工作的指导、督促、研究和协调等职责，更应积极发挥自身的职能作用，勇于担当、主动作为，及时有效化解具体行政争议，为政府分忧、替百姓解难，以自身的示范行为带动政府部门共同推动行政调解工作的深入开展。同时，应当将所掌握的本地区调解工作信息即时报送市政府法制办，并按期做好行政调解案件数据统计和年度总结工作，案件数据统计以及调解信息报送工作列入年终行政调解工作考评。

九江市人民政府法制办公室

2017年6月23日

九江市人民政府法制办公室关于印发《九江市行政调解办法（试行）》的通知

（2013年9月4日　九府法办发〔2013〕8号）

各县（市、区）政府法制办公室，庐山管理局法制办公室，九江经济技术开发区管委会办公室，庐山西海风景名胜区管委会办公室，八里湖新区管委会政策法规部，市政府负有行政调解职能部门法制机构：

为充分发挥行政调解的功能与作用，有效预防和化解社会矛盾，促进我市经济发展和社会和谐稳定，根据国家、省有关规定，我办在广泛征求各县（市、区）政府及市政府各行政执法部门意见后，制订了《九江市行政调解办法（试行）》。现印发给你们，请参照执行。

九江市人民政府法制办公室

2013年9月4日

九江市行政调解办法(试行)

第一条 为规范本市行政调解工作,及时、有效化解争议纠纷,促进社会和谐稳定,依照国家、省有关规定,制定本办法。

第二条 本办法所称行政调解是指由行政机关主持或者主导,依据法律、法规和政策的规定,主要以行政争议和与行政管理职能相关的民事纠纷为对象,在查清事实和厘清责任的基础上,对争议和纠纷当事人进行说服劝导,促其通过协商和互谅互让,化解争议和纠纷的活动。

第三条 本市各级行政机关(包括法律法规授权的具有管理公共事务职能的组织和依法受委托的组织以及实行垂直管理的行政机关)开展行政调解工作,适用本办法。

法律、法规、规章对行政调解另有规定的,从其规定。

第四条 行政调解工作由政府法制机构负责指导、协调、监督和考核,各级行政机关具体组织实施。

市政府各部门应当设立行政调解工作室(与本部门的法制机构或者综治办合署办公),负责行政调解日常工作,成员由从事法制、综治、信访工作的人员组成。其他行政机关可以根据工作需要设立行政调解工作室。

第五条 行政调解应当遵循自愿、合法、公平公正、注重实效原则。

第六条 行政机关在履行职责中与公民、法人或者其他组织之间产生的行政争议,当事人申请行政调解的,行政机关应当进行调解。

第七条 符合下列条件的民事纠纷经双方当事人申请,行政机关应当进行调解:

(一)依法可以调解的治安纠纷、交通事故损害赔偿的民事纠纷;

(二)土地、山林、矿产、滩涂、水域等自然资源经营、承包、流转等过程中发生的民事纠纷;

(三)征用、征收土地房屋安置补偿引发的民事纠纷;

(四)劳动、人事方面发生的民事纠纷;

(五)消费争议、产品质量的民事纠纷;

(六)医疗事故赔偿的民事纠纷(市本级医患纠纷按照《九江市医患纠纷预防

与调处暂行办法》执行);

(七)其他依法可以调解的民事纠纷。

第八条 对资源开发、环境污染、公共安全事故等方面的民事纠纷,以及涉及人数较多、影响较大、可能影响社会稳定的其他民事纠纷,行政机关应当依职权主动进行调解。

第九条 有下列情形之一的争议纠纷,行政机关不予调解:

(一)仲裁机构已予受理的;

(二)行政复议机关已予受理的;

(三)人民法院已予受理的;

(四)已经行政机关信访复核的;

(五)已经人民调解签订调解协议的;

(六)一方当事人不同意行政调解的;

(七)已经签订行政调解协议,又重新申请行政调解的;

(八)其他不符合条件的。

第十条 当事人在行政调解活动中享有下列权利:

(一)接受行政调解、拒绝行政调解或者要求终止行政调解;

(二)要求行政调解公开进行或者不公开进行;

(三)自主表达意愿、自愿达成调解协议;

(四)法律、法规规定的其他权利

第十一条 当事人在行政调解活动中承担下列义务:

(一)如实陈述事实、提供相关证据,并对陈述事实和提供的证据真实性负责;

(二)遵守调解秩序,尊重行政调解人员;

(三)尊重对方当事人行使权利;

(四)法律、法规规定的其他义务。

第十二条 行政调解可以书面申请,也可以口头申请。

当事人口头申请的,行政机关应当记录申请人基本情况、申请调解的事项、理由、时间和争议纠纷对象等,并由申请人签名确认。

行政调解申请可以由一方当事人申请,也可以由行政机关依职权提出,但必须征得双方当事人同意。

第十三条 两个以上行政机关收到同一行政调解申请的,由具有相关管理职能的行政机关受理;两个以上行政机关均有权管辖的,由最先收到行政调解申请的行政机关受理。

第十四条 行政机关对行政调解管辖权产生争议的,由同级政府法制机构指定管辖;跨县(区)的争议纠纷,由双方当事人户籍所在地或者经常居住地的县(区)政府法制机构协商受理,协商不成的,由上一级政府法制机构指定管辖。

第十五条 行政机关收到行政调解申请后,应当在1个工作日内征求另一方当事人是否同意调解,如另一方当事人同意调解,行政机关应在2个工作日内决定受理并告知双方当事人。

第十六条 行政机关受理行政调解后,应当确定组织实施行政调解的人员,并提前将调解时间、地点等事项通知当事人。

产生行政争议的具体行政行为承办人不得作为行政调解人员。

行政机关根据需要可以邀请当事人所在基层组织以及其他与案件有关的社会力量参与调解;重大、复杂、群众关注度高的争议纠纷,可以邀请相关专家参加调解。

第十七条 行政调解人员有以下情形之一的,应当主动回避,当事人也可以申请回避:

(一)与该民事纠纷有利害关系的;

(二)与该民事纠纷当事人有利害关系的;

(三)有其他可能影响公正调解的情形。

第十八条 行政机关实施行政调解时,应当宣布调解纪律、当事人的权利和义务,介绍调解工作人员身份,询问当事人是否申请回避,听取当事人陈述事实和理由,做好调解笔录。

行政调解过程中,行政调解人员依据当事人提供的证据以及本行政机关在行政调解过程中收集的证据认定案件事实,依法对双方当事人进行说服、劝导,并引导当事人达成一致意见。

第十九条 行政调解达成协议的,由行政机关制作行政调解书,行政调解书应当由双方当事人签字(盖章),并加盖行政机关印章或者行政调解专用章。

当事人认为不需要制定行政调解书的,可以由行政调解人员将协议内容记入笔录交双方当事人签字(盖章)认可。

行政调解书或者协议笔录自双方当事人签字(盖章)之日起生效,当事人应当自觉履行。

第二十条 对于案情简单、当场能够解决的争议纠纷,行政机关可以当场制作行政调解书,并交付当事人。

第二十一条 行政调解书应当载明下列事项:

(一)当事人的姓名、性别、身份证号、出生年月、职业、工作单位、住所;法人或者其他组织的名称、住所和法定代表人姓名、职务;委托代理人的姓名、性别、年龄、职业、工作单位;

(二)申请行政调解事项;

(三)当事人达成调解协议的内容,履行的方式和期限;

(四)当事人违反调解协议的责任;

(五)其他相关事项。

第二十二条 经行政机关调解达成的具有合同效力或者给付内容的民事纠纷调解协议,双方当事人认为有必要的,可以自调解协议生效之日起30日内共同向人民法院申请司法确认或者申请公证机构公证。

第二十三条 行政调解应当自作出受理决定之日起30日内办结。30日内调解达不成协议或者一方当事人不愿意继续调解的,由行政机关制作行政调解终止决定书,并告知当事人可以通过行政复议、仲裁或者诉讼等法律救济途径解决争议纠纷。

第二十四条 行政调解书应当自双方当事人签字(盖章)之日起10日内送达当事人。

行政调解终止决定书应当自行政机关作出决定之日起10日内送达当事人。

第二十五条 行政调解结案后,应当按照文书材料形成的时间顺序归档编号,做到一案一卷。

第二十六条 行政机关应当建立行政调解工作统计报告制度,每半年对有关数据和情况进行汇总统计,并报同级人民政府法制机构。当年行政调解工作情况纳入年度依法行政工作报告一并报送。

第二十七条 行政机关及其行政调解人员无正当理由不受理行政调解申请、在规定期限内不履行调解职责、在调解中徇私渎职的,依法追究责任。

第二十八条 本《办法》自公布之日起施行。

九江市人民政府法制办公室关于印发《九江市行政复议调解实施办法》的通知

(2016 年 6 月 30 日　九府法办发〔2016〕3 号)

各县(市、区)政府法制办公室,庐山管理局法制办公室,九江经济技术开发区管委会办公室,庐山西海风景名胜区管委会办公室,八里湖新区管委会法制工作机构:

《九江市行政复议调解实施办法》已经市政府法制办主任办公会同意,现印发给你们,请认真遵照执行。

九江市人民政府法制办公室

2016 年 6 月 30 日

九江市行政复议调解实施办法

第一章　总　　则

第一条　为切实保护行政复议当事人合法权益,进一步提高行政复议工作的效率,妥善解决行政争议,根据《中华人民共和国行政复议法》、《中华人民共和国行政复议法实施条例》,制定本办法。

第二条　本市县(市、区)行政复议机关在办理行政复议案件过程中开展的调解工作适用本办法。

第三条　本办法所称行政复议调解,是指行政复议机关在办理行政复议案件过程中,为有效化解行政争议,积极进行协调,引导争议各方交流沟通,平衡利益,并就复议申请中有关争议达成调解协议,从而消除争议的处理程序。

第四条　本市县(市、区)在办理行政复议案件过程中,应当积极建立健全行政复议裁决与调解相结合的工作机制。

第五条　本市县(市、区)政府的行政复议机关负责行政复议调解办理、指导等相关工作,相关业务部门应积极配合。

第六条 行政复议的调解应遵循下列原则:

(一)合法合理原则。行政复议的调解应符合法律、法规、规章的强制性规定,不得损害国家利益、公共利益和他人的合法权益。行政复议的调解行为应当适当。

(二)自愿平等原则。行政复议的调解应当充分尊重争议各方的意愿,不得强迫争议各方接受调解方案或条件;在调解过程中,争议各方应平等协商,真诚交换意见。

(三)公正公平原则。行政复议的调解应当做到客观、公正、公平。

(四)及时便民原则。行政复议的调解应该遵循及时、便民的原则,为双方当事人,尤其是申请人,创造良好的条件。

(五)诚实守信原则。对行政复议的调解的结果,争议各方应当诚实守信、自觉履行。

第七条 有下列情形之一的行政复议案件,可以适用调解:

(一)涉及自由裁量权的案件和行政赔偿或行政补偿的案件;

(二)当事人不服行政机关对平等主体之间民事争议所作的裁决、确权、认定等案件;

(三)当事人认为行政机关不履行法定职责的案件;

(四)相关法律法规没有规定或者规定不明确,在适用法律方面有一定困难或争议的案件;

(五)具体行政行为有轻微瑕疵的案件;

(六)涉及面广,申请人数众多,在本地区有较大影响、可能引起群体性冲突或对国家利益、公共利益和社会稳定可能造成影响的案件;

(七)其他依法可以适用调解的案件。

第二章 行政复议调解

第八条 符合本办法第七条规定的复议案件在复议决定作出前,申请人或者被申请人可以向复议机关书面或口头提出调解申请。口头提出申请的,复议机关应当记录在案,并经当事人签字确认。

复议机关可以主动向申请人和被申请人下达《行政复议调解建议书》,征询调解意愿。申请人和被申请人应当自收到《行政复议调解建议书》之日起 3 日内将调解意愿书面或口头通知复议机关。口头表达调解意愿的,复议机关应当记录在案,并经当事人签字确认。在规定期限内,申请人和被申请人未作回复的,视为不同意调解。

第九条 申请人和被申请人均有调解意愿的,行政复议机关应当进行调解。调解过程中,可以由复议机关提出调解意见供双方当事人协商参考,也可以由当事人提出调解意见。

对于较为复杂或者对社会有较大影响的行政复议案件的调解可以采用询问、听证等形式进行,也可以邀请专家参加。

第十条 行政复议调解由行政复议机关指定的案件承办人员主持。

被申请人应当委派主要负责人或授权代理人及其经办人员参加。调解案件较为复杂的,被申请人相关业务部门也应派员参加。

申请人为自然人的,由本人或其委托代理人参加调解;申请人为法人或者其他组织的,由其法定代表人、负责人或者委托代理人参加调解。

第十一条 申请人或者被申请人认为调解主持人与本案有直接利害关系的,可以申请回避。回避申请,应当在调解协议达成前向复议机关书面提出,并说明理由。

调解主持人的回避,由复议机构负责人决定;复议机构负责人的回避,由复议机关法定代表人决定。

第十二条 行政复议机关主持调解应当按照下列程序进行:

(一)征求申请人和被申请人是否同意进行调解,取得一致同意后,方可举行调解;

(二)听取申请人和被申请人的陈述意见;

(三)申请人和被申请人各自或共同提出调解意见;

(四)充分沟通协调,达成调解协议。

第十三条 经行政复议机关调解,申请人和被申请人达成调解协议的,由行政复议机关制作《行政复议调解书》。

《行政复议调解书》应当载明下列内容:

(一)申请人与被申请人的名称、法定代表人姓名、职务等基本情况;

(二)申请人申请行政复议的请求、事实、理由;

(三)查明认定的事实和证据;

(四)调解结果;

(五)其他需要约定或说明的事项;

(六)签名、盖章及日期。

《行政复议调解书》经双方当事人签字或者盖章确认,并加盖复议机关印章后,即具有法律效力。

第十四条 有下列情况之一的,复议调解应当终止:

(一)申请人或被申请人在调解确定的时间内无正当理由拒不到场的;

(二)申请人或被申请人在调解过程中没有达成调解协议或要求终止调解的;

(三)行政复议机关认为需要终止调解的其他情形。

第十五条 《行政复议调解书》送达当事人后,复议机关应当及时制作《行政复议终止决定书》,原行政复议案件终结。

第三章 行政复议调解的其他相关问题

第十六条 行政复议的调解应当在法定的行政复议审理期限内进行,调解协议应当在行政复议审理期限届满前10日作出。逾期行政复议机关依法做出行政复议决定。

第十七条 调解未达成协议或者《行政复议调解书》送达前一方当事人反悔的,行政复议机关应当按规定及时作出行政复议决定。

行政复议机关作出行政复议决定时,不得将在调解过程中申请人为达成协议所作出的认可或者承诺作为对其不利的证据进行采信。

第十八条 当事人要求按照调解协议内容制作《行政复议决定书》的,行政复议机关不予支持。

第十九条 调解协议具有法律效力,双方应按协议执行。涉及原案件的相关文书不需调整。

第二十条 调解笔录、调解协议及履行情况等材料,行政复议机构应当装订归档。

被申请人应当做好调解案件与原具体行政行为案件的案卷衔接。

第四章　附　　则

第二十一条　上级行政复议机关应当加强对下级行政复议机关行政复议调解工作的检查、指导。

第二十二条　复议机关在案件调解过程中,发现行政机关在行政管理或者行政执法过程中存在问题的,应当及时向有关部门制作行政复议建议书或意见书。

第二十三条　本办法所称“3 日”、“5 日”指工作日,不包含法定节假日。

第二十四条　本办法自 2016 年 7 月 1 日起施行。

九江市人民政府法制办公室综合科

2016 年 6 月 30 日印发

九江市人民政府法制办公室关于简化行政调解程序的通知

(2014 年 8 月 26 日　九府法办发〔2014〕8 号)

各县(市、区)政府法制办公室,庐山管理局法制办公室,九江经济技术开发区管委会办公室,庐山西海风景名胜区管委会办公室,八里湖新区管委会政策法规部,市有关部门法制机构:

为充分发挥行政调解高效、便民的优势,减轻行政调解案件中行政机关及纠纷当事人的程序性负担,及时有效地化解社会矛盾纠纷,进一步推进行政调解工作,根据省政府法制办的要求和《关于做好 2014 年全市行政调解工作的意见》的有关规定,结合行政调解调研中各地、各部门反映的实际情况和提出的要求,现就简化行政调解程序的有关事项通知如下:

一、尽量扩大简易程序的适用范围

各地、各部门开展行政调解工作,要注重提高调解工作效率,简化调解程序,以高效便民、定纷止争、案结事了为目标,结合案件的具体情况,最大限度地适用简易程序,特别是对案件事实清楚、权利义务关系明确、争议不大的纠纷,原则上都应当适用简易程序。有下列情形之一的,可以适用一般程序:

(一)当事人对适用简易程序有异议的;

(二)权利义务不明确,需要进一步调查取证的;

(三)争议标的金额较大的;

(四)需要履行特定义务的;

(五)群体性纠纷或者纠纷涉及多个部门职能的;

(六)其他案情复杂不适宜简易程序处理的。

二、逐步优化简易程序的操作流程

各地、各部门在具体适用简易程序调解案件时,应当更加注重突出简易程序简便性的特点,简化、优化简易程序的操作流程。

一是简化调解方式。调解时,可以依纠纷当事人的请求,灵活掌握调解时间和地点,可以引导当事人双方自行和解,也可以由调解人员提出调解建议,促成双方达成调解协议。

二是简化文书制作。对能够当场达成调解协议的,行政机关可以通过事先制作格式化调解协议的方式,方便调解人员和纠纷当事人;对能够即时履行、案结事了的案件,也可以不制作行政调解协议,但应当及时登记案件基本情况、保留工作日志和电子记录等原始资料。

三是简化案件核查机制。对适用简易程序的案件,在行政调解案件统计核定时,政府法制机构可以采取抽查工作日志等原始资料、电话回访纠纷当事人等简便方式进行核查。

行政调解适用一般程序的,既要注重程序的规范性,也要兼顾对当事人的便捷性。

各地、各部门法制机构对上述规定或者在行政调解工作中有任何意见或者建议的,可直接与市政府法制办行政调解工作科联系。

九江市人民政府法制办公室

2014年8月26日

九江市社会治安综合治理委员会办公室 九江市人民政府法制办公室关于印发《我市推动专业性、行业性调解平台建设指导意见》的通知

（2015 年 7 月 14 日　九府法办发〔2015〕6 号）

市人力资源和社会保障局、市公安局、市司法局、市卫生计生委、市教育局、市林业局、市国土资源局、市水利局、市环保局、市住房保障和房产管理局，各县（市、区）综治办、政府法制办，庐山管理局综治办、法制办，九江经济技术开发区、庐山西海风景名胜区、八里湖新区管委会综治办和法制工作机构：

为贯彻落实《中共江西省委办公厅关于印发〈法治江西建设 2015 年工作要点〉的通知》以及省政府法制办、省综治办《关于做好 2015 年全省行政调解工作的意见》等文件中有关在省、市、县三级行政部门建立专业性、行业性调解平台的任务要求，根据省里有关推进专业性、行业性调解平台建设指导意见精神，市综治办、市政府法制办研究制定了《我市推动专业性、行业性调解平台建设指导意见》，现印发给你们，请结合实际做好相关调解平台建设工作。

附件：1. 我市推动专业性、行业性调解平台建设指导意见

2. 市级调解平台建设责任单位

九江市人民政府　九江市社会治安综合
法制办公室　治理委员会办公室
2015 年 7 月 13 日

附件1：

我市推动专业性、行业性调解平台建设指导意见

为认真贯彻实施市委关于全面推进法治九江建设的决策部署，扎实推进上级有关“建立专业性、行业性调解平台”工作任务的落实，进一步构建多元化社会矛盾化解机制，现就我市相关行政部门建设专业性、行业性调解平台工作提出如下指导意见。

一、工作目标

根据市综治办、市政府法制办《关于做好2015年全市行政调解工作的意见》要求，2015年9月底之前，市、县两级相关行政部门必须完成针对劳动争议、交通事故、医疗卫生、学校意外伤亡事故、山林土地水利矿产资源权属、环境保护、物业管理等领域矛盾纠纷的专业性、行业性调解平台建设。通过搭建专业性、行业性调解平台，积极引入第三方参与矛盾纠纷调解，形成人民调解、行政调解、司法调解的衔接互动机制，引导纠纷当事人通过调解平台依法表达合理诉求，综合运用法律、行政、经济等多种手段有效化解社会矛盾、维护群众合法权益。

二、平台建设模式

1. 建立一站式调处中心。学习借鉴我省医调中心的模式，由政府相关主管部门牵头，推动成立某一特定领域矛盾纠纷的专业调解中心。中心要整合行政机关、司法机关、人民调解委员会等多方调处优势力量，集中在一个地点联合办公，形成“集成一体”、“衔接互动”的调解聚合体系，使社会各方力量在矛盾纠纷调处过程中各尽所能、各展其长，实现“一个平台统一受理，多种手段综合调解”的多元共治模式，以更好地满足群众“一站式”解决矛盾纠纷的需求，提高矛盾纠纷的调处效果。如2015年抚州市率先启动了房屋与土地征收纠纷调解机制创新试点工作，成立了市中心城区房屋与土地征收纠纷调解中心。已经建成专业调解中心的，要进一步规范调解程序、健全工作制度、完善相对统一的调解标准，不断提高调解公信力。

2. 设立专业调解工作室。不具备条件建立一站式调处中心的，可以在部门内设立专业调解工作室，为群众提供矛盾纠纷专业调处服务。专业调解工作室，应当明确由部门的一个内设机构负责，要建立专业调解制度、程序、机制，要有专

门的场所、配备专职调解人员。为解决调解力量不足、调解中立性不够等问题，有关部门可以邀请行业协会、社会组织等第三方参与或者聘请人民调解员、相关领域专家等人员担任专职调解员，承担专业调解工作室的调解工作。有关行政部门应加强对专业调解工作室的规范、管理。

3. 组建专业调解委员会。在司法行政机关的指导下，推动本部门行政管理领域矛盾纠纷专业调解委员会的建立。已建立专业调解委员会的，有关部门要加强业务指导、工作帮助，积极支持其独立开展第三方调解工作，充分发挥专业调解委员会在化解矛盾、解决争议方面的作用。通过建立与专业调解委员会的联动合作机制，推动纠纷信息资源共享、专业调解人才资源共用等，进一步加强行政调解与人民调解的对接。

4. 向社会购买专业调解服务。可以通过政府采购的形式，向律师事务所、人民调解组织、行业调解组织、商事调解组织等社会组织购买调解服务。承接调解服务的主体必须具备调解纠纷的专业能力和经验，具有良好的社会信誉，能够为群众提供优质的调解服务，满足群众的调解需求。

各地、各部门可以根据本地区、本部门实际，从上述四种模式中选择一种平台建设模式，也可以围绕构建多元化社会矛盾化解机制这一核心，创新本地区、本部门专业性、行业性调解平台建设模式。

三、具体工作任务

1. 抓紧组织实施。在市、县两级行政机关建立专业性、行业性调解平台，是2015年法治九江、法治政府建设的一项重要任务。各地各部门要高度重视，切实按照市委市政府的部署要求，加强组织领导，做好工作谋划，落实责任措施，结合实际、因地制宜地完成本地区、本部门的平台建设任务，确保该项工作在9月底前取得实质性成效。选择建立一站式调处中心的，相关主管部门要主动向当地党委、政府汇报，与有关单位沟通协调，尽早制定工作方案，落实具体措施，及时推动中心设立。

2. 密切协作配合。在平台建设工作中，涉及组建人民调解委员会、选聘人民调解员以及其他与人民调解衔接联动事宜的，相关行政部门应当积极与司法行政机关对接，司法行政机关应当加强对相关工作的指导、协助。涉及申请派驻速裁法庭、调解协议申请司法确认等需要人民法院予以支持的，有关行政部门应当主动与人民法院沟通，争取人民法院的支持、指导。建立专业性、行业性调解平台是省委2015年布置的工作,省、市、县三级行政部门均有建设任务,市级有关行政部门应当积极与本部门上级主管单位请示、衔接,及时掌握工作情况,也可以结合本部门、本系统实际,制定指导下级行政部门建立专业性调解平台的指导意见。

3. 加强工作调度。在综治机构的综合协调下,政府法制机构要加强对行政机关调解平台建设的指导、督促和检查。为准确掌握相关部门平台建设的进展情况,进一步推进该项任务的落实,从7月份开始,建立平台建设工作情况月报制度。劳动争议、交通事故、医疗卫生、学校意外伤亡事故、山林土地水利矿产资源权属、环境保护、物业管理等领域的行政主管部门,要在每月30日前主动向本级政府法制机构报送本月工作完成情况及下月工作打算,报送情况列入年终综治工作考评。

附件2:

市级调解平台建设责任单位

一、劳动争议调解平台

责任单位:市人力资源和社会保障局

二、交通事故纠纷调解平台

责任单位:市公安局

三、医疗卫生纠纷调解平台

共同责任单位:市司法局、市卫生计生委

四、学校意外伤亡事故纠纷调解平台

责任单位:市教育局

五、山林权属纠纷调解平台

责任单位:市林业局

六、土地矿产资源权属纠纷调解平台

责任单位:市国土资源局

七、水利资源权属纠纷调解平台

责任单位:市水利局

八、环境污染纠纷调解平台

责任单位:市环保局

九、物业管理纠纷调解平台

责任单位:市住房保障和房产管理局

文件下载:

市社会治安综合治理委员会办公室　市政府法制办公室关于印发《我市推动专业性、行业性调解平台建设指导意见》的通知

九江市人民政府法制办公室综合科

2015 年 7 月 13 日印发

上饶市人民政府法制办公室
上饶市社会管理综合治理委员会办公室
关于做好全市行政调解工作的实施意见

(2014 年 12 月 5 日　饶府法办字〔2014〕20 号)

各县(市、区)政府法制办、综治办,上饶经济技术开发区、三清山风景名胜区综治办、具有行政调解职能的市综治责任单位:

为进一步推进全市行政调解工作,充分发挥行政调解在保障人民群众合法权益、促进社会和谐稳定中的积极作用,根据省政府法制办、省综治办《关于做好 2014 年全省行政调解工作的意见》,现就做好全市 2014 年及今后的行政调解工作提出如下实施意见,请结合实际认真贯彻落实。

一、切实提高对行政调解工作重要性的认识

行政调解是矛盾纠纷大调解工作的重要组成部分。扎实开展行政调解工作,有效预防和化解社会矛盾纠纷,是巩固党的群众路线教育实践活动成果、密切党和政府与人民群众联系的重要途径,是创新社会治理体制、加快建成法治政府的迫切需要,是政府转变行政管理方式的具体表现。各地各部门要从构建和

谐社会高度，充分认识行政调解工作的重要性，认真贯彻落实党的十八大和十八届三中、四中全会精神，按照省委社会体制改革专项小组的年度改革工作计划，进一步规范行政调解行为，创新行政调解工作机制，增强行政调解实效，努力为我市全面深化改革创造和谐稳定的社会环境。

二、全面构建调解网络，努力推动行政调解全覆盖

1. 健全行政调解工作体系。按照属地管理、分级负责的要求，建成多层次、宽领域、全覆盖的市、县、乡三级行政调解组织网络体系，实现各层级、各单位行政调解组织机构健全、人员配备到位、经费保障有力、工作制度完备。具有行政调解职能的市综治责任单位都应当按照饶府厅发〔2013〕1号《上饶市推进行政调解工作的若干意见》精神和本实施意见要求，严格按照“八个一”的规范标准，夯实行政调解工作基础。

一要解决一个行政调解工作场所，设立行政调解室。行政调解室应外挂醒目的行政调解室牌子（暂不具备设立专门行政调解室的单位可与其他相关科室合署办公）。

二要建立一支行政调解工作人员队伍，配备专职或兼职行政调解员。行政调解任务重的单位，行政调解人员不得少于2人。

三要配备一套行政调解工作办公设施。按专职或兼职行政调解人员数摆放相应的行政调解办公桌、电脑等办公设备。

四要雕刻一枚行政调解工作专用章。行政调解的受理、处理等对外文书应加盖行政调解专用章。

五要落实一笔行政调解工作经费。行政调解工作经费应专款专用，用于行政调解工作的宣传、培训和办理行政调解案件所需。

六要建立和完善一套行政调解工作制度。通过建立和完善相关制度来规范行政调解工作，做到制度上墙，营造行政调解工作氛围，真正履行行政调解主体的职责，严格按照制度要求履行工作职责，报送工作信息和统计报表等。

七要建立一本行政调解工作台帐。把收到、受理的行政调解案件按时间、类别、当事人情况、案件来源、处理结果等情况如实登记于《行政调解工作台账》（样式见附件1），以备查询、汇总上报。

八要构建一个行政调解工作信息平台。通过这个平台定期统计、分析、交流和报告行政调解工作信息，逐步建立信息互通、共享机制。

各县(市、区)均应在2014年12月底前出台本地有关推进行政调解工作的文件,明确工作目标任务,指导本地区行政调解工作的有序开展。

2. 发挥行政复议机关行政调解职能。全市各级行政复议机关要根据《中华人民共和国行政复议法实施条例》规定的调解原则、范围,在不损害国家利益、公共利益和他人合法权益的前提下,优先通过行政调解方式解决行政争议和相关纠纷。复议案件受理后,要深入了解各方诉求,找准争议焦点,向当事人宣传有关法律、法规和政策,引导消除复议当事人之间的对立情绪,为当事人自愿调解、达成协议创造条件。

3. 加强基层调解组织建设。在建立健全市县两级行政调解组织网络体系的基础上,各县(市、区)还应当抓好乡镇(街道)的行政调解工作,指导乡镇(街道)建立行政调解机构,逐步形成市、县、乡三级行政调解网络,充分发挥基层政府在化解土地山林水利权属纠纷等方面的职能作用,力争将行政争议纠纷化解在基层,消除在萌芽状态,有效防止各类争议纠纷激化升级。

4. 加大行政调解宣传工作力度。各地各部门要制定宣传工作方案,充分利用广播、电视、报刊、网络等宣传舆论工具,采取设置宣传栏、张贴宣传画、发放宣传材料等形式,广泛宣传行政调解相关知识,提高行政调解的社会认知度。具有行政调解职能的市综治责任单位都应当在行政调解室外悬挂行政调解醒目标示牌和行政调解联系电话。2014年12月底前,各地各部门应集中组织一次行政调解工作的宣传活动,形成较大声势,为行政调解工作的深入开展营造良好氛围。

三、着力化解民生领域纠纷,以点带面推进行政调解纵深开展

5. 突出行政调解重点领域。要把与群众利益密切相关的医疗、劳动人事和社会保障、环境、教育、住房、交通、消费者权益等重点民生领域的争议纠纷,作为行政调解工作的重点,依法、及时、妥善予以解决。

6. 构建行政主导、社会参与的行政调解工作格局。对特定行业、专业领域的矛盾纠纷,行政机关应当积极引导支持社会力量参与调解工作。具有行政调解职能的市综治责任单位均应与省相关部门加强联系,对下级部门多加强指导,在全市已建成的医患、交通事故纠纷调解委员会的基础上,逐步推进征地补偿、劳动争议、城市房屋征收、环境保护等领域组建专业性调解组织,积极探索在消费者权益保护、知识产权等领域委托行业协会、社会组织等第三方调解机构调解模式。

7. 改进行政调解方式。充分发挥行政调解简易性、便捷性的特点,对一些事实清楚、争议不大的案件,应当通过简易程序及时化解。积极探索流动调解、巡回调解、网上调解等方便群众、就近就快解决纠纷的长效机制。对于案情复杂,涉及多部门、多领域的案件,探索多部门联动的调解方式,提高调解效率。

8. 创新社会管理机制。各地、具有行政调解职能的市综治责任单位在开展行政调解工作的工程中,还应当注重加强对矛盾纠纷多发、高发成因的分析、研判,主动把握矛盾发生的潜在规律和深层次原因,认真查找管理方面的薄弱环节,积极推出新的解决对策,通过创新社会管理机制,从源头上预防和化解社会矛盾。各地、市综治责任单位应当充分发掘本地本部门在社会管理方面的创新做法,认真总结好的经验,及时上报市综治办和市政府法制办。对具有推广价值、可以普遍适用的,大力予以推广、宣传。

9. 建立行政调解与人民调解、司法调解的衔接机制。要进一步融入大调解平台,在综治机构的综合协调下,加强与人民法院、司法行政部门的工作联系,建立完善行政调解与人民调解、司法调解的协调配合机制、信息沟通机制和效力衔接机制,认真落实省综治办、省高院和省政府法制办联合印发的《关于建立完善行政调解与司法调解工作衔接机制的指导意见》,积极配合做好人民法院委托调解或者需要行政机关、司法行政部门协同调解的有关工作。在已经建立行政调解与诉讼调解衔接机制的基础上,要积极做好行政调解与人民调解的衔接配合工作,在交通损害赔偿、医疗卫生、消费者权益保护、物业管理、劳动争议等矛盾多发领域,加强对人民调解组织的专业指导,支持人民调解组织开展调解工作。

四、进一步夯实基础性工作,不断提高行政调解工作水平

10. 全面梳理行政调解依据。为进一步落实行政调解工作责任,明确行政调解工作职责,在今年12月底之前,市县(市、区)政府法制办要牵头组织本级政府职能部门对行政调解所依据的法律、法规、规章和规范性文件进行一次认真梳理,通过梳理,列明本机关负有行政调解的事项清单,并向社会公开。

11. 建立行政调解信息上报制度。各地、具有行政调解职能的市综治责任单位要加强行政调解信息收集、报送工作,及时汇总分析本地区、本部门行政调解工作开展情况,将本单位行政调解工作信息、工作经验及典型案例及时报送市政府法制办。各地政府法制机构应当定期对行政调解信息报送情况进行汇总、分析和通报,及时研究行政调解工作中发现的具有普遍性的行政争议问题。

各县(市、区)政府法制办,上饶经济技术开发区、三清山风景名胜区综治办,具有行政调解职能的市综治责任单位是行政调解工作信息的报送主体(具体名单详见附件2),应明确专门的机构及人员负责行政调解工作(样式详见附件3)、撰写信息和报送工作报表。

报送内容包括,行政调解工作信息统计报表、工作信息、典型案例、示范经验、总结材料、调研材料、突发情况等。报送的形式有报表样式的按报表样式报送,无报表样式的可以是文字信息、相关图片、影像资料等。

每年度3月、6月、9月和12月下旬,分别报送该年度一季度、半年、三季度和全年行政调解工作信息,填写《行政调解工作统计报表》(报表样式见附件4),分析总结本地区、本部门行政调解工作情况,经单位负责人审核并加盖公章后报市政府法制办,并发送电子邮件至上饶市行政调解邮箱 srxztj@ 163. com。各报送主体每季度至少报送一篇行政调解动态信息;重大或紧急的行政调解信息应随时报送。各县(市、区)政府法制办每半年向市政府法制办报送行政调解典型案例不少于1件,上饶经济技术开发区、三清山风景名胜区综治办、具有行政调解职能的市综治责任单位按实有典型案例报送(样式参考附件5)。

各报送主体要积极围绕全市"大调解"工作大局,结合工作实际,从有效预防、减少和化解争议纠纷的目标出发,认真开展行政调解工作机制创新专题调研,积极向市政府法制办报送调研成果。

市政府法制办会同市综治办每半年编发《上饶市行政调解工作信息通报》,对全市行政调解工作信息进行通报,未及时报送的按统计数为0进行统计通报。市政府法制办行政调解工作信息报送联系科室为行政调解工作科,联系人周国荣,电话8199181,传真8199177,邮箱:srxztj@ 163. com。

12. 健全行政调解工作考评机制。各地要将行政调解的组织建设、制度建设、工作规范、工作成效、信息报送等纳入社会管理综合治理考核内容,由市、县(市、区)政府法制办结合本地和综治责任单位开展行政调解工作的实际情况考评打分。市综治办、市政府法制办将按照省综治办和省政府法制办行政调解考核评分指细则和本实施意见的要求,完善行政调解工作考评机制,量化行政调解考核标准,加大行政调解工作督查力度,推动行政调解工作目标责任的落实。

附件共5件:

附件1:行政调解工作台账(略)

附件2:上饶市行政调解工作信息报送主体(略)
附件3:行政调解员及信息报送人员表(略)
附件4:行政调解工作统计报表(略)
附件5:行政调解工作案例(参考样式)(略)

上饶市人民政府　上饶市社会管理综合
法制办公室　治理委员会办公室

赣州市社会治安综合治理委员会办公室
赣州市人民政府法制办公室
关于印发《赣州市行政调解工作规范化建设实施意见》的通知

(2017年4月24日　赣市综治办〔2017〕3号)

各县(市、区)综治办、法制办,赣州经开区、蓉江新区党政办、综治办,市行政调解职能单位:

现将《赣州市行政调解工作规范化建设实施意见》印发给你们,请结合实际认真抓好贯彻落实。

赣州市社会治安综合治理　赣州市人民政府
委员会办公室　法制办公室
2017年4月24日

赣州市行政调解工作规范化建设实施意见

为进一步完善矛盾纠纷多元化解机制,规范行政调解工作,及时化解矛盾纠纷,促进社会和谐稳定,根据相关法律法规和中央、省、市关于矛盾纠纷多元化解的要求,现提出如下实施意见。

一、目标任务

通过推进行政调解工作规范化建设，畅通行政调解渠道，规范行政调解程序，改善行政调解环境，提高调解人员素质，全面提升行政调解能力，推进行政调解与人民调解、司法调解的有效衔接，深入推进平安赣州、法治赣州建设，为“打好攻坚战、同步奔小康”营造和谐稳定的社会环境。

二、基本原则

（一）平等原则。充分尊重各方当事人的意愿，维护各方当事人在行政调解中的合法权益。行政机关作为纠纷当事人时，与相对方的地位平等，权利与义务一致。

（二）合法原则。行政调解以法律、法规、规章为依据，不得损害国家利益和公共利益，不得侵害公民、法人和其他组织的合法权益。

（三）优先原则。根据法律、法规、规章的有关规定和矛盾纠纷的实际情况，征得双方当事人同意后，可优先选择行政调解的方式解决矛盾纠纷。

（四）实效原则。在行政调解中，调解人员要积极推动纠纷各方当事人依法采取灵活多样的方式，简便、快捷、高效地化解矛盾、定纷止争。

三、行政调解的范围、管辖及效力

（一）行政调解的范围。包括行政机关或者法律、法规授权的具有管理公共事务职能的组织与公民、法人、其他组织之间产生的行政争议，以及公民、法人、其他组织之间产生的行政机关职权管辖范围内的民事纠纷。除法律、法规有特别规定之外，已经进入仲裁、诉讼等法定救济渠道的民事纠纷或者行政争议，不适用行政调解。各行政调解部门应当结合自身工作职责和法定职能，依法确定本部门行政调解的受理范围，并通过各种形式对外公开。

（二）行政调解的管辖。行政调解实行“首问责任制”，最先收到调解申请的行政机关必须先行接待。如果收到调解申请的行政机关对调解事项没有管辖权的，应当告知申请人向有管辖权的行政机关提出申请，或者将调解申请直接移送有管辖权的行政机关。两个以上行政机关发生管辖争议时，由争议的行政机关协商决定。协商不成的，由同级综治中心或当地政府法制机构确定调解主体；涉及多个职能部门职责的，可由同级综治中心牵头协调，整合资源实施多元化解。

（三）行政调解的效力。行政调解达成协议的，负责调解的行政机关应当及时跟踪了解协议的履行情况。对没有及时履行的，应做好协议当事人的教育督促工作,推动协议尽快履行。履行过程中,协议当事人就履行方式、期限等重新自主协调的,应当将协商意见记录备案,作为行政调解协议的补充内容。对于调解达成的协议,行政机关应当引导当事人依法申请公证,或者到法院进行司法确认。

四、行政调解流程

(一)排查。各级行政机关在日常工作中,要开展矛盾纠纷常态化排查,及时发现本部门、本领域或本系统内各类可能影响社会治安和社会稳定的矛盾纠纷。对通过日常排查发现的矛盾纠纷,必须认真梳理分析,录入矛盾纠纷排查调处云平台,明确调解责任领导、科室和人员,限期督促化解到位。

(二)申请。行政调解可以书面申请,也可以口头申请。口头申请的,受理申请的政府法制机构或者政府部门应当制作笔录,并由申请人签字确认。行政机关作为一方当事人的纠纷,行政管理相对人申请调解应当以书面形式向作为当事人的行政机关的上一级行政主管部门或当地政府法制机构提出。

(三)受理。政府法制机构或者政府部门自收到调解申请之日起 3 个工作日内审查,并征询各方当事人意愿。各方同意调解的,应当在确认之日起 3 个工作日内依职权受理调解。行政机关受理行政调解申请时,应当注意审查并告知申请人民事纠纷或者行政争议的可复议、仲裁、诉讼等法定救济途径的时效限制。

(四)调解。根据矛盾纠纷的复杂程度,可以分别适用简易程序和一般程序。对案件事实清楚、权利义务明确、争议不大的,适用简易程序。

适用一般程序调解的,按以下要求实施:

1. 行政调解开始前,可以由调解各方当事人自愿选择并共同确认主持调解的工作人员。根据调解的需要,可以邀请专业技术人员、法律专业人员、有关基层组织、社会力量参与调解工作。对于涉及重大、复杂问题,群众关注度高、社会影响较大的纠纷争议,经调解行政机关批准,可以邀请新闻媒体参与旁听。调解行政机关可以对调解过程录音录像。

2. 受理行政调解申请后,应当明确 2 名以上工作人员开展以下调解工作:(1)事实调查。对当事人双方提供的行政争议和民事纠纷所涉证据材料进行书面审查,就争议事实充分听取各方意见。对基本事实有疑义的,可以开展实地调查或组织听证。(2)方案协商。行政调解工作人员应当依据法律法规及有关政策,对双方当事人进行说服、劝导,引导双方当事人消除争议,达成调解协议。

(3)联合调解。调解过程中,可以邀请行政机关负责人参加调解会议与申请人进行面对面协商。重大、复杂、群众关注度高的争议纠纷,可以邀请申请人所在的基层组织、其他与案件有关的社会力量和相关专家参加调解,保证调解的中立性和客观性。

3. 经调解达成协议的,应当制作《行政调解协议书》,载明调解各方当事人、基本事实、各方诉求和经调解达成的意见,以及履行方式、履行期限等内容,由各方当事人签字或盖章确认后生效。行政调解协议应当加盖调解部门或者政府法制机构印章。

4. 行政调解期限一般不超过45日,重大复杂、当事人申请延长调解期限的,可以延长15日。终止行政调解的,政府部门或者政府法制机构应当制作终止行政调解书,并引导当事人依法通过行政复议、仲裁、诉讼、信访等渠道解决。开展行政复议立案前调解工作的,应当注意做好与行政复议程序的依法有序衔接。

(五)报告。对政府或综治中心交办的事项,负责组织调解的部门或机构应当在达成行政调解协议后或者调解终止之日起的5个工作日内,将调解结果报政府或综治中心。

五、工作要求

(一)加强组织领导。各地、各部门要按照"属地管理、分级负责"的原则,建立由政府主导、政府法制机构牵头、各职能部门为主体的行政调解工作机制,充分发挥行政机关在化解行政争议、调处民事纠纷中的职能作用。对在行政管理过程中遇到或发现的行政争议以及与行使行政职权有关的民事纠纷,要积极地引导当事人采用行政调解方式解决矛盾纠纷,做到"应调尽调"。

(二)实行衔接联动。各级行政调解职能单位在日常工作中,应当与同级综治中心加强沟通联系,及时报告矛盾纠纷排查化解工作情况,充分发挥各级综治中心整合资源、多元联动的优势,化解复杂疑难矛盾纠纷。各级要建立健全行政调解工作联席会议制度,完善行政调解与人民调解、司法调解的衔接配合机制,形成矛盾纠纷化解合力。

(三)强化工作保障。各级行政调解职能部门都应当设立调解机构,选配2名以上具备丰富调解工作经验的工作人员从事行政调解工作。应当建立调解专家库,并根据工作需要聘请律师、退休干部、人民调解员参与化解矛盾纠纷。加大对行政调解员的教育培训力度,逐步使调解员达到"四懂"(懂方针政策、懂法律法规、懂业务知识、懂调解技巧)。应当把行政调解工作经费列入本单位年度预算予以保障。

(四)严格责任落实。市综治办和市政府法制办将加大工作督促检查力度,把行政调解工作纳入综治差异化考核和法治政府建设考核内容。各地、各单位要加大矛盾纠纷化解责任落实力度,进一步明确责任领导和责任科室。市级行政调解职能部门不仅要负责抓好市本级单位行政调解工作,而且要指导推进本系统内县级对口单位的行政调解工作,各县(市、区)职能单位行政调解成效将作为市级对口单位的计分依据。

附件:1. 行政调解单位名单

2. 重点调解平台及责任单位

3. 行政调解组织建设标准

4. 行政调解具体范围

附件1:

行政调解单位名单(58个)

1. 重点行政调解单位:市人社局、市公安局、市司法局、市卫计委、市教育局、市林业局、市国土局、市矿管局、市水利局、市环保局、市房管局、市规划局、市建设局、市工商局、市质监局、市食药监局。

2. 一般行政调解单位:市发改委、市物价局、市盐务局、市外侨办、市统计局、市民政局、市档案局、市防震减灾局、市公路局、市城管局、市信访局、市农粮局、市地税局、市文广新局、市科技局、市审计局、市财政局、市扶贫办、市国资委、市交通局、市气象局、市邮政局、市水保局、市人防办、市旅发委、市中小企业局、市工信委、赣州银监分局、市商务局、市安监局、市体育局、市供销社、市烟草局、赣州海关、市国税局、赣州出入境检验检疫局、人民银行赣州支行、南铁赣州车务段、赣州保监分局、市民宗局、市金融局、市法制办。

附件 2：

重点调解平台及责任单位

1. 劳资纠纷和劳动争议调解平台

责任单位：人力资源和社会保障部门

2. 交通事故纠纷调解平台

责任单位：公安部门

3. 医疗卫生纠纷调解平台

责任单位：司法行政机关、卫生和计生部门

4. 学校意外伤亡事故纠纷调解平台

责任单位：教育部门

5. 山林权属纠纷调解平台

责任单位：林业部门、国土资源部门

6. 土地矿产资源权属纠纷调解平台

责任单位：国土资源部门、矿产管理部门

7. 水利资源权属纠纷调解平台

责任单位：水利部门

8. 环境污染纠纷调解平台

责任单位：环保部门

9. 房地产及物业管理纠纷调解平台

责任单位：房地产管理部门、规划部门、建设部门

10. 消费者权益保护纠纷调解平台

责任单位：工商部门、质监部门、食药监部门

附件3:

行政调解组织建设标准

(一)重点行政调解单位建设标准

1. 办公场地:

(1)接待受理室;

(2)矛盾纠纷调解室兼会议室;

(3)调解员办公室。

2. 人员配备:

(1)配备2~3名调解员,负责日常调解工作;

(2)安排1名工作人员负责管理矛盾纠纷排查调处云平台;

(3)确定1名律师或法律专业人士参与矛盾纠纷调处工作。

(二)一般行政调解单位建设标准

1. 办公场地:

(1)矛盾纠纷调解室兼会议室;

(2)调解员办公室。

2. 人员配备:

(1)配备1~2名调解员,负责日常调解工作;

(2)安排1名工作人员负责管理矛盾纠纷排查调处云平台;

(3)确定1名律师或法律专业人士参与矛盾纠纷调处工作。

附件4:

行政调解具体范围

1. 行政争议

(1)行政复议案件。对符合法定受理条件并有可调解内容的行政复议申请,除复议过程中调解外,可以在依法受理前,通过向申请人释明行政调解制度引导申请人选择案前调解程序解决行政争议。

(2)超出法定申请期限无法进入行政复议程序的行政争议案件。对属于政府及部门行政复议受案范围却因超期无法通过法定复议程序解决的行政争议，根据双方当事人意愿开展行政调解。

(3)人民法院委托调解或者需要行政机关协同调解的行政争议案件。根据人民法院在诉前或者诉中的委托或者邀请,参与或者组织开展行政调解。

(4)政府交办的行政争议案件。对涉及人数较多、可能对本区域行政执法活动产生较大影响的行政争议等需要主动调解的,可以主动组织调解。

(5)其他依法可以调解的行政争议。

2. 民事纠纷

法律、法规、规章规定可以由行政机关调解的公民、法人和其他组织之间的纠纷(以下简称民事纠纷)：

(1)交通事故损害赔偿纠纷；

(2)医疗损害赔偿纠纷；

(3)土地矿产资源权属纠纷；

(4)山林权属纠纷；

(5)土地承包经营纠纷；

(6)林木损失赔偿纠纷；

(7)校园人身损害赔偿纠纷；

(8)消费者权益保护纠纷、产品质量纠纷；

(9)环境污染赔偿纠纷；

(10)物业服务纠纷；

(11)建筑物区分所有权纠纷；

(12)因征地拆迁引起的涉众型安置补偿、赔偿纠纷；

(13)涉及电力方面纠纷；

(14)涉及水利方面纠纷；

(15)劳资纠纷和劳动争议、劳务(雇佣)纠纷；

(16)社会保险方面纠纷；

(17)侵犯商标专用权、专利权等知识产权的赔偿纠纷；

(18)合同纠纷；

(19)其他可以由行政机关依法调解的民事纠纷。

·山东省·

山东省物价局　山东省司法厅
关于加强价格争议行政调解
与人民调解衔接配合工作的意见

(2014 年 12 月 11 日　鲁价认发〔2014〕151 号)

各市物价局、司法局:

为深入贯彻落实党的十八届三中、四中全会精神,结合我省实际,现就加强价格争议行政调解与人民调解衔接配合,进一步做好新形势下价格争议调解处理工作提出如下意见。

一、充分认识价格争议行政调解与人民调解衔接配合的重要意义

近几年来,全省各级价格主管部门认真贯彻落实《山东省价格争议调解处理办法》(鲁政办发〔2010〕7 号),充分发挥价格争议行政调解处理职能,采取直接调解价格争议和协助司法、行政部门解决社会矛盾纠纷中的价格问题等方式,化解了大量价格争议,取得了显著成效。实际工作中,价格争议调解处理过程经常需要人民调解组织的支持和协同办理,人民调解也常常需要价格争议调解机构的配合。加强价格争议行政调解与人民调解的衔接配合,将价格争议调解机构的专业强项和人民调解组织点多面广的优势有机结合起来,对提高价格争议调解工作成效、有效化解社会矛盾意义重大。

各级价格主管部门和司法行政机关要从建设法治国家、构建社会主义和谐社会、推进大调解体系建设的高度,深刻认识价格争议行政调解与人民调解有机衔接的重要意义,加强组织领导和协调配合,扎实稳妥地推进此项工作的开展。

二、建立科学、便捷、灵活、高效的衔接配合工作机制

各级价格主管部门设立的价格认证机构和司法行政机关指导的人民调解组织应按照"便民、高效"的原则,因地制宜,结合具体的矛盾纠纷情况,采取联合调解、协助调解、委托(移交)调解等适当的方式,共同做好纠纷调解工作。

(一)联合调解

各级价格认证机构调解涉及重大、复杂、疑难的价格争议纠纷,在征得双方当事人同意后,可以与所在地或纠纷发生地人民调解组织组成联合调解小组,共同对价格争议纠纷进行调解。

人民调解组织调解涉及重大、复杂、疑难的价格争议纠纷,在征得双方当事人同意后,可以与所在地或纠纷发生地价格认证机构组成联合调解小组,共同对价格争议纠纷进行调解。

(二)协助调解

各级价格认证机构在调解价格争议纠纷过程中,可以邀请所在地或纠纷发生地人民调解组织协助调解。人民调解组织在调解各类纠纷中,涉及价格争议的,可以邀请价格认证机构协助调查和调解。价格认证机构和人民调解组织要相互支持,协同配合。

(三)委托(移交)调解

1. 价格认证机构委托人民调解组织调解。各级价格认证机构受理的价格明确并涉及其他纠纷、更适宜用人民调解方式解决的价格争议,在征得双方当事人同意后,可以委托所在地或纠纷发生地人民调解组织进行调解。

对委托人民调解组织进行调解的价格争议纠纷,应及时发送《委托人民调解函》(附件1),移送相关材料。人民调解组织在接受委托事项后,应及时组织调解,并将调解结果反馈给价格认证机构。

2. 人民调解组织移交价格认证机构调解。人民调解组织调解难度较大、更适宜用行政调解方式解决的价格争议纠纷,在征得双方当事人同意后,可以移交价格认证机构进行调解。

对移交价格认证机构进行调解的价格争议纠纷,应及时移交《移交价格争议行政调解函》(附件2)等相关材料。价格认证机构在收到移交事项后,应当在规定时间内办结,如遇特殊情况,可以按规定延长时间;对移交价格认证机构进行调解的价格争议纠纷,价格认证机构应及时将调解结果反馈给人民调解组织。

经调解达成调解协议的,一般由主办争议纠纷调解的组织制作调解协议书。双方当事人认为有必要的,可依据《人民调解法》和中央16部委联合印发的《关于深入推进矛盾纠纷大调解工作的指导意见》(综治委〔2011〕10号)有关规定,在调解协议生效之日起30日内共同向人民法院申请司法确认。

经调解不能达成调解协议的,应当终止调解。

三、加强领导、规范运行,确保调解工作有效开展

(一)加强对调解工作的领导。各级价格主管部门和司法行政机关要加强对调解工作的协调指导,通过建立联席会议制度等方式,及时研究解决工作中存在的实际问题。要加强调解机构和队伍建设,完善价格争议行政调解与人民调解衔接工作机制,鼓励和引导有条件的地区探索建立价格纠纷人民调解委员会。

(二)加强调解工作规范。各级价格主管部门和司法行政机关要依据《人民调解法》和《山东省价格争议调解处理办法》的相关规定,对衔接配合工作形式、工作内容和工作程序逐步进行规范,着力提高调解工作实效。价格争议调解机构和调解人员要严格按规定的调解程序,依法进行调解,规范制作调解协议书,使用统一规范的调解文书,实行一案一档。

(三)建立和完善调解工作制度。各级价格争议行政调解机构及人民调解组织要结合本地实际,建立和完善沟通交流、工作台帐、疑难纠纷集体讨论、调解流程公开、重大情况报告、定期信息通报和人员培训等制度,逐步形成一整套有效化解矛盾纠纷的制度体系,确保调解工作的公正性和合法性。

各级价格主管部门和司法行政机关要强化指导和管理,动态掌握价格争议纠纷处理总体状况,定期对价格争议行政调解与人民调解衔接配合工作情况进行通报。各地各有关部门在价格争议行政调解和人民调解衔接配合工作中的有关问题,分别上报省物价局、省司法厅。

附件:1. 委托人民调解函

2. 移交价格争议行政调解函

山东省物价局　山东省司法厅

2014 年 12 月 11 日

附件 1:

委托人民调解函人民调解委员会:

本价格认证中心(价格认定局)受理的__________纠纷,双方当事人已经同意进行人民调解,现将该纠纷移交给你们调解,请及时调解并将调解结果反馈我处(附案件卷宗材料复印件)。

联系电话：____________　　联系人：____________

价格认证机构（印章）

年　月　日

附件 2：

移交价格争议行政调解函

价格认证中心（价格认定局）：

本调解委员会受理的________纠纷，双方当事人已经同意进行价格争议行政调解，现将该纠纷移交你价格认证机构调解，请及时调解并将调解结果反馈我处（附案件卷宗材料复印件）。

联系电话：____________　　联系人：____________

人民调解委员会（印章）

年　月　日

济南市人民政府办公厅关于进一步加强行政调解工作的意见

（2015 年 1 月 23 日　济政办发〔2015〕3 号）

各县（市）、区人民政府，市政府各部门：

为充分发挥行政调解制度优势，有效化解矛盾纠纷，维护社会和谐稳定，根据相关法律法规和文件规定，经市政府同意，现就进一步加强行政调解工作提出如下意见。

一、明确总体要求

（一）指导思想。深入贯彻落实党的十八大和十八届三中、四中全会精神，以化解社会矛盾纠纷为根本,以建立行政调解工作体制为保障,以创新行政调解工作机制为抓手,形成调解工作合力,依法将矛盾纠纷化解在初发阶段、化解在基层、化解在行政程序中,为全市经济社会发展创造和谐、稳定、有序的社会环境。

(二)工作原则。

1. 坚持合法原则。遵循法律法规和政策规定,不得损害国家和公共利益,不得侵犯公民、法人和其他组织的合法权益。

2. 坚持自愿原则。完全尊重当事人的意思自治,不得强制性要求调解。

3. 坚持平等原则。兼顾各方当事人的合法权益,平等协商处理利益纠纷,体现公平正义。

4. 坚持实效原则。行政调解应当简便、快捷、高效,实现"定纷止争、案结事了"的社会效果和法律价值。

(三)行政调解工作范围。行政机关(包括法律法规授权的具有管理公共事务职能的组织)与行政相对人之间产生的行政争议;依法应当由行政机关行政裁决、调处的民事纠纷;公民、法人或者其他组织之间产生的与行政管理有直接或间接关联的民事纠纷。

二、建立完善行政调解工作推进机制

建立由政府负总责,法制部门牵头、各职能部门为主体的行政调解工作机制。市和县(市)区政府统一领导本行政区域内的行政调解工作,其法制部门负责行政调解的协调、指导和监督;政府部门(含单位,下同)的法制机构负责协调指导本部门行政调解工作,相关业务机构具体承办;乡镇政府(街道办事处)组织承办本行政区域内的行政调解工作。

建立市行政调解联席会议制度。市政府分管领导为总召集人,市政府分管副秘书长、市法制办主任为副总召集人,市政府各执法部门为成员单位,并邀请市法院参加。具体职责为:指导全市行政调解工作,定期研究解决全市行政调解工作涉及重大问题;研究和协调解决涉及重大公共利益、群体性和影响社会稳定的行政争议;协调处理涉及多个部门的行政争议,确定处理原则和牵头部门。市法制办负责市行政调解联席会议日常工作,做好全市行政调解工作的统筹协调、信息交流及监督指导。各县(市)区政府应建立相应的行政调解联席会议制度。

建立行政调解信息分析报送制度。各县(市)区政府、市政府各部门要加强行政调解信息汇总分析,按照市法制部门要求定期报送本地区、本部门开展行政调解工作情况，及时发现带有倾向性和普遍性问题，并提出对策建议。对涉及人数较多、社会影响大、可能影响社会稳定的矛盾纠纷，要及时与同级政府法制机构沟通，并向党委、政府报告。

三、健全行政调解员和行政调解联络员队伍

各级各部门要充分发挥省会城市资源优势，依托基层组织、相关行业协会和大专院校专家学者发挥行政调解作用，动员社会各方力量积极参与行政调解工作。在市、县（市）区、乡镇政府（街道办事处）和人力资源社会保障、国土资源、城乡建设、住房保障管理等重点领域建立社会专兼职调解员队伍和调解专家库并向社会公开，构建行政主导、社会参与的行政调解体系。在行政调解员队伍中，遴选部分老干部、老专家、老学者，探索建立行政复议调解员队伍，最大限度发挥行政复议化解行政纠纷的作用。各级政府部门应明确本部门的行政调解联络员，负责本部门行政调解工作联络沟通、协调管理、数据汇总分析等日常工作。

四、推进矛盾纠纷预防化解和行政调解联动工作

各级行政复议机构要主动将复议关口前移，对行政复议中发现的行政执法存在的普遍性问题，以行政复议建议书形式提出改进意见，以点带面规范该类执法行为，及时有效解决共性问题，预防矛盾纠纷产生。各级行政机关要定期梳理行政执法中存在的问题，及时预防处理可能出现的矛盾纠纷。在行政复议、行政诉讼过程中，各级行政执法机关应与政府法制机构建立沟通交流制度，尤其对涉及土地房屋收储征收、人力资源社会保障、食品安全、企业改制、环境保护等矛盾突出领域的事项，应主动与政府法制机构取得联系，共同分析行政执法中存在的问题，最大限度化解矛盾纠纷。在行政调解中，需要当事人所在地基层人民调解组织配合的，可邀请其参加，共同开展调解工作。对进入行政复议渠道的行政争议，行政复议机构要先行调解，推进行政调解与行政复议衔接。对进入行政诉讼程序的行政争议，行政机关要与人民法院在诉前调解、庭审调解、执行和解等环节建立联动机制。完善行政调解与人民调解、司法调解情况通报交流制度，积极推动行政调解的司法确认。

五、加强组织领导

各级各部门行政首长为本行政区域、本部门行政调解工作总负责人，加强领导，统筹规划，完善机制，采取信息反馈、经验交流、检查指导等措施，对行政调解工作加大督导力度，并定期调度有关情况，对因组织领导不力、责任不到位、工作不落实等导致争议纠纷突出的单位，要予以通报并限期整改；对因工作敷衍塞责、无故推诿拖延，发生严重影响社会稳定的重大事件和案件的，要实行责任倒查，依法依规追究有关负责人和相关人员责任。要依托各类媒体加大宣传力度，引导社会各界了解支持行政调解工作，主动选择行政调解方式解决矛盾纠纷。要对行政调解员、行政调解联络员加强业务培训，推行工作人员持证上岗制度，不断提高行政调解专业化水平。政府部门要落实行政调解工作必要经费，配置相应调解场所和设备，保障行政调解工作有效实施。

济南市人民政府办公厅

2015年1月23日

济南市人民政府法制办公室关于印发《济南市行政调解联席会议工作规则》和《济南市行政调解员管理办法》的通知

（2015年4月16日 济府法发〔2015〕6号）

各县（市）区政府法制办，高新区管委会法制机构，市政府各部门法制机构：

现将《济南市行政调解联席会议工作规则》和《济南市行政调解员管理办法》印发给你们，请遵照执行。

济南市人民政府法制办公室

2015年4月16日

济南市行政调解联席会议工作规则

第一条 为加强对我市行政调解工作的统筹协调指导，健全社会矛盾纠纷预防化解机制，有效发挥行政调解在我市多元化纠纷解决体系中的作用，根据济南市政府办公厅《关于进一步加强行政调解工作的意见》，结合本市实际，制定本规则。

第二条　市行政调解联席会议,为市政府决策行政调解重大事项,监督行政调解重大案件,指导行政调解制度建设的机构。主要履行下列职责:

(一)指导全市行政调解工作;

(二)制定全市行政调解的相关制度;

(三)研究全市行政调解工作中的重大问题;

(四)对全市履行行政调解职责情况进行监督;

(五)研究和协调解决涉及重大公共利益、群体性和影响社会稳定的行政争议,协调处理涉及多个部门的行政争议,确定处理原则和牵头部门;

(六)定期总结行政调解工作,组织开展行政调解工作考核、评比和表彰工作;

(七)办理市委、市政府交办的其他有关行政调解工作。

第三条　市行政调解联席会议由总召集人或副总召集人召集,各成员单位主管行政调解工作的领导参加。根据工作需要,联席会议也可以邀请相关部门参加会议。

第四条　市行政调解联席会议办公室设在市政府法制办,负责市行政调解联席会议日常工作,办公室主任由市政府法制办主任兼任。主要履行下列职责:

(一)负责起草全市行政调解工作规划、年度计划,进行年度工作总结;

(二)负责落实联席会议各项工作决定、意见,并组织对各相关部门落实情况进行检查和验收;

(三)组织、督促定期、及时报送行政调解信息,负责行政调解信息汇总、分析和通报工作;

(四)负责组织、协调开展行政调解员和行政调解联络员培训、调查研究、工作宣传等事项;

(五)负责组织实施行政调解工作的考评工作;

(六)负责组织、协调相关部门加强行政调解工作,推动行政调解与人民调解、司法调解相互衔接;

(七)完成联席会议交办的其他事项。

第五条　市行政调解联席会议原则上每年召开一次,一般于每年第一季度召开。

市行政调解联席会议，原则上须有三分之二以上的成员单位出席，由总召集人或副总召集人主持。

总召集人、副总召集人，或者有三分之一以上的成员单位提议时，可以临时召开。

第六条 市行政调解联席会议办公室应当在联席会议召开的7日前将会议日期、审议事项、会议议程书面通知成员单位。

第七条 联席会议议决事项，由参会成员单位过半数表决通过。

主持人根据审议事项决定会议表决的方式，表决结果由会议主持人当场宣布。

第八条 联席会议议决事项应形成《会议纪要》，并印发至各成员单位。

第九条 本规则由市行政调解联席会议办公室负责解释。

第十条 本规则自颁布之日起施行。

附：联席会议成员单位名单

附：

联席会议成员单位

召集单位：市政府法制办

成员单位：市经济和信息化委市城乡建设委 市公安局市监察局 市民政局 市司法局 市财政局市人力资源社会保障局 市国土资源局 市规划局 市城管执法局 市环保局 市卫生计生委 市食品药品监管局市安监局 市住房保障管理局市质监局市工商局

特邀单位：市中级人民法院

各成员单位指派一名同志作为行政调解联络员，负责日常性工作。

济南市行政调解员管理办法

第一条 为健全我市行政调解员队伍，充分发挥行政调解化解行政争议的作用，根据济南市政府办公厅《关于进一步加强行政调解工作的意见》，结合本市实际,制定本办法。

第二条　市、县(市)区、乡镇政府(街道办事处)和市、县(市)区政府部门均应选配行政调解员。

第三条　行政调解员的主要职责是:

(一)调解相关纠纷,防止矛盾纠纷激化;

(二)开展矛盾纠纷定期排查、集中排查和专项治理排查活动,及时调处矛盾纠纷;

(三)通过排查调解矛盾纠纷宣传法律、法规、规章和政策,教育公民遵纪守法,尊重社会公德,预防矛盾纠纷发生;

(四)向所属单位和同级政府法制机构反映矛盾纠纷和调解工作情况;

(五)认真做好纠纷登记、调解统计和文书档案管理工作;

(六)负责和行政调解相关的其他工作。

行政调解员履行职务,依法受到法律保护。

第四条　行政调解员应当从具备以下条件的人员中选用:

(一)拥护党的领导,品行端正,乐于奉献,办事公道,有较高群众威信,热爱行政调解工作;

(二)熟悉法律、法规和本系统、本辖区工作,具有较强的组织协调能力和丰富的群众工作经验;

(三)参加过系统的行政调解专业培训学习;

(四)工作认真负责、责任心强。

第五条　行政调解员分为专职行政调解员和兼职行政调解员。专职行政调解员为市、县(市)区、乡镇政府(街道办事处)和市、县(市)区政府部门从事公务的人员。

第六条　兼职行政调解员的聘任工作由市、县(市)区、乡镇政府(街道办事处)和市、县(市)区政府部门组织实施。

兼职人民调解员的聘任期一般为 3 年。聘任期满后,根据双方意愿以及工作需要可以续聘或解聘。

第七条　市政府原则上按照不少于 20 人的要求选配行政调解员;县(市)区政府原则上按照不少于 15 人的要求选配行政调解员;乡镇政府(街道办事处)和县(市)区政府部门行政调解员的配备数量由县(市)、区政府法制办依具体情况确定。

市政府部门原则上按照不少于6人的要求选配行政调解员。

第八条 市政府法制办负责市、县(市)区政府和市政府部门行政调解员的业务指导和培训工作;县(市)区政府法制办负责乡镇政府(街道办事处)和县(市)区政府部门行政调解员的业务指导和培训工作。

行政调解员的培训,原则上每年组织一次,具体形式另行确定。

第九条 各级各部门负责其所属的行政调解员的建档工作,县(市)区政府和市政府部门负责将其调解员名单向市政府法制办备案,乡镇政府(街道办事处)和县(市)区政府部门负责将其调解员名单向县(市)区政府法制办备案。

各级各部门对新调整的行政调解员,应当及时上报备案。

第十条 兼职行政调解员的考核按照"谁聘用,谁考核"的原则组织实施。

第十一条 兼职行政调解员应遵守职业道德和工作纪律。违反职业道德和工作纪律,由兼职行政调解员所属单位视其情节给予批评教育或建议有关部门给予处分。

第十二条 市、县(市)区、乡镇政府(街道办事处)和市、县(市)区政府部门要加大保障力度,为行政调解员提供必要的工作条件。

第十三条 各县(市、区)政府要参照本规定,逐步建立行政调解员制度,并认真抓好组织实施。

第十四条 本办法自颁布之日起施行。

淄博市人民政府办公厅关于加强行政调解工作的实施意见

(2017年6月12日 淄政办发〔2017〕16号)

各区县人民政府,高新区、经济开发区、文昌湖区管委会,市政府各部门,各有关单位:

为充分发挥行政调解对化解社会矛盾、维护社会和谐稳定的重要作用,根据

《山东省多元化解纠纷促进条例》,结合我市实际,提出如下实施意见:

一、充分认识做好行政调解工作的重要意义

行政调解是由行政机关或者法律法规授权的具有管理公共事务职能的组织(以下简称"行政机关")主持或组织的,以法律、法规和政策规定为依据,以民事纠纷和行政争议为主要对象,通过建议、辅导、规劝、示范、约谈等非强制性方式,实施行政指导,促使各方当事人平等协商、互谅互让、消除矛盾的一种纠纷解决机制。做好行政调解工作,是践行党的群众路线、增进社会和谐的重要举措,是加强和创新社会治理、加快建设法治政府的迫切需要。当前,经济社会正处于转型发展的关键时期,社会利益和群众需求呈现多元化趋势,社会矛盾化解面临许多新情况、新问题,必须进一步加强和改进行政调解工作,充分发挥行政调解的优势,有效化解矛盾,妥善解决争议。各级各部门一定要站在深化改革、促进发展、维护稳定全局的高度,充分认识加强行政调解工作的重要性和紧迫性,切实把这项工作摆上重要位置,加大力度,提升水平,促进行政调解工作更好地服务经济社会发展。

二、把握行政调解工作的指导思想、基本原则和工作重点

(一)指导思想。以党的十八大、十八届三中、四中、五中、六中全会和习近平总书记系列重要讲话精神为指导,紧紧围绕市委、市政府"一个定位、三个着力"总体要求,以化解社会矛盾纠纷为根本,以构建和谐淄博为目标,坚持调解优先、立足预防、重在化解,充分发挥行政调解作用,形成与人民调解、司法调解有机衔接、共同推进的工作合力,有效化解社会矛盾,为全市经济社会发展创造和谐、稳定、有序的社会环境。

(二)基本原则

1. 坚持调解优先原则。立足预防和疏导,对矛盾纠纷做到早排查、早发现、早调解;坚持能调尽调,当调则调,把调解贯穿于处理矛盾纠纷的全过程。

2. 坚持自愿原则。充分尊重当事人意愿,不得强迫当事人接受调解方式或调解结果。

3. 坚持合法合理原则。行政调解必须依法进行,不得损害国家利益、社会公共利益和公民、法人、其他组织的合法权益,不得违背法律精神和公序良俗。

4. 坚持公平公正原则。兼顾各方当事人的合法权益,平等协商处理利益纠纷,体现公平正义。行政机关作为当事人一方时,与行政相对人的地位平等。

5.坚持注重成效原则。积极探索研究化解矛盾纠纷的新机制,注重调解艺术和调解方法,努力实现“定纷止争、案结事了”的社会效果和法律价值。

(三)工作重点。对于行政机关与公民、法人或者其他组织之间产生的法律法规规定可以调解的行政争议,重点是做好涉及行政裁量权、行政赔偿、行政补偿等方面的行政调解工作。对于公民、法人或者其他组织之间产生的与行政管理有直接或间接关联的民事纠纷,重点是解决好交通损害赔偿、医疗卫生、消费者权益保护、价格争议、劳动争议等与行政管理有关的民事纠纷。对于涉及资源开发、环境污染、公共安全事故等方面的民事纠纷,以及涉及人数较多、社会影响较大、可能影响社会稳定的纠纷,要依职权主动进行调解。

三、明确行政调解工作体制

按照“属地管理、分级负责”的原则,建立由政府负总责、政府法制机构牵头、政府职能部门为主体的行政调解工作体制,纳入同级矛盾纠纷多元化解工作平台。

(一)各级政府负总责。成立由本级政府分管领导牵头,政府职能部门负责人参加的行政调解工作领导小组,设立行政调解办公室,定期或不定期听取行政调解工作情况汇报,及时研究解决行政调解工作中遇到的重大问题。

(二)各级政府法制机构牵头。在本级政府的领导下,各级政府法制机构要加强对下级政府和本级政府职能部门行政调解工作的指导、监督、协调和规范。开展调查研究,制定完善配套制度,明确行政调解范围,切实规范行政调解程序;指导和组织调处法律关系复杂、重大疑难或者本级政府交办的争议纠纷;制定本辖区行政调解权力义务清单,并及时向社会公布;定期组织行政调解工作情况检查考核。

(三)各级政府职能部门发挥主体作用。各级政府职能部门要建立行政调解工作机构,设立行政调解场所,明确分管负责人和专兼职工作人员,确保行政调解工作到岗到人。公安、民政、国土资源、交通运输、卫生计生、环保、工商、质监、价格等行政调解任务较重的部门,可根据需要成立行政调解委员会。行政调解工作实行“谁主管、谁负责”的原则,各职能部门负责处理本单位职权管辖范围内的争议纠纷,对于涉及多个职能部门的争议纠纷,由最初收到申请或者主管的职能部门牵头,相关部门配合,通过召开联席会议等方式共同开展行政调解工作。

四、建立健全行政调解工作机制

（一）规范行政调解工作制度。各级行政机关要根据有关法律、法规规定，结合实际，制定具体的行政调解工作细则或规程，完善各项制度，全面规范工作程序，做到有章可循、有规可依，确保行政调解工作合法、规范、有序。行政调解中，要保障当事人的平等地位，维护当事人的知情权、参与权和救济权。

（二）建立预防化解机制。行政调解要坚持预防和化解并重、排查和调处并行，注重矛盾纠纷的排查梳理工作，建立重大行政争议预警机制，抓早、抓小、抓苗头，严防各类争议纠纷激化和升级。要总结分析行政争议现象发生规律，对带有普遍性的争议案件加以预防，加强行政监督和相关制度建设，从源头上减少行政争议的发生。

（三）建立行政调解与人民调解、司法调解衔接机制。各级行政机关要积极做好行政调解与人民调解的衔接配合，在交通损害赔偿、医疗卫生、消费者权益保护、价格争议、劳动争议等矛盾多发领域，建立由有关行政机关主导的专业行政调解组织，开展调解工作。要加强行政调解与司法调解的衔接配合，建立调解情况通报交流制度，充分发挥各自职能，妥善化解各类纠纷。行政机关对于调解不成的重大矛盾纠纷，应当及时告知、引导当事人通过复议、诉讼渠道解决。对于进入复议、诉讼程序的行政争议，在诉前已经做过行政调解工作的，行政机关应当将行政调解有关情况告知复议机关和人民法院。

（四）建立行政调解信息分析上报制度。各级行政机关要加强行政调解的信息分析上报工作，及时通报本行政机关行政调解工作开展情况，及时发现和研究带有倾向性和普遍性的问题。对涉及人数较多、社会影响较大、可能影响社会稳定的问题，要及时摸清情况，提出对策建议，及时与本级政府法制机构沟通，同时向本级党委、政府报告。各级政府法制机构应当定期对信息报送情况进行汇总、分析和通报。

（五）建立行政调解工作考评机制。各级行政机关要建立行政调解工作目标责任制，明确矛盾化解具体目标，对发生在本行政机关的行政争议，全面评估调解效果。对不积极配合行政调解工作、不能及时化解矛盾纠纷，造成严重后果的，要予以问责。

（六）建立行政调解宣传长效机制。各级行政机关要加强对行政调解工作的宣传，及时总结成功经验和先进典型。要充分利用广播、电视、报刊、网络等媒体,开展多种形式的宣传教育,引导广大群众了解和支持行政调解工作,主动选择行政调解方式解决矛盾纠纷。

五、加强行政调解工作保障

(一)加强组织领导。各级各部门要切实提高对行政调解工作重要性的认识,制定完善本单位行政调解工作实施意见和方案,主要负责同志作为行政调解工作第一责任人,要将行政调解工作列入重要议事议程,定期听取工作情况汇报,及时研究解决行政调解工作中的重大问题。要充分运用行政调解手段,切实把问题解决在基层,把矛盾化解在萌芽状态。

(二)加大投入保障。行政调解不得向当事人收取调解费用。各级政府要将行政调解工作经费纳入财政预算予以保障。要注重加强行政调解队伍建设,结合工作实际建立专兼职调解员队伍,把政治思想好、业务能力强、有较高法律素质和善于做群众工作的干部充实到行政调解队伍。要根据需要邀请有关单位、具有相关专业知识和调解经验的专业人才加入行政调解队伍,并公布调解人员名单。要充分利用司法、行政、专家学者等各种资源,有计划地开展培训工作,提高行政调解工作人员政治、业务素质,不断提升行政调解工作水平,确保行政调解工作顺利开展。

(三)强化激励问责。要把行政调解工作开展情况纳入年度依法行政考核内容,细化考核标准,明确分值权重,完善奖励惩处机制。对工作成绩突出的单位和个人,给予通报表扬,对工作落实不力导致矛盾纠纷突出的,要运用通报、约谈、挂牌督办等方式,督促其分析原因、研究措施、限期整改。对因矛盾纠纷排查不深入、化解不力导致案(事)件多发、矛盾激化、造成严重后果的,严肃追究有关责任人和相关领导的责任。

淄博市人民政府办公厅

2017年6月12日

济宁市人民政府法制办公室关于加强全市行政调解工作的意见

(2016年12月15日　济政法字〔2016〕38号)

各县(市、区)人民政府法制办公室,济宁高新区、太白湖新区、济宁经济技术开发区管委会法制机构,市直有关部门、单位法制科(处):

为健全社会矛盾纠纷调解机制,规范行政调解行为,及时化解争议纠纷,促进社会和谐稳定,根据《山东省多元化解纠纷促进条例》,结合我市工作实际,就加强全市行政调解工作提出如下意见:

一、充分认识加强行政调解工作的重要意义

行政调解是由行政机关主导,通过说服教育和疏导,促使争议各方平等协商、化解矛盾的纠纷解决方式。做好行政调解工作,是践行党的群众路线、增进社会和谐的重要举措,是加强和创新社会管理、加快建设法治政府的迫切需要。当前,我市正处于全面建成小康社会的关键时期,经济社会各个领域的改革进入攻坚阶段,社会结构和利益格局深刻调整,社会矛盾化解面临许多新情况、新问题,必须进一步加强和改进行政调解工作,充分发挥行政调解的优势,积极运用行政调解,有效化解矛盾、解决争议。各县(市、区)、各部门一定要着眼于改革发展稳定全局,充分认识新时期加强行政调解工作的重要性和紧迫性,切实把这项工作摆上重要位置,进一步加大力度、提升水平,促进行政调解工作更好地为经济社会发展服务。

二、把握行政调解工作的总体要求

(一)指导思想。以党的十八大、十八届三中、四中、五中、六中全会和习近平总书记系列重要讲话精神为指导,紧紧围绕预防和化解社会矛盾纠纷,建立健全行政调解体制机制,进一步拓宽行政调解工作领域,不断强化行政调解的化解、预防和教育功能,积极发挥行政调解在构建矛盾纠纷大调解工作格局中的重要作用,形成与人民调解、司法调解有机衔接、共同推进的工作局面,为全面建设法治济宁提供有力保障。

（二）行政调解的范围。行政调解的范围包括公民、法人或者其他组织之间产生的与行政管理相关的民事纠纷；公民、法人或者其他组织与行政机关之间关于行政赔偿、补偿以及行政机关行使法律、法规、规章规定的自由裁量权产生的争议。

（三）行政调解的原则。行政调解必须坚持自愿原则，充分尊重各方当事人意愿，不得强迫当事人接受调解方式或调解结果。坚持合法原则，遵循法律、法规、规章和政策的规定，不得损害国家利益、公共利益和他人合法权益。坚持公平公正原则，兼顾各方当事人的合法权益，平等协商处理利益纠纷，体现公平正义。坚持注重效果原则，提高工作效率，简化调解程序，促成各方当事人达成调解协议，化解矛盾纠纷，实现定纷止争、案结事了。

（四）工作目标。通过建立行政调解工作机制，完善行政调解制度，畅通行政调解渠道，健全排查调处矛盾纠纷网络，促进调解工作科学、规范、高效运行，以最低层级、最初阶段、最少成本、最佳效果化解社会矛盾纠纷。按照“小事不出单位、大事不出系统、矛盾不上交”的总体目标，努力实现矛盾纠纷调解率、调解成功率和人民群众对行政调解工作的满意率不断上升，最大程度地化解社会矛盾，减少不稳定因素，确保全市大局持续和谐稳定。

三、明确行政调解工作任务

大力推动建立政府负责、各部门为主体的行政调解工作机制，并纳入同级“大调解”工作平台。

（一）行政调解坚持“属地管理、分级负责”的原则。逐步成立由本级政府分管领导牵头，政府职能部门负责人参加的行政调解工作领导小组，设立行政调解指导中心，定期或不定期听取行政调解工作情况汇报，及时研究解决行政调解工作中遇到的重大问题。

（二）法制工作机构加强本级人民政府行政调解、行政裁决的综合协调和指导工作，会同有关部门健全行政调解制度，完善行政裁决、行政复议、民事商事仲裁等工作机制；依法办理行政复议案件，畅通行政复议渠道，推动行政争议在行政系统内部化解。

（三）行政调解工作实行“谁主管、谁负责”的原则，各部门发挥主体作用。对于县市区（部门）能够解决的争议纠纷，由本县市区（部门）负责解决；对于涉及多个县市区(部门)的争议纠纷,由最初收到申请或者主管的县市区(部门)牵头,相关县市区(部门)配合,通过召开联席会议等方式,共同开展行政调解工作。

四、建立健全行政调解工作机制

(一)预防化解机制。行政调解工作要坚持预防和化解并重、排查和调处并行,注重矛盾纠纷的排查梳理工作,建立重大行政争议预警机制,抓早、抓小、抓苗头,严防各类争议纠纷激化和升级。要注重透过行政争议现象找准纠纷发生的原因,对带有普遍性的争议案件加以预防,加强行政监督和相关制度建设,从源头上减少行政争议的发生。

(二)有机衔接机制。各县(市、区)、各部门要按照"整合资源、整体联动"的要求,建立行政调解与人民调解、司法调解衔接配合、相互融合的工作机制,积极推动信息互通、工作联动、矛盾联调、优势互补,形成矛盾纠纷化解的合力。

(三)社会参与机制。各县(市、区)、各部门要注重发挥基层组织、相关行业协会在行政调解中的作用,或者聘请人民调解员、相关领域专家等担任行政调解员,动员社会力量参与行政调解工作,解决调解力量不足、调解中立性不够等问题。

(四)统计报告机制。各县(市、区)、各部门要定期统计、分析本辖区、本部门行政调解工作情况,并向市政府报告。对社会影响较大或可能引发群体性事件的重大复杂争议纠纷,应及时报告。

五、强化行政调解工作保障措施

(一)加强组织领导。各县(市、区)、各部门要切实提高对行政调解工作重要性的认识,加强组织领导,健全工作机制,认真组织实施。各县(市、区)、各部门要将行政调解工作列入重要议事议程,推进行政调解工作与业务工作同部署、同落实、同考核。要及时研究解决本辖区、部门发生的、可能影响社会稳定的重大社会矛盾纠纷,切实担负起维护稳定的政治责任。

(二)加大投入保障。行政调解不得向当事人收取调解费用。行政调解工作经费纳入财政预算予以保障。要注重加强行政调解工作机构和队伍建设,加强对行政调解工作人员的教育、培训和管理,使机构设置、人员配备与其承担的工作任务相适应,确保行政调解工作顺利开展。

(三)探索建立激励监督机制。研究把行政调解工作开展情况纳入专项考核,细化考核标准,明确分值权重,完善奖励惩处机制。对行政调解工作成绩突出的单位和个人给予表彰,对行政调解工作落实不力而导致矛盾激化、造成严重后果的,要运用通报、约谈等措施,督促其抓好落实。

(四)注重宣传引导。充分运用现代传媒手段,加大行政调解工作的宣传力度,使广大人民群众了解和支持行政调解工作,主动选择行政调解方式解决矛盾纠纷,在全社会营造行政调解工作的良好氛围。

济宁市人民政府法制办公室

2016年12月15日

威海市人民政府办公室关于做好行政调解工作的通知

(2013年11月22日 威政办发〔2013〕58号)

各市、区人民政府,高技术产业开发区、经济技术开发区、工业新区、南海新区管委会,市政府各部门、单位:

为有效预防和化解矛盾纠纷,切实维护社会和谐稳定,根据中央和省有关文件精神,结合我市实际,经市政府同意,现就做好行政调解工作通知如下:

一、充分认识做好行政调解工作的重要意义

行政调解是由行政机关主持或主导,依据法律、法规、规章等有关规定,主要以行政争议和民事纠纷为对象,在查清事实和厘清责任的基础上,对争议和纠纷当事人进行说服劝导,促其通过平等协商和互谅互让,化解争议和纠纷的活动。加强行政调解工作,是贯彻落实党的十八届三中全会精神,创新社会治理,有效预防和化解社会矛盾,密切党和政府同人民群众联系,加快建设法治政府的迫切需要。全市各级行政机关要从改革发展稳定的大局出发,充分认识做好行政调解工作的重要性和紧迫性,将其摆在更加重要的位置,进一步加大工作力度,有效化解社会矛盾,切实维护社会和谐稳定,促进经济社会持续健康发展。

二、明确行政调解的范围和原则

行政调解的范围主要包括:行政机关或法律、法规授权的具有管理公共事务职能的组织在行使职权过程中,与公民、法人或其他组织之间产生的行政争议;公民、法人或其他组织之间产生的与行政管理有直接或间接关联的民事纠纷。要坚持自愿、合法、平等、优先、便捷的原则,充分发挥行政机关在化解行政争议和民事纠纷中的作用。

三、规范行政调解工作程序

根据案情复杂和调解难易程度,行政调解工作可分为简易程序和一般程序。对于案情简单、当场能够解决的争议纠纷,适用简易程序,行政机关可以当场制作行政调解书,并交付当事人。案情复杂、当场不能解决的争议纠纷适用一般程序。一般程序通常应包括以下几个步骤:

(一)申请。行政调解可书面申请,也可口头申请;可由一方当事人申请,也可由行政机关依职权提出,但必须征得各方当事人同意。

(二)受理。行政机关收到行政调解申请后,应及时决定是否受理并告知当事人。

(三)调解。行政机关受理行政调解后,应及时告知当事人依法享有的权利、遵循的程序及相关事项。在查明事实、分清责任的基础上,分析并归纳各方争议的焦点,依据法律、法规、规章等有关规定,对当事人进行说服、劝导,引导当事人消除争议,达成调解协议。行政机关主持调解工作时,可邀请当事人所在的基层组织以及其他与案件有关的社会力量参加调解;重大、复杂、群众关注度高的争议纠纷,可邀请相关专家参加调解,保证调解的中立性和客观性。对争议纠纷基本事实有异议的,行政机关可采取听证、现场调查等方式调查取证。

调解达成协议的,应当制作调解协议书。调解协议书应当由纠纷双方和调解工作人员签名,并加盖行政机关印章。对在规定时限内达不成调解协议或一方当事人不愿意继续调解的,行政机关应当终止行政调解。行政机关终止行政调解,应依法作出处理或引导当事人通过行政复议、仲裁和诉讼等渠道解决。

四、建立健全行政调解工作机制

(一)建立健全各级行政调解工作平台。各级政府要建立由政府法制机构牵头,政府职能部门共同参与的行政调解工作平台。各级政府职能部门要根据法律、法规、规章等有关规定和自身职责,梳理本部门行政调解的依据和范围,将行政调解的范围、办理机构和联系方式通过网站、政务公开栏等方式向社会公开,方便公民、法人和其他组织申请行政调解。各级政府法制机构负责制定和完善行政调解有关制度,指导协调其他行政机关的行政调解工作,定期汇总、分析行政调解工作开展情况,协调解决行政调解工作遇到的重大疑难问题,负责本级行政调解工作平台与其他行政调解工作平台以及同级社会矛盾纠纷调解平台的联系沟通,负责向有关政府职能部门转办、交办行政调解案件。各级政府法制机构要公布行政调解受理咨询电话,解答群众咨询,受理群众对行政调解活动的投诉。

(二)健全规范行政调解工作制度。各级政府职能部门要根据行业特点和要求制定行政调解程序,健全工作制度,完善工作规则,重点规范行政调解的受理、调查、调解、制作调解协议等工作环节,规范行政调解各类文书,确保行政调解工作规范化。要及时通报开展行政调解工作情况,交流工作经验,及时发现并研究解决带有倾向性和普遍性的问题。对涉及人数多、社会影响大、可能影响社会稳定的争议纠纷,要及时摸清情况,提出对策建议,做好与同级政府法制机构的沟通交流,并向同级党委、政府报告。政府法制机构应当定期对信息报送情况进行汇总、分析和通报。

(三)建立行政调解与人民调解、司法调解的衔接机制。各级政府及其职能部门要按照"整合资源、整体联动"的要求,建立行政调解与人民调解、司法调解衔接配合、相互融合的工作机制,积极推动信息互通、工作联动、矛盾联调、优势互补,形成矛盾纠纷化解的合力。完善与人民法院在调解、执行等工作环节的联动机制,落实重大复杂案件通报制度,积极配合做好人民法院委托调解或需要行政机关、司法机关共同调解的行政案件有关工作。

五、加强行政调解工作组织领导

(一)加强行政调解工作领导。各级政府及其职能部门要切实加强对行政调解工作的组织领导,认真履行职责,严格落实行政调解工作责任。其主要负责人是本地区、本部门行政调解工作的第一责任人,要亲自指导协调化解重大争议与纠纷,定期听取行政调解工作情况汇报,研究解决存在的困难和问题。

(二)加强行政调解队伍建设。要选调政治思想好、业务能力强、有较高法律素质、善于做群众工作的干部充实到行政调解队伍当中。要加强对行政调解工作人员的培训工作,根据行政调解工作任务的需要和特点确定培训内容,充分利用司法、行政、专家学者等各种资源,有计划地开展培训工作,提高行政调解工作人员政治、业务素质,不断提升行政调解工作水平。

（三）加强工作协调配合。各级政府职能部门要各司其职，密切配合，切实做好行政调解工作。对法律关系单一、一个职能部门能够解决的争议纠纷，由该职能部门负责解决；对涉及多个职能部门职责的争议纠纷，由最初受理的职能部门或涉及的主要职能部门牵头，相关职能部门参与协调解决；对受理部门有争议的，由同级政府法制机构协调确定。

（四）加强行政调解工作督导和考核。各级政府法制机构要加强对行政调解工作情况的督导；对重大行政争议，政府有关职能部门要重点研究解决措施，抓好工作落实。要将行政调解工作纳入依法行政考核，严格考核问责。对工作成绩突出的单位和个人进行表扬；对工作不得力的，进行通报批评并限期整改；对因工作敷衍塞责等导致发生严重影响社会稳定事件的，严格追究相关人员责任。

威海市人民政府办公室

2013 年 11 月 22 日

·河南省·

河南省全面推进依法行政工作领导小组办公室关于推进行政调解工作的意见

（2016年9月6日 豫依法行政领办〔2016〕17号）

各省辖市、省直管县（市）人民政府，省人民政府各部门，中央部门驻豫执法机构：

为充分发挥行政调解在化解矛盾纠纷、维护社会稳定中的重要作用，不断创新行政管理方式，根据《中共中央办公厅国务院办公厅印发〈关于完善矛盾纠纷多元化解机制的意见〉的通知》（中办发〔2015〕60号）、《中共河南省委办公厅河南省人民政府办公厅关于完善矛盾纠纷多元化解机制的实施意见》（豫办〔2016〕42号）和省委省政府关于法治政府建设有关文件精神，现就我省推进行政调解工作提出如下意见：

一、充分认识行政调解工作的重要意义

行政调解是行政机关或者法律、法规授权的组织（以下统称行政机关）在职权范围内，根据法律、法规、规章和政策规定，通过协调和劝导，促使各方当事人平等协商、自愿达成协议、解决争议纠纷的活动。行政调解工作是及时有效化解争议纠纷、促进社会和谐稳定的重要保障，也是我省服务型行政执法建设的重要内容。各级政府、政府各部门要从建设法治政府、服务型政府的高度出发，按照服务型行政执法要求，积极转变行政执法理念、创新行政管理方式，摒弃重管理轻服务、重裁决轻调解、重强制轻教育的观念和做法，采取有力措施，建立健全行政调解工作机制，增强行政调解能力，认真履行行政调解工作职责，善于运用法治思维、法治方式推进工作，充分发挥行政机关在化解争议纠纷中的作用。

二、准确把握行政调解的范围、主体、原则和程序

除法律、法规、规章另有规定外，各级行政机关按照本意见确定的范围、主体、原则和程序开展行政调解工作。

（一）行政调解范围和主体

1. 行政调解范围。法律、法规、规章规定可以调解的行政机关与公民、法人

或者其他组织之间产生的行政争议;公民、法人或者其他组织之间产生的与行政管理有直接关系的民事纠纷。

2. 行政调解主体。法律、法规、规章规定可以调解的行政机关与公民、法人或者其他组织之间产生的行政争议由作出具体行政行为的行政机关或者其上级行政机关调解;公民、法人或者其他组织之间产生的与行政管理有直接关系的民事纠纷由具有行政管理权限的行政机关调解。

(二)行政调解原则

1. 自愿原则。充分尊重各方当事人意愿,不得强迫当事人接受调解方式或者调解结果。

2. 合法原则。遵循法律、法规、规章的规定,不得损害国家利益、公共利益和他人合法权益。不得以行政调解代替行政执法,行政调解不得收取任何费用。

3. 公正原则。兼顾各方当事人的合法权益,平等协商处理利益纠纷,体现公平正义。行政机关作为当事人一方时,与行政相对人的地位平等。

4. 效率原则。简化程序、方便群众、注重效果,讲究调解艺术和调解方法,促成各方当事人自愿达成、自觉履行调解协议,及时高效化解争议纠纷,实现"定纷止争、案结事了"。对不宜调解、调解不成或者当事人要求终止调解的,行政机关应当及时终止调解,依法作出处理或者引导当事人通过行政复议、诉讼、仲裁等法定途径解决。

(三)行政调解程序

行政调解可结合实际适用简易程序或一般程序。

简易程序适用于案情简单、当场能够解决的争议纠纷。行政机关在适用简易程序调解案件时,应当简化、优化操作流程,尽可能减少程序性负担。对能够当场达成调解协议的,行政机关可以通过事先制作格式化调解协议的方式,方便调解工作人员和争议纠纷当事人。

一般程序适用于案情复杂、当场不能解决的争议纠纷,通常包括以下步骤:

1. 启动。

行政机关可以依职权启动行政调解,也可以依申请启动行政调解。依职权启动行政调解的,必须征得各方当事人同意;依一方当事人申请启动行政调解的,必须征得对方当事人同意。

2. 受理。

行政机关依职权启动行政调解的，经各方当事人同意后即为受理。当事人申请行政调解的，可以书面或者口头提出。口头提出的，由行政机关记入笔录。行政机关收到行政调解申请后，应及时决定是否受理。行政机关决定受理的，应当告知当事人调解的时间、地点和注意事项等；不予受理的，应当告知当事人理由。

3. 调处。

行政调解由行政机关主持，行政机关应及时告知当事人在行政调解过程中依法享有的权利、遵循的程序及相关事项。调解过程中，要认真听取各方当事人的陈述、申辩和质证，分析归纳各方争议的焦点，依据法律、法规、规章及有关规定，对当事人进行说服、劝导，引导各方当事人达成谅解。涉及法律关系复杂、重大疑难、影响较大的案件，行政机关可以邀请专家学者、社会人士参与调解。

行政机关应当制作行政调解笔录，全面客观记载调解的过程和内容。对争议纠纷基本事实有异议的，行政机关可采取听证、现场调查等方式调查取证。

4. 结案。

调解达成协议的，应当签订行政调解协议书。行政调解协议书内容包括当事人的基本情况、调解事项、查证的事实、调解结果、各方当事人的签名或盖章等，行政调解协议书应加盖行政机关印章或行政调解专用章。经调解无法达成协议或者一方当事人不愿意继续调解的，行政机关应当及时终止调解，依法作出处理或者引导当事人通过行政复议、诉讼、仲裁等法定途径解决。

根据《最高人民法院关于人民法院进一步深化多元化纠纷解决机制改革的意见》（法发〔2016〕14 号），经行政调解达成的具有民事合同性质的协议，当事人可以向有管辖权的人民法院依法申请确认其效力。以金钱或者有价证券给付为内容的调解协议，债权人可以依据民事诉讼法及其司法解释的规定，向有管辖权的基层人民法院申请支付令，债务人未在法定期限内提出书面异议且逾期不履行支付令的，可以依法申请人民法院强制执行。

省人民政府各部门、中央部门驻豫执法机构要根据行政复议、诉讼、仲裁等法定救济途径的时效和行政调解工作实际，确定本系统一般程序行政调解时限，避免"久拖不调"、"久调不决"，防止因调解时间过长影响当事人通过行政复议、诉讼、仲裁等法定途径解决争议纠纷。

三、探索完善行政调解工作机制

（一）探索行政调解与行政执法的融入机制。各级政府、政府各部门要全面梳理涉及本级政府、本部门行政调解职责的法律、法规、规章和规范性文件的相关条款，按照效力层级由高到低编排（示范文本见附件），在本单位网站公布。要依照职责，探索建立在行政许可、行政处罚、行政征收、行政强制等行政执法过程中有效运用行政调解的工作机制，特别是行政机关在处理投诉、举报案件时，应注重运用调解的方式解决相关争议纠纷。要注重总结推广先进经验，实现行政调解、行政指导、行政合同、行政奖励等柔性手段与惩罚、制裁、强制等刚性后盾之间互相配合、各尽其用。

（二）完善行政调解与行政裁决、行政复议的衔接机制。探索行政裁决工作中设置行政调解前置程序，行政机关受理资源权属纠纷、商标专利权属纠纷、损害赔偿纠纷、侵权纠纷等民事纠纷裁决处理申请，在依法作出裁决处理前，应引导当事人先行调解，促成各方当事人相互谅解、达成协议。加强行政复议调解工作，在不损害国家利益、公共利益和他人合法权益的前提下，行政复议机关应注重以协调、调解、和解方式解决行政争议和相关纠纷。

（三）建立行政调解与人民调解、司法调解协调联动机制。各有关部门要加强与司法行政部门、人民法院的工作联系，建立完善行政调解与人民调解、司法调解的协调配合机制、信息沟通机制和效力衔接机制，发挥各自优势，形成工作合力，依法妥善化解争议纠纷。探索行政调解与仲裁的联动配合机制，指导仲裁机构完善仲裁调解制度，建立仲裁调解工作机制，提高仲裁调解质量。

四、认真落实行政调解工作要求

（一）加强组织领导。各级政府、政府各部门要根据本意见要求，结合实际，及时制定、修订、完善本地区、本部门开展行政调解工作的实施意见。要明确分管领导和工作机构，定期听取行政调解工作汇报，及时研究解决机构人员、经费投入、制度保障等方面存在的问题和困难，为开展行政调解提供必要工作条件。省全面推进依法行政工作领导小组办公室将根据各地、各部门行政调解职责任务和行政执法实际制定差异化考核标准，纳入省政府依法行政考核体系，并通过宣传推广典型经验、开展监督检查等方式推进工作。

（二）明确职责分工。各级政府、政府各部门要把行政调解作为重要职责，建立由政府负总责、政府法制机构牵头、各职能部门为主体的行政调解工作机制。

县级以上政府法制机构要发挥牵头作用,要有内设部门具体承担本行政区域行政调解工作的政策研究、统筹协调、信息交流、督查考核和宣传培训。政府各部门要充分发挥主体作用,建立主要领导负总责、法制机构牵头、相关业务处室为主要调解力量的工作体制,配备专兼职行政调解人员。

(三)突出工作重点。各级政府、政府各部门要结合本地、本部门工作实际和争议纠纷隐患排查情况,找准争议纠纷多发、易发的重点领域、重点环节,采取有针对性措施,加强行政调解工作。当前,要把房屋土地征收、社会保障、治安管理等方面行政争议及交通损害赔偿、医疗卫生、消费者权益保护等与行政管理职能有关的民事纠纷作为行政调解的重点,依法及时妥善解决。公安、民政、国土资源、农业、环保、交通运输、卫生计生、工商、质检、发展改革、人力资源社会保障、教育、住房城乡建设等行政调解任务较重的部门可根据需要成立行政调解委员会,设立行政调解室、接待室,确保行政调解工作规范有序开展。

附件:行政调解依据目录示范文本(略)

2016年9月6日

河南省法治政府建设领导小组办公室关于印发《河南省行政调解文书示范文本》《河南省行政调解文书使用说明》的通知

(2017年8月2日　豫法政办〔2017〕15号)

各省辖市、省直管县(市)人民政府,省人民政府各部门,中央驻豫执法机构:

为贯彻落实《河南省全面推进依法行政工作领导小组办公室关于推进行政调解工作的意见》(豫依法行政领办〔2016〕17号),规范行政调解行为,提高行政调解工作水平,现将《河南省行政调解文书示范文本》《河南省行政调解文书使用说明》印发给你们,请按照要求,抓好贯彻落实。

省人民政府各部门、中央驻豫执法机构要结合实际,及时制定本系统的行政调解文书示范文本和使用说明；国务院有关部门已经出台行政调解相关文书规范的，可从其规定，也可以结合本通知的内容进一步细化、优化。

各省辖市、省直管县（市）人民政府，省人民政府各部门、中央驻豫执法机构应当及时组织学习培训、监督检查、案卷评查和案例评选等活动，促进本地、本系统行政机关、行政执法人员在行政执法、行政管理中，及时运用行政调解化解争议纠纷，实现行政调解工作常态化、规范化、长效化。

各地、各部门在贯彻落实中遇到的问题，请及时与省政府法制办依法行政调解处联系。

附件：1. 河南省行政调解文书示范文本

2. 河南省行政调解文书使用说明

2017 年 8 月 2 日

附件 1：

河南省行政调解文书示范文本

目　　录

8. 行政调解通知书
9. 行政调解权利义务告知书
10. 行政调解不予受理通知书
11. 行政调解调查笔录
12. 行政调解邀请函
13. 行政调解笔录
14. 行政调解终止通知书
15. 行政调解协议书
16. 行政调解回访记录
17. 行政调解文书送达回证

一、简易程序

行政调解文书示范文本之一

（行政机关名称）

简易行政调解

案卷类别 □行政争议 □民事纠纷 年度____________

记

录

簿

行政调解文书示范文本之二

(行政机关名称)

简易行政调解统计表

序号	案由	编号	案件来源		处理结果	备注
			依职权	依申请		

行政调解文书示范文本之三

(行政机关名称)

简易行政调解协议书

编号:____________

行政调解时间	
纠纷类别	□行政争议　□民事纠纷
当事人 基本情况	姓名、身份证件号码、工作单位或住址、联系方式,法人和其他组织的名称、地址、法定代表人(负责人)姓名、职务和联系方式等
争议纠纷 简要事由	

续表

调解结果	经调解,各方当事人自愿达成如下协议: 当事人甲方(签名或盖章): 当事人乙方(签名或盖章): 调解员(签名): 行政机关印章(行政调解专用章) 年 月 日

二、一般程序

行政调解文书示范文本之一

(行政机关名称)

行政调解案卷

案卷类别:______□行政争议______□民事纠纷______

卷　　名:______

年　　度:______卷　　号:______

调 解 员:______

立案日期:______结案日期:______

立 卷 人:______立卷日期:______

保管期限:______

备　　注:______

行政调解文书示范文本之二

案卷目录

序号	材料名称	页号	备注
1	行政调解协议书(终止通知书)		
2	行政调解文书送达回证		
3	行政调解申请书(口头申请行政调解笔录)		
4	行政调解征求意见书		
5	行政调解事项审批表		
6	行政调解(不予受理)通知书		
7	行政调解权利义务告知书		
8	当事人基本情况(身份证复印件等)		
9	当事人授权委托书		
10	行政调解调查笔录		
11	行政调解邀请函		
12	行政调解笔录		
13	有关证据(书证、物证、视听资料、电子数据等)		
14	行政执法(监督)证复印件		
15	行政调解回访记录		
16	司法确认有关材料		

行政调解文书示范文本之三

行政调解申请书

申请人:

姓名:____________;身份证件号码:________________________

性别:____________;住址:________________________

工作单位：______________ 联系方式：______________

法人或其他组织名称：______________

社会统一信用代码：______________

地址：______________

法定代表人(负责人)：______________；职务：______________

联系方式：______________

委托代理人姓名：______________；工作单位：______________

身份证件号码：______________

住址：______________；联系方式：______________

电子送达地址：(传真号、电子信箱、微信号等)______________

被申请人：

姓名：______________；性别：______；出生年月日：______________

工作单位：______________

住址：______________

联系方式：______________

法人或其他组织名称：______________

社会统一信用代码：______________

地址：______________

法定代表人(负责人)：______________；职务：______________

联系方式：______________

行政调解请求：______________

____

____

____

____

事实和理由：______________

____

____

____

____

____

____

特申请＿＿＿＿（行政机关名称）＿＿＿＿予以调解。

申请人（签名或盖章）：

年　月　日

行政调解文书示范文本之四

（行政机关名称）

口头申请行政调解笔录

申请人（姓名、性别、身份证号码、工作单位或住址、联系方式，法人或其他组织的名称、社会统一信用代码、地址、法定代表人或负责人、职务、联系方式）：＿＿＿

____

电子送达地址：（传真号、电子信箱、微信号等）＿＿＿＿

被申请人（姓名、性别、出生年月日、工作单位或住址、联系方式，法人或其他组织的名称、社会统一信用代码、地址、法定代表人或负责人、职务、联系方式）：＿＿＿

____

行政调解请求：＿＿＿＿＿＿＿＿

事实和理由：＿＿＿＿＿＿＿＿

____

____

以上记录经本人核对，与口述一致。

申请人（签名或盖章）：

记录人（签名）：

年　月　日

行政调解文书示范文本之五

(行政机关名称)
____

行政调解征求意见书(Ⅰ)

根据法律、法规、规章和政策,本机关拟对______(案由)______一案进行行政调解。如同意调解,本机关将依法进行;如任何一方不同意调解,可依法向有权机关提起行政复议、行政诉讼(民事诉讼、仲裁、行政裁决)。

当事人甲方意见: 签名(盖章):

电子送达地址:(传真号、电子信箱、微信号等)

年 月 日

当事人乙方意见: 签名(盖章):

电子送达地址:(传真号、电子信箱、微信号等)

年 月 日

行政机关印章(行政调解专用章)

年 月 日

备注:此意见书一式____份,各当事人一份,本机关一份。

行政调解文书示范文本之六

(行政机关名称)
____

行政调解征求意见书(Ⅱ)

______(被申请人)______:

关于______(案由)______一案,现__(申请人)__向本机关申请行政调解,经审查,符合受理条件。如你(单位)同意调解,本机关将依法进行;如不同意调解,可依法向有权机关提起行政复议、行政诉讼(民事诉讼、仲裁、行政裁决)。

被申请人意见: 签名(盖章):

电子送达地址:(传真号、电子信箱、微信号等)

年　月　日

行政机关印章(行政调解专用章)

年　月　日

备注:此意见书一式____份,各当事人一份,本机关一份。

行政调解文书示范文本之七

(行政机关名称)

行政调解事项审批表

案件名称	
纠纷类别	□行政争议　□民事纠纷
审批事项	
案件基本情况及承办人意见	承办人(签名):　　年　月　日
承办机构审查意见	负责人(签名):　　年　月　日
行政机关负责人审批意见	负责人(签名):　　年　月　日

行政调解文书示范文本之八

(行政机关名称)

行政调解通知书

编号:____________

____(各方当事人)____:

关于__________(案由)__________一案,经审查,并征求各方当事人意见,本机关决定予以调解。请于________年____月____日时到______(调解地点或告知其他方式)______参加调解,本次调解将由调解员____________组织。未按时参加,且事先未说明理由的,视为放弃调解。

来时请携带:1. 身份证原件及复印件;

2. ……

联系人:

联系方式:

行政机关印章(行政调解专用章)

年 月 日

备注:此通知书一式____份,各当事人一份,本机关一份。

行政调解文书示范文本之九

(行政机关名称)

行政调解权利义务告知书

一、当事人享有如下权利:

1. 行政调解自愿选择权;

2. 陈述、申辩、举证和质证权;

3. 委托代理权;

4. 无偿获得行政调解权;

5. 申请和案件有利害关系的调解人员回避权;

6. 公开或不公开行政调解选择权；

7. 自愿达成调解协议的权利；

8. 行政调解不能达成协议的，享有依法提起行政复议、诉讼、仲裁或者行政裁决等权利。

二、当事人履行如下义务：

1. 遵守调解纪律；

2. 如实陈述、申辩、举证和质证，不得提供虚假材料；

3. 不得加剧纠纷、激化矛盾；

4. 全面履行生效的行政调解协议。

以上权利和义务内容，当事人已全部知悉并自愿遵守执行。

当事人(签名或盖章)：

年　月　日

行政调解文书示范文本之十

(行政机关名称)

行政调解不予受理通知书

编号：__________

____(申请人)____：

你(单位)对______(案由)______一案提出的行政调解申请，已于______年____月____日收悉。因不符合行政调解条件，本机关决定不予受理。你(单位)可依法向有权机关提起行政复议、行政诉讼(民事诉讼、仲裁、行政裁决)。

不予受理的理由：

□不属于本机关职权范围；

□对方当事人不同意调解；

□行政复议机关、法院、行政裁决机关、仲裁机构等有权处理机关已经依法作出处理，或者已经经过信访复查、复核；

□已经超出行政复议、诉讼、行政裁决、仲裁期限；

□当事人就同一事实、类似理由重复提出行政调解申请；

□依法不适用行政调解的其他情形：______________。

行政机关印章(行政调解专用章)

年　月　日

备注：此通知书一式二份，申请人一份，本机关一份。

行政调解文书示范文本之十一

(行政机关名称)

行政调解调查笔录

第____次调查

第____页共____页

时　间：____________________地点：__________________________________

案　由：____

调查人：______________________；____________________________________

记录人：____

被调查人：________________(姓名、性别、身份证件号码、工作单位或住址、联系方式)________________

笔　录：____

____

____

____

____

____

____

____

____

第____页共____页

____

被调查人(签名或盖章):
调查人(签名):
记录人(签名):

行政调解文书示范文本之十二

(行政机关名称)
行政调解邀请函

(被邀请人、被邀请单位)____:

关于____(案由)____一案,我单位在行政调解过程中,根据案情需要你(单位)积极配合,依据《河南省全面推进依法行政工作领导小组办公室关于推进行政调解工作的意见》的相关规定,特邀请你(单位)协助开展行政调解工作。请在____年____月____日前回复。

联系人:

联系方式:

行政机关印章(行政调解专用章)

年　月　日

备注:此邀请函一式____份,各被邀请人(单位)一份,本机关一份。

行政调解文书示范文本之十三

（行政机关名称）

行政调解笔录

第____次调解

第____页共____页

时　间：________________

地　点：________________

案　由：________________

当事人甲方（姓名、性别、身份证件号码、工作单位或住址，法人和其他组织的名称、社会统一信用代码、地址、法定代表人姓名和职务）：________________

____

委托代理人（姓名、性别、身份证件号码、工作单位或住址）：

____

当事人乙方（姓名、性别、身份证件号码、工作单位或住址，法人和其他组织的名称、社会统一信用代码、地址、法定代表人姓名和职务）：________________

____

委托代理人（姓名、性别、身份证件号码、工作单位或住址）：

____

第____页共____页

其他参加人：________________

____

调解员：关于________（案由）________一案，经当事人________申请（本机关依职权启动），经审查，符合行政调解条件，可以进行行政调解。

调解员：现对当事人和代理人到场情况进行核对。

当事人甲方：________________

委托代理人：________________

当事人乙方：________________

委托代理人：____

调解员：现在宣布纪律。当事人、参加人以及旁听人员不得喧哗、吵闹、鼓掌；不准随意走动；不准有实施其他妨碍行政调解活动的行为；行政调解员有权制止任何影响调解进行的行为。

调解员：根据自愿调解原则，各方当事人是否愿意通过行政调解解决争议纠纷？

当事人甲方：____

当事人乙方：____

调解员：关于____（案由）____一案，由____（行政机关名称）____进行行政调解。根据规定，我们已经向各方当事人送达了行政调解权利义务告知书。行政调解中当事人享有的权利和应当履行的义务各方当事人是否已全部知悉、签字并自愿遵守执行？

第____页共____页

当事人甲方：____

当事人乙方：____

调解员：今天的行政调解，由行政调解员主持，____________担任调解记录。各方当事人对行政调解员和记录人是否申请回避？

当事人甲方：____

当事人乙方：____

调解员：现在由各方当事人及其代理人____________分别陈述事实和理由。

____

____

____

____

____

____

____

____

____

____

第____页共____页

调解员:______(记录调解的过程)______________________

____

____

____

____

____

____

____

____

____

调解员:经过本机关调解,各方当事人自愿达成以下协议:

____

____

____

____

____

____

____

____

第____页共____页

调解员:对以上协议内容,各方当事人有无异议?

当事人甲方:______________________________________

当事人乙方:______________________________________

调解员:本机关将根据各方当事人达成的上述协议内容制作行政调解协议书,当事人应当按照约定履行自己的义务,不得擅自变更或解除协议(如调解不成,调解员则宣布终止调解)。

当事人甲方(签名或盖章): 年 月 日

当事人乙方(签名或盖章): 年 月 日

调解员(签名)：　　　　　　　　　　　　年　月　日
其他参加人(签名)：　　　　　　　　　　年　月　日
记录人(签名)：　　　　　　　　　　　　年　月　日

行政调解文书示范文本之十四

(行政机关名称)

行政调解终止通知书

编号：________

____(各方当事人)____：

关于______(案由)______一案，本机关于____年___月___日受理。经调解(经___次调解)，各方当事人未能达成行政调解协议，本机关决定终止调解。

你(单位)可依法向有权机关提起行政复议、行政诉讼(民事诉讼、仲裁、行政裁决)。

行政机关印章(行政调解专用章)
年　月　日

备注：此通知书一式___份，各当事人一份，本机关一份。

行政调解文书示范文本之十五

(行政机关名称)

行政调解协议书

编号：________

各方当事人基本情况：(姓名、性别、身份证件号码、工作单位或住址，法人或其他组织的名称、社会统一信用代码、地址、法定代表人姓名和职务)：________
____
____

调解事项:____

查证的事实及依据(证据):____________________________

____

____

____

____

____

经本机关主持调解,各方当事人自愿达成如下协议:

____

____

____

履行协议的方式、地点、期限:__________________________

本调解协议书经各方当事人签字后生效。

民事纠纷达成的行政调解协议书,各方当事人可以依据《中华人民共和国公证法》有关规定申请公证;或者依据《中华人民共和国民事诉讼法》《中华人民共和国仲裁法》以及有关规定,向行政调解机关所在地基层人民法院或者仲裁机构,申请确认其效力。

以金钱或者有价证券给付为内容的行政调解协议书(民事纠纷),债权人可以依据《中华人民共和国民事诉讼法》及其司法解释的规定,向有管辖权的基层人民法院申请支付令。

当事人甲方(签名或盖章): 年 月 日

当事人乙方(签名或盖章): 年 月 日

调解员(签名): 年 月 日

记录人(签名): 年 月 日

行政机关印章(行政调解专用章)

年 月 日

备注:此协议书一式____份,各当事人一份,本机关一份。

行政调解文书示范文本之十六

（行政机关名称）

行政调解回访记录

当事人：

行政调解协议书编号：

回访时间：

回访方式：□走访　□座谈　□电话　短信□　□其他方式＿＿＿＿＿＿

回访情况：

当事人（签名或盖章）：　　　　　　　年　月　日

回访人（签名）：　　　　　　　　　　年　月　日

行政调解文书示范文本之十七

（行政机关名称）

行政调解文书送达回证

文书名称	
文书编号	
送达人（签字）	
受送达人（签字）	
送达地点	
代收人（签字）	
代收人与受送达人关系	
送达时间	
送达方式	
备注	

备注：经受送达人同意，行政机关可以采用传真、电子邮件、微信等能够确认其收悉的电子送达方式送达行政调解文书。

附件2:

河南省行政调解文书使用说明

一、有关概念

(一)行政争议。公民、法人或者其他组织与行政机关之间关于行政赔偿、行政补偿以及行政机关行使法律法规规章规定的自由裁量权产生的行政争议;其他依法可以调解的行政争议。

(二)民事纠纷。法律、法规、规章规定应当由行政机关裁决或者调处的民事纠纷;与行政机关履行行政管理职能有关的公民、法人或者其他组织之间的民事纠纷。

二、简易程序

简易程序适用于以下争议纠纷:1.案情简单、当场能够解决;2.案件事实证据清楚、争议不大。

(一)简易行政调解记录簿。“简易行政调解记录簿”用于定期归集统计行政机关适用简易程序调解争议纠纷文书的档案案卷。行政机关应当按照纠纷类型(行政争议或民事纠纷)、调解时间,对简易行政调解协议书定期集中统计、组卷归档。

(二)简易行政调解统计表。“简易行政调解统计表”用于定期对简易行政调解协议书和即时履行、案结事了没有制作行政调解协议书的案件按照调解时间顺序进行简要记载。统计表中“序号”按阿拉伯数字顺序编号;“案由”填写纠纷当事人+纠纷类型,如“张××与李××之间产品质量损害赔偿纠纷”“张××不服××局行政处罚争议”;“编号”填写简易行政调解协议书的编号;“案件来源”应选择行政机关依职权或依申请,并注明时间;“处理结果”中填写调解结果;“备注”填写需要说明的其他事项,如“未制作协议书”。

(三)简易行政调解协议书。“简易行政调解协议书”用于简易程序行政调解达成口头协议后,行政机关对口头协议主要内容的记录。对能够即时履行、案结事了的案件,可以不制作“简易行政调解协议书”,但应当在“简易行政调解统计表”中按照要求进行登记、备注未制作协议书,保留工作日志或电子记录等原始资料。“编号”可按“行政区划简称+行政机关简称+文书简称+年份+序号”填写,如"豫政简调 2017 第 001 号",也可依本单位实际自定。"当事人基本情况"填写各方当事人的姓名、身份证件号码、工作单位或住址、联系方式等;当事人为法人或社会组织的,应当填写名称、地址、法定代表人(负责人)姓名、职务和联系方式(下同)。"争议纠纷简要事由"填写争议纠纷的时间、地点、事由等基本情况。"调解结果"应载明各方当事人的权利义务、履行协议方式、期限,当事人签名或盖章,调解人员签字,并在事先加盖行政机关印章或行政调解专用章处载明日期。

三、一般程序

一般程序适用于以下争议纠纷:1. 当事人对适用简易程序有异议;2. 事实证据不明确,需要进一步调查取证;3. 涉及标的金额较大;4. 群体性争议纠纷或者涉及多个职能部门;5. 其他案情复杂、当场不能解决的争议纠纷。

(一)行政调解案卷。"行政调解案卷"是行政机关适用一般程序调解争议纠纷的所有文书按照一案一卷立卷归档的总称,行政调解案卷的立卷归档,应当符合档案管理的有关规定。"案卷类别"应当根据纠纷类别选择行政争议或民事纠纷;"卷名"填写纠纷当事人 + 纠纷类型,如"张 × × 与李 × × 之间产品质量损害赔偿纠纷""张 × × 不服 × × 局行政处罚争议";"年度"按公历自然年,跨年度的行政调解案件应当在结案年度立卷归档;"卷号"与行政调解协议书或行政调解终止通知书编号相同;注明调解员姓名及行政执法(监督)证件号,立案与结案时间,立卷人和立卷日期;保管期限由各单位根据档案管理要求和案件实际确定。

(二)案卷目录。"案卷目录"是行政机关对一起争议纠纷立卷归档时卷内所涉及全部文书的目录,供查阅案卷时检索使用。文书材料可选择两种顺序排列,第一种顺序是行政调解协议书(终止通知书)、行政调解文书送达回证在前,其他文书材料按形成的时间先后顺序排列;第二种是按照文书材料形成的时间先后顺序排列。卷内的文书材料经过排序后,要逐页编号,页号用阿拉伯数字编写在有文字正面的右上角、背面的左上角,案卷封面、卷内目录、隔页纸及卷底不编号,并在"案卷目录"上标明文书材料在卷内的位置页号。

(三)行政调解申请书。"行政调解申请书"是一方当事人向行政机关提交要求调解其争议纠纷的书面申请。有委托代理人的,应出具委托人开具的委托书、委托代理人的身份证件,写明委托代理人姓名、工作单位、住址、联系方式。行政机关应当主动向当事人推荐使用电子送达方式接收相关文书,当事人同意电子送达的，应当提供并确认传真号、电子信箱、微信号等电子送达地址。行政调解申请书应载明行政调解请求事项、事实及理由。调解申请书既可以由申请人本人填写，也可由他人代写，由申请人签名或盖章、填写日期后提交行政机关。

（四）口头申请行政调解笔录。当事人口头向行政机关申请调解争议纠纷的，行政机关应制作“口头申请行政调解笔录”。相关要求参照“行政调解申请书”，“口头申请行政调解笔录”制作完成后需经申请人确认、签名或盖章，记录人签名，填写日期。

（五）行政调解征求意见书。行政调解以各方当事人同意为前提。行政机关依职权主动调解时，不使用行政调解申请书，直接使用“行政调解征求意见书（Ⅰ）”，文书中应写明争议纠纷的案由（案卷中所有文书的案由应当统一），可按照纠纷当事人+纠纷类型的方式填写，如“张××与李××之间产品质量损害赔偿纠纷”“张××不服××局行政处罚争议”（下同）；由双方当事人分别签署是否同意调解的意见。“行政调解征求意见书（Ⅱ）”用于一方当事人向行政机关申请调解时，向被申请人征求意见时使用，由被申请人签署是否同意调解的意见，加盖行政机关印章或行政调解专用章，填写日期。行政机关应当主动向当事人推荐使用电子送达方式接收相关文书，当事人同意电子送达的，应当提供并确认传真号、电子信箱、微信号等电子送达地址。如有任何一方不同意调解，行政机关应当根据纠纷类别分别告知当事人可寻求的其他法律救济途径：行政争议，告知可依法向有权机关申请行政复议或提起行政诉讼；民事纠纷，告知可依法向有权机关提起民事诉讼、申请仲裁或行政裁决。

（六）行政调解事项审批表。“行政调解事项审批表”用于行政调解受理、不予受理、延期、终止、结案等程序审批时使用。“案件名称”同案由，如“张××与李××之间产品质量损害赔偿纠纷”“张××不服××局行政处罚争议”；“审批事项”按行政调解需要进行的相关程序填写，如“行政调解受理审批”“行政调解不予受理审批”等，“案件基本情况”填写各方当事人的基本情况、简要案情及分析，由承办人员提出受理、不予受理、延期、终止、结案等建议，报承办机构负责人审查、行政机关负责人审批确定；案情复杂、影响较大的争议纠份应当经行政机关法制机构审核后报行政机关负责人审批或集体讨论研究决定。

（七）行政调解通知书。“行政调解通知书”用于分别书面通知各方当事人行政机关主持调解的时间、地点（或其他方式）、调解人员、需携带的材料、联系人和联系方式等事项时使用。“编号”可按照“行政区划简称 + 行政机关简称 + 文书简称 + 年份 + 序号”的方式填写，如“豫政行调通 2017 第 001 号”，也可依本单位实际自定。“案由”应当和其他文书一致，加盖行政机关印章或行政调解专用章，填写日期。

（八）行政调解权利义务告知书。“权利义务告知书”用于告知当事人在行政调解中的权利和义务。告知书随行政调解通知书一并送达当事人，由当事人签名或盖章，填写日期。行政调解工作流程、行政调解纪律等相关规定可以一并告知、送达。

（九）行政调解不予受理通知书。“行政调解不予受理通知书”用于通知申请人不予受理行政调解案件时使用，一般用于一方当事人提出行政调解申请的情形。“编号”可按照“行政区划简称 + 行政机关简称 + 文书简称 + 年份 + 序号”的方式填写，如“豫政行调不受 2017 第 001 号”，也可依本单位实际自定。“案由”应当和其他文书一致。不予受理通知书应当根据纠纷类别告知申请人可寻求的其他法律救济途径（同征求意见书），并告知不予受理的理由，加盖行政机关印章或行政调解专用章，填写日期。

（十）行政调解调查笔录。“行政调解调查笔录”是行政机关向有关人员调查了解争议纠纷情况时所做的文字记录。有条件的单位可采用现场执法记录设备对调查活动进行全过程视音频同步记录来代替文字记录，调查时应当遵循行政执法的相关要求，如出示证件、两人以上、告知权利义务等。填写调查的时间、地点和统一的案由，调查人的姓名和行政执法（监督）证件号，“被调查人”栏应填写被调查人姓名、性别、身份证件号码、工作单位、住址和联系方式等。调查记录经被调查人校阅或向被调查人宣读后，由被调查人、调查人和记录人签名。

（十一）行政调解邀请函。“行政调解邀请函”用于行政机关对涉及法律关系复杂、重大疑难、影响较大的案件，邀请专家学者、社会人士或相关单位（组织）参与行政调解时使用。要准确填写争议纠纷案由及联系人、联系方式，加盖行政机关印章或行政调解专用章，填写日期。

（十二）行政调解笔录。“行政调解笔录”是行政机关对当事人进行说服、劝导促使各方当事人自愿达成协议、解决争议纠纷过程的文字记录。有条件的单位可采用现场执法记录设备对调解活动进行全过程视音频同步记录来代替文字记录。参加调解的“当事人”“委托代理人”基本情况要填写清楚，“其他参加人”

指行政机关邀请参与行政调解的专家学者、社会人士等其他人员,应当注明姓名、单位。调解前调解员应当履行相关告知义务。调解记录应客观、真实、整洁、简练。记录经当事人校阅或向当事人宣读后,由当事人、调解员、记录人、其他参加人签名,填写日期。

(十三)行政调解终止通知书。“行政调解终止通知书”用于经多次调解后各方当事人未能达成协议,行政机关决定通知各方当事人终止调解。“编号”可按照“行政区划简称+行政机关简称+文书简称+年份+序号”的方式填写,如“豫政行调终2017第001号”,也可依本单位实际自定。“案由”应当和其他文书一致。如经多次调解,应当注明调解的次数。行政机关应当根据不同的纠纷类别,分别告知各方当事人可寻求的其他法律救济途径(同征求意见书),加盖行政机关印章或行政调解专用章,填写日期。

(十四)行政调解协议书。“行政调解协议书”是经行政机关调解,各方当事人就争议纠纷达成调解协议并自愿全面履行的书面证明。“编号”可按照“行政区划简称+行政机关简称+文书简称+年份+序号”的方式填写,如“豫政行调2017第001号”,也可依本单位实际自定。“调解事项”填写同“案由”,“查证的事实及依据(证据)”载明纠纷事实、各方请求及相关依据(证据)。“协议”应载明各方当事人的权利义务。“履行协议方式、地点、期限”根据具体情况填写。“行政调解协议书”必须由争议纠纷各方当事人签名或盖章,调解员、记录人签名,加盖行政机关印章或行政调解专用章,填写日期。

(十五)行政调解回访记录。“行政调解回访记录”是行政机关对争议纠纷各方当事人履行行政调解协议情况、对行政调解工作的意见建议和调解满意度等内容进行回访的记录。目的在于督促各方履行约定义务,巩固调解成果,实现定纷止争、案结事了,加强和改进工作。回访可采取电话、短信、微信、直接走访、座谈等方式,采取直接走访、座谈等当面回访方式的,当事人应当在回访记录上签名或盖章,填写日期。行政机关应当根据本单位实际制定行政调解回访制度,明确回访的范围和相关要求。

(十六)行政调解文书送达回证。“行政调解文书送达回证”是行政机关向当事人送达行政调解文书的记录。应填写文书名称、文书编号、送达地点、送达时间、送达方式等,并由送达人、受送达人或代收人签字;文书系别人代收的,应注明其与受送达人的关系。经受送达人以可记录的方式明确表示同意,行政机关可以采用传真、电子邮件、微信等能够确认其收悉的电子送达方式送达相关文书;采用传真、电子邮件方式送达的,送达人员应记录传真发送和接收号码、电子邮件发送和接收邮箱、发送时间,并打印传真发送确认单、电子邮件发送成功网页,入卷归档;采用短信、微信等方式送达的,送达人员应记录收发手机号码、发送时间,并将短信、微信等送达内容拍摄照片,入卷归档。

洛阳市城乡规划局关于做好城乡规划行政调解工作的通知

(2015年8月24日 洛规文〔2016〕80号)

机关各科室,局属各单位:

为贯彻《中共中央办公厅国务院办公厅印发〈关于完善矛盾纠纷多元化解机制的意见〉的通知》(中办发〔2015〕60号)精神,按照省、市全面推进依法行政领导小组办公室关于做好2016年度服务型行政执法建设工作中关于开展行政调解工作的相关要求,充分发挥行政调解对化解社会矛盾、维护社会稳定的重要作用,结合我局实际,现就加强我局城乡规划行政调解工作通知如下:

一、指导思想和工作原则

(一)指导思想

深入贯彻党的十八大和十八届三中、四中、五中全会精神,以邓小平理论、"三个代表"重要思想、科学发展观和习总书记系列重要讲话为指导,全面推进依法治国方略,以化解矛盾纠纷、构建和谐社会为目标,紧紧围绕预防和化解社会矛盾纠纷,建立健全城乡规划行政调解体制机制,运用法治思维和法治方式,探索新形势下预防化解矛盾纠纷的方法途径,建立有机衔接、协调联动、高效便捷的矛盾纠纷多元化解机制,最大限度减少不和谐因素,保障我市城乡规划事业健康有序发展。

(二)工作原则

1. 自愿原则。要尊重各方当事人意愿,不得强迫当事人接受调解方式或调解结果。

2. 合法原则。要遵循法律、法规和政策,不得损害国家利益、公共利益和他人合法权益。

3. 公平公正原则。要兼顾各方当事人的合法权益,平等协商处理利益纠纷,体现公平正义,行政机关作为当事人一方时,与行政相对人的地位平等。

4. 依法调解和依法处理相结合原则。除法律、行政法规、规章另有规定的,行政调解不是行政机关办理行政复议案件或者处理特定矛盾纠纷的必经程序。对不宜调解或者调解不成的,行政机关应当及时作出行政复议决定或者其他处理决定(含裁决)。

二、城乡规划行政调解的范围

城乡规划行政调解,是指城乡规划行政机关在履行行政职权过程中,对行政机关与公民、法人或其他组织之间,因行政管理或执法监督过程产生的行政纠纷,对其自身职能有直接或间接关系的行政纠纷,积极依法进行协调和疏导,采取必要措施,促使各方当事人在平等协商的基础上达成一致,从而解决矛盾纠纷的方法和活动。

城乡规划行政调解的范围包括以下三个方面:

(一)在法律规定的范围内,因城乡规划行政机关在行使行政职权过程中,与行政管理相对人发生的行政纠纷;

(二)公民、法人或者其他组织之间产生的与城乡规划管理有直接或间接关联的争议;

(三)法律、法规规定的其他可以行政调解的行政纠纷。

三、建立行政调解工作组织

(一)成立局行政调解委员会

主　任:×××　局党组书记、局长

副主任:(略)

成　员:由局机关科室和局属二级机构负责人组成。

行政调解委员会下设办公室,办公室设在局法规信访科,负责我局行政调解日常工作。

(二)行政调解委员会工作职责

负责对我局行政调解工作的领导,抓好行政调解规章制度的制定与落实,定期组织对主管领域、行业内的矛盾纠纷进行排查梳理、研判分析、包案调处,研究突出矛盾纠纷的调处方案,研究解决行政调解工作中的新情况,新问题,指导、督促局行政调解办公室工作。

四、行政调解程序

行政调解程序可分为简易程序和一般程序。其中,对于案情简单、调解结果能够即时履行的争议纠纷,按照便捷原则,优先运用简易程序解决矛盾纠纷,尽可能减少当事人的程序性负担;一般程序运用于案情复杂、当场不能解决的争议纠纷。一般程序通常包括以下几个步骤:

(一)申请。行政调解可书面申请,也可口头申请;可由一方当事人申请,也可由我局依职权提出,但必须征得各方当事人同意。我局在日常管理和行政执法过程中发现争议纠纷时,应当主动告知当事人可申请行政调解。

(二)受理。我局收到行政调解申请后,应及时决定是否受理并告知当事人。

(三)调处。我局受理行政调解后,应及时告知当事人依法享有的权利、遵循的程序及相关事项。调解过程中,要依据法律、法规、规章及有关规定,对当事人进行说服、劝导,引导争议各方达成谅解。涉及重大、复杂以及社会影响较大的争议纠纷,我局应当制作调解笔录,全面客观记载调解的过程和内容。对争议纠纷基本事实有异议的,我局可采取听证、现场调查等方式调查取证。调解达成协议的,应签订调解协议书。

调解内容涉及第三人利益的,应当征求第三人意见。行政调解过程中涉及商业秘密和个人隐私的,应当保密。

(四)回避。行政调解人员有下列情况之一的,应当回避:

1. 是争议纠纷当事人,或者与当事人及其代理人有近亲属关系的;

2. 与争议纠纷有利害关系的;

3. 与争议纠纷当事人及其代理人有其他关系,可能影响争议纠纷公正处理的。

行政调解的当事人发现调解人员有应当回避的情形的,可以要求行政调解人员回避。调解人员有应当回避的情形的,应当自行提出回避。调解人员是否回避由我局主持调解的局领导决定。

对在规定时限内达不成调解协议的,我局应及时终止调解,依法作出处理或引导当事人通过行政复议、仲裁和诉讼等渠道解决。行政调解协议经各方当事人认可并签字或盖章后,即对调解当事人具有约束力。我局应及时对争议各方履行调解协议情况进行回访,督促各方履行约定义务,巩固调解成果,实现定纷止争、案结事了。

五、加强组织领导,建立长效机制

机关各科室、局属各单位要充分认识行政调解工作的重要性,要在局行政调解委员会的领导下积极开展工作。行政调解委员会要定期召开会议,对行政调解工作开展情况进行总结和讲评,推动我局行政调解工作健康开展。

安阳市人民政府关于加强行政调解工作的意见

(2011年5月3日 安政〔2011〕15号)

各县(市、区)人民政府,市人民政府各部门及有关单位:

为深入贯彻《中央办公厅、国务院办公厅关于预防和化解行政争议健全行政争议解决机制的意见》(中办〔2006〕27号)和河南省委办公厅《关于深入推进社会矛盾化解社会管理创新公正廉洁执法的实施意见》(豫办〔2010〕8号)精神,充分发挥行政调解在政府维护社会稳定工作中的重要作用,有效预防、减少和化解社会矛盾纠纷,切实维护全市社会大局稳定,现就加强行政调解工作提出如下实施意见。

一、行政调解的指导思想、总体要求和工作目标

指导思想:坚持以邓小平理论和"三个代表"重要思想为指导,深入贯彻落实科学发展观,全面推进依法行政,紧紧围绕建设法治政府、服务型政府和构建和谐社会的总要求,以预防和化解与人民群众生活密切相关的行政争议为重点,进一步加强行政调解工作,优化行政调解功能,努力实现好、维护好、发展好最广大人民群众的根本利益,切实解民忧,排民难,维民权,保民安,促和谐。

总体要求:围绕全市工作大局,从依法行政、建设法治政府、服务型政府和构建和谐社会的高度,切实增强做好行政调解工作的责任感和使命感,正确运用行政调解中行政资源多、调解范围广的优势,使行政调解工作成为预防、减少和化解社会矛盾纠纷的有效途径,共同构建"大调解"工作体系。

工作目标：建成完善的行政调解组织网络，实现行政调解机构健全、职责明晰、规范有效。畅通行政调解渠道，基本实现“小纠纷不出村(社区)、大纠纷不出乡镇、疑难纠纷不出县、市”，行政争议纠纷、行政诉讼、越级上访案件和涉法涉诉信访案件明显下降，防止重大群体性事件、恶性“民转刑”案件和集体赴省进京上访案件发生，确保社会和谐稳定。

二、行政调解的工作要求

(一)各级行政机关要认真落实行政主管责任，充分运用调解的办法处理行政争议和与行政管理有关的纠纷，着力解决影响社会稳定的突出争议纠纷；根据有关法律、法规和规章的规定，建立健全有关争议纠纷调解的具体工作程序，做到有章可循、有规可依；根据需要可以邀请有关单位、专业人士或者其他个人参加行政调解，被邀请的单位或个人应当予以支持。在调解行政争议时，要找准争议纠纷的焦点和各方利益的连接点，充分发挥专业优势，着力采取灵活多样的方式方法，开展耐心、细致的说服疏导工作，促使各方当事人互谅互让，消除隔阂，引导当事人达成解决争议纠纷的协议。经行政机关调解的争议纠纷，达成协议的，行政机关应当制作调解书。当事人应当按照约定自觉履行行政调解协议，不得擅自变更或者解除。对不愿进行行政调解的或未达成协议的行政调解，行政机关要积极引导当事人运用行政复议、裁决等方式解决，调解不成功或对行政复议和裁决结果不服的，应主动告知当事人救济权利和渠道。

(二)政府法制部门要加强行政复议工作，充分发挥行政复议在解决行政争议、化解矛盾、维护社会稳定中的重要作用。行政复议案件办理过程中，要根据《中华人民共和国行政复议法实施条例》规定的调解原则、范围，优先适用调解方式解决行政争议。对于行政机关行使自由裁量权做出的具体行政行为引发的行政复议案件，要积极促成申请人与被申请人在复议决定作出前自愿和解，力争把行政争议化解在行政复议程序中。

(三)对于发生的行政争议和与行政管理有关的民事纠纷，行政机关在解决矛盾纠纷时，根据法律的规定和纠纷实际情况，要优先选择调解解决的方式，调解不成再选择其他渠道解决。在争议双方有调解愿望的基础上，行政机关要耐心释法明理，做好劝解工作，充分协商，为双方当事人最后达成调解协议提供方便、创造条件。

(四)各行政机关在解决纠纷中，要积极为双方当事人沟通搭建平台，努力促使当事人和解。对事关人民群众根本利益、事关社会稳定大局的重大疑难纠纷，要认真调查研究，必要时要制定工作预案，积极介入，及时疏导、调处，避免矛盾激化。同时要及时向党委、政府和上级主管部门报告请示，彻底化解矛盾。

三、明确行政调解工作的职责分工和保障

（一）政府对行政调解工作负总责。各级人民政府及政府各部门要按照"属地管理、分级负责，谁主管、谁负责"的要求，高度重视行政调解工作，切实加强组织领导，狠抓工作落实，并由分管领导具体负责。要把行政调解工作落实情况纳入各级政府目标考核，并记入领导干部抓稳定、综治工作的政绩档案。

各级人民政府及政府各部门应当加强基层行政调解工作，建立行政调解专兼职工作人员队伍，会同有关行政主管部门开展行政调解工作。要对辖区内的矛盾和纠纷进行认真梳理，做好经常性排查工作，及时了解群众诉求，积极引导群众寻求正确、合法的途径解决行政争议。

（二）政府法制部门要做好行政调解的牵头工作。政府法制部门作为行政调解工作的牵头部门，要结合工作职责，加强对下级人民政府和本级政府各部门行政调解工作的指导、督促、协调。其主要职责：一是研究制定行政调解工作规章制度，使行政调解工作规范有序；二是研究解决行政调解工作中的新情况、新问题，加强对行政调解工作的指导；三是定期汇总分析下级人民政府和本级政府各部门的行政调解工作情况，并向本级政府报告；四是加强对政府各部门的指导协调，做好与人民调解、司法调解和信访调解组织的衔接配合，加大对行政调解工作的督办力度；五是代表本级政府加强对下级人民政府及政府各部门开展行政调解工作的目标考核，及时纠正行政调解工作中的错误或不当倾向，提出奖惩建议；六是加强对行政调解人员的培训管理，不断提高行政调解人员的业务水平；七是组织调处法律关系复杂、重大疑难的争议纠纷。

（三）政府各部门要切实发挥行政调解的主体作用。政府各部门的主要领导是本机关行政调解工作的第一责任人，对本部门的行政调解工作负总责。各部门要确定分管领导和工作机构具体承担行政调解工作。要把政治思想好、业务能力强、有较高法律素质的干部充实到行政调解队伍，建立调解员信息库，公布调解人员名单，并加强培训管理，不断提高调解人员的综合素质和业务能力。要落实行政调解信息化工作平台，为行政调解工作提供有力的工作保障。要根据本部门、本行业特点建立健全行政调解有关制度，在调解申请、受理、调查、听证、调解实施、调解期限以及调解协议书的制作等方面制定出具体的规定，确保行政调解工作规范进行，并定期向本级人民政府法制部门和上级主管部门汇总上报本单位行政调解工作情况。

（四）各级人民政府及政府各部门要严格落实行政调解工作责任制，对工作成绩突出的单位和个人进行表彰奖励；对组织领导不力、工作不落实、责任不到位，导致争议纠纷突出的地区和部门，要进行通报批评并限期整改；对工作敷衍塞责、无故推诿和拖延而导致严重影响社会稳定的重大事件和案件的，要实行责任倒查，严格追究领导和相关人员责任。

四、加强行政调解工作的协调配合

政府各部门在行政调解工作中，既要各司其职，又要密切配合。对法律关系单一、一个职能部门能够解决的争议纠纷，由该职能部门负责解决；对涉及多个部门职责的争议纠纷，由最初受理的部门或涉及主要管理工作的部门牵头，相关部门参与协调解决；对法律关系复杂的重大疑难争议纠纷，最初受理的部门应主动告知同级政府法制部门，由政府法制部门牵头，组织有关部门协调解决。

各级人民政府及政府各部门要加强与人民调解、司法调解和信访调解组织的协调配合，要积极探索、逐步建立健全与人民调解、司法调解和信访调解的协调配合机制、信息沟通机制和效力衔接机制，优化、整合调解资源，实现“四大调解”优势互补。在行政调解中需要当事人所在基层人民调解组织配合的，可以邀请其参加，共同开展调解工作。人民法院在进行司法调解时，需要行政机关配合的，行政机关应当积极配合。

五、加强行政调解工作信息搜集和法制宣传

各级人民政府及政府各部门要在积极开展行政调解工作的同时，加大对重点领域、重点行业社情民意和争议纠纷的搜集排查工作，采取主动走访的形式深入社区、企业和群众中，了解群众想法、存在的困难以及行政管理和执法中遇到的问题，发生争议纠纷时，能够及时介入，努力将事态化解在萌芽状态和初始阶段。同时，要加强法制和政策的宣传教育工作。对走访调解过程中发现群众在法律上、政策上的疑惑和问题要及时予以解答，通过正面宣传引导，打消群众顾虑，消除隐患；要充分运用各种媒体，对行政调解工作内容、程序和实践进行宣传，积极引导群众寻求行政调解途径解决争议纠纷。

六、完善行政调解工作制度

(一)行政调解联席制度。建立行政调解工作的联席会议制度,定期召开联席会议,听取行政调解工作情况汇报,研究、解决开展行政调解工作涉及的重大问题,加强对本地区行政调解工作的指导。联席会议的日常工作由各级行政调解工作办公室承担。

(二)行政调解统一受理制度。政府各部门接受大调解办公室和同级行政调解工作办公室对行政调解工作的统一调度安排,按照大调解办公室或同级行政调解工作办公室的指定单独调解或多部门联合调解。对自行组织的属行政调解范围的纠纷,应征询当事人是否接受调解,并及时给予办理调解受理手续。

(三)行政调解听证制度。根据相对人的申请,或者行政调解的实际,需要召开听证会的,调解部门或牵头调解工作部门负责组织听证,并在听证的3日前向当事人送达听证通知书。

(四)行政调解制作调解书制度。自受理申请之日起30个工作日内完成调解。特殊情况需要延长的,应经行政调解工作办公室主要领导同意。经调解达成协议的,应制作行政调解书。对不愿进行调解的或未达成协议的行政调解,要积极引导当事人运用行政复议、裁决等方式解决,调解不成功或对行政复议和裁决结果不服的,应主动告知当事人救济权利和渠道。

(五)行政调解信息报送制度。各部门主持行政调解时,应当确定专人撰写行政调解信息,连同行政调解的图片、影像资料等,一并在行政调解终结后5个工作日内报送同级行政调解工作办公室。遇有重大紧急行政调解信息应随时报送。

(六)行政调解员培训制度。要积极培养一批政治强、业务精、懂法律、肯吃苦、会做工作的调解人员。通过定期开展培训班、组织专家进行讲座等措施,提高行政调解人员的素质,确保调解工作规范、有序、高效进行。培训工作由各级政府法制部门负责。

(七)行政调解考核制度。市、县(市、区)行政调解工作办公室每年要对下级人民政府和政府各部门的行政调解工作进行考核,对调解工作成绩突出的单位和个人进行表彰;对因组织领导不力、调解工作不力,导致矛盾升级的地区和部门,要在一定范围内进行通报批评并限期整改;对发生严重影响社会稳定的重大案（事）件的，实行责任倒查，严格追究领导和相关人员责任。

（八）行政调解案卷归档制度。各部门调解结案的案件，承办人应在结案后对案卷材料进行及时整理归档，市、县（市、区）行政调解工作办公室要定期对下级人民政府和政府各部门的行政调解工作进行检查指导，并对相关案卷进行抽查，评判调解过程是否坚持自愿、合法的原则。

二〇一一年五月三日

安阳市人民政府办公室关于加强行政调解与人民调解对接的意见

（2011年5月11日　安政办〔2011〕66号）

各县（市、区）人民政府，市人民政府各部门及有关单位：

为有效整合和充分发挥行政调解、人民调解职能作用，努力从源头上化解和减少各类社会矛盾纠纷，维护我市社会和谐稳定。现就进一步加强行政调解与人民调解对接工作，提出如下意见。

一、指导思想

紧紧围绕构建社会主义和谐社会总体目标和要求，以邓小平理论和“三个代表”重要思想为指导，深入贯彻落实科学发展观，以解决人民群众最关心、最直接、最现实的利益问题为重点，实现人民调解、行政调解有机结合，将矛盾及时就地化解在基层，解决在萌芽状态，最大限度地减少不和谐因素，促进社会和谐稳定。

二、目标任务

人民调解、行政调解既发挥各自作用，又有机衔接、紧密配合，运行机制规范高效；调解人员运用法律、政策的能力和调解技能明显增强，调解质量和调解成功率不断提高；及时把矛盾纠纷消除在内部，解决在萌芽状态，努力实现行政争议案件、信访案件、治安案件减少，确保社会和谐稳定。

三、基本原则

一是坚持党委、政府统一领导的原则;二是坚持依法调解与以德调解相结合的原则;三是坚持自愿调解与引导调解相结合的原则;四是坚持平等调解与公正调解相结合的原则。

四、对接的范围、方式和程序

(一)对接的范围

1. 国家行政机关与公民、法人和其他组织之间由于行政管理而引起的行政争议。

2. 公民、法人和其他组织之间发生的与国家行政机关管理职权有关的民事纠纷。

具体包括:公安机关在办理轻微刑事、治安、交通肇事案件中,犯罪嫌疑人或肇事者态度较好,社会危害不大,赔礼道歉,积极赔偿并得到被害人谅解,受害人书面要求不追究刑事和治安责任的。适用于人民调解的信访案件。企业改制、房屋拆迁、劳动用工、税收征管、消费者权益、教育医疗、交通事故、知识产权以及山林、水利、土地权属等矛盾在进入相关机构裁定前,可先进入人民调解程序。

(二)对接方式

1. 委托调解。对于可以由人民调解组织调解的行政争议或有关的民事纠纷,行政机关在与人民调解工作办公室衔接后可以委托调解,出具委托调解函;人民调解工作办公室收到委托调解函后,应立即受理,并根据纠纷性质,指派人民调解员进行调解。经调解达成协议的,出具人民调解协议书,函告委托的行政机关。

2. 邀请调解。对于可以由人民调解组织参与调解的行政争议和民事纠纷,行政机关应向人民调解工作办公室出具邀请函,邀请人民调解员参与行政调解活动。经调解达成调解协议的,出具行政调解协议书。

3. 联合调解。对于重大的行政争议或者社会影响广泛的民事纠纷,行政机关认为有必要与人民调解组织联合进行调解的,应向人民调解工作办公室发出邀请函,邀请人民调解员联合进行调解。经调解达成调解协议的,制作行政调解协议书。

4. 指定调解。行政调解过程中,争议一方有异议并自愿接受人民调解的,行政机关可以根据当事人意愿指定有关人民调解委员会进行调解。经调解达成调解协议的,出具人民调解协议书,并函告指定的行政机关。

(三)对接程序

1. 接待受理。各级行政机关调解组织严格实行接待登记制度。对属于应立案的调解案件,由行政机关立案处理;对可以进入调解程序的,转调解工作室进行调解。

2. 行政告知。各级行政机关在进行调解时必须向当事人说明调解必须注意的事项和正确途径,使当事人明确调解的有关要求,帮助当事人正确行使自己的权利,从而有效保护当事人的权益。

3. 联合调解。行政机关在受理案件后,应当依法进行调查询问,收集证据,在查明事实的基础上,在双方自愿的前提下进行现场(当面)协商。调解工作由行政调解机构和当地人民调解员共同进行。调解过程中应充分听取双方当事人的陈述、申辩和质证,据此对当事人进行说服、劝告,以引导其达成调解协议。调解达成协议的,在行政机关主持下,签订《行政调解协议书》;属人民调解达成协议的,在人民调解员的主持下,签订《人民调解协议书》。

4. 监督履行。调解协议履行期满 3 日内,调解机构应当了解协议履行情况。对已经履行调解协议的,应当及时结案;对没有履行协议的,应当及时了解情况,查清原因。对无正当理由不履行协议的,依照相关法律法规的规定予以处理;对属于民事侵权纠纷的,告知当事人提起诉讼。

各地各部门要高度重视行政调解与人民调解的对接工作,加强组织领导,严格落实责任,积极探索创新,形成调解合力,及时有效调处矛盾纠纷,推动我市大调解工作上新台阶,为构建和谐安阳创造良好的社会环境。

二〇一一年五月十一日

安阳市人民政府办公室关于印发《安阳市行政调解工作暂行规定》的通知

(2011年4月22日 安政办〔2011〕58号)

各县(市、区)人民政府,市人民政府各部门及有关单位:

《安阳市行政调解工作暂行规定》已经市政府同意,现印发给你们,请结合本地、本部门实际,认真组织实施。

二〇一一年四月二十二日

安阳市行政调解工作暂行规定

第一章 总 则

第一条 为了推动全市行政机关主动、及时化解矛盾纠纷,促进社会和谐稳定,根据有关法律、法规,特制定本规定。

第二条 行政调解是指行政机关根据法律、法规、规章和国家有关政策的规定,对与本机关行政职权有关的、因行政管理而产生的行政争议,公民、法人或其他组织之间产生的与本机关行政职权有关的民事纠纷,在被调解双方自愿的基础上进行的居间协调。

第三条 各级人民政府、政府各部门及依法行使行政职权的其他组织(以下简称行政机关)在行使职权过程中开展行政调解工作,适用本规定。

第四条 行政调解的范围:

(一)行政机关在行使职权过程中,与公民、法人和其他组织之间,因行政管理产生的行政纠纷;

(二)公民、法人和其他组织之间产生的与行政机关行政管理职能有直接或间接关联的民事纠纷。

第五条 行政调解工作应当遵守下列原则：

（一）自愿原则。行政调解要充分尊重当事人意愿，不得强迫当事人接受调解方式或调解结果；

（二）合法原则。行政调解要符合法律、法规和国家政策，不得侵犯国家利益，不得侵犯公民、法人和其他组织的合法权益；

（三）平等原则。行政调解机关应当充分尊重行政管理相对人自愿、充分、真实地表达自己意愿和诉求的权利，公正、公平的调处争议纠纷。行政机关在作为被调解一方时，与管理相对人在调解过程中地位平等；

（四）积极主动原则。行政机关应增强行政调解意识，主动排查、化解行政争议，探索研究化解行政争议的新机制，主动加强与人民调解、司法调解和信访调解组织的沟通配合；

（五）谁主管谁负责原则。行政机关对与本机关行政管理职权有关的纠纷负责调解；

（六）中立原则。行政机关不得偏向任何一方，既要兼顾各方当事人的合法权益，又要说服各方当事人互谅互让，相互理解；

（七）依法处理原则。对不属于行政调解范畴的纠纷以及经行政调解不能达成协议的纠纷，行政机关应及时作出处理决定；

（八）便民高效原则。行政机关要便民、高效地化解矛盾纠纷，使各方当事人的矛盾纠纷获得快捷、简便、有效、成本低廉的解决。

第六条 经行政机关调解达成的行政调解协议，当事人应当按照约定履行自己的义务，不得擅自变更或者解除行政调解协议。

第七条 在行政调解活动中，纠纷当事人享有下列权利：

（一）自主决定接受、不接受或者终止调解；

（二）申请有关行政调解人员回避；

（三）表达真实意愿；

（四）自愿达成调解协议；

（五）可委托代理人参加调解。

第八条 在行政调解活动中，纠纷当事人应当承担下列义务：

（一）如实陈述纠纷事实，不得提供虚假证明材料；

（二）遵守调解规则；

（三）不得加剧纠纷、激化矛盾；

（四）自觉履行调解协议。

第九条 行政机关调解纠纷，应当防止矛盾激化。

第十条 行政机关应当建立行政调解室，确定行政调解协调机构和行政调解人员，并在办公场所公布调解人员名单和人员基本情况。

第二章 行政调解的启动

第十一条 行政机关调解矛盾纠纷应当符合下列条件：

（一）调解对象是与本案有直接利害关系的当事人；

（二）该矛盾纠纷与该机关行政职权有关；

（三）该矛盾纠纷具有可调解性。

第十二条 行政机关应当主动调解矛盾纠纷。行政机关处理矛盾纠纷时应当主动告知当事人有申请行政调解的权利。

第十三条 行政机关可以根据当事人的申请启动行政调解程序。当事人申请行政调解，可以书面申请，也可以口头申请；当事人口头申请行政调解的，行政机关应当制作口头申请笔录。

第十四条 行政机关在征得各方当事人的同意后，启动行政调解程序并及时告知当事人。

行政机关收到行政调解申请后，应当认真审查有关材料，符合条件的，应当在五个工作日内启动行政调解程序并及时告知申请人。对被申请人不同意行政调解，或者虽然同意行政调解，但不属于行政调解范畴的，应当在五个工作日内书面告知申请人解决纠纷的渠道。在未启动行政调解程序前，矛盾有可能激化的，行政机关应当及时采取必要的缓解疏导措施。

第十五条 对两个以上行政机关都收到行政调解申请的，由有管辖权的行政机关办理；对两个以上行政机关都有管辖权的，由先收到行政调解申请的行政机关办理。行政机关对管辖权产生争议的，由市、县（市、区）行政调解工作办公室指定管辖。

第十六条 行政调解程序启动后，调解人员应当提前将行政调解时间、地点通知当事人。

第三章 行政调解的进行

第十七条 对重大复杂的争议案件,行政机关的相关负责人应当主持行政调解;其它争议案件,由当事人选择调解人员或行政机关负责人指定调解人员进行行政调解。

第十八条 行政机关调解纠纷,根据需要可以邀请有关单位、专业人员或者其他个人参加,被邀请的单位或者个人应当予以支持。

第十九条 行政机关调解纠纷,应注意保护当事人的个人隐私和商业秘密。

第二十条 调解人员有下列情形之一的,应当回避:

(一)是本案当事人或者与当事人、代理人有近亲属关系的;

(二)与本案有利害关系的;

(三)与本案当事人、代理人有其他关系,可能影响纠纷处理的。

当事人发现调解人员有应当回避情形的,可以口头或者书面方式申请其回避;调解人员认为自己不宜调解本纠纷的,应当自行申请回避。

行政机关负责人决定调解人员的回避。

第二十一条 行政调解开始时,调解人员应当宣布行政调解纪律,核对当事人身份,宣布当事人应享有的权利和承担的义务,宣布行政调解人、记录人的身份,询问当事人是否要求回避。

第二十二条 行政调解过程中,当事人应当提出证明事实的证据,并对所提交的证据的真实性负责。调解人员依据各方当事人提供的证据以及本行政机关在行政调解过程中收集的证据认定案件事实,找准纠纷的焦点和各方利益的连结点,采取灵活多样的方式方法,开展耐心、细致的说服疏导工作,促使各方当事人互谅互让,消除隔阂,引导当事人达成解决纠纷的行政调解协议。

第二十三条 行政机关进行行政调解时,需要当事人所在基层人民调解组织配合的,可以向当事人所在基层人民调解组织发出邀请。当事人所在基层人民调解组织接到行政机关邀请后,应当指派调解员配合行政机关开展调解。

第二十四条 行政调解达成协议的,由各方当事人签订行政调解协议书。行政调解协议书的内容不得违反法律规定。行政调解协议书自各方当事人签字之日起生效。行政调解协议书一般应载明下列事项：

(一)各方当事人的基本情况；

(二)纠纷事实、争议焦点及各方责任；

(三)各方当事人的权利和义务；

(四)履行协议的方式、地点、期限；

(五)当事人签名、调解人员签名。

行政调解协议书由各方当事人分别保留一份,行政机关存档一份。

第二十五条 经行政调解达不成协议的,行政机关应当终止行政调解,并出具终止行政调解通知书。根据案件性质,终止行政调解通知书应当告知当事人可以寻求相关法律救济途径。属于行政机关职权范围内的纠纷,行政机关应当依法予以处理。

第二十六条 达成行政调解协议后当事人不履行协议的,当事人可以寻求相关法律救济途径。

第二十七条 争议涉及第三人的,应当通知第三人参加。行政调解结果涉及第三人利益的,应当征得第三人同意。第三人不同意的,终止行政调解。

第二十八条 行政调解应当自启动之日起 30 日内终结。遇有特殊情况需延长的,经行政机关负责人同意,可以适当延长,但延长期不得超过 10 日。法律、法规、规章有明确规定的从其规定。

第二十九条 行政调解案件要按年、月、日归档编号,做到一案一档。文书顺序应为：

(一)行政调解卷宗目录；

(二)行政调解申请书或口头申请笔录；

(三)行政调解告知书；

(四)有关证据材料；

(五)行政调解协议书或行政调解终结材料；

(六)送达回证；

(七)结案报告。

第四章 奖励和处罚

第三十条 行政机关应严格履行职责,积极化解矛盾纠纷,对行政调解工作中作出突出贡献的，应予以表彰奖励。

第三十一条 行政机关无正当理由不受理行政调解申请，或者在法定期限内不履行调解职责，贻误纠纷调处时机，造成恶性事件、群体性事件或其他严重后果的，由监察部门按有关规定追究相关人员的责任。

第五章 附 则

第三十二条 法律、法规、规章对行政调解另有规定的，从其规定。

第三十三条 行政调解工作由各行政机关具体负责，市、县（市、区）行政调解工作办公室对行政调解工作进行指导。

第三十四条 本规定自公布之日起施行。

漯河市人民政府关于加强行政调解工作的意见

（2015 年 8 月 24 日 漯政〔2015〕33 号）

各县区人民政府，市城乡一体化示范区、经济技术开发区、西城区管委会，市人民政府各部门，直属及驻漯各单位：

为加强和创新社会管理，充分发挥行政调解在化解社会矛盾、维护社会稳定中的重要作用，根据《中共河南省委办公厅 河南省人民政府办公厅关于建立人民调解、司法调解、行政调解三调联动机制的意见》（豫办〔2009〕20 号）和《河南省人民政府办公厅关于做好 2015 年度全省推进服务型执法建设工作的通知》（豫政办〔2015〕38 号）精神，结合本地实际，现就加强我市行政调解工作提出如下意见，请认真贯彻执行。

一、指导思想

深入贯彻落实科学发展观，全面推进依法行政，紧紧围绕建设法治政府、服务型政府，构建和谐社会的总要求，以化解社会矛盾纠纷为根本，建立行政调解工作机制，畅通行政调解渠道，充分发挥行政机关在化解行政争议和民事纠纷中的作用,推动建立行政调解与人民调解、司法调解相衔接的大调解联动机制,积极为全市经济社会发展创造和谐、稳定、有序的社会环境。

二、行政调解的原则

行政调解是指行政机关或法律法规授权组织(以下简称行政机关)在法定职权范围内,为更好地行使行政职责,对与本机关职权有关的纠纷,以法律、法规、规章和政策为依据,以当事人自愿为原则,通过对争议各方的说服和劝导,使各方当事人互谅互让、平等协商、达成协议,从而妥善解决矛盾纠纷的活动。加强行政机关调解工作,必须遵循以下原则:

(一)自愿原则。行政调解要建立在当事人自愿的基础上,尊重当事人对调解方式、方法的选择,不得强迫当事人接受调解方式或调解结果。

(二)合法原则。行政调解要符合法律、法规和国家政策,其内容不得违反法律禁止性规定,不得损害国家利益、社会公共利益和他人合法权益。

(三)平等原则。行政调解机关应当充分尊重行政管理相对人表达自己意愿和诉求的权力,公正、公平地调处争议纠纷,兼顾各方当事人的合法权益。

(四)积极主动原则。行政机关应当强化行政调解意识,主动排查、化解争议纠纷。对于已出现的争议纠纷,应积极主动向各方当事人表明组织行政调解的态度,尽力引导当事人接受行政调解。

(五)依法处理原则。对不属于行政调解范畴的,以及经行政调解不能达成协议的纠纷,行政机关应及时作出处理决定。

三、行政调解的范围

(一)政府及其工作部门(包括具有行政管理职权的组织)在行使职权过程中,与公民、法人或者其他组织之间,因行政管理产生的行政争议,重点是土地征收、房屋征收、社会保险、劳动人事、治安管理、城市管理等方面产生的行政争议。

(二)公民、法人或者其他组织之间产生的与行政机关职能有直接或间接关联的纠纷,重点是土地权属纠纷、消费者权益保护纠纷、劳动争议纠纷、医疗纠纷、交通事故纠纷等与行使行政职能有关的民事纠纷。

(三)依法应当由行政机关裁决、调处的民事纠纷。

四、职责分工

(一)政府对行政调解工作负总责。全市各级人民政府及政府各部门要按照"属地管理、分级负责,谁主管、谁负责"的要求,高度重视行政调解工作,切实加强组织领导，狠抓工作落实，把行政调解工作落实情况纳入各级政府的目标考核中去。

全市各级人民政府应当加强基层行政调解工作，建立行政调解专兼职工作人员队伍，会同有关行政主管部门开展行政调解工作。要对辖区内的矛盾和纠纷进行认真梳理，做好经常性排查工作，及时了解群众诉求，积极引导群众寻求正确、合法的途径解决行政争议。

（二）政府法制部门做好行政调解的牵头工作。政府法制部门作为行政调解工作的牵头部门，要结合工作职责，加强对下级人民政府和本级政府各部门行政调解工作的指导、督促、协调。其主要职责：一是研究制定行政调解工作规章制度，使调解工作规范有序；二是研究解决行政调解工作中的新情况、新问题，加强对行政调解工作的指导；三是定期汇总分析下级政府和本级政府各部门的行政调解工作情况，做好与人民调解、司法调解的衔接配合，加大对行政调解工作的督办力度；四是代表本级政府加强对下级人民政府及政府各部门开展行政调解工作的目标考核，及时纠正行政调解工作中的错误或不当倾向，提出奖惩建议；五是加强对行政调解人员的培训管理，不断提高行政调解人员的业务水平；六是组织调处法律关系复杂、重大疑难的争议纠纷。

（三）政府各部门要切实发挥行政调解的主体作用。政府各部门的主要领导是本部门行政调解工作的第一责任人，对本部门的行政调解工作负总责。要建立调解员信息库，公布调解员名单，并加强培训管理，不断提高调解人员的综合素质和业务能力。要落实行政调解信息化平台，为行政调解工作提供有力的工作保障。要根据本部门、本行业特点建立健全行政调解有关制度，在调解申请、受理、调查、实施及调解协议书制作等方面制定出具体的规定，确保行政调解工作规范进行，并定期向本级人民政府法制部门和上级主管部门汇总上报本单位行政调解工作情况。

五、工作要求

（一）注重协调配合。行政调解工作实行“谁主管、谁负责”的原则，各县（区）政府和市政府各部门在行政调解工作中，要分工协作，密切配合。对法律关系单一、一个职能部门能够解决的争议纠纷，由该职能部门负责解决；对涉及多个部门职能的争议纠纷，由最初受理的部门或涉及主要管理工作的部门牵头，相关部门参与协商解决。在行政调解工作中，建立与人民调解、司法调解的协调配合机制、信息沟通机制，整合调解资源，实现优势互补。

(二)坚持调解优先。调解贯穿于行政行为的全过程,在行政行为作出后、复议中、诉讼中、执行前、执行中均可以进行调解。只要存在调解的可能性,行政机关就应主动、积极的引导当事人接受行政调解,要尽可能的达成调解。行政复议机关在办理行政复议案件过程中,要根据《中华人民共和国复议法实施条例》规定的调解原则、范围,优先选用调解方式解决行政争议,力争做到“定纷止争”,有效预防和化解社会矛盾。

(三)创新行政调解方式。在调解行政争议时,要找准争议纠纷的焦点和各方利益的连接点,消除隔阂,促进各方当事人互谅互让,从而达成调解协议。要为各方当事人搭建沟通平台,必要时可邀请专业人士或者其他个人参加行政调解,努力促使当事人和解。对事关人民群众根本利益、事关社会稳定大局的重大疑难纠纷,要认真调查研究,必要时要制定工作预案,积极介入,及时调处,避免矛盾激化。同时要及时向党委、政府和上级主管部门报告,彻底化解矛盾。

六、完善行政调解工作制度

(一)定期检查制度。定期组织对各级各部门的行政调解工作进行检查指导,一般每年第四季度组织一次检查,并将此作为政府依法行政考核的一项内容。

(二)通报制度。加强对各级各部门开展行政调解工作信息的收集,并通过定期或不定期的检查,对有典型意义的行政调解案件和行政执法中存在的普遍性问题进行通报,提出整改意见和执法建议,促进依法行政工作的正常开展。

(三)培训制度。由市政府法制办牵头,每年对行政调解工作人员组织一次培训,使其知法、懂法,不断提高政策理论水平和工作能力。

2015年8月24日

信阳市政府关于进一步加强行政调解工作的意见

（2015 年 11 月 10 日　信政〔2015〕41 号）

各县、区人民政府，各管理区、开发区，市政府各部门：

为充分发挥行政调解制度优势，有效化解矛盾纠纷，维护社会和谐稳定，根据《中共信阳市委关于贯彻党的十八届四中全会　省委九届九次全会精神全面推进依法治市的实施意见》，现就进一步加强行政调解工作提出如下意见。

一、重要意义

行政调解是由行政机关（包括法律法规授权的具有管理公共事务职能的组织）主持，以法律、法规为依据，以民事纠纷和行政争议为对象，通过说服、劝导等方法，促使争议各方当事人平等协商、互谅互让、达成协议、消除矛盾的一种纠纷解决机制。当前，我市经济社会发展呈现好的趋势、态势和气势，正处在加快发展的新的历史起点上，同时也是矛盾纠纷凸显期，社会矛盾化解工作面临着许多新情况和新问题。各级行政机关要将行政调解作为重要的社会矛盾纠纷调处手段，充分利用行政调解的优势做好矛盾纠纷化解工作，从源头上预防和减少社会矛盾，切实维护社会和谐稳定，为我市在“四个河南”建设中更加出彩提供良好环境。

二、指导思想

深入贯彻落实党的十八大和十八届三中、四中全会精神，紧紧围绕法治政府建设，以维护人民群众合法权益为根本，以建立健全行政调解工作机制为保障，形成调解工作合力，依法将矛盾纠纷化解在初发阶段、化解在基层、化解在行政管理程序中，为全市经济社会发展创造和谐、稳定、有序的社会环境。

三、工作范围和基本原则

（一）行政调解的范围

1. 行政机关（包括法律法规授权的具有管理公共事务职能的组织）与行政相

对人之间产生的行政争议；

2. 依法应当由行政机关行政裁决、调处的民事纠纷；

3. 公民、法人或者其他组织之间产生的与行政管理有直接或间接关联的民事纠纷。

（二）行政调解的基本原则

1. 合法原则。行政调解要遵循法律法规和政策规定，不得损害国家和公共利益，不得侵犯公民、法人和其他组织的合法权益。

2. 自愿原则。行政调解要完全尊重当事人的意思自治，不得强制性要求调解。

3. 平等原则。行政调解要兼顾各方当事人的合法权益，平等协商处理利益纠纷，体现公平正义。

4. 实效原则。行政调解应当简便、快捷、高效，实现“定纷止争、案结事了”的社会效果和法律价值。

四、主要内容

（一）健全工作体制。严格落实《国务院关于加强法治政府建设的意见》（国发〔2010〕33号）要求，建立健全由政府负总责、法制机构牵头、各职能部门为主体的行政调解工作体制。各县（区）政府、各管理区、开发区要建立行政调解委员会，由分管法制工作的领导牵头，法制机构、公安、财政、卫生、司法、人力资源和社会保障、国土资源、住房和城乡建设、工商、质量技术监督、食品药品监督等部门负责人参加。行政调解委员会负责研究解决本行政区域内行政调解工作涉及的重大问题。行政调解委员会下设办公室，办公室设在政府法制机构，负责行政调解委员会日常工作。政府各部门要按照“谁主管、谁负责”的原则履行行政调解具体职能。

（二）明确调解责任。各级行政机关要根据法律法规和自身职权，对适用行政调解的事项进行梳理，明确行政调解的适用范围和法律依据，并根据单位职责分工明确具体主管领导和工作人员，制作行政调解事项清单和责任清单，并向社会公开。

（三）规范调解程序。各县（区）政府、各管理区、开发区和市政府各部门要结合本地本系统实际制定行政调解程序规定，对调解申请、受理、调查、听证、调解实施、调解期限以及调解协议书的制作等提出详细具体的要求，依法保证当事人的知情权、参与权、救济权，确保行政调解工作依法、有序、规范。

（四）建立行政调解与人民调解、司法调解、仲裁调解的衔接机制。各级行政机关在开展行政调解工作中，要加强与人民法院、司法行政部门、仲裁机构的工作联系，建立完善行政调解与人民调解、司法调解、仲裁调解的协调配合机制、信息沟通机制和效力衔接机制，积极构建大调解的工作新格局。

五、工作要求

（一）加强组织领导。各县（区）政府、各管理区、开发区和市政府各部门要高度重视，把行政调解工作纳入依法行政工作年度考核，切实加强领导，精心组织实施。要积极配备与开展行政调解工作相适应的人力、财力、物力，确保行政调解工作扎实推进。

（二）强化督促指导。各级行政调解委员会办公室要发挥牵头作用，抓好组织协调、调查研究、督导检查等工作。要及时发现问题认真研究解决，善于发现亮点，注重典型示范，确保行政调解工作扎实有序进行。政府各部门要各司其职、紧密配合，共同推进行政调解工作不断取得新成效。

（三）加大宣传引导。各级各部门要加大行政调解宣传工作力度，充分利用广播、电视、报刊、网络等宣传舆论工具，采取设置宣传栏、张贴宣传画、发放宣传材料等形式，对行政调解工作内容、程序和实践经验进行广泛宣传，形成强大声势和舆论氛围，提高人民群众对行政调解的社会认知度，支持并选择行政调解解决矛盾纠纷。

附件：信阳市行政调解委员会成员名单

信阳市人民政府

2015 年 11 月 10 日

信阳市行政调解委员会成员名单

主　任：××（市委常委、常务副市长）

副主任：×××（市政府法制办公室主任）

成　员：（略）

行政调解委员会下设办公室，办公室设在市政府法制办公室，×××同志兼任办公室主任。

·湖北省·

襄阳市人民政府办公室关于进一步加强行政调解工作的通知

（2016年11月17日　襄政办函〔2016〕59号）

各县（市、区）人民政府，各开发区管委会，市政府各部门：

为认真贯彻落实十八届四中全会决定、《法治政府建设实施纲要（2015～2020年）》和中央、省、市关于完善矛盾纠纷多元化解机制有关要求，进一步明确行政调解工作原则、范围，规范行政调解程序，健全行政调解制度，依法有效化解社会矛盾纠纷。经市政府同意，现就进一步加强行政调解工作有关事项通知如下：

一、基本原则

（一）自愿原则。充分尊重当事人的意愿，不得强迫当事人接受调解方式或调解结果。

（二）合法原则。遵循法律、法规、规章和政策规定，调解方式和结果不得违反法律禁止性规定，不得损害国家利益、公共利益和他人的合法权益。

（三）平等原则。行政调解机关不得偏向任何一方，尊重争议各方表达意愿和诉求的权利，公正、平等地协商处理争议纠纷。行政机关作为一方当事人时，与行政管理相对人的地位平等。

（四）便捷原则。行政调解应当简便、快捷、高效，鼓励采取灵活多样、诚信规范的方式方法化解矛盾，做到"定纷止争、案结事了"。对不宜调解或调解不成的矛盾纠纷，行政机关应当依法及时做出处理，不得久调不决或久拖不结。

二、行政调解的范围和程序

（一）调解范围

1. 行政机关或法律法规授权的具有管理公共事务职能的组织与公民、法人或其他组织之间产生的法律法规规定可以调解的行政争议。

2. 依法应当由行政机关居中裁决、调处的民事纠纷。

行政机关开展行政调解应当依职权重点解决好土地征收、房屋拆迁、山林权属、土地承包、社会保障、劳动争议、医疗卫生、房地产开发、建筑施工、消费者权益保护、产品质量、食品药品安全以及治安管理、物业管理、交通损害赔偿等重点领域的行政争议或民事纠纷。对涉及资源开发、环境污染、公共安全事故等方面的民事纠纷，以及涉及人数较多、影响较大、可能影响社会稳定的纠纷，要主动进行调解。

（二）调解程序

1. 启动。行政调解可由当事人申请，也可由行政机关依职权启动。当事人申请行政调解，可书面申请，也可口头申请；口头申请由行政调解机关笔录后经当事人签字确认。一方当事人申请行政调解的，行政调解机关应当征求另一方当事人同意。符合调解条件的，应当及时确定调解时间、地点和调解主持人，并告知当事人；不符合调解条件的，应当向当事人说明理由。行政机关依职权启动行政调解的，必须征得各方当事人同意。

两个以上行政机关收到同一行政调解申请的，由具有相关管理职能的行政机关受理；属两个以上行政机关有权管辖的，由最先收到行政调解申请的行政机关受理。对涉及多个部门的矛盾纠纷，由政府法制机构牵头调解。

当事人在行政复议或者信访中提出行政调解申请的，由行政复议机关或者信访事项办理机关在行政复议案件审理或者信访事项办理中进行调解，不再另行启动行政调解程序；同一行政机关对同一当事人提出的同一事项已经作出行政复议或者信访处理决定的，不再进行行政调解。

2. 调处。行政机关受理行政调解后，应及时告知当事人依法享有的权利、遵循的程序及相关事项。调解过程中，要认真听取各方当事人的陈述、申辩和质证，分析并归纳各方争议的焦点，依据法律、法规、规章及有关规定，依法对当事人进行说服、劝导，引导当事人达成谅解。涉及重大、复杂以及社会影响较大的争议纠纷，应当制作调解笔录，全面客观记载调解的过程和内容。

对基本事实有异议的，可采取听证、现场调查等方式调查取证。对于专业性、技术性较强的问题，可以委托专业机构进行鉴定。重大、复杂的调解事项，还可邀请相关专家参加调解。

行政调解机关应根据行政复议、行政诉讼等法定救济权利的时效和行政调解工作实际，合理确定行政调解时限。对在规定时限内达不成调解协议或协议生效前当事人反悔的,应当及时终止调解,依法作出处理或引导当事人通过行政复议、仲裁或诉讼等渠道解决。

3.结案。经行政调解达成协议的,行政调解机关应当制作行政调解协议书或行政复议调解书。调解协议书或行政复议调解书应载明当事人基本情况、纠纷事由、调解事项、调解结果、当事人签名或盖章、调解机构或行政复议机关印章。行政调解协议书或行政复议调解书经各方当事人签字或盖章后即具有法律效力,当事人应当自觉履行各自义务。对达成的调解协议,当事人认为有必要的,可以依法向人民法院或者仲裁机构申请确认其效力。

签订行政调解协议书或行政复议调解书后,调解程序终止。行政调解机关应及时对争议各方履行调解协议情况进行跟踪、回访,督促各方履行约定义务,巩固调解成果,实现定分止争、案结事了。

三、有关要求

(一)强化组织领导。各县(市、区)政府、开发区管委会要按照"属地管理、分级负责"的原则,建立由政府(开发区管委会)负总责,政府(开发区管委会)法制机构牵头、各职能部门为主体的行政调解工作体制和运行机制。各县(市、区)政府、开发区管委会法制机构要加强和规范本级行政调解指导中心建设,加强对本地行政调解工作的指导、督办、培训、考核等工作,确保行政调解工作规范运行。市政府各部门要充分发挥行政调解工作的主体作用,要按照"谁主管、谁负责"的原则,建立主要领导负总责、分管领导具体抓、法制工作机构牵头、相关业务科室为主要调解力量的工作体制,根据工作需要设立行政调解中心(室)、明确专兼职调解人员,对与本部门行政管理职权有关的争议纠纷进行调处,确保行政调解工作有人抓、有人管。

(二)健全调解制度。一是公开运行制度。各县(市、区)政府、开发区管委会和市政府各部门要认真贯彻《政府信息公开条例》,向社会公开行政调解工作制度、依据、范围、原则、流程和行政调解人员名单及受理电话等信息,方便群众了解相关信息,接受社会监督。二是统计报告制度。各县(市、区)政府、开发区管委会和市政府各部门要定期对行政调解工作有关数据和情况进行汇总统计,并将行政调解工作情况纳入年度依法行政工作报告报送市政府,同时抄送市政府法制办。三是考核评估制度。将各县(市、区)政府、开发区管委会和市政府各部门的行政调解工作情况,作为年度依法行政考核的重要内容,细化考核指标,明确分值权重，完善激励惩处机制。四是行政调解与人民调解、司法调解有效衔接机制。各县（市、区）政府、开发区管委会和市政府各部门要按照“整合资源、整体联动”的要求，建立行政调解与人民调解、司法调解衔接配合、相互融合的工作机制，积极推动信息互通、工作联动、矛盾联调、优势互补，形成矛盾纠纷化解的合力。五是宣传引导制度。各县（市、区）政府、开发区管委会和市政府各部门要及时总结本地区、本部门开展行政调解工作的先进典型经验，充分利用广播、电视、报刊、网络等新闻媒体，加强对行政调解工作的宣传，及时解答群众在法律、政策上的疑惑和问题，积极引导群众通过行政调解理性合法地表达利益诉求、解决争议纠纷。

（三）加强队伍建设。各县（市、区）政府、开发区管委会和市政府各部门要选调政治思想好、业务能力强、有较高法律素质、善于做群众工作的干部从事行政调解工作。要加强对行政调解人员的业务培训，提高行政调解人员的政治素质和业务能力。同时，要充分发挥基层组织、行业协会和专家学者的作用，动员社会各方面力量积极参与行政调解工作。在重点领域、重点行业要组织建立社会专兼职调解员队伍和调解专家库，构建行政主导、社会参与的行政调解体系。

2016 年 11 月 17 日

·湖南省·

湘潭市人民政府办公室关于印发《湘潭市行政调解暂行办法》的通知

(2018年3月26日 潭政办发〔2018〕13号)

各县市区人民政府,湘潭高新区、经开区和昭山示范区管委会,市直机关各单位,市属和驻市各企事业单位,各人民团体:

《湘潭市行政调解暂行办法》已经市人民政府同意,现予印发,请认真遵照执行,抓好贯彻落实。

湘潭市人民政府办公室

2018年3月26日

湘潭市行政调解暂行办法

第一章 总 则

第一条 为加强和规范行政调解工作,进一步健全和完善矛盾纠纷多元化解机制,及时、有效化解争议纠纷,促进社会和谐稳定,根据有关法律、法规、规章规定,结合本市实际,制定本办法。

第二条 本市各级行政机关开展行政调解,适用本办法。法律、法规、规章对行政调解另有规定的,从其规定。

本办法所称的行政调解,是指行政机关依照法定职责和规定程序,以自愿平等为基础,以事实为依据,通过解释、沟通、说服、疏导、协商等方法,促使公民、法人或者其他组织之间以及行政机关与行政相对人之间,依法化解有关行政争议和民事纠纷的活动。

第三条 市和县市区人民政府、园区和示范区管委会应当加强对本行政区域内行政调解工作的领导，健全行政调解与人民调解、司法调解、仲裁调解的衔接机制，保障行政调解所必需的工作条件和经费，加强行政调解队伍建设。

市和县市区（园区和示范区）政府工作部门应当履行本系统行政调解工作的主体责任，加强对本领域、本系统行政调解工作的业务指导和协调推进。

市和县市区（园区和示范区）政府法制机构负责推进、指导、协调和督促本行政区域行政调解工作。

第四条　行政机关应当确定专门机构统筹本机关的行政调解工作，应当加强与人民法院、人民调解组织的沟通联系，完善行政调解与司法调解、人民调解的协调联动、信息沟通和效力衔接机制。

行政机关根据工作需要可以通过向社会力量购买服务、聘请行政调解辅助人员等方式，委托人民调解组织、社会组织、中介服务机构等第三方调解组织，具体组织民事纠纷的调解。

公安、民政、国土资源、环保、交通运输、卫生计生、工商、住房和城乡建设、食品药品监管、人力资源和社会保障、质监等行政调解任务较重的部门，应成立专业行政调解委员会，配备与行政调解工作相适应的行政调解人员，配备行政调解办公场所和相应的设备设施。

行政调解不得收费。工作所需经费列入本行政机关的预算，由本级财政予以保障。

第五条　行政调解实行“属地管理”和“谁主管谁负责”，遵循以下原则：

（一）自愿平等原则。行政调解应在自愿、平等的基础上进行，要尊重当事人自愿、充分、真实表达意愿和选择合法救济途径的权利；不得强迫当事人进行调解。行政机关作为当事人一方时，与管理相对人在调解过程中的地位平等。

（二）合法合理原则。行政调解要符合法律、法规、规章和政策规定，依据事实，分清是非；应当保护当事人的个人隐私和商业秘密；调解方式和结果不得违反法律规定，不得违背公序良俗，不得损害国家利益、社会公共利益和他人合法权益。

（三）公平公正原则。行政调解机关应保持中立、公正的立场，兼顾各方当事人的合法权益，公平公正地化解争议纠纷。

（四）高效便民原则。行政调解机关应当增强服务意识，积极、迅速、及时地履行行政调解职责，鼓励和引导当事人优先选择调解方式解决争议纠纷，防止久调不结。

(五)分工协作原则。要妥善处理好行政调解与人民调解、司法调解、仲裁调解等其他纠纷调解机制之间的关系,各司其职,加强配合,优势互补,形成化解争议纠纷的工作合力。

第六条 行政机关调解行政争议,不得影响依法履行行政管理职责,不得以行政调解代替行政执法。

第七条 行政机关在行政调解中发现可能引发治安案件、刑事案件或者其他影响社会稳定的争议纠纷,应当及时通知公安机关或者其他有权处理的部门。

第二章 行政调解的范围和管辖

第八条 本市各级行政机关可以依法对下列争议纠纷进行调解:

(一)公民、法人或者其他组织与行政机关之间的行政赔偿、行政补偿争议;

(二)行政机关行使法律、法规、规章规定的自由裁量权产生的行政争议;

(三)法律、法规、规章规定可以由行政机关裁决或者调处的公民、法人和其他组织之间的民事纠纷;

(四)其他依法可以进行行政调解的争议纠纷。

第九条 行政调解事项应当符合以下条件:

(一)申请人与矛盾纠纷所涉事项有直接利害关系;

(二)有明确的各方当事人;

(三)有明确具体的调解请求、事实和理由;

(四)争议纠纷与行政机关行使的行政职权有关;

(五)各方当事人同意调解,且具有可调解性。

第十条 下列情形不适用行政调解:

(一)人民法院、行政复议机关、行政裁决机关、仲裁机构等有权处理机关已经依法作出处理,或者已经经过信访复查、复核的;

(二)有管辖权的其他行政机关已经受理或者处理的;

(三)无明确另一方当事人或者另一方当事人拒绝调解的;

(四)已经超出行政复议、行政裁决、仲裁、诉讼期限的;

(五)已调解完毕,就同一争议纠纷以同一事实理由重复提出行政调解申请的；

（六）涉嫌犯罪的；

（七）法律、法规、规章规定不适用行政调解的其他情形。

第十一条　行政调解实行首问责任制。属于本部门调解范围的纠纷，依据法律、法规、规章、政策进行调解。不属于本部门管辖的，由同级综治中心确定调解责任单位。涉及多部门的，由同级综治中心指定部门牵头调解，相关部门参与。跨地区争议纠纷，由涉及地区上一级综治中心组织协调有关职能部门或者明确牵头部门负责调解。

第十二条　同一争议纠纷分别向两个以上有管辖权的行政机关提出行政调解申请的，由最先收到行政调解申请的行政机关受理。

对管辖权有争议的，由行政机关进行协商；协商不成的，报同级或者共同上级综治中心确定调解责任单位。

第三章　行政调解的程序

第十三条　公民、法人或者其他组织就行政争议或民事纠纷申请行政调解，应当向行政机关提出书面申请或者口头申请。对口头申请的，应当当场记录并经申请人签字确认。

申请的主要内容应包括当事人的基本情况、调解请求、主要事实理由、依据等。

第十四条　行政机关收到行政调解申请后，应当审查相关材料并予以登记。属于本机关行政调解范围且另一方当事人同意调解的，应当在 7 个工作日内通知各方当事人有关调解时间、地点、调解人员、依法享有的权利和应当遵守的义务。

不属于本机关行政调解范围或者另一方当事人不同意调解的，应当在收到申请之日起 7 个工作日内告知申请人，并说明理由。

第十五条　行政机关在受理行政调解申请时应当告知当事人可以通过行政复议、诉讼、仲裁等其他法律途径维护自己的权利，并提醒当事人通过其他法律途径行使救济权利的法定期限及逾期的法律后果。

第十六条　行政机关对下列争议纠纷，可以依职权主动组织调解：

(一)资源开发、环境污染、公共安全事故、危旧房搬迁等方面的民事纠纷;

(二)涉及人数较多、影响较大、可能影响社会稳定的行政争议;

(三)行政机关认为需要主动组织调解的其他情形。

行政机关主动组织调解的,应当征得当事人(行政机关除外)同意,并在7个工作日内通知各方当事人有关调解时间、地点、调解人员、依法享有的权利和应当遵守的义务。

第十七条 行政机关在行政执法活动中对涉及的民事纠纷,具备当场调解条件的,行政机关工作人员可以当场启动调解,并将相关情况记录在案。

第十八条 人民法院、行政复议机关协商委托行政调解的,行政机关应当及时组织调解,并反馈调解结果。

第十九条 行政机关组织调解时,应当由本机关相关业务机构工作人员主持调解,重大或复杂的争议纠纷可以由本机关负责人主持调解。

行政机关可以组织专业调解员或者邀请人大代表、政协委员、人民调解员、行政执法监督员以及行政争议发生地群众代表作为特邀调解员参加调解。

第二十条 调解员和调解记录员有下列情形之一的,应当主动回避;不主动回避的,当事人有权申请其回避:

(一)是争议纠纷当事人或者与当事人有近亲属关系的;

(二)与争议纠纷有利害关系的;

(三)与争议纠纷的当事人或其代理人有其他关系,可能影响公正调解的。

当事人提出回避申请,应当说明理由,符合回避情形的,经行政机关负责人批准,决定回避并及时更换调解员和调解记录员;不符合回避情形的,向当事人说明理由,可以不予回避。

第二十一条 其他公民、法人或者其他组织认为与有关争议纠纷有利害关系的,可以向行政机关申请作为一方当事人参加调解。

调解结果直接影响第三方利益的,行政机关应当通知其作为一方当事人参加调解。

第二十二条 当事人可以委托1~2名代理人参加调解;当事人不能参加调解的,应当明确至少1名代理人的委托权限为特别授权。一方当事人人数超过5名的,应当推选1~3名代表人参加行政调解。

第二十三条 当事人在行政调解活动中享有下列权利:

(一)自主表达意愿、自愿达成调解协议;

(二)要求调解公开或者不公开进行;

(三)接受调解或者要求终止调解;

(四)申请有关行政调解工作人员回避;

(五)法律、法规、规章规定的其他权利。

第二十四条 当事人在行政调解活动中应当履行下列义务:

(一)如实陈述纠纷事实和提交有关证据;

(二)遵守调解秩序,尊重调解工作人员和对方当事人;

(三)自觉履行调解协议;

(四)法律、法规、规章规定的其他义务。

第二十五条 行政调解工作人员进行调解,不得有下列行为:

(一)徇私舞弊,偏袒一方当事人;

(二)压制、侮辱、打击当事人;

(三)索取、收受财物或者牟取其他不正当利益;

(四)泄露国家秘密、商业秘密或个人隐私;

(五)其他影响调解公正或者损害当事人合法权益的行为。

第二十六条 调解员应当充分听取各方当事人的陈述,向当事人讲解有关法律、法规、规章和政策,在分清事理、明辨法理的基础上,引导当事人自愿达成调解协议。

经当事人同意,调解员可以采取网络、电话、信函等方式进行行政调解,并以适当方式对调解过程予以记录。

第二十七条 行政调解机关可以依申请在其职权范围内进行调查取证或者依职权主动进行调查、核实证据,有关单位和个人应当予以配合。

行政调解涉及专门事项需要鉴定、认定的,当事人可以协商一致委托,也可以共同委托行政调解机关送专门机构进行,费用由当事人协商承担。

第二十八条 行政调解的时限由当事人约定,一般自受理调解申请之日起不超过20个工作日。重大复杂的争议纠纷可根据当事人双方共同意愿适当延长。需要第三方专业机构作出鉴定、认定的,鉴定、认定时间不计入调解时限。

第二十九条 有下列情形之一的,行政机关应当终止调解:

(一)当事人要求终止调解或者调解期限届满未达成调解协议的;

（二）当事人拒不参加调解或者中途退出调解的；

（三）调解协议生效前当事人反悔的；

（四）公民死亡或者法人、其他组织终止，无权利义务承受人的；

（五）法律、法规、规章规定的其他应当终止的情形。

行政调解终止后，行政机关应当制作行政调解终止通知书或者记录在案，并依法告知当事人通过法定途径解决争议纠纷；需履行相应行政管理职责的，行政机关应当依法及时履行有关职责。

第三十条 对事实清楚，各方当事人争议不大或者所涉赔偿、补偿数额在人民币1万元以下的争议纠纷，行政机关可以简化行政调解程序。

第三十一条 行政调解达成调解协议的，应当根据争议性质制作行政调解书。

行政调解书应当载明当事人情况、基本事实、争议焦点、协议内容、履行方式、履行期限、救济方式、效力确认方式等事项，由各方当事人、调解主持人签名或者盖章，并加盖行政调解机关印章。

行政调解书由各方当事人各执1份，行政调解机关或者具体组织调解机构留存1份。

第三十二条 调解协议即时履行、当事人自行和解，或者当事人认为没有必要的，可以不制作行政调解书，由当事人、调解主持人在调解笔录上注明并签名或者盖章确认。

第三十三条 行政调解书自各方当事人签收之日起生效，当事人应当按照约定履行。行政机关不履行行政调解书的，行政调解机关应当责令履行。

第三十四条 对有关民事纠纷经调解达成的行政调解书，各方当事人可以依据《中华人民共和国公证法》有关规定申请公证；或者依据《中华人民共和国民事诉讼法》《中华人民共和国仲裁法》以及有关规定，向行政调解机关所在地基层人民法院或者仲裁机构，申请确认其效力。

以金钱或者有价证券给付为内容的涉及民事纠纷的行政调解书，债权人可以依据《中华人民共和国民事诉讼法》及其司法解释的规定，向人民法院申请支付令。

第四章　指导和监督

第三十五条　行政机关应当建立行政调解工作档案，将记载调解申请、受理、过程、协议等内容的相关材料及时立卷归档。

第三十六条　行政机关应当建立健全行政调解工作统计分析制度，定期对行政调解案件量、争议纠纷类型、结案方式等数据进行统计分析，并将相关数据和材料按照规定报送同级政府法制机构。

重大行政调解案件，行政机关应当向同级政府法制机构备案。

第三十七条　市和县市区（园区和示范区）政府法制机构应当加强对本行政区域内行政调解工作的指导，建立健全行政调解工作程序和规范，完善相关配套制度；定期组织对行政调解工作人员进行业务培训，提高行政调解工作人员的专业素质。

第三十八条　县级政府法制机构应当定期汇总分析本行政区域行政调解工作情况，向本级政府和上级政府法制机构报告。

第三十九条　行政机关及其工作人员在行政调解过程中存在不履行、违法履行、不当履行行政调解职责行为的，按照国家和本市有关规定对直接负责的主管人员和其他直接责任人员给予行政问责和行政处分。

第四十条　当事人具有下列情形之一的，由行政机关给予批评；情节严重，构成治安违法的，由公安机关给予行政处罚；涉嫌犯罪的，移送司法机关处理。

（一）威胁、殴打行政调解工作人员或者对方当事人的；

（二）扰乱调解秩序的；

（三）提供伪造的证据材料的；

（四）其他干扰、阻挠行政调解的行为。

第五章　附　　则

第四十一条　法律法规授权的具有管理公共事务职能的组织开展行政调解，适用本办法。

第四十二条　本办法自印发之日起施行，有效期 2 年。

·广 东 省·

广东省物价局关于价格争议调解处理的管理办法

(2012年1月6日 粤价〔2012〕4号)

第一条 为了加强价格管理,及时化解价格矛盾,保护当事人的合法权益,促进公平、公正、合法的市场竞争,维护正常的价格秩序,促进社会和谐稳定,依据《中华人民共和国价格法》、《中华人民共和国价格管理条例》、《广东省实施〈中华人民共和国价格法〉办法》等法律法规及有关规定,制定本办法。

第二条 本办法适用于本省行政区域内价格争议的调解处理工作。

第三条 本办法所称价格争议调解处理,是指政府价格主管部门根据当事人的申请,依法对价格争议进行调解处理的行为。

第四条 价格争议调解处理遵循合法、公平、公正、自愿的原则。

第五条 省政府价格主管部门负责全省价格争议调解处理工作及监督管理;市、县(区)政府价格主管部门负责本行政区域内价格争议调解处理工作。

省政府价格主管部门的价格认证机构具体承担全省价格争议调解处理及业务指导工作;市、县(区)政府价格主管部门的价格认证机构承担本行政区域内价格争议调解处理工作。

第六条 申请价格争议调解处理,应当符合下列条件:

(一)申请人与价格争议事项有直接利害关系;

(二)有明确的被申请人、具体的调解处理要求、事实及理由;

(三)有关当事人对标的物的价格存在争议。

第七条 下列情况不属于价格争议调解处理范围:

(一)争议标的物价格依法实行政府定价管理的;

(二)争议事项涉嫌违法,不宜通过调解处理的;

(三)就同一价格争议及其相关事项已向有关机关提起诉讼、仲裁或者行政复议,有关机关没有做出不予受理决定或者不予受理裁定的;

(四)通过非法渠道购买商品或者接受服务的;

(五)违禁品及国家明令禁止生产、流通及销售的物品所产生的价格争议;

(六)其他不宜作为价格争议调解处理的情形。

第八条 申请调解处理价格争议,当事人应当向价格争议调解处理机构提交书面申请书和有关证据材料。书面申请书应当载明以下内容:

(一)有关当事人的姓名(名称)、地址、联系电话;

(二)价格争议事实、请求及理由;

(三)有关证据,如消费商品或者接受服务的票据、凭证、合同、协议、公证书及其它相关证据材料;

(四)价格争议调解要求提供的其他材料。

第九条 当事人可以委托代理人代为申请和参加调解处理。委托代理人代理的,代理人应当提交授权委托书。授权委托书应当由委托人签名或者盖章,载明代理人姓名、性别、年龄、身份证明、联系方式、委托期限和代理权限。

第十条 价格争议调解处理机构收到调解处理申请书后,应根据本办法有关规定对申请书的有关事项进行审核,并在接到申请书后的 5 个工作日内将是否受理的通知书发送有关当事人。

申请资料不齐全或者表述不清楚的,价格争议调解处理机构可以自收到申请之日起 5 日内书面通知申请人补正;申请人应当在收到补正通知之日起 10 日内向价格争议调解处理机构提交需要补正的材料。补正申请材料所用的时间不计入价格争议调解处理受理时限。

第十一条 价格争议调解处理机构同意受理的,应将《价格争议调解处理申请书》自接到申请书后 5 个工作日内转达被申请人,被申请人应自送达之日起 7 个工作日内就申请书所涉及的内容写出书面答辩材料,并提交调解处理机构。被申请人不同意调解的应及时表明态度,价格争议调解处理机构则按不受理的程序处理。

调解处理机构应当将被申请人的答辩书副本送达申请人。被申请人未按规定提交答辩书的,不影响调解程序的进行。

第十二条 有下列情形之一的,价格争议调解处理机构不予受理:

(一)不具备本办法第六条规定的价格争议调解处理申请条件,或者依据本办法第七条不属于价格争议调解处理范围的;

（二）申请人无法提供确切价格争议事实的；

（三）申请人未能提供被申请人的确切名称、地址和通信方式的；

（四）其他无法受理的情形。

不符合受理条件的，应当书面通知申请人不予受理，并说明理由。

第十三条 受理价格争议申请后，价格争议调解处理机构应提前以书面或者其他适当方式通知有关当事人举行调解的地点和时间。

第十四条 价格争议调解由价格争议调解处理机构指定 2～3 名调解员组成调解庭进行调解，调解员由价格鉴证专业人员担任，必要时可以聘请有关专家参加调解。

第十五条 调解员有下列情形之一的，应予回避：

（一）是本案当事人或者当事人、代理人的近亲属；

（二）与本案有利害关系；

（三）与本案当事人、代理人有其他关系，可能影响公正调解的。

当事人有权申请调解员回避。当事人提出回避申请的，应当说明理由，在首次调解前提出。回避事由在首次调解后知道的，可以在最后一次调解终结前提出。调解员认为自己存在本条第一款三项情形的，应当自行申请回避。

调解员的回避由价格鉴证机构负责人决定，价格鉴证机构负责人的回避，由政府价格主管部门决定。

第十六条 价格争议调解处理机构调解价格争议，应当符合法律、法规及价格政策规定，充分尊重当事人的真实意愿。调解过程中应听取有关当事人的陈述，调查、核实相关情况，主动向有关当事人阐明价格法律、法规、规章和政策。

第十七条 参加价格争议调解的有关当事人均有举证责任，并对证据的真实性、合法性负责。因申请人举证过程中存在过错、过失导致不良后果的，价格争议调解处理机构不承担相关责任。

第十八条 价格争议调解过程中，需要对价格争议标的物进行技术质量鉴定或价格认证评估的，可以交由当事人约定的或调解机构指定的有资质的机构进行鉴定、认证或估价，相关结论作为证据提交价格争议调解处理机构。

第十九条 价格争议调解处理过程中，价格争议调解处理机构发现当事人有价格违法行为的，应当终止调解处理，作结案处理，并出具书面告知书，交有关部门另行处理。

第二十条　价格争议调解处理过程中，申请人自愿撤回申请或争议方提出终止调解的，价格争议调解处理机构应当作结案处理。口头撤回申请的，应记录在案，由申请人签字或盖章确认，或者由2名以上经办人员签名确认。

第二十一条　经调解，有关当事人自愿达成调解协议的，价格争议调解处理机构应当及时制作书面调解协议书。调解协议书由双方当事人共同签字，并经价格争议调解处理机构盖章确认。

调解协议书应交有关当事人各持一份，价格争议调解处理机构留存一份。当事人各方须自觉履行调解协议书的内容。

第二十二条　有下列情形之一的，可以视为调解不成：

（一）由于当事人原因，价格争议调解到期未能结案的；

（二）申请人、被申请人不配合调解员调解工作的；

（三）调解过程中一方向有关机关提起诉讼、仲裁或者行政复议的；

（四）调解过程中出现无法继续调解的其他情形的。

第二十三条　对当事人未能达成一致意愿或其他调解不成的情形的，价格争议调解处理机构可以做出价格争议处理意见，指导价格争议双方解决争议，并告知当事人有权就价格争议事项向法院依法提起诉讼。

第二十四条　价格争议调解处理部门应当告知当事人，调解达成协议后，一方不履行协议，另一方当事人可依法向法院提起民事诉讼。

第二十五条　价格争议调解处理过程中，当事人自行和解的，价格争议调解处理部门应当作结案处理。

第二十六条　调解处理价格争议，应当在决定受理之日起30个工作日内结束；因情况复杂，在规定时间内不能终结的，经价格争议调解处理机构负责人批准，可以适当延长，但最长不超过60个工作日。

第二十七条　价格争议调解处理机构不得向当事人收取调解费用。

第二十八条　调解结束后，调解员应对处理争议过程中的有关资料进行整理，由价格争议调解处理机构归档。

第二十九条　调解处理价格争议的文书格式，由广东省物价局统一制定。

第三十条　对于政府征用集体土地地上附着物补偿引起的价格争议，当事人申请价格争议调解处理的，可以参照本办法执行。

第三十一条　本办法由广东省物价局负责解释。

第三十二条　本办法自2012年2月1日起施行。

深圳市交通运输委员会关于印发《深圳市交通运输委员会行政调解工作规则》的通知

（2017年10月19日　深交规〔2017〕5号）

各有关单位：

为规范交通运输行政调解工作，及时化解矛盾争议，促进社会和谐稳定，我委制定了《深圳市交通运输委员会行政调解工作规则》，现予印发，请遵照执行。

深圳市交通运输委员会

2017年10月19日

深圳市交通运输委员会行政调解工作规则

第一章　总　　则

第一条　为规范交通运输行政调解工作，及时化解矛盾争议，促进社会和谐稳定，根据《道路运输服务质量投诉管理规定》《公路工程施工监理办法》和《深圳市行政调解实施办法（试行）》等规章及规范性文件的规定，结合我委工作实际，制定本规则。

第二条　本规则所称行政调解，是指以深圳市交通运输委员会为调解机关，以法律、法规、规章及上级规范性文件为依据，以自愿为原则，通过对争议各方的说服与劝导，促使各方当事人互让互谅、平等协商，达成协议，以解决有关争议的活动。

第三条　行政调解遵循平等自愿、合法合理、公平公正、程序规范、高效便民、保守秘密的原则：

（一）调整过程中应充分尊重当事人意愿，不得强迫当事人接受调解或者接受调解结果；

（二）调解的方式、内容和结果不得违反法律规定和国家政策，不得损害国家利益、公共利益，不得损害他人合法利益，不得有违公序良俗；

（三）调解的过程中应当坚持中立、公正的原则，充分尊重争议各方当事人表达意愿和诉求的权利，公平对待各方当事人；

（四）开展行政调解，应当严格遵守行政调解的程序性规定，不得损害当事人的程序性权利；

（五）行政调解应当简便、快捷、高效，减少当事人程序性负担，妥善化解争议；

（六）涉及国家秘密、商业秘密或个人隐私的，参加调解活动的人员应当对当事人、第三人在调解活动中提供的信息予以保密，但法律、法规、规章另有规定的除外。

第四条 政策法规处负责全委行政调解工作的指导、协调工作，信息中心负责行政调解的电话预受理和转办工作，相关单位（以下统称调解单位）负责各自业务板块的行政调解工作：

（一）建设管理处负责公路工程施工合同争议调解工作；

（二）港航货运局负责机动车驾驶员培训争议、道路危险货物运输争议、道路普通货物运输争议调解工作；

（三）辖区交通局负责辖区道路旅客运输争议、机动车维修质量争议调解工作。

第二章 行政调解范围

第五条 根据相关法律、法规、规章的规定，下列争议属于我委的行政调解事项：

（一）机动车维修质量争议；

（二）道路普通货物运输争议；

（三）道路危险货物运输争议；

(四)机动车驾驶员培训争议;

(五)道路旅客运输争议;

(六)公路工程施工合同争议;

(七)法律、法规、规章规定可以进行行政调解的其他争议。

各调解单位在工作中发现相关争议符合前款规定的,应当主动告知当事人有申请行政调解的权利。

第六条 争议事项有下列情形之一的,调解单位不予受理调解:

(一)不属于本部门职责范围的;

(二)人民法院已经受理或者已作出生效判决、裁定的;

(三)仲裁机构已经受理或者已作出生效裁决的;

(四)已经行政调解完毕,相对人就同一争议以同一事实和理由再次申请的;

(五)其他各单位、调解组织已经受理调解或者已经作出行政调解决定的;

(六)双方当事人达成调解意向后反悔的;

(七)涉嫌犯罪、公安机关已经立案的;

(八)法律、法规、规章规定不适用调解处理的其他争议。

第三章 行政调解参加人

第七条 申请行政调解的争议当事人应当参加调解,争议涉及第三人的,应当通知第三人参加调解。当事人和第三人可以委托代理人参加调解。

一方当事人人数超过5人的,应当推选代表参加调解,代表人数不超过5人。

第八条 当事人和第三人委托代理人参加调解的,被委托人应当提交授权委托书。授权委托书应当由委托人签名或者盖章,载明委托代理人姓名、性别、年龄、身份证明、联系方式、委托期限和代理权限。

第九条 当事人享有下列权利:

(一)申请调解、接受调解、拒绝调解或者要求终止调解;

(二)要求调解公开进行或者不公开进行;

(三)申请有关行政调解员回避;

(四)自主表达意愿、自愿达成调解协议;

(五)法律、法规、规章规定的其他权利。

第十条 当事人应当履行下列义务：

（一）如实陈述争议事实，提交有关证据，不得提供虚假证明材料；

（二）遵守调解秩序，尊重调解员和对方当事人；

（三）自觉履行已达成的调解协议；

（四）法律、法规规定的其他义务。

第十一条 各调解单位可以根据争议的疑难程度，安排1到3名行政调解员进行调解，并安排1名记录人员负责记录。

第十二条 行政调解员原则上应当为调解单位在编人员，专业性较强的疑难案件可以邀请相关专家、学者参与调解。专家、学者不能单独主持调解。

第十三条 行政调解员具有下列情形之一的，应当在正式调解前主动申请回避：

（一）与本案有利害关系的；

（二）与本案当事人是近亲属的；

（三）与本案当事人有其他关系，可能影响公正调解的。

当事人认为行政调解员有应当回避情形的，可以申请回避。

行政调解员是否回避，由各调解单位负责人在正式调解开始前决定。决定不予回避的，应当向当事人说明理由。

第四章 行政调解程序

第一节 受 理

第十四条 当事人申请行政调解，应当符合下列条件：

（一）申请调解的争议属于本规则第五条规定范围，且不属于本规则第六条规定的情形；

（二）申请人与申请调解的争议有直接利害关系；

（三）有明确的各方当事人；

（四）有具体的调解请求、事实和理由。

第十五条 行政调解可以由争议当事人一方提出申请，或者争议当事人双方协商一致申请，也可以由各调解单位依职权提出并经争议当事人双方同意。

第十六条 争议当事人申请行政调解,可以书面或者口头向调解单位提出,也可以通过拨打12328电话申请行政调解。

第十七条 争议当事人口头申请行政调解的,各调解单位应当制作笔录,并由申请人签名确认。

争议当事人通过拨打12328电话申请行政调解的,信息中心在收到行政调解的电话申请后,应当记录申请人的基本情况和请求事项、主要事实、理由、申请时间等,依托投诉转办渠道,自接到行政调解的电话申请之日起2个工作日内转相关调解单位办理。

第十八条 书面申请行政调解的,应当在行政调解申请书中载明下列事项:

(一)争议双方当事人基本情况;

(二)调解请求及事实和理由;

(三)相关证据目录或者名称;

(四)申请人签名或者盖章;

(五)申请日期。

第十九条 各调解单位收到行政调解申请后,应当审查是否符合本单位行政调解受理范围,当场或者在5个工作日内书面决定是否受理。

通过拨打12328电话申请行政调解的,各调解单位应当自收到信息中心转办之日起3个工作日内书面决定是否受理。

第二十条 争议一方当事人申请行政调解的,各调解单位应当自受理之日起5个工作日内向申请人发送行政调解受理通知书、权利义务告知书,并向对方当事人发送行政调解受理通知书、权利义务告知书以及行政调解征求意见书,告知其行政调解的权利义务,并征求是否同意调解的意见。

对方当事人同意调解的,应当在5个工作日内向双方当事人发送行政调解告知书,告知行政调解的调解人员、时间、地点等信息;对方当事人不同意行政调解的,应当在5个工作日内向申请人发送行政调解终止通知书,告知申请人行政调解终止,并说明理由。

行政调解涉及第三人利益的,调解单位应当按照前款规定通知第三人参加调解。第三人拒绝调解的,应当在5个工作日内向申请人发送行政调解终止通知书,告知申请人行政调解终止,并说明理由。

第二十一条 争议当事人双方一起提交行政调解申请的,各调解单位应当当场决定是否受理,并自收到申请之日起 5 个工作日内向各方当事人出具行政调解受理通知书、行政调解告知书和权利义务告知书。

当场开展调解的,可不出具行政调解受理通知书、行政调解告知书和权利义务告知书,但应当在调解前告知当事人行政调解的权利义务。

第二节　调　　解

第二十二条　对权利义务明确、争议不大且当事人均当场一致同意调解的争议,可以由 1 名调解员当场进行调解,达成行政调解协议并当场送达当事人。

第二十三条　各调解单位应当在正式调解前主动向当事人告知其依法享有的权利、义务以及调解人员、记录人员、调解时间、调解地点等有关事项,并询问是否申请回避。

当事人一致同意调解的,各调解单位可直接启动调解程序。

第二十四条　各调解单位受理行政调解案件,行政调解员可以根据案件需要对相关事实和证据依法进行调查取证。

第二十五条　行政调解开始时,行政调解员应当核对当事人身份,告知当事人依法享有的权利和履行的义务,宣布行政调解纪律,询问当事人是否提出回避申请。

第二十六条　行政调解员应当根据争议情形,采取多种方式调解,充分听取当事人的陈述,认定事实,讲解有关法律、法规、规章和政策,耐心疏导,促使当事人自愿达成调解协议。

第二十七条　当事人可以自行提出调解方案,行政调解员也可以提出调解意见供当事人参考。

第二十八条　行政调解员可根据当事人的自认认定案件事实,但明显违背常理、侵害公共利益或者违反公序良俗的除外。

当事人为促成调解所作出的不利陈述,不得作为各单位作出行政处理决定的事实依据。

第二十九条　行政调解涉及专门事项需要检测、检验、检疫、技术鉴定、专家评审等特殊程序的,当事人可以协商一致自行委托也可以共同授权调解单位委托专门机构进行,费用由当事人协商承担。

第三十条 各调解单位应当自受理之日起20个工作日内终结调解,但法律、法规、规章另有规定的从其规定。

行政调解的期限不包括检测、检验、检疫、技术鉴定的时间。

第三十一条 有下列情形之一的,行政调解中止:

(一)当事人一方因正当理由或者经对方当事人同意中止行政调解的;

(二)发生不可抗力情况和意外事件,需要中止行政调解的;

(三)依法可以中止行政调解的其他情形。

行政调解中止后,调解期限暂停计算。中止情形消失后,调解单位应当及时恢复行政调解,调解期限恢复计算。

第三十二条 受理后有下列情形之一的,行政调解终止:

(一)争议当事人一方或者双方书面放弃行政调解的;

(二)争议当事人一方或者双方无正当理由缺席或者以其他方式表明放弃行政调解的;

(三)争议事项已经启动诉讼、仲裁等救济程序的;

(四)争议当事人中的自然人一方或者双方死亡,且无权利义务继承人的;

(五)争议当事人中的法人或者其他组织终止,且无权利义务继受人的;

(六)经行政调解无法达成一致的,或者调解协议生效前争议当事人一方或者双方反悔的;

(七)各单位认为需要终止调解的其他情形。

行政调解终止的,各调解单位应当制作行政调解终止通知书并送达当事人,同时引导争议当事人通过诉讼、仲裁等法律途径解决争议。

第三十三条 行政调解达成协议的,各单位应当制作行政调解协议书。能够即时履行的,可以不制作行政调解协议书,但应当如实记录调解情况并经三方签名后保存归档。

行政调解不能达成一致意见的,应当终止调解,并告知当事人解决争议的其他途径。

第三十四条 行政调解协议书应当载明下列主要事项:

(一)当事人、委托代理人基本情况;

(二)争议事项;

(三)调解请求、事实及理由;

(四)协议的内容、履行的方式和期限;

(五)行政调解员签名;

(六)调解时间。

第三十五条 行政调解协议书自各方当事人签名或者盖章之日起发生法律效力,争议当事人双方应当自觉履行。

行政调解协议书一式3份,当事人各执1份,各单位存档1份。

第三十六条 经行政调解达成的具有给付内容的民事协议,各调解单位应当引导争议当事人双方依法申请司法确认或者申请公证机构进行公证。

行政调解协议经司法确认或者经依法公证后,一方当事人不履行或者履行不适当的,另一方当事人可以依法向有管辖权的人民法院申请执行。

第五章 责任追究

第三十七条 各调解单位及其工作人员在行政调解工作中有下列情形之一的,依照有关规定进行行政问责或者给予行政处分,涉嫌犯罪的,移交司法机关处理:

(一)无正当理由不受理行政调解申请的;

(二)无正当理由不履行行政调解职责的;

(三)徇私舞弊、滥用职权导致争议激化的;

(四)压制、侮辱、打击报复当事人的;

(五)侵害个人隐私或者商业秘密的;

(六)索取、收受当事人的财物或者谋取其他不正当利益的;

(七)其他影响行政调解公平、公正等不当行为的。

第三十八条 当事人违反本规定具有下列情形之一的,由调解单位给予批评教育;情节严重的,移送公安机关依法予以处理:

(一)扰乱行政调解秩序的;

(二)伪造证据材料的;

(三)辱骂、威胁或者殴打行政调解员或者对方当事人的;

(四)其他干扰、阻挠行政调解工作的行为。

第六章　附　　则

第三十九条　开展行政调解不得收取费用，但法律、法规另有规定的，从其规定。

第四十条　行政调解案件形成的档案材料应按年度归档，案件终结时由调解员按照调解工作程序和文书材料形成的时间顺序进行卷内系统整理、排列、编号、装订成册，做到一案一卷。

第四十一条　各调解单位应当按年度对行政调解有关数据和情况进行统计分析，并将年度行政调解实施情况报送委政策法规处。

调解单位应当建立重大行政争议预警机制，坚持预防和化解并重，准确把握实际存在和可能发生的争议，努力把矛盾化解在萌芽状态和初始阶段。

第四十二条　行政调解申请书、行政调解受理通知书、行政调解协议书、行政调解中止通知书、行政调解终止通知书等行政调解法律文书格式，由各单位自行参考《深圳市交通运输委员会行政调解文书格式》制作。

第四十三条　本规则自印发之日起施行，有效期3年。

附件：深圳市交通运输委员会行政调解文书格式（略）

佛山市人民政府办公室关于加强我市行政调解工作的意见

（2013年12月3日　佛府办〔2013〕88号）

各区人民政府，市政府各部门、直属各机构：

为贯彻落实《国务院关于加强法治政府建设的意见》、《广东省法治政府建设指标体系（试行）》及《广东省依法行政考评指标办法》等精神，充分发挥行政调解在预防和化解社会矛盾、维护社会和谐稳定、推进服务型政府建设的作用，结合我市实际，经市人民政府同意，现就加强我市行政调解工作提出如下意见：

一、充分认识加强行政调解工作的重要性

行政调解是行政机关依照法定职权，以平等自愿为基础，以法律、法规、规章、政策和事实为依据，通过说服、劝导、协商等方法，解决行政争议和有关民事纠纷的重要机制。当前我市正处于经济社会快速转型期，利益冲突加剧，社会矛盾凸显，并呈现出复杂化、多元化、群体化等特点。加强行政调解工作，是保障行政机关履行法定职责、拓宽矛盾纠纷解决渠道的重要途径，是全面推进依法行政、维护行政管理相对人合法权益的重要内容，是创新社会管理、促进社会和谐稳定的重要保障。各级政府和政府各部门要从贯彻落实科学发展观、建设法治政府、构建和谐社会的高度出发，从保增长、抓转型、重民生、促稳定的大局出发，充分认识加强行政调解工作的重要性和紧迫性，切实增强责任感和使命感，采取有力措施，建立健全行政调解工作体制，完善行政调解工作制度，全面履行行政调解工作职责，充分发挥行政调解在预防和化解社会矛盾纠纷中的积极作用。

二、行政调解的基本原则

（一）自愿平等原则。开展行政调解工作应以当事人自愿为前提，行政机关不得采取欺骗、威胁等不正当手段强迫当事人接受调解方式或调解结果。行政机关作为一方当事人时，与行政相对人的地位平等。

（二）合法合理原则。开展行政调解工作不得损害国家利益、公共利益和他人合法权益，不得违背法律精神和公序良俗。要注重法理、事理、情理的有机结合，调解结果要体现公平正义，合理兼顾各方当事人的合法权益。

（三）调解优先原则。要立足预警和疏导，对矛盾纠纷做到早排查、早发现、早调解。要树立调解优先的意识，能调尽调，当调则调，把调解贯穿于处理矛盾纠纷的全过程。

（四）高效便民原则。行政调解机关应当及时、迅速地履行行政调解职责，最大程度地方便当事人。对不宜调解或调解不成的矛盾纠纷，行政机关应当依法履职，及时作出处理，或者引导当事人通过复议、诉讼、仲裁等法定途径解决。

（五）属地管理原则。行政机关对发生在本地区、本部门的矛盾纠纷要按照“属地管理、分级负责”、“谁主管、谁负责”的原则和要求，落实目标责任，积极履行职责，充分运用行政调解手段努力实现矛盾纠纷化解在基层、化解在初发阶段、化解在行政程序中。

三、行政调解的范围

行政调解的范围,包括行政机关在日常管理或行政执法过程中发现或者发生的与本机关行使行政职权有关的行政争议和民事争议。

(一)行政机关可以对下列行政争议进行调解:

1. 公民、法人或者其他组织对行政机关行使法律、法规、规章规定的自由裁量权作出的具体行政行为不服申请行政复议的。

2. 公民、法人或者其他组织就行政赔偿或者行政补偿纠纷申请行政复议的。

3. 行政机关与公民、法人或者其他组织之间在行政机关行使行政职权过程中产生的行政争议。

4. 其他依法可以进行调解的行政争议。

(二)行政机关可以对下列属于其法定职权范围内的特定民事纠纷进行调解:

1. 依法可以调解的治安案件、交通事故损害赔偿纠纷。

2. 土地、山林、矿产、滩涂、水域等自然资源经营、承包、流转过程中发生的民事纠纷。

3. 征收、征用土地、房屋过程中发生的安置补偿纠纷。

4. 劳动、人事、环境保护、安全生产保护、城市管理方面发生的民事纠纷。

5. 消费纠纷、合同争议、产品质量争议。

6. 医疗事故赔偿纠纷。

7. 其他依法可以进行调解的民事纠纷。

四、行政调解的程序

(一)启动与受理。行政调解可以依据当事人的申请启动,也可以由行政机关依据职权启动,但必须征得各方当事人的同意。对于可能影响社会和谐稳定的重大、复杂的矛盾纠纷,行政机关应当主动征询当事人的意见,尽量启动行政调解程序。行政调解程序启动后,应及时通知各方当事人,告知调解起止期限、依法享有的权利、应当遵循的程序和注意事项,帮助当事人正确行使权利。

(二)组织与开展。行政机关应指派具有专业知识和调解经验的工作人员开展调解工作,对于重大、复杂的矛盾纠纷,行政机关负责人或分管领导应亲自主持调解。行政机关还可邀请相关专家、基层组织以及其他社会专业调解力量参与调解。开展行政调解应当在查明事实的基础上进行,并根据案件特点和需要,采取灵活多样的工作方法，分清利害、析法明理，积极引导各方当事人沟通协商、互谅互让，达成协议。必要时可以召开专门的听证会或调解会听取意见，进行劝导、说服、教育。

（三）终结与回访。经行政调解达成协议的，当事人可以签订调解（和解）协议或者由行政机关依法制作行政调解书，案件处理程序终止。对达成的调解协议，行政机关依法制作的行政调解书经各方当事人签字，即具有法律效力。当事人认为有必要的，可以依法向人民法院申请司法确认。行政机关应及时跟踪、回访协议或调解书的执行情况，督促当事人及时履行，积极促成调解目的的实现。

经行政调解达不成协议或协议生效前一方反悔的，或行政调解结果涉及第三人利益而第三人不同意调解协议的，行政机关应当终止调解程序，依法作出处理决定或引导当事人通过复议、诉讼、仲裁等法律渠道解决。

五、加快推进行政调解工作体制建设

各区人民政府、市政府各部门要加快建立“政府负总责、政府法制机构牵头、各职能部门为主体”的行政调解工作体制，确保行政调解职责全面落实。

（一）坚持政府负总责。各区人民政府要成立行政调解工作领导小组，定期或不定期听取行政调解工作情况汇报，研究和协调解决行政调解工作中遇到的重大问题。领导小组下设办公室，办公室设在政府法制机构，负责工作计划、组织实施、监督考核、信息通报等工作。各镇政府、街道办事处要建立行政调解专兼职人员队伍，履行有关法律、法规和规章规定的行政调解职责，协同有关部门做好本辖区内的行政调解工作。行政调解工作的宣传、培训、指导、聘用专职工作人员等经费要纳入各级财政预算。

（二）坚持政府法制机构牵头。政府法制机构要根据市政府的要求明确工作部门，承担好行政调解工作领导小组办公室的日常工作。其主要职责是：研究制定和完善行政调解的相关工作制度，汇总分析下级政府和本级政府各部门的行政调解工作情况，并向本级政府报告，推动与人民调解、司法调解、仲裁调解等矛盾纠纷化解机制的衔接配合，组织做好行政调解工作宣传和对行政调解人员的培训，加强对下级政府和本级政府各部门行政调解工作的指导协调、督查考核，组织调处法律关系复杂、重大疑难的争议纠纷。

（三）坚持政府职能部门为主体。政府各部门的主要领导是本部门行政调解工作的第一责任人，对本部门行政调解工作负总责。各部门要确定分管领导和工作机构具体承担行政调解工作，配备相应的行政调解专兼职人员。各部门要根据部门、行业特点建立健全行政调解相关工作制度，确保行政调解工作规范有序进行。

六、建立相应的行政调解工作机制

（一）建立行政调解工作协作配合机制。政府各部门既要各司其职、各负其责，又要加强协作、相互配合。对涉及多个部门职责的争议纠纷，由最初受理的部门或者涉及主要管理工作的部门牵头，相关部门参与协调解决；难以确定牵头部门的，由政府法制机构指定。对法律关系复杂、重大疑难的争议纠纷，受理部门应当主动告知本级政府法制机构，政府法制机构应当加强指导，必要时可以牵头组织协调。

（二）建立行政调解工作情况报告统计分析机制。政府各部门应当定期统计分析本部门的行政调解工作情况，并向本级政府法制机构和上级主管部门报告；对涉及人数较多、社会影响大或者可能影响社会稳定等重大复杂的争议纠纷，要及时摸清情况，提出对策建议，向党委、政府和上级主管部门报告，并通报本级政府法制机构；政府法制机构要定期统计分析本行政区域内的行政调解工作情况，并向本级人民政府报告。

（三）建立行政调解与人民调解、司法调解、仲裁调解的衔接机制。通过开展信息通报、联动调解等方式，建立行政调解与人民调解、司法调解、仲裁调解的衔接机制，形成科学有效的利益协调机制、诉求表达机制、矛盾调处机制、权益保障机制、信息沟通机制，合力化解矛盾纠纷。

（四）建立行政调解工作宣传、培训长效机制。要加强对行政调解工作的宣传，通过报刊、电视、广播等新闻媒体，开展形式多样的宣传活动，积极引导广大群众了解行政调解制度，并选择行政调解方式解决矛盾纠纷。要加强对行政调解人员的培训，不断提高行政调解人员的政治素质和业务能力，切实提升行政调解工作水平。

（五）建立行政调解工作考核奖惩机制。要把行政调解的组织建设、制度建设、工作规范、工作成效等纳入依法行政考核的范围，确保行政调解工作落实到位。要对行政调解工作定期或者不定期地开展监督检查，对工作成绩突出的单位和个人进行表彰奖励；对组织领导不力、工作不落实、责任不到位的单位进行通报批评和限期整改；对因工作敷衍塞责、无故推诿和拖延而导致发生严重影响社会稳定重大事件的，实行责任倒查，追究领导和相关人员的责任。

佛山市人民政府办公室

2013 年 12 月 3 日

阳江市人民政府关于印发《阳江市行政调解实施办法》的通知

（2013 年 9 月 16 日　阳府〔2013〕106 号）

各县（市、区）人民政府，市府直属各单位：

《阳江市行政调解实施办法》已经市政府六届十八次常务会议审议通过，现印发给你们，请认真贯彻执行。

阳江市人民政府

2013 年 9 月 16 日

阳江市行政调解实施办法

第一条　为了健全社会矛盾纠纷调解机制，建立完善的行政调解工作机制，规范行政调解行为，及时化解社会矛盾纠纷，促进社会和谐稳定，根据《国务院关于加强法治政府建设的意见》、《关于印发〈关于深入推进矛盾纠纷大调解工作的指导意见〉的通知》和《广东省法治政府建设指标体系（试行）》等有关规定，结合本市实际，制定本办法。

第二条　本办法所称行政调解是指行政机关（包括法律法规授权组织）在日常管理和行政执法过程中，对与本机关行政职权有关的各类矛盾纠纷，以当事人自愿为原则，依据法律、法规、规章及政策规定，通过说服、疏导等方法，促使当事人平等协商、互谅互让，达成调解协议，妥善解决矛盾纠纷的活动。

第三条　本市各级人民政府、政府各部门以及其他依法具有行政管理职权的组织(以下简称行政机关)开展行政调解活动,公民、法人或者其他组织申请和参加行政调解,适用本办法。

第四条 行政调解实行各级人民政府负总责、政府法制机构牵头、各职能部门为主体的工作机制。

行政机关应当加强与人民法院、人民调解组织的沟通联系,完善行政调解与司法调解、人民调解相衔接的协调联动、信息沟通和效力衔接机制。

行政调解不得收取费用。

第五条 各级行政机关具体负责行政调解工作,行政调解任务较重的部门应当明确本单位负责行政调解工作的机构,配备与行政调解工作相适应的行政调解人员,落实行政调解办公场所和相应的设备设施。

行政调解应努力实现矛盾纠纷化解在基层、化解在初发阶段、化解在行政程序中:

(一)市、县级人民政府或者其工作部门、直属机构行使职权直接作出行政行为,由该单位具体负责调解;

(二)与行政职权相关的民事纠纷,由该行使行政职权的部门具体负责调解;

(三)市、县级人民政府工作部门受市、县级人民政府委托,以政府名义行使行政职权的,由该工作部门具体负责办理调解,调解协议报政府批准后签订;

(四)市、县级人民政府工作部门报请市、县级人民政府批准或决定的行政行为,由该工作部门具体负责办理调解,调解协议报政府批准后签订;

(五)多个部门联合作出行政行为,由牵头部门负责调解;没有牵头部门的,由最先收到申请的工作部门具体负责组织相关部门调解。

第六条 各级人民政府应当将行政调解工作纳入本级人民政府依法行政考核范围,建立行政调解工作联席会议制度。

各级政府法制机构和政府部门法制机构应当加强对行政调解工作的指导、协调、监督、检查和考核。

第七条 行政调解应当遵循以下原则:

(一)自愿平等原则。行政调解应在自愿、平等的基础上进行,要尊重当事人自愿、充分、真实表达意愿和选择合法救济途径的权利;不得强迫当事人进行调解。行政机关作为当事人一方时,与管理相对人在调解过程中的地位平等。

(二)合法合理原则。行政调解要符合国家法律、法规、规章和政策规定,依据事实，分清是非；调解方式和结果不得违反法律规定，不得损害国家利益、社会公共利益和他人合法权益。

（三）公平公正原则。行政调解机关应保持中立、公正的立场，既要兼顾各方当事人的合法权益，又要说服各方当事人互谅互让、相互理解，公平公正地化解矛盾纠纷。

（四）高效便民原则。行政调解机关应当增强服务意识，积极、迅速、及时地履行行政调解职责，妥善化解矛盾纠纷，防止久调不结。

（五）分工协作原则。要妥善处理好行政调解与人民调解、司法调解等其他纠纷调解机制之间的关系，各司其职，加强配合，努力形成化解矛盾纠纷的工作合力。

第八条　行政调解的范围：

（一）行政机关与公民、法人或其他组织之间产生的行政争议；

（二）与行政机关行使行政管理职权有关的民事纠纷；

（三）其他依法可以进行行政调解的矛盾纠纷。

第九条　申请行政调解应当符合以下条件：

（一）申请人与矛盾纠纷所涉事项有直接利害关系；

（二）矛盾纠纷与行政机关行使的行政职权有关；

（三）矛盾纠纷具有可调解性；

（四）当事人未选择其他解决途径。

第十条　下列事项不属于行政调解范围：

（一）法院、仲裁机构、复议机关、信访机构已经受理或者处理的；

（二）有管辖权的其他行政机关已经受理或者处理的；

（三）已经行政调解完毕，就同一矛盾纠纷以同一事实和理由申请的；

（四）一方当事人拒绝调解的；

（五）涉嫌犯罪的；

（六）其他依法不属于行政调解的事项。

第十一条　行政调解实行首问责任制，行政机关在日常管理和行政执法过程中发现矛盾纠纷时，应当告知当事人可以要求行政调解。当事人可以向行政机关就矛盾纠纷提出行政调解要求。

对资源开发、环境污染、公共安全事故等方面的民事纠纷，以及涉及人数较多、影响较大、可能影响社会稳定的纠纷，行政机关应当依职权主动进行调解，并向当事人说明原因。

第十二条 行政调解按以下程序进行:

(一)申请。行政调解可以书面申请,也可以口头申请;可以由当事人申请,也可以由行政机关依职权进行。口头申请的,行政机关应当制作笔录,由申请人签字确认。申请的主要内容应包括当事人的基本情况,行政调解请求,矛盾纠纷的主要事实,相关的调解方案和理由、依据等。人数5人以上的一方当事人,应当推选1至3名代表参加行政调解。

(二)受理。行政机关收到行政调解申请后,应当在三个工作日内决定是否受理并以书面形式及时告知当事人。决定不受理的,应当说明理由。

(三)调解。行政机关受理行政调解申请后,应当及时告知当事人依法享有的权利和应当遵守的程序及相关事项。

调解过程中,行政机关应当充分听取当事人的陈述、申辩和质证意见,依据法律、法规、规章及有关规定,对当事人进行说服、劝导,引导争议各方达成谅解。

对矛盾纠纷基本事实有异议的,行政机关可以采取听证、现场调查等方式进行核实。涉及第三人的,应当通知第三人参加行政调解。

(四)时限。行政调解时限自受理之日起一般不超过20个工作日,重大复杂的矛盾纠纷可延长10个工作日。需要第三方专业机构作出鉴定、认定的,鉴定、认定所需时间不计入行政调解时限。

(五)调解协议的内容。行政调解达成协议的,行政机关应当制作行政调解协议书。行政机关不是一方当事人,且当事人认为无需制作行政调解协议书的,可以采取口头协议方式,调解人员应当记录协议内容,并由各方当事人签名、盖章或者按指印确认。行政调解协议的内容应具体明确,且不得违反法律规定和不得损害国家利益、公共利益、他人的合法权益。

行政调解协议应当包括以下内容:

1. 当事人的基本情况;

2. 矛盾纠纷事实、争议焦点;

3. 协议的内容和调解结果;

4. 履行协议的方式、地点、期限;

5. 行政机关为一方当事人与行政相对方达成行政调解协议,且该行政调解协议有行政相对方履行义务内容的,应明确行政相对方不按约履行协议的,按原作出的行政行为执行。

6. 其他事项。

(六)调解协议的效力。行政调解协议书自各方当事人签名、盖章或者按指印,调解人员签名并加盖调解机关的印章之日起生效。口头行政调解协议自各方当事人达成协议之日起生效。调解协议具有法律约束力,当事人应当按照约定履行。符合司法确认条件的调解协议,可以自调解协议生效之日起三十日内,依法向人民法院申请司法确认。

行政调解协议书由各方当事人各执一份,行政机关存档一份。

(七)调解未达成协议的处理。调解期限内未达成协议的,或者调解协议生效之前一方反悔的,或者对方当事人、第三人经书面通知拒不到场接受调解的,或者当事人明确表示不同意调解的,或者当事人要求终止调解的,或者在调解过程中当事人选择其他途径处理的,或者有其他应终止调解的情形的,行政机关应当终止调解,制作行政调解终止通知书,并依法告知当事人通过仲裁、行政、司法等途径解决矛盾纠纷。

(八)调解结果的回访。行政机关对达成调解协议的争议,应当对各方履行调解协议结果进行回访,巩固调解成果,注意发现问题,督促调解协议的实现。

第十三条 行政调解中,当事人享有下列权利:

(一)自主接受调解、拒绝调解或者要求终止调解;

(二)要求公开调解或者不公开调解;

(三)表达真实意愿、自愿达成调解协议;

(四)其他依法享有的权利。

第十四条 当事人可以委托 1 至 2 名人员参加调解。委托代理人应当出具由委托人签名或盖章的授权委托书。授权委托书应当载明委托事项和权限。

第十五条 行政调解中,当事人应当履行下列义务:

(一)如实提交有关证据和陈述纠纷事实,不得提供虚假证明材料;

(二)遵守调解秩序,并尊重调解人员;

(三)尊重对方当事人行使权利;

(四)履行行政调解协议;

(五)其他依法应履行的义务。

第十六条 行政调解实行回避制度。行政调解人员和记录人员认为自己与矛盾纠纷有利害关系的、与矛盾纠纷的当事人有利害关系的或存在其他可能影响矛盾纠纷公正处理等应当回避的情形的,应当主动申请回避。

当事人认为行政调解人员和记录人员有上述应当回避的情形的,可以申请回避;当事人提出回避的理由成立的,行政机关应当调换行政调解人员或记录人员。

第十七条 行政调解形成的档案材料应当及时归档。

第十八条 行政机关应当根据部门实际和行业特点,积极探索有效化解争议纠纷的行政调解方式。进行行政调解时,可以邀请当事人所在基层组织或单位以及其他与争议纠纷有关的社会力量参加调解;重大、复杂、群众关注度高的争议纠纷,可以邀请相关专家参加调解。

第十九条 行政机关应当建立行政调解工作统计分析制度,每半年对有关数据和情况进行汇总统计。县级人民政府法制机构对本辖区行政调解情况汇总后报上一级人民政府法制机构。对社会影响较大或者可能引发群体性事件的行政调解工作信息,应当及时上报。

当年行政调解工作情况纳入年度依法行政工作报告一并报送。

第二十条 财政部门应当根据部门预算管理有关要求,将行政调解工作经费纳入财政预算予以保障。

第二十一条 行政调解工作列入各级政府和行政机关依法行政考核内容,各级人民政府、政府各部门要积极做好行政调解工作,严格落实行政调解工作责任制,对调解工作成绩突出的单位和个人进行表彰奖励;对组织领导不力、工作不落实、责任不到位、矛盾纠纷突出的部门,要进行通报批评并限期整改;对工作敷衍塞责、无故推诿和拖延而引发恶性事件、群体性事件或者其他严重影响社会稳定事件的,要实行责任倒查,按规定追究相关部门领导和人员的责任;构成犯罪的,依法追究刑事责任。

第二十二条 行政机关作为一方当事人不履行或者无正当理由拖延履行行政调解协议书的,有关上级行政机关应当责令其限期履行;对直接负责的主管人员和其他直接责任人员依法给予行政处分。

第二十三条 本市各级人民政府、政府各部门可以根据本办法,制定本地区、本部门开展行政调解工作的实施意见。

第二十四条 法律、法规、规章对行政调解另有规定的,从其规定。

第二十五条 本办法自发布之日起施行,有效期5年。

·广西壮族自治区·

桂林市人民政府办公室关于加强行政调解工作的意见

（2012 年 7 月 23 日　市政办〔2012〕160 号）

各县、自治县、区人民政府，市直各委、办、局，中央、自治区驻桂林各单位：

为贯彻《国务院关于加强法治政府建设的意见》（国发〔2010〕33 号）、中央社会治安综合治理委员会等 16 部委《关于深入推进矛盾纠纷大调解工作的指导意见》（综治委〔2011〕10 号）和《广西壮族自治区人民政府办公厅关于加强行政调解工作的意见》（桂政办发〔2012〕81 号）精神，充分发挥行政调解在化解矛盾、维护社会和谐稳定中的作用，经市人民政府同意，现就加强全市行政调解工作提出如下意见。

一、行政调解工作的重要性和总体要求

行政调解是由行政机关或者法律法规授权的具有管理公共事务职能的组织主持的，以法律、法规和政策规定为依据，以民事纠纷和行政争议为主要对象，通过说服劝导等方法，促使各方当事人平等协商、互谅互让、达成协议、消除矛盾的一种纠纷解决机制。当前，我市正处在经济社会发展的重要战略机遇期，同时也是矛盾纠纷凸显期，因各种利益诉求而引发的矛盾纠纷日益突出，社会矛盾化解工作面临着许多新情况和新问题。各级行政机关要将行政调解工作作为重要的社会矛盾纠纷调处手段，充分利用行政调解工作优势，运用调解的办法做好矛盾纠纷的化解工作，从源头上预防和减少社会矛盾，切实维护桂林的社会和谐稳定，为推进桂林科学发展、和谐发展、跨越式发展提供良好的社会环境。

行政调解工作总体要求是：以科学发展观为统领，以构建和谐平安桂林为目标，以化解社会矛盾纠纷为目的，以建立创新行政调解工作体制工作机制为着力点，加强行政调解工作，努力将行政争议和民事纠纷化解在基层、化解在初发阶段、化解在行政程序中。

二、行政调解工作的范围、重点和原则

行政调解的范围：一是行政机关或者法律法规授权的具有管理公共事务职

能的组织与公民、法人或者其他组织之间产生的行政争议。二是公民、法人或者其他组织之间产生的与行政管理有直接或间接关联的民事纠纷。

行政调解的重点：土地征收征用、国有土地房屋征收、治安管理、交通损害赔偿、医疗纠纷、消费者权益保护、物业管理、劳动争议和社会保障、资源开发和权属争议、环境污染、公共安全事故以及涉及人数较多、社会影响大、可能影响社会稳定的纠纷。

行政调解的原则：坚持以自愿为原则，不得强迫当事人接受调解方式或调解结果。在不损害国家利益、公共利益和他人合法权益的前提下，行政机关应当主动排查、化解行政争议或相关的民事纠纷，探索研究化解矛盾纠纷的新机制，争取调解处理，增进有关当事人与行政机关之间的相互理解和信任，要追求“定纷止争，案结事了”的社会效果和法律价值。

三、行政调解工作的职责分工

行政调解作为地方各级人民政府和有关部门的重要职责，要建立由地方各级人民政府负总责、政府法制机构牵头、各职能部门为主体的行政调解工作体制，充分发挥行政机关在化解行政争议和民事纠纷中的作用。具体按照以下职责分工做好行政调解工作：

（一）各县（区）人民政府对行政调解工作负总责

各县（区）人民政府要高度重视行政调解工作，认真落实国发〔2010〕33 号文件精神，实行“属地管理、分级负责”的原则，落实目标责任制。行政首长是本行政区域内行政调解工作的总负责人，应当切实承担起领导责任。要建立行政调解联席会议制度，联席会议由政府分管领导为总召集人，政府法制部门主要负责人为召集人，人口计生、教育、公安、民政、司法、财政、人力资源和社会保障、国土资源、住房和城乡建设、交通运输、水利、农业、林业、商务、文化、卫生、环保、工商、质量技术监督、食品药品监督、旅游等部门分管负责人为成员，定期召开会议，研究解决行政调解工作涉及的重大问题，听取相关部门情况汇报，分析上报本地区行政调解工作情况。行政调解联席会议日常工作由政府法制部门承担。

乡镇人民政府、街道办事处应当加强基层行政调解工作，建立行政调解工作队伍，会同有关行政主管部门开展行政调解工作，对辖区内的矛盾纠纷进行认真梳理，登记建档，仔细排查，及时了解群众诉求，落实防范措施。

（二）各县（区）人民政府法制工作部门要切实发挥牵头作用

各县（区）人民政府法制工作部门要加强对行政调解工作的组织、指导、协调、监督，研究制订相关指导意见和规章制度；组织有关部门研究解决行政调解中的新情况、新问题；强化行政调解人员的法律知识和调解技能的培训；汇总分析下级人民政府和本级人民政府各部门行政调解工作情况，并向本级人民政府报告。

（三）政府各职能部门要切实发挥行政调解的主体作用

行政调解实行“谁主管、谁负责”。各职能部门要确定分管负责人和工作机构具体承担行政调解工作，配备与开展行政调解工作相适应的人力、财力、物力，充实行政调解人员，建立调解员信息库；根据部门和行业的特点，建立健全行政调解相关制度，并加强行政调解人员管理培训；行政调解任务较重或者有条件的职能部门要设立行政调解室、档案室和接待室等。

四、加强行政调解工作制度建设，力求行政调解取得成效

积极推动行政调解工作规范化建设。各级各部门要细化行政调解流程，规范行政调解案件登记、立案受理、调解程序、文书格式、案卷归档等工作，公开行政调解范围、行政调解员姓名、行政调解守则等事项。根据本地区、本部门特点建立健全行政调解岗位责任、争议纠纷排查、重大争议纠纷讨论、档案管理、登记统计等工作制度。做到调解主体合法、调解程序完备、调解文书规范，切实提高调解工作质量，力求取得成效。

各级各部门要积极做好行政调解与人民调解、司法调解的衔接配合，建立健全协调联系、信息沟通工作制度，优化、整合调解资源，有效化解矛盾纠纷。要加强行政调解的宣传工作，充分利用广播、电视、报刊、网络等新闻媒体，开展各种形式的宣传教育，积极引导人民群众自觉把行政调解作为解决矛盾纠纷的主要选择，营造行政调解工作的良好氛围。

五、加强领导，确保行政调解工作落到实处

各级各部门要切实加强对行政调解工作的领导，主要领导作为行政调解工作第一责任人，真正做到主要领导亲自抓、分管领导具体抓，精心组织，层层落实，将行政调解工作与依法行政考核工作相结合，做到一起部署、一起落实、一起考核，采取有效措施，常抓不懈，确保行政调解工作落到实处。

各级各部门应根据本意见要求，结合工作实际，制定本地区、本部门开展行政调解工作的实施意见。

桂林市人民政府办公室

二〇一二年七月二十三日

附件:

桂林市人民政府行政调解联席会议制度

为贯彻《国务院关于加强法治政府建设的意见》(国发〔2010〕33 号)、中央社会治安综合治理委员会等 16 部委《关于深入推进矛盾纠纷大调解工作的指导意见》(综治委〔2011〕10 号)和《广西壮族自治区人民政府办公厅关于加强行政调解工作的意见》(桂政办发〔2012〕81 号)精神,加强行政调解工作的组织领导和统筹协调,推进行政调解工作,市人民政府决定建立市人民政府行政调解联席会议制度。

一、主要职责

组织指导全市行政调解工作;定期召开会议,研究解决行政调解工作涉及的重大问题;汇总分析下一级人民政府和市人民政府各部门行政调解工作情况;承办市人民政府交办的有关行政调解工作的其他事项。

二、成员名单

总召集人:××× 副市长、公安局局长

召 集 人:×× 市政府副秘书长、市政府应急办主任

×× 市法制办主任

成　　员:(略)

三、工作机构

联席会议下设办公室,承担联席会议日常工作,办公室设在市法制办,办公室主任由张林同志兼任。

北海市人民政府办公室印发《关于加强行政调解工作的实施意见》的通知

（2012年7月11日　北政办〔2012〕245号）

各县、区人民政府，市政府各部门，各管委会，市直各事业、企业单位：

《关于加强行政调解工作的实施意见》已经市人民政府同意，现转发给你们，请认真组织实施。

二○一二年七月十一日

北海市人民政府办公室关于加强行政调解工作的实施意见

为贯彻落实《国务院关于加强法治政府建设的意见》（国发〔2010〕33号）和中央社会治安综合治理委员会等16部委《关于深入推进矛盾纠纷大调解工作的指导意见》（综治委〔2011〕10号）精神，充分发挥行政调解在"大调解"工作体系中的重要作用，促进我市经济发展和社会和谐稳定，根据《广西壮族自治区人民政府办公厅关于加强行政调解工作的意见》（桂政办发〔2012〕81号）要求，结合我市工作实际，现就加强我市行政调解工作提出以下实施意见。

一、准确把握行政调解的基本概念、范围、重点和原则

行政调解是由行政机关或者法律法规授权的具有管理公共事务职能的组织主持的，以法律、法规和政策规定为依据，以民事纠纷和行政争议为主要对象，通过说服劝导等方法，促使各方当事人平等协商、互谅互让、达成协议，消除矛盾的一种纠纷解决机制。

行政调解的范围：一是行政机关或者法律法规授权的具有管理公共事务职能的组织与公民、法人或者其他组织之间产生的行政争议；二是公民、法人或者其他组织之间产生的与行政管理有直接或间接关联的民事纠纷。

行政调解的重点：土地征收征用、国有土地房屋征收、治安管理、交通损害赔偿、医疗纠纷、消费者权益保护、物业管理、劳动争议和社会保障、资源开发和权属争议，环境污染、公共安全事故以及涉及人数较多、社会影响大、可能影响社会稳定的纠纷。

行政调解的原则：坚持以自愿为原则，不能强迫当事人接受调解方式或调解结果。在日常工作中，行政机关应当主动排查行政争议或相关的民事纠纷，探索研究化解矛盾纠纷的新机制，在不损害国家利益、公共利益和他人合法权益的前提下，积极引导当事人协商解决，真正实现"定纷止争，案结事了"的社会效果和法律价值。

二、充分认识行政调解工作的重要性和总体要求

行政调解工作是新时期党和政府为人民服务、联系群众、维护群众切身利益的新纽带，是化解行政争议纠纷、维护社会和谐稳定的新机制，是创建法治政府的新措施。

当前，我市正处在经济社会发展的重要战略机遇期，随着社会经济的快速发展，改革的不断深入，行政争议纠纷日益显现，其复杂性、群体性、对抗性呈现新的特点，化解行政争议纠纷的任务日益繁重。进一步加强和推进行政调解工作，及时化解行政争议纠纷，是各级行政机关面临的新形势和新任务。各级行政机关要充分认识做好新形势下行政调解工作的重要性和紧迫性，切实把行政调解工作摆在更加重要和突出的位置，充分利用行政调解工作优势，从源头上预防和减少社会矛盾，切实维护社会和谐稳定，为推进北海科学发展、和谐发展、跨越式发展提供良好的社会环境。

行政调解工作总体要求是：以科学发展为统领，以构建和谐平安北海为目标，以化解社会矛盾纠纷为目的，以建立创新行政调解工作体制工作机制为着力点，加强行政调解工作，努力将行政争议和民事纠纷化解在基层、化解在初发阶段、化解在行政程序中。

三、认真落实行政调解工作的职责分工

行政调解工作作为地方各级人民政府和职能部门的重要职责，要建立由地方各级政府负总责、政府法制机构牵头、各职能部门为主体的行政调解工作体制，充分发挥行政机关在化解行政争议和民事纠纷中的作用。具体按照以下职责分工做好行政调解工作：

(一)各级人民政府对行政调解工作负总责。

各级政府要高度重视行政调解工作,认真贯彻国发〔2010〕33号文件精神,按照“属地管理、分级负责”的原则,实行政府主要领导亲自抓、分管领导具体抓,把行政调解工作纳入重要议事日程。要定期听取行政调解工作情况汇报,及时研究解决行政调解工作中存在的重大问题,切实加强对行政调解工作的组织领导。要研究建立行政调解工作长效机制,强化保障措施,落实责任,严格考核,强力推进行政调解工作的深入开展。

乡镇人民政府、街道办事处要加强基层行政调解工作,建立行政调解专兼职工作人员队伍,会同有关行政主管部门做好基层行政调解工作,对辖区内的矛盾纠纷要仔细排查,认真梳理,登记建档,及时了解群众诉求,落实防范措施。

(二)各级政府法制工作部门要切实发挥牵头作用。

各级政府法制工作部门要加强对行政调解工作的组织、指导、协调和督促。研究制定行政调解规章制度,使行政调解工作有序开展;组织有关部门研究解决行政调解中的新情况、新问题;汇总分析下级人民政府和本级政府各部门的行政调解工作情况,并向本级政府报告;做好同人民调解、司法调解组织的衔接配合,加强对行政调解工作的协调和督办;加强行政调解人员的法律知识和调解技能培训,提高行政调解人员的业务水平;牵头组织对法律关系复杂、重大疑难争议纠纷的调解处理。

(三)政府各职能部门要切实发挥行政调解的主体作用。

行政调解实行“谁主管、谁负责”。各职能部门要确定分管负责人和工作机构具体承担行政调解工作,确保行政调解工作有人抓、有人管;加强行政调解队伍建设,充实行政调解人员,建立调解员信息库,并加强行政调解人员管理培训;配备与开展行政调解工作相适应的人力、财力、物力,确保行政调解工作顺利开展。根据部门和行业的特点,建立健全行政调解相关制度,细化工作规程,努力提高行政调解的质量和效率。行政调解任务较重或者有条件的职能部门要设立行政调解室、档案室和接待室等。

四、建立健全行政调解工作机制

(一)建立行政调解联席会议制度。各县、区人民政府要建立行政调解联席会议制度。联席会议定期召开,主要听取行政调解工作情况汇报,研究解决行政调解工作存在的重大问题,指导、协调重大复杂争议纠纷的调处工作,并定期汇总、分析上报本地区行政调解工作开展情况。联席会议由政府分管领导为总召集人,政府法制部门主要负责人为召集人,人口计生、教育、公安、民政、司法、财政、人力资源和社会保障、国土资源、海洋、住房和城乡建设、城市管理、规划、交通运输、水利、农业、林业、商务、文化、卫生、环保、工商、质量技术监督、食品药品监督、旅游等部门分管负责人为成员。行政调解联席会议日常工作由政府法制部门承担。

(二)积极推动行政调解工作规范化建设。各级行政机关要细化行政调解流程,规范行政调解案件登记、立案受理、调解程序、调解规则、文书格式、案卷归档等工作,公开行政调解范围、行政调解员姓名、行政调解守则等事项。根据本地区、本部门特点建立健全行政调解岗位责任、争议纠纷排查、重大争议纠纷讨论、档案管理、登记统计等工作制度。做到调解主体合法、调解程序完备、调解程序完备、调解文书规范,切实提高行政调解的质量和公信力,力求取得成效。

(三)建立行政调解工作报告制度。对社会影响较大或可能引发群体性事件等重大复杂争议纠纷的调解处理,各级政府及其行政职能部门要及时向上级党委、政府和上级主管部门报告,并通报政府法制部门。

五、切实加强行政调解工作的组织领导

各级人民政府及其职能部门要切实加强对行政调解工作的领导,主要领导作为行政调解工作第一责任人,真正做到主要领导亲自抓、分管领导具体抓,精心组织,层层落实,将行政调解工作与依法行政考核工作相结合,做到一起部署、一起落实、一起考核,采取有效措施,常抓不懈,确保行政调解工作落实实处。

各县、区人民政府和市直有关部门根据本意见要求,结合工作实际,制定本地区、本部门开展行政调解工作的实施意见。

附件:

北海市人民政府行政调解联席会议制度

根据《广西壮族自治区人民政府办公厅关于加强行政调解工作的意见》(桂政办发〔2012〕81 号)要求,为充分发挥行政调解在“大调解”工作体系中的重要作用,加强行政调解工作的组织领导和统筹协调,进一步推进行政调解工作,北海市人民政府决定建立北海市人民政府行政调解联席会议制度。

一、联席会议的主要职责

组织指导全市行政调解工作;定期召开会议研究解决行政调解工作涉及的重大问题,汇总分析下一级人民政府和市政府各部门行政调解工作情况,研究制订行政调解工作机制;承办市政府交办的有关行政调解工作的其他事项。

二、联席会议成员名单

总召集人:×× 副市长

召 集 人:×××× 市政府副秘书长

××× 市法制办主任

成　　员:(略)

三、联席会议工作机构

联席会议下设办公室在市法制办,承担联席会议日常工作,办公室主任由包能华同志兼任。

钦州市人民政府办公室
关于加强行政调解工作的意见

(2012年4月28日　钦政办〔2012〕86号)

各县、区人民政府,钦州港经济技术开发区、三娘湾旅游管理区管委,市直各委、办、局:

为贯彻落实《广西壮族自治区人民政府办公厅关于加强行政调解工作的意见》(桂政办发〔2012〕81号),充分发挥行政调解在化解矛盾、维护社会和谐稳定中的作用,经市人民政府同意,现就加强全市行政调解工作提出如下意见。

一、行政调解工作的重要性和总体要求

行政调解是由行政机关或者法律法规授权的具有管理公共事务职能的组织主持的,以法律、法规和政策规定为依据,以民事纠纷和行政争议为主要对象,通过说服劝导等方法,促使各方当事人平等协商、互谅互让、达成协议、消除矛盾的一种纠纷解决机制。当前,我市正处在经济社会发展的重要战略机遇期,同时也是矛盾纠纷凸显期,因各种利益诉求而引发的矛盾纠纷日益突出,社会矛盾化解工作面临着许多新情况和新问题。各级行政机关要将行政调解工作作为重要的社会矛盾纠纷调处手段,充分利用行政调解工作优势,运用调解的办法做好矛盾纠纷化解工作,从源头上预防和减少社会矛盾,切实维护我市社会和谐稳定,为推进钦州科学发展、和谐发展、跨越发展提供良好的社会环境。行政调解工作总体要求:以科学发展观为统领,以构建和谐平安钦州为目标,以化解社会矛盾纠纷为目的,以建立创新行政调解工作体制工作机制为着力点,加强行政调解工作,努力将行政争议和民事纠纷化解在基层、化解在初发阶段、化解在行政程序中。

二、行政调解工作的范围、重点和原则

(一)行政调解的范围

1. 行政机关或者法律法规授权的具有管理公共事务职能的组织与公民、法人或者其他组织之间产生的行政争议。

2. 公民、法人或者其他组织之间产生的与行政管理有直接或间接关联的民事纠纷。

(二)行政调解的重点

土地征收征用、国有土地房屋征收、治安管理、交通损害赔偿、医疗纠纷、消费者权益保护、物业管理、劳动争议和社会保障、资源开发和权属争议、环境污染、公共安全事故以及涉及人数较多、社会影响大、可能影响社会稳定的纠纷。

(三)行政调解的原则

坚持以自愿为原则,不得强迫当事人接受调解方式或调解结果。在不损害国家利益、公共利益和他人合法权益的前提下,行政机关应当主动排查、化解行政争议或相关的民事纠纷,探索研究化解矛盾纠纷的新机制,争取调解处理,增进有关当事人与行政机关之间的相互理解和信任,要追求“定纷止争,案结事了”的社会效果和法律价值。

三、行政调解工作的职责分工和组织保障

(一)行政调解工作的职责分工

1. 行政调解工作按照“属地管理、分级负责”的原则,实行主要领导亲自抓、分管领导具体抓,并定期听取行政调解工作情况汇报,及时研究解决行政调解工作中存在的重大问题,切实加强对行政调解工作的组织指导。建立健全行政调解工作长效机制，强化保障措施，落实责任，严格考核，不断推进行政调解工作深入开展。

2. 政府法制工作部门在行政调解工作中负责牵头。具体负责对政府各部门行政调解工作的指导、督促和协调，发挥牵头作用。具体职责是：研究制定行政调解相关制度，使行政调解工作有序开展；研究行政调解中的新情况、新问题，加强对行政调解工作的指导；汇总分析政府各部门的行政调解工作情况，并向同级人民政府报告；加强对行政调解工作的督促办理工作；做好同人民调解、司法调解组织的衔接配合，加强对行政调解工作的协调；加强行政调解人员的法律知识和调解技能培训，提高行政调解人员的业务水平；牵头组织对法律关系复杂、重大疑难争议纠纷的调解处理。

3. 政府各部门具体负责行政调解工作。具有行政职能的部门和单位要按照"谁主管、谁负责"的原则负责对本部门和本单位行政管理职权有关的争议纠纷的调处，切实发挥行政调解主体作用。各职能部门要确定分管负责人和工作机构，具体承担行政调解工作，配备与开展行政调解工作相适应的人力、财力、物力，充实行政调解人员，建立调解员信息库，要加强网络信息化平台建设，确保行政调解工作顺利开展。要根据行业、部门特点建立健全行政调解工作制度，细化工作规程，努力提高行政调解的质量和效率。

（二）行政调解工作的组织保障

1. 建立行政调解联席会议制度。建立钦州市人民政府行政调解联席会议制度，定期研究解决开展行政调解工作涉及的问题，指导、协调重大复杂争议纠纷的调处工作，定期汇总、分析行政调解工作开展情况。行政调解联席会议日常工作由市法制办承担。镇人民政府（街道办事处）应加强基层行政调解工作，建立行政调解专兼职工作人员队伍，会同有关行政主管部门开展行政调解工作，对辖区的矛盾纠纷进行认真梳理，仔细排查，及时了解群众诉求，做好防范措施。

2. 完善行政调解工作规程。根据有关法律、法规规定，结合实际，制定我市行政调解工作具体的工作规程，全面规范行政调解工作程序，做到有章可循、有规可依，确保行政调解工作合法、规范、有序。

3. 严格考核奖惩。各部门要把做好行政调解工作作为依法行政的重要考核内容，纳入目标管理。严格落实各部门主要领导、分管领导和班子其他成员的责任，将有关行政调解工作的开展情况记入领导干部依法行政能力档案；严格落实行政调解工作责任制，对行政调解工作成绩突出的单位和人员进行表彰奖励，对组织领导不力，行政调解工作不落实，导致矛盾纠纷突出的，要严格问责；对因行政调解工作未落实，发生严重影响社会稳定的重大案件的，要实行责任倒查，严格追究领导和相关人员责任。

四、行政调解工作的要求

（一）坚持预防和化解并重。各部门要切实落实矛盾纠纷排查分析研判制度，坚持排查在先，预警靠前，有效预防，及时化解，从源头上预防和减少行政争议的发生。要加强对重点领域、重点行业，社情民意和争议纠纷的收集排查工作，及时了解群众诉求，确保发生争议纠纷时能够及时介入。要通过领导接访、干部下访、现场办公等形式，抓早、抓小、抓苗头，发现一处调处一起，严防各类争议纠纷激化和升级，努力将事态化解在萌芽状态和初始阶段。要加强法制宣传教育，及时解答群众在法律、政策上的疑惑和问题，积极引导群众通过行政调解理性合法地表达利益诉求，解决争议纠纷。

（二）突出重点，灵活调解处理争议纠纷。各部门应大力调处在涉及土地征收、房屋征收补偿、劳动合同、土地承包合同、环保、医疗、消费者权益保护等方面的行政争议和纠纷，要深入调查研究，及时了解群众诉求，积极主动地开展行政调解工作，努力把争议纠纷化解在基层、化解在行政程序之中。在调解争议纠纷时，要找准争议纠纷的焦点和各方利益的平衡点，采取灵活多样的方式，注重法、理、情的有机统一，开展耐心、细致的说服劝导工作，促成各方当事人互谅互让，达成解决争议纠纷的协议。对经劝导不愿进行行政调解或达不成调解协议的，要积极引导当事人通过行政复议、裁决等方式解决或告知当事人其他救助权利和渠道。对于可能引发重大群体性事件的争议纠纷，要制定工作预案。

（三）充分发挥行政复议解决行政争议和纠纷的重要作用。各部门在行政复议案件办理过程中，要根据《行政复议法实施条例》规定的调解原则、范围，优先适用调解方式解决行政争议。对于行使自由裁量权做出的具体行政行为引发的行政复议案件，要积极促成申请人与被申请人在复议决定作出前自愿和解，力争把行政争议化解在行政复议程序中，确保定纷止争、案结事了。

（四）加强协调配合。行政调解是从源头上预防和减少行政争议的重要措施，各部门要严格依照行政调解的范围和原则开展行政调解工作，既要各司其职，又要密切配合。要建立健全与人民调解、司法调解相互衔接的配合机制，加强信息沟通、协调联系、效力衔接,优化、整合调解资源,实现人民调解、行政调解、司法调解“三大调解”的优势互补。在行政调解中需要当事人所在基层人民调解组织配合的,可以邀请其参加,共同开展调解工作。人民法院在进行司法调解时,需要行政机关配合的,行政机关应当积极配合,从而有效预防化解社会矛盾,维护社会和谐平安稳定。

五、行政调解工作程序

(一)申请和受理。行政机关接到当事人申请后,要认真进行审查,凡符合受理条件的,应及时受理;不予受理的,要向当事人说明理由。行政复议机构受理复议案件后,在查明案件事实的基础上,积极运用调解手段解决行政纠纷。

(二)调查。行政机关要根据双方的争议进行必要的调查,要运用宣传政策法规、说服教育、协调疏导等方式方法,在调查取证、现场勘验、复议听证等阶段,积极宣传有关法律法规,分析利害关系,促使当事人自行和解。

(三)实施调解。要根据当事人的诉辩主张,依据有关法律规定,平衡当事人之间的利益和冲突。一是要坚持情、理、法并用;二是要多做思想疏导工作,循循善诱,使双方互谅互让;三是要注意调解的艺术和方法,使调解体现人性化的要求。

(四)制作行政调解书或行政复议调解书。行政调解书应当载明行政纠纷事由、调解事项、事实、调解结果、申请人和被申请人签名或盖章,并加盖调解机构印章。行政复议调解书应当载明行政复议请求、事实、理由和调解结果,并加盖行政复议机关印章。

(五)履行。达成调解、和解协议后,各方当事人要积极履行。调解机关要对和解进行回访和监督。

六、加强领导,确保行政调解工作落到实处

各级人民政府及其职能部门要切实加强对行政调解工作的领导,各级行政机关一把手作为行政调解工作第一责任人,落实领导责任制,亲自指导协调化解重大矛盾纠纷,落实行政调解保障条件,确保行政调解工作需要,定期听取行政调解工作进展情况的汇报,研究解决影响行政调解工作的困难和问题,将行政调解工作与依法行政考核工作相结合,做到一起部署、一起落实、一起考核,采取有效措施,常抓不懈,确保行政调解工作落到实处。

附件:钦州市人民政府行政调解联席会议制度

钦州市人民政府办公室

二〇一二年四月二十八日

附件：

钦州市人民政府行政调解联席会议制度

为全面贯彻落实《广西壮族自治区人民政府办公厅关于加强行政调解工作的意见》(桂政办发〔2012〕81 号)，加强我市行政调解工作的统筹协调指导和监督考核，全面推进行政调解工作深入开展，有效发挥行政调解工作在社会矛盾多元调解体系中的作用，经市人民政府同意，决定建立钦州市人民政府行政调解联席会议制度。

一、联席会议成员名单

总召集人：××× 副市长

召 集 人：××× 市人民政府副秘书长

××× 市法制办主任

成　　员：(略)

二、联席会议主要职责

(一)落实市委、市人民政府关于构建社会矛盾多元调解体系的要求，统筹指导全市行政调解工作，研究确定联席会议年度工作重点和安排。

(二)调查研究行政调解工作存在的带有普遍性的问题，提出解决意见和建议。

(三)指导、推动成员单位建立健全行政调解具体工作程序和规范，完善相关配套制度。

(四)组织开展行政调解工作考核、评比和表彰工作。

(五)组织开展经验交流，推广行政调解工作中的好做法，加强行政调解信息工作，促进成员单位之间行政调解信息交流和资源共享。

(六)协调推动行政调解与人民调解、司法调解的制度衔接，形成合力。

(七)研究建立行政调解工作经费保障长效机制。

(八)办理市委、市人民政府交办的其他有关行政调解工作的事项。

三、联席会议成员单位职责

（一）市法制办

负责联席会议办公室工作，牵头推动全市行政调解体系建设工作，负责指导和监督全市各职能部门开展行政调解工作。

（二）市教育局

负责教育领域矛盾纠纷调解工作。

（三）市监察局

负责对具有行政调解职能的部门开展行政调解工作情况进行监督。

（四）市公安局

负责调解交通事故损害赔偿案件；因违反《治安管理处罚法》引发的依法可调解的案件；公民、法人或者其他组织与公安机关之间发生的行政争议；其他依法属于公安机关调解处理的矛盾纠纷。

（五）市民政局

负责调解处理民事行政纠纷和与民事行政管理相关的民事纠纷，加快和谐社区建设，加强村（居）委会建设、社区管理、养老服务和专职社会工作者队伍建设，建立延伸到社区、村组的调解组织网络。调处养老纠纷、行政区域界限纠纷。维护孤儿基本权益，与有关部门调解孤儿收养、监护纠纷。

（六）市司法局

负责在市律师、公证、司法鉴定等领域管理工作中开展行政调解工作。

（七）市财政局

根据部门预算管理有关要求，负责行政调解经费审核及保障工作。

（八）市人力资源和社会保障局

负责牵头组织劳动争议调解工作，推动企业和镇（街道）劳动人事争议调解组织建设，探索建立健全劳动人事争议案件的应急调解机制；推动事业单位及其主管部门建立人事争议调解组织，做好事业单位人事争议预防工作，探索建立健全人事争议调解工作机制；建立劳动人事争议调解、仲裁与诉讼衔接工作机制，依法、公正、及时化解劳动人事争议。

（九）市国土资源局

负责组织建立土地纠纷调解组织，因势利导，按属地管辖原则受理涉及土地权属等引发的矛盾纠纷。

（十）市环保局

负责环境污染领域矛盾纠纷调解工作。

（十一）市住房和城乡建设委

负责加强全市物业管理纠纷、建筑施工合同纠纷、建筑质量纠纷和房屋权属纠纷等的调解工作。

（十二）市交通运输局

结合部门职能负责交通运输领域相关矛盾纠纷的调解工作。

（十三）市水利局

负责组织协调、督促指导相关部门做好水利纠纷调解工作。

（十四）市农业局

负责督促、指导辖区农业部门调处由农资质量、农产品质量安全（种植业初级农产品生产环节）、农作物种子、土地承包经营权和集体资产分配问题和配合参与相关部门调处农业环境污染事故等问题引发的矛盾纠纷。

（十五）市林业局

负责及时调解山林权属争议引发的矛盾纠纷。

（十六）市文化和新闻出版局

负责在文化（文物）、新闻出版（版权）执法领域做好调解工作。

（十七）市旅游局

负责牵头做好旅游纠纷调解工作，指导和监督全市各旅游机构提高旅游服务质量，减少旅游过程中出现的游客投诉事件。

（十八）市卫生局

负责医疗纠纷调解工作，指导、协调医疗机构加强医患纠纷的防范和处置，提高医疗服务质量。

（十九）市人口计生委

负责督促和指导全市由于人口计生问题引发的矛盾纠纷的调处。

（二十）市安监局

负责安全领域矛盾纠纷调解工作。

（二十一）市市政管理局

负责及时调解涉及全市市政基础设施维护、市容环境卫生、城市市容环境综合整治等引发的矛盾纠纷。

(二十二)市食品药品监督局

负责督促、指导辖区内由餐饮服务食品、药品、保健食品、化妆品安全事故等问题引发的矛盾纠纷的调节处理。

(二十三)市编办

负责加强全市行政调解机构和人员保障工作。

(二十四)市征收办

协调和督促征拆实施单位按照“属地管理、分级负责”的原则,受理和调解主城区和滨海新城范围内涉及征地拆迁引发的矛盾纠纷。

(二十五)市信访局

负责办理人民群众来信、接待人民群众来访和协调处理重大信访事项、督促检查信访事项,进一步健全与大调解工作平台衔接的工作机制,组织协调和大力推动用调解的方式解决信访人的诉求。

(二十六)市调处办

负责组织协调、督促指导相关部门做好土地、山林、水利纠纷调处工作。

(二十七)市工商局

负责消费者权益、经济合同等领域矛盾纠纷调解工作以及其它依法属于工商行政管理机关职责范围内的矛盾纠纷的调解处理。

四、联席会议规则

(一)每年召开一次联席会议。主要内容:学习贯彻党中央、国务院关于行政调解工作的指示及有关会议、文件精神;研究工作方案;总结行政调解工作经验;探讨研究法律适用;研究行政调解工作中的重大、疑难问题;按照调解信息沟通与反馈制度,通报纠纷受理以及处理情况;分析存在的问题,提出完善措施的建议;研究其他事项。确因工作需要,可以临时召开联席会议或部分成员单位会议。联席会议可以邀请法院等有关单位列席。联席会议以会议纪要形式确认会议议定的事项,印发各成员单位。

(二)不定期召开专门会议、开展专项活动和调研。根据年度工作计划和阶段性工作安排,不定期组织各成员单位或部分成员单位开展调研、召开专门会议、进行专题研究,并及时向联席会议各成员单位通报工作成果。同时,各部门要指导和督促本系统开展调查研究,通过多种形式,积极开展行政调解工作。

(三)行政调解工作中的重大问题及对策措施,应经联席会议讨论。遇有意见分歧的,由联席会议办公室负责协调。

联席会议下设办公室,承担联席会议日常工作,办公室设在市法制办,办公室主任由韦猛忠同志兼任。

联席会议办公室负责联席会议的组织、联系和协调工作;研究提出联系会议议题,做好联席会议筹备工作;协调督促各成员单位履行工作职责,落实联席会议决定;汇总并通报有关工作情况,指导督促各级各部门行政调解工作;完成联席会议交办的其他事项。

贵港市人民政府关于印发《贵港市行政调解规定》的通知

(2012 年 4 月 27 日　贵政发〔2012〕14 号)

各县、市、区人民政府,市人民政府各组成部门、各直属机构:

为及时有效化解社会矛盾,加强和规范行政调解,促进社会和谐稳定,现将《贵港市行政调解规定》印发给你们,请认真贯彻执行。

二〇一二年四月二十七日

贵港市行政调解规定

第一章　总　　则

第一条　为及时有效化解社会矛盾,加强和规范行政调解,促进社会和谐稳定,根据《中共中央、国务院关于加强和创新社会管理的意见》和有关法律、法规,结合实际,制定本规定。

第二条　行政调解是指国家行政机关根据法律规定,对行政职权内有关的纠纷,通过调解协商等方式促使各方当事人达成调解协议,解决矛盾纷争的行政管理行为。

第三条 各级人民政府、政府各部门、依法行使行政职权的其他组织（以下统称为行政机关）在行使行政管理职权过程中开展行政调解，适用本规定。

第四条 下列纠纷，行政机关应当根据当事人申请或者依职权进行调解：

（一）行政机关在行使职权过程中，与公民、法人和其他组织之间，因行政管理发生的行政纠纷；

（二）公民、法人和其他组织之间发生的与行政机关行政管理职能有关的民事纠纷。

第五条 行政调解应当遵循下列原则：

（一）自愿原则。行政机关开展行政调解应当尊重当事人意愿，不得强迫当事人接受调解方式或调解结果。

（二）合法原则。行政机关开展行政调解应当依据法律、法规、规章和国家政策的规定，不得侵犯国家利益、社会公共利益和公民、法人或者其他组织的合法权益。

（三）平等原则。行政机关进行行政调解，应平等对待不同身份、民族、性别和不同宗教信仰的当事人，包括接受上级行政机关调解的行政机关和管理相对人，在行政调解中地位平等，各方都有自愿、充分、真实表达自己意愿的权利。

（四）公正原则。行政调解不得偏向任何一方，既要兼顾各方当事人的合法权益，又要说服各方当事人互谅互让，相互理解。

（五）谁主管谁负责原则。行政机关对职权主管内有关的纠纷负责调解。

第六条 在行政调解活动中，纠纷当事人享有下列权利：

（一）自主决定接受、不接受或者终止行政调解；

（二）申请有关行政调解人员回避；

（三）表达真实意愿；

（四）自愿达成调解协议。

第七条 在行政调解活动中，纠纷当事人承担下列义务：

（一）如实陈述纠纷事实，不得提供虚假证明材料；

（二）遵守调解规则，尊重调解；

（三）本着化解争议纠纷的宗旨参与调解活动，不得激化矛盾；

（四）自觉履行调解协议。

第二章 行政调解机关

第八条 行政调解由行政机关依职权组织实施。行政调解按行政职权确定管辖,凡属行政机关主管职权内的纠纷,原则上由该行政机关调解。

第九条 对涉及多个行政机关职权的纠纷,当事人提出行政调解申请的,由最初接到调解申请的机关受理,相关机关配合解决;当事人未提出行政调解申请的,由职权最相近的机关或同级政府法制部门指定的行政机关调解。

第十条 行政机关应当设立行政调解工作机构,配备与行政调解工作相适应的行政调解人员,落实行政调解办公场所和相应的设备设施。

第三章 行政调解的受理

第十一条 行政机关在日常管理和行政执法过程中发现争议纠纷的,应当告知当事人可以申请行政调解。

对涉及资源开发、环境污染、公共安全事故等方面的民事纠纷,以及涉及人数较多、影响较大、可能影响社会稳定的矛盾纠纷,行政机关应当依职权主动调解。但应征得各方当事人的同意。

第十二条 行政机关根据当事人的申请或依职权职责启动行政调解程序。当事人申请行政调解,可以书面申请,也可以口头申请。

第十三条 行政机关收到行政调解申请后,应当认真审查有关材料,符合受理条件的,应当在收到申请后三个工作日内决定是否受理行政调解,并及时告知申请人。

对被申请人不同意行政调解,或者虽然同意行政调解,但不属于行政调解范畴的,应当在三个工作日内书面告知申请人。

主管行政机关在未启动行政调解程序前,纠纷有可能激化的,行政机关应当及时采取必要的疏导措施。

第十四条 对两个以上行政机关都有管辖权的纠纷,由最先收到行政调解申请的行政机关受理。行政机关对管辖权产生争议的,由同级政府法制部门确定管辖。

第四章 行政调解的实施

第十五条 行政机关实施行政调解，可以由行政调解员一人或多人主持；对于重大的可能影响社会稳定的纠纷，应当由行政机关负责人进行调解。

第十六条 行政机关根据需要可以邀请当事人所在地基层组织以及其他与争议纠纷处理有关的单位或者个人参与调解。被邀请的单位或者个人应当积极参与调解，调解中涉及第三人利益的，应通知第三人参加。

第十七条 行政机关调解纠纷，应当提前三个工作日将调解时间、地点、调解人员等事项通知双方当事人。但不立即调解可能激化的纠纷，应及时召集双方当事人进行调解。

第十八条 调解人员有下列情况之一的，应当回避：

（一）是本案当事人或者与当事人、代理人有近亲属关系的；

（二）与本案有利害关系的；

（三）与本案当事人、代理人有其他关系，可能影响纠纷处理的。

当事人发现调解人员有应当回避情形的，可以口头或者书面方式申请其回避；调解人员认为自己不宜调解本纠纷的，应当自行申请回避，行政机关负责人决定调解人员的回避。

第十九条 行政调解过程中，当事人应当提出证明事实的证据，并对所提交的证据的真实性负责。

第二十条 行政机关在行政调解过程中可以采取协商、劝导、实地调解、单方调解等多种有利于化解矛盾的方式进行。通过耐心、细致的说服疏导工作，促使各方当事人互谅互让，消除隔阂，引导当事人达成调解协议。

第二十一条 行政机关在行政调解过程中应当采取必要措施防止矛盾激化。

第二十二条 行政机关调解纠纷应当公开进行。但是涉及国家秘密、商业秘密、个人隐私或者双方当事人不愿意公开的情形除外。

第二十三条 行政调解协议内容不得有下列情形：

（一）损害国家利益、社会公共利益；

（二）损害其他公民、法人或者其他组织的合法权益；

（三）违反法律、行政法规禁止性规定。

第二十四条　经行政调解达成协议的，应当制作行政调解协议。行政调解协议由各方当事人签名、行政调解员签名。行政调解协议自各方当事人签名后生效。

第二十五条　行政调解达成协议，当事人要求制作行政调解书或行政机关认为需要制作行政调解书的，行政机关应当制作行政调解书。行政调解书应载明下列事项：

（一）当事人的基本情况；

（二）纠纷的主要事实、争议焦点及各方责任；

（三）当事人达成调解协议的内容、履行方式、期限。

行政调解书由行政调解员署名，加盖行政机关印章，送达各方当事人。

第二十六条　经行政调解达成的行政调解协议对各方当事人具有约束力，当事人应按照调解协议履行义务，不得擅自变更或者解除行政调解协议。

第二十七条　经行政调解达成的具有民事性质的调解协议，行政机关应当引导当事人依法向有管辖权的人民法院申请司法确认。经司法确认的行政调解协议具有强制执行力，一方当事人不履行或不完全履行，另一方当事人可以申请人民法院强制执行。

第二十八条　行政机关调解纠纷应当制作调解笔录，全面、客观记载调解过程。调解笔录经当事人和其他调解参与人核对无误后签名或盖章。拒绝签名或盖章的，记明情况附卷。

第二十九条　行政调解一般自受理之日起60日内终结。遇有特殊情况需延长的，经当事人同意，可以延长终结期限。法律法规另有规定的，从其规定。

第三十条　有下列情形之一的，行政机关可以终止行政调解：

（一）行政调解期满未达成协议；

（二）在调解过程中，当事人又提请仲裁、复议、诉讼的，视为放弃行政调解，行政调解终止。

第三十一条　行政调解期满，行政机关根据纠纷性质，分别不同情形作出处理。

（一）属民事性质的纠纷，可延长调解期限或由当事人提起诉讼或申请仲裁；

（二）属行政裁决的纠纷转入行政裁决程序。

第三十二条 行政调解终结后,行政机关应当按照档案管理规定,及时编号归档。

第五章 指导和监督

第三十三条 上级行政机关应当加强对下级行政机关履行行政调解职责的指导和监督。

第三十四条 市、县(市、区)政府法制部门应当加强对下级人民政府和本级政府行政部门及依法具有行政管理职权其他组织的行政调解工作的组织、协调、督促和指导。

第三十五条 对影响较大、涉及人数较多可能引发群体性事件的重大纠纷,行政机关应当及时向本级党委、政府和上级主管行政机关报告,并书面通报同级政府法制部门。

第三十六条 行政机关应严格履行职责,积极开展行政调解,加强对社会矛盾纠纷的源头治理和排查、调处、化解工作。

第六章 附 则

第三十七条 行政调解工作列入全市依法行政考核重要内容。

第三十八条 行政调解工作经费,列入行政机关工作业务经费,由本级财政予以保障,不得向当事人收取任何费用。

第三十九条 法律、法规、规章或国家有关文件对行政调解工作另有规定的,从其规定。

第四十条 本规定自印发之日起施行。

附件:1. 行政调解协议(样式)

2. 行政调解书(样式)

附件1：

行政调解协议

〔201×〕行调字第×号

申请人：(姓名、名称等基本情况)

被申请人：(姓名、名称等基本情况)

申请人与被申请人因×××(纠纷类别性质)，请求行政调解。经调解，当事人自愿达成如下协议：

(协议内容、履行方式、期限)

申请人(签字)：被申请人(签字)：

调解员(签字)：

201×年×月×日

附件2：

行政调解书

〔201×〕行调字第×号

申请人：(姓名、名称等基本情况)

被申请人：(姓名、名称等基本情况)

案由：(纠纷类别性质)

(简述双方纠纷的主要事实、争议焦点、各方当事人的责任)。

经调解，双方当事人自愿达成如下协议：

(协议内容、履行方式、期限)

以上协议当事人应自觉履行。

调解员：×××

（一人或多人）

×××（行政机关名称）

（印章）

201×年×月×日

（印发当事人）

贵港市人民政府办公室关于加强行政调解工作的实施意见

（2012年8月28日 贵政办〔2012〕286号）

各县、市、区人民政府，市人民政府各组成部门、各直属机构：

为贯彻落实《国务院关于加强法治政府建设的意见》（国发〔2010〕33号）和中央社会治安综合治理委员会等16部委《关于深入推进矛盾纠纷大调解工作的指导意见》（综治委〔2011〕10号）精神，充分发挥行政调解在“大调解”工作体系中的重要作用，促进我市经济发展和社会和谐稳定，根据《中共中央国务院关于加强和创新社会管理的意见》（中发〔2011〕11号）和《广西壮族自治区人民政府办公厅关于加强行政调解工作的意见》（桂政办发〔2012〕81号）等有关文件的规定，结合我市工作实际，现就加强我市行政调解工作提出以下实施意见。

一、充分认识加强行政调解工作的重要性

行政调解是由行政机关或者法律法规授权的具有管理公共事务职能的组织主持的，以法律、法规和政策规定为依据，以民事纠纷和行政争议为主要对象，通过说服劝导等方法，促使各方当事人平等协商、互谅互让、达成协议，消除矛盾的一种纠纷解决机制。当前，我市正处在经济社会发展的重要战略机遇期，也是人民内部矛盾的凸显期，社会利益和群众需求呈现多元化趋势，社会矛盾化解工作也面临着许多新情况、新问题。各行政机关要着眼于改革发展稳定全局，充分认识新时期加强行政调解工作的重要性和紧迫性，切实把行政调解工作摆上重要

位置，将行政调解作为重要的社会矛盾调处手段，充分利用行政调解工作优势，运用调解的办法做好矛盾纠纷化解工作，从源头上预防和减少社会矛盾，切实维护贵港的社会和谐稳定，为推进贵港科学发展、和谐发展、跨越式发展提供良好的社会环境。

二、明确行政调解工作的总体要求和工作原则

（一）总体要求

以科学发展观为统领，以构建和谐平安贵港为目标，以化解社会矛盾纠纷为目的，以建立创新行政调解工作体制工作机制为着力点，加强行政调解工作，努力将行政争议和民事纠纷化解在基层、化解在初发阶段、化解在行政程序中。

（二）工作原则

1. 自愿原则。充分尊重当事人的意愿，不得强迫当事人接受调解方式或调解结果。

2. 合法原则。遵循法律、法规、规章的有关规定，不得损害国家利益，不得侵犯公民、法人和其他组织的合法权益。

3. 平等原则。尊重争议各方表达意愿和诉求的权利，公正、平等地协商解决利益纠纷。行政机关作为当事人一方时，与行政管理相对人的地位平等。

4. 调解优先原则。在不损害国家利益、公共利益和他人合法权益的前提下，行政机关应当主动排查、化解行政争议或相关的民事纠纷，探索研究化解矛盾纠纷的新机制，争取调解处理，增进有关当事人与行政机关之间的相互理解和信任，要追求“定纷止争，案结事了”的社会效果和法律价值。

三、规范行政调解工作的范围、重点和程序

（一）行政调解的范围：一是行政机关或者法律法规授权的具有管理公共事务职能的组织与公民、法人或者其他组织之间产生的行政争议。二是公民、法人或者其他组织之间产生的与行政管理有直接或间接关联的民事纠纷。

（二）行政调解的重点：土地征收征用、国有土地房屋征收、治安管理、交通损害赔偿、医疗纠纷、消费者权益保护、物业管理、劳动争议和社会保障、资源开发和权属争议、环境污染、公共安全事故以及涉及人数较多、社会影响大、可能影响社会稳定的纠纷。

（三）行政调解的程序：行政调解程序可分为简易程序和一般程序。其中，简易程序运用于案情简单、调解结果能够即时履行的争议纠纷，尽可能减少当事人的程序性负担；一般程序运用于案情复杂、当场不能解决的争议纠纷。一般程序通常包括以下几个步骤：

1. 申请。行政调解可书面申请，也可口头申请；可由一方当事人申请，也可由行政机关依职权提出，但必须征得各方当事人同意。

2. 受理。行政机关收到行政调解申请后，应及时决定是否受理并告知当事人。对两个以上行政机关都收到行政调解申请的，由有管辖权的行政机关办理；对两个以上行政机关都有管辖权的，由先收到行政调解申请的行政机关或者由行政职权与矛盾纠纷联系最紧密的行政机关牵头办理。行政机关对管辖权产生争议的，由其共同上一级政府的法制机构指定管辖。

3. 调处。行政机关受理行政调解后，应及时告知当事人依法享有的权利、遵循的程序及相关事项。调解过程中，要认真听取各方当事人的陈述、申辩和质证，分析并归纳各方争议的焦点，依据法律、法规、规章及有关规定，对当事人进行说服、劝导，引导争议各方达成谅解。对争议纠纷基本事实有异议的，行政机关可采取听证、现场调查等方式调查取证。调解达成协议的，应签订调解协议书。行政调解协议经各方当事人认可并签字或盖章后，即对调解当事人具有约束力，当事人应当自觉履行。

法律、法规、规章对行政调解范围、程序、时限等有明确规定的，从其规定。

四、认真落实行政调解工作的职责分工

行政调解工作作为地方各级人民政府和职能部门的重要职责，要建立由地方各级政府负总责、政府法制机构牵头、各职能部门为主体的行政调解工作体制，充分发挥行政机关在化解行政争议和民事纠纷中的作用。具体按照以下职责分工做好行政调解工作：

（一）各级人民政府对行政调解工作负总责

各级人民政府要高度重视行政调解工作，认真落实国发〔2010〕33号文件精神，实行“属地管理、分级负责”的原则，落实目标责任制。各级人民政府的行政首长是本行政区域内行政调解工作的总负责人，应当切实承担起领导责任。县级以上人民政府要建立行政调解联席会议制度，联席会议由政府分管领导为总召集人，政府法制部门主要负责人为召集人，人口计生、教育、公安、民政、司法、财政、人力资源和社会保障、国土资源、住房和城乡规划建设、交通运输、水利、农业、林业、商务、文化、卫生、环保、工商、质量技术监督、食品药品监督、旅游等部门分管负责人为成员,定期召开会议,研究解决行政调解工作涉及的重大问题,听取相关部门情况汇报,分析上报本地区行政调解工作情况。行政调解联席会议日常工作由政府法制部门承担。

乡镇人民政府、街道办事处应当加强基层行政调解工作,建立行政调解工作队伍,会同有关行政主管部门开展行政调解工作,对辖区内的矛盾纠纷进行认真梳理,登记建档,仔细排查,及时了解群众诉求,落实防范措施。

(二)各级政府法制工作部门要切实发挥牵头作用

各级政府法制工作部门要加强对行政调解工作的组织、指导、协调、监督,研究制订相关指导意见和规章制度;组织有关部门研究解决行政调解中的新情况、新问题;强化行政调解人员的法律知识和调解技能的培训;汇总分析下级人民政府和本级人民政府各部门行政调解工作情况,并向本级人民政府报告。

(三)政府各职能部门要切实发挥行政调解的主体作用

行政调解实行"谁主管、谁负责"。各职能部门要确定分管负责人和工作机构具体承担行政调解工作,配备与开展行政调解工作相适应的人力、财力、物力,充实行政调解人员,建立调解员信息库;根据部门和行业的特点,建立健全行政调解相关制度,并加强行政调解人员管理培训;行政调解任务较重或者有条件的职能部门要设立行政调解室、档案室和接待室等。

五、加强行政调解工作制度建设,建立健全行政调解配套工作制度

(一)积极推动行政调解工作规范化建设。各级行政机关要细化行政调解流程,规范行政调解案件登记、立案受理、调解程序、调解规则、文书格式、案卷归档等工作,公开行政调解范围、行政调解员姓名、行政调解守则等事项。根据本地区、本部门特点建立健全行政调解岗位责任、争议纠纷排查、重大争议纠纷讨论、档案管理、登记统计等工作制度。做到调解主体合法、调解程序完备、调解程序完备、调解文书规范,切实提高行政调解的质量和公信力。

(二)建立行政调解工作报告制度。对社会影响较大或可能引发群体性事件等重大复杂争议纠纷的调解处理,各级政府及其行政职能部门要及时向上级政府和上级主管部门报告,并通报政府法制部门。

(三)建立行政调解工作考核制度。各级行政机关要建立行政调解工作目标责任制,对发生在本地区、本部门的重大争议纠纷,要及时跟踪调解进展情况。各级人民政府要把下级人民政府和本级人民政府工作部门行政调解工作情况,作为年度依法行政考核的重要内容，严格进行考核。要完善激励惩处机制，对行政调解工作成绩突出的单位和人员予以表彰奖励，对行政调解工作落实不力导致矛盾激化、造成严重后果的，要严肃追究相关领导和人员的责任。

（四）建立行政调解与人民调解、司法调解的衔接机制。各行政机关要主动加强行政调解与人民调解、司法调解的衔接配合，建立调解情况通报交流制度，充分发挥各自职能，妥善化解各类纠纷，实现“三大调解”优势互补。行政机关对于调解不成的重大矛盾纠纷，应当及时告知、引导当事人通过诉讼渠道解决。对于进入诉讼程序的行政争议，在诉前已经做过行政调解工作的，行政机关应当将行政调解的有关情况告知人民法院。

（五）建立信息宣传制度。各级政府及其部门要加大行政调解工作宣传力度，开展多种形式的宣传活动，使广大人民群众了解和支持行政调解工作，主动选择行政调解方式解决矛盾纠纷。重视和加强行政调解信息报送工作，明确专人负责行政调解工作信息的收集、整理、分析、汇总和报送，对重要、典型的行政调解工作信息，要采取专报形式及时上报。

六、切实加强行政调解工作的组织领导

各级人民政府及其职能部门要切实加强对行政调解工作的领导，主要领导作为行政调解工作第一责任人，真正做到主要领导亲自抓、分管领导具体抓，精心组织，层层落实，将行政调解工作与依法行政考核工作相结合，做到一起部署、一起落实、一起考核，采取有效措施，常抓不懈，确保行政调解工作落到实处。

各县、市、区人民政府和市直有关部门根据本意见要求，结合工作实际，制定本地区、本部门开展行政调解工作的实施意见。

贵港市人民政府办公室

2012年8月28日

附件：

贵港市人民政府行政调解联席会议制度

为贯彻《国务院关于加强法治政府建设的意见》（国发〔2010〕33号）和中央社会治安综合治理委员会等16部委《关于深入推进矛盾纠纷大调解工作的指导

意见》(综治委〔2011〕10号)精神,加强行政调解工作的组织领导和统筹协调,推进行政调解工作,贵港市人民政府决定建立贵港市人民政府行政调解联席会议制度。

一、主要职责

组织指导全市行政调解工作;定期召开会议,研究解决行政调解工作涉及的重大问题;汇总分析下一级人民政府和市人民政府各部门行政调解工作情况;承办市人民政府交办的有关行政调解工作的其他事项。

二、成员名单

总召集人:××× 市委常委、常务副市长

召 集 人:××× 市人民政府副秘书长、办公室主任

××× 市法制办主任

成　　员:(略)

三、工作机构

联席会议下设办公室,承担联席会议日常工作,办公室设在市法制办,办公室主任由潘楠同志兼任。

来宾市人民政府关于加强行政调解工作的意见

(2012年8月8日　来政发〔2012〕79号)

各县(市、区)人民政府,来华投资区管委,市人民政府各工作部门、各直属机构:

为贯彻《国务院关于加强法治政府建设的意见》(国发〔2010〕33号)、中央社会治安综合治理委员会等16部委《关于深入推进矛盾纠纷大调解工作的指导意见》(综治委〔2011〕10号)精神和《广西壮族自治区人民政府办公厅关于加强行政调解工作的意见》(桂政办发〔2012〕81号)文件精神,充分发挥行政调解在化解矛盾、维护社会和谐稳定中的作用,现就加强全市行政调解工作提出如下意见。

一、行政调解工作的重要性和总体要求

行政调解是由行政机关或者法律法规授权的具有管理公共事务职能的组织

主持的,以法律、法规和政策规定为依据,以民事纠纷和行政争议为主要对象,通过说服劝导等方法,促使各方当事人平等协商、互谅互让、达成协议,消除矛盾的一种纠纷解决机制。当前,我市正处在经济社会发展的重要战略机遇期,同时也是矛盾纠纷凸显期,因各种利益诉求而引发的矛盾纠纷日益突出,社会矛盾化解工作面临着许多新情况和新问题。各县(市、区)人民政府、市直有关职能部门要将行政调解工作作为重要的社会矛盾纠纷调处手段,充分利用行政调解工作优势,运用调解的办法做好矛盾纠纷的化解工作,从源头上预防和减少社会矛盾,切实维护来宾的社会和谐稳定,为推进来宾科学发展、和谐发展、跨越式发展提供良好的社会环境。

行政调解工作总体要求是:以科学发展观为统领,以构建和谐平安来宾为目标,以化解社会矛盾纠纷为目的,以建立创新行政调解工作体制工作机制为着力点,加强行政调解工作,努力将行政争议和民事纠纷化解在基层、化解在初发阶段、化解在行政程序中。

二、行政调解工作的范围、重点和原则

行政调解的范围:一是行政机关或者法律法规授权的具有管理公共事务职能的组织与公民、法人或者其他组织之间产生的行政争议。二是公民、法人或者其他组织之间产生的与行政管理有直接或间接关联的民事纠纷。

行政调解的重点:土地征收征用、国有土地房屋征收、治安管理、交通损害赔偿、医疗纠纷、消费者权益保护、物业管理、劳动争议和社会保障、资源开发和权属争议、环境污染、公共安全事故以及涉及人数较多、社会影响大、可能影响社会稳定的纠纷。

行政调解的原则:坚持以自愿为原则,不得强迫当事人接受调解方式或调解结果。在不损害国家利益、公共利益和他人合法权益的前提下,行政机关应当主动排查、化解行政争议或相关的民事纠纷,探索研究化解矛盾纠纷的新机制,争取调解处理,增进有关当事人与行政机关之间的相互理解和信任,要追求“定纷止争,案结事了”的社会效果和法律价值。

三、行政调解工作的职责分工

行政调解作为地方各级人民政府和市直有关职能部门的重要职责,要建立由地方各级人民政府负总责、政府法制机构牵头、各职能部门为主体的行政调解工作体制,充分发挥行政机关在化解行政争议和民事纠纷中的作用。具体按照以下职责分工做好行政调解工作：

(一)县(市、区)人民政府对行政调解工作负总责。各县(市、区)人民政府要高度重视行政调解工作，认真落实国发〔2010〕33号文件精神，实行“属地管理、分级负责”的原则，落实目标责任制。各县(市、区)人民政府的行政首长是本行政区域内行政调解工作的总负责人，应当切实承担起领导责任。县级人民政府要建立行政调解联席会议制度，联席会议由政府分管领导为总召集人，政府法制部门主要负责人为召集人，人口计生、教育、公安、民政、司法、财政、人力资源和社会保障、国土资源、住房和城乡建设、交通运输、水利、农业、林业、商务、文化新闻出版、卫生、环保、工商、质量技术监督、食品药品监督、旅游等部门分管负责人为成员，定期召开会议，研究解决行政调解工作涉及的重大问题，听取相关部门情况汇报，分析上报本地区行政调解工作情况。行政调解联席会议日常工作由政府法制部门承担。乡镇人民政府、街道办事处应当加强基层行政调解工作，建立行政调解工作队伍，会同有关行政主管部门开展行政调解工作，对辖区内的矛盾纠纷进行认真梳理，登记建档，仔细排查，及时了解群众诉求，落实防范措施。

(二)县(市、区)政府法制工作部门要切实发挥牵头作用。各县(市、区)政府法制工作部门要加强对行政调解工作的组织、指导、协调、监督，研究制订相关指导意见和规章制度；组织有关部门研究解决行政调解中的新情况、新问题；强化行政调解人员的法律知识和调解技能的培训；汇总分析下级人民政府和本级人民政府有关职能部门行政调解工作情况，并向本级人民政府报告。

(三)政府各职能部门要切实发挥行政调解的主体作用。行政调解实行“谁主管、谁负责”。各职能部门要确定分管负责人和工作机构具体承担行政调解工作，配备与开展行政调解工作相适应的人力、财力、物力，充实行政调解人员，建立调解员信息库；根据部门和行业的特点，建立健全行政调解相关制度，并加强行政调解人员管理培训；行政调解任务较重或者有条件的职能部门要设立行政调解室、档案室和接待室等。

四、加强行政调解工作制度建设，力求行政调解取得成效

积极推动行政调解工作规范化建设。各县(市、区)人民政府和市直有关职能部门要细化行政调解流程，规范行政调解案件登记、立案受理、调解程序、文书格式、案卷归档等工作，公开行政调解范围、行政调解员姓名、行政调解守则等事项。根据本地区、本部门特点建立健全行政调解岗位责任、争议纠纷排查、重大争议纠纷讨论、档案管理、登记统计等工作制度。做到调解主体合法、调解程序完备、调解文书规范，切实提高调解工作质量，力求取得成效。各县(市、区)人民政府和市直有关职能部门要积极做好行政调解与人民调解、司法调解的衔接配合，建立健全协调联系、信息沟通工作制度，优化、整合调解资源，有效化解矛盾纠纷。要加强行政调解的宣传工作，要充分利用广播、电视、报刊、网络等新闻媒体，开展各种形式的宣传教育，积极引导人民群众自觉把行政调解作为解决矛盾纠纷的主要选择，营造行政调解工作的良好氛围。

五、加强领导，确保行政调解工作落到实处

各县(市、区)人民政府及其职能部门要切实加强对行政调解工作的领导，主要领导作为行政调解工作第一责任人，真正做到主要领导亲自抓、分管领导具体抓，精心组织，层层落实，将行政调解工作与依法行政考核工作相结合，做到一起部署、一起落实、一起考核。

各县(市、区)人民政府和市直有关职能部门要设立“行政调解室”，明确专门工作人员，要在办公场所公布调解工作人员名单，做到人员、场地、办公设施、办公经费“四落实”，采取有效措施，常抓不懈，确保行政调解工作落到实处。

各县(市、区)人民政府和市直有关职能部门根据本意见要求，结合工作实际，制定本地区、本部门开展行政调解工作的实施意见。

来宾市人民政府

2012年8月8日

河池市人民政府办公室关于加强全市行政调解工作的意见

(2012年7月11日 河政办发〔2012〕201号)

各县(市、区)人民政府，市人民政府各组成部门、驻河池中区直各单位：

为贯彻《国务院关于加强法治政府建设的意见》(国发〔2010〕33号)、中央社会治安综合治理委员会等16部委《关于深入推进矛盾纠纷大调解工作的指导意见》(综治委〔2011〕10号)和《广西壮族自治区人民政府办公厅关于加强行政调解工作的意见》(桂政办发〔2012〕81号)的精神,充分发挥行政调解在化解矛盾、维护社会和谐稳定中的作用,经市人民政府同意,现就加强全市行政调解工作提出如下意见。

一、行政调解工作的重要性和总体要求

行政调解是由行政机关或者法律法规授权的具有管理公共事务职能的组织主持的,以法律、法规和政策规定为依据,以民事纠纷和行政争议为主要对象,通过说服劝导等方法,促进各方当事人平等协商、互谅互让、达成协议,消除矛盾的一种纠纷解决机制。

当前,我市正处在经济社会发展的重要战略机遇期,同时也是矛盾纠纷凸显期,因各种利益诉求而引发的矛盾纠纷日益突出,社会矛盾化解工作面临着许多新情况和新问题。各级行政机关要将行政调解工作作为重要的社会矛盾纠纷调解手段,充分利用行政调解工作的优势,运用调解的办法做好矛盾纠纷的化解工作,从源头上预防和减少社会矛盾,切实维护河池的社会和谐稳定,为大力推进"五大工程"建设,推动各项工作"上档进位",加强推进富民强市新跨越、建设幸福河池创造安定和谐的社会环境。

行政调解工作总体要求是:以科学发展观为统领,以构建和谐平安河池为目标,以化解社会矛盾纠纷为目的,以建立创新行政调解工作体制工作机制为着力点,加强行政调解工作,努力将行政调解和民事纠纷化解在基层、化解在初发阶段、化解在行政程序中。

二、行政调解工作的范围、重点和原则

行政调解的范围:一是行政机关或者是法律法规授权的具有管理公共事务职能的组织与公民、法人或者其他组织之间产生的行政争议。二是公民、法人或者其他组织之间的与行政管理有直接或者间接关联的民事纠纷。

行政调解的重点:土地征收征用、国有土地房屋征收、治安管理、交通损害赔偿、医疗纠纷、消费者权益保护、物业管理、劳动争议和社会保障、资源开发和权属争议、环境污染、公共安全事故以及涉及人数较多、社会影响大、可能影响社会稳定的纠纷。

行政调解的原则:坚持以自愿为原则,不得强迫当事人接受调解方式或者调解结果。在不损害国家利益、公共利益和他人合法权益的前提下，行政机关应当主动排查、化解行政争议或相关的民事纠纷，探索研究化解矛盾纠纷的新机制，争取调解处理，增进有关当事人与行政机关之间的相互理解和信任，要追求"定纷止争，案结事了"的社会效果和法律价值。

三、行政调解的职责分工

行政调解作为地方各级人民政府和有关部门的重要职责，要建立由地方各级人民政府负总责，政府法律机构牵头、各职能部门为主体的行政调解工作体制，充分发挥行政机关在化解行政争议和民事纠纷中的作用。具体按下列职责分工做好行政调解工作：

（一）市人民政府对行政调解工作负总责。

市人民政府高度重视调解工作，行政调解实行"属地管理、分级负责"的原则，落实目标责任制。建立行政调解联席会议制度，市人民政府的行政首长为本行政区域内行政调解工作的总负责人，联席会议由政府分管领导为总召集人，市法制办主要负责人为召集人，人口计生、教育、公安、民政、司法、财政、人社、国土资源、住建、交通运输、水利、农业、林业、商务、文广、卫生、环保、工商、质监、药监、旅游等部门分管领导为成员，定期召开会议，研究行政调解工作涉及的重大问题，听取相关部门情况汇报，分析上报本部门行政调解工作情况。行政调解联席会议日常工作由市政府法制办公室承担。

（二）市法制办公室要切实发挥牵头作用。

市法制办公室要加强对行政调解工作的组织、指导、协调、监督，研究相关指导意见和规章制度；组织有关部门研究解决行政调解工作中的新情况、新问题；强化行政调解人员的法律知识和行政调解技能的培训；汇总分析下级人民政府和市人民政府各部门行政调解工作情况，并向市人民政府报告。

（三）政府各职能部门要切实发挥行政调解的主体作用。

行政调解实行"谁主管、谁负责"的原则。各职能部门要确定分管领导和工作机构具体承担行政调解工作，配备与开展行政调解工作相适应的人力、财力、物力，充实行政调解人员，建立调解员信息库；根据部门和行业的特点，建立健全行政调解相关制度，加强行政调解人员管理人员管理培训，设立行政调解室、档案室和接待室。

四、加强行政调解工作制度建设,力求行政调解取得成效

各级行政机关要积极推动行政调解工作的规范化建设。各级行政机关要细化行政调解流程,规范行政调解案件登记、立案受理、调解程序、文书格式、案卷归档等工作,公开行政调解范围、行政调解员姓名、行政调解手册等事项。根据本部门特点建立健全行政调解工作岗位责任、争议纠纷排查、重大争议纠纷讨论、档案管理、登记统计等工作制度。做到调解主体合法、调解程序完备、调解文书规范,切实提高行政调解工作质量,力求取得成效。

做好行政调解与人民调解、司法调解的衔接配合,建立健全协调关系、信息沟通工作制度,优化、整合调解资源,有效化解矛盾纠纷。加强行政调解的宣传工作,充分利用广播、电视、报刊、网络等新闻媒体,开展各种形式的宣传教育,积极引导人民群众自觉把行政调解作为解决矛盾纠纷的主要选择,营造行政调解工作的良好氛围。

五、加强领导,确保行政调解工作落到实处

各级人民政府及其职能部门要切实加强行政调解工作的领导。主要领导作为行政调解工作第一责任人,真正做到主要领导亲自抓、分管领导具体抓,精心组织,层层落实,将行政调解工作与依法行政考核工作相结合,做到一起部署、一起落实、一起考核,采取有效措施,常抓不懈,确保行政调解工作落到实处。

各成员单位应当结合本部门的工作实际,建立健全行政调解工作实施意见,按照本工作意见第二条、第三条第(三)项、第四条的要求,指派一名领导专门负责本部门行政调解的领导工作,成立行政调解工作机构,具体负责本部门本系统的行政调解工作,开展一次行政调解工作的宣传教育活动,并将本部门行政调解工作实施意见,行政调解工作机构组成人员、工作职责、工作方案,于7月20日前报送市人民政府行政调解联席会议办公室。

二〇一二年七月十一日

附件:

河池市人民政府行政调解联席会议制度

为贯彻落实《广西壮族自治区人民政府办公厅关于加强行政调解工作的

意见》(桂政办发〔2012〕81号)的精神,加强行政调解工作的组织领导和统筹协调,推进行政调解工作,市人民政府决定建立河池市人民政府行政调解联席会议制度。

一、主要职责

组织指导全市行政调解工作,定期召开会议,研究解决行政调解工作涉及的重大问题;汇总分析各县(市、区)人民政府和市人民政府各部门行政调解工作情况;承办市人民政府交办的有关行政调解工作的其他事项。

二、成员名单

总召集人:××× 市人民政府副市长

召 集 人:××× 市人民政府副秘书长

×××× 市法制办公室副主任

成 员:(略)

三、工作机构

联席会议下设办公室,承担联席会议日常工作,办公室设在市法制办,办公室主任由法制办公室副主任兼任。

·海南省·

中共海南省委政法委员会　海南省高级人民法院　海南省人民检察院　海南省公安厅　海南省司法厅　海南省信访局印发《关于健全完善人民调解、行政调解、司法调解联动工作机制进一步加强新时代矛盾纠纷多元化解工作的意见》的通知

（2019年1月20日　琼司通〔2019〕34号）

各市县委政法委、人民法院、人民检察院、公安局、司法局、信访局；洋浦经济开发区工委政法委、人民法院、人民检察院、公安局、司法办、信访办：

中共海南省委政法委员会等六部门共同制定了《关于健全完善人民调解、行政调解、司法调解联动工作机制进一步加强新时代矛盾纠纷多元化解工作的意见》，现印发给你们，请遵照执行。

中共海南省委政法委员会　海南省高级人民法院
海南省人民检察院　海南省公安厅
海南省司法厅　海南省信访局
2019年1月20日

关于健全完善人民调解、行政调解、司法调解联动工作机制进一步加强新时代矛盾纠纷多元化解工作的意见

为贯彻落实党的十九大关于“打造共建共治共享的社会治理格局，加强预防和化解社会矛盾机制建设，正确处理人民内部矛盾”和中共中央办公厅、国务院办公厅《关于完善矛盾纠纷多元化解机制的意见》（中办发〔2015〕60号）精神，有

效整合调解资源,强化调解职能,形成工作合力,从源头上化解矛盾纠纷,更好地服务我省自由贸易试验区(港)建设,现就健全完善人民调解、行政调解、司法调解联动工作机制(以下简称"三调联动"机制),进一步做好新时代矛盾纠纷多元化解工作提出以下意见:

一、充分认识健全完善"三调联动"工作机制的重要意义

近年来,我省各地坚持发展"枫桥经验",以人民调解为基础和依托,积极推动人民调解、行政调解、司法调解"三调联动"机制建设,建立了"诉调对接"、"检调对接"、"公调对接"、"访调对接"、"交调对接"等多项联动机制,不断增强矛盾纠纷化解的能力,使一大批重大、疑难、复杂矛盾纠纷及时就地化解在基层,消除在萌芽状态,有力地维护了全省社会的和谐稳定。但随着我省经济体制的深刻改革,社会结构的深刻变动,利益格局的深刻调整,思想观念的深刻变化,各种矛盾纠纷凸显,成为影响社会稳定的重要因素。这些矛盾纠纷主要是因利益问题引发的非对抗性人民内部矛盾,完全可以通过调解的方式解决。实践证明,调解工作是解决人民内部矛盾最有效的途径。健全和完善人民调解、行政调解、司法调解相互衔接配合的"三调联动"工作机制,是深入贯彻以人民为中心发展思想的必然要求,是构建共建共治共享社会治理格局的客观需要,是健全和完善中国特色调解制度的本质要求。有利于整合调解资源,强化调解功能,形成工作合力,及时有效地化解社会矛盾纠纷;有利于妥善协调各方面利益关系,维护好、实现好、发展好最广大人民群众利益,密切党和人民群众的血肉联系,巩固党的执政基础,提高党的执政能力;有利于充分调动各方面的积极性,实现优势互补,提高矛盾纠纷调处效率;有利于减少群众过高诉求,节约化解矛盾纠纷社会成本。各部门要从维护社会稳定、构建和谐社会、实现长治久安的高度,充分认识健全和完善"三调联动"工作机制的重要性和必要性,进一步加强协调、夯实基础,着力建立在党委、政府领导下,以人民调解为基础,人民调解、行政调解、司法调解有机结合的矛盾纠纷多元化解工作机制,为维护社会和谐稳定发挥更大的作用。

二、健全完善"三调联动"工作机制的指导思想、目标任务和基本原则

(一)指导思想

以习近平新时代中国特色社会主义思想为指引,全面贯彻落实党的十九大和省七次党代会以及中央和省委历次会议精神,坚持发展"枫桥经验",以解决人民群众最关心、最直接、最现实的利益问题为重点,实现人民调解、行政调解、司法调解有机结合,依法、及时、就地化解矛盾纠纷,全力维护群众合法权益,推动形成共建共治共享的社会治理新格局,为海南自由贸易试验区(港)建设营造公平正义的法治环境、和谐稳定的社会环境和优质高效的营商环境作出新的贡献。

(二)工作目标

通过健全完善人民调解、行政调解、司法调解"三调联动"工作机制,形成领导有力、各负其责、工作协调、运转高效的矛盾纠纷"大调解"工作格局,及时将矛盾纠纷就地化解在基层,消除在萌芽状态,防止重大群体性事件、民转刑案件和集体赴京到省上访事件的产生,努力实现人民调解成功率、民事诉讼调解率、行政诉讼案件协调结案率提高;实现民转刑案件、涉法涉诉信访案件下降,确保社会和谐稳定。

(三)工作原则

——坚持党的领导原则。认真贯彻中央关于依法治国决策部署,确保"三调联动"工作机制正确的政治方向。坚持党委总揽全局、协调各方的领导核心作用,有效发挥司法行政机关指导人民调解工作的职能优势,建立在党委统一领导下、各职能部门积极参与、既有分工又有配合的矛盾纠纷大调解工作格局,形成化解矛盾纠纷的合力。

——坚持以人民为中心的原则。把广大人民群众的根本利益作为调解工作的出发点和落脚点,引导群众以理性合法的形式表达利益诉求,妥善解决矛盾纠纷,切实维护好人民群众最现实、最关心、最直接的利益。

——坚持调解优先的原则。进一步强化全社会的调解意识,把调解优先原则更好地体现在调节经济社会关系中,有效化解矛盾纠纷。一方面要引导当事人把调解作为解决矛盾纠纷的首要选择,不以公共权力压制当事人接受调解;另一方面要充分尊重双方当事人的真实意愿和诉讼权利,不强迫当事人接受调解方式和调解结果。

——坚持依法调解与以情以理调解相结合的原则。调解矛盾纠纷,必须在国家法律框架内,以事实为依据进行调解。同时在调解过程中,要教育引导当事人形成正确、理性的解决纠纷观念,用社会主义道德观、价值观和荣辱观的要求规范自身的行为,自觉消除隔阂、达成和解。

——坚持人民调解为基础的原则。充分发挥人民调解组织和人民调解员扎根基层、贴近群众、熟悉社情民意的优势,进一步完善工作机制,提高保障水平,积极采取人民调解方式，在当事人合意的基础上，解决利益诉求，实现案结事了，有效调解化除矛盾纠纷。

三、健全完善"三调联动"工作机制的主要措施

（一）人民调解与司法调解衔接联动

1. 诉前告知人民调解。人民法院在接待当事人申请立案时，向其宣传人民调解的优势、特点。对未经人民调解组织调解，且案情简单、争议不大，人民法院认为宜由人民调解组织先行调解的民事纠纷，在征得当事人同意后，暂缓立案，告知或介绍当事人选择所在地（所在单位）或纠纷发生地人民调解组织进行调解，也可依职权直接委托调解。调解成功的，以人民调解组织名义出具人民调解协议书。调解未果的，再由人民法院审查立案。对于不符合起诉条件、法院不予受理的民事纠纷，也应当及时将案件转移至当事人所在地（所在单位）或纠纷发生地的乡镇（街道）司法所转交相关人民调解组织做好调解息诉工作。诉前经人民调解组织主持调解达成协议，并制作了人民调解协议书，一方当事人到期不履行义务且符合《民事诉讼法》关于申请支付令条件的，对方当事人可以向人民法院申请支付令或起诉，请求对方当事人履行调解协议。

2. 诉中委托人民调解。案件进入诉讼程序后，对于有可能通过人民调解解决的，人民法院、人民检察院可以委托人民调解组织进行调解，也可在调解组织的参与下共同调解，提高调解成功率。调解时根据案情需要，可邀请有关单位和个人参与诉讼调解工作。对于民事或经济案件，人民法院在立案后庭审前或审理中，将有可能通过人民调解组织调解的案件，在征得当事人的同意后，可将案件委托当事人所在地（所在单位）或纠纷发生地的乡镇（街道）司法所转交相关人民调解组织进行调解，人民调解组织应当及时调解纠纷，一般在一个月内完成调解，调解期限不计入审限。经调解，双方当事人达成协议的，由调解组织制作人民调解协议书，当事人依此向人民法院申请撤诉。

对于轻微刑事案件、告诉才处理的案件、未成年人犯罪案件，事实清楚，证据确实、充分，犯罪嫌疑人、被告人悔罪，并且对主要事实没有异议，被害人愿意与犯罪嫌疑人、被告人达成刑事和解的，在不损害国家、集体和其他公民的合法权益、不损害社会公共利益、不违反法律和社会公德的前提下，人民检察院、人民法院可以委托乡镇（街道）司法所转交相关人民调解组织进行调解，人民调解组织应当在规定的期限内调解结案，并将调解结果送达被委托的人民检察院、人民法院。经调解达成人民调解协议的,人民检察院、人民法院可以依法对犯罪嫌疑人、被告人不予批准逮捕,或者不起诉,或者起诉后从轻、减轻判处;犯罪嫌疑人、被告人认罪认罚的,可以按照刑事诉讼法的规定从宽处理并适用速裁程序。如双方未达成协议,则依照刑事诉讼程序依法处理。诉中委托人民调解组织主持调解达成的调解协议书,人民法院要积极审查做出司法确认,经人民法院审查并做出司法确认的调解协书,一方当事人到期不履行具有给付内容的义务,对方当事人可以向人民法院申请强制执行。根据需要,各地司法行政机关可联合人民法院、人民检察院在人民法院、人民检察院共同设立人民调解工作室,联合开展调解工作。

3. 吸收人民调解员参与诉讼调解。司法行政机关应当积极推进医疗纠纷、旅游纠纷、劳动争议纠纷、物业纠纷、家事纠纷、商事纠纷等专业性人民调解组织的设立,不断完善人民调解网络,加强专职化、职业化人民调解员队伍建设。对于一般的民事纠纷,人民法院可以吸收人民调解员参与诉讼调解,具有专业身份的人民调解员可介入特殊、疑难、复杂案件的调解。基层人民法院应发挥指导人民调解工作的作用,建立定员、定点、定期联系制度,对人民调解组织工作中存在的问题及时指导。人民调解员要充分发挥扎根群众、熟悉社情民意的优势,积极协助人民法院提高诉讼调解效率。根据需要,乡镇(街道)人民调解组织可选派优秀人民调解员到人民法院或法庭立案调解室参与纠纷的诉前调解工作。人民法院在执行工作中受阻,需要人民调解组织协助的,人民调解组织应积极支持配合。

(二)人民调解与行政调解衔接联动

1. 公安机关引导当事人选择人民调解。矛盾纠纷当事人寻求公安机关帮助解决纠纷的,公安机关接警后经审查认为属于不构成违反治安管理行为的民间纠纷,应当告知或介绍当事人到其所在地或纠纷发生地人民调解组织进行调解。对民事纠纷引起的治安案件中民事损害赔偿事项,公安机关认为可以通过人民调解途径解决的,应当告知和引导当事人选择人民调解。当事人接受建议的,公安机关接警后应与当事人所在乡镇(街道)司法所或人民调解组织取得联系,将纠纷移交乡镇(街道)司法所或相关人民调解组织进行调解。

2. 对情节较轻治安案件可委托人民调解。对于因民间纠纷引发的情节较轻的治安案件,可能对违反治安管理行为人依法予以治安管理处罚,但公安机关认为可以调解处理,且当事人双方表示愿意接受人民调解组织调解的,由公安派出所出具委托调解书,委托乡镇(街道)司法所转交相关人民调解组织进行调解,有关人民调解组织要及时将调解情况反馈被委托的司法所和公安派出所。对于调解成功的案件,由有关人民调解组织制作人民调解协议书,并督促人民调解协议的履行。履行完毕的人民调解协议书由公安派出所与相关人民调解组织各留档一份。根据需要,公安派出所、司法所可在派出所内共同设立人民调解工作室,联合开展调解工作。人民调解介入公安机关交通事故民事赔偿调解可参照此项执行。

3. 疑难、复杂矛盾纠纷实行联合调解。对疑难、复杂矛盾纠纷,由司法所牵头,组织公安派出所、乡镇(街道)、村(居)、社区人民调解组织等有关部门开展联合调解,切实使辖区内的矛盾纠纷早发现、早调处、早解决。

(三)人民调解与信访调解衔接联动

1. 引导分流。对信访人反映的平等主体之间的民事纠纷和适宜通过人民调解方式化解的信访事项,信访部门应当向信访人释明人民调解的优势,引导信访人选择人民调解化解纠纷。

2. 对接移送。信访部门认为可以移送调解的,在征求当事人意愿的基础上,出具移送函,与信访事项相关材料一并移送信访事项纠纷所在地乡镇(街道)或村居(社区)人民调解组织。人民调解组织对移送的信访事项审查后决定受理的,反馈信访部门;对不符合受理条件的,应及时告知当事人法定的处理途径,并将相关材料退回信访人,也可将相关材料退回信访部门。

3. 依法调解。人民调解组织受理调解申请后,应当及时组织调解。调解成功的,应当制作人民调解协议书,并引导信访事项当事人通过人民法院对人民调解协议书进行司法确认。

4. 结果反馈。调解结束后,人民调解组织应及时将调处结果反馈信访部门,并由信访部门作信访结案处理。已作结案处理的,信访人就同一事项再次信访的,信访事项由信访部门移交有关调解组织导入调解案件反悔处理程序处理。

四、健全完善"三调联动"工作制度

(一)联席会议制度。各级党委政法委要将"三调联动"联席会议制度纳入党委政法委工作会议制度,根据实际,适时召开,研究有关"三调联动"工作重大事项,梳理"三调联动"工作矛盾纠纷调处情况,分析矛盾纠纷特点走势和工作中存在的问题,有针对性地制定具体应对措施。

(二)排查预警机制。各地要充分发挥各级人民调解组织的优势,开展矛盾纠纷的预警排查,及时收集线索隐患,做到早发现、早报告、早控制、早解决。对排查出的上访苗头隐患,要分类梳理,建立台账,做到底数清、情况明,采取有针对性的预防措施,防患于未然。对于可能引发群体性事件、越级信访等矛盾纠纷,要及时通报有关部门并报告当地党委、政府,积极配合党委、政府及有关部门疏导化解。

(三)情况通报制度。各级党委政法委、人民法院、人民检察院、公安机关、司法行政机关、信访部门和人民调解组织要及时互相通报发现、受理的矛盾纠纷及调解工作情况。对涉及人民调解协议的案件,人民法院、人民检察院在调解或审理终结后,要将生效的法律文书通报调解该纠纷的人民调解组织,并针对审理中发现的问题对调解工作提出指导意见。

五、加强"三调联动"工作机制的组织领导

(一)切实加强对"三调联动"机制的组织领导。各级党委政法委、人民法院、人民检察院、司法行政机关、信访部门要积极争取党委政府高度重视支持"三调联动"化解工作,将其纳入党委政府工作重要议事日程,结合本地实际和《意见》精神,制定"三调联动"具体实施意见。各地要充分发挥党委政法委的领导、督办、协调作用,有效整合人民法院、人民检察院、公安机关、司法行政机关、信访等部门力量,切实做好矛盾纠纷排查调处工作。对跨区域、跨行业的重大矛盾纠纷,由党委政法委牵头,协调有关部门共同参与调处。人民调解组织要积极协同有关行政部门做好矛盾纠纷的排查调解工作。

(二)落实"三调联动"工作责任制。各级党委政法委要将"三调联动"工作纳入社会治安综合治理目标管理,积极推动全省"三调联动"工作的深入开展。对因调解工作组织不力、保障不到位,导致调解工作无法正常开展的,要及时通报批评,督促整改;对因排查调解不力而导致矛盾激化,诱发严重影响社会稳定的重大群体性事件的单位和个人,严格实行责任倒查,追究相关人员的责任。

(三)强化"三调联动"经费保障。各地要认真贯彻落实财政部、司法部《关于进一步加强人民调解工作经费保障的意见》(财行〔2007〕179 号)和中央政法委等六部门《关于加强人民调解员队伍建设的意见》(司发〔2018〕2 号)精神,积极争取党委、政府的重视支持,将"三调联动"工作专项经费列入各部门财政预算,认真落实解决基层调解组织工作经费和人民调解员工作补贴,确保"三调联动"工作机制健康有序运行。

(四)强化宣传引导。各地要积极总结"三调联动"工作经验做法,以点带面,推动"三调联动"工作的有效开展。要充分运用报纸、电视、网络等媒体,广泛宣传"三调联动"工作中先进典型和经验成果,对调解工作中成绩突出的集体和个人,要进行表彰奖励,提升广大人民调解员的职业荣誉感和自豪感。

·重庆市·

重庆市人民政府办公厅关于加强行政调解工作的意见

(2012年2月2日 渝办发〔2012〕28号)

各区县(自治县)人民政府,市政府有关部门,有关单位:

为认真贯彻市委三届十次全委会精神,落实“民主法治十五条”,充分发挥行政调解在化解社会矛盾,维护社会稳定中的重要作用,推动行政调解与人民调解、司法调解相互衔接,促进我市改革发展和社会和谐,依据《国务院关于加强法治政府建设的意见》(国发〔2010〕33号)和中央综治委等16部门《关于深入推进矛盾纠纷大调解工作的指导意见》(综治委〔2011〕10号),经市政府同意,现就加强行政调解工作提出以下意见。

一、提高思想认识,高度重视行政调解工作

行政调解是指国家行政机关依据法律、法规,对行政职权内的行政争议以及与行政职权有关的民事纠纷,通过疏导、说服等方式,促使当事人在平等协商的基础上达成协议、化解矛盾纠纷的活动。行政调解工作是发挥行政机关的职能作用,及时化解社会矛盾的重要途径;是加强和创新社会管理,维护社会稳定的有效方式;是加强依法行政、推进民主法治建设的重要举措。全市各级政府和部门要从贯彻落实科学发展观,坚持以人为本、执政为民理念,提高促进科学发展、实现社会和谐、加快法治政府建设能力的高度,充分认识加强行政调解工作的重大意义,增强行政调解意识,积极发挥行政调解在构建矛盾纠纷大调解工作格局中的重要作用,形成与人民调解、司法调解、仲裁调解、信访调解有机衔接、共同推进的工作局面,把与行政管理有关的各类矛盾纠纷化解在基层、化解在初发阶段、化解在行政程序中,维护社会稳定,服务经济发展,促进社会和谐。

二、明确工作范围,把握行政调解原则

(一)行政调解工作的范围:行政机关(包括具有行政管理职权的组织)与公民、法人或者其他组织之间发生的行政争议;公民、法人或者其他组织之间发生的与行政管理职能相关、纠纷双方同意调解、法律法规规章没有禁止性规定的民事纠纷。

(二)行政调解工作的原则

1. 自愿原则。行政调解应当遵循当事人自愿原则,行政机关不得强迫当事人接受调解。

2. 平等原则。在行政调解活动中,各方当事人的法律地位平等,享有充分、真实表达意愿和诉求的权利。

3. 公正原则。行政机关在调解过程中应当中立、公正地对待各方当事人。

4. 合法原则。行政调解不得违背法律、法规和国家政策,不得违背立法宗旨、法律原则和社会公德。

三、落实工作责任,依法开展行政调解工作

行政调解是全市各级人民政府及其职能部门的重要职责。各级人民政府对行政调解工作负总责,政府法制机构负责对行政调解工作进行指导、协调和规范,政府各职能部门是行政调解工作的主体。

(一)各级人民政府对行政调解工作负总责。按照"属地管理、分级负责"的原则,各级政府应当高度重视行政调解工作,落实工作责任,提供工作保障。各级政府应当建立行政调解联席会议制度,由本级政府分管领导牵头,公安、民政、司法、财政、劳动保障、国土、建设、农业、卫生、法制、机构编制等部门负责人参加,定期汇总、分析行政调解工作开展情况,及时研究解决行政调解工作的重要问题。

(二)各级政府法制机构应当切实加强对下级人民政府和本级政府各部门行政调解工作的指导、监督、协调和规范。对于重大、复杂以及影响社会稳定的纠纷,在本级政府的统一领导和安排下,组织相关部门开展行政调解工作。

(三)各级政府的职能部门应当切实发挥行政调解工作的主体作用。行政调解实行"谁主管、谁负责"的原则,对于法律关系单一、一个职能部门能够解决的争议纠纷,由该职能部门负责解决;对于涉及多个职能部门工作职责的纠纷,实行"首问责任制",由最初收到申请(投诉、请求)的行政部门牵头,相关部门配合,通过召开联席会议等方式,共同开展行政调解工作。

四、加强组织领导,建立健全行政调解制度

(一)清理行政调解工作依据。

市政府各部门应对本部门、本系统有关的行政调解法律、法规、规章和政策依据进行全面清理，清理工作应在2012年3月31日前完成，并将清理结果向社会公示并抄送市政府法制办备案。

（二）规范行政调解工作程序。

市政府法制办要尽快根据我市实际制定行政调解工作规定，切实规范行政调解程序。各级行政调解主体要细化行政调解流程，规范案件登记、立案受理、调解程序、调解规则、文书格式、案卷归档等工作，公开行政调解员姓名、行政调解守则、行政调解范围和行政调解电话等事项；要建立健全岗位责任、重大争议纠纷讨论、争议纠纷排查、案件回访、档案管理、登记统计、信息报送等工作制度，不断提高行政调解的质量和公信力。

（三）加强行政调解队伍建设。

全市各级政府部门及乡镇政府、街道办事处应建立专、兼职行政调解工作人员队伍，要选调政治思想好、业务能力强、有较高法律素质、善于做群众工作的干部充实行政调解工作队伍；要建立行政调解组织网络体系，保障宣传、培训、指导、调解员工作补贴等各类调解工作经费。公安、工商行政、卫生、国土资源、城乡建设、环境保护、人力资源和社会保障等行政调解任务重的部门应当设立行政调解室、档案室和接待室。

（四）落实领导责任，加强监督检查。

全市各级行政机关要根据本市关于行政调解工作的具体部署，制定本地区、本部门开展行政调解工作的实施意见和工作方案，主要领导应当定期听取行政调解工作汇报，及时协调解决行政调解工作中遇到的重大问题。要定期对行政调解工作进行检查和指导，对开展行政调解工作取得突出成绩的单位和个人应当给予奖励。

二○一二年二月二日

重庆市人民政府法制办公室关于印发《重庆市行政调解工作规则(试行)》的通知

(2012年5月21日 渝府法制发〔2012〕23号)

各区县(自治县)人民政府法制办公室,市政府各部门及有关单位法制机构:

现将《重庆市行政调解工作规则(试行)》印发给你们,请认真贯彻执行。

重庆市人民政府法制办公室

二〇一二年五月二十一日

重庆市行政调解工作规则(试行)

第一条 为了规范我市行政调解工作,及时化解矛盾纠纷,积极履行行政职责,促进社会和谐稳定,根据《国务院关于加强法治政府建设的意见》,制定本规则。

第二条 本规则所称行政调解是指行政机关依据法律法规对本机关与公民、法人或者其他组织之间产生的行政争议,以及与本机关行政管理职责有关的民事纠纷,通过疏导、说服等方式,促使当事人在平等协商的基础上达成协议、化解矛盾纠纷的活动。

第三条 本市行政区域内各行政机关(包括法规授权的具有管理公共事务职能的组织,以下统称"行政机关")开展行政调解工作,适用本规则。

法律、法规、规章对行政调解另有规定的,从其规定。

第四条 行政调解应当遵循以下原则:

(一)自愿原则。行政调解应当充分尊重当事人意愿;

(二)平等原则。行政调解过程中,当事人双方地位平等;

(三)合法原则。行政调解应当符合法律、法规、规章及政策,不得损害国家

利益、公共利益和他人合法权益;

(四)高效便民原则。行政机关应当积极、迅速、及时地履行行政调解职责,妥善化解争议纠纷。

第五条 当事人在行政调解活动中享有下列权利:

(一)接受调解、拒绝调解或者要求终止调解;

(二)要求调解公开进行或者不公开进行;

(三)自主表达意愿、自愿达成调解协议;

(四)法律、法规规定的其他权利。

第六条 当事人在行政调解活动中承担下列义务:

(一)如实陈述事实;

(二)遵守调解秩序,尊重行政调解人员;

(三)积极履行调解协议;

(四)法律、法规规定的其他义务。

第七条 行政调解工作在地方各级人民政府领导下进行,政府法制机构予以指导、协调和监督,政府职能部门具体组织实施。

政府各部门应当建立行政调解员队伍,行政调解人员应当具有较高的法律素养、政策水平和专业能力。

第八条 同时符合下列条件的民事纠纷,行政机关应当进行调解:

(一)与行政机关职责相关的;

(二)纠纷当事人双方同意调解的;

(三)法律法规、规章没有禁止性规定的。

第九条 适宜用调解方式解决行政争议的,由行政机关依据相关法律法规的规定进行调解。

在行政复议中运用调解方式解决行政争议的,适用《中华人民共和国行政复议法实施条例》。

第十条 下列行政调解申请,行政机关不予受理:

(一)已向仲裁机构申请仲裁的;

(二)已向行政复议机关申请复议的;

(三)已向人民法院起诉的。

第十一条 对公民、法人和其他组织之间就与行政职权相关的民事纠纷申请调解的,由与行政职权相关的区、县(自治县)人民政府职能部门管辖。

当事人向乡(镇)人民政府或街道办事处申请行政调解的,乡(镇)人民政府或街道办事处应当受理;对不属于本机关管辖的,应当及时移送有关部门并告知当事人。

第十二条 两个以上行政机关都收到行政调解申请的,由具有相关管理职能的行政机关受理;两个以上行政机关都有管辖权的,由最先收到行政调解申请的行政机关受理;行政机关对管辖权产生争议的,由行政机关协商受理,协商不成的,报同级政府法制机构或者同级大调解组织确定管辖。

第十三条 行政调解可以由一方当事人或者双方当事人申请,也可以由行政机关依职权主动调解。

由一方当事人提出行政调解申请的,应当征得其他当事人同意。由行政机关依职权主动调解的,应当征得双方当事人同意。

第十四条 当事人申请行政调解,可以书面申请,也可以口头申请;当事人口头申请行政调解的,行政机关应当制作笔录,并由申请人签字确认。

第十五条 行政机关收到调解申请后,对符合调解条件的争议应当及时受理。

事实清楚、情形简单的争议,可以由一名调解人员现场组织调解;其他情形的争议,应当由三名以上行政调解人员组成行政调解组在 5 个工作日内组织调解。

第十六条 行政调解人员应当及时将行政调解的时间、地点告知当事人。

第十七条 行政调解人员有以下情形之一的,应当主动回避,当事人也可以申请回避:

(一)与该争议有利害关系的;

(二)与当事人有利害关系的;

(三)有其他可能影响公正调解的情形。

第十八条 实施行政调解时,行政调解人员应当宣布调解纪律,核对当事人身份,宣布当事人的权利和义务,宣布行政调解人、记录人的身份,询问当事人是否申请回避。

行政调解过程中,调解人员应当充分听取双方当事人的陈述,查明争议的基本事实,依据法律、法规、规章及政策对双方当事人进行说服、劝导,引导当事人达成谅解。

第十九条 当事人通过行政调解达成协议的,由当事人签订行政调解协议书。当事人认为不需要签订行政调解协议书的,可以由行政调解人员将协议内容记入笔录交双方当事人签字认可。

第二十条 行政调解协议书应当载明下列事项:

(一)当事人的姓名、性别、年龄、职业、工作单位、住所;法人或者其他组织的名称、住所和法定代表人姓名、职务;委托代理人的姓名、性别、年龄、职业、工作单位;

(二)争议的主要事实;

(三)当事人达成调解协议的内容,履行的方式和期限;

(四)当事人违反调解协议的责任;

(五)其他相关事项。

行政调解协议书应当由当事人及调解人员签名或盖章,必要时可以加盖行政机关印章。

第二十一条 行政调解协议书自当事人签字之日起生效,当事人应当自觉履行,不得擅自变更或者解除行政调解协议。

第二十二条 经行政机关调解达成调解协议后,双方当事人认为有必要的,可以自调解协议生效之日起30日内共同向人民法院申请司法确认。

第二十三条 经行政调解达不成协议的,行政机关应当及时终止行政调解,并告知当事人可以寻求的法律救济途径。

第二十四条 有下列情形之一的,行政调解终止:

(一)一方或多方反对调解继续进行的;

(二)一方或多方无正当理由在规定的时间不参加调解活动的,视为反对调解继续进行;

(三)经调解未达成协议的。

第二十五条 有下列情形之一的,行政调解协议无效:

(一)违反法律、法规强制性规定的;

(二)侵害国家利益、社会公共利益的;

(三)侵害他人合法权益的。

第二十六条 行政调解案卷应当按年、月、日归档编号,做到一案一档。文书顺序为：

（一）行政调解卷宗目录；

（二）行政调解申请书或口头申请笔录；

（三）行政调解告知书；

（四）有关证据材料；

（五）行政调解协议书或行政调解终结材料；

（六）送达回证；

（七）结案报告。

第二十七条 行政机关无正当理由不受理行政调解申请，或者在法定期限内不履行调解职责，造成严重后果的，由同级监察部门按照有关规定和程序追究行政机关及其工作人员的责任。

第二十八条 行政机关工作人员在行政调解活动中，有徇私舞弊或者其他渎职、失职行为的，依法给予行政处分；构成犯罪的，依法追究刑事责任。

重庆市民政局关于公布规范民政行政调解工作的法律法规和规章目录的通知

（2012 年 3 月 30 日　渝民发〔2012〕46 号）

根据《重庆市人民政府办公厅关于加强行政调解工作的意见》（渝办发〔2012〕28 号）要求，共清理出直接规范民政行政调解工作的法律、法规和规章 77 件，其中法律 7 件，行政法规 24 件，地方性法规 5 件，民政部规章 37 件，重庆市政府规章 4 件，现予公布。

附件：规范民政行政调解工作的法律、法规和规章目录

二〇一二年三月三十日

附件：

规范民政行政调解工作的法律、法规和规章目录

法律(7件)

中华人民共和国村民委员会组织法

中华人民共和国婚姻法

中华人民共和国公益事业捐赠法

中华人民共和国收养法

中华人民共和国兵役法

中华人民共和国老年人权益保障法

中华人民共和国城市居民委员会组织法

行政法规(24件)

退役士兵安置条例

军人抚恤优待条例

烈士褒扬条例

自然灾害救助条例

彩票管理条例

残疾人就业条例

农村五保供养工作条例

基金会管理条例

婚姻登记条例

城市生活无着的流浪乞讨人员救助管理办法

行政区域界线管理条例

中国人民解放军士官退出现役安置暂行办法

城市居民最低生活保障条例

中国公民收养子女登记办法

外国人在中华人民共和国收养子女登记办法

社会团体登记管理条例

民办非企业单位登记管理暂行条例

殡葬管理条例

残疾人教育条例

军用饮食供应站供水站管理办法

行政区域边界争议处理条例

地名管理条例

国务院关于行政区划管理的规定

关于军队干部离职休养的暂行规定

民政部规章(37件)

关于义务兵提前退出现役的暂行规定

军队离休退休干部休养所暂行规定

公墓管理暂行办法

关于尸体运输管理的若干规定

社会团体印章管理规定

中国与毗邻国边民婚姻登记管理试行办法

革命烈士纪念建筑物管理保护办法

地名管理条例实施细则

华侨以及居住在香港、澳门、台湾地区的中国公民办理收养登记的管辖以及所需要出具的证件和证明材料的规定

社会团体设立专项基金管理机构暂行规定

民政部行政复议与行政应诉办法

民办非企业单位登记暂行办法

民办非企业单位名称管理暂行规定

社会福利机构管理暂行办法

民办非企业单位印章管理规定

取缔非法民间组织暂行办法

社会团体分支机构、代表机构登记办法

城市生活无着的流浪乞讨人员救助管理办法实施细则

民政部门实施行政许可办法

基金会名称管理规定

民办非企业单位年度检查办法

省级行政区域界线联合检查实施办法
假肢和矫形器（辅助器具）生产装配企业资格认定办法
基金会年度检查办法
基金会信息公布办法
婚姻登记档案管理办法
假肢与矫形器（辅助器具）制作师执业资格注册办法
伤残抚恤管理办法
救灾捐赠管理办法
行政区域界线界桩管理办法
农村五保供养服务机构管理办法
民政部关于废止、修改部分规章的决定
社会组织评估管理办法
光荣院管理办法
优抚医院管理办法
民政信访工作办法
彩票管理条例实施细则

地方性法规（5件）

重庆市殡葬管理条例
重庆市地名管理条例
重庆市村民委员会选举办法
重庆市实施《中华人民共和国村民委员会组织法》办法
重庆市城乡居民最低生活保障条例

市政府规章（4件）

重庆市居民委员会选举办法
重庆市拥军优属工作若干规定
重庆市殡葬事务管理办法
重庆市城乡养老机构服务管理办法

重庆市工商行政管理局办公室关于开展房地产中介服务纠纷行政调解工作的指导意见

(2012 年 6 月 13 日 渝工商办发〔2012〕71 号)

各区县局、直属局:

为了充分发挥行政调解在化解房地产中介服务纠纷中的重要作用,切实维护房地产交易各方的合法权益,促进房地产中介行业规范健康发展,现就开展房地产中介服务纠纷行政调解工作提出如下指导意见:

一、重要意义

房地产中介服务纠纷行政调解,是工商行政管理机关依据相关法律、法规和规章,对与工商职责有关的房地产中介服务领域的民事纠纷,通过疏导、说服等方式,促使当事人在平等协商的基础上达成协议、化解矛盾纠纷的活动。积极开展房地产中介服务领域的行政调解工作,具有重要的现实意义:

(一)是化解中介服务纠纷,维护社会和谐稳定的重要途径。当前,房地产中介服务尚不规范,交易过程中的各种争议纠纷易发多发,违法行为与民事纠纷交织,日益成为影响社会和谐稳定的不利因素。顺应广大群众企盼,积极有效开展行政调解工作,有助于及时化解房地产中介服务领域的民事纠纷,防止矛盾激化升级,维护社会和谐稳定。

(二)是规范中介服务行为,促进行业健康发展的重要举措。房地产中介服务纠纷增大了房地产交易成本,不仅损害房屋交易当事人的利益,也严重制约了房地产中介行业和房地产市场的健康发展。通过行政调解工作,及时发现和纠正房地产中介领域存在的突出问题,有助于规范房地产中介服务行为,促进房地产中介行业健康有序发展。

(三)是拓展工商业务职能,树立中介监管权威的重要手段。去年颁布实施的《房地产经纪管理办法》和新修订的《重庆市城镇房地产交易管理条例》对工商部门依法规范房地产中介市场秩序提出了新的课题和挑战。适应形势变化,积极主动开展行政调解工作,有助于巩固和拓展工商行政管理职能,树立工商部门在房地产中介领域的监管权威。

二、工作原则

开展房地产中介服务纠纷行政调解,应当遵循以下原则:

(一)自愿原则。行政调解应当充分尊重当事人意愿,不得以任何方式强迫当事人接受行政调解,任何一方当事人不同意调解的,不得进行行政调解。

(二)平等原则。在行政调解过程中,当事人各方地位平等,享有充分、真实表达意愿和诉求的权利。

(三)公正原则。工商机关在调解过程中应当保持中立,公正对待各方当事人。

(四)合法原则。行政调解不得违背法律法规和国家政策,不得违背立法宗旨、法律原则和社会公德。房地产中介机构的行为违反有关法律、法规和规章规定,依法应予行政处罚的,不得以行政调解代替行政处罚。

(五)高效便民原则。工商机关应当积极、迅速、及时地履行行政调解职责,妥善化解房地产中介服务纠纷,最大程度方便人民群众。

三、调解范围

房地产中介服务活动中产生的民事纠纷,纠纷当事人各方均同意工商行政管理机关调解且法律、法规和规章没有禁止性规定的,工商行政管理机关应当进行调解,具体包括:

(一)房地产中介服务合同争议;

(二)房屋买卖当事人与房地产中介机构之间的消费者权益争议;

(三)因房地产中介机构利用虚假信息骗取中介费或采取欺诈、胁迫、贿赂和恶意串通等手段促成交易而产生的侵权赔偿损害纠纷;

(四)其他依法可以调解的房地产中介服务纠纷。

当事人已就房地产中介服务纠纷向人民法院提起民事诉讼或向仲裁机构申请仲裁的,不属于行政调解的范围。

四、职责分工

房地产中介服务纠纷行政调解工作由涉及纠纷的房地产中介机构所在地的区县局、直属局组织实施。

各区县局、直属局内部对行政调解机构有明确规定的,由规定的机构具体实施;没有规定的,由首次收到行政调解申请的中介监管业务机构或工商所具体实施。由工商所实施的,中介监管业务机构应当给予指导。

五、调解程序

房地产中介服务纠纷行政调解工作应当依照市局相关文件规定的程序实施,重点把握好以下环节:

(一)启动调解。行政调解可以由当事人申请。由房地产中介服务纠纷的一方当事人提出申请的,应当征得其他当事人同意,其他当事人不同意调解的,工商机关不受理行政调解申请。

当事人口头或书面申请行政调解,符合调解条件的,工商机关应当及时受理,并视情况指定调解人员或组成行政调解组在5个工作日内组织调解。

行政调解也可以由工商机关在处理有关申诉、举报和信访事项中依职权主动实施。工商机关依职权调解,应当征得房地产中介服务纠纷各方当事人同意。

(二)告知。工商机关决定进行行政调解的,应当及时将行政调解的时间、地点告知当事人。当事人有正当理由需要更改调解时间或地点的,工商机关在征得其他当事人同意后,应当更改调解时间或地点。

工商机关认为房地产中介服务纠纷涉及第三人利益的,应当通知第三人参加。第三人不参加调解或者反对调解的,工商机关应当停止调解,并告知调解申请人。

(三)实施调解。实施调解时,调解人员应当核对当事人身份,宣布调解纪律和当事人的权利和义务。

行政调解过程中,调解人员应当充分听取各方陈述,查明争议的基本事实,依据法律法规及政策对当事人各方进行说服、劝导,引导当事人达成谅解。

(四)达成协议。当事人通过行政调解达成协议的,工商机关应当制作行政调解(协议)书,并由当事人各方及调解人员签名、盖章,必要时可以加盖工商机关印章。

行政调解(协议)书的内容、格式按照市局有关文件规定执行。

(五)终止调解。经调解未达成协议、一方或多方无故不参加调解或者反对调解继续进行的,工商机关应当终止行政调解,书面通知各方当事人,并告知当事人可以寻求的法律救济途径。

六、工作要求

各局要加强组织领导,明确工作职责,积极主动开展行政调解工作,及时有效化解房地产中介服务领域的矛盾纠纷;要充分尊重房屋买卖当事人和房地产中介机构的意愿,依法、公正、高效开展行政调解工作,切实维护当事人各方的合法权益;要准确把握行政调解的范围、作用和功能,针对房地产中介纠纷的不同情况选择适当的行政措施,确保行政调解不越位、不缺位;要严格遵守行政调解工作程序,细化行政调解工作流程,在实践中不断完善行政调解工作制度,努力提高行政调解的质量和公信力;要讲究工作方法,综合运用经济、法律知识,分清责任,明辩是非,开展耐心细致的说服疏导工作,促使当事人达成调解协议。

二〇一二年六月十三日

·四川省·

四川省人民政府办公厅关于进一步推进行政调解工作的意见

(2010年4月30日 川办发〔2010〕21号)

各市(州)县(市、区)人民政府,省政府各部门、各直属机构:

行政调解工作是省委、省政府构建"大调解"工作体系的重要组成部分。去年以来全省各级人民政府及其工作部门认真贯彻执行《四川省人民政府办公厅关于加强行政调解工作的意见》(川办发〔2009〕44号),行政调解工作取得了初步成效,但在推进力度和基础工作落实方面离省委、省政府和广大人民群众的要求尚有差距。为进一步推进行政调解工作,现提出以下意见,请认真贯彻落实。

一、充分认识行政调解工作的重要性,切实增强工作的责任感和紧迫感

行政调解工作是新时期党和政府为人民服务、联系群众、维护群众切身利益的新纽带,是化解行政争议纠纷、维护社会和谐稳定的新机制,是创建法治政府的新措施,是今年省人民政府确定的依法行政的重点工作之一。

当前我省社会和谐稳定,人民安居乐业。但随着经济社会的快速发展,工业化、城市化进程的加快,改革的不断深入,行政争议纠纷日益显现,其复杂性、群体性、对抗性呈现新的特点,化解行政争议纠纷的任务日益繁重。进一步加强和推进行政调解工作,及时化解行政争议纠纷,是各级人民政府及其工作部门面临的新形势和新任务。要充分认识做好新形势下行政调解工作的重要性和紧迫性,切实把行政调解工作摆在更加重要和突出的位置,增强工作的责任感和紧迫感。要以邓小平理论和"三个代表"重要思想为指导,深入贯彻落实科学发展观,以预防和化解行政争议纠纷为主线,拓展行政调解领域,强化行政调解的化解、预防和教育功能。让广大干部熟练掌握行政调解的程序、范围、原则和规则,使行政调解工作有序运行;让群众熟悉行政调解并成为群众乐意选择的纠纷解决方式之一。

各级人民政府要加大宣传力度,在今年7月底之前统一组织有关单位以多种方式宣传行政调解工作，形成较大声势和良好氛围。

二、以化解行政争议纠纷为主线，充分发挥行政调解在构建社会主义和谐社会中的作用

化解行政争议纠纷应坚持预防和化解并用、排查和调处并行的方法。一是建立健全行政争议纠纷排查机制，实现排查工作常态化。坚持"抓早、抓小、抓苗头"原则，通过深入细致的排查工作，全面准确掌握本地区、本部门、本系统实际存在和可能发生的行政争议纠纷。二是及时妥善化解行政争议纠纷。对排查出来的行政争议纠纷，应认真制订调解方案，及时妥善化解，努力把争议纠纷消灭在萌芽状态，有效防止行政争议纠纷转化为群体性事件。三是对群众反映强烈的问题，尤其是涉及灾后恢复重建、土地征用、房屋拆迁、移民安置、资源开发、医疗事故、交通事故、企业改制、社会保障等民生问题应超前谋划、主动作为。四是对重大复杂的疑难争议纠纷要协调联动，共同化解。五是始终坚持公平、公正原则，准确把握行政调解的性质、任务、争议纠纷受理范围、调解原则、调解程序、工作纪律、当事人权利义务，遵循依法调解、平等自愿、尊重当事人诉讼权利原则，维护当事人合法权益。六是积极开展行政争议纠纷信息报告分析工作，充分发挥行政调解工作了解民意、反映群众诉求、服务领导决策的作用。

创新行政调解工作机制，建立行政机关内部"接待人员调解、责任部门调解、分管领导调解"的3级调解机制。把行政调解与创建法治政府相结合，与人民调解、司法调解相结合，充分发挥"大调解"体系的整体功能，形成化解行政争议纠纷的合力，共同解决涉及多个部门（系统）的行政争议纠纷和涉稳隐患，实现信息互通、资源共享，确保重大争议纠纷案件的稳妥化解。

三、大力推进行政调解队伍建设，全力落实保障条件

各级人民政府的行政首长是本行政区域行政调解工作的总负责人。各级人民政府的工作部门应建立行政调解员队伍，建立健全行政调解组织网络体系。各级人民政府和公安、工商行政、卫生、国土资源、城乡建设、环境保护、人力资源和社会保障等行政调解任务重的部门应有行政调解室、档案室和接待室。各级行政调解牵头单位要具备与开展工作相适应的人力、物力条件。

提高行政调解员职业化和专业化水平。加大对行政调解员的教育培训工作，按照"分级负责、条块结合，以块为主，重在实效"的原则，围绕行政调解员应当具有的基本知识、基本素质和基本能力有计划地开展培训，逐步使行政调解员达到“四懂”(懂方针政策、懂法律法规、懂业务知识、懂调解技巧)、“四会”(会预防、会调查、会调解、会制作调解文书),不断提高行政调解员对各类行政争议纠纷的化解能力、对重大行政争议纠纷的管控能力、对突发行政争议纠纷的应急能力,切实提高行政调解工作水平。

四、进一步加强行政调解工作制度建设,推动行政调解工作规范健康发展

省政府各部门、各直属机构应对本部门、本系统有关的行政调解法律、法规、规章和政策依据进行全面梳理,梳理工作在7月底前完成,梳理结果应向社会公示并抄送省法制办备案。

加强对民商事仲裁、劳动人事争议仲裁、农村土地承包经营权仲裁、林权仲裁、消费者权益保护、医疗事故处理等领域中的调解、和解工作的指导,有关部门应于年内完善具体配套制度。

积极推动行政调解工作规范化建设。各级行政调解主体要细化行政调解流程,规范案件登记、立案受理、调解程序、调解规则、文书格式、案卷归档等工作,公开行政调解员姓名、行政调解守则、行政调解范围和行政调解电话等事项。要建立健全岗位责任、重大争议纠纷讨论、争议纠纷排查、案件回访、档案管理、登记统计、信息报送等工作制度。切实维护行政调解的信誉,不断提高行政调解的质量和公信力。省法制办要深入调研,抓紧制定行政调解程序规定及其配套制度,确保行政调解工作有法可依、依法进行。

高度重视对行政调解工作的指导。行政调解工作既要充分保护群众的合法权益,又要坚持依法行政,维护国家利益、公共利益和社会秩序;既要能调尽调,又要坚持自愿;行政调解边际界线清楚的要大胆进行调解;行政调解边际界线不清楚或模糊的要大胆探索,及时沟通、汇报。各级行政调解牵头单位应对行政争议纠纷发生较多和影响面较大的领域加强调查研究,提出针对性的指导意见;对本行政区域的行政调解工作定期进行通报,促进各级人民政府及其工作部门的行政调解工作均衡开展;注意收集行政调解典型案例,不断总结、提高行政调解经验。各行政调解主体要积极开展行政调解理论研究,把握新形势下行政调解工作的规律和特点,形成有指导意义的研究成果,用科学理论指导行政调解,帮助行政调解员提高法律知识水平和调解争议纠纷的能力。

五、实行行政调解工作责任制,确保各项工作落到实处

各级人民政府及其工作部门要把行政调解工作纳入“一把手”工程,主要领导作为行政调解工作第一责任人要定期听取行政调解工作情况汇报，亲自研究部署重要事项，亲自协调解决困难问题，亲自调处重大疑难争议纠纷，发挥协调各方的领导作用。

要严格落实行政调解工作责任制。县级人民政府与乡（镇）人民政府、街道办事处和县级部门要签订行政调解责任书。行政调解责任书确定的各项义务是行政调解绩效考核的依据，也是实行问责的依据。对组织领导不力，调解工作不落实，导致矛盾纠纷突出的地区和部门要通报批评和限期整改；对发生严重影响社会稳定重大案件和事件的要实行责任倒查，严格追究领导和相关人员的责任。

四川省人民政府办公厅
关于加强行政调解工作的意见

（2009 年 8 月 28 日　川办发〔2009〕44 号）

各市（州）人民政府，省直各部门：

为深入贯彻中央办公厅、国务院办公厅《关于预防和化解行政争议健全行政争议解决机制的意见》（中办发〔2006〕27 号），落实省委办公厅、省政府办公厅《关于构建“大调解”工作体系　有效化解社会矛盾纠纷的意见》（川委办〔2009〕16 号，以下简称《意见》）精神，充分发挥行政调解在“大调解”工作体系中的重要作用，维护社会稳定，促进我省经济发展和社会和谐，现就加强行政调解工作提出如下意见。

一、行政调解工作的范围和原则

范围：行政机关（包括具有行政管理职权的组织）与公民、法人或者其他组织之间产生的行政争议；公民、法人或者其他组织之间产生的与行政管理有直接或间接关联的纠纷。

行政调解工作应当遵循以下原则：

（一）自愿原则。行政调解要充分尊重当事人意愿，不得强迫当事人接受调解方式或调解结果；

(二)合法原则。行政调解要符合法律、法规和国家政策,不得侵犯国家利益,不得侵犯公民、法人和其他组织的合法权益;

(三)平等原则。行政调解机关应当充分尊重行政管理相对人自愿、充分、真实地表达自己意愿和诉求的权利,公正、公平的调处争议纠纷。行政机关作为当事一方时,与管理相对人在调解过程中地位平等;

(四)积极主动原则。行政机关应增强行政调解意识,主动排查、化解行政争议,探索研究化解行政争议的新机制,主动加强与人民调解、司法调解组织的沟通配合。

二、坚持依法行政,做好行政调解工作

坚持依法行政,是从源头上预防和减少行政争议的重要措施。各级行政机关要认真落实行政主管责任,充分运用调解的办法处理行政争议和与行政管理有关的纠纷,着力解决影响社会稳定的突出争议纠纷;根据有关法律、行政法规的规定,建立健全有关争议纠纷调解的具体工作程序,做到有章可循、有规可依;根据需要可以邀请有关单位、专业人士或者其他个人参加行政调解,被邀请的单位或个人应当予以支持。在调解行政争议时,要找准争议纠纷的焦点和各方利益的连接点,充分发挥专业优势,着力采取灵活多样的方式方法,开展耐心、细致的说服疏导工作,促使各方当事人互谅互让,消除隔阂,引导当事人达成解决争议纠纷的协议。经行政机关调解的争议纠纷,达成协议的,行政机关应当制作调解书。当事人应当按照约定自觉履行行政调解协议,不得擅自变更或者解除。对不愿进行行政调解的或未达成协议的行政调解,行政机关要积极引导当事人运用行政复议、裁决等方式解决,调解不成功或对行政复议和裁决结果不服的,应主动告知当事人救济权利和渠道。

行政复议是解决行政争议的重要渠道。各级政府要加强行政复议工作,充分发挥行政复议在解决行政争议、化解矛盾、维护社会稳定中的重要作用。各级政府及其部门在行政复议案件办理过程中,要根据《中华人民共和国行政复议法实施条例》规定的调解原则、范围,优先适用调解方式解决行政争议。对于行政机关行使自由裁量权做出的具体行政行为引发的行政复议案件,要积极促成申请人与被申请人在复议决定作出前自愿和解,力争把行政争议化解在行政复议程序中。

"5·12"汶川特大地震灾区各级政府及其部门应大力调处地震灾害和恢复

重建中产生的争议纠纷。在涉及农房和城市房屋重建、遇难者家属及伤残群众抚慰补助、劳动争议、房屋买卖等合同纠纷、侵权赔偿、土地承包经营权、林权等方面,要深入调查研究,及时了解群众诉求,注重政策引导和疏导工作。对于可能引发重大群体性事件的争议纠纷,要制定工作预案,积极介入。对重大疑难矛盾纠纷的调处要及时向党委、政府和上级主管部门请示报告。

三、行政调解工作的职责分工和保障

各级政府及其部门要切实转变行政管理方式,强化行政调解意识,并按以下职责分工做好争议纠纷调处工作:

(一)各级政府对行政调解工作负总责。认真落实《意见》的规定,实行"属地管理、分级负责",落实目标责任制。各级政府要由分管领导具体负责,将行政调解工作情况记入领导干部抓稳定、综治工作的政绩档案。

各级政府要按照《意见》的要求,将行政调解工作经费、调解员工作补贴纳入财政预算统筹安排,配齐配强工作人员,解决办公场所和设施,建立健全激励机制,提高行政调解工作的积极性、主动性。要建立健全覆盖全省各级人民政府及其部门的行政调解组织网络,做到资源共享。

各级政府要建立行政调解联席会议制度,由本级政府分管领导牵头,公安、民政、司法、财政、劳动保障、国土资源、建设、农业、卫生、法制、机构编制等部门负责人参加,定期研究解决开展行政调解工作涉及的问题,并定期汇总、分析上报本地区行政调解工作开展情况。行政调解联席会议日常工作由政府法制部门承担。

乡(镇)人民政府、街道办事处应当加强基层行政调解工作,建立行政调解专兼职工作人员队伍,会同有关行政主管部门开展行政调解工作,对辖区内的矛盾纠纷进行认真梳理,仔细排查,及时了解群众诉求,做好防范措施。

(二)各级政府法制部门应当切实发挥牵头作用,加强对下级人民政府和本级政府各部门行政调解工作的指导、督促、协调。其主要职责是:研究制定行政调解规章制度,使行政调解工作有序开展;研究解决行政调解中的新情况、新问题,加强对行政调解工作的指导;汇总分析下级人民政府和本级政府各部门的行政调解工作情况,并向本级政府报告;加强对政府各部门的指导协调,做好同人民调解、司法调解组织的衔接配合,加大对行政调解工作的督办力度;加强行政调解人员的法律知识和调解技能培训,提高行政调解人员的业务水平;组织调处法律关系复杂、重大疑难的争议纠纷。

(三)政府各部门应当切实发挥行政调解的主体作用。行政调解实行"谁主管、谁负责"。各部门要确定分管领导和工作机构具体承担行政调解工作。要把政治思想好、业务能力强、有较高法律素质的干部充实到行政调解队伍,建立调解员信息库,公布调解人员名单,并加强管理培训,不断提高调解员的综合素质和业务能力。要落实保障,建立健全调解工作信息化平台和组织网络。要根据部门、行业特点建立健全行政调解相关制度,在调解申请、受理、调查、听证、调解实施、调解期限以及调解协议书的制作等方面制定出具体的规定,确保行政调解工作规范进行,并定期向本级人民政府法制部门和上级主管部门汇总上报本单位行政调解工作情况。

各级政府及其部门要严格落实行政调解工作责任制,对工作成绩突出的单位和个人进行表彰奖励;对组织领导不力、工作不落实、责任不到位,导致争议纠纷突出的地区和部门,要进行通报批评并限期整改;对工作敷衍塞责、无故推诿和拖延而导致严重影响社会稳定的重大事件和案件的,要实行责任倒查,严格追究领导和相关人员责任。

四、加强协调配合

政府各部门在行政调解工作中,既要各司其职,又要密切配合。对法律关系单一、一个职能部门能够解决的争议纠纷,由该职能部门负责解决;对涉及多个部门职责的争议纠纷,由最初受理的部门或涉及主要管理工作的部门牵头,相关部门参与协调解决;对法律关系复杂的重大疑难争议纠纷,最初受理的部门应主动告知同级政府法制部门,由政府法制部门牵头,组织有关部门协调解决。各级政府及其部门要在做好行政调解工作的同时,积极建立健全与人民调解、司法调解的协调配合机制、信息沟通机制和效力衔接机制,优化、整合调解资源,实现"三大调解"优势互补。在行政调解中需要当事人所在基层人民调解组织配合的,可以邀请其参加,共同开展调解工作。人民法院在进行司法调解时,需要行政机关配合的,行政机关应当积极配合。

各级政府及其部门要站在维护我省改革发展稳定大局的高度,切实增强责任感和紧迫感,不断推进和深化行政调解工作,共同努力使行政调解工作取得新实效、实现新突破,为推进全省"两个加快"创造和谐稳定的社会环境。

四川省人民政府办公厅关于进一步推进行政调解工作的意见

（2010 年 4 月 30 日　川办发〔2010〕21 号）

各市（州）县（市、区）人民政府，省政府各部门、各直属机构：

行政调解工作是省委、省政府构建“大调解”工作体系的重要组成部分。去年以来全省各级人民政府及其工作部门认真贯彻执行《四川省人民政府办公厅关于加强行政调解工作的意见》（川办发〔2009〕44 号），行政调解工作取得了初步成效，但在推进力度和基础工作落实方面离省委、省政府和广大人民群众的要求尚有差距。为进一步推进行政调解工作，现提出以下意见，请认真贯彻落实。

一、充分认识行政调解工作的重要性，切实增强工作的责任感和紧迫感

行政调解工作是新时期党和政府为人民服务、联系群众、维护群众切身利益的新纽带，是化解行政争议纠纷、维护社会和谐稳定的新机制，是创建法治政府的新措施，是今年省人民政府确定的依法行政的重点工作之一。

当前我省社会和谐稳定，人民安居乐业。但随着经济社会的快速发展，工业化、城市化进程的加快，改革的不断深入，行政争议纠纷日益显现，其复杂性、群体性、对抗性呈现新的特点，化解行政争议纠纷的任务日益繁重。进一步加强和推进行政调解工作，及时化解行政争议纠纷，是各级人民政府及其工作部门面临的新形势和新任务。要充分认识做好新形势下行政调解工作的重要性和紧迫性，切实把行政调解工作摆在更加重要和突出的位置，增强工作的责任感和紧迫感。要以邓小平理论和“三个代表”重要思想为指导，深入贯彻落实科学发展观，以预防和化解行政争议纠纷为主线，拓展行政调解领域，强化行政调解的化解、预防和教育功能。让广大干部熟练掌握行政调解的程序、范围、原则和规则，使行政调解工作有序运行；让群众熟悉行政调解并成为群众乐意选择的纠纷解决方式之一。

各级人民政府要加大宣传力度，在今年 7 月底之前统一组织有关单位以多种方式宣传行政调解工作,形成较大声势和良好氛围。

二、以化解行政争议纠纷为主线,充分发挥行政调解在构建社会主义和谐社会中的作用

化解行政争议纠纷应坚持预防和化解并用、排查和调处并行的方法。一是建立健全行政争议纠纷排查机制,实现排查工作常态化。坚持"抓早、抓小、抓苗头"原则,通过深入细致的排查工作,全面准确掌握本地区、本部门、本系统实际存在和可能发生的行政争议纠纷。二是及时妥善化解行政争议纠纷。对排查出来的行政争议纠纷,应认真制订调解方案,及时妥善化解,努力把争议纠纷消灭在萌芽状态,有效防止行政争议纠纷转化为群体性事件。三是对群众反映强烈的问题,尤其是涉及灾后恢复重建、土地征用、房屋拆迁、移民安置、资源开发、医疗事故、交通事故、企业改制、社会保障等民生问题应超前谋划、主动作为。四是对重大复杂的疑难争议纠纷要协调联动,共同化解。五是始终坚持公平、公正原则,准确把握行政调解的性质、任务、争议纠纷受理范围、调解原则、调解程序、工作纪律、当事人权利义务,遵循依法调解、平等自愿、尊重当事人诉讼权利原则,维护当事人合法权益。六是积极开展行政争议纠纷信息报告分析工作,充分发挥行政调解工作了解民意、反映群众诉求、服务领导决策的作用。

创新行政调解工作机制,建立行政机关内部"接待人员调解、责任部门调解、分管领导调解"的3级调解机制。把行政调解与创建法治政府相结合,与人民调解、司法调解相结合,充分发挥"大调解"体系的整体功能,形成化解行政争议纠纷的合力,共同解决涉及多个部门(系统)的行政争议纠纷和涉稳隐患,实现信息互通、资源共享,确保重大争议纠纷案件的稳妥化解。

三、大力推进行政调解队伍建设,全力落实保障条件

各级人民政府的行政首长是本行政区域行政调解工作的总负责人。各级人民政府的工作部门应建立行政调解员队伍,建立健全行政调解组织网络体系。各级人民政府和公安、工商行政、卫生、国土资源、城乡建设、环境保护、人力资源和社会保障等行政调解任务重的部门应有行政调解室、档案室和接待室。各级行政调解牵头单位要具备与开展工作相适应的人力、物力条件。

提高行政调解员职业化和专业化水平。加大对行政调解员的教育培训工作,按照"分级负责、条块结合,以块为主,重在实效"的原则,围绕行政调解员应当具有的基本知识、基本素质和基本能力有计划地开展培训,逐步使行政调解员达到“四懂”(懂方针政策、懂法律法规、懂业务知识、懂调解技巧)、“四会”(会预防、会调查、会调解、会制作调解文书),不断提高行政调解员对各类行政争议纠纷的化解能力、对重大行政争议纠纷的管控能力、对突发行政争议纠纷的应急能力,切实提高行政调解工作水平。

四、进一步加强行政调解工作制度建设,推动行政调解工作规范健康发展

省政府各部门、各直属机构应对本部门、本系统有关的行政调解法律、法规、规章和政策依据进行全面梳理,梳理工作在7月底前完成,梳理结果应向社会公示并抄送省法制办备案。

加强对民商事仲裁、劳动人事争议仲裁、农村土地承包经营权仲裁、林权仲裁、消费者权益保护、医疗事故处理等领域中的调解、和解工作的指导,有关部门应于年内完善具体配套制度。

积极推动行政调解工作规范化建设。各级行政调解主体要细化行政调解流程,规范案件登记、立案受理、调解程序、调解规则、文书格式、案卷归档等工作,公开行政调解员姓名、行政调解守则、行政调解范围和行政调解电话等事项。要建立健全岗位责任、重大争议纠纷讨论、争议纠纷排查、案件回访、档案管理、登记统计、信息报送等工作制度。切实维护行政调解的信誉,不断提高行政调解的质量和公信力。省法制办要深入调研,抓紧制定行政调解程序规定及其配套制度,确保行政调解工作有法可依、依法进行。

高度重视对行政调解工作的指导。行政调解工作既要充分保护群众的合法权益,又要坚持依法行政,维护国家利益、公共利益和社会秩序;既要能调尽调,又要坚持自愿;行政调解边际界线清楚的要大胆进行调解;行政调解边际界线不清楚或模糊的要大胆探索,及时沟通、汇报。各级行政调解牵头单位应对行政争议纠纷发生较多和影响面较大的领域加强调查研究,提出针对性的指导意见;对本行政区域的行政调解工作定期进行通报,促进各级人民政府及其工作部门的行政调解工作均衡开展;注意收集行政调解典型案例,不断总结、提高行政调解经验。各行政调解主体要积极开展行政调解理论研究,把握新形势下行政调解工作的规律和特点,形成有指导意义的研究成果,用科学理论指导行政调解,帮助行政调解员提高法律知识水平和调解争议纠纷的能力。

五、实行行政调解工作责任制,确保各项工作落到实处

各级人民政府及其工作部门要把行政调解工作纳入“一把手”工程,主要领导作为行政调解工作第一责任人要定期听取行政调解工作情况汇报，亲自研究部署重要事项，亲自协调解决困难问题，亲自调处重大疑难争议纠纷，发挥协调各方的领导作用。

要严格落实行政调解工作责任制。县级人民政府与乡（镇）人民政府、街道办事处和县级部门要签订行政调解责任书。行政调解责任书确定的各项义务是行政调解绩效考核的依据，也是实行问责的依据。对组织领导不力，调解工作不落实，导致矛盾纠纷突出的地区和部门要通报批评和限期整改；对发生严重影响社会稳定重大案件和事件的要实行责任倒查，严格追究领导和相关人员的责任。

2010年4月30日

四川省高级人民法院　四川省住房和城乡建设厅关于印发《关于加强城镇房屋拆迁安置纠纷司法调解与行政调解衔接配合工作的指导意见》的通知

（2010年12月6日　川高法〔2010〕804号）

全省各市（州）、县（市、区）人民法院、住房和城乡建设行政主管部门，成都铁路运输两级法院：

现将四川省高级人民法院、四川省住房和城乡建设厅《关于加强城镇房屋拆迁安置纠纷司法调解与行政调解衔接配合工作的指导意见》印发你们，请遵照执行。执行中的情况和问题，请及时报告省法院、省住房和城乡建设厅。

二〇一〇年十二月六日

四川省高级人民法院　四川省住房和城乡建设厅关于加强城镇房屋拆迁安置纠纷司法调解与行政调解衔接配合工作的指导意见

为进一步推进全省"大调解"体系的建立和完善,加强司法调解与行政调解的衔接配合,充分发挥人民法院、住房和城乡建设行政主管部门的职能作用,妥善化解城镇房屋拆迁安置矛盾纠纷,维护社会和谐稳定,根据《城市房屋拆迁管理条例》、最高人民法院《关于建立健全诉讼与非诉讼相衔接的矛盾纠纷解决机制的若干意见》、建设部《城市房屋拆迁工作规程》和中共四川省委办公厅、四川省人民政府办公厅《关于构建"大调解"工作体系有效化解社会矛盾纠纷的意见》等规定,结合我省实际,制定本意见。

一、指导思想、工作目标和工作原则

1. 指导思想。以邓小平理论和"三个代表"重要思想为指导,深入贯彻落实科学发展观,根据省委、省政府的工作部署,切实加强全省各级人民法院与住房和城乡建设行政主管部门在解决城镇房屋拆迁安置纠纷中的有效衔接配合,全面推进落实"大调解"工作体系。通过衔接配合机制既各自发挥职能,又相互协调配合,妥善化解城镇房屋拆迁安置纠纷,为我省经济社会和谐发展提供有力保障。

2. 工作目标。充分发挥人民法院、住房和城乡建设行政主管部门的职能作用,构建人民法院与住房和城乡建设行政主管部门衔接配合解决城镇房屋拆迁安置纠纷的长效机制,实现优势互补,及时有效地防范和化解城镇房屋拆迁安置纠纷。

3. 工作原则。坚持党委、政府总揽全局,人民法院、住房和城乡建设行政主管部门各司其职、协调配合原则;坚持"属地管理、分级负责"原则;坚持调解优先原则;坚持合法、高效、便民原则。

二、加强行政调解与司法调解工作

4. 住房和城乡建设行政主管部门要认真落实行政主管职责,充分运用调解的办法处理在城镇房屋拆迁中发生的行政纠纷和与行政管理相关的民事纠纷,着力解决影响社会稳定的突出矛盾纠纷。

5. 人民法院要充分发挥司法调解职能,加大力度开展城镇房屋拆迁安置纠纷案件的司法调解(协调),坚持"调解优先、案结事了",积极妥善化解矛盾。要切实加强与住房和城乡建设行政主管部门及其调解组织的协调配合,积极主动委托或者邀请住房和城乡建设行政主管部门及其调解组织参与调解,共同化解矛盾纠纷。

三、健全行政调解与司法调解衔接配合工作机制

6. 住房和城乡建设行政主管部门应当认真履行职责,把握调解时机和方式,做到能调尽调,全力化解。对有可能激化或造成严重后果、影响社会稳定的纠纷,应当立即采取必要的缓解或疏导措施,并及时向当地党委、政府汇报。

7. 住房和城乡建设行政主管部门在调解过程中涉及相关法律问题的,可以邀请人民法院给予行政调解指导,人民法院应当提出指导意见供参考。

8. 人民法院对未经住房和城乡建设行政主管部门行政调解而起诉到人民法院的城镇房屋拆迁安置纠纷,在收到起诉状或口头诉状后,正式立案之前,应当积极劝导、引导当事人先申请行政调解。当事人同意诉前行政调解的,在完成材料登记后向住房和城乡建设行政主管部门发送诉前行政调解建议书;当事人不同意诉前行政调解或者在商定、指定时间内不能达成调解协议的,人民法院应当依法及时立案。

9. 住房和城乡建设行政主管部门接到人民法院的行政调解建议书后,应当及时受理并组织调解。

诉前行政调解达成协议的,应当制作调解书送达当事人,并回复人民法院。对有民事权利义务内容的调解协议,经双方当事人签字或者盖章后,具有民事合同性质,但法律另有规定的除外。

诉前行政调解达不成协议的,应当制作行政调解终结通知书送达当事人,并回复人民法院。当事人可持行政调解终结通知书向人民法院起诉,人民法院对符合立案条件的,应当依法及时立案。

10. 人民法院对于已经受理的城镇房屋拆迁安置纠纷案件,经各方当事人同意,或者人民法院认为确有必要的,可以委托住房和城乡建设行政主管部门调解。人民法院在发送《委托调解函》时,应一并移送案件主要材料复印件。

委托调解期限一般不超过30日,从相关材料移送之日起算。当事人各方同意继续调解的除外,但最长不得超过60日。

11. 当事人不同意委托调解或者在委托调解期限内不同意继续调解的案件，人民法院应当依法及时审理。

12. 住房和城乡建设行政主管部门应当及时受理人民法院委托调解的案件，并将调解情况反馈委托调解的人民法院。人民法院应针对具体案件做好调解指导工作。

13. 经委托调解达成协议的，住房和城乡建设行政主管部门应制作调解协议书，在3日内将调解协议书等材料移交委托的人民法院。对未能达成调解协议的，住房和城乡建设行政主管部门应当制作调解终结书，在3日内向人民法院书面回复调解情况，提出工作建议，并将有关案件材料一并移送委托调解的人民法院。人民法院应当继续对案件进行审理，并将委托调解情况记录在案。

14. 人民法院对于正在审理的城镇房屋拆迁安置纠纷案件，根据案件的需要，经征得各方当事人同意，可以邀请住房和城乡建设行政主管部门委派行政调解员协助调解（协调）。住房和城乡建设行政主管部门应当予以配合和支持。

15. 行政调解员受邀请参与调解达成调解协议的，受邀请的行政调解员应在协议书上签字署名。未达成调解协议的，人民法院应当在裁判文书中对行政调解员的调解情况予以说明，并将裁判结果通报住房和城乡建设行政主管部门，共同掌握当事人情况及动态，防止矛盾激化。

四、规范司法确认程序

16. 经住房和城乡建设行政主管部门主持调解达成的具有民事权利义务内容，并由双方当事人签字或者盖章的调解协议，具有民事合同性质，当事人应当按照约定履行义务。当事人可以向人民法院申请确认其效力，也可以直接请求人民法院制作调解书。

17. 当事人申请确认协议效力的，人民法院应在七日内进行审查，对于不违反法律、行政法规强制性规定的行政调解协议，人民法院应当以决定书确认其效力。

18. 当事人请求制作民事调解书的，人民法院应在7日内进行审查，对符合有效条件的制作民事调解书。

19. 人民法院确认行政调解协议效力的决定书或者制作的民事调解书送达双方当事人后即发生法律效力。一方当事人拒绝履行的，另一方当事人可以依法申请人民法院强制执行。

20. 公证机关依法赋予强制执行效力的具有给付内容的行政调解协议,债务人拒不履行的,债权人可以依法向有管辖权的人民法院申请强制执行。

21. 人民法院对当事人申请确认行政调解协议效力或者请求人民法院制作民事调解书的,应当免收案件受理费。

五、建立衔接配合工作长效机制

22. 各级人民法院、住房和城乡建设行政主管部门要加快落实人、财、物及其他工作保障,实现网络共建、资源共享,共同建立直接、快速、便捷的衔接工作机制。

23. 各级人民法院、住房和城乡建设行政主管部门应当建立联席会议制度,定期或不定期通报信息、总结交流、督导检查,及时协调和解决衔接配合中存在的问题。

24. 各级人民法院、住房和城乡建设行政主管部门要切实加强对衔接工作的领导与推动,对组织领导不力、调解工作不落实的地区、部门,实行通报批评、限期整改。

四川省公安厅关于印发《四川省公安机关行政调解工作规范》的通知

(2010年1月14日 川公发〔2010〕4号)

各市(州)公安局:

为了进一步加强公安行政调解工作,建立健全人民调解、行政调解、司法调解相衔接的"大调解"格局,及时有效化解社会矛盾纠纷,维护社会和谐稳定,省厅制定了《四川省公安机关行政调解工作规范》。现将该《规范》印发给你们,请认真遵照执行。执行中遇到的情况和问题,请及时报省厅。

二〇一〇年一月十四日

四川省公安机关行政调解工作规范

第一章　总　　则

第一条　为进一步加强公安行政调解工作，建立健全人民调解、行政调解、司法调解相衔接的“大调解”格局，及时、有效化解社会矛盾纠纷，维护社会和谐稳定，依照《中华人民共和国人民警察法》、《中华人民共和国人民治安管理处罚法》等法律、法规规定，制定本规范。

第二条　公安行政调解是指在公安机关的主持下，根据法律、法规的规定，在当事人自愿的情况下，通过教育疏导，促使各方当事人在平等协商的基础上达成一致，对矛盾纠纷作出处理的一种活动。

第三条　公安行政调解应遵守以下原则：

（一）自愿原则。公安行政调解要充分尊重当事人意愿，在各方当事人自愿的基础上进行，调解必须符合当事人真实意思表示，不得强迫当事人接受调解方式或调解结果。

（二）合法原则。公安行政调解要依据法律、法规和政策的规定进行，不能无原则的调和，片面追求调解率。

（三）平等原则。公安机关进行调解时，不偏袒任何一方，兼顾各方当事人的合法权益，公正、公平地进行调解。

（四）及时原则。公安行政调解应当及时进行，使各方当事人尽快达成协议，解决纠纷，不得久拖不决。

（五）公开原则。除涉及国家机密、商业秘密、个人隐私以及各方当事人都要求不公开的外，公安行政调解均应当公开进行。

（六）教育原则。通过调解，化解公安机关与群众之间的行政争议和矛盾纠纷，教育当事人自觉守法，通过合法途径解决行政争议或其他矛盾纠纷。

第四条　公安机关进行调解，以化解矛盾纠纷为目的，在使得各方当事人互谅互让，相互理解的基础上，使各方达成协议，尽量防止矛盾激化。

第二章 调解范围

第五条 公安行政调解的范围:

(一)公安机关与公民、法人或者其他社会组织之间产生的行政争议;

(二)公民、法人、其他社会组织之间产生的与公安行政管理有直接或间接关系的纠纷;

(三)根据法律、法规授权,公安机关可以采取调解方式解决的行政案件;

(四)群众向公安机关报警、求助过程中要求解决的民间纠纷。

第三章 调解案件的受理

第六条 公安机关在执法和社会管理过程中要充分体现调解优先的原则,对属于公安行政调解范围的矛盾纠纷要及时受理调解。

第七条 在受理的调解案(事)件中,对符合《中华人民共和国治安管理处罚法》第九条规定情况的,按照《治安管理处罚法》的规定进行治安调解;对符合《道路交通事故处理程序规定》所规定情况的,按照《道路交通事故处理程序规定》的规定进行调解。

第八条 对群众要求公安机关解决的民间纠纷,能当场进行调解处理的,经各方当事人同意,当场调解;经初步审查,属其他机关管辖范围的,由接受公安机关转送相应机关处理,同时告知各方当事人。

第九条 与行政纠纷、行政争议有直接或间接关系的公民、法人或其他社会组织均可成为行政调解的申请人。

第十条 同一调解案件中一方当事人为多人的,应当推选代表参加调解,代表人数一般不得超过三人。

第十一条 当事人申请行政调解,既可以书面申请,也可以口头申请。当事人口头申请调解的,调解机关应制作申请笔录。

第十二条 公安机关收到调解申请后,应当认真审查有关申请材料,符合申请条件的,在征得各方当事人同意后,应当在三个工作日内启动调解程序,并将调解的时间、地点通知各方当事人。

不属于公安机关调解范畴或各方当事人中任一方不同意调解的，公安机关应当在三个工作日内告知申请人解决纠纷的渠道。

在未启动调解程序之前，矛盾有可能激化的，受理公安机关应当及时采取必要的疏导缓解措施。

第十三条 调解人员有下列情形之一的，应当回避：

（一）是本纠纷的当事人或者与其中一方当事人、代理人有近亲属关系的；

（二）与本纠纷有利害关系的；

（三）与本纠纷当事人、代理人有其他关系，可能影响到纠纷处理结果的。

当事人发现调解人员有应当回避情形的，可以口头或者以书面的方式要求其回避。口头申请回避的，应制作笔录。

调解人员认为自己不宜调解本纠纷的，应当自行申请回避。

调解人员的回避由公安机关负责人决定。

第十四条 两个以上公安机关都收到调解申请的，由具有管辖权的公安机关办理；如两个以上公安机关都有管辖权的，由先收到调解申请的公安机关办理。公安机关对管辖权产生争议的，由上级公安机关指定管辖。

第四章 调解要求

第十五条 对重大复杂的争议案（事）件，公安机关负责人应当主持调解；其他争议案（事）件，由公安机关指定调解人员进行调解。

第十六条 调解开始时，调解人员应当对各方当事人的身份进行核实，宣布当事人应享有的权利和承担的义务，同时宣布调解人、记录人的身份，并对回避事项向当事人进行询问。

第十七条 调解过程中，当事人应针对诉求进行举证，提出相关证据。

调解人员应对各方当事人提供的证据进行审查，确定证据的真实性，必要时应对纠纷内容进行听证。

第十八条 调解达成协议的，由各方当事人当场签订《调解协议书》，协议书的内容不得违反法律、法规规定。《调解协议书》自各方当事人签字之日起生效。《调解协议书》一般包括以下事项：

（一）各方当事人的基本情况；

（二）纠纷事实、争议焦点以及各方责任；

（三）履行协议的方式、地点、期限；

（四）当事人签名、调解人员签名、调解机关名称。

《调解协议书》由各方当事人分别保留一份，主持调解的公安机关存档一份。

第十九条 公安机关调解纠纷，应注意保护各方当事人的隐私。

第二十条 公安机关调解纠纷，原则上以一次为限，必要时可增加一次。

第二十一条 对经调解达不成协议的，公安机关应当终止调解，根据纠纷性质，告知当事人可以通过申请仲裁、行政复议及行政诉讼的方式解决。

第二十二条 公安机关调解纠纷，根据需要可以邀请有关单位人员、专业人士或者第三人参加；所调解的纠纷属于跨区域的，各公安机关应相互配合，共同做好调解工作。

第二十三条 调解人员应当在调解协议履行期限满三日内了解协议履行情况。

对已经履行调解协议的，应当及时结案。

对没有履行协议的，应当及时了解情况，查清原因。确因客观原因没有履行的，督促其尽快履行；对无正当理由不履行协议的，依法给予相应处理，并告知当事人可以就民事争议依法向人民法院提起民事诉讼。

第二十四条 对未达成协议或者达成协议不履行的案（事）件，需进行处罚或其他处理的，办案期限从未达成协议或者达成协议不履行之日起开始计算。

第五章 调解工作管理

第二十五条 公安机关要建立行政调解受理登记制度、工作例会制度、统计上报制度、回访制度、文书档案管理制度、岗位责任制度，加强对调解工作的管理和监督。

第二十六条 公安机关应对行政调解案件建立卷宗，调解的案（事）件实行一案一卷，根据案卷装订要求组卷。

对现场调解的纠纷，可不制作卷宗，但应当将相关资料装订存档。

第二十七条 上级公安机关要加强对下级公安机关调解工作的指导，也可对下级公安机关与公民、法人或其他社会组织之间的行政纠纷进行调解。

第二十八条 公安机关相关部门应定期或不定期地对本系统的调解工作进行检查和抽查,建立典型案件和普遍性问题的通报制度,及时总结经验做法。

第二十九条 公安机关应在人员、经费等方面对调解工作给予保障。

第三十条 对在调解工作中作出突出贡献的单位和个人,应根据情况给予相应的表彰奖励。

第三十一条 对无正当理由不受理调解申请,或者不认真履行调解职责未造成严重后果的,应督促负责调解工作的公安机关和调解人员采取措施积极补救;对造成严重后果,应根据有关规定给予有关责任人相应的处分。

对因矛盾纠纷化解不力导致发生严重影响社会稳定的重大案(事)件的,要实行责任倒查,严格追究相关领导和直接责任人的责任。

第六章 附 则

第三十二条 本规范由省公安厅法制处负责解释。

第三十三条 本规范自印发之日起施行。

附件:公安机关行政调解协议书格式

附件:

(×××公安局)

行政调解协议书

编号:

当事人:________性别:______年龄______身份证号码:__________________

联系地址:____________________联系方式:____________________________

当事人:________性别:______年龄______身份证号码:__________________

联系地址:____________________联系方式:____________________________

主持人:___________单位及职务:_____________________________________

调解地点:____

调解见证人姓名:___________联系方式:_____________________________

联系地址：____

主要事实（包括案件发生时间、地点、人员、起因、经过、情节、结果等）：

____

____

经调解：双方自愿达成如下协议（包括协议内容、履行方式和期限等）：______

____

____

____

____

____________________。

本协议自各方签字之时起生效。

本协议书各方当事人各执一份，调解机关留存一份备查。

当事人意见：签名（捺手印）

当事人意见：签名（捺手印）

主持人意见：签名（捺手印）

见证人意见：签名（捺手印）

（公安机关印章）

年　月　日

（此行政调解协议书适用于除治安调解、交通事故调解以外的调解）

四川省建设厅关于加强行政调解工作的实施意见

（2009年9月25日　川建法发〔2009〕354号）

各市、州及扩权试点县（市）建设行政主管部门，厅直属有关单位：

为认真贯彻省委办公厅、省政府办公厅《关于构建"大调解"工作体系，有效化解社会矛盾纠纷意见》（川委办〔2009〕16号）及省政府办公厅《关于加强行政调解工作的意见》(川办发〔2009〕44 号)精神,进一步发挥行政调解在化解建设领域矛盾纠纷、维护社会稳定中的独特作用,现就全省建设系统进一步加强行政调解工作提出如下意见。

一、充分认识行政调解工作的重要意义

行政调解是各级人民政府及其所属部门和依法行使职权的其他组织,在法定职责范围内,根据法律法规和政策,在分清责任、明辨是非的基础上,通过说服教育和疏导,促使双方当事人互谅互让,化解矛盾纠纷的活动,是各级行政机关对社会和经济实施管理与监督的一种有效方式,是预防和化解社会矛盾机制的重要组成部分。随着工业化、城镇化进程加快,经济和行政管理体制改革进入关键阶段,社会利益和群众需求呈现多元化趋势,城乡建设中的各类矛盾纠纷增多,涉及法律关系复杂,处理难度增大。各级建设行政主管部门要从落实科学发展观、提高党的执政能力建设的高度,充分认识新形势下"大调解"工作的重大意义,认真贯彻执行中共中央办公厅、国务院办公厅《关于预防和化解行政争议健全行政争议解决机制的意见》和省委、省政府有关加强行政调解工作的文件精神,切实转变思想观念,增强行政调解意识,用教育、协商、调解的办法,妥善协调各方面利益关系,确保最广大人民的根本利益得到维护,及时化解社会发展过程中出现的各种矛盾纠纷,有效促进社会和谐稳定,促进全省城乡建设事业快速发展。

二、行政调解的指导思想、范围和原则

指导思想:坚持以邓小平理论和"三个代表"重要思想为指导,深入贯彻落实科学发展观,全面推进依法行政,紧紧围绕建设法治政府、服务型政府和构建和谐社会的总要求,以预防和化解与人民群众密切相关的行政争议为重点,规范和加强行政调解,优化行政调解功能,努力实现好、维护好、发展好最广大人民群众的根本利益,切实解民忧,排民难,维民权,保民安,促和谐。

建设行政调解的范围:

(一)各级建设行政部门或具有城乡建设行政管理职能的组织与公民、法人或者其他组织之间因行政管理产生的行政纠纷,重点是城乡规划、城镇房屋拆迁、工程质量与市场监管、行政许可、行政处罚和裁决等产生的行政纠纷;

(二)公民、法人或者其他组织之间产生的与行政管理有直接或间接关系的民事纠纷,重点是城镇房屋拆迁协议纠纷、拖欠工程款、房地产交易、物业服务等纠纷。

建设行政调解应遵循的原则:一是自愿原则。调解要尊重当事人意愿,不得强迫当事人接受调解方式和调解结果;二是合法原则。要按照城乡规划建设管理等有关法律法规和《信访条例》、《行政复议法实施条例》有关规定以及国家有关政策等开展调解工作,既不能调解缺位,也不能无原则地调和,片面追求调解率,侵犯国家、集体利益和他人的合法权益;三是平等原则。要充分尊重管理相对人自愿,充分听取当事人表达的真实意愿和诉求,既要兼顾各方当事人的合法权益,又要说服各方互谅互让,相互理解,公正、公平的调处争议纠纷;四是依法调解与依法处理相结合的原则。对不宜调解或经调解达不成协议的,应及时作出行政复议决定或其他行政处理决定,对当事人不愿意调解的民事纠纷应积极引导他们通过司法途径解决,不能久调不决。五是积极主动原则。行政机关应增强行政调解意识、主动排查化解行政争议、探索研究化解行政争议的新机制,主动加强与人民调解、司法调解组织的沟通配合,形成三大调解共同化解社会矛盾、维护社会稳定。

三、全省建设行政调解工作的目标及要求

(一)总体目标:各级建设行政主管部门要充分运用行政调解手段,加强与人民调解、司法调解的沟通和密切配合,力争在2010年底前有效化解全省建设系统的积案老案,化解率达到95%以上,并有效控制新的积案产生。在行政调解工作中,要按照优先调解、充分协商、促进和解的要求积极做好矛盾纠纷的化解工作。即对于发生的行政争议和群体性信访事项,要首选调解方式,并耐心释法明理做好劝解工作,促成当事人和解,以彻底化解纠纷。

(二)具体要求:

1.加强行政调解工作的组织领导

省建设厅成立由杨洪波厅长任组长,王卫南副厅长为副组长,其他各位厅领导和相关处(站、办)负责人为成员的建设行政调解领导小组。领导小组下设办公室,由王卫南副厅长兼任办公室主任,信访处长吴城林、政策法规处长方怀南为办公室副主任。办公室设在信访处,负责行政调解的日常工作。各级建设行政主管部门要成立相应的领导小组和办事机构,负责对本区域本系统内矛盾纠纷的统一调处。按照"谁主管,谁负责"的原则各单位应根据工作职责设立若干专业调解小组,具体负责各自职责范围中矛盾纠纷的调处。各专业调解小组既要分工负责又要密切配合,确保行政调解工作真正落实到位。

2. 建立健全行政调解工作制度

一要建立建设行政调解工作联系网络和联络员制度，健全行政调解省、市(州)、县(市、区)三级网络，加强联系，上下配合。二要根据行政调解的特点和要求制定行政调解程序，对调解申请、受理、调查、听证、调解实施、调解期限以及调解协议书的制作等环节提出详细具体的要求，保证当事人在调解中地位平等，保证当事人的知情权、参与权和救济权，确保行政调解工作规范，具有操作性和可行性。三要配齐配强行政调解工作人员。四要落实行政调解办公场地和经费。

3. 进一步强化行政复议中的调解

各级建设行政主管部门要充分发挥行政复议在解决行政争议、化解人民内部矛盾、维护社会稳定中的重要作用，在行政复议案件审查中，要根据调解原则和范围，在查清事实、分清责任的基础上，优先适用调解解决行政争议，促进复议双方当事人达成调解协议，制作行政复议调解书，并监督其履行，切实做到“定纷止争、案结事了”。同时要研究制定行政复议调解的程序，积极创新行政复议调解的方式方法，不断总结调解经验，逐步提高复议调解的成功率。

四、加强行政调解与人民调解、司法调解的衔接配合

省委、省政府提出的人民调解、行政调解、司法调解“三位一体”的大调解工作体系，充分整合了调解资源，实现了三大调解的优势互补。“三位一体”的大调解工作体系对于城乡建设领域中的拖欠工程款纠纷、城市房屋拆迁纠纷、房地产交易纠纷等，特别是在城乡建设推进中所涉及的很多历史遗留问题的解决将会起到有效促进的作用，这些矛盾纠纷有的年代久远、有的成因复杂，坚持“三调联动”，充分发挥三大调解功能及手段的有机衔接与配合，可大大增强调解效果，增强调解结果的法律效力。“三调联动”才能最终达到彻底化解纠纷、化解矛盾、案结事了的目的。

各级建设行政主管部门要把行政调解工作摆上重要议事日程，加强领导，明确责任，确保行政调解工作取得成效。

二〇〇九年九月二十五日

四川省国土厅关于印发《全省国土资源系统行政调解工作暂行办法（试行）》的通知

（2010年4月23日 川国土资发〔2010〕63号）

各市（州）国土资源局：

经厅领导同意，现将《全省国土资源系统行政调解工作暂行办法（试行）》印发你们，请遵照执行。执行中遇到的问题、总结的经验等，请及时反馈到厅行政调解工作领导小组办公室。

二〇一〇年四月二十三日

全省国土资源系统行政调解工作暂行办法（试行）

第一章 总 则

第一条 为规范和加强行政调解工作，推动国土资源部门主动、依法、及时、就地有效化解矛盾纠纷，维护群众合法权益，促进社会和谐稳定，根据省委办公厅、省政府办公厅有关“大调解”和行政调解文件精神，依照有关法律、法规和政策，结合全省国土资源系统实际，特制定本指导意见（以下简称“意见”）。

第二条 本意见所称行政调解，是指由国土资源部门主持，以法律、法规、规章和政策为依据，以自愿、平等为前提，在查明事实、明辨是非的基础上，对国土资源矛盾纠纷当事人进行说服和疏导，促使双方当事人平等协商、互谅互让、达成协议，从而妥善化解矛盾纠纷的活动。

第三条 行政调解应当遵循以下基本原则：

（一）自愿原则。行政调解要充分尊重当事人意愿，不得强迫当事人接受调解方式或调解结果。

（二）合法原则。行政调解要依据法律、法规、规章和国家政策，不得损害国家利益、社会公共利益和他人合法权益。调解达成的协议不得违反法律法规。

（三）平等原则。国土资源部门应当充分尊重行政管理相对人自愿、充分、真实地表达自己意愿和诉求的权利，公正、公平地调处争议纠纷。国土资源部门作为当事一方时，与管理相对人在调解过程中地位平等。

（四）主动原则。各级国土资源部门要积极探索有效化解矛盾纠纷的方式方法，增强行政调解意识，运用行政调解手段，主动排查、妥善化解矛盾纠纷，努力将能够通过行政调解解决的各类矛盾纠纷化解在基层当地、本部门内部；积极探索创新化解矛盾纠纷的长效机制，注重加强与人民调解、司法调解组织的沟通配合。

第二章　行政调解的申请与受理

第四条　行政调解的范围：

（一）国土资源部门履行行政征收、行政许可、行政确权、行政处理、颁发权属证书等行政管理职责，与公民、法人或者其他组织等行政管理相对人之间产生的行政争议；

（二）公民、法人或者其他组织等平等主体之间产生的，与国土资源部门行政管理职责有直接或间接关联的矛盾纠纷。

第五条　行政调解的受理机关：

（一）公民、法人或者其他组织等行政管理相对人，与国土资源部门履行行政管理职责产生的行政争议，由国土资源部门受理，采用平等协商的办法和解；协商不成的，由国土资源部门主要领导审签，书面报告上一级国土资源部门主持调解。公民、法人或者其他组织选择同级人民政府主持行政调解的，从其规定。

（二）公民、法人或者其他组织等平等主体之间产生的与国土资源部门行政管理职责有直接或间接关联的纠纷，由国土资源部门居中主持行政调解。

（三）因区域管辖权问题存在争议的矛盾纠纷，由上一级国土资源部门或者在征得当事人同意后由指定的国土资源部门主持行政调解。

（四）涉及国土资源部门和其他职能部门的矛盾纠纷，由最初受理的部门通过邀请、联合等方式，实行联动调解；协调不成的，由当地政府法制机构或"大调解协调中心”协调处理。

第六条 国土资源部门调解矛盾纠纷应当符合下列条件:

(一)申请人与该矛盾纠纷有法律上的利害关系;

(二)申请人有具体的诉求和理由;

(三)属于本意见第四条规定的行政调解范围;

(四)属于本意见第五条规定的行政调解管辖权受理范围;

(五)人民法院以及其他国家机关尚未受理该矛盾纠纷;

(六)该矛盾纠纷未被国土资源部门或其他国家机关作出终结处理决定;

(七)该矛盾纠纷具有可调解性。

第七条 国土资源部门处理矛盾纠纷时,应当主动告知矛盾纠纷各方当事人有申请行政调解的权利,引导当事人接受行政调解。也可以根据当事人的申请启动行政调解程序。

第八条 当事人申请行政调解,可以书面申请,也可以口头申请。

第九条 行政调解申请的审查与受理:

国土资源部门收到行政调解申请后,应当认真审查有关材料,区别不同情况,分别作出以下处理:

(一)符合调解条件的,及时征求被申请人意见,同时应当在5个工作日内决定是否受理,并及时告知双方当事人;对不予受理的案件,应说明理由。

(二)若该矛盾纠纷已进入行政复议、仲裁、司法审判等救济程序,应及时将案件转交复议、仲裁机关或司法审判机关,并告知当事人;若在行政复议期限内,应及时告知申请人还可选择行政复议。

(三)对被申请人不愿行政调解,或者虽然同意行政调解,但不属于行政调解范畴或矛盾纠纷不适宜调解的,应当在5个工作日内告知申请人解决纠纷的渠道。在启动行政调解程序前或行政调解过程中,有可能激化矛盾的案件,应当及时采取必要的缓解疏导措施。

第三章 行政调解的实施

第十条 在行政调解活动中,矛盾纠纷当事人享有下列权利:

(一)自主决定接受、不接受或者终止调解。

（二）申请有关行政调解人员回避。

（三）表达真实意愿和诉求。

（四）自愿达成调解协议。

第十一条 调解人员有下列情况之一的，应当回避：

（一）是该矛盾纠纷的当事人或者与当事人及其代理人有近亲属关系的；

（二）与该矛盾纠纷有利害关系的；

（三）与当事人及其代理人有其他关系，可能影响该矛盾纠纷公平公正处理的。

当事人发现调解人员有应当回避情形的，可以口头或者书面申请其回避。调解人员认为自己不适宜调解该纠纷的，应当自行申请回避。国土资源部门主要负责人或分管行政调解工作的负责人决定调解人员的回避。

第十二条 行政调解一般按以下程序进行：

（一）行政调解前应做好以下准备工作：

1. 确定参加行政调解的人员。（1）调解主持人员。应当根据案件性质指派具有专业知识和调解经验的专门人员主持调解工作。对重大复杂的争议案件，国土资源部门负责人应当主持行政调解。国土资源部门参加调解的人员不得少于 2 人，其中 1 人可兼做记录。（2）协助调解人员。可视情况邀请当事人所在基层组织、特邀调解员、调解志愿者、双方当事人亲友以及其他与案件处理有关的社会力量参与调解处理。对重大、复杂、群众关注的案件，还可邀请相关专家和法律界人士参加调解。（3）调解申请人与被申请人。矛盾纠纷涉及第三人利益的，也应邀请第三人参加。属于与国土资源部门具体行政行为之间的行政纠纷，公民、法人或者其他组织等行政管理相对人可以委托 1 至 2 名代理人参加行政调解；委托代理人的，应当提交授权委托书。

2. 拟定调解方案和初步处理方案。

3. 对案情复杂、基本事实有争议的矛盾纠纷，可进行必要的调查取证。

4. 将调解的时间、地点及时告知申请人和被申请人。

（二）行政调解的具体程序：

1. 主持人宣布调解的案由、应当遵循的程序及有关注意事项等，宣布开始调解。

2. 申请人简要陈述案情及请求事项，出示相关证据。

3. 被申请人答辩,也可出示相关证据。

4. 国土资源部门调查核实的证据材料,也应当庭出示,并征求双方的意见。

5. 主持人依据各方当事人提供的证据和本部门调查核实的情况,听取双方对对方证据的意见,再征求双方对调取证据的意见,在查明事实、分清责任的基础上,归纳争议纠纷的焦点和各方利益的共同点,据此对当事人进行说服、劝导,以引导双方当面达成谅解。

6. 主持人提出调解建议,并征求双方意见。必要时可休庭,分别听取双方意见,主持人和协助调解人员可依据查明的事实和属实的证据,依法依规、合情合理做好解释说服工作。

7. 主持人宣布双方达成一致意见,并将达成一致的书面意见条款式计入调解笔录。调解笔录应当全面、真实、客观地记载调解的过程、内容,由参与调解的人员核对无误后签名或盖章。

8. 签订调解协议。调解达成协议后,双方当事人应当签订书面调解协议。调解协议应当包括以下内容:(1)各方当事人的基本情况;(2)案由;(3)主要案情;(4)当事人协议约定的条款事项。调解协议不得对各方当事人增设超越法律、法规规定的权利和义务。

调解协议书经各方当事人和调解员认可签字或者盖章,并加盖行政调解机构印章后生效,对调解当事人具有约束力,当事人应当自觉履行。调解协议书当事人各执一份,国土资源部门留存一份备案。

对个别纠纷,双方当事人已达成协议并履行,但拒绝签名或盖章的,记录在案。

9. 宣布调解结束。

第十三条 根据案情性质特点和工作开展需要,对以下矛盾纠纷可适用于简易程序:

(一)对法律关系简单、事实清楚、争议不大的,可以当事人双方在调解笔录上签字结案;

(二)对法律关系简单、争议较小并能当场履行的,在双方同意的前提下,可以即时就地口头调解结案,但需记录在案。

第十四条 行政调解的时限:

(一)国土资源部门与公民、法人及其他组织之间的行政争议,该国土资源部门自受理之日起 15 个工作日内办结平等协商事宜。协商不成的在 5 个工作日内书面报告并附全案材料报上一级国土资源部门主持调解;上一级国土资源部门应当自收到之日起 30 个工作日内办结调解事宜,遇有特殊情况需延长的,可以适当延长,但最长期限不得超过 15 个工作日。

(二)国土资源部门居中调解公民、法人或者其他组织相互间纠纷,应当自受理之日起 30 个工作日内办结调解事宜,遇有特殊情况需延长的,可以适当延长,但最长期限不得超过 15 个工作日。行政调解时间,不计入当事人的起诉期限内。

第十五条 行政调解中几种特殊情况的处理。行政调解过程中有下列情形之一的,应当及时终止:

(一)申请人拒绝或放弃调解的;

(二)当事人自行和解的;

(三)矛盾纠纷涉及第三人利益,第三人不同意调解的;

(四)居中调解两次以上仍调解不成或未达成协议的;

(五)调解过程中,申请人或第三人又申请通过其他法律程序解决的。

第十六条 行政调解终止后的救济渠道:

(一)对属于国土资源部门法定职权范围内处理的矛盾纠纷,依法及时作出行政或信访处理。

(二)对还可行政裁决、行政复议、仲裁、提起诉讼的矛盾纠纷,当事人可以依法向有关行政机关申请行政裁决、行政复议,向仲裁机构申请仲裁,向人民法院提起诉讼。是否受理,由有关的行政机关、仲裁机构、人民法院决定。

第十七条 调解结果的回访。国土资源部门对达成调解协议的争议纠纷,应当及时组织对各方履行调解协议结果进行回访,巩固调解成果,注意发现问题,督促调解协议的履行。

第十八条 行政调解案件应当实行台帐登记和归档管理。结案后按档案管理制度要求进行卷内系统整理,做到一案一卷。

第十九条 国土资源部门调解纠纷,还应注意保护当事人的个人隐私和商业秘密。

第四章 与人民调解和司法调解的衔接配合

第二十条 国土资源部门调处矛盾纠纷,应当加强与人民调解、司法调解的

对接配合:

(一)应当注重加强与政府法制、司法等部门和法院及当地矛盾纠纷“大调解”中心的沟通协调,主动争取指导和支持,实现矛盾纠纷联合排查、信息互通、资源共享和协调联动。对于行政调解中的法律适用等问题,可向人民法院、政府法制部门咨询意见。对重大复杂的疑难争议纠纷案件,可邀请人民法院、政府法制部门列席旁听、指导。

(二)国土资源部门进行行政调解时,需要当事人所在的基层人民调解组织配合的,可以向当事人所在基层人民调解组织发出邀请。基层人民调解组织进行调解工作时,需要国土资源部门协助的,国土资源部门应当指派调解员积极协助开展调解。人民法院进行司法调解时,需要国土资源部门协助的,国土资源部门应当积极配合。

(三)国土资源部门受理行政调解申请后,认为需同级政府或矛盾纠纷“大调解”协调中心协调处理的,可提请同级政府(行政调解机构)或矛盾纠纷“大调解”协调中心协调处理;认为人民调解机构或乡镇政府、街道办事处更有利调解的,可以委托人民调解委员会或乡镇政府、街道办事处先行调解。

(四)经行政调解达成的协议,当事人或国土资源部门可及时向人民法院申请,依法确认其效力。也可引导当事人依法申请公证机关予以公证。当事人不履行协议的,对方当事人可以请求国土资源部门督促履行或向人民法院提起诉讼、申请执行等。

第二十一条 国土资源部门还应当加强信访和行政复议中的调解:

(一)国土资源部门在办理信访事项中,信访人提出调解申请的,先由该国土资源部门与其进行平等协商,达成协议的,信访人应当撤回信访事项,信访事项终止;协商不成的,可向上级或本级国土资源部门(调解委员会或调解领导小组)申请居中调解。经居中调解达成协议的,信访人应当撤回信访事项,信访事项终止;调解不成或达成协议后反悔且未撤回信访事项的,上级或本级国土资源部门应当依法作出信访回复或复查、复核决定。上级或本级国土资源部门认为有必要,且在征得信访人同意的前提下,可责成被信访的国土资源部门与信访人进行平等协商,也可直接进行居中调解。

(二)国土资源部门在办理行政复议案件中,申请人提出调解申请的,先由被申请人与其进行平等协商,达成协议的,申请人应当撤回行政复议申请,行政复议终止;未达成协议的,申请人可向行政复议机关申请居中调解。经居中调解达成协议的,经双方当事人签字,即具有法律效力,行政复议终止;调解不成或达成的调解书生效前一方反悔的,行政复议机关应当依法作出行政复议决定。行政复议机关认为有必要,且在征得行政复议申请人同意的前提下,可责成被申请人与申请人进行平等协商,也可直接进行居中调解。

第五章 工作责任

第二十二条 加强对国土资源部门行政调解工作的组织领导:

(一)各级国土资源部门要高度重视和深入推进行政调解工作,将行政调解工作纳入本部门绩效管理进行考核,同时严格落实行政主管负责制和分级负责制。行政调解领导机构和工作机构要负责行政调解的组织、协调、指导、督促和考核工作,部门内部相关职能机构要按照行政调解职责分工,切实做好行政调解的各项工作。

(二)各级国土资源部门要结合实际,完善调解组织,明确调解职责,健全调解制度,落实调解场所,严格调解程序,规范调解行为。加强调解队伍建设,全力落实保障条件,对本部门行政管理职权范围内的各种矛盾纠纷当调则调、能调尽调、调裁结合,及时解决问题,就地化解矛盾。

(三)行政调解人员和工作人员要耐心细致地做好调解工作,不断总结调解工作经验,创新调解方式方法,研究完善调解艺术。在调解过程中,做到公正、廉洁,不得徇私舞弊。对因调解工作失误或者不当引起矛盾纠纷激化,影响社会稳定的,将依法追究相关负责人及调解人员的相应责任。

(四)加强统计上报工作。实行矛盾纠纷定期排查、定期研判、行政调解信息报送、台账统计、典型案例汇交、领导包案调解、推进"三大调解"对接配合等行政调解工作制度。市(州)国土资源部门应于次月五日前将上月行政调解台帐上报厅行政调解领导小组办公室;各级国土资源部门已妥善处理的典型案例,随时上报。

第二十三条 行政调解工作所需经费应当列入国土资源部门预算。各级国土资源部门可结合当地实际,探索实行调解员调解激励机制。

第二十四条 各级国土资源部门对在行政调解工作中成绩突出的单位和个

人,适时予以表彰奖励。

第二十五条 国土资源部门及其工作人员无正当理由不受理行政调解申请,或对符合行政调解条件的矛盾纠纷不主动按照行政调解程序开展调解,或在规定期限内不履行调解职责,贻误矛盾纠纷调处时机,造成恶性事件、群体性事件或其他严重后果的,依照有关规定问责。

第六章 附 则

第二十六条 本暂行办法由厅行政调解领导小组办公室负责解释。各级国土资源部门在行政调解中遇到的问题、总结的经验等,应及时反馈给厅行政调解领导小组办公室。

第二十七条 本暂行办法自发布之日起试行。

附件:

全省国土资源系统行政调解文书示范文本

(目录)

(十二)行政调解卷宗

格式之一:

行政调解申请书

(公民/法人或者其他组织)

申请人:____姓名________性别______出生年月________________
身份证(其他有效证件)号码________________工作单位__________
住所__(联系地址)________邮政编码__________电话__________
[(法人或者其他组织)______(名称)____________________________
住所__(联系地址)________邮政编码__________电话__________
法定代表人或者主要负责人__(姓名)________职务______________]
被申请人:____(名称)____________________________________
行政调解请求:____
____
事实及理由:____
____
特申请________________予以调解。
申请人(签名):
申请日期:________年____月____日
[记录人(口头申请时签名):________________]

格式之二:

×××国土资源局

行政调解受理审批表

当事人(基本情况):____
____

____

申请时间:________年____月____日

申请事项:____

____

____

____

经办人意见:____

____

____

调解领导小组意见:____

____

____

格式之三:

×××国土资源局

行政调解受理通知书

〔 〕 号

____________:

你因____________________于________年____月____日向本局提出的行政调解申请,经审查,符合行政调解条件,本局决定予以受理。并将于________年____月____日前组织调解终结。如因案情复杂,不能在期限内组织调解终结,需要延长调解期限的,本局将另行书面通知。如不能达成一致意见需提请上一级国土资源部门主持调解的,本局亦将另行告知。

特此通知

××国土资源局(行政调解专用章)

年 月 日

格式之四：

××× 国土资源局
提请上级部门行政调解告知书

〔　　〕　号

__________：

你因__________________于________年____月____日向本局提出的行政调解申请，本局受理后平等协商未能达成一致意见。根据《全省国土资源系统行政调解工作暂行办法》有关规定，本局已提请×××国土资源局主持调解。

特此告知

××国土资源局（行政调解专用章）
年　月　日

格式之五：

××× 国土资源局
行政调解不予受理通知书

〔　　〕　号

__________：

你因__________________于________年____月____日向本局提交的行政调解申请，经审查，本机关认为：（不予受理的事实和理由）__________________。本局决定不予受理。请向__________________。

特此通知。

×××国土资源局（行政调解专用章）
年　月　日

格式之六:

调 查 笔 录

时间:________年____月____日____时

地点:____

事由:____

____

被调查人:______________________________________

调查人:____

记录人:____

笔录:____

问:____

答:____

____

被调查人(签名):

调查人(签名):

记录人(签名):

格式之七:

调解笔录(样式一)

时间____________________地点____________________________

事由____

____

申请人____

被申请人____

调解员____

参加人＿＿＿＿＿＿＿＿＿＿＿＿＿＿＿＿＿＿＿＿＿＿＿＿＿＿＿＿＿＿

调解笔录：＿＿＿＿＿＿＿＿＿＿＿＿＿＿＿＿＿＿＿＿＿＿＿＿＿＿＿＿

＿＿＿＿＿＿＿＿＿＿＿＿＿＿＿＿＿＿＿＿＿＿＿＿＿＿＿＿＿＿＿＿＿

经调解达成一致的条款意见：＿＿＿＿＿＿＿＿＿＿＿＿＿＿＿＿＿＿＿＿

＿＿＿＿＿＿＿＿＿＿＿＿＿＿＿＿＿＿＿＿＿＿＿＿＿＿＿＿＿＿＿＿＿

调解员(签名)：　　　　　　　　　　　在场人(签名)：

记录人(签名)：

(备注：适用于一般程序)

格式之八：

×××国土资源局

调解笔录(样式二)

〔　　〕　　号

时间：＿＿＿＿＿＿＿＿＿＿＿地点：＿＿＿＿＿＿＿＿＿＿＿＿＿＿＿＿＿

案由：＿＿＿＿＿＿＿＿＿＿＿＿＿＿＿＿＿＿＿＿＿＿＿＿＿＿＿＿＿＿

＿＿＿＿＿＿＿＿＿＿＿＿＿＿＿＿＿＿＿＿＿＿＿＿＿＿＿＿＿＿＿＿＿

申请人：＿＿＿＿＿＿＿＿＿＿＿＿＿＿＿＿＿＿＿＿＿＿＿＿＿＿＿＿＿

被申请人：＿＿＿＿＿＿＿＿＿＿＿＿＿＿＿＿＿＿＿＿＿＿＿＿＿＿＿＿

调解员：＿＿＿＿＿＿＿＿＿＿＿＿＿＿＿＿＿＿＿＿＿＿＿＿＿＿＿＿＿

参加人：＿＿＿＿＿＿＿＿＿＿＿＿＿＿＿＿＿＿＿＿＿＿＿＿＿＿＿＿＿

调解笔录：＿＿＿＿＿＿＿＿＿＿＿＿＿＿＿＿＿＿＿＿＿＿＿＿＿＿＿＿

＿＿＿＿＿＿＿＿＿＿＿＿＿＿＿＿＿＿＿＿＿＿＿＿＿＿＿＿＿＿＿＿＿

调解达成协议如下：＿＿＿＿＿＿＿＿＿＿＿＿＿＿＿＿＿＿＿＿＿＿＿＿

＿＿＿＿＿＿＿＿＿＿＿＿＿＿＿＿＿＿＿＿＿＿＿＿＿＿＿＿＿＿＿＿＿

本调解笔录一式＿＿份，当事人、行政调解机构各执一份。

申请人(签字或盖章)：　　　　　　　　　　被申请人(签字或盖章)：

调解员(签名)：

×××国土资源局(行政调解专用章)

年 月 日

记录员(签名):

(备注:适用于简易程序)

格式之九:

×××国土资源局

行政调解协议书

〔 〕 号

申请人:____________________

被申请人:____________________

案由:____

____

纠纷概况(查明的事实):____

____

____

____

经调解,双方当事人自愿达成如下协议:1. ______________________________

2. ____

3. ____

____

(备注:双方约定事项,包括履行协议的方式、地点、期限)

____

____

____

本协议一式____份,当事人、行政调解机构各持一份。

当事人(签名或盖章):____

调解员(签名):

××× 国土资源局(行政调解专用章)

年　月　日

记录员(签名):

(备注:适用于一般程序)

格式之十:

××× 国土资源局

行政调解终止通知书

〔　　〕　号

____________:

____________于________年____月____日向本局提出行政调解申请。本局受理后,因____________,根据《四川省国土资源系统行政调解工作暂行管理办法》第×条第×款第(×)项规定,现决定终止调解。

特此通知。

××× 国土资源局(行政调解专用章)

年　月　日

抄送:________________________________

格式之十一:

××× 国土资源局

行政调解受理登记台账表

序号	申请人	被申请人	调解类型	纠纷事由	受理时间	结案时间	调解机关	调解结果	结案方式	履行情况

备注:1. 调解类型是指属于哪一类矛盾纠纷;2. 调解机关是指市(州)级或县(市、区)级国土资源部门或乡镇(街道)国土资源所;3. 结案方式有三种:口头调解结案、调解笔录结案、签订调解协议书结案;4. 此表逐级填报,由市(州)局在次月 5 日前汇总上报至厅信访处。

格式之十二:

×××国土资源局

行政调解卷宗

卷宗类别:________________卷　　名:________________

年　　度:________________卷　　号:________________

调 解 员:________________结案日期:________________

立 卷 人:________________立卷日期:________________

保管期限:________________备　　注:________________

四川省教育厅关于进一步加强行政调解工作的实施意见

(2009年9月17日　川教〔2009〕228号)

各市、州教育局,各高等学校:

为认真贯彻省政府办公厅《关于加强行政调解工作的意见》精神,进一步发挥行政调解在化解各类矛盾纠纷、维护社会稳定中的作用,现就全省教育系统进一步加强行政调解工作提出如下意见。

一、充分认识加强行政调解工作的重要意义

当前,我省经济社会快速发展,行政管理体制改革进入关键阶段,社会利益和群众需求呈现多元化趋势,各类矛盾和行政纠纷增多,涉及法律关系复杂,处理难度增大。全省教育行政部门和各级各类学校要从树立和落实科学发展观、提高党的执政能力建设的高度,进一步充分认识加强行政调解工作对处理新时期教育矛盾纠纷的重要意义,运用调解方法化解矛盾,减少复议案件、诉讼案件和上访事件,构建和谐的教育关系。要认真贯彻执行中共中央办公厅、国务院办公厅《关于预防和化解行政争议健全行政争议解决机制的意见》和省政府办公厅《关于加强行政调解工作的意见》,切实转变观念,进一步加强行政调解工作,及时化解教育改革和发展过程中出现的各种争议,促进教育又好又快发展。要充分发挥教育系统行政资源多、调解范围广的优势,健全行政调解工作机制,用教育、协商、调解的办法,妥善协调各方面利益关系,充分尊重不同社会群体教育诉求的权利,确保人民群众根本利益得到维护。

二、行政调解的原则和基本要求

本意见所指行政调解是指全省各级教育行政部门(包括具有行政管理职权的事业单位)、各级各类学校根据国家政策、法律,在分清责任、明辨是非的基础上,通过说服教育和疏导,促使双方当事人互谅互让,化解矛盾纠纷的活动。

当前行政调解的重点是:各级教育行政部门(包括具有行政管理职权的事业单位)、各级各类学校与公民、法人或者其他组织之间产生的行政纠纷;公民、法人或者其他组织之间产生的与教育行政管理有直接或间接关系的纠纷。

行政调解要遵循以下原则:一是自愿原则。调解要尊重当事人意愿,不得强迫当事人接受调解方式和调解结果;二是合法性原则。要按照《教育法》、《教师法》、《信访条例》、《行政复议法实施条例》等有关法律、法规开展调解工作,既不能在执法过程中简单从事,调解缺位,也不能无原则地调和,片面追求调解率,侵犯国家利益、集体利益和他人利益。三是平等原则。调解机关应当充分尊重管理相对人自愿、充分、真实地表达自己意愿和诉求的权利,公正、公平的调处争议纠纷。调解机关作为当事一方时,与管理相对人在调解过程中地位平等。四是积极主动原则。调解机关应增强行政调解意识,主动排查、化解行政争议,探索研究化解行政争议的新机制,主动加强与人民调解、司法调解组织的沟通配合,通过三大调解化解社会矛盾,维护社会稳定。

做好行政调解工作的基本要求,一是优先调解。对于发生的行政争议、群体性信访事项,调解机关在解决矛盾纠纷时,要根据法律的规定和纠纷实际情况,首先选择调解解决的方式,在调解无果的前提下再选择其他渠道解决。二是充分协商。在争议双方自愿调解的基础上,调解机关要耐心释法明理,做好劝解工作,并要为双方充分协商、最后达成调解协议提供方便、创造条件。三是促进和解。纠纷发生后,消除双方当事人的认识偏差和误解是解决矛盾的关键。为此,调解机关在解决纠纷中要积极为双方沟通搭建平台,努力促成当事人和解,以彻底化解纠纷。

三、认真做好信访、行政复议、教育申诉中的调解工作

信访、行政复议、教育申诉是解决行政争议的法定渠道,是推进教育依法行政、依法治教的重要手段。各级教育行政部门、各级各类学校要认真做好信访、行政复议、教育申诉中的调解工作,充分发挥其在解决行政争议、化解人民内部矛盾、维护社会稳定中的重要作用。要认真贯彻落实《信访条例》、《行政复议法实施条例》、《教育法》和《教师法》,积极受理公民、法人和其他组织提出的信访事项、行政复议申请和教育申诉案件,切实履行职责。在办理相关案件过程中,要根据法律、法规规定的调解原则、范围,在查清事实、分清责任的基础上,在不损害国家利益、公共利益和他人合法权益的前提下,优先适用调解解决行政争议。在信访答复、复议决定和申诉决定作出前应当向双方当事人宣讲有关法律法规,陈述道理,分析利害,为当事人自愿调解创造条件。在信访、复议、申诉调解中,办案工作人员要真正了解双方诉求,找准争议焦点,熟悉相关法律规定,以增强调解的针对性和有效性;要充分尊重各方当事人的意见和处分权,不得代替当事人表达意愿,更不得强迫当事人接受调解条件。对于双方当事人达成调解的,要依法制作调解书,按照法律程序送达,并监督其履行,切实做到"定纷止争、案结事了"。调解不成功或对信访、行政复议、申诉结果不服的,应主动告知当事人救济权利和渠道。各级教育行政部门、各级各类学校要研究制定各种方法调解的程序规定,积极创新调解的方式方法,不断总结调解经验,逐步提高运用各种方法调解的成功率。

四、加强行政调解与人民调解、司法调解的衔接配合

要充分利用人民调解、行政调解、司法调解"三位一体"的大调解工作体系,充分整合调解资源,实现三大调解的优势互补。特别是对于重大纠纷、复杂纠纷,坚持"三调联动",使三大调解手段有机衔接与配合。

五、建立健全行政调解工作保障机制

各级教育行政部门、各级各类学校要强化行政调解的责任意识。各级教育行政部门要在当地政府领导下,按照"属地管理、分级负责","谁主管、谁负责"的要求认真履行行政调解工作职责,指导所属学校做好调解工作。要充分发挥信访、行政复议和教育申诉在行政调解中的重要作用,力争将矛盾解决在行政程序中,解决在本级,避免矛盾扩大化。

要高度重视本单位行政调解组织机构建设,要落实分管领导常抓不懈,各单位行政调解工作机构要牵头负责本单位职责范围内教育矛盾纠纷的调解工作,相关部门要密切配合,形成合力,提高调解效果。要明确专门工作人员,做到人员落实、场地落实、办公设施和办公经费落实,上级教育行政部门要加强对下级教育行政部门行政调解组织建设情况的督导检查,确保调解工作有人抓、有人管。

要结合本单位工作实际建立健全行政调解的有关规章制度,根据行政特点和要求制定行政调解程序,对调解申请、受理、调查、听证、调解实施、调解期限以及调解协议书的制作等环节提出详细具体的要求,确保行政调解工作基本规范,保证当事人在调解中地位平等,保证当事人的知情权、参与权和救济权。

要把行政调解工作作为本单位工作的重要内容来抓,严格落实行政调解工作责任制,加强领导,明确责任,确保行政调解工作不断发展。对于因组织领导不力、工作落实不到位、行政调解工作消极应付,导致发生重大矛盾纠纷的部门要追究有关领导和直接责任人员的责任。

各市、州教育行政部门,各高等学校应根据本《意见》精神,制定贯彻实施意见,在全省各级各类学校全面实施。各市、州实施意见,应于10月20日前抄送我厅政策法规处。

四川省教育厅

二○○九年九月十七日

四川省物价局关于加强行政调解工作的实施意见

(2009年9月16日　川价发〔2009〕155号)

各市(州)及各扩权试点县(市)物价局:

为贯彻落实省委办公厅、省政府办公厅《关于构建"大调解"工作体系,有效化解社会矛盾纠纷的意见》(川委办〔2009〕16号)和省政府办公厅《关于加强行政调解工作的意见》（川办发〔2009〕44号）精神，积极发挥行政调解在化解与价格行政管理相关的矛盾纠纷，维护社会稳定，促进社会和谐中的独特作用，努力构建有效预防、减少和化解矛盾纠纷的长效机制，现结合全省物价系统工作实际，就切实加强行政调解工作提出以下意见。

一、统一思想，提高认识。当前，我国经济社会快速发展，社会稳定。但伴随着经济社会的深刻变化，社会利益和群众诉求呈现多元化趋势，各种矛盾纠纷需要多层次化解。价格是调节利益关系最直接、最灵敏的杠杆，价格工作具有涉及面广、政策性强、矛盾集中、社会关注度高的特点，决定了价格工作必然牵涉社会各方面的利益矛盾，价格问题容易成为引发社会不稳定的因素。全省物价部门要从深入贯彻落实科学发展观、全面推进依法行政、提高党的执政能力建设的高度，充分认识加强行政调解工作的重大意义，充分认识行政调解在及时化解社会矛盾，促进经济社会和谐发展中的重要作用，认真贯彻执行省委、省政府关于加强行政调解工作的相关要求，以预防和化解与人民群众密切相关的价格行政争议为重点，针对新时期人民内部矛盾纠纷的新情况、新特点，充分发挥物价部门行政资源多、调解范围广的优势，建立健全行政调解工作机制，妥善协调各方面价格利益关系，确保不同社会群体的价格利益得到兼顾，努力实现好、维护好、发展好最广大人民群众的根本利益。

二、健全机构，加强领导。建立省、市（州）、县（市、区）三级价格行政调解组织体系。省物价局成立由局长任组长，副局长任副组长，相关处室负责人为成员的价格行政调解工作领导小组，负责全省物价系统价格行政调解工作的政策调研、组织推动、综合协调、指导督促、考核问责。各市（州）、县（市、区）物价部门要及时成立相应的价格行政调解领导小组和办公室，组建一支政治思想好、业务能力强、法律素质高的价格行政调解员队伍，负责本辖区内价格行政调解及信息报送工作。同时，市（州）、县（市、区）物价部门要以此为契机，进一步加强基层价格监督网络和社会义务价格监督员队伍建设，充分发挥其人民调解的基础性作用，及时把价格矛盾纠纷化解在基层和萌芽状态。全省各级价格行政调解组织要在同级“大调解”工作领导部门的领导下，按照“逐级调解、分级负责”的原则开展工作。

三、明确范围，把握原则。价格行政调解的范围是物价部门与公民、法人或者其他组织之间产生的价格行政争议；公民、法人、其他组织之间产生的与价格行政管理有直接或间接关系的民事纠纷。各级物价部门要始终坚持依法行政，从源头上预防和减少行政争议；要积极研究探索调解价格民事纠纷的新方法，不断提高价格行政调解的成功率，力争做到小纠纷不出村（社区）、一般纠纷不出乡镇（街道）、疑难纠纷不出县（市、区）、重大纠纷不出市（州），从源头上预防、减少重复越级上访和不稳定因素，防止因价格问题引发重大群体性事件。同时，价格行政调解必须坚持自愿、合法、平等的原则，把调解贯穿于处理价格行政争议和化解价格民事纠纷的全过程，引导当事人友好协商、互谅互让，力争实现"定分止争，案结事了"；对不愿调解或调解未达成协议的，要引导当事人运用行政复议、行政诉讼等方式妥善解决；要坚持"属地管理、分级负责"的原则，进一步强化价格行政调解意识，认真落实行政主管责任制和分级责任制，着力解决影响社会稳定的突出价格矛盾纠纷，促进社会和谐稳定。

四、完善制度，强化责任。各级物价部门要结合价格工作职能以及自身工作实际，建立健全价格行政调解的有关规章制度，加强调解工作制度化规范化建设。要规范调解程序，对调解申请、受理、调查、听证、调解实施、调解期限以及调解协议书的制作等环节明确具体要求。要定期或不定期对本系统的调解工作进行监督抽查，建立典型案件和普遍性问题的通报制度。要完善矛盾纠纷预防机制，按照"及时排查、各负其责、工作在前、预防为主"的原则，构建从源头上有效预防、减少和化解矛盾纠纷的长效机制。要建立健全价格行政调解联席会议等制度，加强与人民调解、司法调解的有机衔接。要把价格行政调解工作摆上重要议事日程，纳入年度目标管理，严格考核问责，对工作成绩突出的单位和个人进行表彰；对因组织领导不力、工作落实不到位、消极应付调解，导致重大矛盾纠纷发生的，严肃追究领导和相关人员责任。

五、强化服务，落实保障。各级物价部门要坚持预防和化解并用、排查和调处并行，把价格行政调解与行政复议、信访工作、综合治理工作以及价格监督检查工作结合起来，要依托"价格服务进万家"活动工作成果和工作载体，促进价格收费矛盾纠纷从集中处理向常态化解转变。通过价格维权、价格自律、价格引导、价格协调、价格宣传等服务，保障服务对象的知情权、参与权、监督权、投诉权和举报权；帮助经营者增强价格诚信意识，完善内部管理制度，规范价格行为；落实价费优惠措施，了解民情民意，及时出台有利于发展和减轻群众及社会负担的价费政策；化解企业之间、产供销各环节之间、执收与征费对象之间价费矛盾；宣传价格法律法规及政策措施,提高人民群众的自我保护意识;发挥成本调查、价格评审、价格认证等方面职能作用,有效调解价格矛盾。同时,要将价格行政调解工作经费等纳入财政预算统筹安排,落实必要的设施条件,根据实际需要配备、充实和调剂价格行政调解人员;要充分发挥基层价格行政调解的主力作用,加强对基层调解人员的指导和教育培训,不断提升其调解工作能力与水平,确保调解工作规范有序高效。

请各市(州)、县(市、区)物价局按照本意见要求,统一思想,提高认识,加强领导,强化措施,认真做好本行政区域内的价格行政调解工作。对价格行政调解过程中的经验材料、典型案例和普遍性问题,每月定期报送当地法制部门和上级物价部门。重大的或紧急的价格行政调解信息应随时报送。

四川省物价局行政调解工作领导小组及办公室成员名单

为认真落实省委、省政府构建"大调解"体系有关精神,进一步推动我局和全省物价系统及时、主动化解价格收费矛盾纠纷,促进社会和谐稳定,经研究,决定成立四川省物价局行政调解工作领导小组(以下简称领导小组)及办公室,领导和承办本局行政调解工作,指导、协调全省物价系统行政调解工作。

一、领导小组组长:×××　四川省物价局局长

二、领导小组副组长:(略)

三、领导小组成员:(略)

四、领导小组下设办公室,办公室设在省物价局综合法规处,协调本局和指导全省物价系统行政调解工作。

领导小组办公室行政调解员名单:(略)

成都市人民政府办公厅关于进一步加强行政调解工作的意见

（2009 年 12 月 17 日　成办发〔2009〕70 号）

各区（市）县政府，市政府各部门：

为认真贯彻落实省政府办公厅《关于加强行政调解工作的意见》（川办发〔2009〕44 号）和市委办公厅、市政府办公厅《关于进一步深化信访逐级负责制构建社会矛盾纠纷“大调解”工作体系的意见》（成委办〔2009〕28 号）精神，充分发挥行政调解在“大调解”工作体系中的重要作用，切实将行政争议化解在基层、化解在矛盾初发阶段、化解在行政程序中，维护社会稳定，促进我市经济发展和社会和谐，现就进一步加强行政调解工作提出如下意见：

一、行政调解工作的范围和原则

（一）行政调解工作的范围。行政机关（包括具有行政管理职权的组织）与公民、法人或者其他组织之间产生的行政争议；依法应当由行政机关行政裁决、调处的民事纠纷；公民、法人或者其他组织之间产生的与行政管理有直接或间接关联的纠纷。

（二）行政调解工作应当遵循以下原则：

1. 属地管理、分级负责原则。各区（市）县政府和市政府各部门要对发生在本区域、本部门的行政争议进行主动排查，按照“谁主管、谁负责”原则，充分运用各种有效手段切实予以解决，真正做到案结事了。

2. 自愿原则。行政调解要充分尊重当事人意愿，不得强迫当事人接受调解方式或调解结果。

3. 合法原则。行政调解要符合法律、法规和国家政策，不得侵犯国家利益，不得侵犯公民、法人和其他组织的合法权益。

4. 平等原则。行政调解机关应当充分尊重行政管理相对人自愿、充分、真实地表达自己意愿和诉求的权利，公正、公平地调处争议纠纷。行政机关作为当事一方时,与管理相对人在调解过程中地位平等。

5. 积极主动原则。行政机关应增强行政调解意识,主动排查、化解行政争议,探索研究化解行政争议的新机制,主动加强与人民调解、司法调解组织的沟通配合。

二、建立健全行政调解工作体系

(一)建立市行政调解联席会议制度。市行政调解联席会议由市政府分管领导为总召集人,协助市政府分管领导工作的副秘书长、市政府法制办主任为副总召集人,邀请市法院参加。市政府目督办、市人事局、市财政局、市司法局、市公安局、市工商局、市质监局、市国土局、市房管局、市规划局、市食品药品监管局、市卫生局、市教育局、市劳动保障局、市建委、市交委、市民政局、市环保局、市城管局、市经委、市民宗局、市文化局、市旅游局、市发改委、市新闻出版局、市国资委等为成员单位。市行政调解联席会议日常工作由市政府法制办具体承办,各区(市)县应建立相应的行政调解联席会议制度。

市行政调解联席会议的职责是:1. 定期研究解决全市各级行政机关开展行政调解工作涉及的问题,加强对全市行政调解工作的指导;2. 研究、协调解决重大、影响社会稳定的行政争议;3. 对涉及多个部门的行政争议,确定处理原则和牵头部门。

(二)建立市行政调解指导中心。行政调解工作是一项全新的工作,必须加强领导和具体指导。按照成委办〔2009〕28 号文要求,市行政调解指导中心设在市政府法制办,中心主任由市政府法制办主任兼任。

市行政调解指导中心的职责是:

1. 研究制定全市各级行政机关开展行政调解工作的规章制度;

2. 汇总分析各区(市)县政府和市政府各部门的行政调解工作情况,并向市政府和市矛盾纠纷“大调解”领导小组报告;

3. 办理市矛盾纠纷“大调解”领导小组和市行政调解联席会议交办的各项工作事项;

4. 加强对全市各级行政机关开展行政调解工作的指导,加大对行政调解工作的督办力度;

5. 做好与人民调解、司法调解组织的衔接配合;

6. 具体实施全市行政调解工作的目标考核,提出奖惩建议;

7. 具体实施对全市行政调解人员的法律知识和调解技能的培训，提高行政调解人员的业务水平；

8. 组织调处法律关系复杂、重大疑难、涉及市政府的矛盾纠纷。

（三）加强协调配合，构建“三大调解”衔接机制。市行政调解指导中心要在市矛盾纠纷“大调解”领导小组和市行政调解联席会议的领导和具体指导下，建立健全与人民调解、司法调解组织的协调联系机制、信息沟通机制和效力衔接机制，优化、整合调解资源，实现“三大调解”优势互补。在行政调解中需要当事人所在基层人民调解组织配合的，可以邀请其参加，共同开展调解工作。人民法院在进行司法调解时，需要行政机关配合的，行政机关应当积极配合。

各级行政机关在调解行政争议时，要充分发挥专业优势，对行政管理相对人做好耐心细致的宣传、解释、说服工作。各部门在行政调解工作中，既要各司其职，又要密切配合。对法律关系单一、一个职能部门能够解决的矛盾纠纷，由该职能部门负责解决；对法律关系复杂、涉及多个部门职责的矛盾纠纷，由最初受理的部门报市行政调解指导中心，由市行政调解指导中心协调相关部门并确定牵头单位共同解决；对依法申请行政复议的行政争议，由法定的受理机关依法负责调解，有关部门协调配合。

（四）组织保障。各区（市）县政府和市政府各部门要建立专门的行政调解室，配备必要的设备和器材，确定专门的行政调解工作人员。有条件的区（市）县政府和市政府部门应当引入社会法律服务有效解决行政纠纷。

三、行政调解工作的职责分工和总体要求

各级行政机关要切实转变行政管理方式，强化行政调解意识，并按以下职责分工做好争议纠纷调处工作：

（一）各区（市）县政府对行政调解工作负总责。行政调解工作，政府一把手负总责，分管领导具体负责。行政调解工作实行目标责任制，各区（市）县政府要将行政调解工作纳入政府目标管理考核；建立调解工作平台，建立健全行政调解工作机制和网络体系，充实调解人员并将调解工作经费、调解人员工作补贴纳入财政预算统筹安排；建立行政调解联席会议制度，定期研究解决开展行政调解工作涉及的问题，并定期汇总、分析上报本地区行政调解工作开展情况。行政调解联席会议日常工作由政府法制部门承担。

（二）政府法制机构应当切实发挥牵头作用。政府法制机构作为行政调解工作的牵头部门,要结合工作职责,加强对下级政府和本级政府部门行政调解工作的指导、督促、协调;研究制定行政调解规章制度,使行政调解工作有序开展;汇总分析下级政府和本级政府各部门的行政调解工作情况,并向本级政府报告;做好同人民调解、司法调解组织的衔接配合,加大对行政调解工作的督办力度;对涉及多个部门职责的矛盾纠纷,协调相关部门共同解决并确定牵头单位;具体实施行政调解工作的目标考核,提出奖惩建议;加强行政调解人员的法律知识和调解技能的培训,提高行政调解人员的业务水平;组织调处法律关系复杂、重大疑难的涉及本级政府的矛盾纠纷。

(三)市政府各部门应当切实发挥行政调解的主体作用。行政调解实行"属地管理、分级负责"和"谁主管、谁负责"的原则。各部门由行政一把手负总责,确定分管领导和相应的工作机构具体承担行政调解工作;落实工作经费、办公场所和设施;把政治思想好、业务能力强、有较高法律素质的干部充实到行政调解队伍,并公布调解人员名单;要根据部门、行业特点建立健全行政调解工作机制和相关制度,在调解申请、受理、调查、听证、调解实施、调解期限以及调解协议书的制作等方面制定出具体的规定,确保行政调解工作的规范进行;定期汇总、分析上报本单位行政调解工作开展情况。

各区(市)县政府和市政府各部门要严格落实行政调解工作责任制,对组织领导不力、工作不落实、责任不到位,导致争议纠纷突出的单位,要进行通报批评并限期整改;对工作敷衍塞责、无故推诿和拖延而导致严重影响社会稳定的重大事件和案件,要实行责任倒查,严格追究领导和相关人员的责任。

四、落实责任,依法做好行政调解工作

(一)充分运用行政复议法定渠道有效解决行政争议。对符合行政复议受理条件的行政争议,具有行政复议职权的行政机关要切实依法履行行政复议职责,积极受理行政复议申请,不得拒绝受理符合法定条件的行政复议申请。要切实加强行政复议工作,把通过行政复议解决行政争议作为促进政府职能转变的重要内容,充分发挥其在解决行政争议、化解人民内部矛盾、维护社会稳定中的重要作用。在行政复议案件办理过程中,要根据《中华人民共和国行政复议法实施条例》规定的调解原则、范围,优先适用调解方式解决行政争议,力争把行政争议化解在行政程序中。要进一步规范行政复议程序,积极探索符合行政复议工作特点的机制和方法。对重大复杂、群众关注的案件,要通过公开听证、当面核实等多种形式,增强行政复议的透明度和公信力,提高行政复议的质量和效率。行政复议工作机构还要注重运用和解的方法解决行政争议。对于行政机关行使自由裁量权作出的具体行政行为引发的复议案件,要积极促成申请人与被申请人在复议决定作出前自愿达成和解。

(二)在解决民事纠纷中优先适用调解。负有民事纠纷裁决、调处职责的行政机关应当根据有关法律、行政法规的规定,建立健全有关民事纠纷裁决、调处的具体工作程序,做到有章可循、有规可依。对依法应当由行政机关裁决、调处的民事纠纷,法定的裁决、调处机关要优先适用调解,公平、公正地处理当事双方的诉求,耐心细致地做好说服、劝导和法律法规的宣传解释工作,努力促成当事双方达成协议。通过调解达成协议的,调解机关应当制作调解书;调解不能达成协议的,要在法定期限内依法作出裁决书或及时告知当事人救济权利和渠道。

各级行政机关要从维护我市改革发展稳定大局的高度,增强责任感和紧迫感,不断推进和深化行政调解工作,共同努力使行政调解工作取得新实效、实现新突破,为我市推进两个加快、确保治安平稳、大局稳定创造和谐稳定的社会环境。

二〇〇九年十二月十七日

成都市人民政府法制办公室关于印发《成都市行政调解工作指导意见(试行)》的通知

(2010年3月8日 成府法〔2010〕22号)

各区(市)县政府行政调解指导中心,市政府各部门法制(法规)处:

经市政府领导同志同意,现将《成都市行政调解工作指导意见(试行)》印发你们,请遵照执行。

二〇一〇年三月八日

成都市行政调解工作指导意见(试行)

当前,我市统筹城乡综合配套改革正处在向重大领域、关键环节稳步推进、攻坚克难阶段,确立了建设世界现代田园城市的历史定位和长远发展目标,经济政治文化社会都将发生深刻变化。在这个阶段,由于行政管理者和行政管理相对人对政策、法规、规定以及改革发展大势彼此之间的理解差异,必然是行政争议多发期。为贯彻中央、省、市构建和谐社会、维护社会稳定,把社会矛盾化解在基层、化解在萌芽状态的基本精神,为创建全省依法行政示范城市、全国法治城市,全面推进依法行政,增强服务意识,提高依法行政的效率、能力和水平,有力地促进我市经济社会跨越式发展,有力地保障公民、法人和其他组织的合法权益,切实做好行政调解工作,意义重大。

根据中共中央办公厅、国务院办公厅《关于预防和化解行政争议健全行政争议解决机制的意见》(中办发〔2006〕27号)和省委、省政府办公厅,市委、市政府办公厅有关"大调解"文件精神,充分发挥行政调解在化解矛盾、解决纠纷方面的独特优势,进一步推动行政机关主动、及时化解矛盾纠纷,促进我市经济社会全面协调可持续发展,加快法治政府建设,构建社会主义和谐社会,依照有关法律、法规,结合我市实际,特制定本指导意见(以下简称"意见")。

一、本意见所称行政调解,是指行政机关(包括法律法规授权组织,以下统称"行政机关")根据相关法律法规规定,对与本机关行使行政职权有关的各类矛盾纠纷,以法律、法规、规章和政策为依据,以当事人自愿为原则,通过对争议各方的说服和劝导,使各方当事人平等协商、互谅互让、达成协议,从而妥善解决矛盾纠纷的活动。

二、各级行政机关要积极探索有效化解矛盾纠纷的方式方法,切实增强行政调解意识,充分运用行政调解手段,在矛盾纠纷产生之初,主动做好与当事人的沟通、协调,引导当事人通过调解、和解方式解决争议,力争将各种矛盾纠纷化解在基层、化解在矛盾纠纷初发阶段,化解在本部门行政程序中。

三、行政调解工作由各级行政机关负责,各级政府法制工作机构要加强对行政调解工作的指导、协调、监督、检查和考核,研究制订相关的配套制度、格式示范文本及指导意见。加强与各级人民法院和各级人民调解工作机构的沟通联系，做好行政调解与司法调解、人民调解有效衔接的相关工作。

四、各级行政机关应当建立行政调解员培训制度，与司法行政、人民法院联系制度、行政调解分析、报告等制度。

五、行政调解工作所需要经费应当列入行政机关部门预算。

六、行政调解的范围：行政机关与公民、法人或者其他组织之间产生的行政争议；依法应当由行政机关行政裁决、调处的民事纠纷；公民、法人或者其他组织之间产生的与行政管理有直接或间接关联的纠纷。

七、行政调解应当遵循以下基本原则：

（一）属地管理、分级负责原则。各级行政机关要对发生在本区域、本部门的行政争议进行主动排查，充分运用各种有效手段切实予以解决。对能够通过行政调解解决的矛盾纠纷，不得推卸责任，轻意上交或推向复议机关、人民法院解决；

（二）自愿原则。调解要充分尊重当事人意愿，不得强迫当事人接受调解方式或调解结果；

（三）合法原则。行政调解要符合法律、法规和国家政策，不得侵犯国家利益，不得侵犯公民、法人和其他组织的合法权益；

（四）平等原则。行政调解机关应当充分尊重行政管理相对人自愿、充分、真实地表达自己意愿和诉求的权利，公正、公平地调处争议纠纷。行政机关作为当事一方时，与管理相对人在调解过程中地位平等；

（五）积极主动原则。行政机关应增强“维护稳定、守土有责”意识，主动排查、妥善化解矛盾纠纷；努力将能够通过行政调解解决的各类矛盾纠纷化解在行政机关内部；积极探索创新化解矛盾纠纷的新机制，主动加强与人民调解、司法调解组织的沟通配合。

八、行政机关调解矛盾纠纷应当同时符合下列条件：

（一）调解对象是与本行政争议有利害关系的当事人；

（二）该矛盾纠纷与该机关行使行政职权有关；

（三）该矛盾纠纷具有可调解性。

九、行政机关处理矛盾纠纷时应当主动告知当事人有申请行政调解的权利。行政机关也可以根据当事人的申请启动行政调解程序。当事人申请行政调解，可以书面申请，也可以口头申请。

十、行政机关收到行政调解申请后,应当认真审查有关材料,在5个工作日内决定是否启动行政调解程序并及时告知双方当事人;对不启动调解程序的案件,应说明理由。在启动行政调解程序前或行政调解过程中,有可能激化矛盾的案件,行政机关应当及时采取必要的缓解疏导措施。

十一、对两个以上行政机关都收到行政调解申请的,由有管辖权的行政机关办理;对两个以上行政机关都有管辖权的,由先收到行政调解申请的行政机关办理;行政机关对管辖权产生争议的,报上级行政调解指导中心指定管辖。

十二、对重大复杂的争议案件,行政机关的相关负责人应当主持行政调解;一般争议案件,由当事人选择调解人员或行政机关负责人指定调解人员进行行政调解。

十三、行政机关调解纠纷,根据需要可以邀请有关单位、专业人员或者其他调解组织参加,被邀请的单位或者个人应当予以支持。调解跨单位的纠纷,相关单位应当予以配合,共同做好行政调解工作。

十四、行政机关调解纠纷,应注意保护当事人的个人隐私和商业秘密。

十五、在行政调解活动中,各方当事人享有下列权利:

(一)自主决定接受、不接受或者终止调解;

(二)申请有关行政调解人员回避;

(三)表达真实意愿;

(四)自愿达成调解协议。

十六、调解人员有下列情况之一的,应当回避:

(一)是案件当事人或者与当事人、代理人有近亲属关系;

(二)与案件有利害关系;

(三)与案件当事人、代理人有其他关系,可能影响纠纷处理的。

当事人发现调解人员有应当回避情形的,可以口头或者书面申请其回避;调解人员认为自己不适宜调解该纠纷的,应当自行申请回避。

行政机关负责人决定调解人员的回避。

十七、行政调解按以下程序进行:

(一)行政调解的启动。行政调解启动可以由一方当事人申请,也可以由行政机关根据案件情况在征求当事双方意见的基础上提出。但不论采取哪种方式,都必须征得各方当事人同意。

（二）行政调解的时限。行政调解时限一般不超过20个工作日，重大复杂的矛盾纠纷可延长10个工作日。

（三）行政调解的组织和协调。

1. 行政机关受理行政调解后，应当及时告知当事人调解起止时间、依法享有的权利、应当遵循的程序、注意的事项等，使当事人明确行政调解的有关要求，帮助当事人正确行使自己的权利。

2. 行政机关应当根据案件性质指派具有专业知识和调解经验的专门人员主持调解工作，调解主持人应当积极引导当事人进行当面协商。

3. 调解的方式方法可灵活多样。对基本事实有争议的，可采取听证、调解人员到现场实地调查了解等方式；既可邀请行政机关的经办人员、主管领导参加，也可邀请当事人所在基层组织以及其他与案件处理有关的社会力量参与调解处理；重大、复杂、群众关注的案件，行政机关还可邀请相关专家参加调解。

4. 争议涉及第三人的，应当通知第三人参加行政调解。结果涉及第三人利益的，应当征得第三人同意，第三人不同意的，终止行政调解。

5. 在调解过程中，调解主持人要认真听取双方当事人的陈述、申辩和质证意见，分析并归纳双方争议的焦点，据此对当事人进行说服、劝导，以引导双方达成谅解。

6. 在调解过程中，行政机关应当制作调解笔录，全面、客观记载调解的过程、内容。调解笔录应当由参与调解的人员签名。

（四）调解协议的签订。调解达成协议后，双方当事人应当签订书面调解协议。调解协议应当包括以下内容：

1. 当事人的姓名或者单位名称，法定代表人姓名、职务；

2. 争议的案由及主要情况；

3. 当事人协议的内容和调解结果；

4. 其他需要约定的事项。

调解协议不得对各方当事人增设超越法律、法规规定的权利和义务。

（五）调解协议的签字盖章。调解协议经各方当事人认可并签字或者盖章后，即对调解当事人具有约束力，当事人应当自觉履行。调解书当事人各执一份，行政机关留存一份备案。

（六）调解未达成协议的处理。调解未达成协议或者调解协议生效之前一方反悔的，行政机关应当终止调解，及时告知当事人通过其他法律渠道解决。一方当事人为促成达成调解协议而在调解过程中或调解协议中作出的不利于本方的陈述，不能作为通过其他形式处理该纠纷的事实依据。

（七）调解结果的回访。行政机关对达成调解协议的争议，应当及时组织对各方履行调解协议结果进行回访，巩固调解成果，注意发现问题，督促调解协议的实现。

十八、行政调解案件形成的档案材料应按年度归档，案件终结时由办案人员按调解工作程序和材料形成的时间顺序进行卷内系统整理，做到一案一卷。

十九、加强行政调解工作的组织领导：

（一）各级行政机关要高度重视行政调解工作，将行政调解工作列入本机关依法行政目标考核的重要内容，法制工作机构要负责行政调解的组织、协调、指导和监督工作，相关职能机构要按照职责分工，依法做好行政调解的各项工作。

（二）具有调解矛盾纠纷职能的行政机关，应当建立调解组织，明确相应的职能机构承担行政调解的职责，配备具有法律知识、专业知识、经验丰富的调解人员，依照国家有关法律和政策规定，对其行政管理职权范围内的各种矛盾纠纷进行行政调解，当调则调，调裁结合，及时解决问题，就地化解矛盾。

（三）各级行政机关要针对自身管理职权范围内的矛盾纠纷特点，根据本部门工作实际，遵循调解优先的原则，制定具体调解办法。

（四）行政调解人员要耐心细致地做好调解工作，在调解过程中，做到公正、廉洁，不得徇私舞弊。对因调解工作失误或者不当引起矛盾纠纷激化，影响社会稳定的，将依法追究行政机关负责人及调解人员的相应责任。

（五）加强统计上报工作。各区（市）县政府和市政府各部门应于次月五日前将上月行政调解案件数上报市行政调解指导中心，各行政机关已妥善处理的典型案例，随时上报。

二十、各级政府应当对在行政调解工作中做出突出贡献的单位和个人给予表彰。

二十一、行政机关无正当理由不受理行政调解申请，或者在规定期限内不履行调解职责，贻误纠纷调处时机，造成恶性事件、群体性事件或其他严重后果的，由监察部门按有关规定和程序追究相关人员的责任。

二十二、各级行政机关应当不断总结行政调解工作经验，规范调解程序、创新调解方法、研究完善调解艺术，有效化解各类矛盾纠纷。

二十三、本指导意见由市行政调解指导中心负责解释。各行政机关在行政调解中遇到的问题、总结的经验等，应及时反馈给市行政调解指导中心。

绵阳市人民政府办公室关于加强行政调解工作的实施意见

（2009年9月24日　绵府办发〔2009〕53号）

各县市区人民政府，科技城管委会，各园区管委会，科学城办事处，市级各部门：

为认真贯彻省委办公厅、省政府办公厅《关于构建“大调解”工作体系，有效化解社会矛盾纠纷的意见》（川委办〔2009〕16号），落实省政府办公厅《关于加强行政调解工作的意见》（川办发〔2009〕44号）和市委办、市政府办《关于构建“大调解”工作体系，有效化解社会矛盾纠纷的实施意见》（绵委办发〔2009〕36号）文件精神，充分发挥行政调解在“大调解”工作体系中的重要作用，结合我市实际，现就加强行政调解工作提出以下实施意见。

一、目标任务

行政调解是“大调解”工作体系的重要组成部分，为健全排调网络，使运行机制科学、高效、规范，效能不断提高，应努力实现“345”工作目标。即：“三不出”，一般纠纷不出村（居）和本单位，大纠纷不出乡镇（街道）和部门，疑难复杂纠纷不出市、县（市区）；“四提高”，行政争议调解成功率提高，依法可以调解的行政复议案件调解成功率提高，行政诉讼案件调解成功率提高，人民群众对行政调解工作的满意度提高；“五下降”，行政争议纠纷下降，行政诉讼案件下降，涉法涉诉信访案件下降，群体性事件下降，赴省进京上访案件下降。将行政争议化解在当地、化解在基层、化解在萌芽状态，做到90%以上的纠纷在乡镇，街道办以下和部门内部得到解决。

二、工作原则

（一）坚持群众利益、维护稳定原则。把最广大人民群众的根本利益作为行政调解工作的出发点和落脚点，切实维护人民群众最现实、最关心、最直接的利益，引导群众以理性合法的形式表达利益诉求，妥善解决矛盾纠纷。

（二）坚持依法调解，公信高效原则。在法律框架内开展调解，依据事实、法律，释法明理，分清是非，提高调解的权威性和公信力。

（三）坚持调解优先、尊重自愿原则。把调解贯穿解决行政争议、行政诉讼和民事纠纷的全过程，引导当事人互谅互解，不强迫当事人接受调解的方式和调解的结果。

（四）坚持公平公正、定纷止争原则。综合运用各种手段，畅通调解渠道，有效化解矛盾纠纷，严格调解工作纪律，完善监督机制，确保调解公正、公平、公开，防止久调不结。

（五）坚持排查纠纷、积极主动原则。行政机关（包括具有行政管理职权的组织）应增强行政调解意识，主动排查、化解行政争议，主动加强与人民调解、司法调解组织的沟通，探索化解行政争议的新机制。

（六）坚持保护当事人诉讼权利原则。如果当事人不愿调解，或者经过调解达不成协议，或者达成协议后又反悔的，一方或双方当事人都有权向人民法院起诉。

三、坚持依法行政，强化行政调解

（一）规范行政决策和行政执法行为。行政争议是因行政而起，只有坚持依法行政，才能从源头上预防和减少行政争议。各级政府及行政机关，应坚持依法行政，对出现的行政争议，要切实履行行政调解职能职责，把调解作为基层行政部门处理争议纠纷的首选方式。要善于运用政策、法律、经济、行政等多种手段和说理、教育、协商、调解等方法，依法及时合理地处理群众反映的问题。

（二）行政调解的重点。一是行政机关与公民、法人或者其他组织之间产生的行政争议；二是公民、法人或者其他组织之间发生的与行政管理相关的民事纠纷；三是民事纠纷发生后，因行政机关的介入而引发的行政纠纷；四是自然灾害引发的各类社会矛盾纠纷和灾后恢复重建中产生的争议纠纷。

（三）发挥行政复议和仲裁机构的调解作用。各级行政复议机构和各类仲裁机构在工作中，要积极依法对矛盾纠纷进行调解，不断探索调解的途径，通过案前调解、庭审调解等方式，加大调解力度，提高调解成功率，发挥复议、仲裁机构在化解矛盾纠纷中的重要作用。

四、行政调解的范围

（一）行政复议机关对下列行政复议案件可以调解：

1. 公民、法人和其他组织对行政机关行使法律、法规、规章规定的自由裁量权作出的具体行政行为不服申请行政复议的；

2. 当事人之间的行政赔偿或者行政补偿案件。

（二）行政机关对下列属于其法定职权范围内的特定矛盾纠纷可以调解：

1. 依法可以调解的治安案件、交通事故损害赔偿案件；

2. 土地、林水、矿产、水域等自然资源经营、承包、流转等权益以及承包经营权的矛盾纠纷；

3. 征用、征收土地房屋发生的安置补偿纠纷；

4. 劳动、人事方面发生的矛盾纠纷；

5. 消费争议、产品质量纠纷；

6. 医疗事故赔偿纠纷；

7. 其他依法可以调解的行政争议及矛盾纠纷。

五、组织保障和职责分工

（一）各级政府对行政调解工作负总责。按照“属地管理、分级负责”的要求，落实目标责任。政府一把手是行政调解工作的第一责任人，分管领导具体负责抓行政调解工作。要成立以政府主要领导为组长的行政调解工作领导小组，具体负责行政调解工作的组织领导。

（二）搭建工作平台。市、县（市区）人民政府分别建立“行政调解中心”（以下简称“中心”），“中心”设在各级政府法制办，实行两块牌子一套人马，“中心”主任分别由市、县（市区）政府法制办主任兼任，按同级部门副职设专职副主任1名，所需工作人员在成员单位抽调。具有调解职能的行政机关（含园区），要设置调解室，明确相应的职能机构承担行政调解的职责，配备具有专业法律知识、经验丰富的调解人员，依照国家有关法律、法规、政策、规定，对其行政管理职权范围内的特定矛盾纠纷进行调解，当调则调，调裁结合，及时解决问题，就地化解矛盾。

政府各部门应当充分发挥行政调解的主体作用，特别是公安、工商、劳动保障、国土资源、建设、环保、规划、房管、教育、民政、国资、人事、水务、卫生、药监、农业、林业、人口计生、质量监督等部门以及各园区，是行政调解工作的重点单位，要按照“谁主管、谁负责”的原则，确定分管领导和工作机构承担行政调解工作，做到人员、场地、办公设施、办公经费“四落实”；要认真落实责任，在机关（园区）内部建立“接待人员调、责任科室调、分管领导调、主要领导调”的四级调解机制。其他行政机关也要将调解工作落实到具体部门，针对自身管理职权范围内的特定矛盾纠纷，不断提高行政调解水平。政府各部门要根据本单位工作实际，遵循调解优先的原则，制定具体调解办法。

乡镇人民政府、街道办事处应加强基层行政调解工作，建立完善行政调解专职人员、调解志愿者和调解联络员队伍，督促行政部门派出机构开展行政调解工作。同时，对辖区内的矛盾纠纷进行认真梳理、排查，做好防范措施，力争把行政争议化解在基层、化解在始发阶段。

（三）各级政府（园区）及行政机关要高度重视行政调解工作。要将行政调解工作列入本地本机关依法行政目标考核的重要内容；要建立调解平台，建立健全覆盖全市各级政府及其部门的行政调解组织网络，做到资源共享；行政调解工作经费要按照《关于构建“大调解”工作体系，有效化解社会矛盾纠纷的实施意见》（绵委办发〔2009〕36 号）要求，纳入同级财政预算。

行政调解中心要负责行政调解的组织、协调、指导、监督、检查、考核和联席会议等工作，相关职能机构要按照职责分工，依法做好行政调解的各项工作。

（四）建立健全行政调解与人民调解的衔接机制。具有调解职能的行政机关，要积极与当地人民调解组织建立信息通报和联动调解的协作机制，共同做好化解社会矛盾纠纷的各项工作。

（五）建立健全行政调解与司法调解的衔接机制。具有调解职能的行政机关，应当把调解作为化解矛盾纠纷的前置措施，及时依法调解，定纷止争；当争议纠纷无法通过行政调解解决时，应积极引导当事人通过正当途径，依法向司法机关表达自身诉求。

（六）行政调解中心要切实发挥牵头作用。一是研究制定行政调解相关配套制度，使行政调解工作有序开展；二是定期汇总分析下级政府和本级政府各部门行政调解的工作情况，并向本级政府报告；三是研究解决行政调解中的新情况、新问题，加强对下级政府和本级政府部门行政调解工作的指导、协调和督办；四是实施行政调解的目标考核；五是负责行政调解人员的法律知识和技能培训；六是组织调处法律关系复杂、重大疑难的争议纠纷。

（七）建立行政调解联席会议制度。由本级政府分管领导牵头，公安、民政、司法、财政、劳动保障、国土,建设、农业、卫生、法制、机构编制等部门参加,定期研究解决开展行政调解工作涉及的问题。联席会议的日常工作由行政调解中心承担。

六、工作要求

(一)对于发生的行政争议和与行政管理有关的民事纠纷,行政机关在解决矛盾纠纷时,要根据法律的规定和纠纷实际情况,优先选择调解解决的方式,调解无望再选择其他渠道解决。

(二)在争议双方有调解愿望的基础上,行政机关要耐心释法明理,做好劝解工作,充分协商,为双方当事人最后达成调解协议提供方便、创造条件。

(三)各级行政机关在解决纠纷中,要积极为双方当事人沟通搭建平台,努力促使当事人和解,彻底化解矛盾。

(四)行政调解人员要耐心细致地做好调解工作,在调解过程中,做到公正、廉洁,不徇私情。

(五)各级政府及其部门应严格落实行政调解工作责任制。对工作成绩突出的单位和个人要给予表彰和奖励;对因组织领导不力、工作不落实、责任不到位,或者调解工作失误或者不当,导致纠纷突出的地方和部门,要通报批评,责令限期整改;对工作敷衍塞责、无故推诿、拖延引起矛盾纠纷激化而导致严重影响社会稳定的,要实行责任倒查,严格追究领导和相关人员责任。

附件:绵阳市行政调解工作领导小组名单(略)

绵阳市人民政府办公室

二〇〇九年九月二十四日

绵阳市人民政府办公室关于印发《绵阳市行政调解工作规定》的通知

(2009年11月19日 绵府办函〔2009〕464号)

各县市区人民政府,科技城管委会,各园区管委会,科学城办事处,市级各部门:

《绵阳市行政调解工作规定》已经市政府第82次常务会议审定通过,现印发你们,请遵照执行。

绵阳市人民政府办公室

二〇〇九年十一月十九日

绵阳市行政调解工作规定

第一章 总 则

第一条 为化解行政争议,保障公民、法人和其他组织的合法权益,推进和监督行政机关依法行政,促进社会和谐稳定,根据有关法律法规规定,结合本市实际,制定本规定。

第二条 本规定适用于本市各级行政机关(包括其他具有行政管理职能的组织,以下统称"行政机关")的行政调解活动。

第三条 本规定所称行政调解,是指国家行政机关根据法律规定,对属于本机关职权管辖范围内的行政纠纷,通过对争议双方的说服与劝导,促使各方当事人平等协商、互让互谅,以解决有关争议而达成和解协议的一种行为。

第四条 行政机关进行行政调解,应当遵循自愿、合法、适当、效率、公平公正、保持中立和积极主动原则。

第五条 行政调解的范围:

(一)行政机关与公民、法人或者其他组织之间产生的行政争议;

(二)公民、法人或者其他组织之间产生的与行政管理有直接或间接关联的民事纠纷;

(三)自然灾害和灾后恢复重建中产生的与行政管理有直接或间接关联的各类争议纠纷。

第六条 在行政调解活动中,当事人的地位平等。

第七条 纠纷当事人在行政调解活动中享有以下权利:

(一)决定接受、不接受或者要求终止调解;

(二)要求有关行政调解人员回避;

(三)自愿达成调解协议。

第八条 纠纷当事人在行政调解活动中承担以下义务:

（一）遵守调解规则；

（二）如实陈述纠纷事实，不得提供虚假证明材料；

（三）自觉履行调解协议。

第九条 行政调解人员有下列情形之一的应当自行回避，当事人也可以申请其回避：

（一）是当事人或者与当事人、代理人有近亲属关系的；

（二）与纠纷的处理结果有利害关系的；

（三）有可能影响对纠纷公正处理的。

行政调解人员的回避由行政机关负责人决定，行政机关负责人担任调解员的，由同级政府行政调解中心决定。

当事人申请回避，应当说明理由，并在举行调解会3日前告知行政机关。

第十条 市、县（市区）政府应当建立行政调解中心，其他行政机关应当建立行政调解室，并在办公场所公布调解人员名单。

第二章 受　理

第十一条 申请调解的纠纷是因行政机关的行政行为引起的，须向作出该行政行为的行政机关提出调解申请。

因与行政管理有直接或间接关联引起民事纠纷申请行政调解的，向有管辖权的行政机关提出调解申请。

第十二条 行政调解可以由一方当事人申请，也可以由行政机关依职权提出。但不论采取哪种方式，都必须征得各方当事人同意。

第十三条 申请行政争议调解应当符合下列条件：

（一）申请人必须是与所申请调解的争议纠纷有直接利害关系的当事人；

（二）有明确的被申请人、具体的调解请求和事实依据；

（三）所申请调解的争议纠纷与该行政机关的行政职权有关；

（四）所申请调解的争议纠纷具有可调解性。

第十四条 下列调解申请，行政机关不予受理：

（一）已向仲裁机构申请仲裁的；

（二）已向行政复议机关申请复议的；

(三)已向人民法院起诉的(人民法院委托行政机关协助调解的除外);

(四)一方要求调解,另一方不愿意调解的。

第十五条 申请行政调解需提交下列材料:

(一)行政争议调解申请书,申请书应写明申请人和被申请人名称或姓名、地址、法定代表人姓名、职务、申请的理由和要求、申请日期;

(二)法定代表人身份证明、授权委托书、代理人身份证明;

(三)其他有关材料。

当事人申请行政调解,可以书面申请,也可以口头申请。当事人口头申请调解的,行政机关应当做好记录。

第十六条 对于符合受理条件的,行政机关应在收到材料后3日内征求其他当事人的意见。

对不符合受理条件或其他当事人不同意调解的,应在收到材料后3日内向申请人出具不予受理通知书并说明理由,同时书面告知申请人解决纠纷的渠道。

第十七条 两个以上行政机关都收到行政调解申请的,由有管辖权的行政机关办理;两个以上行政机关都有管辖权的,由先收到行政调解申请的行政机关办理;对管辖权有异议的,由同级或共同的上级政府法制工作机构指定管辖。

第三章 调　　解

第十八条 行政调解申请符合受理条件并经各方当事人同意后,行政机关应当予以受理。

第十九条 行政调解申请受理后,行政机关应在2日内将调解的时间、地点通知当事人。

调解中涉及第三人及其利益的,应通知第三人参加,并征得其同意,第三人不同意的,终止行政调解。

第二十条 当事人可以选择调解人员进行行政调解,也可以由行政机关负责人指定调解人员调解;对重大、复杂、疑难的行政争议案件,可以由行政机关负责人主持调解。

第二十一条 对重大、复杂、疑难的行政争议案件,有关行政机关可以提请行政调解中心进行调解。提请行政调解中心调解的行政争议案件,行政机关应当填写申请表,并说明本机关不能调解的理由。

第二十二条 行政调解中心对行政机关提请调解的行政争议案件,可以自行调解,也可以指定有关行政机关调解;对经认定不属于重大、复杂、疑难的行政争议案件,可以退回有关行政机关调解,也可以依职权自行调解。

第二十三条 行政机关根据需要,可以邀请有关单位、专业人士或者有关公民参加行政机关的调解工作。被邀请的单位或者个人应当予以支持。

跨县(市区)、跨单位的行政纠纷的调解,相关县(市区)、单位应当予以配合,也可以通过市、县(市区)行政调解中心予以协调。

第二十四条 调解人员调解行政纠纷时,首先应当核对当事人身份;宣布调解纪律;宣布调解人员、记录人员的身份;宣布当事人应享有的权利和承担的义务。

第二十五条 当事人一方因正当的或者对方当事人可以谅解的理由不能参加调解或中途退出调解的,调解主持人可以决定延期调解。

第二十六条 行政调解过程中,调解人员依据各方当事人提供的证据以及本机关收集的证据认定纠纷事实,采用灵活多样的说理、疏导等方法,引导当事人互谅互让、消除隔阂,达成调解协议。

第二十七条 调解成立的,调解人员应当组织当事人签署调解协议书。调解协议书由当事人各执一份,行政机关存档一份。

第二十八条 行政调解协议书一般应当载明下列事项:

(一)各方当事人的基本情况;

(二)纠纷事实、争议焦点及各自应承担的责任;

(三)当事人的权利义务;

(四)协议履行的方式、期限和地点;

(五)当事人、调解人员及其他参加调解的单位代表和个人签名。

调解协议书自签字之日起生效。

第二十九条 调解不成立或经调解达成协议后又反悔的,行政机关应继续调解或告知当事人相关法律救济途径。

对调解不成立,或者当事人不愿意继续调解,或者调解结果涉及第三人利益而第三人不同意的,终止调解。

在调解过程中,当事人又提请仲裁、复议、诉讼的,视为放弃调解,调解终止。

第三十条 行政调解应当自受理之日起1个月内终结。如因特殊情况不能终结,应当经行政机关负责人或者行政调解中心批准适当延长调解期限,但延长期限不得超过1个月。法律法规另有规定的,从其规定。

第三十一条 行政机关调解行政纠纷,可以邀请当事人所在地的人民调解组织予以配合。人民调解组织接到邀请后,应当派员协助行政机关的调解工作。

行政机关应当积极支持、配合人民调解、司法调解工作。

第四章 执 行

第三十二条 经行政机关对纠纷调解后达成的具有给付内容的协议,当事人可以申请公证机关依法赋予强制执行效力。债务人不履行或者不适当履行具有强制执行效力的公证文书的,债权人可以向有管辖权的人民法院申请执行。

第三十三条 对于具有合同效力和给付内容的调解协议,债权人可以向有管辖权的基层人民法院申请支付令。

第三十四条 因支付拖欠劳动报酬、工伤医疗费、经济补偿或者赔偿金事项达成调解协议,用人单位在协议约定期限内不履行的,劳动者可以持调解协议书依法向人民法院申请支付令。

第五章 终 结

第三十五条 行政纠纷调解终结后,行政机关应当及时组织对各方当事人履行调解协议情况进行回访,巩固调解成果,注意发现问题,督促调解协议的实现。

第三十六条 行政纠纷调解终结后,行政机关应当按照档案管理规定,及时编号归档,做到一案一档。

第六章 奖 惩

第三十七条 对严格履行职责,积极化解矛盾纠纷,行政调解工作成绩突出的单位和个人,行政机关应当予以表彰和奖励。

第三十八条 对无正当理由不受理行政调解申请,或不履行、不正确履行行政调解职责,或无故贻误纠纷调处时机,或有意使矛盾纠纷扩大,造成恶性事件、群体性事件或者其他严重后果的,由纪检监察机关依法依纪查处,并追究有关单位及有关人员的责任,涉嫌犯罪的,移送司法机关依法处理。

第七章 附 则

第三十九条 法律、法规、规章对行政调解另有规定的,从其规定。

第四十条 市、县(市区)政府行政调解中心负责行政调解工作的协调、指导、监督、检查和考核。

第四十一条 本规定实施中的具体问题,由绵阳市人民政府法制办公室负责解释。

第四十二条 本规定自发布之日起施行,有效期两年。

绵阳市人民政府法制办公室关于进一步加强行政调解工作的通知

(2017年5月19日 绵府法〔2017〕53号)

各县(市、区)政府、市级有关部门:

为贯彻落实省委办公厅、省政府办公厅印发的《关于完善矛盾纠纷多元化解机制的实施意见》(川委办〔2016〕45号)和市委办公室、市政府办公室印发的《关于进一步完善矛盾纠纷多元化解机制的实施意见》(绵委办发〔2017〕5号),进一步加强行政调解工作,现将有关要求通知如下:

一、组织开展专题学习活动

各地、各部门要专题学习川委办〔2016〕45号、绵委办发〔2017〕5号文件,认真领会文件精神,提高对行政调解工作重要性的认识,按照我办印发的《市级行政部门开展行政调解工作法律依据的梳理结果》(绵府法〔2017〕52号)切实履行行政调解职责，做好行政调解工作。

二、确定本部门行政调解工作机构和人员

市、县（市、区）政府部门要根据本单位实际，确定本单位负责行政调解工作的机构，并安排熟悉法律、政策，公道正派且有经验的专兼职人员具体负责行政调解工作，做到责任明确，工作落实。

市政府部门应于2017年5月30日前向市行政调解中心报送负责行政调解的工作机构和人员信息。

三、加强对行政调解工作的指导

按照川委办〔2016〕45号、绵委办发〔2017〕5号文件规定，政府法制机构要履行指导政府有关部门充分发挥化解矛盾纠纷中的法定职能作用，牵头加强行政调解规范化建设，加强行政裁决、行政复议和民商事仲裁等机制建设。根据市、县（市、区）政府法制办的"三定"方案，市、县（市、区）行政调解中心负责行政调解的指导、督促和协调工作。政府法制机构和行政调解中心要采取经验推广、案例通报、信息共享、人员培训、工作检查等方式，切实加强对行政机关行政调解工作的指导，着力提高行政机关行政调解的能力。

四、完善行政调解信息交流制度

为建立健全有机衔接、协调联动、高效便捷的行政调解机制，提高预测预警预防各类矛盾纠纷和风险隐患能力，市行政调解中心建立了QQ工作群（群名：绵阳市行政调解中心；群号：125714151），并建立了交流行政调解工作信息的电子邮箱（邮箱地址：1053416822@qq.com）。

从2017年6月1日起，县（市、区）行政调解中心和市政府部门，应于每月2号之前，通过专用电子邮箱向市行政调解中心报送本地本部门上月行政调解工作情况以及重大矛盾纠纷的排查情况。

附件：1. 绵阳市行政调解机构信息表（略）

2. 绵阳市行政调解工作情况月报表（略）

绵阳市人民政府法制办公室

2017年5月19日

泸州市人民政府办公室关于印发《泸州市行政调解工作规定》的通知

（2010 年 2 月 1 日　泸市府办发〔2010〕5 号）

各区、县人民政府，市级各部门：

《泸州市行政调解工作规定》已经市政府常务会审定通过，现印发你们，请认真遵照执行。

二〇一〇年二月一日

泸州市行政调解工作规定

第一条　为了有效预防、减少和化解行政争议，促进社会和谐稳定，规范行政调解工作，根据有关法律、法规、规章和政策的规定及要求，结合泸州实际，制定本规定。

第二条　本规定所称行政调解，是指行政机关根据相关法律、法规、规章、政策的规定和要求，在职权范围内，运用调解的方式，解决行政争议以及公民、法人或者其他组织之间产生纠纷的活动。行政争议纠纷包括行政争议和与行政管理直接或间接相关的民事纠纷。

第三条　行政调解工作由各级政府负总责，各级政府法制部门牵头，政府各部门为实施主体。

各级政府、政府各部门应当建立协作机制，加强配合，形成合力。

第四条　本行政区域内各级政府、政府各部门、依法行使行政职权的其他组织（以下简称行政机关）进行行政调解，适用本规定。

第五条　行政机关应当建立行政调解室，确定行政调解协调机构和行政调解人员，并向社会公布，报同级政府法制部门备案。

第六条 行政调解工作应当遵守下列原则:

(一)自愿原则。行政调解应当尊重当事人的意愿,在当事人自愿的基础上进行。

(二)合法原则。行政调解应当严格依据法律、法规、规章的规定,按照法定程序和内容进行。

(三)平等原则。行政调解应当以平等的态度对待当事人,不能持有偏见成见,不能利用行政权力控制、影响调解结果,不得强迫当事人接受调解方式和调解结果。

(四)积极主动原则。行政机关应当主动作为,积极履行行政调解职责,积极探索行政调解工作的范围、措施和方法,推动行政调解工作不断创新发展。

第七条 在行政调解中,当事人享有下列权利:

(一)自主决定接受、不接受或者终止调解;

(二)申请有关行政调解人员回避;

(三)表达真实意愿;

(四)自愿达成调解协议。

第八条 在行政调解中,当事人承担下列义务:

(一)如实陈述行政争议纠纷事实,不得提供虚假证明材料;

(二)遵守调解规则;

(三)不得加剧、激化矛盾纠纷;

(四)自觉履行达成的调解协议。

第九条 经行政调解达成的协议,当事人应当自觉履行,不得擅自变更或者解除。

第十条 行政机关认为行政争议纠纷需要进行行政调解的,应当主动告知行政争议纠纷当事人有申请行政调解的权利。

第十一条 当事人申请行政调解,可以书面申请,也可以口头申请;口头申请的,行政机关应当当场记录申请人、申请人申请行政调解事项等基本情况。

第十二条 行政机关受理行政调解,除符合本规定第四条规定外,还应当符合下列条件:

(一)接受行政调解的当事人与行政争议纠纷有直接利害关系;

(二)行政争议纠纷当事人的基本情况清楚;

（三）行政争议纠纷具有可调解性。

第十三条　行政机关收到行政调解申请后，应当认真审查有关材料，对符合受理条件的，应当及时告知其他当事人；其他当事人同意行政调解的，应当在五个工作日内作出受理决定，并送达当事人。对不符合条件或者其他当事人不同意行政调解的，应当不予受理，并在五个工作日内书面告知申请人不予受理的理由和依法解决纠纷的途径。

第十四条　对两个以上行政机关都收到行政调解申请的，由有管辖权的行政机关办理；对两个以上行政机关都有管辖权的，由先收到行政调解申请的行政机关办理。行政机关对管辖权产生争议的，由同级政府法制部门协调，协调不成的指定管辖。

第十五条　行政调解受理后，行政调解人员应当提前将行政调解时间、地点通知当事人。

第十六条　行政调解应当由行政调解人员 2 人以上进行。对重大复杂的行政争议纠纷，应当由行政机关的主要负责人主持行政调解；其它行政争议纠纷，由当事人选择调解人员或行政机关负责人指定调解人员进行。

第十七条　行政机关调解行政争议纠纷，根据需要可以邀请有关单位、专业人士或者其他个人参加，被邀请的单位或者个人应当予以支持。调解跨区县、跨单位的行政争议纠纷，相关单位应当予以配合，共同做好行政调解工作。

第十八条　行政机关调解行政争议纠纷，应注意保护当事人的个人隐私和商业秘密。

第十九条　行政调解人员有下列情况之一的，应当回避：

（一）是行政争议纠纷当事人或者与当事人、代理人有近亲属关系的；

（二）与行政争议纠纷有利害关系的；

（三）与行政争议纠纷当事人、代理人有其他关系，可能影响公正处理行政争议纠纷的。

当事人发现行政调解人员有应当回避情形的，可以口头或者书面方式申请回避。

行政调解人员的回避由行政机关负责人决定。

第二十条　行政调解人员进行行政调解应当宣布行政调解纪律，核对当事人身份，宣布当事人应享有的权利和承担的义务、行政调解人、记录人的身份，询问当事人是否要求回避。

第二十一条 行政调解过程中，当事人应当提出证明事实的证据，并对所提交的证据的真实性负责。行政调解人员依据各方当事人提供的证据以及本行政机关在行政调解过程中收集的证据认定案件事实，找准纠纷的焦点和各方利益的连结点，采取灵活多样的方式方法，开展耐心、细致的说服疏导工作，促使各方当事人互谅互让，消除隔阂，引导当事人达成行政调解协议。

行政调解可以参考行业惯例、村规民约、社区公约和当地善良风俗等行为规范。

第二十二条 行政调解达成协议的，由各方当事人签订行政调解协议书。行政调解协议书的内容不得违反法律规定，不得侵害国家、社会公共利益和他人的合法权益。

行政调解协议书自各方当事人签字之日起生效。

行政调解协议书一般应载明下列事项：

（一）当事人的基本情况；

（二）纠纷事实、争议焦点及责任；

（三）当事人的权利和义务；

（四）履行协议的方式、地点、期限；

（五）当事人签名、行政机关和调解人员签名盖章。

行政调解协议书由各方当事人分别保留一份，行政机关存档二份。

第二十三条 行政机关应当告知当事人对生效的行政调解协议，可以依据最高人民法院《关于建立健全诉讼与非诉讼相衔接的矛盾纠纷解决机制的若干意见》（法发〔2009〕45 号）及相关规定进行处理。

第二十四条 经行政调解达不成协议的，行政机关应当终止行政调解，并根据案件情况，告知当事人依法解决纠纷的途径。属于行政机关职权范围内的，行政机关应当依法处理。

第二十五条 行政争议纠纷涉及第三人的，应当通知第三人参加行政调解；行政调解结果涉及第三人利益的，应当征得第三人同意，第三人不同意的，终止行政调解。

第二十六条 行政调解应当自受理之日起 60 日内终结。遇有特殊情况需延长的，经行政机关负责人批准，可以延长，但延长期不得超过 30 日。

第二十七条 行政调解终结后，应当按年、月、日编号归档，做到一件一号一档。档案文书顺序为：

（一）行政调解卷宗目录；

（二）行政调解申请书或口头申请笔录；

（三）行政调解告知书；

（四）行政调解决定；

（五）有关证据材料；

（六）行政调解笔录；

（七）行政调解协议书或行政调解终结材料；

（八）送达回证。

第二十八条 行政机关进行行政调解时，需要当事人所在基层人民调解组织配合的，可以向当事人所在基层人民调解组织发出邀请。当事人所在基层人民调解组织接到行政机关邀请后，应当指派调解员配合行政机关开展调解。

第二十九条 各级政府应当将行政调解工作的落实情况纳入政府目标考核，保障行政调解工作开展。应当加强与人民调解、司法调解的衔接，建立健全协调联动机制、信息沟通机制和效力衔接机制。

第三十条 行政机关无正当理由不受理行政调解申请，或者在法定期限内不履行调解职责，贻误纠纷调处时机，造成恶性事件、群体性事件或其他严重后果的，由监察机关或监察机构按有关规定追究相关人员的责任。

第三十一条 法律、法规、规章对行政调解另有规定的，从其规定。

第三十二条 本规定自发布之日起施行，有效期三年。

遂宁市人民政府关于加强行政调解工作的意见

（2009年8月26日 遂府发〔2009〕11号）

各区、县人民政府，三园区管委会，市级各部门：

为深入贯彻落实全省构建“大调解”体系工作会议精神，充分发挥行政调解在化解社会矛盾、维护社会稳定方面的重要作用,服务保障“三个加快”,现就加强我市行政调解工作提出如下意见。

一、行政调解的指导思想

以邓小平理论和“三个代表”重要思想为指导,全面贯彻落实科学发展观,围绕“坚持科学发展,构建和谐遂宁”的主题,按照“大调解”工作格局,根据相关法律规定,充分运用行政调解化解行政争议和与行政管理相关的民事纠纷,促进社会和谐稳定。

二、行政调解的重点和原则

行政调解是指国家行政机关根据相关法律规定,对与本机关行政职权有关的纠纷,通过疏导劝解,促使各方当事人在平等协商的基础上达成一致协议,从而解决矛盾纠纷的一种行政救济行为。

行政调解的重点是:行政机关与公民、法人或者其他组织之间产生的行政争议;公民、法人或者其他组织之间发生的与行政管理相关的民事纠纷。

行政调解应当遵循以下五项原则:

自愿原则。调解要尊重当事人意愿,不得强迫当事人接受调解方式和调解结果;

合法原则。行政调解要依据法律、法规、规章和国家政策,公正、公平地处理纠纷,不得损害国家、集体和他人合法权益;

平等原则。行政调解中双方当事人,包括接受上级行政机关调解的行政机关和管理相对人,在行政争议调解中地位平等,双方尤其是行政管理相对人有自愿、充分、真实地表达自己意愿的权利;

积极主动原则。行政机关应增强行政调解意识,积极主动排查、发现行政争议,积极主动调解行政争议,积极探索化解行政争议的措施、办法,主动加强与人民调解、司法调解的衔接配合;

谁主管谁负责原则。行政机关对与本机关行政管理职权有关的纠纷负责调解。

三、依法做好行政调解工作

对依法应当由行政机关调处的民事纠纷,各区县政府、市级各部门和三园区管委会应当根据有关法律、行政法规的规定,建立健全有关民事纠纷调解的具体工作程序,积极探索解决民事纠纷的新机制,做到有章可循、有规可依。经行政机关调解的民事纠纷,达成协议的,行政机关应当制作调解协议书;调解不能达成协议的,行政机关应当及时告知当事人救济权利和渠道。

市、区县政府行政复议工作机构在行政复议案件办理过程中,要根据《中华人民共和国行政复议法实施条例》规定的调解原则、范围,优先适用调解解决行政争议,力争把行政争议化解在行政程序中。行政复议工作机构要注重运用行政和解的方法解决行政争议,对于行政机关行使自由裁量权做出的具体行政行为引发的复议案件,要积极促成申请人与被申请人在复议决定作出前自愿达成和解。

四、狠抓落实,确保行政调解工作取得实效

加强组织领导。成立由分管副市长为组长,市政府秘书长、市政府办公室主任、市群众工作局长、市政府法制办主任为副组长,市国土资源局、劳动和社会保障局、城乡规划管理局、规划和建设局等单位为成员的遂宁市行政调解工作领导小组,具体负责全市行政调解工作的指导、督查、考核,领导小组下设市行政调解指导中心在市政府法制办,负责行政调解领导小组的日常工作。各区县政府、三园区管委会和市级各部门要成立行政调解领导机构,落实工作经费,在具体承办机构挂“行政调解室”牌子,配备必要的办公设备,落实2名以上同志具体负责行政调解工作,并根据工作情况确定相应数量的信息员,确保行政调解工作有领导分管,有机构和人员承办。

抓好示范带动。市政府决定确立蓬溪县政府、蓬溪县宝梵镇政府、射洪县柳树镇政府、市国土资源局、劳动和社会保障局、城乡规划管理局、规划和建设局、公安局、工商局、药监局、质监局、水利局、城管执法局等单位为行政调解重点联系单位,要发挥好示范带头作用。各单位要做到标志统一、制度健全、运行规范,确保调解工作规范、有序、高效。市政府法制办要加强对各单位的业务指导,注意收集情况,及时总结推广经验,推动全市行政调解工作向纵深发展。

加强协调配合。各级行政机关在行政调解工作中,既要各司其职,又要密切配合。对法律关系单一、一个职能部门能够解决的矛盾纠纷,由该职能部门负责调解;对法律关系复杂、涉及多个部门职责的矛盾纠纷,由最初受理的部门牵头、相关部门参与协调解决;对依法申请行政复议的行政争议,由法定的受理机关依法负责调解,有关部门协调配合。各级行政机关还要与负责人民调解、司法调解的机构建立健全协调联系机制、信息沟通机制和效力衔接机制,优化、整合调解资源，实现“三大调解”优势互补，有效预防化解社会矛盾，维护社会和谐稳定。

二〇〇九年八月二十六日

遂宁市人民政府办公室关于印发《遂宁市行政调解工作暂行规定》的通知

（2009年10月16日 遂府办函〔2009〕336号）

各区、县人民政府，市级各部门：

《遂宁市行政调解工作暂行规定》已经市政府五届57次常务会议讨论通过，现印发你们，请遵照执行。

二〇〇九年十月十六日

遂宁市行政调解工作暂行规定

第一章 总 则

第一条 为了推动行政机关主动、及时化解矛盾纠纷，促进社会和谐稳定，依照有关法律法规，制定本规定。

第二条 行政调解是指国家行政机关根据相关法律规定，对与本机关行政职权有关的纠纷，通过疏导，促使各方当事人在平等协商的基础上达成一致协议，从而解决矛盾纠纷的一种行政救济行为。

第三条 各级人民政府、政府各部门、依法行使行政职权的其他组织（以下统称为行政机关）在行使职权过程中开展行政调解，适用本规定。

第四条 行政调解的范围：

（一）行政机关对公民、法人和其他组织之间与行政管理职权有关的民事纠纷进行调解。

（二）上级行政机关对下级行政机关与公民、法人和其他组织之间的行政纠纷进行调解。

第五条 行政调解工作应当遵循下列原则：

（一）自愿原则。在各方当事人自愿的基础上进行调解。

（二）合法原则。依据法律、法规、规章和政策进行调解，不能无原则地调和，不能片面追求调解率，不能侵犯国家利益、集体利益和他人利益。

（三）中立原则。行政机关不得偏向任何一方，既要兼顾各方当事人的合法权益，又要说服各方当事人互谅互让，相互理解。

（四）主动原则。行政机关发现职权管辖范围内出现矛盾纠纷时，应积极主动向各方当事人表明组织行政调解的态度，并尽量说服当事人接受行政调解。

（五）谁主管谁负责原则。行政机关对与本机关行政管理职权有关的纠纷负责调解。

第六条 经行政机关调解达成的行政调解协议，矛盾纠纷当事人应当按照约定，履行自己的义务，不得擅自变更或者解除行政调解协议。

第七条 在行政调解活动中，矛盾纠纷当事人享有下列权利：

（一）自主决定接受、不接受或者终止调解。

（二）申请有关行政调解人员回避。

（三）表达真实意愿。

（四）自愿达成调解协议。

第八条 在行政调解活动中，矛盾纠纷当事人承担下列义务：

（一）如实陈述纠纷事实，不得提供虚假证明材料。

（二）遵守调解规则。

（三）不得加剧纠纷、激化矛盾。

（四）自觉履行调解协议。

第九条 行政机关调解矛盾纠纷，应当防止矛盾激化。

第十条 行政机关应当建立行政调解室，确定行政调解协调机构和行政调解人员，并在办公场所适当位置公布调解人员名单。

第十一条 矛盾纠纷当事人对行政机关及其工作人员在行政调解工作中的违法、违纪行为有权进行控告、举报。

第二章　行政调解的启动

第十二条　行政机关调解矛盾纠纷应当符合下列条件：

(一)调解对象是与本案有直接利害关系的当事人。

(二)该矛盾纠纷与该机关行政职权有关。

(三)该矛盾纠纷具有可调解性。

第十三条　行政机关处理矛盾纠纷时应当主动告知当事人有申请行政调解的权利，说明行政调解必须注意的事项和正确途径，主动引导当事人就矛盾纠纷进行行政调解。

第十四条　行政机关可以根据当事人的申请启动行政调解程序。当事人申请行政调解，可以书面申请，也可以口头申请。

第十五条　行政机关收到行政调解申请后，应当认真审查有关材料，符合条件的，及时征求被申请人意见，同时应当在收到申请后三个工作日内决定是否启动行政调解程序并及时告知申请人。

对被申请人不同意行政调解，或者虽然同意行政调解，但不属于行政调解范畴的，应当在三个工作日内书面告知申请人解决纠纷的渠道。在未启动行政调解程序前，矛盾有可能激化的，行政机关应当及时采取必要的缓解疏导措施。

第十六条　受理行政调解申请后，行政机关的调解人员事先要对纠纷进行研究，摸清情况，特别是对比较复杂的纠纷，应当进行调查核实。

第十七条　对两个以上行政机关都收到行政调解申请的，由有管辖权的行政机关办理；对两个以上行政机关都有管辖权的，由先收到行政调解申请的行政机关或者由行政职权与矛盾纠纷联系最紧密的行政机关牵头办理。行政机关对管辖权产生争议的，由其共同上一级政府的法制机构指定管辖。

第十八条　行政调解程序启动后，调解人员应当提前将行政调解时间、地点、调解人员名单等事项通知当事人。

第三章　行政调解的进行

第十九条　对重大复杂的争议案件，行政机关的主要负责人应当主持行政调解;其它争议案件,由当事人选择调解人员或行政机关负责人指定调解人员进行行政调解。

第二十条 行政机关调解纠纷,根据需要可以邀请有关单位、专业人员或者其他个人参加,被邀请的单位或者个人应当予以支持。调解跨区县、跨单位的纠纷,相关单位应当予以配合,共同做好行政调解工作。

第二十一条 行政机关调解纠纷,应注意保护当事人的个人隐私和商业秘密。

第二十二条 调解人员有下列情况之一的,应当回避:

(一)是本案当事人或者与当事人、代理人有近亲属关系的。

(二)与本案有利害关系的。

(三)与本案当事人、代理人有其他关系,可能影响纠纷处理的。

当事人发现调解人员有应当回避情形的,可以口头或者书面方式申请其回避;调解人员认为自己不宜调解本纠纷的,应当自行申请回避。

行政机关负责人决定调解人员的回避。

第二十三条 行政调解开始时,调解人员应当宣布行政调解纪律,核对当事人身份,宣布当事人应享有的权利和承担的义务,宣布行政调解人、记录人的身份,询问当事人是否要求回避。

第二十四条 行政调解过程中,当事人应当提出证明事实的证据,并对所提交的证据的真实性负责。调解人员依据各方当事人提供的证据以及本行政机关在行政调解过程中收集的证据认定案件事实,找准纠纷的焦点和各方利益的连结点,采取灵活多样的方式方法,开展耐心、细致的说服疏导工作,促使各方当事人互谅互让,消除隔阂,引导当事人达成解决纠纷的行政调解协议。

第二十五条 行政调解达成协议的,由各方当事人签订行政调解协议书。行政调解协议书的内容不得违反法律规定。行政调解协议书自各方当事人签字后生效。行政调解协议书一般应载明下列事项:

(一)各方当事人的基本情况。

(二)纠纷事实、争议焦点及各方责任。

(三)各方当事人的权利和义务。

(四)履行协议的方式、地点、期限。

(五)当事人签名、调解人员签名。

行政调解协议书由各方当事人分别保留一份,行政机关存档一份。

第二十六条 经行政调解达不成协议的,行政机关应当在行政复议、诉讼等法定救济方式的时效届满前及时终止行政调解。并根据案件性质,告知当事人可以向行政机关申请行政裁决、行政复议,向仲裁机构申请仲裁,向人民法院提起诉讼。属于行政机关职权范围内的纠纷,行政机关应当依法予以处理。

第二十七条 达成行政调解协议后当事人不履行协议的,当事人可以依法寻求行政复议、诉讼等相关法律救济途径。

第二十八条 争议涉及第三人的,应当通知第三人参加。行政调解结果涉及第三人利益的,应当征得第三人同意,第三人不同意的,终止行政调解。

第二十九条 行政机关在主持制作行政调解协议书前,应当向依法主管矛盾纠纷的复议机关和审判机关核实该矛盾纠纷是否已经进入复议、审判等救济程序,若该矛盾纠纷已进入前述救济程序,应及时将案件转交复议机关或审判机关,并告知当事人。

第三十条 行政调解应当自启动之日起二十日内终结。遇有特殊情况需延长的,根据纠纷当事人的共同意愿,可以延长终结期限。

第三十一条 行政调解案件要按年、月、日归档编号,做到一案一档。文书顺序应为:

(一)行政调解卷宗目录。

(二)行政调解申请书或口头申请笔录。

(三)行政调解告知书。

(四)有关证据材料。

(五)行政调解协议书或行政调解终结材料。

(六)送达回证。

第三十二条 行政机关进行行政调解时,需要当事人所在基层人民调解组织配合的,可以向当事人所在基层人民调解组织发出邀请。当事人所在基层人民调解组织接到行政机关邀请后,应当指派调解员配合行政机关开展调解。人民法院在进行司法调解时,需要行政机关配合的,行政机关应当予以积极配合。

第四章　奖励和处罚

第三十三条 行政机关应严格履行职责,积极化解矛盾纠纷,对行政调解工作作出突出贡献的,应予以表彰奖励。

第三十四条　行政机关无正当理由不受理行政调解申请,或者在法定期限内不履行调解职责,贻误纠纷调处时机,造成恶性事件、群体性事件或其他严重后果的,由监察部门按有关规定和程序追究相关人员的责任。

第五章　附　　则

第三十五条　行政调解工作由各行政机关负责,市、县政府法制机构对市县政府所属部门行政调解工作进行指导。

第三十六条　本规定由遂宁市人民政府法制办公室负责解释。

内江市人民政府关于印发《内江市行政调解工作暂行规定》的通知

（2009 年 8 月 15 日　内府发〔2009〕31 号）

各县(区)人民政府,市政府各部门:

《内江市行政调解工作暂行规定》已经市政府领导同意,现印发你们,请认真贯彻执行。

二〇〇九年八月十五日

内江市行政调解工作暂行规定

第一章　总　　则

第一条　为了推动行政机关主动、及时化解矛盾纠纷,促进社会和谐稳定,依照有关法律、法规规定,特制定本规定。

第二条 行政调解是指国家行政机关根据相关法律规定,对与本机关行政职权有关的纠纷,通过疏导,促使各方当事人在平等协商的基础上达成一致协议,从而解决矛盾纠纷的一种行为。

第三条 各级人民政府、政府各部门、依法行使行政职权的其他组织(以下简称行政机关)在行使职权过程中开展行政调解,适用本规定。

第四条 行政调解的范围:

(一)行政机关对公民、法人和其他组织之间与行政管理职权有关的民事纠纷进行调解。

(二)上级行政机关对公民、法人和其他组织与下级行政机关的行政纠纷进行调解。

第五条 行政调解工作应当遵守下列原则:

(一)自愿原则。调解要尊重当事人意愿,不得强迫当事人接受调解方式和调解结果。

(二)合法原则。行政调解要依据法律、法规、规章和国家政策,公开、公正、公平地处理纠纷,不得损害国家、集体和他人合法权益。

(三)平等原则。行政调解中双方当事人,包括接受上级行政机关调解的行政机关和管理相对人,在行政争议调解中地位平等,双方尤其是行政管理相对人有自愿、充分、真实地表达自己意愿的权利。

(四)积极主动原则。行政机关应增加行政调解意识,积极主动排查、发现行政争议,积极主动调解行政争议,积极探索化解行政争议的措施、办法,主动加强与人民调解、司法调解的衔接配合。

(五)中立原则。行政机关不得偏向任何一方,既要兼顾各方当事人的合法权益,又要说服各方当事人互谅互让,相互理解。

(六)依法处理原则。对不属于行政调解范畴的纠纷以及经行政调解不能达成协议的纠纷,行政机关应及时作出处理决定。

(七)谁主管谁负责原则。行政机关对与本机关行政管理职权有关的纠纷负责调解。

第六条 经行政机关调解达成的行政调解协议,当事人应当按照约定履行自己的义务,不得擅自变更或者解除行政调解协议。

第七条 在行政调解活动中,纠纷当事人享有下列权利:

（一）自主决定接受、不接受或者终止调解。

（二）申请有关行政调解人员回避。

（三）表达真实意愿。

（四）自愿达成调解协议。

第八条　在行政调解活动中，纠纷当事人承担下列义务：

（一）如实陈述纠纷事实，不得提供虚假证明材料。

（二）遵守调解规则。

（三）不得加剧纠纷、激化矛盾。

（四）自觉履行调解协议。

第九条　行政机关调解纠纷，应当防止矛盾激化。

第十条　行政机关应当建立行政调解室，确定行政调解协调机构和行政调解人员，并在办公场所适当位置公布调解人员名单。

第十一条　乡镇人民政府、街道办事处应当加强基层行政调解工作，建立完善行政调解专职人员、调解志愿者和调解联络员队伍；督促行政部门派出机构开展行政调解工作，督促居（村）民委员会开展人民调解工作；对辖区内的矛盾纠纷进行认真梳理，仔细排查，及时了解群众诉求，做好防范措施。力争把行政争议化解在基层、化解在始发阶段。

第二章　行政调解的启动

第十二条　行政机关调解矛盾纠纷应当符合下列条件：

（一）调解对象是与本案有直接利害关系的当事人。

（二）该矛盾纠纷与该机关行政职权有关。

（三）该矛盾纠纷具有可调解性。

第十三条　行政机关应当主动调解矛盾纠纷。行政机关处理矛盾纠纷时应当主动告知当事人有申请行政调解的权利。

第十四条　行政机关可以根据当事人的申请启动行政调解程序。当事人申请行政调解，可以书面申请，也可以口头申请。

第十五条　行政机关在征得各方当事人的同意后，启动行政调解程序并及时告知当事人。

行政机关收到行政调解申请后，应当认真审查有关材料，符合条件的，应当在五个工作日内启动行政调解程序并及时告知申请人。对被申请人不同意行政调解，或者虽然同意行政调解，但不属于行政调解范畴的，应当在五个工作日内书面告知申请人解决纠纷的渠道。在未启动行政调解程序前，矛盾有可能激化的，行政机关应当及时采取必要的缓解疏导措施。

第十六条 对两个以上行政机关都收到行政调解申请的，由有管辖权的行政机关办理；对两个以上行政机关都有管辖权的，由先收到行政调解申请的行政机关办理。行政机关对管辖权产生争议的，由同级政府法制机构指定管辖。

第十七条 行政调解程序启动后，行政机关应当提前将行政调解时间、地点通知当事人。

第三章 行政调解的进行

第十八条 对重大复杂的争议案件，行政机关的主要负责人应当主持行政调解；其它争议案件，由当事人选择调解人员或行政机关负责人指定调解人员进行行政调解。

第十九条 行政机关调解纠纷，根据需要可以邀请有关单位、专业人才或者其他个人参加，被邀请的单位或者个人应当予以支持。调解跨县（区）、跨单位的纠纷，相关单位应当予以配合，共同做好行政调解工作。

第二十条 行政机关调解纠纷，应注意保护当事人的个人隐私和商业秘密。

第二十一条 调解人员有下列情况之一的，应当回避：

（一）是本案当事人或者与当事人、代理人有近亲属关系的。

（二）与本案有利害关系的。

（三）与本案当事人、代理人有其他关系，可能影响纠纷处理的。

当事人发现调解人员有应当回避情形的，可以口头或者书面方式申请其回避；调解人员认为自己不宜调解本纠纷的，应当自行申请回避。

行政机关负责人决定调解人员的回避。

第二十二条 行政调解开始时，调解人员应当宣布行政调解纪律，核对当事人身份，宣布当事人应享有的权利和承担的义务，宣布行政调解人、记录人的身份，询问当事人是否要求回避。

第二十三条 行政调解过程中，当事人应当提出证明事实的证据，并对所提交的证据的真实性负责。调解人员依据各方当事人提供的证据以及本行政机关在行政调解过程中收集的证据认定案件事实，找准纠纷的焦点和各方利益的连结点，采取灵活多样的方式方法，开展耐心、细致的说服疏导工作，促使各方当事人互谅互让，消除隔阂，引导当事人达成解决纠纷的行政调解协议。

第二十四条 行政调解达成协议的，由各方当事人签订行政调解协议书。行政调解协议书的内容不得违反法律法规规定。行政调解协议书自各方当事人签字之日起生效。行政调解协议书一般应载明下列事项：

（一）各方当事人的基本情况。

（二）纠纷事实、争议焦点及各方责任。

（三）各方当事人的权利和义务。

（四）履行协议的方式、地点、期限。

（五）当事人签名、调解人员签名。

经行政调解达成协议的，当事人可申请人民法院依法予以确认。

行政调解协议书由各方当事人分别保留一份，行政机关存档一份。

第二十五条 经行政调解达不成协议的，行政机关应当终止行政调解。根据案件性质，告知当事人可以向行政机关申请行政裁决、行政复议，向仲裁机构申请仲裁，向人民法院提起诉讼。属于行政机关职权范围内的纠纷，行政机关应当依法予以处理。

第二十六条 达成行政调解协议后当事人不履行协议的，当事人可以继续申请行政调解或寻求相关法律救济途径。

第二十七条 争议涉及第三人的，应当通知第三人参加。行政调解结果涉及第三人利益的，应当征得第三人同意，第三人不同意的，终止行政调解。

第二十八条 行政调解应当自启动之日起二个月内终结。遇有特殊情况需延长的，可以适当延长，但延长期不得超过一个月。法律法规有明确规定的从其规定。

第二十九条 行政调解案件要按年、月、日归档编号，做到一案一档。文书顺序应为：

（一）行政调解卷宗目录。

（二）行政调解申请书或口头申请笔录。

（三）行政调解告知书。

（四）有关证据材料。

（五）行政调解协议书或行政调解终结材料。

（六）送达回证。

第三十条 行政机关进行行政调解时，需要当事人所在基层人民调解组织配合的，可以向当事人所在基层人民调解组织发出邀请。当事人所在基层人民调解组织接到行政机关邀请后，应当指派调解员配合行政机关开展调解。人民法院在进行司法调解时，需要行政机关配合的，行政机关应当予以积极配合。

第三十一条 各级政府及其工作部门在调解行政争议时，要充分发挥专业优势，对行政管理相对人做好耐心细致的宣传、解释、说服工作。各部门在行政调解工作中，既要各施其职，又要密切配合。对法律关系单一、一个职能部门能够解决的矛盾纠纷，由该职能部门负责解决；对法律关系复杂、涉及多个部门职责的矛盾纠纷，由最初受理的部门牵头、相关部门参与协调解决；对依法申请行政复议的行政争议，由法定的受理机关依法负责调解，有关部门协调配合。

第三十二条 各级行政机关要与人民调解、司法调解建立健全协调联系机制、信息沟通机制和效力衔接机制，优化、整合调解资源，实现“三大调解”优势互补。

第四章 奖励和处罚

第三十三条 行政机关应严格履行职责，积极化解矛盾纠纷，对行政调解中作出突出贡献的，应予以表彰奖励。

第三十四条 行政机关无正当理由不受理行政调解申请，或者在法定期限内不履行调解职责，贻误纠纷调处时机，造成恶性事件、群体性事件或其他严重后果的，由监察部门按有关规定和程序追究相关人员的责任。

第五章 附 则

第三十五条 法律、法规、规章对行政调解另有规定的，从其规定。

第三十六条 行政调解工作由各行政机关负责，市、县（区）政府法制机构对市、县(区)政府所属部门行政调解工作进行指导。

第三十七条 本规定自发布之日起施行,有效期两年。

内江市人民政府办公室关于进一步加强行政调解工作的意见

(2010年8月13日 内府办发〔2010〕58号)

各县(区)人民政府,市政府各部门:

为认真贯彻落实省政府办公厅《关于进一步推进行政调解工作的意见》(川办发〔2010〕21号)精神,充分发挥行政调解独特优势,加快法治政府建设,促进我市经济发展和社会和谐,结合我市实际,现就进一步加强全市行政调解工作提出如下意见:

一、充分认识行政调解的意义,增强工作的责任感和紧迫感

行政调解是在改革发展的新形势下及时化解社会矛盾纠纷的重要措施,是各级行政机关对社会和经济实施管理与监督的一种有效方式,是预防和化解社会矛盾机制的重要组成部分,是建设法治政府、转变工作作风的具体体现,有利于推进政府各项工作的有效开展,有利于提高行政机关工作人员做好群众工作的能力。各级政府和部门要从树立和落实科学发展观、提高党的执政能力建设的高度,充分认识加强行政调解工作的重大意义,积极转变思想观念,切实增强行政调解意识,发挥行政调解在"大调解"工作中的作用,形成与人民调解、司法调解的合力,把与行政管理有关的各类纠纷和矛盾,化解在基层,消除在萌芽状态,以实现社会的大稳定,服务于全市经济发展大局,促进全市社会和谐稳定。

二、加强组织领导,建立健全行政调解制度

行政调解实行"谁主管、谁负责","谁批准、谁负责"。各级各部门由行政一把手负总责,要高度重视行政调解组织建设。

建立健全行政调解领导组织和工作机构。要建立主要负责人任组长的行政调解工作领导小组,明确分管领导,明确牵头科室和具体负责调解的责任科室,负有调解责任的相关科室要密切配合、形成合力。各级人民政府和公安、工商、卫生、国土资源、规建、环保、劳动、教育、林业等行政调解任务重的部门应有行政调解室、档案室和接待室。各级行政调解牵头单位要具备与开展工作相适应的人力、物力和财力条件。

加强队伍建设。各部门要结合本单位职责建立一支专兼职、覆盖广泛的调解员队伍。一是把政治思想好、有较高法律素质的干部充实到行政调解队伍;二是根据需要可以邀请有关单位、具有相关专业知识和调解经验的专业人才加入调解员队伍中,并向社会公布调解人员名单;三是要结合本部门调解工作实际,适时组织对调解人员的业务培训和管理。要按照“分级负责、条块结合、以块为主、重在实效”的原则,围绕行政调解员应当具有的基本知识、基本素质和基本能力有计划地开展培训,逐步使行政调解员达到“四懂”(懂方针政策、懂法律法规、懂业务知识、懂调解技巧)、“四会”(会预防、会调查、会调解、会制作调解文书),不断提高行政调解员对各类行政争议纠纷的化解能力、对重大行政争议纠纷的管控能力、对突发行政争议纠纷的应急能力,切实提高行政调解工作水平。县(区)行政调解中心要在各行政单位确定推荐的行政调解人员基础上建立调解员库和调解自愿者信息库,做到资源共享、人员共用;四是积极探索对调解人员的奖励制度。对调解成功的,可以给参加调解的人员一定的奖励,具体方式和奖励金额由各单位确定。

建立健全行政调解规章制度。各部门要结合本部门工作实际,建立健全行政调解的相关规章制度,进一步规范行政调解工作。一是建立行政调解案件登记制度和档案管理制度,使调解案件有据可查;二是要建立联合调解制度,对于法律关系复杂、一个部门不能协调解决的矛盾纠纷,由最初受理的部门或涉及主要管理工作的部门牵头,其他相关部门参与共同协调解决;三是建立行政调解信息上报和报告制度,每月、每季度等定期向政府行政调解指导中心和上级主管部门汇总上报本单位行政调解工作情况。

三、建立健全行政调解工作体系,明确工作职责

(一)建立市行政调解联系会议制度

成立内江市行政调解联系会议领导小组,由市政府分管副市长为组长,市政府协助行政调解工作的副秘书长、市政府法制办主任为副组长,市信访局、国土局、工商局、公安局、劳动局、卫生局、规建局、民政局、交通局、房管局、教育局、林业局等为成员单位。市行政调解联系会议日常工作由市政府法制办承办。各县(区)政府可以根据本地的实际建立相应的行政调解联系会议制度。

市行政调解联系会议的职责:

1. 定期研究解决全市各行政机关开展行政调解工作涉及的问题,加强全市行政调解工作的指导;

2. 研究、协调解决重大、影响社会稳定的行政争议;

3. 对涉及多个部门的行政争议,确定处理原则和牵头单位。

(二)明确行政调解指导中心职责

行政调解工作是一项全新的工作,必须加强领导和具体指导。行政调解指导中心的职责是:

1. 研究制定各行政机关开展行政调解的制度;

2. 汇总分析政府和政府各部门的行政调解工作情况,并向政府和"大调解"协调中心报告;

3. 加强对各行政机关开展行政调解工作的指导,加大对行政调解工作的督办力度;

4. 做好与人民调解、司法调解组织的衔接配合;

5. 具体实施行政调解工作的目标考核,提出奖惩建议;

6. 具体实施对行政调解人员的法律知识和调解技能的培训,提高行政调解人员的业务水平;

7. 组织调处法律关系复杂、重大疑难、涉及政府的矛盾纠纷。

(三)加强协调配合,构建"三大调解"衔接机制

各行政机关在调解行政争议时,要充分发挥专业优势,对行政管理相对人做好耐心细致的宣传、解释、说服工作。各行政机关在调解工作中,既要各司其职,又要密切配合。对法律关系单一、一个职能部门能够解决的矛盾纠纷,由该职能部门解决;对法律关系复杂、涉及多个部门职责的矛盾纠纷,由最初受理的部门报行政调解指导中心,由行政调解指导中心协调相关部门并确定牵头单位共同解决;对依法申请行政复议的行政争议,由法定的受理机关依法负责调解,有关部门协调配合。

行政调解指导中心要在"大调解"协调中心和行政调解联系会议的领导和具体指导下,建立健全与人民调解、司法调解组织的协调联系机制、信息沟通机制

和效力衔接机制,优化、整合调解资源,实现“三大调解”优势互补。在行政调解中需要当事人所在基层人民调解组织配合的,可以邀请其参加,共同开展调解工作。

四、规范行政调解程序,提高行政调解质量

行政调解启动可以由一方当事人申请,也可以由行政机关根据案件情况在征求当事人双方意见的基础上提出。

(一)行政调解的组织和协调

1. 行政机关受理后,应当及时告知当事人享有的权利、应当遵循的程序、注意的事项等,使当事人明确行政调解的有关要求,帮助当事人正确行使自己的权利。

2. 行政机关应当根据案件性质指派具有专业知识和调解经验的专门人员主持调解工作,调解主持人应当积极引导当事人进行当面协商。

3. 调解方式方法可灵活多样。对基本事实有争议的,可以采取听证、调解人员到现场实地调查了解等方式;即可邀请行政机关的经办人员、主管领导参加,也可邀请当事人所在基层组织以及其他与案件处理有关的社会力量参与调解处理;重大、复杂、群众关注的案件,行政机关还可邀请司法机关或其他相关专家参加调解。

4. 争议涉及第三人的,应当通知第三人参加行政调解。如果涉及第三人利益的,应当征得第三人同意,第三人不同意的,应终止行政调解。

5. 在调解过程中,调解主持人要认真听取双方当事人的陈述、申辩和质证意见,分析并归纳双方争议的焦点,据此对当事人进行说服、劝导,以引导双方达成谅解。

6. 在调解过程中,行政机关应当制作调解笔录,全面、客观记载调解的过程、内容。调解笔录应当由参与调解的人员签名。

(二)调解协议的签订

调解成功后,双方当事人应当签订书面调解协议。调解协议应当包括以下内容:

1. 当事人的姓名或者单位名称、法定代表人姓名、职务;

2. 争议的案由及主要情况;

3. 当事人协议的内容和调解结果;

4. 其他需要约定的事项。

(三)调解达成协议的处理

调解协议经各方当事人认可并签字或盖章后,即对调解当事人具有约束力,当事人应当自觉履行。调解书应当各执一份,调解机关留存一份备案。

调解机关可以引导当事人到调解机关所在地基层人民法院进行司法确认,也可以主动邀请基层人民法院派人到调解现场进行确认。

调解机关可以征得当事人同意后,联系公证机构派人到调解现场对调解协议进行公证,赋予调解协议强制执行的效力。

(四)调解未达成协议的处理

调解未达成协议或者调解协议生效之前一方反悔的,行政机关应当终止调解,及时告知当事人通过其他法律渠道解决。一方当事人为促成达成调解协议而在调解过程中或调解协议中作出的不利于本方的陈述,不能作为通过其他形式处理该纠纷的事实依据。

(五)调解结果的回访

行政机关对达成调解协议的争议,应当及时组织对各方履行调解协议结果进行回访,巩固调解成果,注意发现问题,督促调解协议的实现。

五、严格落实责任,完善考核措施

各级政府和政府部门要签订行政调解责任书,把行政调解工作纳入目标管理。行政调解责任书确定的各项义务是行政调解绩效考核的依据,也是实行问责的依据。对调解工作成绩突出的单位和个人进行表彰奖励;对组织领导不力、工作不落实、责任不到位,导致争议纠纷突出的部门,要进行通报批评并限期整改;对工作敷衍塞责、无故推诿和拖延而导致严重影响社会稳定的重大事件和案件的,要实行责任倒查,严格追究领导和相关人员责任。

二〇一〇年八月十三日

乐山市人民政府关于印发《乐山市行政调解暂行办法》的通知

（2009年8月27日 乐府发〔2009〕24号）

各区、市、县、自治县人民政府，市级各部门：

《乐山市行政调解暂行办法》已经2009年8月26日市人民政府第72次常务会议审议通过，现予以印发，请认真贯彻执行。

二〇〇九年八月二十七日

乐山市行政调解暂行办法

第一章 总 则

第一条 为规范和推进行政机关运用调解手段依法、及时、就地化解矛盾纠纷，切实维护人民群众合法权益，促进社会和谐稳定，根据中共四川省委办公厅、四川省人民政府办公厅《关于构建"大调解"工作体系有效化解社会矛盾纠纷的意见》（川委办〔2009〕16号）以及其他有关政策法规，结合乐山实际，制定本办法。

第二条 乐山市各级行政机关、法律法规授权的具有管理公共事务职能的组织、行政机关委托的组织（以下统称行政机关）开展行政调解，适用本办法。法律、法规、规章对行政调解另有规定的，从其规定。

本办法所称行政调解，是指行政机关在法定职权范围内，以法律、法规、规章和政策为依据，以不损害国家利益、公共利益和他人合法权益为前提，以当事人自愿协商为基础，通过对争议各方的说服和劝导，促使各方当事人达成一致协议，从而化解矛盾纠纷的活动。

第三条 行政调解应当遵循属地管理、分级负责,谁主管、谁负责,依法调解、公正高效,调解优先、尊重自愿,定分止争、促进和谐的原则。

第四条 矛盾纠纷经行政调解达成调解协议的,当事人应当按照诚实信用原则全面履行协议约定义务,不得擅自变更或者解除协议。

第五条 市人民政府信访部门(市人民政府法制部门协助)主管全市行政调解工作。

市、县(市、区)人民政府设立行政调解指导中心(设在信访部门),代表本级人民政府履行行政调解的组织协调、督促指导、考核奖惩等职责。

市、县(市、区)人民政府工作部门设立行政调解中心(室),与信访机构合署办公,具体承办本部门行政调解工作。

各乡镇人民政府(街道办事处)的行政调解工作,由其矛盾纠纷大调解协调中心具体承办。

第六条 各级行政机关是法定职权范围内行政调解的责任主体,行政首长为行政调解第一责任人,分管领导为主要责任人,具体承办人员为直接责任人。

第二章 行政调解的受理

第七条 对以下矛盾纠纷,当事人可以申请行政调解:

(一)与行政机关行使法律、法规规定的自由裁量权有关的行政争议;

(二)行政赔偿、行政补偿争议;

(三)与行政管理相关的民事纠纷;

(四)适用行政调解不违反法律法规禁止性规定的其他矛盾纠纷。

第八条 与行政机关行使法律法规规定的自由裁量权有关的行政争议,由该行政机关的上一级业务主管部门或者本级人民政府行政调解指导中心负责调解。

行政赔偿、行政补偿争议,由赔偿或者补偿义务机关负责调解。

与行政管理相关的民事纠纷,由乡镇人民政府(街道办事处)或者县级人民政府相关业务主管部门负责调解。

依法不适宜由下级行政机关调解的矛盾纠纷,由其上一级行政机关的调解机构负责调解。

行政机关之间因行政调解的管辖发生的争议，由本级人民政府行政调解指导中心裁决。

第九条 行政机关调解矛盾纠纷应当符合下列条件：

（一）申请人与该矛盾纠纷有法律上的利害关系；

（二）申请人有具体的诉求和理由；

（三）属于本办法第七条规定的行政调解范围；

（四）属于本行政机关的职责范围；

（五）人民法院以及其他国家机关尚未受理该矛盾纠纷；

（六）该矛盾纠纷未被有关国家机关作出终结处理决定；

（七）该矛盾纠纷具有可调解性。

第十条 凡可以通过行政调解手段化解的矛盾纠纷，行政机关应当主动告知当事人有申请行政调解的权利。

第十一条 当事人申请行政调解，可以书面申请，也可以口头申请。口头申请的，调解人员应当制作笔录，由申请人签字确认。

第十二条 行政机关收到行政调解申请后，应当在 5 个工作日内进行审查，对符合本办法规定的申请，决定予以受理并告知矛盾纠纷的各方当事人；对不符合本办法规定的申请，决定不予受理并告知申请人解决矛盾纠纷的法定渠道。在受理行政调解申请前，矛盾纠纷有可能激化的，行政机关应当及时采取必要的缓解疏导措施，并按规定向有关机关报告。

第十三条 行政机关受理行政调解申请后，调解人员应当提前将行政调解的时间、地点通知当事人。

第三章 行政调解的进行

第十四条 对重大复杂的矛盾纠纷，行政机关负责人应当主持行政调解；对其他矛盾纠纷，由当事人选择的调解人员或者行政机关指定的调解人员进行行政调解。行政机关参加调解的人员不得少于 2 人。

第十五条 行政机关调解矛盾纠纷，根据需要可以邀请有关单位、有关人士参加。调解跨区域、跨部门、跨行业的矛盾纠纷，相关单位应当予以配合，共同做好行政调解工作。

当事人可以委托 1 至 2 名代理人参加行政调解。当事人委托代理人的,应当提交授权委托书。

第十六条 行政机关调解矛盾纠纷,不得泄露国家秘密、当事人的个人隐私和商业秘密。

第十七条 调解人员有下列情形之一的,应当主动申请回避:

(一)是该矛盾纠纷的当事人或者与当事人及其代理人有近亲属关系的;

(二)与该矛盾纠纷有利害关系的;

(三)与当事人及其代理人有其他关系,可能影响该矛盾纠纷的公平公正处理的。

当事人发现调解人员有应当回避情形的,可以申请其回避。调解人员的回避,由行政机关负责人决定。

第十八条 行政调解开始时,调解人员应当宣布行政调解纪律,核对当事人身份,宣布当事人应当享有的权利和承担的义务,宣布行政调解人、记录人的身份,询问当事人是否要求回避。

第十九条 行政调解过程中,当事人应当提交证明矛盾纠纷基本事实的证据,并对所提交证据的真实性负责。

调解人员应当根据当事人提供的证据、本行政机关收集的证据查明事实、分清责任,引导当事人正确理解法律、法规、规章和政策,理性对待矛盾纠纷,找准矛盾纠纷焦点和各方利益共同点,采取灵活多样的方式方法,开展耐心、细致的说服疏导工作,促使各方当事人互谅互让,消除隔阂,促成当事人达成行政调解协议。

第二十条 行政调解达成协议的,行政机关应当制作行政调解协议书。行政调解协议书的内容不得违反法律、法规、规章和政策规定,不得损害国家利益、公共利益、他人合法权益。行政调解协议书自各方当事人签字之日起生效。

行政调解协议书一般包括以下内容:

(一)各方当事人的基本情况;

(二)矛盾纠纷的事实;

(三)各方当事人的权利和义务;

(四)履行协议的方式、期限;

(五)对当事人息诉罢访的要求;

（六）当事人签名、调解人员签名并加盖行政调解机构印章。

行政调解协议书由各方当事人分别保留一份，行政调解机构存档一份。

第二十一条 经行政调解达不成协议的，行政机关应当终止行政调解，并按照以下规定办理：

（一）对属于本行政机关行政许可、行政处罚等法定职权范围内处理的矛盾纠纷，依法作出处理决定；

（二）对不属于本行政机关法定职权范围内处理的矛盾纠纷，根据矛盾纠纷的性质和相关法律法规规定，告知当事人可以依法向有关行政机关申请行政裁决、行政复议，向仲裁机构申请仲裁，向人民法院提起诉讼，或者按信访程序处理。

第二十二条 矛盾纠纷涉及第三人利益的，应当通知第三人参加调解。第三人不同意调解的，终止行政调解。

涉及专门事项需要鉴定的，各方当事人可以协商一致自行委托具有法定资质的鉴定机构鉴定，也可以申请行政机关委托鉴定机构鉴定。鉴定费用由当事人承担。鉴定所用时间不计入行政调解期限。

第二十三条 行政机关应当自受理行政调解申请之日起60日内办结调解事宜。遇有特殊情况需延长的，可以适当延长，但延长期不得超过30日。

第二十四条 行政机关进行行政调解时，需要当事人所在基层人民调解组织配合的，可以向当事人所在基层人民调解组织发出邀请。当事人所在基层人民调解组织接到行政机关邀请后，应当指派调解员配合行政机关开展调解。

人民法院进行司法调解时，需要行政机关协助的，行政机关应当予以协助。

第四章 奖励和处罚

第二十五条 行政机关应当忠实履行法定职责，积极运用行政调解手段化解矛盾纠纷。对行政调解工作成绩突出的单位和人员，应当予以表彰奖励。

第二十六条 行政机关及其工作人员无正当理由不受理行政调解申请，或者在规定期限内不履行调解职责，贻误矛盾纠纷调处时机，造成恶性事件、群体性事件或者其他严重后果的，按有关规定进行问责。

第二十七条 在行政调解中，当事人有缠访、闹访等违法行为的，行政机关工作人员滥用职权、徇私舞弊、玩忽职守的，依法追究法律责任。

第五章　附　　则

第二十八条　本办法应用中的具体问题，由市行政调解指导中心负责解释。

各县（市、区）人民政府和市人民政府各工作部门可以根据本办法制定实施细则。

第二十九条　本办法自发布之日起施行。

达州市人民政府关于印发《达州市行政调解办法》的通知

（2009年11月11日　达州市人民政府令第55号）

《达州市行政调解办法》已经2009年10月30日市政府第119次常务会议通过，现予公布，自2009年12月1日起施行。

二〇〇九年十一月十一日

达州市行政调解办法

第一章　总　　则

第一条　为了规范行政调解工作，提高行政调解质量和效率，及时化解争议纠纷，促进社会和谐，根据国家、省有关规定，结合达州实际，制定本办法。

第二条　本办法所称行政调解是指行政机关根据法律、法规、规章及政策规定，对与本机关行政管理职权有关的争议纠纷，通过协调，促成当事人在平等协商的基础上达成协议，从而化解争议纠纷的活动。

第三条 本市各级人民政府、各级行政部门（包括中央、省直管部门）以及依法具有行政管理职权的其他组织（以下简称行政机关）开展行政调解工作，适用本办法。

第四条 对下列争议纠纷，行政机关应当根据当事人申请或者依职权进行调解：

（一）下一级行政机关与公民、法人或者其他组织之间产生的行政争议；

（二）公民、法人或者其他组织之间产生的与本机关行政管理有直接或间接关联的纠纷。

第五条 行政机关开展行政调解应当尊重当事人意愿，不得强迫当事人接受调解方式或调解结果。

第六条 行政机关开展行政调解应当依据法律、法规、规章和国家政策，不得侵犯国家利益、社会公共利益和公民、法人或者其他组织的合法权益。

第七条 行政机关应当公平、公正地调解争议纠纷，不得偏袒和歧视当事人。

第八条 行政机关应当积极主动排查与本机关行政管理职权有关的争议纠纷，依法引导当事人通过行政调解解决争议纠纷。

第九条 行政机关应当建立健全与人民调解、司法调解的协调配合机制、信息沟通机制和效力衔接机制。

第十条 行政机关应当成立行政调解组织，落实工作经费、调解场所和设施，确定行政调解人员，并公布调解人员名单。

第十一条 在行政调解中，当事人享有下列权利：

（一）自主决定接受、不接受或退出调解；

（二）要求有关调解人员回避；

（三）表达真实意愿，提出合理要求；

（四）自愿达成调解协议。

第十二条 在行政调解中，当事人承担下列义务：

（一）如实陈述争议纠纷事实，不得提供虚假证明材料；

（二）遵守调解规则；

（三）不得加剧纠纷、激化矛盾；

（四）自觉履行调解协议。

第二章　行政调解机关

第十三条　行政调解由对争议纠纷具有相应行政管理职权的行政机关负责组织实施。

第十四条　对涉及多个部门职责的争议纠纷,当事人提出行政调解申请的,由最初受理的部门牵头调解,相关部门参与协调解决;当事人未提出行政调解申请的,由具有主要管理职责的部门或同级政府法制部门指定的部门牵头调解,相关部门参与协调解决。

第十五条　对依法申请行政复议的行政争议,由法定的受理机关负责组织调解,有关部门协调配合。

第三章　申请与受理

第十六条　当事人可以申请行政机关调解与行政管理职权有关的争议纠纷。

第十七条　申请行政调解应当符合下列条件:

(一)申请调解的争议纠纷属于行政调解范畴;

(二)申请调解的争议纠纷所涉主要事项属于收到申请机关行政管理职权范围;

(三)申请人与申请调解的争议纠纷有直接利害关系;

(四)有明确的请求、理由和争议纠纷对象;

(五)其他行政机关尚未受理该调解申请。

第十八条　当事人申请行政调解,可以书面申请,也可以口头申请。口头申请的,行政机关应当记录申请人基本情况、申请调解的事项、理由、时间和争议纠纷对象等,并由申请人签名确认。

第十九条　行政机关收到行政调解申请后,应当在五个工作日内进行审查,对不属于行政调解范畴的,应当书面告知申请人解决争议纠纷的渠道;对不属于本机关行政管理职权范围的,应当书面告知申请人向有关行政机关申请调解;对不符合其他受理条件的,应当书面告知申请人并说明理由。

除前款规定外,行政调解申请自行政机关收到之日起即为受理。

对于情况紧急、可能激化的争议纠纷,收到申请的行政机关应当及时采取必要的缓解疏导措施。

第二十条 当事人就同一争议纠纷向两个以上行政机关申请行政调解的,由具有相应行政管理职权的行政机关受理;两个以上行政机关都有行政管理职权的,由先收到申请的行政机关受理。行政机关因受理权发生争议,协商不成的,报请同级政府法制部门确定受理机关。

第二十一条 在行政调解过程中,当事人又向其他行政机关提出同一调解申请的,该行政机关不予受理。

第二十二条 当事人签订行政调解协议后,又申请行政机关重新调解的,行政机关不予受理。行政调解协议内容有本办法第四十一条情形的除外。

第四章 行政调解的实施

第二十三条 行政机关发现属于本机关行政调解范围的争议纠纷,应当主动征求各方当事人意见;当事人同意调解的,应当组织实施行政调解。

第二十四条 行政机关受理当事人的调解申请后,应当在三个工作日内征求其他当事人意见;其他当事人同意调解的,应当组织实施行政调解。

第二十五条 当事人不同意行政调解的,行政机关应当进行劝导说服并做好记录。

第二十六条 行政机关组织行政调解,应当指派一名具有相应专业知识和调解经验的工作人员担任调解主持人;对于复杂、重大的争议纠纷,应当由行政机关主要负责人主持调解。

行政机关根据需要可以指定若干调解员,协助调解主持人的工作,并确定记录员负责记录。

第二十七条 行政机关根据需要可以邀请当事人所在基层组织以及其他与争议纠纷处理有关的单位或者个人参与调解。

第二十八条 涉及第三人利益的争议纠纷,行政机关应当通知第三人参加调解。

第三人提出与本争议纠纷有关的请求,可以合并调解。

第二十九条 行政机关举行调解前,应当提前三个工作日将调解时间、地点、调解人员等告知当事人和第三人。

当事人和第三人无正当理由不参加行政调解的，视为不同意调解。

第三十条 当事人和第三人可以委托1至2名代理人参加行政调解。

第三十一条 行政调解开始时，调解主持人应当核对参加人员身份，宣布调解纪律，告知当事人相关的权利和义务，介绍调解人员，询问当事人是否申请回避。

第三十二条 调解主持人、调解员、记录员有下列情形之一的，应当回避：

（一）与本争议纠纷有利害关系的；

（二）与本争议纠纷的当事人、第三人或其代理人有利害关系的；

（三）存在其他可能影响本争议纠纷公正处理情形的。

当事人或第三人认为调解人员有应当回避情形的，可以申请其回避；调解人员认为自己有应当回避情形的，应主动申请回避。

调解主持人决定调解员和记录员的回避；行政机关主要负责人决定调解主持人的回避；行政机关主要负责人担任调解主持人的，由同级政府法制部门决定其回避。

第三十三条 调解人员应当依据各方当事人提供的证据以及本行政机关调查核实的事实，找准争议纠纷的焦点和各方利益的平衡点，释法明理，开展耐心、细致的劝导协调工作。

第三十四条 行政机关在行政调解过程中可以采取协商座谈、现场调解、分别劝导、听证等多种方式。

第三十五条 行政机关在行政调解过程中应当采取必要措施防止矛盾激化。

第三十六条 行政机关组织行政调解应当公开进行。但是涉及国家秘密、商业秘密、个人隐私或者当事人表示反对的除外。

第三十七条 行政机关应当自组织实施调解之日起30日内促成当事人达成调解协议；因特殊情况需要延长的，经同级政府法制部门批准，可以适当延长，但延长期限最多不得超过15日。

第三十八条 当事人可以自行提出调解方案，调解主持人也可以提出调解方案供当事人参考。

第三十九条 当事人经行政调解达成协议的，行政机关应当制作行政调解协议书。

第四十条 行政调解协议书应当载明下列事项:

(一)当事人的基本情况;

(二)争议纠纷事由;

(三)当事人的权利、义务;

(四)协议履行方式、地点、期限等;

(五)其他需载明的事项。

第四十一条 行政调解协议内容不得有下列情形:

(一)侵犯国家利益、社会公共利益;

(二)侵犯争议纠纷以外的公民、法人或者其他组织的合法权益;

(三)违背当事人真实意思;

(四)涉及是否追究当事人刑事责任;

(五)违反法律、行政法规禁止性规定。

第四十二条 行政调解协议涉及第三人权益的,应当征得第三人同意。

第四十三条 行政调解协议书应当有当事人、第三人和调解人员的签名或盖章,并加盖行政机关印章,由当事人和第三人各执一份,行政机关存档一份。

第四十四条 对经行政调解后达成的具有民事合同性质的协议,行政机关应当引导当事人依法申请有管辖权的人民法院确认其效力。

对民事纠纷经行政调解后达成的具有给付内容的协议,行政机关应当引导当事人依法申请公证机关赋予强制执行效力。

第四十五条 当事人应当自觉履行行政调解协议,不得擅自解除或者变更。

当事人不履行调解协议的,其他当事人可以请求有关行政机关督促履行或向人民法院提起诉讼、申请执行等。

第四十六条 行政机关应当对行政调解协议的履行情况适时进行回访,注意排查问题,督促调解协议的履行,并制作回访笔录。

第四十七条 有下列情形之一的,行政机关应当终止行政调解:

(一)当事人撤回申请的;

(二)当事人自行和解的;

(三)当事人不愿继续参加调解的;

(四)经过三次以上调解仍逾期不能达成调解协议的;

(五)其他正当事由。

行政调解终止的，行政机关应当书面告知当事人。除当事人自行和解的以外，行政机关还应当根据争议纠纷性质，书面告知当事人申请行政裁决、行政复议、仲裁、提起诉讼或者其他法律救济的权利、期限和机关。

第四十八条 行政机关应当制作调解笔录，全面、客观记载调解过程。调解笔录经当事人和其他调解参与人核对无误后签名或盖章。拒绝签名或盖章的，记明情况附卷。

第四十九条 行政机关应当对实施调解的争议纠纷归档编号，做到一事一档。

第五章 指导和监督

第五十条 各级人民政府应当加强对行政调解工作的领导，将行政调解工作纳入本级政府目标责任制考核。

第五十一条 上级行政机关应当加强对下级行政机关履行行政调解职责的监督。

第五十二条 市、县政府法制部门应当加强对下级人民政府和本级政府行政部门及依法具有行政管理职权的其他组织的行政调解工作的指导、督促、协调。

第五十三条 各级行政机关应当定期报送月度行政调解信息和年度行政调解工作开展情况。

对社会影响较大或可能引发群体性事件等重大复杂争议纠纷的调解处理，各级行政机关应当及时向上级党委、政府和上级主管部门请示报告，并通报政府法制部门。

第五十四条 各级行政机关应当定期分析总结行政调解工作，对成绩突出的单位和个人，予以表彰和奖励。

第六章 责任追究

第五十五条 对行政调解工作组织领导不力、工作不落实、责任不到位，导致争议纠纷突出的，予以通报批评并责令限期整改。

第五十六条 对行政调解工作敷衍塞责、无故推诿或拖延以及信息报送不及时等而导致严重影响社会稳定的重大事件和案件的，严格追究相关领导和责任人员的责任。

第七章 附 则

第五十七条 行政调解工作所需经费，列入行政机关预算，由本级财政予以保障，不得向当事人收取任何费用。

第五十八条 法律、法规、规章或国家有关文件对行政调解工作另有规定的，从其规定。

第五十九条 市级行政部门和各县、市、区人民政府及其行政部门可根据本办法制定实施细则。

第六十条 本办法自2009年12月1日起施行，有效期5年，期满自行失效。

达州市人民政府关于进一步加强行政调解工作的意见

（2017年9月27日 达市府发〔2017〕23号）

各县（市、区）人民政府，达州经开区管委会，市级各部门（单位）：

为充分发挥行政调解制度优势，有效化解矛盾纠纷，维护社会和谐稳定，根据省、市有关文件精神，现就进一步加强我市行政调解工作提出如下意见。

一、指导思想

深入贯彻落实党的十八大和十八届三中、四中、五中、六中全会精神，紧紧围绕法治政府建设，以维护人民群众合法权益为根本，以建立健全行政调解工作机制为保障，依法将矛盾纠纷化解在初发阶段、化解在基层、化解在行政管理程序中，为全市经济社会发展创造和谐、稳定、有序的社会环境。

二、基本原则

（一）合法原则。行政调解要遵循法律法规和政策规定，不得损害国家和公共利益,不得侵犯公民、法人和其他组织的合法权益。

(二)自愿原则。行政调解要完全尊重当事人的意思自治,不得强制性要求调解。

(三)平等原则。行政调解要兼顾各方当事人的合法权益,平等协商处理利益纠纷,体现公平正义。

(四)实效原则。行政调解应当简便、快捷、高效,实现“定纷止争、案结事了”的社会效果和法律价值。

三、主要内容

(一)健全调解体制。严格落实《国务院关于加强法治政府建设的意见》(国发〔2010〕33 号)要求,建立健全由政府负总责、法制机构牵头、各职能部门为主体的行政调解工作体制。各县(市、区)人民政府、达州经开区管委会要建立健全由分管法制工作的领导牵头的行政调解委员会,负责研究解决本行政区域内行政调解工作中的重大问题。针对社会管理事务中频繁多发的矛盾纠纷领域,市级相关部门要加强调研,待条件成熟后,择机建立土地权属争议、物业管理纠纷、国有土地上房屋征收补偿争议、环境污染赔偿争议等行政调解专业化组织,切实解决与行政权力紧密相关多发易发领域的矛盾,促进行政调解工作专业化、规范化和标准化。

(二)明确调解责任。各级行政机关要根据法律法规和职能职责,对适用行政调解事项进行梳理,明确行政调解的适用范围和法律依据,制定行政调解事项清单和责任清单并向社会公开,按照“谁主管、谁负责”的原则履行行政调解具体职能,充分运用调解手段处理与本单位行政管理相关的争议纠纷。各级各部门要实行行政调解一把手负总责制度,并确定分管领导和工作机构具体承担行政调解工作,确保行政调解工作有人抓、有人管。

(三)规范调解程序。各地各部门要结合本地本系统实际制定行政调解程序规定,对调解申请、受理、调查、听证、调解实施、调解期限以及调解协议书的制作等提出详细具体的要求,依法保证当事人的知情权、参与权、救济权,确保行政调解工作依法、有序、规范。

(四)加强调解配合。各级行政机关在开展行政调解工作中,要加强与人民法院、司法行政部门的工作联系,建立完善行政调解与人民调解、司法调解的协调配合机制、信息沟通机制和效力衔接机制,积极构建多元化解矛盾纠纷机制的工作新格局。

四、工作要求

(一)强化组织领导。各县(市、区)人民政府、达州经开区管委会和市政府各部门要高度重视,切实加强领导,精心组织实施。要积极配备与开展行政调解工作相适应的人力、财力、物力,确保行政调解工作扎实推进。各级行政调解委员会办公室要发挥牵头作用,抓好组织协调、调查研究、督导检查等工作。要及时发现问题认真研究解决,善于发现亮点,注重典型示范,确保行政调解工作扎实有序进行。政府各部门要各司其职、紧密配合,共同推进行政调解工作不断取得新成效。

(二)加大宣传引导。各级各部门要加大行政调解宣传工作力度,充分利用广播、电视、报刊、网络等宣传舆论工具,采取设置宣传栏、张贴宣传画、发放宣传资料等形式,对行政调解工作内容、程序和实践经验进行广泛宣传,形成强大声势和舆论氛围,提高人民群众对行政调解的社会认知度,支持并选择行政调解解决矛盾纠纷。同时,要把行政调解工作与法治政府建设深度融合,努力形成"遇事用法、办事依法、解决靠法"的良好氛围。

(三)加强队伍建设。要选调政治思想好、业务能力强、有较高法律素养、善于做群众工作的干部充实到行政调解工作队伍中,建立专、兼职行政调解工作队伍。对行政调解人员实行动态管理,行政调解人员发生变动应及时公示,并报同级政府法制机构备案。同时,要加强对行政调解工作人员的培训,根据行政调解工作任务的需要和特点确定培训内容,充分利用各种资源,通过举办培训班等形式,有计划地开展培训工作,提高行政调解工作人员政治、业务素质,不断提升行政调解工作水平。

(四)完善奖惩机制。要把行政调解工作纳入依法行政年度目标绩效考核内容,细化考核指标,明确分值权重,完善激励惩处机制。对行政调解工作成绩突出的单位和人员予以表彰,对行政调解工作落实不力而导致矛盾激化、造成严重后果的,要严肃追究责任单位和责任人的责任。

附件:1. 达州市行政调解委员会成员名单

2. 行政调解人员统计表

达州市人民政府

2017 年 9 月 27 日

附件 1:

达州市行政调解委员会成员名单

主　任:×××　市委常委、常务副市长

副主任:×××　市政府法制办主任

成　员:(略)

行政调解委员会下设办公室设在市政府法制办。

附件 2:

行政调解人员统计表

姓名	性别	出生年月	政治面貌	学历	专业及专长	职务	工作单位	联系电话	备注

(注:请将行政调解联络员、专职行政调解人员在备注栏注明)

阿坝藏族羌族自治州人民政府印发《阿坝藏族羌族自治州行政调解工作暂行办法》的通知

（2009年8月5日 阿府发〔2009〕21号）

各县人民政府，州直各部门，卧龙管理局：

《阿坝藏族羌族自治州行政调解工作暂行办法》已经十届州人民政府第36次常务会议研究通过，现印发，请遵照执行。

二〇〇九年八月五日

阿坝藏族羌族自治州行政调解工作暂行办法

第一章 总 则

第一条 为了规范和加强行政调解工作，推动行政机关主动、及时有效化解矛盾纠纷，维护社会和谐稳定，促进经济社会全面协调可持续发展，根据《中华人民共和国行政复议法实施条例》等法律、法规规定和四川省委、省政府办公厅《关于构建“大调解”工作体系有效化解社会矛盾纠纷的意见》的要求，结合阿坝州实际，制定本办法。

第二条 本办法所称行政调解，是指国家行政机关在法定职权范围内，以法律、法规、规章和政策为依据，对与本机关行政职权有关的争议纠纷，通过对争议各方进行说服和劝导，促使各方当事人在互谅互让、平等协商的基础上达成协议，妥善解决矛盾纠纷的活动。

第三条 阿坝州各级政府、政府各部门和其他依法具有行政管理职权的组织（以下简称行政机关）在行使职权过程中开展行政调解，适用本办法。

第四条 州、县、乡（镇）人民政府按照“属地管理、分级负责”的原则，对所辖行政区域内的行政调解工作负总责。

州、县人民政府法制机构应当加强对行政调解工作的指导、督促和协调；各级政府部门应当发挥行政调解的主体作用，按照“谁主管、谁负责”的原则，积极主动开展行政调解工作。

第五条 行政调解工作应当遵循下列原则：

（一）自愿原则。行政调解应当建立在当事人自愿的基础上，自愿应当贯穿于调解的全过程并尊重当事人对调解方式、方法的选择；

（二）合法原则。行政机关应当依据法律、法规、规章和政策进行调解，公平、公正地化解矛盾纠纷，有效保护各方当事人的合法权益。不得超越法律、法规、规章和政策规定，不得损害国家利益、社会公共利益和他人合法权益；

（三）平等原则。行政机关应当充分尊重当事人表达自己意愿和诉求的权利，以平等的态度对待当事人，不得利用行政权力控制、影响调解结果，不得强迫当事人接受调解方式和调解结果；

（四）积极主动原则。行政机关发现职权管辖范围内出现的矛盾纠纷，应当积极主动向各方当事人表明组织行政调解的态度，并尽量引导当事人接受行政调解；

（五）便民高效原则。行政机关应当积极履职，便民、高效地化解矛盾纠纷，使各方当事人的矛盾纠纷获得快捷、简便、有效、成本低廉的解决；

（六）依法调解与依法处理相结合的原则。对不属于行政调解范畴或者不宜调解的纠纷以及经行政调解不能达成协议的纠纷，行政机关应当及时作出行政复议决定或者其他行政处理决定。

第六条 在行政调解活动中，纠纷当事人享有下列权利：

（一）自主决定接受、不接受或者终止调解；

（二）申请有关行政调解人员回避；

（三）表达自己真实的意愿；

（四）自愿达成调解协议。

第七条 在行政调解活动中，纠纷当事人承担下列义务：

（一）如实陈述纠纷事实，不得提供虚假证明材料；

（二）遵守调解规则，不得加剧纠纷、激化矛盾；

（三）自觉履行调解协议。

第八条 在少数民族聚居地，行政机关应当使用本地通晓语言进行行政调解。对不通晓汉语的当事人应当为其提供翻译或允许其自行邀请翻译。

第九条 各级行政机关应当建立调解组织，根据本部门工作实际，制定具体调解办法，确定行政调解协调机构和行政调解人员，并在办公场所显著位置公布行政调解程序、规则和调解人员名单。

第十条 各级行政机关应当加强与人民法院和人民调解工作机构的沟通联系，做好行政调解与司法调解、人民调解相衔接的相关工作。

第十一条 州、县人民政府应当将行政调解工作列入行政机关依法行政目标考核的内容，加强监督、检查和考核工作。

第二章 行政调解的范围

第十二条 对下列行政复议案件，行政复议机关可以进行调解：

（一）公民、法人和其他组织对行政机关行使法律、法规、规章规定的自由裁量权作出的具体行政行为不服申请行政复议的；

（二）当事人之间的行政赔偿或者行政补偿案件。

第十三条 对下列属于行政机关法定职权范围内的特定矛盾纠纷，行政机关可以进行调解：

（一）依法可以调解的治安案件、交通事故损害赔偿的矛盾纠纷；

（二）土地、林木、矿产等自然资源经营、承包、流转等权益的矛盾纠纷；

（三）土地、林木、草场等承包经营权的矛盾纠纷；

（四）征用、征收土地、房屋发生的安置补偿的矛盾纠纷；

（五）劳动、人事方面发生的矛盾纠纷；

（六）消费争议、产品质量的矛盾纠纷；

（七）医疗事故赔偿的矛盾纠纷；

（八）其他依法可以调解的矛盾纠纷。

第十四条 上级行政机关对公民、法人和其他组织与下级行政机关的行政纠纷可以进行调解。

第三章 行政调解的程序

第十五条 行政调解可以由一方当事人申请,也可以由行政机关依职权提出。但不论采取何种方式,都必须征得各方当事人的同意。

第十六条 行政机关处理矛盾纠纷时应当主动告知当事人有申请行政调解的权利。当事人申请行政调解,可以书面申请,也可以口头申请;口头申请的,行政机关应当当场记录申请人的基本情况、行政调解请求、申请行政调解的主要事实、理由和时间。

第十七条 调解申请经各方当事人同意后,行政机关应当认真审查有关材料,属调解范围的,应当予以受理,并在五个工作日内启动调解程序。同时告知当事人调解起止时间、依法享有的权利、应当遵循的程序以及注意的事项和正确途径,使当事人明确行政调解的有关要求,帮助当事人正确行使自己的权利。行政复议过程中进行调解的,案件中止审理。

对被申请人不同意行政调解或者虽然同意行政调解,但不属于行政调解范围的,行政机关应当在五个工作日内书面告知申请人解决纠纷的途径。

第十八条 在未启动行政调解程序前,矛盾有可能激化的,行政机关应当及时采取必要的缓解疏导措施,防止矛盾的激化。

第十九条 对两个或者两个以上行政机关都收到行政调解申请的,由有管辖权的行政机关受理;都有管辖权的,由先收到申请的行政机关受理。行政机关对管辖权产生争议的,由同级或者上级人民政府法制机构指定管辖。

第二十条 行政机关受理并启动行政调解程序后,应当及时将调解的具体时间、地点通知各方当事人,并指派具有相关专业知识和调解经验的专人主持调解工作。对重大复杂的争议纠纷案件,行政机关的主要负责人应当主持行政调解;对于一般争议案件,可以由当事人选择调解人员或者由行政机关负责人指定调解人员进行行政调解。参加行政调解的人员不得少于 2 人。

第二十一条 行政机关调解纠纷,调解主持人应当积极引导当事人进行当面协商。调解的方式方法可灵活多样,既可以邀请行政机关的经办人员、主管领导参加,也可以邀请当事人所在基层组织以及其他与纠纷案件处理有关的社会力量参与;既可以根据需要邀请当事人所在基层人民调解组织参加,也可以邀请相关专家参与。调解跨县、跨单位的纠纷,相关县和单位应当积极配合,共同做好行政调解工作。

第二十二条 争议纠纷涉及第三人的,调解的行政机关应当通知第三人参加。调解结果涉及第三人利益的,应当征得第三人的同意,第三人不同意的,终止行政调解。

第二十三条 调解人员有下列情况之一的,应当回避:

(一)与本纠纷案有直接联系或者与当事人、代理人有近亲属关系的;

(二)与本纠纷案有利害关系;

(三)与本纠纷案当事人、代理人有其他关系,可能影响纠纷处理的。

当事人发现调解人员有应当回避情形的,可以口头或者书面申请其回避;调解人员认为自己有应当回避情形,不宜调解本纠纷的,应当自行申请回避。

调解人员的回避由行政机关负责人决定。

第二十四条 行政调解开始时,调解主持人应当宣布行政调解纪律,核对当事人身份,宣布当事人应当享有的权利和承担的义务,宣布行政调解人、记录人的身份,询问当事人是否要求回避。

第二十五条 在调解过程中,一方当事人提出不同意调解的,是复议案件的,恢复行政复议程序;是其他纠纷的,依法启动相应的处理程序。

第二十六条 在调解过程中,当事人应当提出证明事实的证据,如实陈述相关事实和明确的诉求,并对所提交证据的真实性负责;调解主持人及其他调解人员应当认真听取各方当事人的陈述、申辩和质证,分析并归纳各方争议的焦点,据此对当事人进行说服、劝导,促使各方当事人互谅互让,引导当事人达成解决纠纷的行政调解协议。

第二十七条 行政机关调解争议纠纷,应当制作行政调解笔录,全面、真实、客观地记载调解过程、内容。行政调解笔录应当由参与调解的人员签名。

第二十八条 调解达成协议后,各方当事人应当签订行政调解协议书。行政调解协议书应当载明下列内容:

(一)当事人的姓名或者单位名称,法定代表人姓名、职务、住所等基本情况;

(二)纠纷事实、争议焦点;

(三)各方当事人协议的权利和义务;

(四)履行协议的方式、地点、期限;

（五）其他需要约定的事项；

（六）当事人签名、调解主持人签名；

（七）调解机关署名并加盖公章。

第二十九条 行政调解协议经各方当事人签字或者盖章，即对调解当事人具有约束力，当事人应当诚实守信，自觉按照协议约定履行自己的义务。

行政调解协议书各方当事人各执一份，行政机关留存一份备案。

第三十条 行政调解协议书签订后，是行政复议案件的，行政复议机关终止行政复议案件的审理；是其他特定矛盾纠纷的，行政机关终止相应处理程序。

第三十一条 签订行政调解协议书后，当事人又反悔，不履行协议的，当事人可以依法寻求相关的法律救济途径。

第三十二条 经调解未达成行政调解协议的，行政机关应当终止调解，下达行政调解终结通知书，并根据纠纷性质，告知当事人相关的法律救济途径。属于行政机关职权范围内的纠纷，行政机关应当依法及时作出行政处理决定（含裁决）；属于行政复议案件，行政复议机关应当依法作出行政复议决定。

一方当事人为了促成达成行政调解协议而所作出的让步或者不利自己的陈述，不能作为行政机关作出行政复议决定或者行政处理决定的事实依据。

第三十三条 行政调解应当自受理之日起30日内终结。遇有特殊情况需延长期限的，经行政机关负责人同意，可以适当延长，但延长的期限不得超过10日。法律法规另有规定的从其规定。

第三十四条 行政机关对达成行政调解协议的，应当及时对各方当事人履行行政调解协议结果进行回访，巩固调解成果，注意发现问题，督促行政调解协议的履行。

第三十五条 行政调解案件应当归档编号，做到一案一档。文书顺序为：

（一）行政调解卷宗目录；

（二）行政调解申请书或者口头申请笔录；

（三）行政调解告知书；

（四）有关证据材料、调解笔录；

（五）行政调解协议书或者行政调解终结材料；

（六）送达回证。

第三十六条 行政机关进行行政调解时，需要当事人所在基层人民调解组织配合的,可以向当事人所在基层人民调解组织发出邀请。当事人所在基层人民调解组织接到行政机关邀请后,应当指派调解员配合行政机关开展调解。人民法院在进行司法调解时,需要行政机关配合的,行政机关应当积极配合。

第四章 奖励与处罚

第三十七条 行政机关应当严格履行职责,积极主动化解矛盾纠纷。对在行政调解工作中作出显著成绩的单位和突出贡献的个人,州、县人民政府应当予以表彰奖励。

第三十八条 行政机关无正当理由不受理行政调解申请或者在法定期限内不履行调解职责,贻误纠纷调处时机,造成恶性事件、群体性事件或者其他严重后果的,由监察部门依照有关规定和程序追究相关人员的责任。

第五章 附 则

第三十九条 法律、法规、规章对行政调解另有规定的,从其规定。

第四十条 本办法由阿坝州人民政府法制办公室负责解释。

第四十一条 本办法自发布之日起施行,有效期三年。

凉山彝族自治州人民政府办公室关于加强行政调解工作的实施意见

(2009年9月23日 凉府办发〔2009〕50号)

各县市人民政府,州级各部门:

行政机关应充分运用行政调解化解与行政管理有关的各类矛盾,力争把行政纠纷化解在基层、化解在初发阶段、解决在行政程序当中。为贯彻落实省委办公厅、省政府办公厅《关于构建"大调解"工作体系有效化解社会矛盾纠纷的意见》(川委办〔2009〕16号)、四川省人民政府办公厅《关于加强行政调解工作的意见》(川办发〔2009〕44号)、州委办公室、州政府办公室《关于构建"大调解"工作体系有效化解社会矛盾纠纷的实施意见》(凉委办发〔2009〕26号)精神,切实做好我州行政调解工作,促进我州经济又好又快发展和社会和谐稳定,特提出如下实施意见。

一、行政调解的范围

行政调解是各级人民政府及其所属部门和依法行使行政职权的其他组织,根据国家政策、法律、法规,在分清责任、明辨是非的基础上,通过说服教育和疏导,促使双方当事人互谅互让,从而化解矛盾纠纷的活动。行政调解的范围包括:

(一)政府及其工作部门(包括具有行政管理职权的组织)在行使职权过程中,与公民、法人或者其他组织之间,因行政管理产生的行政纠纷。重点要解决好土地征收征用、城镇房屋拆迁、社会保险、劳动人事、治安管理等方面的纠纷。

(二)公民、法人或者其他组织之间产生的与行政机关职能有直接或间接关联的纠纷。要重点解决好劳动、医疗、交通安全、消费者权益保护、环保、经济合同、婚姻家庭等与行使行政职能有关的民事纠纷。

(三)民事纠纷发生后,因行政职权的介入,又引发的行政纠纷。

二、行政调解的原则

(一)自愿原则。行政调解要尊重当事人意愿,不得强迫当事人接受调解方式和调解结果。

(二)合法性原则。行政调解要依据法律、法规、规章和国家政策,不能无原则地调和,不能片面追求调解率,不能侵犯国家利益,不得侵犯公民、法人和其他组织的合法权益。

(三)中立原则。作为行政调解的行政机关要保持中立,不得偏向任何一方,要保证各方当事人平等协商,既要兼顾各方当事人的合法权益,又要说服各方当事人互谅互让,相互理解。

(四)平等原则。行政调解机关应当充分尊重行政管理相对人自愿、充分、真实地表达自己意愿和诉求的权利,公正、公平的调处争议纠纷。行政机关作为当事一方时,与管理相对人在调解过程中地位平等。

(五)积极主动原则。行政机关应增强行政调解意识,主动排查、化解行政争议,探索研究化解行政争议的新机制,主动加强与人民调解、司法调解组织的沟通配合。

三、依法开展行政调解工作

做好行政调解工作的基本要求：

(一)坚持依法行政,是从源头上预防和减少行政争议的重要措施。各级行政机关要认真落实行政主管责任,充分运用调解的办法处理行政争议和行政管理有关的纠纷,着力解决影响社会稳定的突出争议纠纷;根据有关法律、行政法规的规定,建立健全有关争议纠纷调解的具体工作程序,做到有章可循、有规可依;根据需要可以邀请有关单位、专业人士或者其他个人参加行政调解,被邀请的单位或个人应当予以支持。在调解行政争议时,要找准争议纠纷的焦点和各方利益的连接点,充分发挥专业优势,着力采取灵活多样的方式方法,开展耐心、细致的说服疏导工作,促使各方当事人互谅互让,消除隔阂,引导当事人达成解决争议纠纷的协议。经行政机关调解的争议纠纷,达成协议的,行政机关应当制作调解书。当事人应当按照约定自觉履行行政调解协议,不得擅自变更或者解除。对不愿进行行政调解的或未达成协议的行政调解,行政机关要积极引导当事人运用行政复议、裁决等方式解决,调解不成功或对行政复议和裁决结果不服的,应主动告知当事人救济权利和渠道。

(二)行政复议是解决行政争议的重要渠道。各级政府要加强行政复议工作,充分发挥行政复议在解决行政争议、化解矛盾、维护社会稳定中的重要作用。各级政府及其部门在行政复议案件办理过程中,要根据《中华人民共和国行政复议法实施条例》规定的调解原则、范围,优先适用调解方式解决行政争议。对于行政机关行使自由裁量权做出的具体行政行为引发的行政复议案件,要积极促成申请人与被申请人在复议决定作出前自愿和解,力争把行政争议化解在行政复议程序中。

(三)对于发生的行政争议和与行政管理有关的民事纠纷,行政机关在解决矛盾纠纷时,根据法律的规定和纠纷实际情况,要优先选择调解解决的方式,调解不成再选择其他渠道解决。

在争议双方有调解愿望的基础上,行政机关要耐心释法明理,做好劝解工作,充分协商,为双方当事人最后达成调解协议提供方便、创造条件。

(四)各级行政机关在解决纠纷中,要积极为双方当事人沟通搭建平台,努力促使当事人和解。对事关人民群众根本利益、事关社会稳定大局的重大疑难纠纷,要认真调查研究,必要时要制定工作预案,积极介入,及时疏导、调处,避免矛盾激化。同时要及时向党委、政府和上级主管部门报告请示。彻底化解矛盾。

四、行政调解工作的职责分工和保障

各级政府及其部门要切实转变行政管理方式,强化行政调解意识,并按以下职责分工做好争议纠纷调处工作:

(一)各级政府对行政调解工作负总责。认真落实《关于加强行政调解工作的意见》(川办发〔2009〕44号)、《关于构建"大调解"工作体系有效化解社会矛盾纠纷的实施意见》(凉委办发〔2009〕26号)的规定,实行"属地管理、分级负责",落实目标责任制。各级政府要由分管领导具体负责,将行政调解工作情况记入领导干部抓稳定、综治工作的政绩档案。

各级政府要加强行政调解组织领导和机构建设,保障行政调解工作正常开展。一要加强全州行政调解工作组织领导,由州、县(市)政府法制办牵头、信访局协同负责成立行政调解业务工作领导小组,领导小组下设办公室,负责工作计划、组织实施、考核方案、通报批评、经验推广等工作,以确保我州行政调解工作的顺利开展。二要建立工作机构。为了保障行政调解工作的合法性,州、县(市)法制办应与编办协调成立"行政调解指导中心"工作机构,以解决行政调解行为主体合法的问题。

各级政府将行政调解工作经费、调解员工作补贴纳入财政预算统筹安排,配齐配强工作人员(3~5名工作人员),解决办公场所和设施,建立健全激励机制,提高行政调解工作的积极性、主动性。要建立健全覆盖全州各级人民政府及其部门的行政调解组织网络,做到资源共享。

乡(镇)人民政府、街道办事处应当加强基层行政调解工作,建立行政调解专兼职工作人员队伍,会同有关行政主管部门开展行政调解工作,对辖区内的矛盾纠纷进行认真梳理,仔细排查,及时了解群众诉求,做好防范措施。

(二)各级政府法制部门应当切实发挥牵头作用,加强对下级人民政府和本级政府各部门行政调解工作的指导、督促、协调。其主要职责是:研究制定行政调解规章制度,使行政调解工作有序开展;研究解决行政调解中的新情况、新问题,加强对行政调解工作的指导;汇总分析下级人民政府和本级政府各部门的行政调解工作情况,并向本级政府报告;加强对政府各部门的指导协调,做好同人民调解、司法调解组织的衔接配合,加大对行政调解工作的督办力度;加强行政调解人员的法律知识和调解技能培训,提高行政调解人员的业务水平;组织调处法律关系复杂、重大疑难的争议纠纷。

(三)政府各部门应当切实发挥行政调解的主体作用。行政调解实行“谁主管、谁负责”。各部门要确定分管领导和工作机构具体承担行政调解工作。要把政治思想好、业务能力强、有较高法律素质的干部充实到行政调解队伍,建立调解员信息库,公布调解人员名单,并加强管理培训,不断提高调解员的综合素质和业务能力。要落实保障,建立健全调解工作信息化平台和组织网络。要根据部门、行业特点建立健全行政调解相关制度,在调解申请、受理、调查、听证、调解实施、调解期限以及调解协议书的制作等方面制定出具体的规定,确保行政调解工作规范进行,并定期向本级人民政府法制部门和上级主管部门汇总上报本单位行政调解工作情况。

各级政府及其部门要严格落实行政调解工作责任制,对工作成绩突出的单位和个人进行表彰奖励;对组织领导不力、工作不落实、责任不到位,导致争议纠纷突出的地区和部门,要进行通报批评并限期整改;对因工作敷衍塞责、无故推诿和拖延而导致严重影响社会稳定的重大事件和案件的,要实行责任倒查,严格追究领导和相关人员责任。

五、完善行政调解工作制度

各级政府法制机构对行政区域内重大矛盾纠纷、跨行业跨部门之间的纠纷、群体性纠纷、复杂性纠纷要完善以下几项制度:

(一)联席会议制度。各级政府要建立行政调解联席会议制度,由本级政府分管领导牵头,公安、民政、司法、财政、劳动保障、国土资源、建设、农业、卫生、法制、机构编制等部门负责人参加,定期研究解决开展行政调解工作涉及的问题,并定期汇总、分析上报本地区行政调解工作开展情况。行政调解联席会议日常工作由政府法制部门承担。各级政府法制机构要定期组织召开政府部门行政调解工作联席会议,交流工作,通报信息。一般每年的上半年和下半年各组织一次。

(二)定期检查制度。各级政府法制机构要定期组织对政府部门的行政调解工作进行检查指导,一般每年第四季度组织一次检查,并将此作为政府依法行政评议考核的一项内容。

(三)通报制度。各级政府法制机构要加强对各部门开展行政调解工作信息的收集,并通过定期或不定期的检查,对有典型意义的行政调解案件和行政执法活动中存在的普遍性问题进行通报,提出整改意见和执法建议,促进依法行政工作的正常开展。

(四)培训制度。由各级政府法制机构牵头每年对行政调解工作人员至少组织一次培训,使其知法、懂法,从思想上、行动上高度重视行政调解工作,不断提高政策理论水平和工作能力。

六、加强协调配合

政府各部门在行政调解工作中,既要各司其职,又要密切配合。对法律关系单一、一个职能部门能够解决的争议纠纷,由该职能部门负责解决;对涉及多个部门职责的争议纠纷,由最初受理的部门或涉及主要管理工作的部门牵头,相关部门参与协调解决;对法律关系复杂的重大疑难争议纠纷,最初受理的部门应主动告知同级政府法制部门,由政府法制部门牵头,组织有关部门协调解决。各级政府及其部门要在做好行政调解工作的同时,积极建立健全与人民调解、司法调解的协调配合机制、信息沟通机制和效力衔接机制,优化、整合调解资源,实现"三大调解"优势互补。在行政调解中需要当事人所在基层人民调解组织配合的,可以邀请其参加,共同开展调解工作。人民法院在进行司法调解时,需要行政机关配合的,行政机关应当积极配合。

二〇〇九年九月二十三日

广安市人民政府办公室关于印发《广安市行政调解实施办法》的通知

(2011年9月1日 广安府办发〔2011〕70号)

各区市县人民政府,广安经开区管委会,市级各部门:

为进一步规范我市的行政调解工作,经三届市政府第35次常务会议审议通过,现将《广安市行政调解实施办法》印发你们,请遵照执行。

二〇一一年九月一日

广安市行政调解实施办法

第一章 总 则

第一条 为规范行政调解工作,提高行政调解质量和效率,及时化解矛盾纠纷,促进社会和谐稳定,根据国家法律、法规,结合工作实际,制定本办法。

第二条 行政调解是行政机关以化解行政争议和民事纠纷(以下简称争议纠纷)为目的,对符合行政调解受理范围的争议纠纷,在自愿、合法的前提下,通过说服与劝导等方式,促使各方当事人互让互谅、平等协商、达成协议而进行的调解活动。

第三条 广安市各级人民政府及其职能部门开展行政调解工作,适用本办法。

第四条 行政调解实行地方人民政府负总责、政府法制部门牵头、政府职能部门为主体的工作体制。

第五条 行政调解应当遵守下列原则:

(一)自愿原则。行政调解要以当事人自愿为前提和基础,不得强迫当事人接受调解方式、调解结果。

(二)合法原则。行政调解必须遵守法律、法规、规章和政策规定,不得损害国家利益、社会公共利益和公民、法人或者其他组织的合法权益。

(三)公平公正原则。作为行政调解组织的行政机关在行政调解中,应当处于中立地位,不得偏袒、歧视任何一方,公平、公正的维护争议纠纷各方当事人的合法权益。

(四)诚实信用原则。行政机关和当事人应当诚实守信,促成争议纠纷合理解决,并自觉履行调解协议。

(五)谁主管谁负责原则。行政机关对自己行政管理职能范围内的争议纠纷负责调解。

(六)积极主动原则。行政机关应当积极主动排查与行政管理有关的矛盾纠纷,并引导当事人通过行政调解进行化解。

(七)高效便民原则。行政机关调解矛盾纠纷,应当及时、高效、方便群众。

第六条　各级人民政府建立健全行政调解与人民调解、司法调解和其他调解的对接工作机制和信息沟通机制。

第七条　做好行政调解工作，是各级人民政府及其职能部门的重要职责。各级人民政府对行政调解工作成绩突出的单位和个人按照国家规定给予表彰奖励。

第二章　行政调解组织和人员

第八条　凡是依法有权对争议纠纷作出调解处理的行政机关，都是行政调解组织。

第九条　行政机关应当在本单位内选拔2名以上为人公道正派、业务能力强并且有一定调解技能的工作人员作为专职或兼职行政调解人员。

第十条　行政机关负责人根据调解争议纠纷的需要，在本单位行政调解人员中指定调解主持人、调解员和记录员，重大、疑难、复杂的争议纠纷，由行政机关负责人担任调解主持人。

当事人要求在行政机关工作人员中自行选择调解主持人、调解员和记录员的，应当允许。

第十一条　调解主持人履行以下职责：

（一）询问当事人、证人等调解参与人，掌握各方诉求；

（二）查阅相关资料，进行调查研究，制定调解方案；

（三）决定举行调解的时间、地点和方式；

（四）维持调解秩序，制止违反调解纪律的行为。

第十二条　调解主持人、调解员、记录员有下列情形之一的，应当回避：

（一）与受理的争议纠纷有利害关系的；

（二）与受理的争议纠纷的当事人或其代理人有利害关系的；

（三）存在其他可能影响争议纠纷公正处理情形的。

第十三条　当事人认为行政调解人员有应当回避情形的，可以书面或者口头向其所属行政机关申请回避；行政调解人员认为自己有应当回避情形的，应当主动申请回避。

第十四条　行政机关负责人决定调解主持人、调解员、记录员的回避；行政机关负责人担任调解主持人的,由同级政府法制部门决定其回避。

第十五条 行政机关可以将行政管理职能范围内的争议纠纷调解工作委托给其他专业的调解组织调解处理,但是必须征得当事人的同意。当事人不同意由受委托的调解组织进行调解的,行政机关应当自行开展调解工作。

第十六条 受委托的调解组织应当按照本办法的要求,以委托的行政机关的名义开展行政调解工作,所产生的后果由委托的行政机关承担。

第三章 行政调解当事人

第十七条 与争议纠纷有利害关系的公民、法人和其他组织可以成为行政调解当事人;

因行政争议而产生的行政调解案件,作出具体行政行为引发行政争议的行政机关是当事人;

因民事纠纷而产生的行政调解案件,行政机关与该民事纠纷有利害关系的,该行政机关是当事人;

与申请行政调解的争议纠纷有利害关系的其他公民、法人或者其他组织可以申请成为当事人,也可以由作为行政调解组织的行政机关追加其作为当事人。

第十八条 行政调解的当事人享有权利,同时也应当履行义务。

(一)当事人享有下列权利:

1. 自主决定接受、不接受或者退出调解;

2. 选择调解主持人、调解员、记录员;

3. 申请调解主持人、调解员、记录员回避;

4. 表达真实意愿,提出合理要求;

5. 自愿达成调解协议。

(二)当事人履行下列义务:

1. 如实陈述矛盾纠纷事实,不得提供虚假证据;

2. 遵守调解纪律;

3. 自觉履行调解协议。

第十九条 当事人可以委托1至2名代理人参加行政调解。

同一矛盾纠纷的一方当事人超过5人的,推选1至5名代表参加行政调解。

代表人应当得到全部被代表人的一致同意。

第四章　申请和受理

第二十条　属于下列范围的争议纠纷,行政机关可以依法进行调解:

(一)公民、法人或者其他组织对行政机关行使法律、法规、规章规定的自由裁量权作出的具体行政行为不服而产生的行政争议;

(二)公民、法人或者其他组织和行政机关之间的行政赔偿或者行政补偿纠纷;

(三)公民、法人或者其他组织之间产生的与行政管理有直接或者间接关联的民事纠纷;

(四)法律、法规、规章规定的可以调解的其他行政争议和民事纠纷。

第二十一条　行政调解由当事人主动向行政机关申请。行政机关发现争议纠纷符合行政调解受理条件的,应当主动引导当事人申请行政调解。

第二十二条　对行政争议要求调解的,向作出该具体行政行为的行政机关的上一级行政机关提出申请;

对公民、法人或者其他组织与行政机关之间产生的民事纠纷要求调解的,向与民事纠纷有利害关系的行政机关的上一级行政机关提出申请;

对公民、法人或者其他组织之间产生的与行政管理有关联的民事纠纷要求调解的,向有权处理的行政机关提出申请。

第二十三条　公民、法人或者其他组织提出行政调解申请,一般应当采用书面形式。有残疾、文盲等特殊困难的公民,可以口头提出行政调解申请,行政机关应当记录申请人的基本情况、申请调解的事项、理由、时间和争议纠纷对象等,并由申请人签名确认。

第二十四条　行政机关收到行政调解申请后,应当在 3 个工作日内进行审查,符合下列条件的,应当予以受理:

(一)有明确的对方当事人;

(二)有具体的调解请求和事实依据;

(三)申请人与申请调解的争议纠纷有利害关系;

(四)争议纠纷所涉主要事项属于收到申请的行政机关的职能范围;

（五）符合本办法第二十条规定的行政调解范围；

（六）没有本办法第二十五条、第四十条、第四十五条所列的不予受理的情形。

第二十五条 申请行政调解的争议纠纷有下列情形之一的，不予受理，并书面告知申请人不予受理的原因：

（一）一方当事人明确表示不愿意调解的；

（二）对行政机关行使非自由裁量权作出的具体行政行为要求调解的；

（三）对有关纠纷解决机关正在处理或者已经作出最终处理决定的争议纠纷要求调解的；

（四）对法律、法规、规章和规范性文件等抽象行政行为要求调解的；

（五）对行政处分、人事任免、执法监督、计划安排、工作管理等内部行政行为要求调解的；

（六）争议纠纷已经超过法定处理时效的；

（七）对无法达成具体权利义务内容的争议纠纷要求调解的；

（八）调解请求违法或者超越争议纠纷范围的；

（九）其他不符合行政调解受理条件的。

第二十六条 行政调解申请符合行政调解的其他受理条件的，但不属于收到申请的行政机关行政管理职能的，告知申请人向有关机关申请调解。

第二十七条 申请人就同一矛盾纠纷向两个以上行政机关申请调解的，由具有相应行政管理职能的行政机关受理；两个以上行政机关都有管理职能的，由先收到申请的行政机关受理。行政机关因受理权发生争议协商不成的，报请同级政府法制部门确定。

第二十八条 行政机关收到行政调解申请后，应当立即对该争议纠纷进行社会矛盾风险级别评估，并将争议纠纷分为Ⅰ、Ⅱ、Ⅲ级。

（一）Ⅰ级争议纠纷是指具有群体性或跨区域、跨行业性质，且不及时处理容易引发群体性事件的重大争议纠纷。

（二）Ⅱ级争议纠纷是指社会影响大、涉及民生问题、群众普遍关心的较大争议纠纷。

（三）Ⅲ级争议纠纷是指对象单一、社会影响范围小的一般争议纠纷。

行政机关收到Ⅰ级争议纠纷的行政调解申请，应当在12小时内向上一级行政机关汇报该争议纠纷的基本情况,并随时汇报该争议纠纷出现的最新情况。

行政机关对争议纠纷的分级把握不准的,应当在收到行政调解申请的6小时内报同级政府法制部门确定;同级政府法制部门应当在6小时内予以确定。

第二十九条 对情况紧急、可能激化的争议纠纷,无论该争议纠纷是否符合行政调解受理条件,收到行政调解申请的行政机关都应当采取相应措施,防止争议纠纷激化。

第五章 行政调解的实施

第三十条 行政机关办理行政调解案件的期限为20日,自决定受理行政调解申请之日起算;因特殊情况需要延长的,经行政机关负责人批准,可以再延长20日。

为保证行政调解处理争议纠纷的高效率,充分保障当事人因未达成行政调解协议而寻求其他救济途径的时效,行政调解的期限不适用中止和中断。

第三十一条 行政机关办理行政调解案件,应当根据争议纠纷的等级和难易程度,调配行政调解人员的数量。对Ⅲ级争议纠纷,可以仅由调解主持人一人负责调解工作;对Ⅰ、Ⅱ级争议纠纷,应当成立由调解主持人、调解员、记录员等组成的调解工作组开展调解工作。

第三十二条 行政调解人员在安排当事人当面调解前,应当深入调查研究,采用与当事人谈话、现场调查、调阅档案资料等各种方式,掌握各方当事人的基本情况、争议纠纷原因以及当事人的调解意向,并根据所掌握的情况,制定调解方案。

第三十三条 调解主持人根据争议纠纷的实际情况,决定召集当事人当面调解的时间和地点,并提前3个工作日将调解时间、地点、调解工作人员基本情况等告知当事人。

当事人要求不进行当面调解的,应尊重当事人的意愿,可以由行政调解人员从中协调和转达各方当事人的意思。

第三十四条 召集当事人当面调解时,应当按下列程序进行:

(一)查明当事人到场情况;

(二)宣布调解纪律;

(三)询问各方是否愿意调解,是否提出回避申请;

(四)听取各方当事人的陈述,厘清责任,分清是非;

(五)由当事人各自或共同提出调解方案,行政调解人员也可以提出调解方案供当事人参考;

(六)行政调解人员从法理、道德的角度引导当事人,促成其达成调解协议。

第三十五条 行政调解人员在调解过程中,应当依据各方当事人提供的证据以及已经调查核实的事实,找准争议纠纷的焦点和各方利益的平衡点,释法明理,开展耐心、细致的劝导协调工作。

第三十六条 行政调解人员应当对调解争议纠纷的过程,进行全面、客观的记录。召集当事人当面调解时,应当制作调解笔录,并由当事人和其他调解参与人核对无误后签名或盖章。当事人和其他调解参与人拒绝签名或盖章的,记明情况附卷。

第三十七条 行政机关在调解过程中应当采取必要措施防止矛盾激化。

第三十八条 行政调解一般公开进行,但下列情形除外:

(一)涉及国家秘密、商业秘密、个人隐私的;

(二)当事人要求不公开进行的;

(三)行政机关认为不适宜公开进行的。

第三十九条 行政调解过程中,出现下列情形之一的,行政调解终止:

(一)申请人撤回申请的;

(二)一方当事人不愿继续参加调解的;

(三)一方当事人无正当理由拒不到场参加调解的;

(四)当事人自行和解的;

(五)行政调解期限已届满无法达成调解协议的;

(六)其他正当事由。

行政调解终止的,除前款第四项的情形外,行政机关应当制作行政调解终止通知书,告知当事人行政调解终止的原因,同时告知当事人依法申请行政裁决、行政复议、提起诉讼或者寻求其他合法救济途径的权利。

第四十条 行政调解终止后,当事人因同一争议纠纷再次提出行政调解申请的,行政机关可以依照本办法决定是否受理。如第二次行政调解仍不能达成调解协议,对当事人就同一争议纠纷提出的行政调解申请不予受理。

第六章 行政调解协议

第四十一条 行政机关在自愿、合法的前提下,引导当事人达成行政调解协议。行政调解协议不得有下列内容:

(一)损害国家利益、社会公共利益;

(二)损害公民、法人或者其他组织的合法权益;

(三)违背当事人真实意思;

(四)违反法律、法规、规章和规范性文件的规定。

第四十二条 当事人经行政调解达成调解协议的,行政机关应当制作行政调解协议书。

行政调解协议书应当载明下列事项:

(一)当事人的基本情况;

(二)争议纠纷事由;

(三)当事人达成的协议内容;

(四)协议履行方式、地点、期限;

(五)其他需载明的事项。

第四十三条 行政调解协议书应当有全部当事人和行政调解人员的签名或盖章,并加盖行政机关的公章,由当事人各执一份,行政机关存档一份。

第四十四条 行政调解协议书经全部当事人签名或盖章后,即产生法律效力,当事人应当自觉履行行政调解协议,不得擅自解除或者变更。

对经行政调解达成的具有民事合同性质的协议,行政机关应当引导当事人依法申请有管辖权的人民法院确认其效力。

对经行政调解达成的具有给付内容的协议,行政机关应当引导当事人依法申请公证机关或人民法院赋予强制执行效力。

当事人不履行调解协议的,其他当事人可以请求有关行政机关督促履行,也可以向人民法院申请确认行政调解协议效力、提起诉讼或者申请强制执行。

第四十五条 行政调解协议书生效后,当事人反悔,就同一争议纠纷再次提出行政调解申请的,不予受理。

第四十六条 行政机关应当督促调解协议的履行,对行政调解协议的履行情况进行回访,并制作回访笔录。

第七章 工作保障和考核监督

第四十七条 行政调解工作所需经费,列入行政机关预算,由本级财政予以保障,不得向当事人收取任何费用。

第四十八条 行政机关应当落实行政调解工作场所,配备必要工作设施。

第四十九条 各级政府法制部门和各级行政机关要加强对行政调解人员的教育培训工作,切实提高行政调解人员化解争议纠纷的能力。

各级政府法制部门应当加强对下级人民政府和同级行政执法部门行政调解工作的指导、协调与督促。

第五十条 各级行政机关应当在工作场所的显要位置公布本单位行政调解人员的基本信息、调解工作规定和流程图等,自觉接受新闻媒体和群众的监督。

上级行政机关应当加强对下级行政机关履行行政调解职责的监督。

第五十一条 各级行政机关应当按要求报送行政调解工作信息、案例,每月报送行政调解工作数据,年底报送年度行政调解工作开展情况。

第五十二条 市、区市县人民政府应当加强对行政调解工作的领导,将行政调解工作作为依法行政的重要内容进行考核。

第八章 责任追究

第五十三条 对行政调解工作组织领导不力,工作不落实、责任不到位,或不按规定及时报送行政调解信息的,予以通报批评。

第五十四条 行政机关无正当理由不受理行政调解申请,或者在规定期限内不履行调解职责,引发群体性事件或造成其他严重后果的,由监察部门按有关规定追究相关人员的责任。

第九章 附则

第五十五条 行政机关应当对行政调解案件卷宗进行归档编号,做到一案一卷。

第五十六条　本办法所指的行政机关,均包括法律法规授权具有社会管理职能的组织。

第五十七条　法律、法规、规章或国家、省有关文件对行政调解工作另有规定的,从其规定。

第五十八条　本办法由市政府法制办公室负责解释。

第五十九条　本办法自2011年9月1日起施行,有效期5年。

巴中市人民政府办公室关于加强行政调解工作的意见

（2009年11月3日　巴府办发〔2009〕69号）

各县(区)人民政府,市级各部门,市经济开发区商贸园、工业园管委会:

为贯彻落实《四川省人民政府办公厅关于加强行政调解工作的意见》(川办发〔2009〕44号,以下简称《意见》)精神,充分发挥行政调解在“大调解”工作体系中的重要作用,维护社会稳定,促进我市经济发展和社会和谐,现就加强行政调解工作提出如下意见:

一、行政调解工作的范围和原则

范围:行政机关对公民、法人和其他组织之间与行政管理职权有关的民事纠纷进行调解;上级行政机关对公民、法人和其他组织与下级行政机关的行政纠纷进行调解。

行政调解工作应当遵循以下原则:

(一)自愿原则。充分尊重各方当事人意愿,将自愿贯穿于调解的全过程。

(二)合法原则。调解的内容不得违反法律法规的禁止性规定,不得损害国家利益、社会公共利益和他人的合法权益。

(三)公平公正原则。行政调解机关应当平等对待发生行政争议的各方当事人,站在公正立场公平调处争议纠纷。

（四）积极主动原则。行政调解机关应增强调解意识，积极运用调解方式化解争议，并不断探索新的调解机制。

二、行政调解工作制度

（一）建立行政调解组织。各地各部门要按照有关要求建立行政调解组织，明确专职行政调解人员，报市政府法制办备案。

（二）建立联席会议制度。各级政府要建立行政调解联席会议制度，由本级政府分管领导牵头，公安、民政、司法、财政、劳动保障、国土资源、规划和建设、农业、卫生、法制、机构编制等部门负责人参加，定期研究解决开展行政调解工作涉及的问题，并定期汇总、分析上报本地区行政调解工作开展情况。行政调解联席会议日常工作由政府法制机构承担。

（三）建立通报制度。各级政府法制机构要加强对各部门开展行政调解工作信息的收集，并通过定期或不定期的检查，对有典型意义的行政调解案件和行政执法活动中存在的普遍性问题进行通报，提出整改意见和执法建议，不断总结经验和教训，促进依法行政工作的正常开展。

（四）建立培训制度。各级政府法制机构要加强对行政调解工作人员的培训，使他们知法、懂法，从思想上、行动上高度重视行政调解工作，不断提高法律、政策水平和工作能力。

（五）建立信息报送制度。各地各部门要按照有关要求明确行政调解信息联络员，及时报送行政调解信息。

三、行政调解工作的职责分工和保障

（一）各级政府对行政调解工作负总责。要认真落实《意见》的规定，实行"属地管理、分级负责"，落实目标责任制。各级政府要由分管领导具体负责，将行政调解工作情况记入领导干部抓稳定、综治工作的政绩档案。

各级政府要按照《意见》的要求，将行政调解工作经费、调解员工作补贴纳入财政预算统筹安排，配齐配强工作人员，解决办公场所和设施，建立健全激励机制，提高行政调解工作的积极性、主动性。

（二）各级政府法制机构应当切实发挥牵头作用。各级政府法制部门要加强对下级人民政府和本级政府各部门行政调解工作的指导、督促、协调。其主要职责是：研究制定行政调解规章制度，使行政调解工作有序开展；研究解决行政调解中的新情况、新问题，加强对行政调解工作的指导；汇总分析下级人民政府和本级政府各部门的行政调解工作情况，并向本级政府报告；加强对政府各部门的指导协调，做好同人民调解、司法调解组织的衔接配合，加大对行政调解工作的督办力度；组织调处法律关系复杂、重大疑难的争议纠纷。

（三）政府各部门应当切实发挥行政调解的主体作用。行政调解实行“谁主管、谁负责”。各部门要确定分管领导和工作机构具体承担行政调解工作。要把政治思想好、业务能力强、有较高法律素质的干部充实到行政调解队伍，建立调解员信息库，并加强管理培训，不断提高调解员的综合素质和业务能力。要根据部门、行业特点建立健全行政调解相关制度，在调解申请、受理、调查、听证、调解实施、调解期限以及调解协议书的制作等方面制定出具体的规定，确保行政调解工作规范进行，并定期向本级人民政府法制部门和上级主管部门汇总上报本单位行政调解工作情况。

各级政府及其部门要严格落实行政调解工作责任制，对工作成绩突出的单位和个人进行表彰奖励；对组织领导不力、工作不落实、责任不到位，导致争议纠纷突出的地区和部门，要进行通报批评并限期整改；对工作敷衍塞责、无故推诿和拖延而导致严重影响社会稳定的重大事件和案件的，要实行责任倒查，严格追究领导和相关人员的责任。

四、加强部门间的协调配合

政府各部门在行政调解工作中，既要各司其职、又要密切配合。对法律关系单一、一个职能部门能够解决的争议纠纷，由该职能部门解决；对涉及多个部门职责的争议纠纷，由最初受理的部门或涉及主要管理工作的部门牵头，相关部门参与协调解决；对法律关系复杂的重大疑难争议纠纷，最初受理的部门应主动告知同级政府法制机构，由政府法制机构牵头，组织相关部门协调解决。各级政府及其部门要在做好行政调解工作的同时，积极建立健全与人民调解、司法调解的协调配合机制、信息沟通和效力衔接机制，优化、整合调解资源，实现“三大调解”优势互补。

二〇〇九年十一月三日

巴中市人民政府办公室关于印发《巴中市行政调解工作暂行办法》的通知

(2009年9月10日 巴府办发〔2009〕61号)

各县(区)人民政府,市级各部门,市经济开发区商贸园、工业园管委会:

《巴中市行政调解工作暂行办法》已经市政府二届四十一次常务会议通过,现印发给你们,请结合实际认真贯彻执行。

二○○九年九月十日

巴中市行政调解工作暂行办法

第一章 总 则

第一条 为及时有效化解矛盾,切实解决纠纷,维护社会稳定,促进社会和谐,依照有关法律、法规规定,制定本暂行办法。

第二条 行政调解是指国家行政机关根据相关法律法规规定,对属于本机关行政职权管辖范围内的纠纷,通过耐心的说服、劝导,促使各方当事人互谅互让,平等协商,达成一致协议,妥善解决矛盾纠纷的活动。

第三条 本市范围内地方各级人民政府及其组成部门、法律法规授权管理公共事务的组织(以下简称行政机关)在行使职权过程中开展行政调解,适用本办法。

第四条 行政调解的范围:

(一)行政机关对公民、法人和其他组织之间与行政管理职权有关的民事纠纷进行调解。

(二)上级行政机关对公民、法人和其他组织与下级行政机关的行政纠纷进行调解。

第五条 行政调解工作应当遵守以下原则：

（一）意思自治原则。充分尊重各方当事人意愿，将自愿贯穿于调解的全过程。

（二）依法处理原则。调解的内容不得违反法律法规的禁止性规定，不得损害国家利益、社会公共利益和他人的合法权益。

（三）高效便民原则。行政机关发现职权管辖范围内出现的纠纷，应尽量说服当事人接受行政调解，及时组织调解。对不属于行政调解范畴的纠纷以及经行政调解不能达成协议的纠纷，行政机关应及时告知救济渠道或作出处理决定。

（四）公开公正原则。行政机关不得偏向任何一方，兼顾各方当事人的合法权益，除涉及国家秘密、商业秘密、个人隐私、当事人申请不公开外的行政调解活动一律公开进行。

第六条 在行政调解活动中，纠纷当事人享有以下权利：

（一）自主决定接受、不接受或者终止调解。

（二）申请有关行政调解人员回避。

（三）表达真实意愿。

（四）自愿达成调解协议。

第七条 在行政调解活动中，纠纷当事人承担以下义务：

（一）如实陈述纠纷事实，不得提供虚假证明材料。

（二）遵守调解规则。

（三）不得加剧纠纷、激化矛盾。

（四）自觉履行调解协议。

第八条 行政机关应当建立行政调解室，确定行政调解协调机构和行政调解人员，并在办公场所适当位置公布调解人员名单。

第二章 行政调解的启动

第九条 行政机关调解矛盾纠纷应当符合以下条件：

（一）调解对象是与本案有直接利害关系的当事人。

（二）该矛盾纠纷与该机关行政职权有关。

（三）该矛盾纠纷具有可调解性。

第十条 行政机关应当主动调解矛盾纠纷，在征得各方当事人的同意后，及时启动行政调解程序并告知各方当事人。

第十一条 行政机关可以根据当事人的申请启动行政调解程序。当事人申请行政调解，可以书面申请，也可以口头申请。

第十二条 行政机关收到行政调解申请后，应当认真审查有关材料，符合条件的，应当在五个工作日内启动行政调解程序并及时告知申请人。对被申请人不同意行政调解，或者虽然同意行政调解，但不属于行政调解范畴的，应当在五个工作日内书面告知申请人解决纠纷的渠道。在未启动行政调解程序前，矛盾有可能激化的，行政机关应当及时采取必要的缓解疏导措施。

第十三条 两个以上行政机关都收到行政调解申请的，由有管辖权的行政机关办理；对两个以上行政机关都有管辖权的，由最先收到行政调解申请的行政机关办理。行政机关对管辖权产生争议的，由同级人民政府法制工作机构指定管辖。

第十四条 行政调解程序启动后，调解人员应当提前将行政调解时间、地点通知当事人。

第三章 行政调解的进行

第十五条 对重大复杂的争议案件，行政机关应当指定3名调解人员组成调解庭进行调解，并指定一人主持行政调解，必要时，行政机关主要负责人直接主持；其他争议案件，由当事人选择调解人员或行政机关负责人指定调解人员进行行政调解。

第十六条 行政机关调解纠纷，根据需要可以邀请有关单位、专业人才或者其他个人参加，被邀请的单位或者个人应当予以支持。有重大影响和涉及全局的矛盾纠纷，要组织相关职能部门和人民调解组织共同做好行政调解工作。

第十七条 调解人员有以下情况之一的，应当回避：

（一）是本案当事人或者与当事人、代理人有近亲属关系的。

（二）与本案有利害关系的。

（三）与本案当事人、代理人有其他关系，可能影响纠纷处理的。

当事人发现调解人员有应当回避情形的，可以口头或者书面方式申请其回避；调解人员认为自己不宜调解本纠纷的，应当自行申请回避。

行政机关负责人决定调解人员的回避。

第十八条 行政调解开始时,调解人员应当宣布行政调解纪律,核对当事人身份,宣布当事人应享有的权利和承担的义务,宣布行政调解人、记录人的身份,询问当事人是否要求回避。

第十九条 行政调解过程中,当事人应当提出证明事实的证据,并对所提交的证据的真实性负责。调解人员依据各方当事人提供的证据以及本行政机关在行政调解过程中收集的证据认定案件事实,充分尊重当事人意见,找准纠纷的焦点和各方利益的连结点,提出调解方案,促成当事人达成行政调解协议。

第二十条 行政调解达成协议的,由各方当事人签订行政调解协议书。行政调解协议书自各方当事人签字之日起生效。

行政调解协议书一般应载明以下事项:

(一)各方当事人的基本情况;

(二)争议的案由及主要情况;

(三)各方当事人协议的内容和调解结果;

(四)其他需要约定的事项;

(五)当事人签名、调解人员签名。

行政调解协议书由各方当事人分别保留一份,行政机关存档一份。

第二十一条 经行政机关调解达成的行政调解协议,当事人应当按照约定履行自己的义务。达成行政调解协议后一方当事人反悔的,或者经行政调解达不成协议的,行政机关应当终止行政调解,依法直接作出处理决定或告知当事人寻求行政裁决、行政复议、仲裁、向人民法院起诉等法定救济渠道解决纠纷。

第二十二条 争议涉及第三人的,应当通知第三人参加。行政调解结果涉及第三人利益的,应当征得第三人同意,第三人不同意的,终止行政调解。

第二十三条 行政调解应当自启动之日起二个月内终结。遇有特殊情况需延长的,经行政机关负责人批准,可以适当延长,但延长期不得超过一个月。

第二十四条 行政调解案件要按年、月、日归档编号,档案材料应符合《中华人民共和国档案法》的规定,做到一案一档。

第二十五条 行政机关进行行政调解时,需要当事人所在基层人民调解组织配合的,可以向当事人所在基层人民调解组织发出邀请。当事人所在基层人民调解组织接到行政机关邀请后,应当指派调解员配合行政机关开展调解。人民法院在进行司法调解时，需要行政机关配合的，行政机关应当予以积极配合。

第四章 奖励和处罚

第二十六条 行政机关应严格履行职责，积极化解矛盾纠纷，对行政调解中作出突出贡献的，应予以表彰奖励。

第二十七条 行政机关无正当理由不受理行政调解申请，或者在法定期限内不履行调解职责，贻误纠纷调处时机，造成恶性事件、群体性事件或其他严重后果的，由监察部门按有关规定和程序追究相关人员的责任。

第五章 附 则

第二十八条 法律、法规、规章对行政调解另有规定的，从其规定。

第二十九条 行政调解工作由各级行政机关负责，市、县（区）人民政府法制工作机构对市、县（区）人民政府所属工作部门行政调解工作进行指导。

第三十条 本办法由巴中市人民政府法制办公室负责解释。

第三十一条 本办法自发布之日起施行，有效期两年。

眉山市人民政府关于印发《眉山市行政调解工作规定》的通知

（2011年5月11日 眉府发〔2011〕16号）

各区、县人民政府，经开区和工业园区管委会，市政府各部门，市级各垂直管理单位：

《眉山市行政调解工作规定》已经市政府第155次常务会议审议通过，现印发你们，请遵照执行。

二〇一一年五月十一日

眉山市行政调解工作规定

第一章 总 则

第一条 为了推动行政机关主动、及时化解矛盾纠纷，促进社会和谐稳定，依照有关法律、法规规定，制定本规定。

第二条 行政调解是指国家行政机关根据相关法律规定及政策，对与本机关行政职权有关的纠纷，通过疏导，促使各方当事人在平等协商的基础上达成一致协议，从而解决矛盾纠纷的一种行为。

第三条 各级人民政府、政府各部门、依法行使行政职权的其他组织（以下简称行政机关）调解与本机关行政管理职权有关的纠纷，适用本规定。

第四条 行政调解的范围：

（一）行政机关对公民、法人和其他组织之间与行政管理职权有关的民事纠纷进行调解。

（二）上级行政机关对公民、法人和其他组织与下级行政机关的行政纠纷进行调解。

第五条 行政调解工作应当遵守下列原则：

（一）自愿原则。在各方当事人自愿的基础上进行调解。

（二）合法原则。依据法律、法规、规章和政策进行调解。

（三）中立原则。行政机关不得偏向任何一方，既要兼顾各方当事人的合法权益，又要说服各方当事人互谅互让，相互理解。

（四）积极主动原则。行政机关发现职权管辖范围内出现的纠纷，应积极主动向各方当事人表明组织行政调解的态度，并尽量说服当事人接受行政调解。

（五）谁主管谁负责原则。行政机关对与本机关行政管理职权有关的纠纷负责调解。

第六条 经行政机关调解达成的行政调解协议，当事人应当按照约定履行自己的义务，不得擅自变更或者解除行政调解协议。

第七条 在行政调解活动中，纠纷当事人享有下列权利：

（一）自主决定接受、不接受或者终止调解。

(二)申请有关行政调解人员回避。

(三)表达真实意愿。

(四)自愿达成调解协议。

第八条 在行政调解活动中,纠纷当事人承担下列义务:

(一)如实陈述纠纷事实,不得提供虚假证明材料。

(二)遵守调解规则。

(三)不得加剧纠纷、激化矛盾。

(四)自觉履行调解协议。

第九条 行政机关调解纠纷,应当防止矛盾激化。

第十条 行政机关应当建立行政调解室,确定行政调解协调机构和人员,并在办公场所适当位置公布调解人员名单。

第二章 行政调解的启动

第十一条 行政机关调解矛盾纠纷应当符合下列条件:

(一)调解对象是与本案有直接利害关系的当事人。

(二)该矛盾纠纷与本机关行政职权有关。

(三)当事人有行政调解的意愿。

第十二条 行政机关应当主动调解矛盾纠纷,并在处理矛盾纠纷时主动告知当事人有申请行政调解的权利。

第十三条 行政机关可以根据当事人的书面或口头申请启动行政调解程序。一方当事人人数在5人以上的,申请时应当确定1至3人参加行政调解。

第十四条 行政机关在征得各方当事人的同意后,启动行政调解程序并及时告知当事人。

行政机关收到行政调解申请后,应当认真审查有关材料,符合条件的,应当在五个工作日内启动行政调解程序并及时告知申请人。对被申请人不同意行政调解,或者虽然同意行政调解,但不属于行政调解范畴的,应当在五个工作日内书面告知申请人解决纠纷的渠道。在未启动行政调解程序前,矛盾有可能激化的,行政机关应当及时采取必要的缓解疏导措施。

第十五条 对两个以上行政机关都收到行政调解申请的,由有管辖权的行政机关办理;对两个以上行政机关都有管辖权的,由先收到行政调解申请的行政机关办理。行政机关对管辖权产生争议的,由同级政府法制机构指定管辖。

第十六条 行政调解程序启动后,调解人员应当提前将行政调解时间、地点通知当事人。

第三章 行政调解的进行

第十七条 对重大复杂的争议案件,行政机关的负责人应当主持行政调解;其它争议案件,由行政机关行政调解工作人员进行行政调解。

第十八条 行政机关调解纠纷,根据需要可以邀请有关单位、专业人才或者其他个人参加,被邀请的单位或者个人应当予以支持。调解跨区县、跨单位的纠纷,相关单位应当予以配合,共同做好行政调解工作。

第十九条 行政机关调解纠纷,应注意保护当事人的个人隐私和商业秘密。

第二十条 调解人员有下列情况之一的,应当回避:

(一)是本案当事人或者与当事人、代理人有近亲属关系的。

(二)与本案有利害关系的。

(三)与本案当事人、代理人有其他关系,可能影响纠纷处理的。

当事人发现调解人员有应当回避情形的,可以口头或者书面方式申请其回避;调解人员认为自己不宜调解本纠纷的,应当自行申请回避。

行政机关负责人决定调解人员的回避。

第二十一条 行政调解开始时,调解人员应当宣布行政调解纪律,核对当事人身份,宣布当事人应享有的权利和承担的义务,宣布行政调解人、记录人的身份,询问当事人是否要求回避。

第二十二条 在行政调解过程中,当事人应当根据事实和法律,如实陈述自己的观点,不得采取暴力、威胁等方法影响行政调解正常进行。否则,由公安机关依法严肃处理。调解人员依据各方当事人提供的证据以及本行政机关在行政调解过程中收集的证据认定案件事实,找准纠纷的焦点和各方利益的连结点,采取灵活多样的方式方法,开展耐心、细致的说服疏导工作,促使各方当事人互谅互让,消除隔阂,引导当事人达成解决纠纷的行政调解协议。

第二十三条 行政调解达成协议的,由各方当事人签订行政调解协议书。

行政调解协议书的内容不得违反法律规定。行政调解协议书自各方当事人签字之日起生效。行政调解协议书一般应载明下列事项：

（一）调解机关名称、调解主持人及各方当事人的基本情况。

（二）纠纷事实、争议焦点及各方责任。

（三）各方当事人的权利和义务。

（四）履行协议的方式、地点、期限。

（五）当事人、调解人员以及其他参加人员签名。

行政调解协议书由各方当事人分别保留一份，行政机关存档一份。

第二十四条　属于行政机关职权范围内的纠纷，行政机关应当依法予以处理。经行政调解达不成协议的，行政机关应当终止行政调解。根据案件性质，告知当事人可以向行政机关申请行政裁决、行政复议，向仲裁机构申请仲裁，向人民法院提起诉讼。

第二十五条　达成行政调解协议后当事人不履行协议的，当事人可以继续申请行政调解或寻求相关法律救济途径。

第二十六条　争议涉及第三人的，应当通知第三人参加。行政调解结果涉及第三人利益的，应当征得第三人同意，第三人不同意的，终止行政调解。

第二十七条　行政调解应当自启动之日起二个月内终结。遇有特殊情况需延长的，可以适当延长，但延长期不得超过一个月。法律法规有明确规定的从其规定。

第二十八条　行政调解案件要按年、月、日归档编号，做到一案一档。文书顺序应为：

（一）行政调解卷宗目录。

（二）行政调解申请书或口头申请笔录。

（三）行政调解告知书。

（四）有关证据材料。

（五）行政调解协议书或行政调解终结材料。

（六）送达回证。

第二十九条　行政机关进行行政调解时，需要当事人所在基层人民调解组织配合的，可以向当事人所在基层人民调解组织发出邀请。当事人所在基层人民调解组织接到行政机关邀请后，应当指派调解员配合行政机关开展调解。人民法院在进行司法调解时，需要行政机关配合的，行政机关应当予以积极配合。

第四章　奖励和处罚

第三十条　对在行政调解工作中作出突出贡献的行政调解人员,行政机关应予以表彰奖励。

第三十一条　行政机关无正当理由不受理行政调解申请,或者在法定期限内不履行调解职责,贻误纠纷调处时机,造成恶性事件、群体性事件或其他严重后果的,由监察部门按有关规定和程序追究相关人员的责任。

第五章　附　　则

第三十二条　法律、法规、规章对行政调解另有规定的,从其规定。

第三十三条　行政调解工作由各行政机关负责,市、县政府法制机构对市县政府所属部门行政调解工作进行指导。

第三十四条　本规定由眉山市法制办公室负责解释。

第三十五条　本规定自发布之日起施行,有效期五年。

·贵州省·

贵州省司法厅关于印发《贵州省司法厅行政调解行政应诉办法》的通知

（2016 年 11 月 29 日 黔司发〔2016〕51 号）

厅机关各处（局、室、总队）：

《贵州省司法厅行政调解行政应诉办法》已经厅长办公会研究同意，现印发你们，请认真贯彻执行。

贵州省司法厅

2016 年 11 月 29 日

贵州省司法厅行政调解行政应诉办法

第一条 为了规范司法厅机关行政调解和行政应诉工作，及时、有效化解争议纠纷，根据司法部《司法行政机关行政复议应诉工作规定》、《贵州省行政机关行政应诉办法（试行）》等有关规定，结合工作实际情况，制定本办法。

第二条 本厅开展行政调解和行政应诉工作，适用本办法。法律、法规、规章另有规定的，从其规定。

第三条 本厅可以依法对公民、法人或者其他组织与厅机关之间关于行政赔偿、补偿以及本厅行使法律、法规、规章规定的自由裁量权产生的争议进行调解。

第四条 调解行政争议，由厅法制工作机构联合原行政行为的承办机构共同承担，根据需要，厅公职律师办公室可派员参与，但原行政行为的具体承办人应当回避。

第五条 调解人员调解行政争议，应当听取当事人的陈述，向当事人讲解相关法律、法规、规章和政策，告知当事人执法依据、理由和相关考虑因素，答复当事人的疑问。

第六条 调解行政争议,应当在自当事人同意调解之日起 15 个工作日内结束。

第七条 与当事人达成协议的,应当记录协议内容,协议对双方均有约束力。无法达成协议或者当事人要求终止调解的,应当终止调解。

第八条 厅主要负责人是本机关行政应诉工作的第一责任人,应当加强对行政应诉工作的领导,及时解决行政应诉工作中的重大问题。

厅法制工作机构是本机关行政应诉工作的日常承办机构。

第九条 厅法制工作机构接到人民法院转送的行政起诉状副本 5 日内,应组织协调有关业务部门、厅公职律师办公室,共同制订行政应诉方案,按照谁主管谁应诉、谁主办谁出庭的原则确定出庭应诉人员。

厅有关业务部门应当指派专人负责案件调查、收集证据材料,提出初步答辩意见,协助法制工作机构的应诉工作。

厅有关业务部门应当针对原告的诉讼请求和事实理由提出答辩意见,并说明作出被诉行政行为的事实依据、法律和政策依据、履行的法定程序,同时提供据以作出被诉行政行为的证据和所依据的规范性文件,在法定期限内提交人民法院。

厅可以指派厅公职律师或者委托社会律师担任行政诉讼代理人出庭应诉。

第十条 厅法制工作机构在人民法院一审判决书或者裁定书送达后,应组织协调有关业务部门,提出是否上诉的意见,报厅主要负责人审批。决定上诉的,提出上诉状,在法定期限内向二审人民法院提交。

第十一条 厅法制工作机构可以组织协调有关业务部门,对人民法院已发生法律效力的判决、裁定,向厅主要负责人提出是否申诉的意见。决定申诉的,提出申诉书,向有管辖权的人民法院提交。

第十二条 对人民法院作出判决或者裁定的行政案件,厅法制工作机构应当在判决或者裁定送达后 5 日内,将判决书或者裁决书的复印件报送司法部法制工作机构。

第十三条 本办法自颁布之日起施行。

贵阳市人民政府办公厅关于进一步加强和改进行政调解工作的通知

(2014年9月19日 筑府办发〔2014〕52号)

各区、市、县人民政府,高新开发区、经济技术开发区、贵阳综合保税区管委会,各行政调解专业调解委员会,市政府各工作部门:

为进一步贯彻落实《中央办公厅 国务院办公厅关于预防和化解行政争议健全行政争议解决机制的意见》(中办发〔2006〕27号)和《省人民政府法制办公室关于加强和改进行政调解工作的指导意见》(黔府法发〔2014〕18号)文件精神,充分发挥行政调解在"大调解"工作体系中的重要作用,进一步加强和改进我市行政调解工作,有效预防、减少和化解矛盾纠纷,促进社会和谐稳定,现将有关事项通知如下:

一、充分认识做好行政调解工作的重要性

做好行政调解工作,是密切党和政府与人民群众联系、增进社会和谐的重要途径,是加强和创新社会管理、加快建设法治政府的迫切需要。全市各级政府和政府各部门要从维护社会和谐稳定,促进我市经济社会又好又快发展的高度,充分认识加强行政调解工作的重要意义,进一步加强和改进行政调解工作,认真履行各自工作职责,发挥行政调解工作的优势,做好与行政管理职能有关的各类争议纠纷调处,努力提高调解质量和调解成功率,将行政争议化解在基层、化解在萌芽状态,从源头上预防和减少人民内部矛盾。

二、行政调解的工作原则

(一)统一领导、协调一致的原则。各专业调解委员会要充分发挥主导作用,强化对行政调解工作的统筹协调,形成行政调解的工作合力。

(二)属地管理、分级负责的原则。各级政府和政府各部门要按照"谁主管,谁负责"的原则,充分运用各种有效手段,对本地区、本行业、本部门行政管理范围内有关的行政争议及矛盾纠纷进行调解,真正做到案结事了。

(三)自愿、合法、中立的原则。行政调解工作要充分尊重当事人意愿,在符合法律、法规、规章和政策,不侵犯国家利益,不侵犯公民、法人和其他组织合法权益的前提下,站在中立立场,严格按照规定程序进行调解。

(四)及时便捷的原则。行政调解应当简便、快捷、高效;鼓励采取既灵活多样又诚信规范的方式方法化解矛盾。能够当场调解的,应当当场调解;需要进一步了解、核实有关情况的,应当及时进行、尽快调解;对不宜调解或者调解不成的,行政机关应当及时作出处理决定、裁定(含复议决定),或引导当事人通过其他法律途径解决,防止久拖不决。

三、适用行政调解的范围

行政调解的范围为:涉及与行政机关依法作出的具体行政行为相关的行政争议和行政赔偿、行政补偿纠纷;公民、法人或其他组织之间发生的与行政管理职能密切相关的纠纷。

各级政府和政府各部门履行行政调解职责要守土有责,勇于担当,不瞒报、不推诿、不扯皮,发现行政争议应及时化解,防止行政争议沉淀、积累和扩大化。

四、健全行政调解工作组织体系

各级政府和政府各部门要进一步建立健全和落实好各级政府负总责,政府法制机构牵头、各职能部门为主体的行政调解组织机构,全面负责所管辖区域、领域、行业的行政调解工作。要在加强医疗、道路交通事故、环境保护、土地及矿群、林地、城市建设及物业、劳动争议、食品安全、学生权益等多个专业调解委员会的基础上,进一步拓宽调解领域,使全市行政调解工作形成以行政调解协调指导委员会为总揽、各专业调解委员会为重点、各行政机关调解工作室为基础的网络化调解体系。

五、不断完善行政调解工作制度

各级政府和部门要采取有效措施,进一步完善和健全行政调解有关制度,进一步规范工作流程,确保行政调解工作有章可循。要在已建立的行政调解工作规则、行政调解协调指导委员会定期检查制度、行政调解联席会议和协作联动制度、矛盾纠纷排查机制、行政调解与人民调解、司法调解的衔接制度、上下联动和信息宣传制度等制度的基础上,进一步建立健全重大决策社会稳定风险评估机制和多元化矛盾纠纷调解机制,加大对影响社会稳定纠纷的行政调解力度。要建立有效的行政争议预警机制,随时关注社会舆情,定期研判涉及行政调解的信息和问题,及时处理预警性的社会信息,主动、及时应对各类行政争议。要进一步推动建立行政调解、人民调解和司法调解的联动工作机制,实现各类调解主体的有效互动,形成调解工作合力,注重三种主要调解方式的职能互补,从而形成既各司其职,又坚持协作配合的工作格局。

六、加强行政调解队伍建设

各级政府和各部门要将政治思想好、业务能力强、法律素质高、工作作风扎实、善于做群众工作的干部充实到行政调解工作队伍中去。要加强对行政调解工作人员的培训工作,由政府法制机构根据行政调解工作任务的需要和特点确定培训内容,有计划地进行专项培训,提高行政调解工作人员政治、业务素质,不断提升行政调解工作水平和能力。

七、强化对行政调解工作的领导

各级政府要把行政调解工作列入重要议事日程,切实加强对行政调解工作的组织和领导,大力支持行政调解工作,不断提高行政调解工作能力。要加大对行政调解工作经费的投入,做到机构、人员、经费"三到位",确保行政调解工作的顺利进行。

2014年9月19日

遵义市人民政府办公室关于印发《遵义市行政调解办法》的通知

(2018年1月22日 遵府办函〔2018〕13号)

各县、自治县、区(市)人民政府,新蒲新区、南部新区管委会,市政府各部门、各直属机构:

《遵义市行政调解办法》已经市人民政府五届十九次常务会议通过,现印发给你们,请认真贯彻执行。

2018年1月22日

遵义市行政调解办法

第一条 为规范行政调解工作,构建多元联动的矛盾纠纷解决机制,及时有效化解与行政管理有关的争议纠纷,促进社会和谐稳定,根据法律法规规章和本市有关规定,结合本市实际情况,制定本办法。

第二条 本市各级行政机关开展行政调解,适用本办法。

法律、法规、规章对行政调解另有规定的,从其规定。

本办法所称行政调解,是指行政机关依据法定职责和规定程序,通过疏导、协商等方式,对公民、法人或者其他组织之间以及行政机关与行政相对人之间(以下统称当事人)的和行政管理有关的争议纠纷,在自愿平等的基础上依法化解的活动。

第三条 行政调解应当遵循谁主管谁负责、自愿平等、合法公正、便民高效的原则。

第四条 各级人民政府(含新区、开发区)对本行政区域内行政调解工作负总责,完善行政调解与人民调解、司法调解联动的工作体系和信息沟通机制。

各级人民政府工作部门切实履行本系统行政调解工作的主体责任,加强业务指导和协调,明确具体业务机构负责行政调解工作。

各级政府和部门的法制机构应当加强对本行政区域和本系统内行政调解工作的指导、协调和监督,建立健全行政调解工作程序和规范,完善相关配套制度,定期统计分析行政调解工作,对行政调解工作人员进行业务培训。

各级行政机关受理行政调解申请,不得向申请人收取任何费用。行政调解所需的人员、经费和工作条件由行政机关保障。

第五条 本市各级行政机关可以依法对下列争议纠纷进行调解:

(一)法律、法规、规章规定可以由行政机关调解的与行政管理有关的公民、法人和其他组织之间的纠纷(以下简称民事纠纷):

1. 可以进行治安调解的民间纠纷;

2. 交通事故损害赔偿纠纷;

3. 合同纠纷;

4. 医疗事故赔偿纠纷;

5. 消费者权益保护纠纷、产品质量纠纷；

6. 土地承包经营纠纷；

7. 侵犯商标专用权、专利权等知识产权的赔偿纠纷；

8. 环境污染赔偿纠纷；

9. 电力纠纷、水事纠纷。

（二）公民、法人或者其他组织与行政机关之间关于行政赔偿、补偿以及行政机关行使法律、法规、规章规定的自由裁量权产生的争议（以下简称行政争议）。

（三）其他依法可以调解的民事纠纷和行政争议。

行政机关对可调解的争议纠纷，应当主动告知当事人有权申请行政调解及可申请调解的行政机关。

第六条 下列情形不适用行政调解：

人民法院、行政复议机关、行政裁决机关、仲裁机构等有权处理机关已经处理并生效，或已经信访复查复核终结的；

距法定救济途径的时限不足 7 日的；

另一方当事人不明确或下落不明的；

当事人就同一事实以类似理由重复申请行政调解的；

法律法规规章规定不适用行政调解的其他情形。

第七条 与行政管理有关的民事纠纷的调解，履行行政管理职能的行政机关为行政调解机关。

行政争议的调解，按以下规定确认行政调解机关：

涉及人民政府的行政争议，由上一级人民政府负责调解，由相关职能部门或机构具体承办；

涉及政府工作部门的行政争议，由本级人民政府或者上级主管部门负责调解；垂直管理部门的行政争议，由上一级主管部门负责调解；

涉及县级以上人民政府或政府工作部门依法设立的派出机构的行政争议，由设立该派出机构的人民政府或部门负责调解；

涉及法律法规授权组织的行政争议，由直接管理该组织的人民政府或部门负责调解；

涉及多个行政机关职责的争议纠纷，由最初受理的行政机关或涉及主要管理工作的行政机关牵头调解，其他行政机关参与调解。难以确定牵头行政机关的,由政府法制机构依据有关法律规定予以明确。

第八条 公民、法人或其他组织申请行政调解,应当向有管辖权的行政调解机关提出书面申请,不能书面申请的也可以口头申请。对口头申请的,行政调解机关工作人员应当当场记录并经申请人确认。

第九条 当事人申请行政调解,应当符合下列条件:

(一)当事人与申请调解的争议纠纷有直接利害关系;

(二)有明确的各方当事人和具体的调解请求、事实和理由;

(三)申请调解的争议纠纷与行政机关的行政管理职能有关,并符合本办法第五条的规定;

(四)申请调解的争议纠纷具有可调解性;

(五)民事纠纷尚未经人民法院、仲裁机构、人民调解组织或者其他行政机关受理或者处理。

第十条 行政机关收到申请后应当予以登记。

属于行政调解范围且其他各方当事人愿意调解的,应当在 7 个工作日内受理,并通知各方当事人调解地点和行政调解人员,并书面告知申请行政复议、提起诉讼、仲裁等权利和救济途径的法定期限。对不属于本机关行政调解范围或其他各方当事人不愿调解的,应当在收到申请之日起 7 个工作日内告知申请人不予受理并说明理由。

属于行政调解范围的行政争议,作出行政行为的行政机关不得拒绝调解。

第十一条 行政调解机关对下列争议纠纷,应当主动组织调解:

(一)资源开发、环境污染、重大交通事故、危旧房搬迁等方面的民事纠纷。

(二)涉及人数较多、可能对本区域行政执法活动产生重大影响的行政争议。

(三)情况紧急、可能激化引发治安、刑事案件的争议纠纷。

(四)行政调解机关认为需要主动组织调解的其他情形。

行政调解机关主动组织调解的,应当征得当事人(行政机关除外)同意后,按第十条第二款规定办理。

第十二条 行政机关在履行行政管理职责过程中发现属于行政调解范围的民事纠纷,在征得双方当事人同意后可以组织调解;对案情简单、可当场调解的,行政机关予以当场调解。

第十三条 人民法院、信访部门和人民调解机构委托或邀请调解的,行政机关应当及时组织或配合调解。行政机关接受委托调解的,应当及时向委托单位反馈调解结果。

第十四条 行政调解机关组织调解时,应当由本机关业务机构工作人员主持调解,重大或复杂的争议纠纷可以由本机关负责人主持调解。

行政调解机关可以邀请专业调解员或者有关人员作为特邀调解员参与调解,受邀请的单位或个人应当支持。对专业性强或重大复杂的争议纠纷可邀请有关专家或社会组织参与调解。

行政机关可以根据工作需要聘请行政调解辅助人员,保证行政调解工作正常开展。

第十五条 行政调解人员有下列情形之一的,应当主动回避;不主动回避的,当事人有权申请其回避:

(一)是争议纠纷当事人或者与当事人有近亲属关系的;

(二)与争议纠纷有利害关系的;

(三)与争议纠纷当事人有其他关系,可能影响公正的。

当事人申请回避的,行政机关应当及时作出是否回避的决定。对决定回避的,应当及时更换行政调解人员;对不需要回避的,告知当事人理由。

第十六条 当事人之外的公民、法人或者其他组织与民事纠纷有利害关系的,可以申请参加调解或者由行政机关通知其参加调解。

第十七条 具有共同调解请求的一方当事人为5人以上的,应当推举1~3名代表人参与调解。

当事人可以委托1~2名代理人参加调解;当事人不能参加调解的,应当明确代理人的委托权限为特别授权。

调解行政争议,作出争议行政行为的行政机关应当由主要负责人或其特别授权委托的工作人员参加调解。

第十八条 行政机关开展行政调解,应当保持客观中立,坚持以事实为依据,以法律为准绳,不得损害国家利益、公共利益和公民、法人及其他组织的合法权益,不得违背公序良俗。

调解行政争议,不得影响行政机关依法履行行政管理职责,不得以行政调解代替行政执法。

第十九条 行政机关在行政管理中发现可能引起治安案件、刑事案件或者其他影响社会稳定的争议纠纷,应当及时通知公安机关或者其他有权处理的部门。

第二十条 行政调解机关主持调解行政调解案件,应当按照下列程序进行:

(一)查明案件事实,分清是非责任;

(二)进行沟通协调;

(三)促成双方达成协议;

(四)审查协议内容;

(五)制作行政调解书。

第二十一条 行政调解机关进行调解应当制作调解笔录,调解笔录应当全面、真实地记载调解过程,并由调解人员和各方当事人签名。调解笔录应载明以下内容:

(一)当事人基本情况;

(二)各方诉求与理由;

(三)查明认定的事实;

(四)调解结果。

经当事人协商一致同意的,以上内容中的争议理由及查明事实部分可以适当简化。

第二十二条 行政调解人员应当充分听取当事人的陈述,向当事人讲解有关法律、法规、规章和政策,在分清事理、明辨法理的基础上,引导当事人自愿达成调解协议。

当事人在行政调解中应当遵守调解秩序,尊重参与调解的人员,如实陈述争议纠纷事实和提供证据。

行政机关在行政调解中不得拒绝当事人提供证据,不得拒绝当事人终止调解的要求。

调解过程中,行政调解机关可以提出调解方案供当事人协商时参考;当事人也可以提出调解方案。

第二十三条 行政机关必要时可以调查收集相关证据,涉及调查事项的相关单位和个人应当配合。

行政调解需要进行检测、检验、检疫、技术鉴定、伤残评定的,当事人可以协商一致委托专门机构进行,也可以共同商定由行政调解机关委托专门机构进行,费用由当事人协商承担。

第二十四条 行政调解应当自受理之日起30日内办结。情况复杂或者有其他特殊情形的,经行政调解机关负责人批准并经各方当事人同意,可以延长10日。检测、检验、检疫、技术鉴定、伤残评定的时间不计算在内。但必须在法定救济途径期限届满7日前办结;不能办结的,告知当事人通过法定救济途径解决。法律法规规章另有规定的,从其规定。

第二十五条 有下列情形之一的,行政调解机关应当终止调解:

(一)当事人要求终止调解或者调解期限届满未达成调解协议的;

(二)当事人拒不参加调解或者中途退出调解的;

(三)公民死亡或者法人、其他组织终止,无权利义务承受人的;

(四)行政机关认为当事人双方意愿差距较大、不具备达成协议的条件的,可以终止调解;

(五)法律、法规、规章规定的其他应当终止的情形。

行政调解终止后,行政调解机关应当制作并送达行政调解终止通知书,同时书面告知当事人可以通过的诉讼、复议或仲裁等途径解决纠纷;需履行相应行政管理职责的,行政机关应当依法及时履行有关职责。

第二十六条 在行政争议调解过程中,当事人为达成一致而妥协认可形成的证据材料,除当事人已根据调解笔录履行的部分外,未能以调解方式结案的,不得作为行政机关作出行政管理行为的证据或依据。

第二十七条 行政调解达成调解协议的,应当根据争议性质(民事纠纷/行政争议)制作行政调解书。

行政调解书应当载明下列事项:

(一)当事人的基本情况;

(二)调解请求;

(三)争议纠纷的基本事实和焦点;

(四)当事人协议的内容和调解结果;

(五)履行协议的方式、地点、期限、救济方式;

(六)其他需要载明的事项。

行政调解书应当由各方当事人、调解人员签名或者盖章,并加盖行政调解机关印章。

行政调解书由各方当事人各执1份,行政调解机关归档入卷1份。

调解协议即时履行、当事人自行和解,或者当事人认为没有必要的,可以不制作行政调解书,由当事人、调解人员在调解笔录上注明并签名或者盖章确认。

第二十八条 行政调解书自各方当事人签名、盖章,行政机关加盖印章之日起生效。当事人应当按行政调解书自觉履行达成的调解协议,一方当事人不履行的,其他各方当事人可以寻求其他合法救济途径。

行政机关不履行行政调解书的,行政调解机关应当责令履行。

第二十九条 对有关民事纠纷经调解达成的行政调解书,可以依据《中华人民共和国民事诉讼法》等有关法律规定向由管辖权的人民法院申请确认其效力;符合《中华人民共和国仲裁法》规定的,也可依法申请仲裁机构确认。未经效力确认的,可以向人民法院提起民事诉讼或者根据达成的仲裁约定向仲裁机构申请仲裁。

以给付为内容的行政调解书,可依据《中华人民共和国公证法》有关规定申请公证机关依法赋予强制执行效力;债务人不履行或不适当履行的,债权人可依法向有管辖权的人民法院申请执行。

以金钱或者有价证券给付为内容的行政调解书,债权人可以依据《中华人民共和国民事诉讼法》及有关司法解释的规定,向人民法院申请支付令。

第三十条 行政争议案件以调解方式结案,该调解内容对原具体行政行为有所变更的,原具体行政行为被变更的部分不再具有法律效力,不再予以执行。

第三十一条 行政机关应当建立行政调解工作档案,将记载调解申请、受理、过程、协议等内容的相关材料立卷归档。

第三十二条 行政机关应当建立健全行政调解工作统计分析制度,定期对行政调解案件数量、争议纠纷类型、结案方式等数据进行统计分析,并将相关数据和材料按照规定报送政府法制机构。

第三十三条 行政机关及其工作人员办理行政调解案件,不得有下列行为:

徇私舞弊,偏袒一方当事人;

压制、侮辱、打击报复当事人;

侵害当事人的隐私或商业秘密;

索取、收受当事人财物或谋取其他不正当利益;

其他损害当事人合法权益的行为。

对行政机关及其工作人员不履行、违法履行、不当履行行政调解职责行为的,按照法律有关规定对直接负责的主管人员或其他直接责任人员追究法律责任。

第三十四条 市县两级人民政府将行政调解工作纳入法治政府建设指标体系，列入年度依法行政工作考核范围。

第三十五条 行政复议和行政裁决等案件处理过程中的行政调解，依照相关规定执行。未明确规定的，可适用本办法。

法律、法规授权的组织对于行政管理有关的民事纠纷进行行政调解，参照本办法执行。

第三十六条 本办法由市人民政府法制办公室负责解释。

第三十七条 本办法自 2018 年 2 月 1 日起施行。

·云南省·

云南省人民政府办公厅关于印发《云南省行政调解规定（试行）》的通知

（2013年12月25日　云政办发〔2013〕137号）

各州、市、县、区人民政府，省直各委、办、厅、局：

为切实履行行政调解职责，规范行政调解活动，及时化解社会矛盾，维护社会和谐稳定，省人民政府根据《国务院关于加强法治政府建设的意见》（国发〔2010〕33号）和《中共云南省委　云南省人民政府关于加强法治建设创建平安云南的意见》（云发〔2013〕7号）等文件要求，制定了《云南省行政调解规定（试行）》，现印发给你们，并就有关事项提出如下要求，请结合实际，认真贯彻执行。

一、提高认识，严格履职党的十八大明确提出要提高领导干部运用法治思维和法治方式深化改革、推动发展、化解矛盾、维护稳定的能力。行政调解就是行政机关运用法治思维和法治方式化解与其职能相关的矛盾纠纷、维护稳定的一种方式。这种方式建立在纠纷当事人自愿调解和对行政机关公信力信赖的基础上，与人民调解、司法调解和其他行政处理方式形成互动机制，有利于及时化解矛盾纠纷，促进我省科学发展、和谐发展、跨越发展。各级行政机关的领导干部、法制工作人员、行政执法人员要充分认识加强行政调解工作的重要意义，在各自职权范围内，严格履行行政调解职责，确保与行政管理职能相关的矛盾纠纷得到及时化解。

二、抓好培训，规范程序各地各部门要按照国务院和省委、省政府的有关要求，加强行政调解工作的宣传，让社会公众和行政调解员普遍熟悉掌握《云南省行政调解规定（试行）》的基本精神、主要内容和程序，以此规范行政调解工作的每一个环节，提高行政调解工作的质量。

三、强化监督，落实责任各级行政机关要按照有关法律、法规、规章的规定，依法梳理与本单位行政管理职能相关的矛盾纠纷事项。县级以上人民政府要加强对贯彻执行《云南省行政调解规定（试行）》的监督检各地各部门在贯彻实施中的问题,请及时向省法制办反映。

云南省人民政府办公厅

2013 年 12 月 25 日

云南省行政调解规定(试行)

第一章 总 则

第一条 为了规范行政调解活动,及时化解社会矛盾,维护社会和谐稳定,根据《国务院关于加强法治政府建设的意见》、《中共云南省委 云南省人民政府关于加强法治建设创建平安云南的意见》等文件要求,结合本省实际,制定本规定。

第二条 本规定所称行政调解,是指行政机关或者法律、法规授权组织(以下统称行政机关),根据法律、法规、规章和国家有关政策的规定,对公民、法人或者其他组织之间发生的与其行政管理职能相关的纠纷,通过说服和劝导,促使各方当事人在自愿、平等、协商的基础上达成一致意见,从而化解纠纷的活动。行政机关与公民、法人或者其他组织之间因行政管理产生的行政争议可以通过行政复议、行政诉讼等途径解决。

第三条 行政调解工作应当遵循以下原则:

(一)自愿原则。行政调解应当充分尊重当事人意愿,不得强迫当事人接受行政调解;

(二)合法原则。行政调解应当符合法律、法规、规章及政策规定,不得损害国家利益、公共利益和他人合法权益;

(三)公平公正原则。行政调解应当充分尊重纠纷各方当事人表达意愿和诉求的权利,友好协商解决纠纷;

(四)公序良俗原则。行政调解应当遵守公共秩序和当地善良风俗;

(五)高效便民原则。行政机关应当积极、及时地履行行政调解职责,妥善化解纠纷。

第四条 各级人民政府统一领导本行政区域内的行政调解工作。县级以上人民政府法制部门负责协调、指导和监督本行政区域内的行政调解工作。县级以上人民政府工作部门的法制机构负责协调、指导本部门的行政调解工作,其业务机构具体承办行政调解工作。乡(镇)人民政府、街道办事处的社会矛盾纠纷调处机构具体组织承办行政调解工作。

第五条 行政机关应当加强与人民法院、人民调解组织和仲裁调解机构的工作联系,建立完善行政调解与人民调解、司法调解、仲裁调解的衔接机制和信息沟通机制。

第六条 县级以上人民政府应当加强行政调解工作的宣传和引导。

第二章 行政调解范围

第七条 行政机关在本机关行政管理职责范围内依法对下列纠纷进行调解:

(一)治安纠纷;

(二)交通事故纠纷;

(三)农村土地承包经营权、林权、水资源使用权、宅基地使用权、矿产权纠纷;

(四)医疗纠纷;

(五)环境污染纠纷;

(六)劳动人事和社会保障权益纠纷;

(七)知识产权纠纷;

(八)物业权益纠纷;

(九)工商登记和消费者权益纠纷;

(十)与行政管理职能相关的其他纠纷。

第八条 有下列情形之一的,不适用行政调解:

(一)当事人不愿意行政调解的;

(二)已申请人民调解的;

(三)已提起民事诉讼的;

(四)已申请仲裁的;

(五)已达成调解协议再次申请调解的;

(六)法律、法规、规章规定不适用行政调解的其他情形。

第三章 行政调解参加人

第九条 申请行政调解的纠纷当事人应当参加调解,纠纷涉及第三人的,应当通知第三人参加调解。当事人和第三人可以委托代理人参加调解。一方当事人人数超过5人的,应当推选2～5名代表参加行政调解。

第十条 当事人和第三人委托代理人参加调解的,被委托人应当提交授权委托书。授权委托书应当由委托人签名或者盖章,载明委托代理人姓名、性别、年龄、身份证明、联系方式、委托期限和代理权限。

第十一条 当事人在行政调解活动中,依法享有下列权利:

(一)提出终止调解要求;

(二)要求调解公开或者不公开进行;

(三)申请有关行政调解员回避;

(四)自主表达意愿、自愿达成调解协议;

(五)法律、法规、规章规定的其他权利。

第十二条 当事人在行政调解活动中,依法履行下列义务:

(一)如实陈述纠纷事实和提交有关证据;

(二)遵守调解秩序,尊重调解员和对方当事人;

(三)自觉履行达成的调解协议;

(四)法律、法规、规章规定的其他义务。

第十三条 行政机关中履行执法、监督、复议等相关职责的人员为行政调解员。行政机关可以邀请相关专家学者参与调解。

第十四条 一般纠纷由1名行政调解员进行调解,疑难复杂的纠纷由2名以上行政调解员进行调解。

第十五条 行政调解员具有下列情形之一的,应当主动回避:

(一)与本案有利害关系的;

(二)与本案当事人是近亲属的;

(三)与本案当事人有其他关系,可能影响公正调解的。当事人认为行政调解员有应当回避情形的,可以申请回避。符合回避情形的应当回避;不符合回避情形的,应当向当事人说明理由,经行政机关负责人批准,可以不予回避。

第四章 行政调解程序

第十六条 当事人申请行政调解,应当符合下列条件:

（一）申请调解的纠纷属于本规定第七条规定范围；

（二）申请人与申请调解的纠纷有直接利害关系；

（三）有明确的各方当事人；

（四）有具体的调解请求、事实和理由；

（五）当事人未选择解决纠纷的其他途径。

第十七条 当事人之间的纠纷符合本规定第十六条规定的，可以向纠纷发生地的有关行政机关申请行政调解。行政机关在行政管理活动中，发现当事人之间的纠纷符合本规定第十六条规定的，应当及时主动告知当事人有权申请行政调解。

第十八条 当事人申请行政调解，可以书面申请，也可以口头申请。口头申请的，行政机关应当制作笔录，并由申请人签名确认。

第十九条 申请人书面申请行政调解的，应当在行政调解申请书中载明下列事项：

（一）申请人及对方当事人基本情况；

（二）调解请求及事实和理由；

（三）相关证据目录或者名称；

（四）申请人签名或者盖章；

（五）申请日期。

第二十条 行政机关发现不属于本机关管辖的，应当告知当事人向有管辖权的机关申请。当事人的申请属于本行政机关管辖并符合本规定第十六条规定的，行政机关应当受理。对管辖权有争议的，由争议方协商确定受理机关，协商不成，报共同的上一级行政机关法制部门或者法制机构指定受理机关。

第二十一条 对涉及多个部门职能的纠纷，当事人提出行政调解申请的，由最初受理的部门牵头，并报本级人民政府法制部门协调有关部门参与调解。

第二十二条 收到行政调解申请的行政机关应当在5个工作日内告知对方当事人有关行政调解的权利义务，对方当事人同意行政调解的，应当受理并向当事人发送行政调解受理通知书；对方当事人不同意行政调解的，书面通知申请人不受理行政调解申请并说明理由。对于可能激化的纠纷，行政机关应当及时主动采取必要的教育疏导措施，并向有关机关报告。

第二十三条 当事人提交一致同意行政调解申请的，行政机关收到行政调解申请即为受理,并当即向各方当事人发送行政调解受理通知书。

第二十四条 行政调解员在行政调解中,对权利义务明确、争议不大的纠纷,可以适用简易程序,当场进行调解。能够即时履行的,可以不制作行政调解协议书,但应当如实记录调解情况并保存归档;不能达成一致意见的,告知当事人解决纠纷的其他途径。适用简易程序制作行政调解协议书的,当场送达当事人。

第二十五条 行政机关受理行政调解案件,行政调解员可以根据案件需要对相关事实和证据依法进行调查取证,有关单位和个人应当予以配合,不得阻挠。

第二十六条 行政机关受理申请后,应当于举行行政调解 3 个工作日前将行政调解的人员、时间、地点等有关事项通知当事人。

第二十七条 行政调解开始时,行政调解员应当核对当事人身份,告知当事人依法享有的权利和履行的义务,宣布行政调解纪律,询问当事人是否提出回避申请。

第二十八条 行政调解员应当根据纠纷情形,采取多种方式调解,充分听取当事人的陈述,查明事实,讲解有关法律、法规、规章和政策,耐心疏导,促使当事人自愿达成调解协议。

第二十九条 当事人可以自行提出调解方案,行政调解员也可以提出调解意见供当事人参考。

第三十条 行政调解涉及专门事项需要检测、检验、检疫、技术鉴定的,当事人可以协商一致自行委托也可以共同授权行政机关委托专门机构进行,费用由当事人协商承担。

第三十一条 行政机关应当自受理之日起 30 日内终结调解。情况复杂,在规定时间内不能终结调解的,经行政机关负责人批准,可以适当延长,并告知当事人,但延长期限不得超过 30 日。法律、法规、规章另有规定的从其规定。行政调解的期限不包括检测、检验、检疫、技术鉴定的时间。

第三十二条 有下列情形之一的,行政调解中止:

(一)当事人一方因正当理由或者对方当事人认可的理由暂时不能参加调解的;

(二)当事人一方因正当理由或者对方当事人认可的理由中途要求暂停调解的;

(三)发生不可抗力情况和意外事件的;

(四)行政机关认为需要中止调解的其他情形。调解恢复后,调解期限的计算应当扣除中止时间。

第三十三条 有下列情形之一的,行政调解终止:

(一)当事人不愿意继续调解的;

(二)当事人无正当理由缺席或者以其他方式表明放弃调解的;

(三)当事人就纠纷申请仲裁、提起诉讼或者申请人民调解的;

(四)公民死亡,无义务承受人的;

(五)法人或者其他组织终止,无义务承受人的;

(六)超过调解期限尚未达成调解协议的;

(七)行政机关认为需要终止调解的其他情形。行政机关应当制作行政调解终止通知书送达当事人。

第三十四条 行政调解达成协议的,行政机关应当制作行政调解协议书。行政调解协议书应当载明下列主要事项:

(一)当事人、委托代理人基本情况;

(二)争议事项;

(三)调解请求、事实及理由;

(四)协议的内容、履行的方式和期限;

(五)行政机关印章、行政调解员签名;

(六)调解时间。

第三十五条 行政调解协议书自各方当事人签名或者盖章之日起发生法律效力。行政调解协议书由当事人各执一份,行政机关存档一份。

第三十六条 当事人认为有必要的,可以对行政调解协议书进行公证,或者共同向人民法院申请司法确认。

第三十七条 当事人应当自觉履行行政调解协议。行政机关应当对当事人履行行政调解协议情况进行回访,督促当事人积极履行行政调解协议。

第三十八条 行政调解案件材料应当按年度归档。乡(镇)人民政府、街道办事处和县级人民政府工作部门,应当将每年度的行政调解工作有关数据和情况报县级人民政府法制部门;县级以上人民政府法制部门汇总后报本级人民政府和上一级人民政府法制部门。

第五章 责任追究

第三十九条 行政机关违反本规定,无正当理由不受理行政调解申请,或者不履行行政调解职责的,由有关机关依法追究其负责人和直接责任人的行政责任。

第四十条 行政调解员在调解活动中有下列情形之一的,由其所在的行政机关给予批评教育、责令改正;情节严重的,依法给予处分:

(一)徇私舞弊,偏袒一方当事人的;

(二)怠于履行行政调解职责,造成当事人合法权益受到损害的;

(三)接受当事人吃请的;

(四)索取、收受财物或者牟取不正当利益的;

(五)泄露当事人的商业秘密、个人隐私的;

(六)其他影响行政调解公正、及时办理的不当行为。

第四十一条 当事人违反本规定具有下列情形之一的,由行政机关给予批评教育;情节严重的,由公安机关依法予以行政处罚;涉嫌犯罪的,移交司法机关处理:

(一)扰乱行政调解秩序的;

(二)伪造证据材料的;

(三)辱骂、威胁或者殴打行政调解员或者对方当事人的;

(四)其他干扰、阻挠行政调解工作的行为。

第六章 附 则

第四十二条 法律、法规、规章规定应当由行政机关处理的纠纷,行政机关在处理过程中应当主动调解。

第四十三条 行政调解不得向当事人收取任何费用。

第四十四条 行政调解申请书、行政调解受理通知书、行政调解协议书、行政调解中止通知书、行政调解终止通知书等行政调解法律文书格式,由行政机关根据实际情况制定。

第四十五条 本规定自2014年1月1日起施行。

云南省人民政府法制办公室关于认真贯彻落实《云南省行政调解规定（试行）》做好行政调解工作的意见

（2014年3月18日 云府法〔2014〕22号）

各州、市、县、区人民政府，省直各委、办、厅、局：

为了进一步规范行政调解行为，发挥行政调解在化解社会矛盾中的作用，省政府办公厅印发了《云南省行政调解规定（试行）》（云政办发〔2013〕137号，以下简称《规定》），经省人民政府同意，现就认真贯彻落实《规定》提出以下意见：

一、充分认识行政调解工作的重要性

调解纠纷是维护社会稳定的基础。做好行政调解工作，有效化解纠纷，是密切党和政府与人民群众联系、巩固党的群众路线教育实践活动成果的重要途径，是加强和创新社会治理、加快建成法治政府的迫切需要，是政府转变行政管理方式的具体表现。各地各部门要从构建和谐社会高度，充分认识行政调解工作的重要性，准确把握《规定》对依法行政和行政执法提出的新任务新要求，切实做好行政调解工作，维护云南经济社会稳定，搭建行政机关和人民群众沟通的桥梁。

二、做好行政调解工作应当抓好的几项重点工作

（一）梳理行政调解依据

行政调解依据包括两种情形，一是行政机关应当主动调解的情形；二是行政机关依当事人申请调解的情形。因此，行政机关应当对两种情形所依据的法律、法规、规章和规范性文件进行梳理，通过梳理列明本机关负有行政调解的事项清单。梳理行政调解事项的具体工作由各职能部门和法律法规授权组织的法制机构负责，并向社会公开。

(二)明确行政调解职责

1. 政府主要职责

(1)统一领导本行政区域内的行政调解工作;

(2)建立由政府负总责、政府法制机构牵头、各职能部门为主体的行政调解工作体制;

(3)将行政调解纳入本级“大调解”工作平台,充分发挥行政机关在化解纠纷中的重要作用。

2. 政府法制部门主要职责

(1)负责协调、指导和监督本行政区域内的行政调解工作;

(2)负责制定完善行政调解配套制度;

(3)负责行政调解宣传培训、情况汇总、建立台账、监督检查及考核等工作;

(4)协调处理行政调解与司法调解、人民调解、仲裁调解的衔接关系;

(5)对法律关系复杂、重大疑难的纠纷及带有普遍性的问题,会同有关部门进行研究,提出具体解决方案和建议;

(6)加强调解人员的培训;

(7)总结、交流、推广和宣传行政调解工作先进经验,培育行政调解工作先进典型。

3. 职能部门和法律法规授权组织的法制机构主要职责

(1)负责协调、指导本部门本系统的行政调解工作;

(2)负责制定完善本部门本系统的行政调解配套制度;

(3)负责本部门的行政调解宣传培训、梳理依据、情况汇总、建立台账、监督检查及考核等工作;

(4)对法律关系复杂、重大疑难的纠纷及带有普遍性的问题,会同相关业务处室进行分析研究,提出具体解决方案和建议。

4. 职能部门和法律法规授权组织的业务机构,乡(镇)人民政府和街道办事处的社会矛盾纠纷调处机构主要职责

(1)负责具体承办行政调解工作,包括行政调解的受理、调处、回访、登记、汇总、建立台账、立卷归档等工作;

(2)负责将行政调解工作落实到岗到人。

（三）抓好培训，广泛宣传

1. 抓好培训。各地各部要把学习贯彻《规定》纳入本级政府、本部门培训学习计划和干部法制教育培训内容，认真组织学习，全面掌握《规定》。

具体工作由政府法制部门及政府职能部门和法律法规授权组织的法制机构负责。

（1）培训目标。全体调解人员普遍熟悉掌握《规定》，在行政调解工作中自觉贯彻执行《规定》，规范行政调解行为，提高行政调解工作的质量。

（2）培训内容。《规定》及相关配套文件。

（3）培训方式。省政府法制办负责师资培训；州（市）政府法制部门负责组织辖区内行政调解人员的培训；省级职能部门的法制机构负责本部门行政调解人员的培训。省政府法制办将对各地各部门的培训学习情况进行监督检查。

2. 广泛宣传。各地各部门要制定宣传方案，充分发挥各种宣传舆论工具作用，采取设置宣传栏、张贴宣传画、发放宣传材料、知识竞赛等形式，广泛宣传《规定》，让社会公众了解《规定》，提高行政调解的社会认知度。引导人民群众利用行政调解方式解决与行政管理职能相关的矛盾纠纷。

（四）建立行政调解的机制

县级以上人民政府法制部门应当加强与人民法院，司法行政部门和仲裁机构的工作联系，建立完善行政调解与人民调解、司法调解、仲裁调解的衔接机制和信息沟通机制。落实《云南省高级人民法院云南省人民政府法制办公室关于建立行政机关与人民法院沟通协调机制的若干意见》（云高法〔2011〕267 号）和《云南省高级人民法院云南省人民政府法制办公室关于对行政调解协议进行司法确认的通知》（云高法〔2014〕11 号），落实联席会议、信息沟通、重大案件及重要事项协调、行政机关负责人出庭应诉等制度，积极配合做好人民法院委托调解或者需要行政、司法机关共同调解的有关工作。

（五）汇总报告制度

行政调解案件形成的材料应当建立台账，按年度归档。

1. 乡（镇）人民政府和街道办事处的社会矛盾纠纷调处机构，将本年度行政调解情况汇总后于次年 1 月 10 日前报本级政府及县级政府法制部门；

2. 各职能部门和法律法规授权组织的法制机构，将本部门本年度行政调解情况汇总后于次年 1 月 10 日前报本级政府法制部门；

3. 县级政府法制部门,将县级职能部门和法律法规授权组织的法制机构及乡(镇)人民政府、街道办事处本年度报送的行政调解情况,汇总后于次年1月20日前报本级政府及州(市)政府法制部门;

4. 州(市)政府法制部门,将州(市)职能部门和法律法规授权组织的法制机构及县级政府法制部门本年度报送的行政调解情况,汇总后于次年1月30日前报本级政府及省政府法制办;

5. 省政府法制办,将省级职能部门和法律法规授权组织的法制机构及州(市)政府法制部门本年度报送的行政调解情况,汇总后于次年2月底前报省人民政府。

三、落实保障,强化监督

(一)组织保障。各地各部门要以服务型政府的理念,高度重视行政调解工作,应当建立"一把手"负总责、分管领导具体抓、法制机构牵头、相关业务处室为主要调解力量的工作体制,并为行政调体工作顺利开展创造必要的条件。

(二)其他保障。各地各部门应当设置开展行政调解工作的必要场所,配备必要设备等,以保障行政调解工作的正常开展。

(三)强化监督。各地各部门要严格按照梳理列明的行政调解事项清单,落实调解责任单位及其人员,及时妥善调处纠纷。对因责任不落实、调处不及时、推诿扯皮,导致发生造成恶性事件、群体性事件或者其他严重后果的,法制部门(法制机构)要严格依照有关规定,向本级政府(本部门)提出追究相关责任人员责任的建议,政府(部门)应当及时研究进行处理。县级以上政府按年度组织开展对本级政府各部门及下级政府行政调解情况监督检查,并纳入依法行政年度考核和工作目标管理的重要内容。上级职能部门对下级职能部门的行政调解情况进行监督检查,并作为系统内部考核的重要内容。

附件:行政调解情况汇总表(略)

云南省人民政府法制办公室

2014年3月18日

云南省高级人民法院　云南省人民政府法制办公室关于对行政调解协议进行司法确认的通知

(2014年1月18日　云高法〔2014〕11号)

各州、市、县(区)人民法院、人民政府法制机构,省级行政部门:

为了充分发挥行政调解在化解社会矛盾中的作用,根据《国务院关于加强法治政府建设的意见》(国发〔2010〕33号)和《中共云南省委　云南省人民政府关于加强法治建设创建平安云南的意见》(云发〔2013〕7号)等文件要求,省政府办公厅印发了《云南省行政调解规定(试行)》(云政办发〔2013〕137号),其中第三十六条规定"当事人认为有必要的,可以对行政调解协议书进行公证,或者共同向人民法院申请司法确认"。经省高级人民法院和省政府法制办研究,现对行政调解协议进行司法确认的相关事项通知如下:

一、当事人按照《云南省行政调解规定(试行)》第三十六条规定申请人民法院司法确认的,人民法院依照《最高人民法院关于建立健全诉讼与非诉讼相衔接的矛盾纠纷解决机制的若干意见》(法发〔2009〕45号)第20条的规定精神受理,即"经行政机关、人民调解组织、商事调解组织、行业调解组织或者其他具有调解职能的组织调解达成的具有民事合同性质的协议,经调解组织和调解员签字盖章后,当事人可以申请有管辖权的人民法院确认其效力"。

二、人民法院受理当事人申请司法确认申请后,依据《最高人民法院关于建立健全诉讼与非诉讼相衔接的矛盾纠纷解决机制的若干意见》第25条的规定审查确认,即:"人民法院依法审查后,决定是否确认调解协议的效力。确认调解协议效力的裁定送达双方当事人后发生法律效力,一方当事人拒绝履行的,另一方当事人可以依法申请人民法院强制执行"。

各地各部门在对行政调解协议进行司法确认工作中遇到的问题,法院系统请及时向省高级人民法院民事审判庭反映;行政系统请及时向省政府法制办执法监督处反映。

云南省高级人民法院

云南云南省人民政府法制办公室

2014 年 1 月 18 日

云南省人力资源和社会保障厅关于加强人力资源社会保障行政调解工作的意见

(2014 年 1 月 28 日　云人社发〔2014〕11 号)

各州、市人力资源和社会保障局,厅属各处、室、局、中心、所:

为进一步贯彻落实《云南省人民政府办公厅关于印发云南省行政调解规定(试行)的通知》(云政办发〔2013〕137 号),充分发挥人力资源社会保障部门在化解劳动人事和社会保障权益纠纷中的重要作用,现就加强全省人力资源社会保障行政调解工作提出如下实施意见。

一、充分认识做好人力资源社会保障行政调解工作的重要性

人力资源社会保障行政调解是由各级人力资源社会保障行政部门主持或主导,以法律、法规、和政策规定为依据,以劳动人事和社会保障权益纠纷为对象,通过说服劝导等方法,促使各方当事人平等协商、互谅互让、达成协议、消除矛盾的一种重要的纠纷解决机制。加强人力资源社会保障行政调解工作,是各级人力资源社会保障部门与人民群众密切联系、增进社会和谐的重要途径,是加强和创新社会管理,加快法治政府建设的迫切需要。随着我省经济增长方式的转变、城镇化等工作的推进,社会利益和群众需求呈现多元化趋势,劳动人事和社会保障权益纠纷将越来越突出,涉及法律关系日趋复杂,处理难度进一步增大。因此,各级人力资源社会保障部门要将行政调解作为调处劳动人事和社会保障权益纠纷的重要手段,充分利用行政调解工作优势,运用调解的办法做好矛盾纠纷化解工作。

各级人力资源社会保障部门在抓好行政调解工作的同时,还要督促本辖区各类用人单位贯彻落实《中华人民共和国调解仲裁法》和《企业劳动争议协商调解规定》,从源头上预防和减少社会矛盾,为切实维护社会和谐稳定、促进全省经济又好又快发展发挥重要作用。

二、人力资源社会保障行政调解的主体和范围

人力资源社会保障行政调解的主体包括:

(一)各级人力资源社会保障行政部门;

(二)法律、法规授权管理劳动人事和社会保障事务的组织;

(三)受人力资源社会保障部门委托管理劳动人事和社会保障事务的组织。

人力资源社会保障行政调解的范围,主要包括:

(一)各级人力资源社会保障部门与公民、法人或者其他组织之间产生的行政争议;

(二)公民、法人和其它组织之间因劳动人事和社会保障权益引发的纠纷。

三、人力资源社会保障行政调解工作程序

根据案情复杂和调解难易程度,人力资源社会保障行政调解工作可分为简易程序和一般程序。对于案情简单、当场能够解决的争议纠纷,适用简易程序,各级人力资源社会保障行政机关可以当场制作行政调解书,并交付当事人。案情复杂、当场不能解决的争议纠纷适用一般程序。一般程序通常应包括以下几个步骤:

1. 申请。行政调解可书面申请,也可口头申请;可由一方当事人申请,也可由人力资源社会保障部门依职权在征得各方当事人同意后主动提出。

2. 受理。人力资源社会保障部门收到行政调解申请后,应及时决定是否受理并告知当事人。

3. 调解。人力资源社会保障部门受理行政调解后,应及时告知当事人依法享有的权利、遵循的程序及相关事项。在查明事实,分清责任的基础上,分析并归纳各方争议的焦点,依据法律、法规、规章及有关政策,对当事人进行说服、劝导,引导当事人消除争议,达成调解协议。人力资源社会保障部门主持调解工作时,可邀请当事人所在的基层组织以及其他与案件有关的社会力量参加调解;重大、复杂、群众关注度高的争议纠纷,可邀请相关专家参加调解,保证调解的中立性和客观性。对争议纠纷基本事实有异议的,人力资源社会保障部门可采取听证、现场调查等方式调查取证。

调解达成协议的,人力资源社会保障部门应制作行政调解书。行政调解书内容包括当事人申请调解事项、查证的事实、调解结果、双方当事人的签名或盖章等;行政调解书应加盖调解机关印章或行政调解专用章。对在规定时限内达不成调解协议或一方当事人不愿意继续调解的,应当制作终止行政调解决定书,并交付当事人。终止行政调解的,应依法作出处理或引导当事人通过行政复议、仲裁和诉讼等渠道解决。

四、加强领导,落实责任

各级人力资源社会保障部门要加强对行政调解工作的组织领导,认真履行职责,严格落实行政调解工作责任。各级人力资源社会保障部门及厅属各单位负责人要亲自指导协调化解重大争议与纠纷,定期听取行政调解工作情况汇报,研究解决存在的困难和问题。要严格考核问责,对工作成绩突出的单位和个人进行表扬;对组织不得力、工作不落实、责任不到位的,进行通报批评并限期整改;对因工作敷衍塞责导致发生严重影响社会稳定事件的,要实行责任倒查,严格追究相关人员的责任。

附件:人力资源社会保障行政调解文书格式(略)

云南省人力资源和社会保障厅

2014 年 1 月 28 日

玉溪市人民政府关于加强行政调解工作的意见

(2012 年 9 月 25 日　玉政发〔2012〕176 号)

各县区人民政府,市直各单位:

为贯彻落实《国务院关于加强法治政府建设的意见》(国发〔2010〕33 号)、中央综治委等 16 个部委《关于深入推进矛盾纠纷大调解工作的指导意见》(综治委〔2011〕10 号)和《云南省人民政府贯彻落实国务院加强法治政府建设文件的实施意见》(云政发〔2011〕100 号)精神,充分发挥行政调解化解社会矛盾,维护社

会和谐稳定作用,结合实际,现就加强我市行政调解工作提出以下意见:

一、充分认识加强行政调解工作的重要性

行政调解是由行政机关主持或主导的,以法律、法规和政策规定为依据,主要以行政争议和与行政管理有关的民事纠纷为对象,通过说服劝导等方法,促使各方当事人平等协商、互谅互让、达成协议,消除矛盾的一种纠纷解决机制。做好行政调解工作,是密切党和政府与人民群众联系、促进社会和谐的重要途径,是加强和创新社会管理、加快法治政府建设的迫切需要。目前,我市正处在经济社会发展的关键时期,社会利益和群众需求呈现多元化趋势,社会矛盾化解工作也面临着许多新情况、新问题。全市各级行政机关要将行政调解作为重要的社会矛盾调处手段,充分利用行政调解工作优势,运用调解的办法做好矛盾纠纷化解工作,从源头上预防和减少社会矛盾,为切实维护社会和谐稳定、促进经济社会又好又快发展发挥重要作用。

二、指导思想、工作原则、调解范围和程序

(一)指导思想

深入贯彻落实科学发展观,以化解社会矛盾纠纷为根本,建立行政调解工作体制,创新行政调解工作机制,充分发挥行政机关在化解行政争议和与行政管理有关的民事纠纷中的作用,推动建立行政调解与基层人民调解、司法调解相衔接的大调解联动机制,形成调解工作合力,有效化解社会矛盾,积极为全市经济社会发展创造和谐、稳定、有序的社会环境。

(二)工作原则

1. 属地管辖原则。行政机关对发生在本地区、本部门的矛盾纠纷要按照“属地管理、分级负责”的原则和要求,积极履行职责。

2. 自愿原则。行政调解要充分尊重各方当事人意愿,不得强迫当事人接受调解方式或调解结果。

3. 合法原则。行政调解要遵循法律、法规和政策,调解内容不得违反法律禁止性规定,不得损害国家利益、公共利益和他人合法权益。

4. 公平公正原则。行政调解要兼顾各方当事人的合法权益,平等协商处理利益纠纷,体现公平正义,行政机关作为当事人一方时,与行政管理相对人的地位平等。

5. 注重效果原则。行政调解要实现法律效果和社会效果的有机统一,达到

“定纷止争、案结事了”。

（三）调解范围

1. 行政机关（包括法律法规授权的组织、综合行政执法机构）与公民、法人或者其他组织之间产生的行政争议。重点解决土地征收、城镇房屋拆迁、人力资源社会保障、治安管理等方面的行政争议。

2. 公民、法人或者其他组织之间产生的与行政管理有直接或间接关联的民事纠纷。重点解决交通损害赔偿、医疗卫生、消费者权益保护、物业管理、劳动争议等与行政管理有关的民事纠纷。

3. 与行政管理有关的涉及资源开发、环境污染、公共安全事故等方面重大、复杂的民事纠纷，以及涉及人数众多，社会影响大，可能影响社会稳定的纠纷。

4. 行政复议机关可以调解、和解的争议纠纷。重点解决涉及行政处罚自由裁量权的行使、行政赔偿或者行政补偿纠纷。

（四）调解程序

1. 申请。行政调解可书面申请，也可口头申请。可由一方当事人申请，也可由行政机关依据职权提出，但必须征得各方当事人同意。当事人是公民、法人和其他组织的，可向具有相关管理职能的行政机关提出调解申请。

2. 受理。行政机关收到行政调解申请后，应当在 7 个工作日内决定是否受理并告知当事人。两个以上行政机关收到同一行政调解申请的，由具有相关管理职能的行政机关受理，对涉及多个部门的矛盾纠纷，由同级政府法制部门（行政调解工作协调领导小组办公室）受理或由其指定的部门受理。

3. 调处。行政机关受理行政调解申请后，应当及时告知当事人依法享有的权利、义务和相关事项。调解过程中，要认真听取当事人的陈述、申辩和质证，分析并归纳各方争议的焦点，依据法律法规、规章和政策等有关规定，对当事人进行说服、劝导，引导争议各方达成谅解。涉及重大、复杂以及社会影响较大的争议纠纷，行政机关应当制作调解笔录，全面客观记载调解的过程和内容。对争议纠纷基本事实有异议的，行政机关可采取听证、现场调查等方式调查取证。调解达成协议的，应当签订调解协议书。行政调解协议经各方当事人认可并签字或盖章确认后，即对调解当事人具有约束力，当事人应当自觉履行。当事人一方是公民、法人和其他组织不履行调解协议的，行政机关可以向人民法院申请强制执行，当事人一方是行政机关不履行调解协议的，公民、法人和其他组织可以向人民法院提起行政诉讼。行政调解达成的调解协议，双方当事人认为有必要的，可以依法向人民法院申请司法确认。行政调解机关应当跟踪调解协议的执行情况，督促双方当事人及时履行，促进调解目的的实现。

4.时限。为了保护当事人行政复议和行政诉讼权利，避免久调不决，行政调解期限一般不应超过30日。在30日内达不成调解协议的，行政机关应当及时终止调解，告知当事人通过行政复议、仲裁和诉讼等渠道解决争议纠纷。

法律、法规、规章对行政调解范围、程序、时限等有明确规定的，从其规定。

三、充分运用行政调解方法解决行政争议和与行政管理有关的民事纠纷

（一）努力把行政争议化解在行政复议工作中

各级行政机关要切实做到行政调解与依法履职相结合，充分运用调解方法解决行政争议。各级行政复议机关要根据《中华人民共和国行政复议法实施条例》规定的调解原则、范围，在不损害国家利益、公共利益和他人合法权益的前提下，按照调解优先原则解决行政争议。在行政复议决定作出之前，要深入了解各方诉求，找准争议焦点，向当事人宣传有关法律法规和政策，摆事实、讲道理，耐心细致地做好当事人的思想工作，为各方当事人自愿调解、达成协议创造条件。经调解，各方当事人达成和解协议的，行政机关应当做好和解协议内容记录；各方当事人达成调解协议的，行政机关应当制作行政复议调解书，并自觉履行和解、调解协议。

（二）切实做好与行政管理有关的民事纠纷的调解工作

各级行政机关应当结合本地区、本部门的工作实际，建立健全与行政管理有关的民事纠纷的调处工作程序。对依法应当由行政机关调处、裁决的民事纠纷，行政机关要在当事人同意的基础上优先采用调解的方法，向当事人耐心宣传有关法律法规，说服和劝导当事人在平等协商、互谅互让的基础上解决纠纷，努力促成各方当事人达成协议。通过调解，各方当事人能够达成协议的，行政机关应当制作行政调解文书；不能达成协议的，行政机关应当终止调解，在法定期限内依法作出处理，并及时告知当事人救济权利和途径。

（三）积极做好行政案件的应诉和协调工作

各县区政府及市直各部门要认真执行《玉溪市行政机关法定代表人行政诉讼出庭应诉暂行规定》，积极做好相关行政诉讼的应诉工作，对于具有重大影响、争议时间较长、涉及面广、群众普遍关心的难点、热点案件和人民法院认为应当出庭应诉的案件,行政机关法定代表人应当出庭应诉。各级行政机关要积极配合人民法院做好行政案件诉前、诉中、判后、执行的各项工作。对人民法院在行政诉讼立案阶段提出的意见,应当认真对待、积极履行;对人民法院指出的执法问题,应当立即核实、主动改正、消除负面影响;对因行政行为被诉可能引发重大矛盾纠纷的,应当立即将有关情况向主管领导汇报。政府法制部门要发挥好对本级政府和所属工作部门涉诉行政争议化解工作的统筹协调作用,积极配合做好涉诉行政争议化解工作。

四、建立健全行政调解工作机制

(一)建立健全行政调解工作制度

各级行政机关要建立健全行政调解工作制度,规范行政调解工作。要根据行业特点和要求制定行政调解程序,规范行政调解案件的受理、调查、调解、制作调解协议等工作环节。行政调解中,要保障当事人的平等地位,保障当事人的知情权、参与权和救济权。

(二)建立行政调解工作考核机制

行政调解工作纳入政府工作目标考核。各县区政府及市直有关部门要建立健全行政调解工作机制,依法及时化解社会矛盾纠纷。要按照"属地管理、分级负责"的原则,对发生在本县区、本系统的行政争议,要及时进行调解。对重大行政争议,要重点研究解决措施,抓好落实工作。对未按规定调解矛盾纠纷,影响社会稳定的,市政府要在年度行政效能考核中予以扣分;对不履行调解职责,化解社会矛盾纠纷不及时,造成严重后果的,要予以问责。

(三)建立行政调解与基层人民调解、司法调解的衔接配合机制

各级行政机关要积极做好行政调解与有关基层人民调解的衔接配合。行政机关在调处矛盾纠纷时可邀请有关基层人民调解组织参加,有关基层人民调解组织调解矛盾纠纷需要相关行政机关协助调解的,可向有关行政机关提出,行政机关应当指派人员参加调处工作。各级行政机关要主动加强行政调解与司法调解的衔接配合,建立调解情况通报交流制度,充分发挥各自职能,妥善化解各类纠纷。行政机关对于调解不成的矛盾纠纷,应当及时告知、引导当事人通过复议、仲裁、诉讼等渠道解决。对于进入诉讼程序的行政争议,在诉前已经做过行政调解工作的,被诉行政机关应当将行政调解的有关情况告知人民法院。

(四)建立行政调解经费保障机制

各级财政部门要按照现行事权、财权划分原则,在分清渠道,分级负担的前提下,根据部门预算管理有关要求,将行政调解工作经费纳入本级财政年度预算,予以保障。

五、加强领导,抓好落实

(一)建立健全行政调解工作体制机制

各县区人民政府要建立由政府负总责、政府法制部门牵头、各职能部门为主体的行政调解工作机制,成立行政调解工作协调领导小组。主要领导和分管领导要定期听取行政调解工作汇报,及时协调解决本地区重大、复杂的矛盾纠纷。市级各部门要建立健全"一把手"负总责,分管领导具体抓、部门法制机构牵头、相关科室参与的行政调解工作机制,指定具体科室及人员承担行政调解工作,落实本部门的行政调解职责,开展矛盾纠纷的排查调处工作。涉及矛盾纠纷较多的卫生、民政、住房城乡建设、国土资源、人力资源社会保障、工商、公安、交通运输、环保、规划等部门应当成立行政调解委员会,建立健全行政调解工作机制。

(二)加强行政调解信息通报和备案工作

各级行政机关要认真加强行政调解的信息统计分析上报工作,每半年报送一次,于每年6月30日、12月31日前将本县区、本部门开展行政调解工作情况报市政府,并抄报市政府法制部门;对重大复杂的案件,要将行政调解协议书及相关材料报市政府法制部门备案;对涉及人数众多、社会影响大、可能影响社会稳定的问题,要及时向党委、政府报告。政府法制部门要定期对信息报送情况进行汇总、分析和通报,行政调解工作情况纳入年度依法行政工作报告内容进行报送。

(三)加强行政调解队伍建设

各级行政机关要加强行政调解队伍建设,选调政治思想好、业务能力强、有较高法律素质、善于做群众工作的干部承担行政调解工作。要加强对行政调解工作人员的培训,提高行政调解工作人员政治、法律和业务素质,提升行政调解工作水平。要紧密依靠基层组织、相关行业协会和专家学者发挥行政调解作用,动员社会各方面力量积极参与行政调解工作。

(四)加强监督指导

各县区、各部门要根据行政调解工作的具体部署,制定本县区、本部门开展行政调解工作的实施意见,并于2012年10月31日前报市政府,同时抄送市政府法制办公室。市、县区政府法制部门作为行政调解工作的牵头部门,要加强对市、县区政府所属部门行政调解工作的指导、督促、协调工作。要充分运用行政调解手段,切实把矛盾化解在基层,化解在萌芽状态,化解在行政机关内部。

玉溪市人民政府

2012年9月25日

玉溪市人民政府办公室关于印发《玉溪市行政调解工作规则(试行)》的通知

(2012年9月25日 玉政办发〔2012〕178号)

各县区人民政府,市直各单位:

《玉溪市行政调解工作规则(试行)》已经玉溪市第三届人民政府第89次常务会议讨论通过,现印发给你们,请遵照执行。

玉溪市人民政府办公室

2012年9月25日

玉溪市行政调解工作规则(试行)

第一章 总 则

第一条 为加强和创新社会管理,规范行政调解行为,预防和化解社会矛盾纠纷,维护社会和谐稳定,根据相关法律法规、《国务院关于加强法治政府建设的意见》(国发〔2010〕33号)和《玉溪市人民政府关于加强行政调解工作的意见》(玉政发〔2012〕176号),结合实际,制定本规则。

第二条 市、县区人民政府及其工作部门、法律法规授权组织、综合行政执法机构(以下统称“行政机关”)开展行政调解工作,适用本规则。

第三条 本规则所称“行政调解”,是指行政机关根据相关法律、法规和政策规定,对与其行政职权有关的行政争议和与行政管理有关的民事纠纷,通过疏导、说服、劝导、教育,促使各方当事人在自愿、平等协商的基础上达成一致协议,以解决矛盾纠纷的行为。

第四条 行政调解应当坚持属地管理、自愿平等、依法合理、公平公正、注重效果的原则。

第五条 市、县区人民政府应当将行政调解工作纳入本级政府工作目标管理及考核。

市、县区人民政府成立行政调解工作协调领导小组(以下简称“协调领导小组”),负责协调、解决本地区重大、复杂的矛盾纠纷。协调领导小组下设办公室在政府法制部门,具体负责行政调解工作的指导、督促、协调、检查和考评工作。

卫生、民政、住房城乡建设、国土资源、人力资源社会保障、工商行政管理、公安、交通运输、环保、规划等部门根据行业特点和要求成立行政调解委员会。其他行政机关应当根据工作需要指定具体科室及人员承担行政调解工作。

第六条 行政机关应当加强与人民法院、基层人民调解组织的沟通联系,完善行政调解与司法调解、基层人民调解相衔接的 协调联动、信息沟通和效力衔接机制。

第七条 行政调解工作经费应当纳入本级财政(含部门)年度预算予以保障。

第二章 行政调解范围及程序

第八条 行政调解的工作范围:

(一)对下列属于行政机关与公民、法人或其他组织之间产生的行政争议或者是公民、法人或其他组织之间产生的与行政管理直接或间接关系的民事纠纷,行政机关可以进行调解:

1. 依法可以调解的治安案件;

2. 交通事故损害赔偿争议;

3. 土地、林木、矿产等自然资源权属争议;

4. 征收(征用)房屋、土地引发的安置补偿争议;

5. 劳动争议、社会保障等争议;

6. 消费者权益保护纠纷;

7. 交通管理、价格管理过程中引发的纠纷;

8. 医疗事故损害赔偿等医患纠纷;

9. 校园安全事故等校园矛盾纠纷;

10. 资源开发、环境污染、公共安全事故引发的争议;

11. 依法可以调解的其他争议。

(二)对下列行政复议案件,行政复议机关可以进行调解:

1. 涉及行政自由裁量权行使的;

2. 涉及行政赔偿或者行政补偿纠纷的;

3. 涉及行政机关对平等主体之间民事争议所作的裁决、认定等;

4. 涉及行政机关行政不作为的;

5. 具体行政行为程序上存在瑕疵,但不足以撤销或变更的;

6. 行政复议机关认为可以进行调解的其他情形。

(三)涉及资源开发、环境污染、公共安全事故等方面的重大、复杂的民事纠纷,以及涉及人数众多,社会影响大,可能影响社会稳定的纠纷。

第九条 当事人申请行政调解,应当符合下列条件:

(一)有明确的各方当事人和申请事项、事实根据;

(二)当事人与申请调解的矛盾纠纷有直接利害关系;

(三)申请调解的争议纠纷与行政机关的管理职能有关,并符合本办法第九条的规定;

(四)申请调解的矛盾纠纷具有可调解性;

(五)各方当事人、第三人均同意行政调解;

(六)当事人未选择解决争议纠纷的其他途径。

第十条 当事人可以书面或者口头向矛盾纠纷发生地或者具有管理权限的行政机关申请行政调解。

口头申请行政调解的,行政机关应当记录申请人的基本情况和申请调解的请求、主要事实、理由、时间等。

一方当事人超过5人的,推选1至5名代表参加行政调解。

第十一条 两个以上行政机关都收到行政调解申请的,由有管辖权的行政机关组织调解;两个以上行政机关都有管辖权的,由先收到行政调解申请的行政机关受理。

行政机关对管辖权产生争议的,由行政机关协商受理;协商不成的,由市、县区协调领导小组办公室指定管辖。对涉及多个部门的争议纠纷,由市、县区协调领导小组办公室受理或由其指定的部门受理。

第十二条 在未启动行政调解程序前,争议纠纷有可能激化的,行政机关应当及时采取必要的缓解疏导措施。

第十三条 当事人在行政调解活动中,享有下列权利:

(一)自主接受调解、拒绝调解或者要求终止调解;

(二)要求公开或者不公开进行调解;

(三)表达真实意愿、自愿达成调解协议;

(四)其他依法享有的权利。

第十四条 当事人在行政调解活动中,应当履行下列义务:

(一)如实提交有关证据和陈述纠纷事实,不得提供虚假证明材料;

(二)遵守调解秩序,不得加剧纠纷、激化矛盾;

(三)自觉履行调解协议。

第十五条 行政调解人员和记录人员有下列情形之一的,当事人或者第三人有权申请回避:

(一)是本案当事人或者当事人近亲属的;

(二)与本案有利害关系的;

(三)与本案有其他关系可能影响纠纷公正处理的。

符合前款规定情形的行政调解人员或者记录人员,当事人或者第三人提出回避要求的,行政机关应当调换。

第十六条 对案情简单、调解结果能够即时履行的争议纠纷,适用简易程序进行调解。

适用简易程序的行政调解应当在10日内终结。达成调解协议的,应当在调解笔录中记录协议内容。

第十七条 对案情复杂、当场不能解决的争议纠纷,适用一般程序进行调解。

一般程序的行政调解应当遵循以下程序：

(一)受理。行政机关收到行政调解申请后，应当认真审查有关材料，符合条件的，应当在7个工作日内，发给受理通知书，并告知当事人依法享有的权利、义务和应当注意的事项，及时启动调解程序；不符合条件的，应当说明原因，同时告知申请人解决该争议纠纷的其他途径。

矛盾纠纷涉及第三人的，行政机关应当通知第三人参加行政调解。当事人或第三人可以委托代理人参加调解。

(二)调处。行政调解程序启动后，调解人员应当提前3日将行政调解时间、地点、行政调解人员名单等有关事项通知当事人。

对重大复杂的案件，行政机关负责人应当主持行政调解；其他案件，可以由行政机关负责人指定具有专业知识和调解经验的调解人员进行调解。

调解人员依据各方当事人提供的证据以及在行政调解过程中收集的证据，认定案件事实，找准争议纠纷的焦点和各方利益的连结点，开展说服疏导工作，促使各方当事人互谅互让，消除隔阂，引导当事人意见达成一致。

对争议纠纷基本事实有异议的，行政机关可以采取听证、现场调查、召开协调会等方式进行调解或取证。

行政机关应当制作调解笔录或者听证笔录，全面、客观地记载调解的过程和内容。笔录应当由争议纠纷当事人、行政调解人员签名确认。

行政机关调解矛盾纠纷，根据需要可以邀请有关单位、专业人员或者其他有关人员参加，被邀请单位或者个人应当支持配合。

(三)协议。行政调解达成协议的，行政机关应当制作行政调解协议书。行政调解协议书的内容不得违反有关法律、法规、规章和政策的规定，不得损害国家利益、公共利益和他人合法权益。

行政调解协议书应当载明下列事项：

1. 双方当事人和第三人的基本情况；

2. 纠纷事实、争议焦点；

3. 当事人协议的内容和调解结果；

4. 履行协议的方式、地点、期限；

5. 调解人员、双方当事人和第三人签名和行政机关盖章；

6. 其他事项。

行政调解协议书由双方当事人、第三人各执一份,行政机关存档一份。

(四)时限。行政调解应当自受理之日起30日内终结。在30日内达不成行政调解协议的,行政机关应当及时终止调解,制作行政调解终止通知书,根据案件性质,告知当事人通过行政复议、仲裁和诉讼等渠道解决争议纠纷。

需要第三方专业机构作出鉴定、认定或者裁决的,鉴定、认定或者裁决所需时间不计入行政调解期限。

(五)履行。行政调解协议书自双方当事人、第三人和调解人员、调解组织签字或盖章之日起生效,当事人应当自觉履行。

当事人一方是公民、法人和其他组织不履行调解协议的,行政机关可以向人民法院申请强制执行;当事人一方是行政机关不履行行政调解协议的,公民、法人和其他组织可以向人民法院提起行政诉讼。

第十八条 与行政管理有关的民事纠纷经行政调解达成的具有民事合同性质和给付内容的协议,行政机关应当引导当事人依法申请司法确认或者申请公证机构依法进行公证。行政调解协议经司法确认或者经依法公证后,债务人不履行或者履行不适当的,债权人可以依法向有管辖权的人民法院申请执行。

第十九条 行政调解机关应当跟踪行政调解协议的执行情况,督促双方当事人及时履行行政调解协议所约定的义务。

第二十条 行政调解案件结案后,行政调解工作人员应当按照档案管理的要求,按一案一卷整理归档保存。对重大复杂的案件,行政机关应当将其行政调解协议书及相关材料报送同级人民政府法制部门备案。

第三章 奖励和监督

第二十一条 行政调解工作中作出显著成绩的单位和突出贡献的个人,同级人民政府应当给予表彰奖励。

第二十二条 行政机关及其工作人员在行政调解工作中有下列情形之一的,依照有关规定给予行政问责或者行政处分:

(一)对行政调解工作组织领导不力、工作不落实、责任不到位,导致矛盾纠纷突出的;

（二）无正当理由不受理行政调解申请的；

（三）不履行行政调解职责或者不支持配合行政调解，贻误矛盾纠纷调处时机，造成恶性事件、群体性事件或者其他严重后果的；

（四）徇私舞弊、滥用职权导致矛盾纠纷激化的；

（五）索取、收受当事人的财物或者谋取其他不正当利益；

（六）其他影响行政调解公正、及时等不当行为的。

第二十三条 当事人在行政调解过程中，辱骂、殴打对方当事人，或者有其他干扰、阻挠行政调解工作行为的，由有关行政机关给予批评教育；违反治安管理规定的，由公安机关依法予以处罚。

第四章 附 则

第二十四条 法律、法规、规章对行政调解另有规定的，从其规定。

第二十五条 本规则自公布之日起施行。

玉溪市人民政府办公室关于认真贯彻落实《云南省行政调解规定（试行）》做好行政调解工作的通知

（2014年6月25日 玉政办发〔2014〕118号）

各县区人民政府，市直有关单位：

2012年，市政府和市政府办公室分别下发《关于加强行政调解工作的实施意见》（玉政发〔2012〕176号）和《玉溪市行政调解工作规则试行》（玉政办发〔2012〕178号，以下简称《规则》），建立健全了我市行政调解工作机制。去年底今年初，省政府办公厅、省政府法制办又下发了《云南省行政调解规定（试行）》（云政办发〔2013〕137号，以下简称《规定》）和《关于认真贯彻落实云南省行政调解规定(试行)做好行政调解工作的意见》(云府法〔2014〕22号),对做好全省行政调解工作作出了安排部署,提出了新的要求。为了进一步规范行政调解行为,发挥行政调解在化解社会矛盾中的作用,现就认真贯彻落实好省、市行政调解相关文件有关事项通知如下:

一、统一思想,提高认识,充分认识行政调解工作的重要性

党的十八届三中全会提出,要创新有效预防和化解社会矛盾体制,完善人民调解、行政调解、司法调解联动工作体系,建立调处化解矛盾纠纷的综合解决机制。行政机关作为行政调解工作的责任主体,开展行政调解是关注民生、体察民情、化解民怨,妥善协调处理各方面利益关系,深入贯彻落实党的群众路线教育实践活动的具体体现。行政机关充分运用行政法律手段及时化解当事人之间矛盾和纠纷,把矛盾化解在基层,解决在萌芽状态,对维护改革发展和稳定大局,促进玉溪经济社会跨越发展具有十分重要的意义。各县区、各部门要从构建和谐社会高度,充分认识行政调解工作的重要性,切实做好行政调解工作,维护玉溪经济社会稳定,搭建行政机关和人民群众沟通的桥梁。

二、明确行政调解职责

(一)县区政府主要职责

1. 统一领导本行政区域内的行政调解工作;

2. 建立由县区政府负总责、政府法制机构牵头、各职能部门为主体的行政调解工作体制;

3. 将行政调解纳入本级"大调解"工作平台,充分发挥行政机关在化解纠纷中的重要作用。

(二)政府法制部门主要职责

1. 协调、指导和监督本行政区域内的行政调解工作;

2. 制定完善行政调解配套制度;

3. 负责行政调解宣传培训、情况汇总、建立台账、监督检查及考核等工作;

4. 协调处理行政调解与司法调解、人民调解、仲裁调解的衔接关系;

5. 对法律关系复杂、重大疑难的纠纷及带有普遍性的问题,会同有关部门进行研究,提出具体解决方案和建议;

6. 加强行政调解人员的培训;

7. 总结、交流、推广和宣传行政调解工作先进经验,培育行政调解工作先进典型。

（三）政府部门、法律法规授权组织和乡（镇）人民政府和街道办事处的主要职责

1. 统一领导本行政区域、本部门的行政调解工作；

2. 制定完善本地区、本部门的行政调解配套制度；

3. 负责行政调解的宣传培训、梳理依据、情况汇总、建立台账、监督检查及考核等工作；

4. 确定具体承办行政调解工作机构，具体承办行政调解工作，将行政调解工作落实到岗到人，包括行政调解的受理、调处、回访、登记、汇总、建立台账、立卷归档等工作；

5. 对法律关系复杂、重大疑难的纠纷及带有普遍性的问题进行分析研究，指导本地区、本系统行政调解工作。

三、认真梳理行政调解依据，向社会进行公开

行政调解依据包括两种情形，一是行政机关应当主动调解的情形；二是行政机关依当事人申请调解的情形。市、县区各部门（含法律法规授权组织）要对两种情形所依据的法律、法规、规章和规范性文件进行梳理，通过梳理列明本部门负有行政调解的事项清单（详见附件3）。梳理行政调解事项的具体工作由各部门负责，并于今年7月31日前通过政府信息公开网、报纸、宣传栏等形式向社会公开。市直各部门向社会公开的行政调解事项清单，要于今年8月10日前报市政府法制办公室备案；乡镇政府、街道办事处和县区部门向社会公开的行政调解事项清单，要于今年8月10日前报县区政府法制办公室备案。

四、认真抓好学习培训工作，广泛宣传

各县区、各部门要把学习贯彻省市行政调解工作的相关规定纳入本级政府、本部门培训学习计划和干部法制教育培训内容，认真组织学习，全面掌握行政调解工作的规定、程序和要求。具体工作由市、县区政府法制办公室及各部门负责。

（一）培训目标。县区和部门分管领导及全体调解人员普遍熟悉掌握《规定》、《规则》，在行政调解工作中自觉贯彻执行《规定》、《规则》，规范行政调解行为，提高行政调解工作的质量。

（二）培训内容。《规定》、《规则》及相关配套文件。

（三）培训方式。市政府法制办公室将行政调解作为行政执法培训的重要内

容组织进行培训;各县区、各部门负责对本地区、本部门行政调解人员的培训。

各县区各部门要制定宣传方案,充分发挥各种宣传舆论工具作用,采取设置宣传栏、张贴宣传画、发放宣传材料、知识竞赛等形式,广泛宣传,让社会公众了解《规定》、《规则》,提高行政调解的社会认知度,引导人民群众利用行政调解方式解决与行政管理职能相关的矛盾纠纷。

五、认真做好汇总报告工作

(一)报送每月行政调解工作情况

1. 各县区、市直各部门负责统计本地区、本部门行政调解工作情况,按照《玉溪市人民政府法制办公室关于报送行政调解情况统计报表的通知》(玉府法发电〔2013〕10号)要求,于每月2日前将上月行政调解工作情况汇总后填写《玉溪市行政调解工作情况统计表》(详见附件1)通过电子政务公文交换系统报送市政府法制办公室。

2. 各县区、市直各部门要于每季度完结次月5日前将上季度行政调解工作情况报市政府法制办公室。

(二)报送每年行政调解工作情况

行政调解案件形成的材料应当建立台账,按年度归档。各级各部门按照要求填写《行政调解情况汇总表》(详情见附件2)后进行报送。

1. 乡(镇)人民政府、街道办事处负责将本年度行政调解情况汇总后于次年1月10日前报本级政府及县区政府法制办公室;

2. 市、县区政府部门和法律法规授权组织,将本部门本年度行政调解情况汇总后于次年1月10日前报本级政府法制办公室;

3. 县区政府法制办公室负责将县区政府部门和法律法规授权组织及乡(镇)人民政府、街道办事处本年度报送的行政调解情况,汇总后于次年1月20日前报县区政府及市政府法制办公室;

4. 市政府法制办公室将市政府部门和法律法规授权组织及县区政府法制办公室本年度报送的行政调解情况,汇总后于次年1月30日前报市政府及省政府法制办公室。

六、相关要求

(一)加强领导,保障有力。各县区、各部门要统一思想,提高认识,高度重视行政调解工作,要进一步健全和调整完善“一把手”负总责、分管领导具体抓、法制机构牵头、相关业务科室为主要调解力量的工作机制。要设置开展行政调解工作的必要场所，配备必要设备等，为行政调解工作的顺利开展创造必要条件，保障行政调解工作的正常开展。

（二）完善机制，加强衔接。市、县区政府法制办公室应当加强与人民法院、司法行政部门和仲裁机构的工作联系，进一步健全完善行政调解与人民调解、司法调解、仲裁调解的衔接机制和信息沟通机制。各县区、各部门要认真落实《云南省高级人民法院 云南省人民政府法制办公室关于对行政调解协议进行司法确认的通知》（云高法〔2014〕11号），积极配合做好人民法院委托调解或者需要行政、司法机关共同调解的有关工作。

（三）落实责任，强化监督。各县区、各部门要严格按照梳理列明的行政调解事项清单，落实调解责任单位及其人员，及时妥善调处纠纷。行政调解工作将纳入市委、市政府综合目标考评的范围，对未按规定调解矛盾纠纷，影响社会稳定的，将在年度综合目标考评中予以扣分；对不履行调解职责，化解社会矛盾纠纷不及时，造成严重后果的，要予以问责。

（四）贯彻落实情况的报送。各县区政府、市直各部门要将贯彻落实及工作开展情况（包括组织开展工作情况、学习培训情况、梳理和公开行政调解依据情况等）于今年7月31日前报市政府法制办公室。

附件：1. 玉溪市行政调解工作情况统计表
2. 行政调解情况汇总表
3. 行政调解事项清单
4. 云南省人民政府办公厅关于印发云南省行政调解规定（试行）的通知（略）
5. 云南省高级人民法院 云南省人民政府法制办公室关于对行政调解协议进行司法确认的通知（略）

玉溪市人民政府办公室

2014年6月25日

附件1：

玉溪市行政调解工作情况统计表

填报单位：　　　　　　　　　　　　填报时间：　　　　　年　月　日

	行政复议		行政仲裁		治安调解		调解主体		
	复议申请	调解方式结案	受理案件	调解方式结案	受理案件	调解结案	州市行政单位	县区行政单位	乡镇行政单位
	件	件	件	件	件	件	件	件	件
土地征用流转									
房屋拆迁									
企业改制破产									
移民安置									
计划生育									
矿山矿产									
水利资源									
山林土地									
婚姻家庭									
邻里纠纷									
民间借贷									
生产经营									
合同纠纷									
消费维权									
环境保护									

续表

	行政复议		行政仲裁		治安调解		调解主体		
	复议申请	调解方式结案	受理案件	调解方式结案	受理案件	调解结案	州市行政单位	县区行政单位	乡镇行政单位
	件	件	件	件	件	件	件	件	件
交通事故									
物业管理									
房产交易									
医疗纠纷									
劳动争议									
知识产权									
财物损毁									
人身损害									
学校教育									
安全生产									
涉军维权									
民族宗教									
行政行为									
干群关系									
村务管理									
其他									
合计									
备注									

审核人： 填表人：

附件2:

________年行政调解情况汇总表

填报机关:(印章)　　　　　　　　　　　　　　　　　　时间:20　　年　月　日

纠纷种类	受理数量(件)	调解结案数量(件)	撤案数量(件)	调解成功数量(件)	申请司法确认数量(件)
合计					
治安纠纷					
交通事故纠纷					
农村土地承包经营权、宅基地使用权、林权、水资源使用权、矿产权纠纷					
医疗纠纷					
环境污染纠纷					
劳动人事和社会保障权益纠纷					
知识产权纠纷					
物业权益纠纷					
工商登记和消费者权益纠纷					
与行政管理职能相关的其他纠纷					

联系人:　　　　　　　　　　　电话:

附件3：

______(单位名称)______行政调解事项清单

序号	项目名称	调解类别	法律依据和具体条文	具体承办机构和电话	备注
1	农村土地承包经营纠纷调解	申请调解	《中华人民共和国农村土地承包法》(中华人民共和国主席令第73号)第五十一条：因土地承包经营发生纠纷的，双方当事人可以通过协商解决，也可以请求村民委员会、乡(镇)人民政府等调解解决。 当事人不愿协商、调解或者协商、调解不成的，可以向农村土地承包仲裁机构申请仲裁，也可以直接向人民法院起诉。	具体承办机构名称 电话号码	
2	电力争议纠纷调解	申请调解、主动调解	《电力争议纠纷调解规定》(国家电力监管委员会令第30号)第四条：当事人可以向电力监管机构申请调解，电力监管机构也可以主动调解。当事人一方明确拒绝调解的，不得调解。	具体承办机构名称 电话号码	
…	…	…	…	…	

注：1. "调解类别"分为"申请调解"和"主动调解"两类；

2. 该清单要于今年7月31日前通过政府信息公开网、报纸、宣传栏等形式向社会公开；

3. 市直部门向社会公开的行政调解事项清单，要于今年8月10日前报市政府法制办公室备案；乡镇政府、街道办事处和县区部门向社会公开的行政调解事项清单，要于今年8月10日前报县区政府法制办公室备案。

普洱市人民政府办公室关于进一步加强行政调解工作的意见

（2015年8月17日 普政办发〔2015〕119号）

各县（区）人民政府，市直各委办局、驻普有关单位：

为深入贯彻落实十八届四中全会《中共中央关于全面推进依法治国若干重大问题的决定》、《国务院关于加强法治政府建设的意见》（国发〔2010〕33号）和《云南省人民政府办公厅关于印发云南省行政调解规定（试行）的通知》（云政办发〔2013〕137号）及《中共普洱市委 普洱市人民政府关于加强法治建设创建平安普洱的实施意见》（普发〔2013〕14号）等文件精神，充分发挥行政调解化解社会矛盾、维护社会和谐稳定作用，经市政府同意，现就进一步加强行政调解工作提出如下意见。

一、充分认识做好行政调解工作的重要性和必要性

行政调解是行政机关根据法律法规和政策的规定，对行政纠纷和与行政管理密切相关的民事纠纷，通过搭建平台，解释、说服和疏导，促使当事人互谅互让、达成协议，化解矛盾纠纷的一种机制。开展行政调解工作，是最大限度地运用法律手段预防和化解社会矛盾纠纷的有效措施，是把矛盾化解在基层，解决在萌芽状态的重要手段，是维护社会稳定，促进经济社会科学发展、和谐发展的重要保障。当前，我市仍处于社会矛盾凸显期，特别是随着经济发展方式转变、城乡一体化建设等工作的推进，出现了许多新情况、新问题，矛盾纠纷更加突出。全市各级行政机关要将行政调解作为解决纠纷的重要手段之一，充分利用行政调解工作优势，运用调解的办法做好矛盾纠纷化解工作，从源头上预防和减少社会矛盾，为切实维护社会和谐稳定、建设“平安普洱”发挥积极的作用。

二、工作原则

行政调解工作应当遵循以下工作原则：

1. 自愿原则。要尊重各方当事人意愿，不得强迫当事人接受调解方式或调解结果。

2. 合法原则。要遵循法律、法规和政策，不得损害国家利益、公共利益和他人合法权益。

3. 公平公正原则。要兼顾各方当事人的合法权益，平等协商处理利益纠纷，体现公平正义。

4. 注重效果原则。要追求“定纷止争、案结事了”的社会效果和法律价值。

三、工作重点和工作要求

（一）工作重点

1. 行政机关或者法律法规授权的具有管理公共事务职能的组织，与公民、法人或者其他组织之间产生的法律法规规定可以调解的行政争议，重点解决好土地征收、城镇房屋拆迁、人力资源和社会保障、治安管理等方面的行政争议。

2. 公民、法人或者其他组织之间产生的与行政管理关系密切的民事纠纷，重点解决好交通损害赔偿、医疗卫生、消费者权益保护、物业管理、劳动争议等与行政管理有关的民事纠纷。对于涉及资源开发、环境污染、公共安全事故等方面的民事纠纷，以及涉及人数较多、社会影响大、可能影响社会稳定的纠纷要主动进行调解。

（二）工作要求

1. 努力把行政争议化解在行政程序中。各级行政机关要切实做到行政调解与依法履职相结合，充分运用调解方法解决行政争议。各级行政复议机关要根据《中华人民共和国行政复议法实施条例》规定的调解原则、范围，在不损害国家利益、公共利益和他人合法权益的前提下，按照调解优先原则解决行政争议。在行政复议决定作出之前，要深入了解各方诉求，找准争议焦点，向当事人宣传有关法律法规和政策，摆事实、讲道理，耐心细致地做好当事人的思想工作，为各方当事人自愿调解、达成协议创造条件。经调解，各方当事人达成和解协议的，行政机关应当做好和解协议内容记录；各方当事人达成调解协议的，行政机关应当制作行政复议调解书。在行政复议过程中，各级行政机关要积极配合政府法制部门和其他行政复议机构做好行政复议调解、和解工作，及时履行行政复议调解、和解协议，切实做到“定纷止争、案结事了”。

2. 切实做好民事纠纷的调解工作。各级行政机关要认真贯彻落实《云南省行政调解规定》，应当结合本地区、本部门的工作实际，建立健全解决民事纠纷的具体工作程序和规范。对依法应当由行政机关调处、裁决的民事纠纷,行政机关要在当事人同意的基础上优先采用调解的方法,向当事人耐心宣传有关法律法规,说服和劝导当事人在平等协商、互谅互让的基础上解决纠纷,努力促成各方当事人达成协议。通过调解,各方当事人能够达成协议的,行政机关应当制作行政调解文书;不能达成协议的,行政机关应当在法定期限内依法作出裁决,并及时告知当事人救济权利和途径。

3.积极配合开展行政诉前和诉中协调工作。各县(区)政府及行政诉讼案件较多的部门,要根据《最高人民法院关于建立健全诉讼与非诉讼相衔接的矛盾纠纷解决机制的若干意见》,积极配合人民法院做好行政案件诉前、诉中的协调工作。对人民法院在行政诉讼立案阶段提出的协调意见,应当认真对待、积极履行;对人民法院指出的执法问题,应当立即核实、主动改正、消除负面影响;对因行政行为被诉可能引发重大矛盾纠纷的,应当立即将有关情况向主管领导汇报。各县(区)政府的法制机构要发挥好对本级政府和所属工作部门涉诉行政争议化解工作的统筹协调作用,做好涉诉行政争议化解工作。

四、强化行政调解工作的措施

(一)建立和完善行政调解定期汇总分析上报机制

各级行政机关要加强行政调解的信息汇报工作,及时通报本地区、本部门开展行政调解的工作情况,交流工作经验,及时发现并研究带有倾向性和普遍性的问题。对涉及人数较多、社会影响大、可能影响社会稳定的,要及时摸清情况,提出对策建议,并及时与政府法制机构沟通,同时应迅速向同级党委、政府报告。政府法制机构应当定期对信息报送情况进行汇总、分析和通报。

(二)健全规范行政调解工作机制

各级行政机关要建立健全行政调解工作制度,规范行政调解工作。要根据行业特点和要求制定行政调解程序,规范行政调解的受理、调查、调解、制作调解协议等工作环节。行政调解中,要保障当事人的平等地位,保障当事人的知情权、参与权和救济权。

(三)建立行政调解工作考评机制

各级行政机关要建立行政调解工作目标责任制,要制定矛盾化解具体目标,对发生在本地区、本部门的行政争议,及时跟踪调解进展,全面评估调解效果。对重大行政争议,有关县(区)政府和部门要重点研究解决措施,抓好落实工作。

对不积极主动配合行政调解工作、不能及时化解矛盾纠纷,造成严重后果的要予以问责。

(四)建立行政调解与人民调解、司法调解的衔接机制

各级行政机关要积极做好行政调解与人民调解的衔接配合,在交通损害赔偿、医疗卫生、消费者权益保护、物业管理、劳动争议等矛盾多发领域,要建立由有关行政部门主导的专业人民调解组织,优先开展调解工作。要主动加强行政调解与司法调解的衔接配合,建立调解情况通报交流制度,充分发挥各自职能,妥善化解各类纠纷。行政机关对于调解不成的重大矛盾纠纷,应当及时告知、引导当事人通过诉讼渠道解决。对于进入诉讼程序的争议,在诉前已经做过行政调解工作的,应当将行政调解的有关情况告知人民法院。

(五)建立行政调解经费保障机制

各级财政部门要按照现行事权、财权划分原则,在分清渠道,分级负担的前提下,根据部门预算管理有关要求,将宣传、培训、指导、聘用专职行政调解工作人员、调解员工作补贴等各类调解工作经费纳入本级财政年度预算,健全行政调解经费拨付制度。

(六)建立行政调解工作宣传长效机制

各级行政机关要加强行政调解的宣传工作,及时总结本地区、本部门开展行政调解工作的成功经验和先进典型,并做好宣传工作。要充分利用广播、电视、报刊、网络等新闻媒体,开展各种形式的宣传教育,积极引导广大人民群众了解行政调解、支持并选择行政调解解决矛盾纠纷。

(七)加强行政调解队伍建设

各级行政机关要选调政治思想好、业务能力强、有较高法律素质、善于做群众工作的干部充实到行政调解工作队伍中去,各县(区)政府部门及乡(镇)政府要建立专、兼职行政调解工作队伍,开展行政调解工作。要加强对行政调解工作人员的培训,根据调解工作的需要和特点确定培训内容,充分利用司法、行政等各种资源,有计划地开展培训工作,提高行政调解工作人员政治、业务素质,不断提升行政调解工作水平。

(八)落实领导责任,加强监督检查

各级行政机关要根据本市关于行政调解工作的具体部署,制定本地区、本部门开展行政调解工作的实施意见和工作方案,主要领导应当定期听取行政调解

工作汇报，及时协调解决行政调解工作中遇到的重大问题。要充分运用行政调解手段，切实把矛盾化解在基层，化解在萌芽状态，化解在本行政机关内部，不得推卸责任。各级行政机关要定期对行政调解工作进行检查和指导，对开展行政调解工作取得突出成绩的单位和个人应当给予奖励。

普洱市人民政府办公室

2015 年 8 月 17 日

·陕西省·

陕西省人民政府办公厅关于加强行政调解工作的意见

（2011年9月20日 陕政办发〔2011〕96号）

各市、县、区人民政府，省人民政府各工作部门、各直属机构：

为深入贯彻落实国务院《关于加强法治政府建设的意见》（国发〔2010〕33号）和中央社会治安综合治理委员会等16单位《关于深入推进矛盾纠纷大调解工作的指导意见》（综治委〔2011〕10号），充分发挥行政调解的功能与作用，有效预防和化解社会矛盾，更好地保障服务和保障西部强省建设，经省政府同意，现就加强行政调解工作提出如下意见。

一、充分认识行政调解工作的重要性

行政调解是由行政机关主持或主导，依据法律、法规和政策的规定，主要以行政争议和民事纠纷为对象，在查清事实和厘清责任的基础上，对争议和纠纷当事人进行说服劝导，促其通过协商和互谅互让，化解争议和纠纷的活动。当前，随着我省经济社会的快速发展，城乡一体化进程的加快，改革开放的不断深入，社会矛盾纠纷日益增多，并呈现复杂性、群体性、对抗性的特点，化解矛盾纠纷的任务面临着许多新情况、新要求。各级人民政府及其部门要充分认识做好新形势下行政调解工作的重要性，切实把行政调解工作摆在更加重要和突出的位置，增强工作的责任感和紧迫感。要以邓小平理论和“三个代表”重要思想为指导，深入贯彻落实科学发展观，以预防和化解行政争议纠纷为主线，拓展行政调解领域，强化行政调解的化解、预防和教育功能，为维护我省社会和谐稳定，构建“和谐陕西”发挥重要作用。

二、行政调解的工作范围与原则

行政调解工作的范围：行政机关与公民、法人或者其他组织之间发生的行政争议；公民、法人或者其他组织之间产生的与行政管理有关联的争议与纠纷；适用行政调解且不违反法律、法规规定的其他争议与纠纷。

行政调解工作应当遵循以下原则：

（一）自愿原则。行政调解要充分尊重当事人意愿，不得强迫当事人接受调解方式或调解结果。

（二）合法原则。行政调解要符合法律、法规和政策规定，不得侵害社会公共利益，不得侵害公民、法人和其他组织的合法权益。

（三）平等原则。行政调解机关应当充分尊重当事人自愿、充分、真实地表达自己意愿和诉求的权利，公正、公平的调处争议与纠纷。行政机关作为当事一方时，与行政管理相对人在调解过程中地位平等。

（四）注重效果原则。各级人民政府及其工作部门应增强行政调解意识，主动探索研究化解争议与纠纷的新机制，努力追求"定纷止争、案结事了"，实现法律效果与社会效果的统一。

三、行政调解工作的职责分工与保障

各级人民政府及其部门要强化服务意识，按照各自职责分工，做好争议与纠纷的化解工作。

（一）各级人民政府对本地区的行政调解工作负总责。各级人民政府要认真落实党中央、国务院和省委、省政府有关化解争议与纠纷的规定，按照"属地管理、分级负责"的原则，做好行政调解工作的统筹和规划。各级人民政府要将行政调解工作经费、调解人员的工作补贴纳入同级财政预算统筹安排。要建立行政调解联席会议制度，联席会议由本级政府分管领导牵头，政府法制、发展改革、教育、公安、民政、人力资源社会保障、国土资源、环境保护、住房城乡建设、农业、水利、卫生、人口计生、安监、食品药品监管等部门负责人参加，定期研究解决行政调解工作涉及的问题，并定期汇总、分析上报本地区行政调解工作开展情况。行政调解联席会议的日常工作由政府法制机构承担。

（二）各级人民政府法制机构在行政调解工作中要发挥牵头作用，加强对下级政府和本级政府各部门行政调解工作的指导、督促和协调。政府法制机构负责本地区行政调解工作的统筹协调、信息交流、联络及督察考核等日常工作。要研究制定行政调解规章制度，使行政调解工作有序开展；研究解决行政调解工作中的新情况、新问题；汇总分析下级政府和本级政府各部门的行政调解工作情况，并向本级政府报告；加强对政府各部门的指导协调，加大对行政调解工作的督办力度。政府法制机构要加强对行政调解工作人员的培训，不断提高行政调解工作人员对各类争议与纠纷的化解能力、预判与管控能力及应急处理能力,切实提高行政调解工作水平。

(三)政府各部门应当切实发挥行政调解的主体作用,按照"谁主管、谁负责"的原则,不断加强制度和队伍建设,切实履行好与本单位行政管理职能相关的行政调解职能。各部门要设立行政调解指导中心(室),配备专职或兼职行政调解工作人员。要把政治思想好、业务能力强、有较高法律素质的干部充实到行政调解队伍。要建立健全行政调解工作信息化平台和组织网络,建立调解工作人员信息库,公示调解工作人员名单。要落实保障,解决行政调解办公场所和设施。要积极建立激励机制,提高行政调解工作人员的工作积极性和主动性。

各级人民政府及其部门要在做好行政调解工作的同时,积极建立健全与人民调解、司法调解的协调配合机制、信息沟通机制和效力衔接机制,优化整合调解资源,实现"三大调解"的优势互补。

四、加强领导,落实责任

各级人民政府及其部门要各司其职,严格落实行政调解工作责任。各级人民政府及各部门的主要负责人是本地区、本部门行政调解工作的第一责任人。要落实领导责任制,主要负责人要亲自指导协调化解重大争议与纠纷,定期听取行政调解工作进展情况汇报,研究解决影响行政调解工作进展的困难和问题。要严格考核问责,将行政调解工作情况作为综治和平安创建工作的一项指标,进行考核评比。对工作成绩突出的单位和个人进行表彰奖励;对组织领导不力、工作不落实、责任不到位,导致争议纠纷突出的地区和部门,要进行通报批评并限期整改;对工作敷衍塞责、无故推诿和拖延而导致严重影响社会稳定的重大事件和案件的,要实行责任倒查,严格追究领导和相关人员责任。

各级人民政府及其部门要站在保障经济社会发展和维护社会稳定大局的高度,切实增强紧迫感和责任感,不断推进和深化行政调解工作,共同努力,使我省行政调解工作取得新实效、实现新突破,为建设西部强省创造和谐稳定的社会环境。

陕西省人民政府办公厅

二○一一年九月二十日

陕西省社会治安综合治理委员会办公室 陕西省高级人民法院　陕西省人民检察院 陕西省公安厅　陕西省司法厅 关于建立人民调解司法调解行政调解衔接联动机制的实施意见

（2010 年 4 月 7 日　陕综治办〔2010〕18 号）

各市、县（市、区）社会治安综合治理委员会办公室、人民法院、人民检察院、公安局、司法局：

为了贯彻落实好中央政法工作会议精神，切实推进三项重点工作，有效整合调解资源，强化调解职能，形成工作合力，从源头上化解矛盾纠纷，更好地服务“保增长、保民生、保稳定”的工作大局，现就建立以人民调解为基础和依托，人民调解、司法调解、行政调解衔接联动工作机制（以下简称“三调联动”机制），提出如下实施意见。

一、充分认识建立“三调联动”工作机制的重要性

随着经济体制的变革，社会结构的变化和利益格局的调整，民间纠纷在形式和规模等方面也发生了很大变化，呈现出原因复杂、主体多元、规模扩大和调解难度大、易激化等特点。仅靠一个部门、一种方式、一种手段很难有效化解矛盾。这些矛盾纠纷如果不能及时就地化解，一旦激化或聚合，容易酿成治安刑事案件，诱发信访问题和群体性事件，直接影响社会和谐稳定。建立“三调联动”工作机制，形成科学有效的利益协调机制、诉求表达机制、矛盾调处机制、权益保障机制，实现人民调解、司法调解、行政调解有机结合，综合运用法律、政策、经济、行政等手段和教育、协商、疏导等办法，把矛盾化解在基层、解决在萌芽状态，是构建社会主义和谐社会的必然要求，是维护社会稳定和做好矛盾调处工作的迫切需要。有利于整合调解资源，强化调解职能，实现优势互补，提高社会矛盾纠纷调处效率,及时有效地化解社会矛盾纠纷,促进和谐社会建设;有利于减少群众诉累,节约司法成本。各部门要站在构建社会主义和谐社会的高度,充分认识人民调解、司法调解、行政调解工作的重要性,进一步加强协调、夯实基础,着力建立在党委、政府领导下,以人民调解为基础,人民调解、司法调解、行政调解有机结合的社会矛盾纠纷排查调解工作机制。

二、建立"三调联动"工作机制的指导思想、目标任务和基本原则

(一)指导思想

紧紧围绕构建社会主义和谐社会总体目标要求,以邓小平理论和"三个代表"重要思想为指导,深入贯彻落实科学发展观,以解决人民群众最关心、最直接、最现实的利益问题为重点,实现人民调解、司法调解、行政调解有机结合,将矛盾及时就地化解在基层、解决在萌芽状态,最大限度地减少不和谐因素,服务经济平稳较快发展,促进我省社会和谐稳定。

(二)目标任务

人民调解、司法调解、行政调解既发挥各自独特的作用,又有机衔接、紧密结合,运行机制规范高效;调解人员运用法律、政策的能力和调解技能明显增强,调解质量和调解成功率不断提高;矛盾纠纷排查制度进一步健全,纠纷信息收集、报送、分析制度进一步完善,及时把矛盾纠纷消除在内部、解决在萌芽状态,防止重大群体性事件、民转刑案件和集体赴京到省上访事件的产生;引导人民群众把调解作为解决矛盾纠纷的主要选择,努力实现人民调解成功率、民事诉讼调解率、行政诉讼案件协调结案率提高;实现民转刑案件、涉法涉诉信访案件下降,确保社会和谐稳定。

(三)基本原则

一是坚持党委、政府统一领导下协调配合的原则。坚持党委、政府总揽全局、协调各方的领导核心作用,有效发挥司法行政机关指导人民调解工作的职能优势,建立党委、政府统一领导下、各职能部门积极参与、既有分工又有配合的社会矛盾纠纷大调解工作格局,形成化解社会矛盾纠纷的合力。二是坚持依法调解与以情以理调解相结合的原则。调解矛盾纠纷,必须在国家法律法规、政策的框架内,以事实为依据进行调解。同时,在调解过程中,要教育当事人用社会主义道德观、荣辱观规范自己的行为,引导当事人遵循公序良俗,引导和启发当事人自觉达成和解。三是坚持自愿调解与引导调解相结合的原则。在调解工作中一方面引导当事人把调解作为解决矛盾纠纷的首要选择，不以公共权力压制当事人接受调解；另一方面，充分尊重双方当事人的真实意愿，充分尊重双方当事人的诉讼权利，不强迫当事人接受调解方式和调解结果。

三、关于人民调解与司法调解衔接

（四）诉前告知人民调解

人民法院在接待当事人申请立案时，向其宣传人民调解的优势、特点。对未经人民调解组织调解，且案情简单、争议不大，双方当事人均在同一个辖区以及人民法院认为宜由人民调解组织先行调解的民事纠纷，在征得当事人同意后，暂缓立案，告知或介绍当事人选择所在地（所在单位）或纠纷发生地人民调解组织进行调解，也可依职权直接委托调解。调解成功的，应以人民调解组织名义出具人民调解协议书。调解未果的，再由人民法院审查立案。对于不符合起诉条件、法院不予受理的民事纠纷，也应当及时将案件转移至当事人所在地（所在单位）或纠纷发生地的乡镇（街道）司法所转交相关人民调解组织做好调解息诉工作。诉前经人民调解组织主持调解达成协议，并制作了人民调解协议书，一方当事人到期不履行义务且符合《民事诉讼法》关于申请支付令条件的，对方当事人可以向人民法院申请支付令或起诉，请求对方当事人履行调解协议。

（五）诉中委托人民调解

案件进入诉讼程序后，对于有可能通过人民调解解决的，人民法院、人民检察院可以委托人民调解组织进行调解，也可在调解组织的参与下共同调解，提高调解成功率，调解时根据案情需要，可邀请有关单位和个人参与诉讼调解工作。对于民事案件，人民法院在立案后庭审前或审理中，将有可能通过人民调解组织调解的案件，在征得当事人的同意后，依职权可将案件委托当事人所在地（所在单位）或纠纷发生地的乡镇（街道）司法所转交相关人民调解组织进行调解，人民调解组织应当及时调解纠纷，一般在一个月内完成调解，调解期限不计入审限。经调解，双方当事人达成协议的，由调解组织制作人民调解协议书，当事人依此向人民法院申请撤诉。

对于轻微刑事案件、告诉才处理的案件、未成年人犯罪案件，事实清楚，证据确实、充分，犯罪嫌疑人、被告人悔罪，并且对主要事实没有异议，被害人愿意与犯罪嫌疑人、被告人达成刑事和解的，在不损害国家、集体和其他公民的合法权益、不损害社会公共利益、不违反法律和社会公德的前提下，人民检察院、人民法院可以委托乡镇(街道)司法所转交相关人民调解组织进行调解,人民调解组织应当在规定的期限内将调解结果送达人民检察院、人民法院。经调解达成人民调解协议的,人民检察院、人民法院可以依法对犯罪嫌疑人、被告人不予批准逮捕,或者不起诉,或者起诉后从轻、减轻判处;如双方未达成协议,则依照刑事诉讼程序依法处理。诉中委托人民调解组织主持调解达成协议,并制作人民调解协议书,经人民法院审查做出调解书,一方当事人到期不履行具有给付内容的义务,对方当事人可以向人民法院申请强制执行。

(六)吸收人民调解员参与诉讼调解

司法行政机关应当积极推进医疗纠纷、建筑工程合同纠纷、劳资纠纷等专业性人民调解组织的设立,增设具有专业身份的人民调解员,不断完善人民调解网络。对于一般的民事纠纷,人民法院可以吸收人民调解员参与诉讼调解,具有专业身份的人民调解员可介入特殊、疑难、复杂案件的调解。基层法院应发挥指导人民调解工作的作用,建立定员、定点、定期联系制度,对人民调解组织工作中存在的问题及时指导。人民调解员要充分发挥扎根群众、熟悉社情民意的优势,积极协助人民法院提高诉讼调解效率。根据需要,乡镇(街道)人民调解组织可选派优秀人民调解员到法院或法庭立案调解室参与纠纷的诉前调解工作。人民法院在执行工作中受阻,需要人民调解组织协助的,人民调解组织应积极支持配合。

四、关于人民调解与行政调解衔接

(七)公安机关引导当事人选择人民调解

矛盾纠纷当事人寻求公安机关帮助解决纠纷的,接警人员经审查认为不构成违反治安管理行为的民间纠纷,应当告知或介绍当事人由其所在地或纠纷发生地人民调解组织进行调解。对民事纠纷引起的治安案件中民事损害赔偿事项,应当告知和引导当事人选择人民调解。当事人接受建议的,公安机关接警人员应与当事人所在乡镇(街道)司法所或单位人民调解组织取得联系,将纠纷交由乡镇(街道)司法所、相关人民调解组织进行调解。

(八)符合治安调解范围的案件可委托人民调解

对于因民间纠纷引发的符合治安调解范围的案件,应当对违反治安管理行为人依法予以处罚的,但被侵害人表示愿意放弃追究对方当事人的治安管理处罚责任,且双方表示愿意接受人民调解组织调解的,由公安派出所出具委托调解书或口头委托乡镇(街道)司法所转交相关人民调解组织进行调解。对于调解成功的案件,由乡镇(街道)人民调解组织制作人民调解协议书,公安派出所与司法所或相关人民调解委员会共同督促协调人民调解协议的履行。履行完毕的人民调解协议书由公安派出所与司法所或相关人民调解组织各留档一份。根据需要,公安派出所、司法所可在派出所内共同设立人民调解工作室,联合开展调解工作。人民调解介入公安机关交通事故民事赔偿调解可参照此项执行。

(九)复杂、疑难矛盾纠纷实行联合调解

发挥公安派出所、司法所执行国家法律、法规的权威和乡镇(街道)、村(居)、社区人民调解组织贴近群众、熟悉民情的优势,共同调处复杂、疑难矛盾纠纷,切实使辖区内的矛盾纠纷早发现、早调处、早解决。

五、进一步建立健全领导和保障机制,确保"三调联动"健康有序运行

(十)切实加强对联动机制的组织领导

成立省委政法委领导挂帅,相关部门负责人参加的省"三调联动"工作领导小组。省综治办负责对全省"三调联动"工作进行协调、指导、督办、考评,并可就相关工作、相关人员提出奖惩建议。工作领导小组办公室设在省司法厅,负责日常工作。各地要根据本地实际和《意见》精神,制定"三调联动"具体实施意见和工作流程、工作制度。乡镇(街道)要充分发挥综治办和综治工作中心的领导、协调作用,以司法所为平台,整合法庭、公安、司法行政、信访等部门力量,切实做好矛盾纠纷排查调处工作。对跨区域、跨行业的重大矛盾纠纷,由综治办牵头,协调有关部门共同参与调处。人民调解组织要积极协同有关行政部门做好社会矛盾纠纷的排查调解工作,提高行政调解成功率。要将"三调联动"工作专项经费列入各部门财政预算,认真落实解决基层调解组织工作经费和人民调解员工作补贴。

(十一)建立联席会议和信息通报制度

联席会议由综治办牵头,根据实际,适时召开,互相通报情况,研究解决新情况、新问题。人民法院、人民检察院、公安机关、司法行政机关和人民调解组织要及时互相通报发现、受理的矛盾纠纷及调解工作情况。对涉及人民调解、行政调解协议的案件,人民法院、人民检察院在调解或审理终结后,要将生效的法律文书通报调解该纠纷的人民调解组织和行政组织,并针对审理中发现的问题对调解工作提出指导意见。

（十二）落实"三调联动"工作责任制

要将"三调联动"工作纳入社会治安综合治理目标管理，积极推动全省"三调联动"工作的深入开展。对调解工作中成绩突出的集体和个人，要进行表彰奖励；对因组织不力、保障不到位，导致调解工作无法正常开展的，要及时通报批评，督促整改；对因排查调解不力而导致矛盾激化，诱发严重影响社会稳定的重大群体性事件的单位和个人，严格实行责任倒查，追究相关人员的责任。

二〇一〇年四月七日

宝鸡市人民政府办公室关于加强行政调解工作的实施意见

（2012年8月13日　宝政办发〔2012〕89号）

各县、区人民政府，市政府各工作部门、各直属机构：

为深入贯彻实施国务院《关于加强法治政府建设的意见》，充分发挥行政调解在"大调解"中的重要功能和作用，有效预防和化解社会矛盾，更好的保障和服务我市经济社会发展，根据省政府办公厅《关于加强行政调解工作的意见》（陕政办发〔2011〕96号）的要求，结合实际，现就我市加强行政调解工作提出如下意见：

一、加强行政调解工作的重要性和必要性

当前，随着改革开放不断深入，我市经济社会快速发展，城乡一体化进程不断加快，各种社会矛盾纠纷日益增多，并呈现复杂性、群体性、对抗性的特点，化解矛盾纠纷面临新情况、新任务。行政调解作为行政机关主导解决争议纠纷的一种行为，在大调解格局中占据重要地位，发挥重要作用。全市各级政府及其部门要充分认识做好新形势下行政调解工作的重要性和必要性，坚持以邓小平理论和"三个代表"重要思想为指导，深入贯彻科学发展观，全面推进依法行政，紧紧围绕打造关天副中心、建设和谐新宝鸡、实现"六个走在前列"目标，主动融入大调解工作体系，充分发挥行政调解功能，以预防和化解行政争议纠纷为主线，最大限度地减少社会不和谐因素，努力实现好、维护好广大人民群众的合法权益。

二、行政调解工作范围和原则

行政调解是由行政机关主持或主导，依据法律、法规、规章和政策的规定，主要以行政争议和民事纠纷为对象，在查清事实和厘清责任的基础上，对争议纠纷当事人进行说服劝导，促其通过协商和互谅互让，化解争议纠纷的活动。主要调解的范围为：行政机关与公民、法人或者其他组织之间发生的行政争议；公民、法人或者其他组织之间产生的与行政管理有关联的争议与纠纷；适用行政调解且不违反法律、法规规定的其他争议与纠纷。

（一）行政机关行使自由裁量权作出行政处罚、行政征收、行政赔偿、行政补偿等行政行为产生的行政争议；

（二）行政复议、行政诉讼中涉及的行政争议纠纷；

（三）领导交办、下级机关提请、信访事项中涉及的行政争议；

（四）治安案件赔偿、交通事故损害赔偿纠纷；

（五）土地、矿藏、水流、森林、山岭、草原、荒地、滩涂等自然资源确权、承包、经营、流转过程中产生的纠纷；

（六）征用、征收房地产过程中产生的拆迁安置补偿纠纷；

（七）劳动、人事纠纷；

（八）医疗事故赔偿纠纷；

（九）环境损害赔偿纠纷；

（十）消费、产品质量损害赔偿纠纷；

（十一）养老服务、行政区域界限纠纷；

（十二）其他依法可以行政调解的争议纠纷。

行政调解工作应当遵循以下原则：

（一）自愿原则。行政调解要充分尊重当事人意愿，不得强迫当事人接受调解方式或调解结果。

（二）合法原则。行政调解要符合法律、法规、规章和政策规定，调解方式和结果不得违反法律禁止性规定，不得损害国家利益、社会公共利益和他人合法权益。

（三）平等原则。行政调解在当事人地位平等的基础上进行，公正、公平调处争议纠纷，充分实现当事人的意愿和权利。

（四）分工协作原则。行政调解要坚持政府领导、政府法制机构牵头、政府部门各司其职、互相配合、互相支持，努力形成化解争议纠纷的工作合力。

（五）及时便民原则。行政调解应当简便、快捷、高效，采取灵活多样、诚信规范的方式方法化解争议纠纷。

（六）注重效果原则。政府及其部门应当增强行政调解意识，主动探索研究化解争议与纠纷的新机制，努力追求“定纷止争、案结事了”，实现法律效果和社会效果的统一。

三、行政调解工作体制与保障

各级政府对本地区的行政调解工作负总责。要按照“属地管理、分级负责”的原则，做好行政调解工作的统筹和规划，坚持主要领导亲自抓、分管领导具体抓。

（一）加强组织协调。要建立行政调解联席会议制度。由政府分管领导牵头，政府法制、发展改革、教育、公安、民政、工信、人力资源和社会保障、国土资源、环境保护、住房和城乡建设、城市管理、城乡规划、农业、林业、水利、卫生、人口和计划生育、安监、食品药品监管、工商、质量技术监督等部门负责人参加，明确工作职责，协调解决行政调解中的重大问题。行政调解联席会议的日常工作由政府法制机构承担。

（二）加强督促与指导。各级政府法制机构在行政调解工作中要发挥牵头作用。政府法制机构负责本地区行政调解工作的统筹协调、信息交流、联络及督察考核等日常工作。要研究制定行政调解工作规程，使行政调解工作规范有序开展；研究解决行政调解工作中的新情况、新问题；汇总分析下级政府和本级政府各部门的行政调解工作情况，并向本级政府报告；加强对政府各部门的指导协调，加大对行政调解工作的督办力度。政府法制机构要加强对行政调解人员法律知识和调解技能的培训，不断提高行政调解工作人员对各类争议纠纷的化解能力、预判与管控能力及应急处理能力，切实提高行政调解工作水平。牵头组织对法律关系复杂、重大疑难争议纠纷的调解处理工作。

（三）夯实工作责任。各级政府部门应当切实发挥行政调解的主体作用，根据本部门行政管理职能，按照“谁主管、谁负责”的原则，不断加强制度和队伍建设，切实履行好与本部门行政管理职能相关的行政调解职能。要把政治思想好、业务能力强、有较高法律素质的干部充实到行政调解队伍。要建立健全符合本部门、本行业特点的行政调解工作制度，及时解决问题，就地化解矛盾。

（四）加强考核奖惩。各级政府及其部门要将行政调解工作作为依法行政工作的一项指标，进行考核评比。对行政调解工作成绩突出的单位和个人要予以表彰奖励；对工作开展不力，导致产生严重不良社会影响的，要追究有关人员的责任。

四、行政调解工作机制

（一）建立行政调解统计分析制度。各级政府部门每季度要对行政调解工作案件数据和有关情况进行汇总统计，报送同级政府法制机构；县（区）政府、镇政府（街道办事处）要将统计结果报送上一级政府法制机构。统计分析工作具体由政府及其部门法制机构承担。对社会影响较大或者可能引发群体性事件等重大复杂争议纠纷的调解处理，要及时向政府和上级主管机关请示报告。

（二）建立行政调解宣传教育制度。各级政府及其部门要加大行政调解宣传教育力度，通过广播、电视、网络等各种媒体，采取热线、讲座、知识问答等多种途径，大力宣传，让公众了解、熟悉行政调解制度，主动选择、接受行政调解解决争议纠纷。

（三）建立行政调解人员培训制度。根据行政调解工作人员应当具备的专业知识、法律知识、素质能力等基本要求，要有计划定期开展行政调解工作人员培训工作，不断提高行政调解能力和水平。

（四）规范行政调解工作规程。各级政府及其部门要根据法律、法规、规章和政策规定，结合本地区、本部门、本行业特点，制定行政调解工作规程，明确行政调解范围、原则，以及申请、受理、调处、文书等内容。通过多种形式和渠道，向社会公开，接受社会公众监督。

（五）构建行政调解与人民调解、司法调解衔接联动机制。将行政调解纳入同级“大调解”工作平台，推动与人民调解、司法调解信息联通、工作联动、矛盾联调、优势互补。形成相互衔接、相互配合的机制，形成化解争议纠纷的工作合力。

五、加强领导，落实责任

各级政府及其部门要各司其职，严格落实行政调解责任。政府及其部门主要负责人是本地区、本部门行政调解工作的第一责任人。要落实领导责任制，主要负责人要亲自指导协调化解重大争议纠纷，定期听取行政调解工作进展情况，研究解决影响行政调解工作进展的困难和问题。要站在保障经济发展、维护社会和谐稳定的高度,切实增强紧迫感和责任感,不断推进和深化行政调解工作,共同努力,使我市行政调解工作取得新实效、实现新突破,为全市经济社会发展创造良好的社会环境。

宝鸡市人民政府办公室

2012 年 8 月 13 日

·青海省·

青海省人民政府办公厅关于印发加强行政调解工作意见的通知

(2012年3月27日 青政办〔2012〕82号)

西宁市、各自治州人民政府,海东行署,省政府各委、办、厅、局:

关于加强行政调解工作的意见,已经省人民政府同意,现印发给你们,请认真组织实施。

二〇一二年三月二十七日

关于加强行政调解工作的意见

为充分发挥行政调解在化解矛盾纠纷工作中的重要作用,推动社会管理创新,维护社会和谐稳定,促进我省经济社会全面协调可持续发展,根据《国务院关于加强法治政府建设的意见》(国发〔2010〕33号)和中央综治委《关于深入推进矛盾纠纷大调解工作的指导意见》(综治委〔2011〕10号)精神,现就加强我省行政调解工作提出如下意见:

一、充分认识行政调解工作的重要性

行政调解是由行政机关(包括具有行政管理职权的组织)主持或主导的,依照法律法规、政策规定,通过说服教育和疏导,促使各方当事人平等协商、化解矛盾的纠纷解决方式。做好行政调解工作,是密切党和政府与人民群众联系,有效化解矛盾纠纷,保护群众利益,维护社会稳定,创新社会管理,加强法治政府建设的迫切需要。随着我省经济社会的快速发展,社会矛盾化解面临许多新情况、新问题,对正确运用行政调解手段调处和化解矛盾纠纷提出了新要求。为此,全省各级行政机关要从贯彻落实科学发展观、构建和谐社会的高度,统一思想,深刻认识和理解新形势下加强行政调解工作的重要性和紧迫性,坚持预防在先、注重调解效果，按照自愿、合法、平等的原则，将行政调解工作贯穿于日常管理工作中，充分发挥行政调解优势，有效化解矛盾、解决争议，为促进我省经济社会各项事业健康快速发展，发挥重要作用。

二、规范行政调解的范围和程序

（一）行政调解工作的范围

1. 各级行政机关在行政管理过程中，与公民、法人或者其他组织之间产生的行政争议。重点解决好土地征收、房屋拆迁征收、社会保障、治安管理等方面的行政争议。

2. 公民、法人或者其他组织之间产生的与行政管理职能有关的民事纠纷。重点解决好交通损害赔偿、医疗卫生、消费者权益保护、物业管理、劳动争议等方面民事纠纷。

3. 涉及资源开发、环境污染、公共安全事故等方面的民事纠纷以及涉及人数较多、影响较大、可能影响社会稳定的矛盾纠纷，行政机关要主动进行调解。

（二）行政调解工作的程序

1. 申请。行政调解可书面申请，也可口头申请；可由一方当事人申请，也可由行政机关依职权提出，但必须征得各方当事人同意。行政机关在日常管理和行政执法过程中发现争议纠纷时，应主动告知当事人可申请行政调解。

2. 受理。行政机关收到调解申请后，应及时决定是否受理，并告知当事人。

3. 调解。行政机关受理行政调解后，应当及时告知当事人依法享有的权利，遵循的程序及相关事项。调解过程中，要认真听取各方当事人的陈述、申辩和质证。涉及重大、复杂以及社会影响较大的争议纠纷，行政机关应当制作调解笔录，全面客观记载调解过程和内容。对争议纠纷基本事实有异议的，行政机关可采取现场调查等方式进行调查取证，分析并归纳各方争议的焦点，依据有关法律法规及有关规定，对当事人进行说服、劝导，引导争议各方达成谅解。

4. 制作文书。调解达成协议的，调解机关应当制作载有行政纠纷事由、调解事项、事实、调解结果、申请人和被申请人签名，加盖调解机关印章的行政调解书。

三、建立健全行政调解工作制度

（一）统计报告制度。各级政府及其部门要对本地区、本部门开展行政调解的工作情况进行统计汇总，纳入年度依法行政工作报告，向上一级政府及本级政府报告开展行政调解工作的情况。对涉及人数较多、社会影响大、可能影响社会稳定的,要及时摸清情况,提出对策建议,并向党委、政府汇报。

(二)公开运行制度。按照《政府信息公开条例》要求,对行政调解工作制度、依据、范围、原则和程序,采取多种形式向社会公开,方便群众了解相关信息,接受社会监督。

(三)信息宣传制度。充分发挥广播、电视、报刊、网络等新闻媒体,开展各种形式的宣传教育,积极引导广大人民群众了解行政调解、支持并选择行政调解解决矛盾纠纷。

(四)行政调解与人民调解、司法调解有效衔接机制。按照"整合资源、整体联动"的要求,建立健全行政调解与人民调解、司法调解衔接配合、相互融合的工作机制,积极推动信息互通、工作联动、矛盾联调、优势互补,形成矛盾纠纷化解的合力。行政机关对于调解不成的重大矛盾纠纷,应当及时告知、引导当事人通过诉讼渠道解决。建立完善行政机关负责人出庭应诉等相关制度。

四、加强行政调解工作的组织领导

(一)各级政府对行政调解工作负总责。按照"属地管理、分级负责"的原则,落实目标责任制。各级政府要建立主要领导亲自过问,分管领导负责,相关部门具体承担的工作机制。把行政调解工作纳入重要议事日程,狠抓落实,定期听取行政调解工作情况汇报,及时研究解决工作中出现的重大问题。

(二)政府各部门应切实发挥行政调解的主体作用。按照"谁主管、谁负责"的原则,各部门一把手负总责,确定分管领导,明确工作机构具体承担行政调解工作。对公安、民政、人力资源社会保障、国土资源、环保、住房、城乡建设、交通运输、卫生、工商、价格等行政调解任务较重的部门,应根据工作需要成立调解委员会,加强行政调解队伍建设,设立行政调解室、接待室,根据部门、行业特点建立健全行政调解相关制度,制定方案,确保行政调解工作规范进行。

(三)政府法制机构组织协调行政调解工作有序开展。政府法制机构承担行政调解工作有关事项的协调、联络及督查考核等日常工作。研究制定行政调解相关制度,深入开展调查研究,加强工作指导、信息汇总、情况通报和经验交流,做好与人民调解、司法调解组织的衔接配合。

各地区、各部门要根据本意见,制定本地区、本部门开展行政调解工作的实施方案,充分运用行政调解手段,切实把矛盾化解在基层,解决在行政机关内部。

对发生在本地区、本部门的重大争议纠纷，要及时跟踪调解进展情况，全面评估调解效果。要把行政调解作为年度依法行政考核的重要内容，对工作成绩突出的单位和人员予以表彰，对行政调解工作落实不力而导致矛盾激化、造成严重后果的，要严肃追究相关领导和责任人员的责任。

西宁市人民政府办公厅关于印发进一步加强行政调解工作意见的通知

（2016年9月7日　宁政办〔2016〕166号）

各县、区人民政府，市政府各局、委、办：

市政府法制办公室制定的《关于进一步加强行政调解工作的意见》已经市政府同意，现印发给你们，请认真贯彻落实。

西宁市人民政府办公厅

2016年9月7日

关于进一步加强行政调解工作的意见

为进一步加强全市各级行政机关的行政调解工作，充分发挥行政机关在化解行政争议中的积极作用，加快法治政府建设，根据西宁市人民政府《关于印发2016年西宁市深入推进依法行政加快建设法治政府工作要点的通知》（宁政〔2016〕89号）要求，现就进一步加强我市行政调解工作提出如下意见：

一、充分认识行政调解工作的重要意义

行政调解是由行政机关（包括具有行政管理职权的组织）主持或主导的，依照法律法规、政策规定，通过说服教育和疏导，促使各方当事人平等协商、化解矛盾的纠纷解决方式。行政调解工作是新时期党和政府维护群众切身利益的新纽带，是化解行政争议纠纷、维护社会和谐稳定的新机制。当前，我市各项事业处于深化改革的关键时期,经济社会各领域的改革进入攻坚阶段,社会结构和利益格局深刻调整,社会矛盾化解面临许多新情况、新问题,必须积极运用调解手段,促进矛盾纠纷有效解决。各县区、各部门要从改革发展稳定的大局出发,充分认识新时期加强行政调解工作的重要性和紧迫性,把推进行政调解工作作为加强法治政府建设、构建社会主义和谐社会的新举措,作为化解社会矛盾、创新社会管理的新方法,摆在更加重要的位置,进一步加大力度,提升水平,发挥其更大的作用。

二、准确把握行政调解的原则、范围和程序

(一)行政调解的原则

1. 自愿平等原则。调解遵循各方当事人地位平等,尊重各方当事人意愿,不得强迫当事人接受调解方式或调解结果。

2. 合法正当原则。调解要符合法律法规和政策的规定,不得损害国家利益、公共利益和他人合法利益,不得为当事人谋取不正当利益。

3. 公平公正原则。调解要兼顾各方当事人的合法权益,平等协商处理利益纠纷,体现程序公正合法,实体公平合理。

(二)行政调解工作的范围

各县区、各部门在行政管理过程中,与公民、法人或者其他组织之间产生的行政争议。重点解决好土地征收、房屋拆迁征收、社会保障、治安管理等方面的行政争议。

(三)行政调解工作的程序

1. 申请。行政调解可书面申请,也可口头申请;可由一方当事人申请,也可由行政机关依职权提出,但必须征得各方当事人同意。行政机关在日常管理和行政执法过程中发生争议纠纷时,应主动告知当事人可申请行政调解。

2. 受理。行政机关收到调解申请后,应及时决定是否受理,并告知当事人。

3. 调解。行政机关受理行政调解后,应当及时告知当事人依法享有的权利,遵循的程序及相关事项。调解过程中,要认真听取各方当事人的陈述、申辩和质证。涉及重大、复杂以及社会影响较大的争议纠纷,行政机关应当制作调解笔录,全面客观记载调解过程和内容。对争议纠纷基本事实有异议的,行政机关可采取现场调查等方式进行调查取证,分析并归纳各方争议的焦点,依据有关法律法规及有关政策规定,对当事人进行说服、劝导,引导争议各方达成谅解。

4. 制作文书。调解达成协议的，调解机关应当制作载有行政纠纷事由、调解事项、事实、调解结果、申请人和被申请人签名，加盖调解机关印章的行政调解书。行政调解书经各方当事人认可并签字或盖章后，即对调解当事人具有约束力，当事人应当自觉履行。行政机关应及时对争议各方履行调解书情况进行回访，督促各方履行约定义务，巩固调解成果，实现定纷止争、案结事了。

各县区、各部门应根据行政复议、行政诉讼等法定救济权利的时效和行政调解工作实际，确定本地区、本系统行政调解时限。对在规定时限内达不成调解协议的，行政机关应及时终止调解，依法作出处理或引导当事人通过行政复议、仲裁和诉讼等渠道解决。

法律、法规、规章对行政调解范围、程序、时限等有明确规定的，从其规定。

三、建立健全行政调解工作制度

（一）建立统计报告制度。各县区、各部门要对本地区、本部门开展行政调解的工作情况进行统计汇总，纳入年度依法行政工作报告，向上一级政府及本级政府报告开展行政调解工作的情况。各县区、各部门将本年度行政调解案件统计报表在上报行政复议和行政应诉案件统计报表时一并报上。2016 年 10 月起，各县区、各部门应按季度于每季度结束后 7 个工作日内上报行政调解案件统计报表。填报统计报表时应注意信访、人民调解与行政调解的区别，避免重复统计。

（二）建立公开运行制度。按照《政府信息公开条例》要求，对行政调解工作制度、依据、范围、原则和程序，采取多种形式向社会公开，方便群众了解相关信息，接受社会监督。

（三）建立信息宣传制度。充分发挥广播、电视、报刊、网络等新闻媒体，开展各种形式的宣传教育，积极引导广大人民群众了解行政调解、支持并选择行政调解解决矛盾纠纷。

（四）行政调解与人民调解、司法调解有效衔接机制。按照“整合资源、整体联动”的要求，建立健全行政调解与人民调解、司法调解衔接配合、相互融合的工作机制，积极推动信息互通、工作联动、矛盾联调、优势互补，形成矛盾纠纷化解的合力。行政机关对于调解不成的重大矛盾纠纷，应当及时告知、引导当事人通过诉讼渠道解决。建立完善行政机关负责人出庭应诉等相关制度。

（五）建立行政调解工作社会参与机制。行政调解机关要注重发挥基层组织、相关行业协会和专家学者在行政调解中的作用，在重点领域、重点行业可以组建专业调解员队伍和调解专家库,动员社会力量参与行政调解工作。

(六)建立行政调解工作考评机制。行政调解工作已纳入市政府依法行政目标考核体系。各县区、各部门要强化行政调解工作责任,制定矛盾化解具体方案,对发生在本地区、本部门的行政争议,及时跟踪调解进展,全面评估调解效果。对重大行政争议要重点研究解决措施,抓好落实工作。

四、有关要求

(一)各县区对行政调解工作负总责。按照“属地管理、分级负责”的原则,落实目标责任制。各县区要建立主要领导亲自过问,分管领导负责,相关部门具体承担的工作机制。把行政调解工作纳入重要议事日程,狠抓落实,定期听取行政调解工作情况汇报,及时研究解决工作中出现的重大问题。

(二)各部门是行政调解主体。按照“谁主管、谁负责”的原则,各部门一把手负总责,确定分管领导,明确工作机构具体承担行政调解工作。对公安、民政、人力资源和社会保障、国土资源、环保、住房、城乡规划和建设、交通运输、卫生计生、市场监管、物价等行政调解任务较重的部门,应根据工作需要成立调解委员会,加强行业行政调解队伍建设,设立行政调解室、接待室,根据部门、行业特点建立健全行政调解相关制度,制定方案,确保行政调解工作规范进行。

(三)政府法制机构组织协调行政调解工作有序开展。政府法制机构承担行政调解工作有关事项的协调、联络及督查考核等日常工作。研究制定行政调解相关制度,深入开展调查研究,加强工作指导、信息汇总、情况通报和经验交流,做好与人民调解、司法调解组织的衔接配合。

各县区、各部门要充分运用行政调解手段,切实把矛盾化解在基层,解决在行政机关内部。对发生在本地区、本部门的重大争议纠纷,要及时跟踪调解进展情况,全面评估调解效果,要把行政调解作为年度依法行政考核的重要内容。

· 宁夏回族自治区 ·

宁夏回族自治区人民政府
关于加强行政调解工作的意见

（2011年10月13日 宁政发〔2011〕135号）

各市、县（区）人民政府，自治区政府各部门、直属机构：

为了充分发挥行政调解在化解社会矛盾中的重要作用，维护社会稳定，促进我区经济发展和社会和谐，根据《中共中央办公厅、国务院办公厅关于预防和化解行政争议健全行政争议解决机制的意见》（中办发〔2006〕27号）和《自治区党委关于加强和创新社会管理的若干意见》（宁党发〔2011〕21号）的规定和要求，现就加强行政调解工作提出如下意见。

一、充分认识行政调解工作的重要意义

近年来，随着我区工业化、城镇化进程加快，经济和行政管理体制改革进入关键阶段，社会利益和群众需求呈现多元化趋势，各类矛盾纠纷日趋增多，涉及法律关系日趋复杂，处理难度日趋增大。调处和化解矛盾纠纷是对各地政府执政能力的考验。行政调解是各地人民政府及其工作部门、直属机构，以及具有行政管理职能的事业单位和组织（以下统称行政机关），根据职责权限，依照法律法规和政策，通过说服教育和疏导，促使双方当事人互谅互让，化解矛盾纠纷的活动。开展行政调解工作是落实科学发展观，构建和谐社会的重要组成部分，是最大限度地运用法律手段预防和化解社会矛盾纠纷的有效措施，是把矛盾化解在基层，解决在萌芽状态的重要手段，是行政机关对社会和经济实施管理与监督的一种有效方式，也是行政机关服务大局维护稳定的重要职责，是维护社会稳定，促进经济社会和谐发展的重要保障。为此，各级行政机关都要从落实科学发展观、构建和谐社会的高度，统一思想，提高认识，深刻理解新形势下开展行政调解工作的重大意义。把日常工作开展与行政调解工作有机结合起来，妥善协调各方面利益关系，及时化解社会发展过程中出现的各种矛盾纠纷，切实抓好行政调解工作，保障最广大人民群众的根本利益，维护社会和谐稳定，促进我区经济社

会各项事业健康快速发展。

二、行政调解工作的范围、原则和程序

（一）行政调解的范围。

1. 各级行政机关在行使职权过程中与公民、法人或者其他组织之间因行政管理产生的行政争议和纠纷。

2. 公民、法人或者其他组织之间产生的与行政机关职能有直接或间接关联的行政争议和纠纷。

3. 民事纠纷发生后，因行政机关的介入，引发的行政争议和纠纷。

（二）行政调解的原则。

1. 自愿原则。行政调解要充分尊重当事人意愿，不得强迫当事人接受调解方式和调解结果。

2. 合法原则。行政机关要公平、公正地化解矛盾纠纷，有效地保护各方当事人的合法权益。调解的内容不得违反法律禁止性规定，不能无原则地调和，不得损害国家利益、社会公共利益和他人合法权益。

3. 平等原则。行政调解机关应当充分尊重行政管理相对人自愿、充分、真实地表达自己意愿和诉求的权利，公正、公平的调处争议纠纷，不得偏向任何一方，要保证各方当事人平等协商，既要兼顾当事人的合法权益，又要让各方当事人互谅互让，互相理解。

4. 积极主动原则。行政机关对职权管辖范围内出现的纠纷，应积极主动进行行政调解。

5. 依法处理原则。对不属于行政调解范畴以及经行政调解不能达成协议的纠纷，行政机关应及时依法作出相关处理决定。

（三）行政调解工作程序。

1. 申请和受理。行政机关接到当事人申请后，要认真进行审查，凡符合受理条件的，应及时受理，不予受理的，要向当事人说明理由。行政复议机构受理复议案件后，在查明案件事实的基础上，积极运用调解手段解决行政纠纷。

2. 调查。行政机关要根据双方的争议进行必要的调查，要运用宣传政策法规、说服教育、协调疏导等方式方法，充分利用调查取证、现场勘验、复议听证等时机，积极宣讲有关法律法规，分析利害关系，促使当事人自行和解。

3. 实施调解。要根据当事人的诉辩主张，依据有关法律规定，平衡当事人之间的利益和冲突。一是要坚持情、理、法并用;二是要多做思想疏导工作,循循善诱,使双方互谅互让;三是要注意调解的艺术和方法,使调解体现人性化的要求。

4. 制作行政调解书或行政复议调解书。行政调解书应当载明行政纠纷事由、调解事项、事实、调解结果、申请人和被申请人签名或盖章,要加盖调解机构印章。行政复议调解书应当载明行政复议请求、事实、理由和调解结果,并加盖行政复议机关印章。

5. 履行。达成调解、和解协议后,各方当事人要积极履行。

三、行政调解工作的职责分工和组织保障

(一)行政调解工作的职责分工。

1. 各地人民政府对行政调解工作负总责。各地人民政府按照"属地管理、分级负责"的原则,实行政府主要领导亲自抓、分管领导具体抓,把行政调解工作纳入重要议事日程狠抓落实。要定期听取行政调解工作情况汇报,及时研究解决行政调解工作中存在的重大问题,切实加强对行政调解工作的组织领导。要研究建立行政调解工作长效机制,强化保障措施,落实责任,严格考核,强力推进行政调解工作的深入开展。要按照"分级负责"原则,将行政调解工作经费、设备采购资金纳入财政预算统筹安排,给予切实保障。

2. 各地政府法制机构在行政调解工作中负责牵头。政府法制机构具体负责对下级人民政府和本级人民政府各部门行政调解工作的指导、督促和协调,发挥牵头作用。具体职责是:研究制定行政调解相关制度,使行政调解工作有序开展;研究行政调解中的新情况、新问题,加强对行政调解工作的指导;汇总分析下级人民政府和本级人民政府各部门的行政调解工作情况,并向本级人民政府报告;加强对行政调解工作的督促办理工作;做好同人民调解、司法调解组织的衔接配合,加强对行政调解工作的协调;加强行政调解人员的法律知识和调解技能培训,提高行政调解人员的业务水平;牵头组织对法律关系复杂、重大疑难争议纠纷的调解处理。县级以上人民政府要加强政府法制机构建设,使法制机构的规格、编制与其承担的职责和任务相适应,充分发挥法制机构在行政调解工作中的牵头、协调和督促指导作用。乡(镇)、街道办事处要配备法制专干,专门负责行政调解工作。

3. 政府各部门具体负责行政调解工作。政府有行政职能的部门和单位要按照"谁主管、谁负责"的原则具体负责对与本部门和本单位行政管理职权有关的争议纠纷的调处,切实发挥行政调解和主体作用。要由一把手负总责,确定分管领导和工作机构具体承担行政调解工作,确保行政调解工作有人抓、有人管。要加强行政调解队伍建设,配齐、配强行政调解人员,并加强培训和管理。要落实工作经费、调解场所和设施,加强网络信息化平台建设,确保行政调解工作的顺利开展。要根据行业、部门特点建立健全行政调解工作制度,细化工作规程,努力提高行政调解的质量和效率。

(二)行政调解工作的组织保障。

1. 建立行政调解联席会议制度。各地人民政府都要建立由政府分管领导牵头,相关部门主要负责人参加的行政调解联席会议制度,定期研究解决开展行政调解工作涉及的问题,指导、协调重大复杂争议纠纷的调处工作,并定期汇总、分析上报本地区行政调解工作开展情况。行政调解联席会议日常工作由政府法制机构承担。乡(镇)人民政府、街道办事处应当加强基层行政调解工作,建立行政调解专兼职工作人员队伍,会同有关行政主管部门开展行政调解工作,对辖区的矛盾纠纷进行认真梳理,仔细排查,及时了解群众诉求,做好防范措施。

2. 完善行政调解工作规程。各地人民政府及其工作部门要根据有关法律、法规规定,结合实际,制定具体的工作细则或规程,全面规范行政调解工作程序,做到有章可循、有规可依,确保行政调解工作合法、规范、有序。

3. 严格考核奖惩。各地人民政府及其工作部门要严格落实行政调解工作责任制,将行政调解工作纳入目标管理,把做好行政调解工作作为依法行政的重要考核内容,纳入目标管理。严格落实各地各部门主要领导、分管领导和班子其他成员的责任,将有关行政调解工作的开展情况记入领导干部依法行政能力档案,严格落实行政调解工作责任制,对行政调解工作成绩突出的单位和人员进行表彰奖励,对组织领导不力,行政调解工作不落实,导致矛盾纠纷突出的,要严格问责;对因行政调解工作未落实,而发生严重影响社会稳定的重大案件的,要实行责任倒查,严格追究领导和相关人员的责任。

四、行政调解工作的要求

(一)坚持预防和化解并重。各地人民政府及其工作部门要切实落实矛盾纠纷排查分析研判制度,坚持排查在先,预警靠前,有效预防,及时化解,从源头上预防和减少行政争议的发生。要加强对重点领域、重点行业社情民意和争议纠纷的收集排查工作,及时了解群众诉求,确保发生争议纠纷时能够及时介入。要通过领导接访、干部下访、现场办公等形式,抓早、抓小、抓苗头,发现一起调处一起,严防各类争议纠纷激化和升级,努力将事态化解在萌芽状态和初始阶段,实现"小事不出村、大事不出乡、难事县终结"。要加强法制宣传教育,及时解答群众在法律、政策上的疑惑和问题,积极引导群众通过行政调解理性合法地表达利益诉求、解决争议纠纷。

(二)突出重点,灵活多样运用调解的办法处理争议纠纷。各地人民政府及其部门应大力调处在涉及土地征收、房屋征收补偿、劳动合同、土地承包合同、环保、医疗、消费者权益保护等方面的行政争议和纠纷,要深入调查研究,及时了解群众诉求,积极主动地开展行政调解工作,努力把争议纠纷化解在基层、化解在行政程序之中。在调解争议纠纷时,要找准争议纠纷的焦点和各方利益的平衡点,采取灵活多样的方式,注重法、理、情的有机统一,开展耐心、细致的说服劝导工作,促成各方当事人互谅互让,达成解决争议纠纷的协议。对经劝导不愿进行行政调解或达不成调解协议的,要积极引导当事人通过行政复议、裁决等方式解决或告知当事人其他救济权利和渠道。对于可能引发重大群体性事件的争议纠纷,要制定工作预案。对重大疑难矛盾纠纷的调处要及时向党委、政府和上级主管部门请示报告。

(三)充分发挥行政复议解决行政争议和纠纷的重要作用。各级行政复议机关在行政复议案件办理过程中,要根据《行政复议法实施条例》规定的调解原则、范围,优先适用调解方式解决行政争议。对于行政机关行使自由裁量权做出的具体行政行为引发的行政复议案件,要积极促成申请人与被申请人在复议决定作出前自愿和解,力争把行政争议化解在行政复议程序中,确保定纷止争、案结事了。

(四)加强协调配合。行政调解是从源头上预防和减少行政争议的重要措施,各级行政机关要严格依照行政调解的范围和原则开展行政调解工作,既要各司其职,又要密切配合。要建立健全与人民调解、司法调解的相互衔接配合机制,加强信息沟通、协调联系、效力衔接,优化、整合调解资源,实现人民调解、行政调解、司法调解"三大调解"的优势互补。在行政调解中需要当事人所在基层人民调解组织配合的,可以邀请其参加,共同开展调解工作。人民法院在进行司法调解时,需要行政机关配合的,行政机关应当积极配合,从而有效预防化解社会矛盾,维护社会和谐平安稳定。

各地人民政府及其工作部门要站在维护全区改革发展稳定大局的高度，切实增强责任感和紧迫感，不断推进和深化行政调解工作，共同努力使行政调解工作取得新实效、实现新突破，为全区经济社会发展创造和谐稳定的社会环境。

二〇一一年十月十三日

银川市人民政府办公厅关于印发《银川市行政调解办法》的通知

（2012年11月20日 银政办发〔2012〕174号）

各县（市）区人民政府，市政府各部门、各直属机构：

《银川市行政调解办法》已经市人民政府研究同意，现印发给你们，请认真贯彻落实。

银川市人民政府办公厅

2012年11月20日

银川市行政调解办法

第一条 为加强和创新社会管理，增强行政机关服务功能，规范行政调解行为，及时化解行政争议纠纷，维护社会和谐稳定，根据《国务院关于加强法治政府建设的意见》、《宁夏回族自治区人民政府关于加强行政调解工作的意见》，结合我市实际，制定本办法。

第二条 本办法所称行政调解，是指各级人民政府及其工作部门、直属机构，以及具有行政管理职能的事业单位和组织（以下统称行政机关），在日常管理和行政执法过程中，根据职责权限，依照法律法规和政策，通过说服教育和疏导，促使双方当事人互谅互让，化解矛盾纠纷的活动。

第三条 各级人民政府对行政调解工作负总责。按照“属地管理、分级负责”的原则,及时研究解决行政调解工作中存在的重大问题,加强对行政调解工作的组织领导。

各级人民政府法制工作机构应当加强对行政调解工作的指导、协调、监督、检查和考核。

第四条 行政调解工作由各级行政机关负责。

行政机关应当加强与人民调解组织和人民法院的沟通联系,做好行政调解与人民调解、司法调解的有效衔接。

第五条 行政调解实行首问责任制,按照“谁主管、谁负责”的原则,对与本部门职能相关的争议纠纷,根据法律、法规、规章及政策进行调解。对不属于本部门调解范围的争议纠纷,应当报同级政府法制机构,确定调解责任单位。

第六条 行政调解应当遵循以下原则:

(一)自愿原则。调解应当充分尊重当事人意愿,不得强迫当事人接受调解方式或者调解结果。

(二)合法原则。调解应当符合法律、法规、规章及政策,不得损害国家利益、公共利益和他人合法权益。

(三)平等原则。行政调解机关应当充分尊重行政管理相对人自愿、充分、真实地表达自己意愿和诉求的权利,公正、公平的调处争议纠纷,不得偏向任何一方。

(四)积极主动原则。行政机关对职权管辖范围内出现的纠纷,应积极主动进行行政调解。

(五)高效便民原则。行政机关应当增强服务意识,积极、迅速、及时地履行行政调解职责,减少当事人的程序性负担,妥善化解争议纠纷。

第七条 行政调解的范围:

(一)各级行政机关在行使职权过程中与公民、法人或者其他组织之间因行政管理产生的行政争议和纠纷。

(二)公民、法人或者其他组织之间产生的与行政机关职能有直接或间接关联的行政争议和纠纷。

(三)民事纠纷发生后,因行政机关的介入,引发的行政争议和纠纷。

第八条 行政机关调解争议纠纷应当符合下列条件:

(一)调解对象与本争议纠纷有利害关系;

（二）争议纠纷与本行政机关职能相关；

（三）争议纠纷具有可调解性；

（四）当事人未选择其他解决途径。

第九条 行政机关在日常管理和行政执法过程中发现争议纠纷时，应当告知当事人可以要求行政调解。当事人也可以向相关行政机关提出行政调解要求。

第十条 对资源开发、环境污染、公共安全事故等方面的争议纠纷，以及涉及人数较多、影响较大、可能影响社会稳定的争议纠纷，行政机关应当依职权主动进行调解，并向当事人说明原因。

第十一条 行政机关接受行政调解要求后，应当了解相关情况，在3个工作日内决定是否启动行政调解程序并及时告知双方当事人。决定不启动调解程序的，应当说明原因。

第十二条 两个以上行政机关都收到行政调解要求的，由具有相关管理职能的行政机关受理；两个以上行政机关都有权管辖的，由最先收到行政调解要求的行政机关受理；行政机关对管辖有争议的，由行政机关协商受理；协商不成的，报同级政府法制机构指定管辖。

第十三条 行政机关调解争议纠纷，应当提醒当事人关注行政复议、诉讼等法定救济权利行使的时效，注意保护当事人的个人隐私或商业秘密。

当事人不愿对外公开争议纠纷的，应当尊重当事人意愿。

第十四条 当事人可以接受、不接受或者终止行政调解，也可以要求行政调解人员回避。

第十五条 调解人员有下列情况之一的，应当回避：

（一）是争议纠纷当事人，或者与当事人及其代理人有近亲属关系；

（二）与争议纠纷有利害关系；

（三）与争议纠纷当事人及其代理人有其他关系，可能影响争议纠纷公正处理的。

调解人员有应当回避情形的，应当自行提出回避。

当事人发现调解人员有应当回避情形的，可以要求其回避。

第十六条 行政调解由当事人要求的，可以由一方当事人或者双方当事人提出。行政调解由一方当事人提出的，必须征得其他当事人同意。

行政调解由行政机关主动提出的，须征得双方当事人同意。

第十七条 行政机关进行行政调解一般不超过20个工作日,重大、复杂的争议纠纷可延长10个工作日。

需要第三方专业机构作出鉴定、认定或者裁决的,鉴定、认定或者裁决所需时间不计入行政调解时限。

第十八条 行政机关接受行政调解后,应当及时告知当事人调解起止时间、依法享有的权利和应当遵循的程序。

第十九条 行政机关主持行政调解,应当充分听取双方当事人的陈述,查明争议纠纷的基本事实和主要责任,依据法律、法规、规章及政策对双方当事人进行说服、劝导,引导当事人达成谅解。

第二十条 对争议纠纷基本事实有异议的,行政机关可以采取听证、现场调查等方式调查取证。

重大复杂或者社会影响较大的争议纠纷,可以邀请相关专家参加调解。

第二十一条 争议纠纷涉及第三人的,应当及时通知第三人参加行政调解。调解结果涉及第三人利益的,应当征得第三人同意,第三人不同意的,终止行政调解。

第二十二条 进行行政调解,行政机关应当制作调解笔录,全面、客观地记载调解的过程和内容。调解笔录应当由参与调解的相关人员签字。

第二十三条 调解达成协议的,应当签署调解协议。简单的争议纠纷,也可以在调解笔录中记录协议内容,由调解人员在调解笔录中签字认可。

行政调解书应当载明行政纠纷事由、调解事项、事实、调解结果、申请人和被申请人签名或盖章,加盖调解机构印章。

调解达不成协议的,行政机关应当及时终止调解,并告知当事人通过其他法律途径解决。

第二十四条 经行政调解达成具有民事合同性质的协议,由主持调解的行政机关和调解员盖章后,双方当事人可以共同向有管辖权的人民法院提出确认申请。

第二十五条 行政机关应当在争议纠纷达成调解协议后,及时对履行调解协议情况进行回访,巩固调解成果,督促调解协议的自觉履行。

第二十六条 行政调解形成的档案材料应当及时归档,定期进行统计分析。

第二十七条 行政机关应当建立本部门的行政调解制度,确定调解人员,进行调解业务培训,制定调解程序规则、统一文书格式。

行政机关应当公开行政调解员名单和行政调解受理电话等事项。

第二十八条 行政机关无正当理由不受理行政调解申请,或者在规定的时间内不履行行政调解职责,引发恶性事件、群体性事件或者其他严重后果的,由监察部门按规定追究相关部门和人员的责任。

第二十九条 各级政府和行政机关应当对在行政调解工作中做出突出贡献的单位和个人给予表彰。

第三十条 本办法自2012年12月1日起施行。

固原市人民政府关于加强行政调解工作的意见

(2012年1月19日 固政发〔2012〕8号)

市政府各部门、直属机构:

为充分发挥行政调解在化解社会矛盾中的重要作用,维护社会稳定,促进社会经济发展和社会和谐,根据自治区党委《关于加强和创新社会管理的若干意见》(宁党发〔2011〕21号)和自治区人民政府《关于加强行政调解工作的意见》(宁政发〔2011〕135号)的要求,现就我市加强行政调解工作提出如下意见。

一、充分认识行政调解工作的重要意义

近年来,随着我市城镇化进程加快,经济和行政管理体制改革进入关键阶段,社会利益和群众需求呈现多元化趋势,各类矛盾纠纷日趋增多,涉及法律关系日趋复杂,处理难度日趋增大。调处和化解矛盾纠纷是对政府执政能力和政府各部门依法行政能力的考验。行政调解是政府及工作部门、直属机构,以及具有行政管理职能的事业单位和组织(以下统称行政机关),根据职责权限,依照法律法规和政策,通过说服教育和疏导,促使双方当事人互谅互让,化解矛盾纠纷的活动。开展行政调解工作是落实科学发展观,构建和谐社会的重要组成部分,是最大限度地运用法律手段预防和化解社会矛盾纠纷的有效措施,是把矛盾化解在基层,解决在萌芽状态的重要手段。是行政机关对社会和经济实施管理与监督的一种有效方式,也是行政机关服务大局维护稳定的重要职责,是维护社会稳定,促进经济社会和谐发展的重要保障。为此,市直各部门要从落实科学发展观、构建和谐社会的高度,统一思想,提高认识,深刻理解新形势下开展行政调解工作的重大意义。把日常工作开展与行政调解工作有机结合起来,妥善协调各方面利益关系,及时化解社会发展过程中出现的各种矛盾纠纷,切实抓好行政调解工作,保障最广大人民群众的根本利益,维护社会和谐稳定,促进我市经济社会各项事业健康快速发展。

二、行政调解工作的范围、原则和程序

(一)行政调解的范围

1. 各行政机关在行使职权过程中与公民、法人或者其他组织之间因行政管理产生的行政争议和纠纷。

2. 公民、法人或者其他组织之间产生的与行政机关职能有直接或间接关联的行政争议和纠纷。

3. 民事纠纷发生后,因行政机关的介入,引发的行政争议和纠纷。

(二)行政调解的原则

1. 自愿原则。行政调解要充分尊重当事人意愿,不得强迫当事人接受调解方式和调解结果。

2. 合法原则。行政机关要公平、公正地化解矛盾纠纷,有效地保护各方当事人的合法权益。调解的内容不得违反法律禁止性规定,不能无原则地调和,不得损害国家利益、社会公共利益和他人合法权益。

3. 平等原则。行政调解机关应当充分尊重行政管理相对人自愿、充分、真实地表达自己意愿和诉求的权利,公正、公平的调处争议纠纷,不得偏向任何一方,要保证各方当事人平等协商,既要兼顾当事人的合法权益,又要让各方当事人互谅互让,互相理解。

4. 积极主动原则。行政机关对职权管辖范围内出现的纠纷,应积极主动进行行政调解。

5. 依法处理原则。对不属于行政调解范畴以及经行政调解不能达成协议的纠纷,行政机关应及时依法作出相关处理决定。

(三)行政调解工作程序

1. 申请和受理。行政机关接到当事人申请后,要认真进行审查,凡符合受理条件的，应及时受理，不予受理的，要向当事人说明理由。行政复议机构受理复议案件后，在查明案件事实的基础上，积极运用调解手段解决行政纠纷。

2. 调查。行政机关要根据双方的争议进行必要的调查，要运用宣传政策法规、说服教育、协调疏导等方式方法，充分利用调查取证、现场勘验、复议听证等时机，积极宣讲有关法律法规，分析利害关系，促使当事人自行和解。

3. 实施调解。要根据当事人的诉辩主张，依据有关法律规定，平衡当事人之间的利益和冲突。一是要坚持情、理、法并用；二是要多做思想疏导工作，循循善诱，使双方互谅互让；三是要注意调解的艺术和方法，使调解体现人性化的要求。

4. 制作行政调解书或行政复议调解书。行政调解书应当载明行政纠纷事由、调解事项、事实、调解结果、申请人和被申请人签名或盖章，要加盖调解机构印章。行政复议调解书应当载明行政复议请求、事实、理由和调解结果，并加盖行政复议机关印章。

5. 履行。达成调解、和解协议后，各方当事人要积极履行。

三、行政调解工作的职责分工和组织保障

（一）行政调解工作的职责分工

1. 行政调解工作按照"属地管理、分级负责"的原则，实行主要领导亲自抓、分管领导具体抓，并定期听取行政调解工作情况汇报，及时研究解决行政调解工作中存在的重大问题，切实加强对行政调解工作的组织领导。建立健全行政调解工作长效机制，强化保障措施，落实责任，严格考核，不断推进行政调解工作的深入开展。要把行政调解工作经费、设备采购资金纳入财政预算统筹安排，给予切实保障。

2. 市政府法制机构在行政调解工作中负责牵头。具体负责对市直各部门行政调解工作的指导、督促和协调，发挥牵头作用。具体职责是：研究制定行政调解相关制度，使行政调解工作有序开展；研究行政调解中的新情况、新问题，加强对行政调解工作的指导；汇总分析市直各部门的行政调解工作情况，并向市人民政府报告；加强对行政调解工作的督促办理工作；做好同人民调解、司法调解组织的衔接配合，加强对行政调解工作的协调；加强行政调解人员的法律知识和调解技能培训，提高行政调解人员的业务水平；牵头组织对法律关系复杂、重大疑难争议纠纷的调解处理。

3. 市直各部门具体负责行政调解工作。具有行政职能的部门和单位要按照

“谁主管、谁负责”的原则具体负责对与本部门和本单位行政管理职权有关的争议纠纷的调处,切实发挥行政调解主体作用。要由一把手负总责,确定分管领导和工作机构具体承担行政调解工作,确保行政调解工作有人抓、有人管。要加强行政调解队伍建设,配齐、配强行政调解人员,并加强培训和管理。要加强网络信息化平台建设,确保行政调解工作的顺利开展。要根据行业、部门特点建立健全行政调解工作制度,细化工作规程,努力提高行政调解的质量和效率。

(二)行政调解工作的组织保障

1. 建立行政调解联席会议制度。建立由政府分管领导牵头,相关部门主要负责人参加的行政调解联席会议制度,定期研究解决开展行政调解工作涉及的问题,指导、协调重大复杂争议纠纷的调处工作,定期汇总、分析行政调解工作开展情况。行政调解联席会议日常工作由政府法制办承担。街道办事处应当加强基层行政调解工作,建立行政调解专兼职工作人员队伍,会同有关行政主管部门开展行政调解工作,对辖区的矛盾纠纷进行认真梳理,仔细排查,及时了解群众诉求,做好防范措施。

2. 完善行政调解工作规程。市政府将根据有关法律、法规规定,结合实际,制定我市行政调解工作具体工作规程,全面规范行政调解工作程序,做到有章可循、有规可依,确保我市行政调解工作合法、规范、有序。

3. 严格考核奖惩。各部门要把做好行政调解工作作为依法行政的重要考核内容,纳入目标管理。严格落实各部门主要领导、分管领导和班子其他成员的责任,将有关行政调解工作的开展情况记入领导干部依法行政能力档案;严格落实行政调解工作责任制,对行政调解工作成绩突出的单位和人员进行表彰奖励,对组织领导不力,行政调解工作不落实,导致矛盾纠纷突出的,要严格问责;对因行政调解工作未落实,而发生严重影响社会稳定的重大案件的,要实行责任倒查,严格追究领导和相关人员的责任。

四、行政调解工作的要求

(一)坚持预防和化解并重。各部门要切实落实矛盾纠纷排查分析研判制度,坚持排查在先,预警靠前,有效预防,及时化解,从源头上预防和减少行政争议的发生。要加强对重点领域、重点行业社情民意和争议纠纷的收集排查工作,及时了解群众诉求,确保发生争议纠纷时能够及时介入。要通过领导接访、干部下访、现场办公等形式,抓早、抓小、抓苗头,发现一起调处一起,严防各类争议纠纷激化和升级,努力将事态化解在萌芽状态和初始阶段。要加强法制宣传教育,及时解答群众在法律、政策上的疑惑和问题,积极引导群众通过行政调解理性合法地表达利益诉求、解决争议纠纷。

(二)突出重点,灵活多样运用调解的办法处理争议纠纷。各部门应大力调处在涉及土地征收、房屋征收补偿、劳动合同、土地承包合同、环保、医疗、消费者权益保护等方面的行政争议和纠纷,要深入调查研究,及时了解群众诉求,积极主动地开展行政调解工作,努力把争议纠纷化解在基层、化解在行政程序之中。在调解争议纠纷时,要找准争议纠纷的焦点和各方利益的平衡点,采取灵活多样的方式,注重法、理、情的有机统一,开展耐心、细致的说服劝导工作,促成各方当事人互谅互让,达成解决争议纠纷的协议。对经劝导不愿进行行政调解或达不成调解协议的,要积极引导当事人通过行政复议、裁决等方式解决或告知当事人其他救济权利和渠道。对于可能引发重大群体性事件的争议纠纷,要制定工作预案。

(三)充分发挥行政复议解决行政争议和纠纷的重要作用。各部门在行政复议案件办理过程中,要根据《行政复议法实施条例》规定的调解原则、范围,优先适用调解方式解决行政争议。对于行政机关行使自由裁量权做出的具体行政行为引发的行政复议案件,要积极促成申请人与被申请人在复议决定作出前自愿和解,力争把行政争议化解在行政复议程序中,确保定纷止争、案结事了。

(四)加强协调配合。行政调解是从源头上预防和减少行政争议的重要措施,各部门要严格依照行政调解的范围和原则开展行政调解工作,既要各司其职,又要密切配合。要建立健全与人民调解、司法调解的相互衔接配合机制,加强信息沟通、协调联系、效力衔接,优化、整合调解资源,实现人民调解、行政调解、司法调解"三大调解"的优势互补。在行政调解中需要当事人所在基层人民调解组织配合的,可以邀请其参加,共同开展调解工作。人民法院在进行司法调解时,需要行政机关配合的,行政机关应当积极配合,从而有效预防化解社会矛盾,维护社会和谐平安稳定。

市直各部门要站在维护改革发展稳定大局的高度,切实增强责任感和紧迫感,不断推进和深化行政调解工作,共同努力使行政调解工作取得新实效、实现新突破,为全市经济社会发展创造和谐稳定的社会环境。

二〇一二年一月十九日

·新疆维吾尔自治区·

新疆维吾尔自治区人民政府办公厅转发《关于加强行政调解工作的意见》的通知

(2012年7月16日 新政办发〔2012〕121号)

伊犁哈萨克自治州,各州、市、县(市)人民政府,各行政公署,自治区人民政府各部门、各直属机构:

自治区人民政府法制办公室《关于加强行政调解工作的意见》已经自治区人民政府同意,现转发你们,请遵照执行。

2012年7月16日

关于加强行政调解工作的意见

为深入贯彻落实《国务院关于加强法治政府建设的意见》(国发〔2010〕33号)和中央社会治安综合治理委员会等16部门发布的《关于深入推进矛盾纠纷大调解工作的指导意见》(综治委〔2011〕10号)精神,加快法治政府建设,充分发挥行政调解化解社会矛盾,维护社会和谐稳定作用,结合我区实际,现就加强行政调解工作提出如下意见。

一、充分认识做好行政调解工作的重要性

行政调解是由行政机关(包括法律法规授权组织,下同)主持或主导的,以民事纠纷或行政争议为主要对象,以法律、法规、规章和政策为依据,通过说服和疏导的方法,使各方当事人平等协商、互谅互让、达成协议,快速消除争议纠纷的活动。

做好行政调解工作,是密切党和政府与人民群众联系、增进社会和谐的重要途径,是加强和创新社会管理、加快建设法治政府的迫切需要。各级政府和政府各部门要从贯彻和落实科学发展观、构建和谐新疆、践行跨越式发展和长治久安两项历史任务的高度,充分认识加强行政调解工作的重要意义,发挥行政调解工作的优势,运用调解的办法,做好与行政管理有关的矛盾纠纷处理工作,从源头上预防和减少人民内部矛盾。

二、行政调解工作的指导思想

深入贯彻落实科学发展观,以化解社会矛盾纠纷为根本,建立行政调解工作体制,创新行政调解工作机制,充分发挥行政机关在化解行政争议和民事纠纷中的作用,推动建立行政调解与人民调解、司法调解相衔接的大调解联动机制,形成调解工作合力,有效化解社会矛盾,为推进自治区跨越式发展和长治久安创造和谐、稳定、有序的社会环境。

三、行政调解工作的原则

(一)属地管理、分级负责原则。各地区、各部门要对发生在本区域、本部门的争议按照"谁主管、谁负责"的原则,充分运用各种有效手段切实予以解决,真正做到案结事了。

(二)自愿原则。行政调解要充分尊重当事人意愿,不得强迫当事人接受调解方式或调解结果。

(三)合法原则。行政调解要符合法律、法规、规章和政策,不得侵犯国家利益,不得侵犯公民、法人和其他组织的合法权益。

(四)优先原则。根据法律、法规、规章、政策规定和争议纠纷情况,在坚持自愿原则基础上,优先采取调解方式解决矛盾纠纷。

(五)公平公正原则。当事人在调解过程中地位平等。行政调解机关应当尊重争议各方表达意愿和诉求的权利,公正、平等地协商处理争议纠纷。

(六)及时便捷原则。行政调解应当简便、快捷、高效;鼓励采取既灵活多样又诚信规范的方式方法化解矛盾。能够当场调解的,应当当场调解;需要进一步了解、核实有关情况的,应当及时进行、尽快调解;对不宜调解或者调解不成的,行政机关应当及时作出处理决定、裁定(含复议决定),或告知当事人通过其他法律途径解决。

(七)保护个人隐私和商业秘密原则。行政调解涉及当事人个人隐私或者商业秘密的,应当为当事人保密。

四、适用行政调解的范围

(一)公民、法人和其他组织对行政机关行使法律、法规、规章规定的自由裁量权作出的具体行政行为不服申请行政复议的；

(二)行政赔偿或者行政补偿纠纷；

(三)依法可以调解的治安案件、交通事故损害赔偿争议；

(四)土地、林业、矿产等自然资源经营、承包、流转等争议；

(五)征用、征收土地房屋中的安置补偿争议；

(六)劳动、人事争议；

(七)消费纠纷、合同争议、产品质量争议；

(八)医疗事故赔偿争议；

(九)其他依法可以调解的争议。

五、进行行政调解应当具备的条件

(一)调解对象是与矛盾纠纷有利害关系的当事人；

(二)该矛盾纠纷与该行政机关行使行政职权有关；

(三)该矛盾纠纷具有可调解性；

(四)当事人未选择其他解决途径。

行政调解可由双方当事人申请,也可以由行政机关根据情况在征得双方当事人同意的基础上提出。调解内容涉及第三人的,应当征求第三人的意见。

六、行政调解程序

(一)管辖。

行政调解实行属地管理,分级负责。

对行政机关作出的具体行政行为不服,当事人可以向该机关提出行政调解请求,也可向该机关的上一级领导机关提出行政调解请求。但是在行政复议过程中的调解,由行政复议案件受理机关管辖。

两个以上行政机关都收到行政调解请求的,由对该矛盾纠纷具有行政管理职能的行政机关受理;两个以上行政机关都有该职能的,由最先收到行政调解请求的行政机关受理。

行政机关对调解管辖有争议的,由行政机关协商受理;协商不成的,由其共同的上一级行政机关指定管辖。

(二)回避。

行政调解人员有下列情形之一的,应当自行回避：

1. 是争议纠纷当事人,或者与当事人及其代理人有近亲属关系的；

2. 与争议纠纷有利害关系的；

3. 与争议纠纷当事人及其代理人有其他关系，可能影响争议纠纷公正处理的。

当事人发现行政调解人员有应当回避的情形的，可以申请行政调解人员回避。

行政调解人员是否回避，由主持调解的行政机关负责人决定。

（三）期限。

行政机关对能够当场调解的争议，应当当场调解；需要进一步了解、核实有关情况的，应当在收到行政调解请求后5个工作日内决定是否启动行政调解程序并告知当事人。决定不启动调解程序的，应当向当事人书面告知原因。

行政调解期限为20日；调解重大、复杂的矛盾纠纷，可延长10日。涉及专门事项需要第三方专业机构作出鉴定、认定或者裁决的，鉴定、认定或者裁决所需时间不计入行政调解时限。

在行政复议程序中发生的行政调解，调解期限不得超出行政复议案件的法定办理期限；在其他行政程序中发生的行政调解，调解期限不得超出办理该事项的法定期限。

适用行政调解优先原则解决矛盾纠纷，但未达成调解协议，造成申请行政复议时效延误的，经主持行政调解的机关出具书面说明，行政复议机关应当适用行政复议法关于“其他正当理由”的规定。

（四）方式方法。

1. 行政机关受理行政调解请求后，应当及时告知当事人依法享有的权利、应当遵循的程序和其他应当注意的事项等，使当事人明确行政调解的有关要求。

2. 行政机关应当根据调解事项的性质，指派有专业知识和调解经验的专门人员主持调解工作；调解主持人应当积极引导当事人进行当面协商。

3. 行政调解方式方法可以灵活多样。对基本事实有争议的，可以采取听证、到现场实地调查了解等方式；既可邀请行政机关的经办人员、主管领导参加，也可邀请当事人所在基层组织以及其他与调解事项有关的社会力量参与调解处理；重大、复杂的调解事项，行政机关还可邀请相关专家参加调解。

4. 争议涉及第三人的，应当通知第三人参加行政调解。如果涉及第三人利益的，应当征得第三人同意；第三人不同意的，终止行政调解。

5. 行政调解主持人要认真听取各当事人的陈述、申辩和质证意见，分析并归纳各方争议的焦点,据此对当事人进行说服、劝导,引导各方达成谅解。

6. 行政机关应当制作行政调解笔录,全面、客观记载调解的过程、内容。调解笔录应当由参与调解的人员签名。

7. 涉及专门事项需要第三方专业机构作出鉴定、认定或者裁决的,应当在征得各方当事人同意的基础上,依法委托第三方专业机构进行鉴定、认定或者裁决。由此产生的鉴定、认定或者裁决费用由当事人承担;具体承担方式和比例由当事人协商确定。

8. 行政调解未达成协议的,行政机关应当终止调解,依法作出处理决定、裁定(含复议决定),或告知当事人通过其他法律途径解决。

(五)协议内容。

除即时履行的行政调解事项外,行政调解各方当事人达成调解协议的,应当签订行政调解书。行政调解书由当事人各执一份,行政机关留存一份备案。

行政调解书应当包括下列内容:

1. 当事人的姓名或者单位名称,法定代表人姓名、住址;

2. 争议事项的主要情况;

3. 当事人协议的内容和调解结果;

4. 第三方专业机构作出鉴定、认定或者裁决的,应载明主要内容;

5. 其他需要约定的事项;

6. 签名、盖章及日期。

行政调解协议不得对各方当事人增设超越法律、法规规定的权利和义务,不得侵犯国家利益,不得侵犯公民、法人和其他组织的合法权益。

(六)效力。

行政调解协议经各方当事人签字后即具有约束力,当事人应当自觉履行。

对重大、复杂的争议事项达成行政调解协议的,行政机关应当及时引导各方当事人对行政调解书进行公证。

行政机关对达成调解协议的争议,应当对各方履行调解协议的情况进行跟踪、回访,巩固调解成果,注意发现问题,督促调解协议的实现。

七、建立健全行政调解工作机制和制度

(一)建立行政调解工作体制机制。

各级政府要建立由政府负总责、政府法制机构牵头、各职能部门为主体的行政调解工作体制。在本级政府领导下,由本级政府法制机构会同各相关职能部门建立工作协调机制,共同研究部署本地区行政调解工作,统筹协调跨地区、跨部门重大矛盾纠纷的行政调解工作,并承担行政调解工作人员培训、有关事项的信息交流、联络、制度建设等日常工作。各级政府部门应当明确行政调解工作的主管领导,在部门内部指定机构、人员承担行政调解工作,并保持其相对稳定;涉及矛盾纠纷较多的部门,应当成立行政调解委员会。

(二)建立行政调解定期统计报送制度。

各级行政机关要加强行政调解的信息传报工作,及时通报本地区、本部门开展行政调解的工作情况,交流工作经验,发现并研究带有倾向性和普遍性的问题。行政调解工作的情况每半年向本级政府法制机构报送一次,政府法制机构汇总后,逐级报送自治区人民政府法制办;报送内容主要包括:行政调解案件的数量、内容、调解的结果,以及开展行政调解工作遇到的困难和突出问题等。

(三)建立行政调解与人民调解、司法调解的衔接机制。

各地区、各部门要积极做好行政调解与人民调解、司法调解的衔接配合、信息共享,充分发挥各自职能,妥善化解各类纠纷。对于进入诉讼程序的行政争议,在诉前已经做过行政调解工作的,应当将行政调解的有关情况告知人民法院。

(四)建立行政调解经费保障机制。

行政调解不得向当事人收取调解费用。各级财政部门应当根据现行财政管理体制,按照分级管理,分级负担的原则,依据预算管理有关要求,将行政调解工作经费纳入本级财政年度预算,保障行政调解工作顺利开展。

(五)加强行政调解队伍建设。

各地区、各部门要将政治思想好、业务能力强、法律素质高、工作作风扎实、善于做群众工作的干部充实到行政调解工作队伍中去。要加强对行政调解工作人员的培训工作,由政府法制机构根据行政调解工作任务的需要和特点确定培训内容,有计划地进行专项培训,提高行政调解工作人员政治、业务素质,不断提升行政调解工作水平。

(六)加强行政调解工作的组织领导。

各地区、各部门的行政首长作为本地区、本部门做好行政调解工作的第一责任人,要从贯彻和落实科学发展观、提高党的执政能力建设的高度,充分认识做好行政调解工作的重要性,把行政调解工作列入重要议事日程,切实加强对行政调解工作的组织和领导，大力支持行政调解工作，不断提高行政调解工作能力。

各地区、各部门要认真学习、精心组织、全面贯彻《国务院关于加强法治政府建设的意见》和本《意见》，结合实际，制定措施，明确目标，落实责任。实施过程中的具体问题，请及时与自治区人民政府法制办公室联系。

新疆维吾尔自治区司法厅关于印发《新疆维吾尔自治区司法行政机关行政调解工作制度》的通知

（2013年7月10日　新司通〔2013〕56号）

伊犁哈萨克自治州司法局，各地州市司法局，监狱局、劳教局，厅机关各处室：

现将《新疆维吾尔自治区司法行政机关行政调解工作制度》印发给你们，请认真遵照执行。

新疆维吾尔自治区司法厅

2013年7月10日

新疆维吾尔自治区司法行政机关行政调解工作制度

第一条　为有效预防、减少和化解司法行政管理矛盾纠纷，保护当事人的合法权益，维护社会和谐稳定，根据有关规定，结合自治区司法行政系统实际，制定本制度。

第二条　行政调解是国家行政机关根据法律、行政法规的相关规定，对属于本机关职权管辖范围内的平等主体之间的民事纠纷，以当事人双方自愿为基础，由行政机关主持，通过耐心的说服教育，使纠纷的双方当事人互相谅解，在平等协商的基础上达成一致协议，从而合理地、彻底地解决纠纷矛盾。

第三条 司法行政机关行政调解力求做到有纷必调、调必有果、限期调结、登记在案、严格考核。

第四条 公民、法人和其他组织对司法行政机关行使法律、法规、规章规定的自由裁量权作出的具体行政行为不服申请行政复议的、行政赔偿或者行政补偿纠纷的,由法制部门负责进行行政调解。

第五条 公民、法人和其他组织与律师事务所、律师之间产生的纠纷,由律师管理部门负责进行行政调解。

第六条 公民、法人和其他组织与公证处、公证员之间产生的纠纷,由公证管理部门负责进行行政调解。

第七条 公民、法人和其他组织与基层法律服务所、基层法律服务工作者之间产生的纠纷,由基层工作管理部门负责进行行政调解。

第八条 公民、法人和其他组织与司法鉴定机构、司法鉴定人之间产生的纠纷,由司法鉴定管理部门负责进行行政调解。

第九条 公民、法人和其他组织与法律援助机构之间产生的纠纷,由法律援助工作管理部门负责进行行政调解。

第十条 公民、法人和其他组织与司法考试考务部门之间产生的纠纷由司法考试管理部门负责进行行政调解。

第十一条 司法行政机关行政调解坚持属地管理、分级负责原则。各级司法行政机关要对发生在本区域、本部门的争议按照"谁主管、谁负责"的原则,充分运用各种有效手段切实予以解决,真正做到案结事了。

第十二条 司法行政机关行政调解坚持自愿原则。司法行政机关行政调解要充分尊重当事人意愿,不得强迫当事人接受调解方式或调解结果。

第十三条 司法行政机关行政调解坚持合法原则。司法行政机关行政调解要符合法律、法规、规章和政策,不得侵犯国家利益,不得侵犯公民、法人和其他组织的合法权益。

第十四条 司法行政机关行政调解坚持优先原则。根据法律、法规、规章、政策规定和争议纠纷情况,在坚持自愿原则基础上,优先采取调解方式解决矛盾纠纷。

第十五条 司法行政机关行政调解坚持公平公正原则。当事人在调解过程中地位平等。司法行政机关应当尊重争议各方表达意愿和诉求的权利,公正、平等地协商处理争议纠纷。

第十六条 司法行政机关行政调解坚持及时便捷原则。司法行政机关行政调解应当简便、快捷、高效；鼓励采取既灵活多样又诚信规范的方式方法化解矛盾。能够当场调解的，应当当场调解；需要进一步了解、核实有关情况的，应当及时进行、尽快调解；对不宜调解或者调解不成的，司法行政机关应当及时作出处理决定，或告知当事人通过其他法律途径解决。

第十七条 司法行政机关行政调解坚持保护个人隐私和商业秘密原则。司法行政机关行政调解涉及当事人个人隐私或者商业秘密的，应当为当事人保密。

第十八条 对司法行政机关作出的具体行政行为不服，当事人可以向该机关提出行政调解请求，也可向该机关的上一级司法行政机关提出行政调解请求。但是在行政复议过程中的调解，由行政复议案件受理机关管辖。

第十九条 两个以上司法行政机关都收到行政调解请求的，由对该矛盾纠纷具有行政管辖权的司法行政机关受理；两个以上司法行政机关都有管辖权的，由最先收到行政调解请求的司法行政机关受理。

第二十条 司法行政机关对调解管辖有争议的，首先由司法行政机关协商受理；协商不成的，由其共同的上一级司法行政机关指定管辖。

第二十一条 司法行政机关行政调解人员有下列情形之一的，应当自行回避：

（一）是争议纠纷当事人，或者与当事人及其代理人有近亲属关系的；

（二）与争议纠纷有利害关系的；

（三）与争议纠纷当事人及其代理人有其他关系，可能影响争议纠纷公正处理的。

第二十二条 当事人发现司法行政机关行政调解人员有应当回避的情形的，有权申请司法行政机关行政调解人员回避。

第二十三条 司法行政机关行政调解人员是否回避，由主持调解的司法行政机关负责人决定。

第二十四条 司法行政机关对能够当场调解的争议，应当当场调解；需要进一步了解、核实有关情况的，应当在收到行政调解请求后5个工作日内决定是否启动行政调解程序并告知当事人。决定不启动调解程序的，应当向当事人书面告知原因。

第二十五条 司法行政机关行政调解期限为20日;调解重大、复杂的矛盾纠纷,经机关负责人批准,可延长10日。涉及专门事项需要第三方专业机构作出鉴定、认定或者裁决的,鉴定、认定或者裁决所需时间不计入行政调解时限。

第二十六条 在行政复议程序中发生的司法行政机关行政调解,调解期限不得超出行政复议案件的法定办理期限;在其他行政程序中发生的行政调解,调解期限不得超出办理该事项的法定期限。

第二十七条 适用行政调解优先原则解决矛盾纠纷,但未达成调解协议,造成申请行政复议时效延误的,经主持行政调解的机关出具书面说明,行政复议机关应当适用行政复议法关于"其他正当理由"的规定。

第二十八条 司法行政机关受理行政调解请求后,应当及时告知当事人依法享有的权利、应当遵循的程序和其他应当注意的事项等,使当事人明确行政调解的有关要求。

第二十九条 司法行政机关应当根据调解事项的性质,指派有专业知识和调解经验的专门人员主持调解工作;调解主持人应当积极引导当事人进行当面协商。

第三十条 司法行政机关行政调解方式方法可以灵活多样。对基本事实有争议的,可以采取听证、到现场实地调查了解等方式;既可邀请司法行政机关的经办人员、主管领导参加,也可邀请当事人所在基层组织以及其他与调解事项有关的社会力量参与调解处理;重大、复杂的调解事项,司法行政机关还可邀请相关专家参加调解。

第三十一条 争议涉及第三人的,应当通知第三人参加行政调解。如果涉及第三人利益的,应当征得第三人同意;第三人不同意的,终止行政调解。

第三十二条 司法行政机关行政调解主持人要认真听取各当事人的陈述、申辩和质证意见,分析并归纳各方争议的焦点,据此对当事人进行说服、劝导,引导各方达成谅解。

第三十三条 司法行政机关应当制作行政调解笔录,全面、客观记载调解的过程、内容。调解笔录应当由参与调解的人员及当事人签名。

第三十四条 涉及专门事项需要第三方专业机构作出鉴定、认定或者裁决的,应当在征得各方当事人同意的基础上,依法委托第三方专业机构进行鉴定、认定或者裁决。由此产生的鉴定、认定或者裁决费用由当事人承担;具体承担方式和比例由当事人协商确定。

第三十五条 司法行政机关行政调解未达成协议的，司法行政机关应当终止调解，依法作出处理决定、裁定（含复议决定），或告知当事人通过其他法律途径解决。

第三十六条 除即时履行的行政调解事项外，司法行政机关行政调解各方当事人达成调解协议的，应当签订行政调解书。行政调解书由当事人各执一份，司法行政机关留存一份备案。

第三十七条 行政调解书应当包括下列内容：

（一）当事人的姓名或者单位名称，法定代表人姓名、住址；

（二）争议事项的主要情况；

（三）当事人协议的内容和调解结果；

（四）第三方专业机构作出鉴定、认定或者裁决的，应载明主要内容；

（五）其他需要约定的事项；

（六）签名、盖章及日期。

第三十八条 行政调解协议不得对各方当事人增设超越法律、法规规定的权利和义务，不得侵犯国家利益，不得侵犯公民、法人和其他组织的合法权益。

第三十九条 行政调解协议经各方当事人签字后即具有约束力，当事人应当自觉履行。

第四十条 司法行政机关对达成调解协议的争议，应当对各方履行调解协议的情况进行跟踪回访，巩固调解成果，注意发现问题，督促调解协议的实现。

第四十一条 各级司法行政机关应当成立司法行政机关行政调解工作领导小组，明确相关工作机构为本部门的行政调解机构，办理具体案件的行政调解。

第四十二条 司法行政机关行政调解工作的情况每半年向上级司法行政机关报送一次，逐级报送至自治区司法厅，由自治区司法厅报送人民政府法制办；报送内容主要包括：行政调解案件的数量、内容、调解的结果，以及开展行政调解工作遇到的困难和突出问题等。

第四十三条 各级司法行政机关要积极做好司法行政机关行政调解与人民调解、司法调解的衔接配合、信息共享，充分发挥各自职能，妥善化解各类纠纷。对于进入诉讼程序的行政争议，在诉前已经做过行政调解工作的，应当将司法行政机关行政调解的有关情况告知人民法院。

第四十四条 调解活动所需经费,应当列入司法行政机关的行政经费,独立预算、开支,对司法行政机关行政调解的财政投入不得挪用。

第四十五条 各级司法行政机关对于工作突出的机构和个人予以表彰奖励;对领导不力、工作不落实、责任不到位,导致行政争议纠纷突出的部门,予以批评和限期整改;对行政调解工作不作为、乱作为而导致严重影响社会稳定的重大事故的,严肃追查部门领导和相关人员的责任。

第四十六条 各级司法行政机关应当按照本制度要求,规范司法行政机关行政调解的申请、受理、回避、调查、听证、调解事实、调解期限、调解协议书的制作及其效力等。严格执行司法行政机关行政调解的程序制度,正确、及时进行司法行政机关行政调解。

第四十七条 当事人违反本规定具有下列情形之一,由行政机关给予批评;违反治安管理秩序的,由公安机关依照《治安管理处罚法》给予行政处罚;涉嫌犯罪的,移交司法机关处理;

(一)威胁或者殴打行政调解工作人员、记录员或者对方当事人;

(二)扰乱行政调解秩序的;

(三)提供伪造的证据材料的;

(四)其他干扰、阻挠行政调解工作的行为。

第四十八条 本制度规定的实施行政调解的期限以工作日计算,不含法定节假日。

第四十九条 行政调解不影响当事人通过其他途径寻求救济。

第五十条 各级司法行政机关可依据本制度制定实施细则。州(地、市)、市(县、区)司法行政机关参照本制度按照当地人民政府的工作安排实施行政调解工作。

第五十一条 本制度自2013年7月1日起施行。

附件:行政调解文书格式(示范文本)(略)

乌鲁木齐市政府关于公布乌鲁木齐市属职能部门行政调解事项的通知

(2015年9月2日　乌政法〔2015〕9号)

乌鲁木齐县、各区人民政府,乌鲁木齐经济技术开发区(头屯河区)、高新技术产业开发区(新市区),甘泉堡经济技术开发区管委会,市属各委、局、办:

为进一步明确我市各职能部门行政调解职责,规范行政调解行为,根据《关于进一步加强行政调解工作的函》(新政法函〔2015〕77号)要求,市政府法制办组织我市各职能部门对行政调解工作所涉及到的法律、法规、规章和规范性文件等依据进行了梳理和汇总,现将梳理结果予以公布,请遵照执行。

在执行过程中,如涉及行政调解职责的法律、法规、规章和规范性文件等依据发生变化或调整的,请相关职能部门及时将变化情况报送市政府法制办。

附件:乌鲁木齐市属职能部门行政调解事项汇总表

2015年9月2日

附件:

乌鲁木齐市属职能部门行政调解事项汇总表

序号	实施部门	行政调解事项	依据
1	市财政局	对行政单位之间的产权纠纷进行调解	《行政单位国有资产管理暂行办法》(财政部令第35号)第四十一条
2		对事业单位与其他国有单位之间发生国有资产产权纠纷进行调解	《事业单位国有资产管理暂行办法》(财政部令第36号)第三十六条
3	市教育局	对发生的学生伤害事故进行调解	《学生伤害事故处理办法》第十八条

续表

序号	实施部门	行政调解事项	依据
4	市知识产权局	对专利纠纷进行调解	《新疆维吾尔自治区专利促进与保护条例》第二十二条
5		对侵犯专利权的赔偿数额进行调解	《中华人民共和国专利法》第六十条
6		对专利申请权和专利权归属纠纷;发明人、设计人资格纠纷;职务发明创造的发明人、设计人的奖励和报酬纠纷;在发明专利申请公布后专利权授予前使用发明而未支付适当费用的纠纷及其他专利纠纷进行调解	《中华人民共和国专利法实施细则》第八十五条
7	市地税局	对被申请人行使行政裁量权作出的具体行政行为,如行政处罚、核定税额、确定应税所得率等;行政赔偿;涉税举报奖励及其他可以调解的税务行政复议事项进行调解	《新疆维吾尔自治区地税系统税务行政复议和解与调解工作办法》第九条
8	市建委	对承包方与发包方之间发生的工程造价咨询企业竣工结算审核意见有异议进行调解	《建筑工程施工发包与承包计价管理办法》(建设部令第 16 号)第十八条第一款第(三)项
9		对工程建设各方主体发生工程造价争议进行调解	关于印发《乌鲁木齐市建设工程造价纠纷调解办法》(乌建发〔2011〕54 号)第三条、第六条
10	市旅游局	对旅游者与旅游经营者发生的纠纷进行调解	《中华人民共和国旅游法》第九十二条、第九十三条
11	市国土局	对土地权属争议进行调解	《土地权属争议调查处理办法》(国土资源部令第 17 号)第四条、第二十三条

续表

序号	实施部门	行政调解事项	依据
12	市农牧局	权限内对因使用农作物种子发生的民事纠纷进行调解	《中华人民共和国种子法》第三条、第四十二条
13		权限内对渔业水域污染事故发生的损害赔偿责任和赔偿金额纠纷进行调解	《中华人民共和国水污染防治法》第八十六条
14		对农业机械事故损害赔偿争议进行调解	《农业机械安全监督管理条例》第二十五条、第二十八条
15		对农业机械维修当事人之间发生的维修质量争议进行调解	《农业机械维修管理规定》第十八条
16		对农机用户因三包责任问题与销售者、生产者、修理者发生纠纷进行调解	《农业机械产品修理、更换、退货责任规定》第四十条
17		对农机作业质量纠纷进行调解	《联合收割机跨区作业管理办法》第十六条
18	市林业局（市园林管理局）	对林木林地权属争议进行调解	《林木林地权属争议处理办法》第四条第二款、第十四条、第十八条、第十九条
19	市林木种苗管理站	权限内对因使用林木种子发生的民事纠纷进行调解	《中华人民共和国种子法》第三条、第四十二条
20	市民政局	对行政区域边界争议进行调解	《行政区域边界争议处理条例》第十二条
21	市水务局	对单位之间、个人之间、单位与个人之间发生的水事纠纷进行调解	《中华人民共和国水法》第五十七条
22		对因抗旱发生的水事纠纷进行调解	《中华人民共和国抗旱条例》第五十一条
23	市体育局	对在竞技体育活动中发生的纠纷进行调解	《中华人民共和国体育法》第三十三条

续表

序号	实施部门	行政调解事项	依据
24	市卫生局	对医患双方发生医疗事故的赔偿等民事责任争议进行调解	《医疗事故处理条例》第四十六条
25		对已确定为医疗事故的进行医疗事故赔偿调解	《医疗事故处理条例》第四十八条
26	市环保局	对因环境噪声污染危害引起的赔偿责任和赔偿金额的纠纷进行调解	《中华人民共和国环境噪声污染防治法》第六十一条
27		对因大气污染危害引起赔偿责任和赔偿金额的纠纷进行调解	《中华人民共和国大气污染防治法》第六十二条
28		对因固体废物污染损害引起赔偿责任和赔偿金额的纠纷进行调解	《中华人民共和国固体废物污染环境防治法》第八十四条
29		权限内对因水污染引起的损害赔偿责任和赔偿金额的纠纷进行调解	《中华人民共和国水污染防治法》第八十六条
30	市质量监督局	对因产品质量发生的民事纠纷进行调解	《中华人民共和国产品质量法》第四十七条,《工业产品质量责任条例》第二十条,《产品质量申诉处理办法》第二条、第七条、第十四条及《新疆维吾尔自治区产品质量监督管理条例》第六条第二款
31		对计量纠纷进行调解	《中华人民共和国计量法实施细则》第二十六条、第三十七条,《集贸市场计量监督管理办法》第八条,《加油站计量监督管理办法》第六条,《仲裁检定和计量调解办法》第五条、第十五条第一款,《专业计量站管理办法》第十六条及《计量授权管理办法》第十六条
32	市公安局 市森林公安局	对因民间纠纷引起的打架斗殴或者损毁他人财物等情节较轻的违反治安管理行为进行调解处理	《中华人民共和国治安管理处罚法》第九条

续表

序号	实施部门	行政调解事项	依据
33	市公安局	对于因民间纠纷引起的殴打他人、故意伤害、侮辱、诽谤、诬告陷害、故意损毁财物、干扰他人正常生活、侵犯隐私、非法侵入住宅等情节较轻违反治安管理行为进行调解处理	《公安机关办理行政案件程序规定》第一百五十三条
34	市城管委	对公民、法人和其他组织对行政机关行使法律、法规、规章规定的自由裁量权作出的具体行政行为不服申请行政复议的;行政赔偿或者行政补偿纠纷及其他依法可以调解的争议进行调解	乌鲁木齐市城市管理委员会(行政执法局)行政调解暂行办法(乌城执发〔2012〕179号)第三条、第五条
35	市工商局	对权限内受理的属于民事争议的消费者投诉进行调解	《工商行政管理部门处理消费者投诉办法》第四条
36		对合同争议进行调解	《合同争议调解办法》第二条、第六条
37	市人社局	对用人单位与劳动者发生因确认劳动关系发生的争议;因订立、履行、变更、解除和终止劳动合同发生的争议;因除名、辞退和辞职、离职发生的争议;因工作时间、休息休假、社会保险、福利、培训以及劳动保护发生的争议;因劳动报酬、工伤医疗费、经济补偿或者赔偿金等发生的争议;法律、法规规定的其他劳动争议在作出仲裁前先前调解	《中华人民共和国劳动争议调解仲裁法》第四十二条

哈密地区行政公署办公室关于印发《哈密地区行政调解工作规则》的通知

(2012年8月9日 哈行办发〔2012〕81号)

各县(市)人民政府,行署各工作部门(单位),地直各事业单位:

现将《哈密地区行政调解工作规则》印发你们,请认真贯彻执行。

二〇一二年八月九日

哈密地区行政调解工作规则

第一条 为加强和创新社会管理,督促行政机关依法履行职责,及时、有效化解争议纠纷,促进社会和谐稳定,依照国务院《关于加强法治政府建设的意见》和自治区人民政府及哈密地委有关要求,特制定本规则。

第二条 行政调解是由行政机关主持或主导,以民事纠纷或行政争议当事人为主要对象,以法律、法规、规章、政策为依据,通过说服教育和劝导等方法,促使当事人平等协商、互谅互让、达成协议、消除矛盾的一种纠纷解决方式。

第三条 各县(市)人民政府、地区行署各工作部门、依法行使行政职权的其他组织(以下简称行政机关)开展行政调解活动,适用本规则。

第四条 行政调解的范围:

(一)行政机关在行政管理过程中,与公民、法人或者其他组织之间产生的行政争议,通过宣传、教育、劝导,能够达到行政管理目的的;

(二)公民、法人或者其他组织对行政机关依法行使自由裁量权的具体行政行为不服引起的争议;

(三)因行政赔偿或者行政补偿引起的争议;

(四)与行政机关职责有关的,发生在公民、法人或者其他组织之间的民事纠纷或行政争议：

1. 依法可以调解的治安案件、交通事故损害赔偿争议；

2. 土地、林业、矿产等自然资源经营、承包、流转等争议；

3. 征用、征收土地房屋中的安置补偿争议；

4. 劳动、人事争议；

5. 消费纠纷、合同争议、产品质量争议；

6. 医疗事故赔偿争议；

7. 其他依法可以调解的争议。

第五条 行政调解工作的原则：

（一）属地管理、分级负责原则。按照“谁主管、谁负责”的要求，实现矛盾纠纷化解在基层、化解在初发阶段、化解在行政程序中。

（二）自愿原则。行政调解要充分尊重当事人意愿，不得强迫当事人接受调解方式或调解结果。

（三）合理合法原则。行政调解内容不得违反法律禁止性规定，不得损害国家利益、社会公共利益和他人合法权益，不得违背法律精神和公序良俗。注重情、理、法的有机结合，兼顾各方当事人的合法权益。

（四）优先原则。根据法律、法规、规章、政策规定和争议纠纷情况，在坚持自愿原则基础上，优先采取调解方式解决矛盾纠纷。

（五）公平公正原则。当事人在调解过程中地位平等。行政调解机关应当尊重争议各方表达意愿和诉求的权利，公正、平等地协商处理争议纠纷。

（六）及时便捷原则。行政调解应当简便、快捷、高效；鼓励采取既灵活多样又诚信规范的方式方法化解矛盾。能够当场调解的，应当当场调解；需要进一步了解、核实有关情况的，应当及时进行、尽快调解；对不宜调解或者调解不成的，行政机关应当及时作出处理决定、裁定（含复议决定），或告知当事人通过其他法律途径解决。

（七）保护个人隐私和商业秘密原则。行政调解涉及当事人个人隐私或者商业秘密的，应当为当事人保密。

第六条 进行行政调解应当具备的条件：

（一）调解对象是与矛盾纠纷有利害关系的当事人；

（二）该矛盾纠纷与该行政机关行使行政职权有关；

(三)该矛盾纠纷具有可调解性；

(四)当事人未选择其他解决途径。

行政调解可由双方当事人申请，也可以由行政机关根据情况在征得双方当事人同意的基础上提出。调解内容涉及第三人的，应当征求第三人的意见。

第七条　在行政调解活动中，纠纷当事人享有下列权利：

(一)了解国家法律、法规和政策规定；

(二)自主决定接受、不接受或者终止调解；

(三)申请有关行政调解人员回避；

(四)自愿达成调解协议。

第八条　在行政调解活动中，纠纷当事人承担下列义务：

(一)如实表达意愿和陈述事实，应提供证明材料真实；

(二)遵守国家法律和政策规定以及调解规则；

(三)不加剧纠纷、激化矛盾；

(四)自觉履行调解协议。

第九条　行政机关应当设立行政调解工作机构，配备与行政调解工作相适应的行政调解人员，落实行政调解办公场所和相应的设备设施。

第十条　行政调解不得向当事人收取调解费用。各级财政部门应当根据现行财政管理体制，按照分级管理，分级负担的原则，依据预算管理有关要求，将行政调解工作经费纳入本级财政年度预算，保障行政调解工作顺利开展。

第十一条　各县(市)人民政府、地区各部门(单位)应当制定行政调解工作分析报告、调解程序、信息报送和业务培训、工作考评等制度，建立健全行政调解长效机制。

第十二条　行政调解的管辖实行属地管理，分级负责。

对行政机关作出的具体行政行为不服，当事人可以向该机关提出行政调解请求，也可向该机关的上一级领导机关提出行政调解请求。但是在行政复议过程中的调解，由行政复议案件受理机关管辖。

两个以上行政机关都收到行政调解请求的，由对该矛盾纠纷具有行政管理职能的行政机关受理；两个以上行政机关都有该职能的，由最先收到行政调解请求的行政机关受理。

行政机关对调解管辖有争议的，由行政机关协商受理；协商不成的，由其共同的上一级行政机关指定管辖。

第十三条 各级信访部门对当事人反映的诉求，认为可以通过行政调解处理的，应当引导当事人向有关行政机关提出行政调解申请。也可以书面通知相关行政机关主动介入，征询当事人是否同意行政调解。

第十四条 当事人申请行政调解，可以书面申请，也可以口头申请；口头申请的，应当当场记录申请人的基本情况、申请行政调解的主要事实、理由和时间。

被申请人不同意行政调解，或者虽然同意行政调解，但不属于行政调解范畴的，应当在5个工作日内书面告知申请人解决纠纷的渠道。

第十五条 行政机关在征得各方当事人的同意后，启动行政调解程序并及时告知当事人。

第十六条 行政调解人员有下列情形之一的，应当自行回避：

（一）是争议纠纷当事人，或者与当事人及其代理人有近亲属关系的；

（二）与争议纠纷有利害关系的；

（三）与争议纠纷当事人及其代理人有其他关系，可能影响争议纠纷公正处理的。

当事人发现行政调解人员有应当回避的情形的，可以申请行政调解人员回避。

行政调解人员是否回避，由行政机关负责人决定。

第十七条 行政调解的期限：

（一）行政机关对能够当场调解的争议，应当当场调解；需要进一步了解、核实有关情况的，应当在收到行政调解请求后5个工作日内决定是否启动行政调解程序并告知当事人。决定不启动调解程序的，应当向当事人书面告知原因。

（二）行政调解期限为20日；调解重大、复杂的矛盾纠纷，可延长10日。涉及专门事项需要第三方专业机构作出鉴定、认定或者裁决的，鉴定、认定或者裁决所需时间不计入行政调解时限。

（三）在行政复议程序中发生的行政调解，调解期限不得超出行政复议案件的法定办理期限；在其他行政程序中发生的行政调解，调解期限不得超出办理该事项的法定期限。

（四）适用行政调解优先原则解决矛盾纠纷，但未达成调解协议，造成申请行政复议时效延误的，经主持行政调解的机关出具书面说明，行政复议机关应当适用行政复议法关于“其他正当理由”的规定。

第十八条 行政调解的方式方法：

（一）行政机关受理行政调解请求后，应当及时告知当事人依法享有的权利、应当遵循的程序和其他应当注意的事项等，使当事人明确行政调解的有关要求。

（二）行政机关应当根据调解事项的性质，指派有专业知识和调解经验的专门人员主持调解工作；调解主持人应当积极引导当事人进行当面协商。

（三）行政调解方式方法可以灵活多样。对基本事实有争议的，可以采取听证、到现场实地调查了解等方式；既可邀请行政机关的经办人员、主管领导参加，也可邀请当事人所在基层组织以及其他与调解事项有关的社会力量参与调解处理；重大、复杂的调解事项，行政机关还可邀请相关专家参加调解。

（四）争议涉及第三人的，应当通知第三人参加行政调解。如果涉及第三人利益的，应当征得第三人同意；第三人不同意的，终止行政调解。

（五）行政调解主持人应认真听取各当事人的陈述、申辩和质证意见，分析并归纳各方争议的焦点，据此对当事人进行说服、劝导，引导各方达成谅解。

（六）行政机关应当制作行政调解笔录，全面、客观记载调解的过程、内容。调解笔录应当由参与调解的人员签名。

（七）涉及专门事项需要第三方专业机构作出鉴定、认定或者裁决的，应当在征得各方当事人同意的基础上，依法委托第三方专业机构进行鉴定、认定或者裁决。由此产生的鉴定、认定或者裁决费用由当事人承担；具体承担方式和比例由当事人协商确定。

（八）行政调解未达成协议的，行政机关应当终止调解，依法作出处理决定、裁定（含复议决定），或告知当事人通过其他法律途径解决。

第十九条 除即时履行的行政调解事项外，行政调解各方当事人达成调解协议的，应当签订行政调解书。行政调解书由当事人各执一份，行政机关留存一份备案。

行政调解协议书一般应载明下列事项：

（一）当事人的姓名或者单位名称，法定代表人姓名、住址；

（二）争议事项的主要情况；

（三）当事人协议的内容和调解结果；

（四）第三方专业机构作出鉴定、认定或者裁决的，应载明主要内容；

（五）其他需要约定的事项；

（六）签名、盖章及日期。

行政调解协议不得对各方当事人增设超越法律、法规规定的权利和义务，不得侵犯国家利益，不得侵犯公民、法人和其他组织的合法权益。

第二十条 行政调解协议经各方当事人签字后即具有约束力，当事人应当自觉履行。

对重大、复杂的争议事项达成行政调解协议的，行政机关应当及时引导各方当事人对行政调解书进行公证。

行政机关对达成调解协议的争议，应当对各方履行调解协议的情况进行跟踪、回访，巩固调解成果，注意发现问题，督促调解协议的实现。

第二十一条 行政调解案件形成的档案材料应按年度归档，案件终结时由调解人员按工作程序和材料形成的时间顺序进行卷内系统整理，做到一案一卷。

第二十二条 各级行政机关对行政调解工作中作出突出贡献的单位和个人应给予表彰奖励。

第二十三条 行政机关无正当理由不受理行政调解申请，或者在规定期限内不履行调解职责，贻误纠纷调处时机，造成恶性事件、群体性事件或其他严重后果的，由监察部门按有关规定和程序追究相关人员的责任。

第二十四条 本规则由地区行署法制办负责解释。

第二十五条 本规则自发布之日起施行。

哈密地区行政公署办公室转发《关于加强行政调解工作的意见》的通知

（2012年8月9日 哈行办发〔2012〕80号）

各县（市）人民政府，行署各工作部门（单位），地直各事业单位：

行署法制办制定的《关于加强行政调解工作的意见》已经行署同意，现转发你们，请认真遵照执行。

二〇一二年八月九日

关于加强行政调解工作的意见

为充分发挥行政调解在化解社会矛盾、维护社会和谐稳定中的重要作用,现就加强地区行政调解工作提出如下意见:

一、充分认识行政调解工作的重要性

行政调解是由行政机关(包括法律法规授权的组织,下同)主持或主导,以民事纠纷或行政争议当事人为主要对象,以法律、法规、规章、政策为依据,通过说服教育和劝导等方法,促使当事人平等协商、互谅互让、达成协议、消除矛盾的一种纠纷解决方式。

做好行政调解工作,是密切党和政府与人民群众联系,有效化解矛盾纠纷,保护群众利益,维护社会稳定,创新社会管理,加强法治政府建设的迫切需要。随着地区经济社会的快速发展,社会矛盾化解面临许多新情况、新问题,对正确运用行政调解手段调处和化解矛盾纠纷提出了新要求。为此,地区各级行政机关要从贯彻落实科学发展观、构建和谐哈密、实现跨越式发展和长治久安的高度,统一思想,深刻认识和理解新形势下加强行政调解工作的重要意义,切实将行政调解工作贯穿于日常管理工作中,从源头上预防和化解人民内部矛盾。

二、指导思想

深入贯彻落实科学发展观,以化解社会矛盾纠纷为根本,建立行政调解工作体制,创新行政调解工作机制,充分发挥行政机关在化解行政争议和民事纠纷中的作用,推动建立行政调解与人民调解、司法调解相衔接的大调解联动机制,形成调解工作合力,有效化解社会矛盾,积极为实现哈密跨越式发展和长治久安创造和谐、稳定、有序的社会环境。

三、工作原则

(一)属地管理、分级负责原则。按照“谁主管、谁负责”的要求,实现矛盾纠纷化解在基层、化解在初发阶段、化解在行政程序中。

(二)自愿原则。行政调解要充分尊重当事人意愿,不得强迫当事人接受调解方式或调解结果。

(三)合理合法原则。行政调解内容不得违反法律禁止性规定,不得损害国家利益、社会公共利益和他人合法权益,不得违背法律精神和公序良俗。注重情、理、法的有机结合，兼顾各方当事人的合法权益。

（四）优先原则。根据法律、法规、规章、政策规定和争议纠纷情况，在坚持自愿原则基础上，优先采取调解方式解决矛盾纠纷。

（五）公平公正原则。当事人在调解过程中地位平等。行政调解机关应当尊重争议各方表达意愿和诉求的权利，公正、平等地协商处理争议纠纷。

（六）及时便捷原则。行政调解应当简便、快捷、高效；鼓励采取既灵活多样又诚信规范的方式方法化解矛盾。能够当场调解的，应当当场调解；需要进一步了解、核实有关情况的，应当及时进行、尽快调解；对不宜调解或者调解不成的，行政机关应当及时作出处理决定、裁定（含复议决定），或告知当事人通过其他法律途径解决。

（七）保护个人隐私和商业秘密原则。行政调解涉及当事人个人隐私或者商业秘密的，应当为当事人保密。

四、行政调解的范围

（一）行政机关在行政管理过程中，与公民、法人或者其他组织之间产生的行政争议，通过宣传、教育、劝导，能够达到行政管理目的的；

（二）公民、法人或者其他组织对行政机关依法行使自由裁量权的具体行政行为不服引起的争议；

（三）因行政赔偿或者行政补偿引起的争议；

（四）与行政机关职责有关的，发生在公民、法人或者其他组织之间的民事纠纷或行政争议。

行政机关开展行政调解应当依职权重点解决好房屋拆迁、土地征收、土地（林地、草场）权属、劳动人事、医疗卫生、消费者权益、企业改制、产品质量、食品药品安全以及治安、物业管理、工程建设等重点领域的行政争议或民事纠纷。尤其对涉及资源开发、环境污染、公共安全事故等方面的民事纠纷以及涉及人数较多、影响较大、可能影响社会稳定的矛盾纠纷，要主动进行调解。

五、充分运用调解方法化解矛盾纠纷

各级行政机关要切实做到行政调解与依法履职相结合，积极主动地开展行政调解工作，努力把行政争议化解在行政程序中。在调解中要找准争议纠纷的焦点和各方利益的平衡点，充分发挥专业优势，采取灵活多样的方式，注重情、理、法的有机统一，开展耐心、细致的说服劝导工作，促成各方当事人互谅互让，达成调解协议。

对发生在公民、法人或者其他组织之间的,与行政机关职责有关的争议。行政机关要向当事人耐心宣传有关法律法规,说服和劝导当事人在平等协商、互谅互让的基础上解决纠纷,努力促成各方当事人达成协议。通过调解,各方当事人能够达成协议的,行政机关应当制作行政调解文书;不能达成协议的,行政机关应当在法定期限内依法作出裁决,及时告知当事人救济权利和途径。

具有行政复议职权的行政机关对符合行政复议受理条件的行政争议,要依法受理行政复议申请。在行政复议决定作出之前,要深入了解各方诉求,找准争议焦点,向当事人宣传有关法律法规和政策,摆事实、讲道理,耐心细致地做好当事人的思想工作,为各方当事人自愿调解、达成协议创造条件。经调解各方当事人达成和解协议的,行政机关应当做好和解协议内容记录;各方当事人达成调解协议的,应当制作行政复议调解书。在行政复议过程中,各级行政机关要积极配合政府法制机构做好行政复议调解、和解工作,及时履行行政复议调解、和解协议,切实做到"定纷止争、案结事了"。

进入行政诉讼程序的,涉诉行政机关要积极配合人民法院做好行政案件诉讼前、诉讼中的协调工作。对人民法院在行政诉讼立案阶段提出的协调意见,应当认真对待、积极履行;对人民法院指出的执法问题,应当立即核实、主动改正、消除负面影响。

六、建立健全行政调解长效机制和工作制度

(一)建立行政调解工作体制机制。按照自治区人民政府和地委的要求,建立由行署总负责、行署法制机构牵头、各职能部门为主体的行政调解工作体制。地区行署成立行政调解工作领导小组,研究解决本地区跨县(市)重大、复杂的矛盾纠纷,统筹协调跨县(市)、跨部门重大矛盾纠纷的行政调解工作。行政调解工作领导小组下设办公室(设在行署法制办),负责处理行政调解工作人员培训、有关事项的信息交流、联络、制度建设等日常工作。

各县(市)人民政府、地区各部门(单位)也要成立行政调解领导小组,明确主管领导,设立行政调解室或接待室,建立健全"一把手"负总责、分管领导具体抓、相关科(室)人员参与的行政调解工作体制,做到"领导、机构、人员、场地、经费、责任"六落实,为发挥行政机关在开展行政调解中的主体作用提供充分保障。

(二)建立行政调解程序、行为规范和公开制度。要结合实际建立行政调解案件的申请、受理、调处、登记统计、立卷归档等配套制度,采取多种形式向社会公开行政调解依据、范围、原则、流程和行政调解人员名单及其行为规范等,做到有章可循、有规可依,确保行政调解工作合法、规范、有序,保障当事人的知情权、参与权和救济权。

(三)建立行政调解定期统计报送制度。要加强行政调解的信息传报工作,及时通报本县(市)、本部门开展行政调解的工作情况,交流工作经验,发现并研究带有倾向性和普遍性的问题。行政调解工作的情况每半年向本级政府法制办报送一次,行署法制办汇总后,报送自治区人民政府法制办。报送内容主要包括:行政调解案件的数量、内容、调解的结果,以及开展行政调解工作遇到的困难和突出问题等。

(四)建立行政调解工作考评制度。建立行政调解工作目标责任制,制定化解矛盾的具体目标,对发生在本县(市)、本部门(单位)的行政争议,及时跟踪调解进度的情况,全面评估调解效果。行政调解工作纳入年度依法行政考核,对行政调解工作成绩突出的单位和个人予以表彰;对不积极主动配合行政调解工作、不能及时化解矛盾纠纷,造成严重后果的要予以问责。

(五)加强行政调解队伍建设。各县(市)人民政府、行署各工作部门要结合本县(市)、本部门实际,建立一支专、兼职的行政调解员队伍。一是要把政治思想好、业务能力强、有较高法律素质、善于做群众工作的干部充实到行政调解队伍中去;二是根据需要,可以邀请有丰富工作经验的退休老同志和法律服务机构、社会中介组织中具有相关专业知识和调解经验的专业人才加入到行政调解员队伍中来;三是要加强对行政调解工作人员的培训工作,政府法制机构应根据行政调解工作任务的需要和特点确定培训内容,有计划地进行专项培训,提高行政调解工作人员政治、业务素质,不断提升行政调解工作水平。

(六)建立行政调解经费保障机制。行政调解不得向当事人收取调解费用。各级财政部门应当根据现行财政管理体制,按照分级管理、分级负担的原则,依据预算管理有关要求,将行政调解工作经费纳入本级财政年度预算,保障行政调解工作顺利开展。

(七)建立行政调解与人民调解、司法调解的衔接机制。各县(市)、地区各部门(单位)要积极做好行政调解与人民调解、司法调解的衔接配合,充分发挥各自职能,妥善化解各类纠纷。对于进入诉讼程序的行政争议,在诉前已经做过行政调解工作的,应当将行政调解的有关情况告知人民法院。

七、加强组织领导,抓好责任落实

各县(市)、地区各部门(单位)的行政首长作为本县(市)、本部门行政调解工作的第一责任人,要从贯彻和落实科学发展观、提高党的执政能力建设的高度,充分认识做好行政调解工作的重要性,切实加强对行政调解工作的组织和领导。按照自治区和地区行政调解工作的总体部署,制定开展行政调解工作的具体实施意见和措施,切实把矛盾化解在基层,化解在萌芽状态,化解在行政系统内部。

行署法制办要切实承担起行政调解工作的统筹协调、综合指导、信息交流以及监督检查等工作职责,定期组织开展调研、指导和督查。对工作中出现的带有普遍性的问题,要会同有关部门进行分析研究,提出具体措施和建议,向地区行署和自治区人民政府法制办公室报告。

克孜勒苏柯尔克孜自治州人民政府关于加强行政调解工作的意见

(2015年3月26日 克政办发〔2015〕27号)

各县(市)人民政府,克州人民政府各工作部门、各部门管理机构:

为深入贯彻落实《国务院关于加强法治政府建设的意见》(国发〔2010〕33号)、中央社会治安综合治理委员会等16部门发布的《关于深入推进矛盾纠纷大调解工作的指导意见》(综治委〔2011〕10号)、《中共新疆维吾尔自治区委员会关于全面推进依法治疆建设法治新疆的意见》等有关规定,充分发挥行政调解制度优势,有效化解矛盾纠纷,维护社会和谐稳定,现结合克州实际,提出如下意见。

一、总体要求

(一)指导思想

全面推进法治建设,以化解社会矛盾纠纷为根本,建立行政调解工作体制,创新行政调解工作机制,充分发挥行政机关在化解行政争议和民事纠纷中的作用,推动建立行政调解与人民调解、司法调解相衔接的大调解联动机制,形成调解工作合力,有效化解社会矛盾,为实现克州社会稳定和长治久安打下坚定的基础。

(二)工作原则

1. 属地管理、分级负责原则。各县(市)、各部门要对发生在本区域、本部门的争议按照“谁主管、谁负责”的原则,充分运用各种有效手段切实予以解决,真正做到案结事了。

2. 自愿原则。行政调解要充分尊重当事人意愿,不得强迫当事人接受调解方式或调解结果。

3. 合法原则。行政调解要符合法律、法规、规章和政策,不得侵犯国家利益,不得侵犯公民、法人和其他组织的合法权益。

4. 优先原则。根据法律、法规、政策规定和争议纠纷情况,在坚持自愿原则基础上,优先采取调解方式解决矛盾纠纷。

5. 公平公正原则。当事人在调解过程中地位平等。行政调解机关应当尊重争议各方表达意愿和诉求的权利,公正、平等地协商处理争议纠纷。

6. 及时便捷原则。行政调解应当简便、快捷、高效;鼓励采取既灵活多样又诚信规范的方式方法化解矛盾。能够当场调解的,应当当场调解;需要进一步了解、核实有关情况的,应当及时进行、尽快调解;对不宜调解或者调解不成的,行政机关应当及时作出处理决定、裁定(含复议决定),或告知当事人通过其他法律途径解决。

7. 保护个人隐私和商业秘密原则。行政调解涉及当事人个人隐私或者商业秘密的,应当为当事人保密。

(三)行政调解工作范围

1. 公民、法人和其他组织对行政机关行使法律、法规规定的自由裁量权作出的具体行政行为不服申请行政复议的;

2. 行政赔偿或者行政补偿纠纷;

3. 依法可以调解的治安案件、交通事故损害赔偿争议;

4. 土地、林业、矿产等自然资源经营、承包、流转等争议;

5. 征用、征收土地房屋中的安置补偿争议;

6. 劳动、人事争议;

7. 消费纠纷、合同争议、产品质量争议;

8. 医疗事故赔偿争议；

9. 其他依法可以调解的争议。

(四)进行行政调解应当具备的条件

1. 调解对象是与矛盾纠纷有利害关系的当事人；

2. 该矛盾纠纷与该行政机关行使行政职权有关；

3. 该矛盾纠纷具有可调解性。

(五)当事人未选择其他解决途径

行政调解可由双方当事人申请，也可以由行政机关根据情况在征得双方当事人同意的基础上提出。调解内容涉及第三人的，应当征求第三人的意见。

(六)行政调解程序

1. 管辖。

行政调解实行属地管理，分级负责。

对行政机关作出的具体行政行为不服，当事人可以向该机关提出行政调解请求，也可向该机关的上一级领导机关提出行政调解请求。但是在行政复议过程中的调解，由行政复议案件受理机关管辖。

两个以上行政机关都收到行政调解请求的，由对该矛盾纠纷具有行政管理职能的行政机关受理；两个以上行政机关都有该职能的，由最先收到行政调解请求的行政机关受理。

行政机关对调解管辖有争议的，由行政机关协商受理；协商不成的，由其共同的上一级行政机关指定管辖。

2. 回避。

行政调解人员有下列情形之一的，应当自行回避：

(1)是争议纠纷当事人，或者与当事人及其代理人有近亲属关系的；

(2)与争议纠纷有利害关系的；

(3)与争议纠纷当事人及其代理人有其他关系，可能影响争议纠纷公正处理的。

当事人发现行政调解人员有应当回避的情形的，可以申请行政调解人员回避。

行政调解人员是否回避，由主持调解的行政机关负责人决定。

3. 期限。

行政机关对能够当场调解的争议，应当当场调解；需要进一步了解、核实有关情况的,应当在收到行政调解请求后5个工作日内决定是否启动行政调解程序并告知当事人。决定不启动调解程序的,应当向当事人书面告知原因。

行政调解期限为20日;调解重大、复杂的矛盾纠纷,可延长10日。涉及专门事项需要第三方专业机构作出鉴定、认定或者裁决的,鉴定、认定或者裁决所需时间不计入行政调解时限。

在行政复议程序中发生的行政调解,调解期限不得超出行政复议案件的法定办理期限;在其他行政程序中发生的行政调解,调解期限不得超出办理该事项的法定期限。

适用行政调解优先原则解决矛盾纠纷,但未达成调解协议,造成申请行政复议时效延误的,经主持行政调解的机关出具书面说明,行政复议机关应当适用行政复议法关于“其他正当理由”的规定。

4.方式方法。

(1)行政机关受理行政调解请求后,应当及时告知当事人依法享有的权利、应当遵循的程序和其他应当注意的事项等,使当事人明确行政调解的有关要求。

(2)行政机关应当根据调解事项的性质,指派有专业知识和调解经验的专门人员主持调解工作;调解主持人应当积极引导当事人进行当面协商。

(3)行政调解方式方法可以灵活多样。对基本事实有争议的,可以采取听证、到现场实地调查了解等方式;既可邀请行政机关的经办人员、主管领导参加,也可邀请当事人所在基层组织以及其他与调解事项有关的社会力量参与调解处理;重大、复杂的调解事项,行政机关还可邀请相关专家参加调解。

(4)争议涉及第三人的,应当通知第三人参加行政调解。如果涉及第三人利益的,应当征得第三人同意;第三人不同意的,终止行政调解。

(5)行政调解主持人要认真听取各当事人的陈述、申辩和质证意见,分析并归纳各方争议的焦点,据此对当事人进行说服、劝导,引导各方达成谅解。

(6)行政机关应当制作行政调解笔录,全面、客观记载调解的过程、内容。调解笔录应当由参与调解的人员签名。

(7)涉及专门事项需要第三方专业机构作出鉴定、认定或者裁决的,应当在征得各方当事人同意的基础上,依法委托第三方专业机构进行鉴定、认定或者裁决。由此产生的鉴定、认定或者裁决费用由当事人承担;具体承担方式和比例由当事人协商确定。

(8)行政调解未达成协议的,行政机关应当终止调解,依法作出处理决定、裁定(含复议决定),或告知当事人通过其他法律途径解决。

5. 协议内容。

除即时履行的行政调解事项外,行政调解各方当事人达成调解协议的,应当签订行政调解书。行政调解书由当事人各执一份,行政机关留存一份备案。

行政调解书应当包括下列内容:

(1)当事人的姓名或者单位名称,法定代表人姓名、住址;

(2)争议事项的主要情况;

(3)当事人协议的内容和调解结果;

(4)第三方专业机构作出鉴定、认定或者裁决的,应载明主要内容;

(5)其他需要约定的事项;

(6)签名、盖章及日期。

行政调解协议不得对各方当事人增设超越法律、法规规定的权利和义务,不得侵犯国家利益,不得侵犯公民、法人和其他组织的合法权益。

6. 效力。

行政调解协议经各方当事人签字后即具有约束力,当事人应当自觉履行。

对重大、复杂的争议事项达成行政调解协议的,行政机关应当及时引导各方当事人对行政调解书进行公证。

行政机关对达成调解协议的争议,应当对各方履行调解协议的情况进行跟踪、回访,巩固调解成果,注意发现问题,督促调解协议的实现。

二、建立完善行政调解工作推进机制

建立由各级人民政府负总责,法制机构牵头、各职能部门为主体的行政调解工作机制。各县(市)人民政府统一领导本行政区域内的行政调解工作,其法制部门负责行政调解的协调、指导和监督;政府部门(含单位,下同)的法制机构负责协调指导本部门行政调解工作,相关业务机构具体承办。

建立行政调解联席会议制度。各级人民政府分管领导为总召集人,法制办主任为副总召集人,各执法部门为成员单位,并邀请法院参加。具体职责为:指导本行政区域行政调解工作,定期研究解决本行政区域行政调解工作涉及重大问题;研究和协调解决涉及重大公共利益、群体性和影响社会稳定的行政争议;协调处理涉及多个部门的行政争议,确定处理原则和牵头部门。法制办负责行政调解联席会议日常工作,做好行政调解工作的统筹协调、信息交流及监督指导。各县(市)人民政府应建立相应的行政调解联席会议制度。

建立行政调解信息分析报送制度。各县(市)人民政府、州直政府各部门要加强行政调解信息汇总分析,按照要求定期报送本地区、本部门开展行政调解工作情况,及时发现带有倾向性和普遍性问题,并提出对策建议。对涉及人数较多、社会影响大、可能影响社会稳定的矛盾纠纷,要及时与同级政府法制机构沟通,并向党委、政府报告。

三、推进矛盾纠纷预防化解和行政调解联动工作

各级行政复议机构要主动将复议关口前移,对行政复议中发现的行政执法存在的普遍性问题,以行政复议建议书形式提出改进意见,以点带面规范该类执法行为,及时有效解决共性问题,预防矛盾纠纷产生。各级行政机关要定期梳理行政执法中存在的问题,及时预防处理可能出现的矛盾纠纷。在行政复议、行政诉讼过程中,各级行政执法机关应与政府法制机构建立沟通交流制度,尤其对涉及土地房屋收储征收、人力资源社会保障、食品安全、企业改制、环境保护等矛盾突出领域的事项,应主动与政府法制机构取得联系,共同分析行政执法中存在的问题,最大限度化解矛盾纠纷。在行政调解中,需要当事人所在地基层人民调解组织配合的,可邀请其参加,共同开展调解工作。对进入行政复议渠道的行政争议,行政复议机构要先行调解,推进行政调解与行政复议衔接。对进入行政诉讼程序的行政争议,行政机关要与人民法院在诉前调解、庭审调解、执行和解等环节建立联动机制。完善行政调解与人民调解、司法调解情况通报交流制度,积极推动行政调解的司法确认。

四、加强行政调解员和行政调解联络员队伍建设

各级人民政府、州直各工作部门要充分发挥城市资源优势,依托基层组织、相关行业协会和大专院校专家学者发挥行政调解作用,动员社会各方力量积极参与行政调解工作。在各县(市)人民政府(街道办事处)和人力资源社会保障、国土资源、城乡建设、住房保障管理等重点领域建立社会专兼职调解员队伍和调解专家库并向社会公开,构建行政主导、社会参与的行政调解体系。在行政调解员队伍中,遴选部分老干部、老专家、老学者,探索建立行政复议调解员队伍,最大限度发挥行政复议化解行政纠纷的作用。各级政府部门应明确本部门的行政调解联络员,负责本部门行政调解工作联络沟通、协调管理、数据汇总分析等日常工作。

五、加强组织领导

各级人民政府，州直各工作部门主要领导为本行政区域、本部门行政调解工作总负责人，要加强领导，统筹规划，完善机制，采取信息反馈、经验交流、检查指导等措施，对行政调解工作加大督导力度，并定期调研有关情况。对因组织领导不力、责任不到位、工作不落实等导致争议纠纷突出的单位，要予以通报并限期整改；对因工作敷衍塞责、无故推诿拖延，发生严重影响社会稳定的重大事件和案件的，要实行责任倒查，依法依规追究有关负责人和相关人员责任。要依托各类媒体加大宣传力度，引导社会各界了解支持行政调解工作，主动选择行政调解方式解决矛盾纠纷。要对行政调解员、行政调解联络员加强业务培训，推行工作人员持证上岗制度，不断提高行政调解专业化水平。

2015年3月26日

博尔塔拉蒙古自治州人民政府办公厅关于进一步加强和规范行政调解工作的意见

（2012年8月17日　博州政办发〔2012〕153号）

各县市人民政府，阿拉山口口岸管委会，赛里木湖风景名胜区管委会，五台工业园区（湖北工业园）管委会，州人民政府各部门：

为贯彻《关于加强法治政府建设的意见》（国发〔2010〕33号）、《关于深入推进矛盾纠纷大调解工作的指导意见》（综治委〔2011〕10号）和《转发关于加强行政调解工作意见的通知》（新政办发〔2012〕121号）、《自治州加强社会建设创新社会管理工作实施意见》（博州党办发〔2011〕18号）精神，充分发挥各级行政机关在化解行政争议和民事纠纷中的作用，加快法治政府建设，结合我州实际，现就进一步加强和规范自治州行政调解工作提出以下意见：

一、指导思想和工作目标

（一）指导思想。

深入贯彻落实科学发展观，以化解社会矛盾纠纷为根本，建立创新行政调解工作体制,充分发挥各级行政机关在化解行政争议和民事纠纷中的作用,推动建立行政调解与人民调解、司法调解相衔接的大调解联动机制,形成调解工作合力,有效化解社会矛盾,为自治州经济社会发展创造和谐、稳定、有序的社会环境。

(二)工作目标。

建立覆盖全州各级人民政府及其部门的行政调解组织网络,实现行政调解机构健全、职责明晰、规范有效、资源共享;畅通行政调解渠道,基本实现"小事不出村(队、社区)、大事不出乡(镇、场、街道)、矛盾不上交";行政争议纠纷、行政诉讼、越级上访案件和涉法涉诉信访案件明显下降,有效防范重大群体性事件和集体赴自治区上访案件发生,确保社会大局稳定。

二、工作范围和工作方法

(一)工作范围。

1. 行政机关或者法律法规授权的具有管理公共事务职能的组织,与公民、法人或者其他组织之间产生的行政争议。重点解决好土地、城镇房屋征收、征用、人力资源和社会保障、治安管理等方面的行政争议。

2. 公民、法人或者其他组织之间产生的与行政管理有直接或间接关联的民事纠纷。重点解决好交通损害赔偿、医疗卫生、消费者权益保护、物业管理、劳动争议等与行政管理有关的民事纠纷。对于涉及资源开发、环境污染、公共安全事故等方面的民事纠纷,以及涉及人数较多、社会影响大、可能影响社会稳定的纠纷要主动进行调解。

(二)工作方法。

1. 把行政争议化解在行政程序中。

各级行政机关要切实做到行政调解与依法履职相结合,充分运用调解方法解决行政争议。各级行政复议机关要根据《中华人民共和国行政复议法》及其实施条例规定的调解原则、范围,在不损害国家利益、公共利益和他人合法权益的前提下,按照调解优先原则解决行政争议。在行政复议决定作出之前,要深入了解各方诉求,找准争议焦点,向当事人宣传有关法律法规和政策,摆事实、讲道理,耐心细致地做好当事人的思想工作,为各方当事人自愿调解、达成协议创造条件。经调解,各方当事人达成和解协议的,行政机关应当做好和解协议内容记录;各方当事人达成调解协议的,行政机关应当制作行政复议调解书。在行政复议过程中,各级行政机关要积极配合政府法制部门和其他行政复议机构做好行政复议调解、和解工作，及时履行行政复议调解、和解协议，切实做到“定纷止争、案结事了”。

2. 切实做好民事纠纷的调解工作。

各级行政机关应当结合本地、本部门的工作实际，建立健全解决民事纠纷的具体工作程序和规范。对依法应当由行政机关调处、裁决的民事纠纷，行政机关要在当事人同意的基础上优先采用调解的方法，向当事人耐心宣传有关法律法规，说服和劝导当事人在平等协商、互谅互让的基础上解决纠纷，努力促成各方当事人达成协议。通过调解，各方当事人能够达成协议的，行政机关应当制作行政调解文书；不能达成协议的，行政机关应当在法定期限内依法作出裁决，并及时告知当事人救济权利和途径。

3. 开展行政诉前和诉中协调工作。

各县市、乡（镇）政府及行政诉讼案件较多的部门，要积极配合人民法院做好行政案件诉前、诉中的协调工作。对人民法院在行政诉讼立案阶段提出的协调意见，应当认真对待、积极履行；对人民法院提出的执法问题，应当立即核实、主动改正、消除负面影响；对因行政行为被诉可能引发重大矛盾纠纷的，应当立即将有关情况向主管领导汇报。各县市政府法制机构要发挥好对本级（包括下级）政府和所属工作部门涉诉行政争议化解工作的统筹协调作用，做好涉诉行政争议化解工作。

三、建立健全行政调解工作机制和制度

（一）建立行政调解工作机制。

在自治州人民政府领导下，由州政府法制机构会同各相关职能部门建立工作协调机制，共同研究部署全州行政调解工作，统筹协调跨县市、跨部门重大矛盾纠纷的行政调解工作，并承担全州行政调解工作人员培训、有关事项的信息交流、联络、制度建设及监督考核等日常工作。各县市政府也要建立相应的工作机制。各级政府部门要明确行政调解工作的主管领导，落实专人负责行政调解工作；涉及矛盾纠纷较多的部门应当成立行政调解委员会。

行政机关要紧密依靠基层组织、相关行业协会和专家学者发挥行政调解作用，动员社会各方面力量积极参与行政调解工作。在重点领域、重点行业要组织建立社会专兼职调解员队伍和调解专家库，构建行政主导、社会参与的行政调解体系。

(二)健全规范行政调解工作制度。

各级行政机关要建立健全行政调解工作制度,规范行政调解工作。要根据行业特点和要求制定行政调解程序,规范行政调解的受理、调查、调解、制作调解协议等工作环节。行政调解中,要保障当事人的平等地位,保障当事人的知情权、参与权和救济权。

(三)建立行政调解定期汇总分析上报制度。

各级行政机关要加强行政调解的信息汇报工作,于年中、年底两次向本级政府法制机构报送统计报表和本地、本部门开展行政调解工作的情况,及时发现并研究带倾向性和普遍性的问题。对涉及人数较多、社会影响大、可能影响社会稳定的,要及时摸清情况,提出对策建议,及时与政府法制机构沟通,同时应向同级党委、政府报告。政府法制机构要定期对信息报送情况进行汇总、分析和通报。

(四)建立行政调解工作考评机制。

行政调解工作已纳入自治州依法行政目标考核体系。各级行政机关要强化行政调解工作责任,制定矛盾化解具体目标,对发生在本地、本部门的行政争议,及时跟踪调解进展,全面评估调解效果。对重大行政争议,有关县市、乡(镇)政府和部门要重点研究解决措施,抓好落实工作。对不积极主动配合行政调解工作、不能及时化解矛盾纠纷,造成严重后果的要予以问责。

(五)建立行政调解与人民调解、司法调解的衔接机制。

各级行政机关要积极做好行政调解与人民调解的衔接配合,在交通损害赔偿、医疗卫生、消费者权益保护、物业管理、劳动争议等矛盾多发领域,要加强与人民调解组织沟通和衔接。要主动加强行政调解与司法调解的衔接配合,建立调解情况通报交流制度,充分发挥各自职能,妥善化解各类纠纷。行政机关对于调解不成的重大矛盾纠纷,应当及时告知、引导当事人通过诉讼渠道解决。对于进入诉讼程序的行政争议,在诉前已经做过行政调解工作的,应当将行政调解的有关情况告知人民法院。

(六)建立行政调解经费保障机制。

行政调解不得向当事人收取调解费用。各级财政部门要根据现行财政管理体制,按照"分级管理、分级负担"的原则,将行政调解工作经费纳入本级财政年度预算,保障行政调解工作顺利开展。

(七)强化行政调解宣传工作。

各级行政机关要加强行政调解的宣传工作,及时总结本地、本部门开展行政调解工作的成功经验和先进典型,并做好宣传工作。要充分利用广播、电视、报刊、网络等新闻媒体,开展各种形式的宣传教育,积极引导广大人民群众了解行政调解、支持并选择行政调解解决矛盾纠纷。

(八)加强行政调解队伍建设。

各级行政机关要选调政治思想好、业务能力强、有较高法律素质、工作作风扎实、善于做群众工作的干部充实到行政调解工作队伍中去,县市、乡(镇)政府、街道办事处及各级政府部门要建立专、兼职行政调解工作人员队伍,开展行政调解工作。要加强对行政调解工作人员的培训工作,根据行政调解工作任务的需要和特点确定培训内容,充分利用司法、行政、专家学者等各种资源,通过举办培训班等,有计划地开展培训工作,提高行政调解工作人员政治、业务素质,不断提升行政调解工作能力。

(九)加强行政调解工作的组织领导。

各县市、各部门的行政首长作为本地、本部门做好行政调解工作的第一责任人,要从贯彻和落实科学发展观、提高党的执政能力建设的高度,充分认识做好行政调解工作的重要性,把行政调解工作列入重要议事日程,切实加强对行政调解工作的组织和领导,大力支持行政调解工作,不断提高行政调解工作能力。

各县市、各部门要认真抓好贯彻落实。实施过程中的具体问题,请及时与自治州人民政府法制办公室联系。

二〇一二年八月十七日

巴音郭楞蒙古自治州人民政府办公室关于转发巴音郭楞蒙古自治州人民政府法制办公室关于进一步加强行政调解工作意见的通知

(2012年7月20日 巴政办发〔2012〕112号)

各县市人民政府,州人民政府各部门、各直属单位:

州人民政府法制办公室《关于进一步加强行政调解工作的意见》已经自治州

人民政府同意,现转发给你们,请认真贯彻落实。各县市人民政府、州直各行政机关及法律法规授权的具有管理公共事务职能的单位要结合实际,制定本县市、本部门、本单位的行政调解工作方案,进一步细化措施,落实责任,于2012年8月31日前报送州人民政府法制办公室。

2012年7月20日

关于进一步加强行政调解工作的意见

为贯彻国务院《关于加强法治政府建设的意见》(国发〔2010〕33号)、中央社会综合治理委员会等16部门联合下发的《关于深入推进矛盾纠纷大调解工作的指导意见》(综治委〔2011〕10号)及自治区人民政府办公厅《转发关于加强行政调解工作意见的通知》(新政办发〔2012〕121号)精神,充分发挥行政调解对化解社会矛盾、维护社会稳定的重要作用,结合我州实际,现就进一步加强行政调解工作提出如下意见:

一、充分认识做好新形势下行政调解工作的重要性

行政调解是由行政机关主持或主导的,以法律、法规和政策规定为依据,主要以行政争议和民事纠纷为对象,通过说服劝导等方法,促使各方当事人平等协商、互谅互让、达成协议,消除矛盾的一种纠纷解决机制。

建立健全预防和化解社会矛盾机制,及时化解各类社会矛盾,加快建设法治政府,推进依法行政,对于全力推进跨越式发展和长治久安,具有十分重要的意义。各县市、各部门要从落实科学发展观、构建和谐社会的高度,充分认识加强行政调解工作的重大意义,切实增强行政调解意识,发挥行政调解在"大调解"工作中的重要作用,形成与人民调解、司法调解的合力,把与行政管理有关的各类纠纷和矛盾,化解在基层,化解在初发阶段,为维护自治州社会和谐稳定发挥积极作用。

二、指导思想和工作原则

(一)指导思想

坚持以邓小平理论和"三个代表"重要思想为指导,深入贯彻落实科学发展观,把实现好、维护好、发展好最广大人民群众的根本利益作为出发点和落脚点,紧紧围绕预防和化解社会矛盾纠纷,建立健全行政调解体制机制,进一步拓宽行政调解工作领域，不断强化行政调解的化解、预防和教育功能，大力推进行政调解与人民调解、司法调解的有机衔接，及时、有效地化解矛盾纠纷，为建设繁荣富强的美好巴州营造和谐稳定的社会环境。

（二）工作原则

1. 属地管理、分级负责原则。各县市、各部门要对发生在本区域、本部门的行政争议进行主动排查，按照“谁主管、谁负责”的原则，充分运用各种有效手段切实予以解决，做到案结事了。

2. 自愿原则。要尊重各方当事人意愿，不得强迫当事人接受调解方式或调解结果。

3. 合法原则。要遵循法律、法规和政策，不得损害国家利益、公共利益和他人合法权益。

4. 公平公正原则。要兼顾各方当事人的合法权益，平等协商处理利益纠纷，体现公平正义，行政机关作为当事人一方时，与行政相对人的地位平等。

5. 依法调解和依法处理相结合原则。除法律、行政法规、规章另有规定的，行政调解不是行政机关办理行政复议案件或者处理特定矛盾纠纷的必经程序。对不宜调解或者调解不成的，行政机关应当及时作出行政复议决定或者其他处理决定（含裁决）。

三、工作重点和要求

（一）工作重点。一是行政机关或者法律法规授权的具有管理公共事务职能的组织，与公民、法人或者其他组织之间产生的法律法规规定可以调解的行政争议，重点解决好土地征收、城镇房屋拆迁、人力资源和社会保障、治安管理等方面的行政争议。二是公民、法人或者其他组织之间产生的与行政管理有直接或间接关联的民事纠纷，重点解决好交通损害赔偿、医疗卫生、消费者权益保护、物业管理、劳动争议等与行政管理有关的民事纠纷。对于涉及资源开发、环境污染、公共安全事故等方面的民事纠纷，以及涉及人数较多、社会影响大、可能影响社会稳定的纠纷要主动进行调解。

（二）工作要求。一是坚持预防在先。行政调解工作要坚持预防和化解并重、排查和调处并行，加强社会矛盾排查，及时发现、准确掌握本地区、本部门、本系统实际存在和可能发生的争议纠纷，及时了解人民群众的利益诉求。对社会反映强烈的问题要制定矛盾纠纷防范和化解预案，并建立重大行政争议预警机制,努力把矛盾化解在萌芽状态和初始阶段,防止各类争议纠纷激化和升级。重视做好新形势下的群众工作,更加积极主动地处理好人民内部矛盾。二是注重调解效果。各级行政机关要切实做到行政调解与依法履职相结合,优先运用调解方法解决行政争议,努力把行政争议化解在行政程序中。要结合工作实际,建立健全调解行政争议和民事纠纷的具体工作程序和规范,依法化解矛盾纠纷。各县市人民政府和行政部门要积极配合人民法院行政诉讼案件诉前、诉中的协调工作,努力做好涉诉行政争议化解工作。

四、行政调解程序

行政调解程序可分为简易程序和一般程序。其中,对于案情简单、调解结果能够即时履行的争议纠纷,按照便捷原则,优先运用简易程序解决矛盾纠纷,尽可能减少当事人的程序性负担;一般程序运用于案情复杂、当场不能解决的争议纠纷。一般程序通常包括以下几个步骤:

(一)申请。行政调解可书面申请,也可口头申请;可由一方当事人申请,也可由行政机关依职权提出,但必须征得各方当事人同意。行政机关在日常管理和行政执法过程中发现争议纠纷时,应当主动告知当事人可申请行政调解。当事人提出行政调解请求,可以向作出具体行政行为的行政机关提出,也可向该机关的上一级领导机关提出。已经申请行政复议的,由行政复议案件受理机关调解。

(二)受理。行政机关收到行政调解申请后,应及时决定是否受理并告知当事人。2 个以上行政机关收到同一行政调解申请的,由具有相关管理职能的行政机关受理;属于 2 个以上行政机关有权管辖的,由最先收到行政调解申请的行政机关受理。对涉及多个部门的矛盾纠纷,由政府法制机构或同级行政调解领导小组指定的部门牵头调解。

(三)调处。行政机关受理行政调解后,应及时告知当事人依法享有的权利、遵循的程序及相关事项。调解过程中,要依据法律、法规、规章及有关规定,对当事人进行说服、劝导,引导争议各方达成谅解。涉及重大、复杂以及社会影响较大的争议纠纷,行政机关应当制作调解笔录,全面客观记载调解的过程和内容。对争议纠纷基本事实有异议的,行政机关可采取听证、现场调查等方式调查取证。调解达成协议的,应签订调解协议书。

调解内容涉及第三人利益的,应当征求第三人意见。行政调解过程中涉及商业秘密和个人隐私的,应当保密。

(四)回避。行政调解人员有下列情况之一的,应当回避:

1. 是争议纠纷当事人,或者与当事人及其代理人有近亲属关系;

2. 与争议纠纷有利害关系;

3. 与争议纠纷当事人及其代理人有其他关系,可能影响争议纠纷公正处理的。

行政调解的当事人发现调解人员有应当回避的情形的,可以要求行政调解人员回避。调解人员有应当回避的情形的,应当自行提出回避。调解人员是否回避由主持调解的行政机关负责人决定。

各级行政机关应根据行政复议、行政诉讼等法定救济权利的时效和行政调解工作实际,按照及时高效的原则,确定行政调解时限。对在规定时限内达不成调解协议的,行政机关应及时终止调解,依法作出处理或引导当事人通过行政复议、仲裁和诉讼等渠道解决。行政调解协议经各方当事人认可并签字或盖章后,即对调解当事人具有约束力,当事人应当自觉履行。行政机关应及时对争议各方履行调解协议情况进行回访,督促各方履行约定义务,巩固调解成果,实现定纷止争、案结事了。

五、加强组织领导,建立长效机制

(一)切实加强组织领导

全州各级人民政府要按照"属地管理、分级负责"的原则,建立由政府负总责、法制机构牵头、各职能部门为主体的行政调解工作体制,并纳入同级"大调解"工作平台。各县市、各部门的行政首长作为本地区、本部门行政调解工作的第一责任人,要切实加强组织领导,不断提高行政调解工作水平。在本级政府的领导下,由本级政府法制机构会同相关职能部门建立工作协调机制,共同研究部署本地区行政调解工作,统筹协调跨地区、跨部门重大矛盾纠纷的行政调解工作。各级政府法制机构承担本地区行政调解工作有关事项的信息交流、联络、制度建设等日常工作。政府各部门应当明确行政调解工作的主管领导,在部门内部指定专门科室承担行政调解工作。特别是涉及矛盾纠纷较多的部门,应当成立行政调解委员会,建立健全调解工作体制。

(二)建立行政调解定期汇总上报制度

各级行政机关要加强行政调解的信息汇报工作,及时通报本地区、本部门开展行政调解的工作情况,交流工作经验,及时发现并研究带有倾向性和普遍性的问题。行政调解工作的情况每半年向同级政府法制机构汇总上报一次,各县市政府法制机构将本地区行政调解工作情况统计汇总后,上报自治州人民政府法制办。

(三)建立行政调解与人民调解、司法调解的衔接机制

各县市、各部门要积极做好行政调解与人民调解、司法调解的衔接配合,充分发挥各自职能,妥善化解各类纠纷。行政机关对于调解不成的重大矛盾纠纷,应当及时告知、引导当事人通过法定救济渠道解决。

(四)建立行政调解经费保障机制

各级财政部门要按照现行事权、财权划分原则,在分清渠道、分级负担的前提下,根据部门预算管理有关要求,将行政调解工作经费纳入本级财政年度预算,建立行政调解经费拨付制度。

(五)加强行政调解队伍建设

各县市、各部门要选调政治思想好、业务能力强、有较高法律素质、善于做群众工作的干部充实到行政调解工作队伍中去。要加强对行政调解工作人员的培训工作,根据行政调解工作任务的需要和特点确定培训内容,充分利用司法、行政、专家学者等各种资源,通过举办培训班等方式,有计划地开展培训工作,提高行政调解工作人员政治、业务素质,不断提升行政调解工作水平。

图书在版编目（CIP）数据

行政调解相关规范性文件汇编：上下册／司法部人民参与和促进法治局编. -- 北京：法律出版社，2019
ISBN 978-7-5197-4075-7

Ⅰ. ①行… Ⅱ. ①司… Ⅲ. ①行政诉讼－调解（诉讼法）－文件－汇编－中国 Ⅳ. ①D925.114.9

中国版本图书馆 CIP 数据核字（2019）第 248754 号

行政调解相关规范性文件汇编（上下册）
XINGZHENG TIAOJIE XIANGGUAN GUIFANXING WENJIAN HUIBIAN（SHANGXIACE）

司法部人民参与和促进法治局 编

策划编辑 沈小英 刘莹
责任编辑 刘莹
装帧设计 汪奇峰

出版 法律出版社
总发行 中国法律图书有限公司
经销 新华书店
印刷 固安华明印业有限公司
责任校对 马丽
责任印制 吕亚莉

编辑统筹 法治与经济出版分社
开本 710 毫米×1000 毫米 1/16
印张 67.75
字数 1300 千
版本 2019 年 11 月第 1 版
印次 2019 年 11 月第 1 次印刷

法律出版社／北京市丰台区莲花池西里 7 号（100073）
网址／www.lawpress.com.cn
投稿邮箱／info@lawpress.com.cn
举报维权邮箱／jbwq@lawpress.com.cn
销售热线／400-660-8393
咨询电话／010-63939796

中国法律图书有限公司／北京市丰台区莲花池西里 7 号（100073）
全国各地中法图分、子公司销售电话：
统一销售客服／400-660-8393/6393
第一法律书店／010-83938432/8433 西安分公司／029-85330678 重庆分公司／023-67453036
上海分公司／021-62071639/1636 深圳分公司／0755-83072995

书号：ISBN 978-7-5197-4075-7 **定价（上下册）**：280.00 元